Stroperius (Strophorus von Meersfeld, Strooperius von Marsfeld), Justus, Arzt, † [zwischen 1635 und 1641]. Medizinstudium und Promotion. 1623–1632 Prof. für praktische Medizin an der Prager Universität. Zudem 1626–1635 Landesarzt von Böhmen. Häufiger Aufenthalt im Jesuitenkolleg Jičín. 1632–1634 Leibarzt von → A. v. Wallenstein. Seit 1633 Besitzer des Gutes Libotitz. 1627 Nobilitierung mit dem Zusatz von Meersfeld. 1628 kaiserlicher Rat.

L.: Grim, M. u. a.: Anatomie od Vesalia po současnost (2014) 64 f. — Svobodný, P./Hlaváčková, L.: Dějiny lékařství v českých zemích (2004) 81. — Dějiny Univerzity Karlovy 2 (1996). — BSPLF 2 (1993). — Hrady, zámky a tvrze v Čechách, na Moravě a ve Slezsku 3 (1984) 263 f. — Frank, K. F. v.: Standeserhebungen und Gnadenakte 5 (1974). — Mann, G.: Wallenstein (1971). — AUC-HUCP 4,1 (1963) 99-101. — MVGDB 27 (1889) 86. — Bílek, T. V.: Dějiny konfiskací v Čechách po r. 1618 (1882) 87 f. — Herrmann, J. G.: Geschichte der Stadt Reichenberg 1 (1863) 553. — Schottky, J. M.: Ueber Wallensteins Privatleben (1832) 175. — Materialien zur diplomatischen Genealogie des Adels d. österr. Monarchie (1812) 48.

Stropnický, Leopold, Sänger, * 31. 12. 1845 Prag (Praha), † 10. 12. 1914 Prag. 1869–1872 Gesangsausbildung bei → F. Pivoda in Prag, 1873/74 Gesangsschule des Prager Interimstheaters. 1872–1874 dort Engagement als lyrischer Bariton. 1874–1876 Mitglied eines privaten Opernensembles in Nizza und Lugano. Seit 1876 in Prag, zunächst an Laientheatern, später erneut am Interimstheater und seit 1881 am Nationaltheater. 1882 Entlassung wegen Konflikts mit der Theaterleitung. Danach zusammen mit → F. Ondříček und → K. Kovařovic Konzertreise nach Polen. 1882/83 am deutschen Theater in Prag, 1883–1887 erneut am Nationaltheater. Seit 1887 wegen Erkrankung im Ruhestand, ab 1889 vereinzelt Konzerte in Prag und Gastauftritte am Theater in Pilsen.

L.: Národní divadlo Online archiv, umelec=3603 (m. Verz. der Rollen) [30.4.2024]. — Ludvová (2006, m. Verz.). — Kutsch-Riemens 6 (⁴2003). — Malá encyklopedie české opery (1999). — Národní divadlo (1988). — MČSE 5 (1987). — ČslHS 2 (1965). — Národní politika 11.4.1943. — OSN ND 6,1 (1940). — MSN 6 (1932). — OSN 24 (1906). — Národní album (1899).

Štros, Jan, Arzt und Politiker, * 2. 11. 1830 Gang (Kaňk bzw. Kutná Hora) Bez. Kuttenberg (Kutná Hora), † 27. 7. 1900 Hořitz (Hořice). Gymnasium in Deutsch Brod und Prag, dort Matura. Medizinstudium in Prag, 1857 Dr. med. Zunächst Arzt in Kuttenberg, seit 1867 Bezirksarzt in Nechanitz. Mitgründer und Chefarzt des dortigen Bezirkskrankenhauses. Gemeinderat sowie 1868–1892 Mitglied der Bezirksvertretung Nechanitz. 1868 Mitinitiator der Gründung der Sparkasse, 1884 Mitgründer und Vorsitzender des Verschönerungsvereins sowie Mitgründer und erster Vorsitzender des Sokol-Vereins in Nechanitz. 1867–1877 Abgeordneter des böhmischen Landtags. Veröffentlichungen in der Fachzeitschrift Časopis lékařů českých und in der Allgemeinen Wiener Medizinischen Zeitung.

L.: Pražák, V.: Nechanice (2003) 152 f. — Nechanický zpravodaj 1 (1998) 4 f. — Lišková (1994). — MSN 7 (1933). — AČL (1913). — Schránil-Husák (1911). — OSN 24 (1906). — Časopis lékařů českých 39,31 (1900) 792 (m. Verz.).

Štros, Ladislav, Regisseur, * 22. 8. 1926 Husinetz (Husinec) Bez. Prag-Nord (Praha-sever), † 18. 4. 2015 Prag. Sohn von Ladislav **Štros** (Bildhauer und Marionettenmacher, * 20. 8. 1902 Jung-Bunzlau (Mladá Boleslav), † 10. 1. 1980 Prag, Fachschule für Kunstgewerbe Chrudim, Holzschnitzer und Bildhauer, seit 1934 selbstständiger Produzent von Puppentheaterfiguren in Prag). Realgymnasium in Prag, zugleich Gesangsunterricht bei Fernando Carpi und Jan Konstantin in Prag. 1945 Matura, danach in der Puppenwerkstatt seines Vaters tätig. Studium der Kunstgeschichte an der Universität Prag, 1964 Abschluss. Seit 1945 auch Opernsänger und seit 1953 Regieassistent am Nationaltheater in Prag, 1961–1991 Opernregisseur, Fokussierung vor allem auf die zeitgenössische Oper. 1991 Ruhestand, danach Gastinszenierungen an Theatern in Brünn, Olmütz und Ostrau. Zusammenarbeit dem Tschechoslowakischen Fernsehen. 1975–1978 Lehrer am Prager Konservatorium, seit 1979 Dozent und seit 1990 Prof. an der Akademie für Musik und darstellende Kunst in Prag. 1987 Verdienter Künstler der Tschechoslowakei.

W.: Má cesta operou [Mein Weg durch die Opernwelt] (Mitautor; 2006). — Verz. der Inszenierungen s. Národní divadlo (1988), Tomeš 3 (1999) u. Má cesta operou (2006).

L.: Franc, M.: Dějiny Akademie múzických umění v Praze (2017). — Opera Plus 20.4.2015. — SČSVU 17 (2006). — Knížák, M.: Encyklopedie výtvarníků loutkového divadla 2 (2005). — Divadelní revue 13,3

(2002). — *Tomeš 3 (1999).* — *Malá encyklopedie české opery (1999).* — *Kdo je kdo (1991 bis ⁵2005).* — *Národní divadlo (1988).* — *Biogr. Slg.*

Strosche, Johannes-Helmut, Lehrer und Politiker, * 29. 1. 1912 Teplitz-Schönau (Teplice-Šanov bzw. Teplice), † 26. 5. 1996 Riemerling (Hohenbrunn) bei München. 1922–1930 Gymnasium Leitmeritz, Matura. Germanistik- und Slawistikstudium an der deutschen Universität in Prag, 1939 Dr. phil. Seit 1940 Militärdienst, dann Freistellung als Oberlehrer in Leitmeritz und Aussig, 1941 Studienassessor in Berlin, später Studienrat. Seit 1938 Mitglied der SdP und der SA, seit 1940 der NSDAP und des nationalsozialistischen Lehrerbunds. 1945 amerikanische Kriegsgefangenschaft, Rückkehr nach Leitmeritz und Ausweisung aus der Tschechoslowakei. Privatlehrer in Tirschenreuth/Oberpfalz. Dort 1948 Mitgründer und Vorsitzender des Kulturvereins und Vertriebenenfunktionär. 1950–1972 Mitglied der Arbeitsgemeinschaft zur Wahrung sudetendeutscher Interessen bzw. des Sudetendeutschen Rates, seit 1955 zeitweise Vorsitzender. Mitgründer des BHE im Bezirk Oberpfalz, Kreisvorsitzender in Tirschenreuth und seit 1953 zweiter Landesvorsitzender in Bayern. Mitglied und Fraktionsvorsitzender im Kreistag Tirschenreuth. 1950–1954 Abgeordneter des bayerischen Landtags, 1952/53 Fraktionsvorsitzender. 1953–1957 Mitglied des Deutschen Bundestags und 1954 der Bundesversammlung. 1952 Gründung einer Arbeitsgemeinschaft sudetendeutscher Abgeordneter in Deutschland. 1955 Forderung einer Generalamnestie für deutsche Kriegsverbrechen. 1957 erfolglose Bundestagskandidatur, Rückzug aus Parteipolitik, später Wechsel zur CSU. 1957–1977 Beamter, später Ministerialrat des bayerischen Kultusministeriums für den Ostkunde-Unterricht und Flüchtlingslehrer. Kulturreferent des Zentralverbands vertriebener Deutscher, Mitglied des Witikobunds und der SL.

W.: Friedrich Schiller und die deutsche Dichtung des 16. Jhs. (Diss., 1939). — *Ostkunde. In: Deutsche Ostkunde 8,1 (1962) 1-8.* — *Drei Beiträge zu umstrittenen Fragen (Mitautor; 1963).*

L.: Archiv der Karls-Universität, Prag. Matriken. — *Geschichte des Bayerischen Parlaments seit 1819 [30.4.2024].* — *Schönwald, D.: Integration durch eine Interessenpartei (2014).* — *Kiani, S.: Wiedererfindung der Nation nach dem Nationalsozialismus? (2013).* — *Eichmüller, A.: Keine Generalamnestie (2012).* — *Franzen, K. E.: Der vierte Stamm Bayerns (2010).* —

Fischer, W.: Heimat-Politiker? (2010) 442 f. — *Pohl, K.: Zwischen Integration und Isolation (2009) 553.* — *Weger, T.: „Volkstumskampf" ohne Ende? (2008).* — *Kdo byl kdo v Říšské župě Sudety (CD-ROM, 2008).* — *Biogr. Hb. d. Mitglieder d. Deutschen Bundestages 1949–2002 2 (2002).* — *Schumacher, M. (Hg.): MdB. Volksvertretung im Wiederaufbau 1946–1961 (2000).* — *Witikobrief 39,3 (1996) 9.* — *Houswitschka, H./Houswitschka, G.: Die Integration der Heimatvertriebenen u. Flüchtlinge nach dem Zweiten Weltkrieg (1995) 234 f.* — *SdZ 31.1.1992, 4.* — *Becher, W.: Zeitzeuge (1990).* — *MSA 66 (1982) 56 f.* — *Sudetenland 24 (1982) 70.* — *Protzner, W.: „Kommunismus" als Gegenstand bayerischer Schul- u. Bildungsbemühungen (1968) 100 f. u. 108 f.* — *Neumann, F.: Der Block der Heimatvertriebenen u. Entrechteten (1968).* — *Disertace 2 (1965).* — *Who's Who in Germany (1960).* — *Wer ist wer (¹²1955).* — *Munzinger 39 (1954).* — *Amtliches Hb. d. Deutschen Bundestages (1953).* — *Biogr. Slg.*

Stross, böhmische Kaufmannsfamilie, seit 1865 Fernhandelsfirma Brüder Stross in Ägypten, seit 1882 Filialen auch in Wien und später in Budapest, 1916 Liquidation des ägyptischen Unternehmens durch die englische Verwaltung in Ägypten, seitdem Firmensitz in Wien.

1) Emanuel, Kaufmann, * 24. 10. 1841 Hradischko (Hradištko) Bez. Poděbrad (Poděbrady), † 15. 10. 1913 Wien. Vater von 3), Verwandter von 2) und 4). Seit 1860 in Ägypten. 1865 mit seinen Brüdern Leopold **Stross** (Kaufmann, * 20. 8. 1840 Hradischko, † 10. 9. 1884 Velden bzw. Sankt Veit in der Gegend/Steiermark, nach 1860 Kaufmann in Ägypten) und Gustav (August) **Stross** (Kaufmann, * 13. 4. 1830 Hradischko, † 25. 4. 1920 Wien, nach 1860 Kaufmann in Ägypten, später in Wien) 1865 Gründer und Leiter der Handelsfirma Brüder Stross in Kairo, Filialen 1868 in Alexandria und 1882 in Wien. Seit 1884 Firmensitz in Alexandria. Aufbau der Firma zu einem der größten Handelsunternehmen Ägyptens. Mitgründer der österreichisch-ungarischen Handelskammer, Förderer des Kaiser-Franz-Joseph-Asyls für österreichische Dienstmädchen, des Rudolf-Spitals und der deutschen Schule in Alexandria. Stadtrat von Alexandria sowie beisitzender Richter des dortigen gemischten Gerichtshofs. 1893 Franz-Joseph-Orden, 1908 Orden der Eisernen Krone 3. Klasse, Kommandeur des osmanischen Medjidie-Ordens 3. Klasse.

L.: Kasper-Holtkotte, C.: Deutschland in Ägypten (2017) 198. — *Ismail, A./Gabriel, M.: Alexandria Was Our Destiny (2011).* — *ÖBL 62 (2010).* — *Kup-*

ferschmidt, U. M.: European Department Stores and Middle Eastern Consumers (2007). — Middle Eastern Studies 43,2 (2007) 175-192. — Agstner, R.: Von k.k. Konsularagentie zum österr. Generalkonsulat (1993) 73. — NFP 16.10.1913, 8. — Hübsch (1912). — Hirsch, Orden (1912). — The Anglo-African Who's Who and Biographical Sketchbook (1910) 201. — Die Neuzeit 19.9.1884, 2. — NFP (Ab.) 13.9.1884, 4. — Biogr. Slg.

2) **Ludwig**, Kaufmann, * 1857/58 Přistoupim Bez. Böhmisch Brod (Český Brod), † 1. 10. 1925 Bergen County, New Jersey/USA. Verwandter von 1), Onkel von 4) und Bruder von Jindřich (Heinrich) **Stross** (Štross; Jurist und Politiker, * 11. 9. 1853 Přistoupim, † 1. 8. 1899 Marienbad (Mariánské Lázně), Jurastudium, Rechtsanwalt in Proßnitz, Mitglied des Gemeindeausschusses von Proßnitz, im Exekutivausschuss der tschechischen Volkspartei in Mähren). Repräsentant der Firma Brüder Stross in Kairo und Alexandria, seit 1878 in Dschidda, dort Perlmutthändler. Seit 1884 Honorar-Dragoman des österreichischen Vizekonsulats in Dschidda, 1888/89 dort österreichischer Honorarvizekonsul. Seit 1910 in New Jersey/USA. Veröffentlichungen zum zeitgenössischen Sklavenhandel in den Zeitschriften Globus und Österreichische Monatsschrift für den Orient. Sammler von exotischen Militaria aus Persien, Abessinien und dem pazifischen Raum. 1885 Franz-Joseph-Orden. Posthum Stiftungen von Stipendien für die Universitäten Harvard, Princeton und Columbia.

W.: Zustände in Jemen. In: Globus 40 (1881) 119-121 u. 135-137. — Nachrichten aus der westarabischen Landschaft Asir. In: Globus 41 (1882) 330 f. — Sclaverei u. Sclavenhandel in Ostafrika u. im Rothen Meere. In: Österreichische Monatsschrift für den Orient 12 (1886) 211-215.

L.: Agstner, R.: Von Kaisern, Konsuln u. Kaufleuten 2 (2012) 30 f. — Kornrumpf, H.-J./Kornrumpf, J.: Fremde im Osmanischen Reich 1826–1912/13 (1998). — Hirsch, Orden (1912). — AČSP (1930) [zu J. S.]. — Biogr. Slg.

3) **Oskar**, Arzt und Kaufmann, * 17. 9. 1875 Alexandria/Ägypten, † 18. 9. 1959 Orinda/Kalifornien. Sohn von 1), Verwandter von 2) und 4). Gymnasium in Wien. Medizinstudium an der Universität Wien, 1899 Promotion. Danach am Allgemeinen Krankenhaus Wien. 1905 Eintritt in die ägyptisch-österreichische Firma Brüder Stross. Im Ersten Weltkrieg Militärdienst, Abteilungschef im Garnisonspital in Leitmeritz, danach im Militärkrankenhaus Kloster Ratisbonne

in Jerusalem, im deutschen Infektionslazarett in Be'er Scheva, schließlich in Galizien und Bukowina. Nach dem Ersten Weltkrieg Geschäftsmann in Alexandria. 1922–1928 österreichischer Honorarkonsul für Ägypten, Palästina und Syrien mit Sitz in Alexandria. Seit 1928 Geschäftsmann in Kairo. Mitgründer von österreichischen Hilfsvereinen in Alexandria und Kairo, später deren Ehrenvorsitzender, 1951 Neugründung des Hilfsvereins in Kairo. Franz-Joseph-Orden, Großoffizier des ägyptischen Nil-Ordens 2. Klasse.

W.: (Zus. m. E. Hitschmann:) Zur Kenntnis der Tuberkulose des lymphatischen Apparates. In: Deutsche medicinische Wochenschrift 21 (1903) 364-367. — Die gegenwärtige Lage des ägyptischen Einfuhrmarktes. In: Das Handelsmuseum 35,40 (1920).

L.: Agstner, R.: Hb. d. Österr. Auswärtigen Dienstes 1 (2015). — ÖBL 62 (2010). — Agstner, R.: Von k.k. Konsularagentie zum österr. Generalkonsulat (1993) 216, 257 u. 266. — Who's Who in U. A. R. and the Near East (1959). — Who's Who in Egypt and the Near East (1952). — Le Mondain Egyptien 3 (1941).

4) **Franz**, Kaufmann und Unternehmer, * 1877 Alexandria/Ägypten, † 1956 Montevideo/Uruguay. Neffe von 2), Verwandter von 1) und 3). Seit 1892 Handelsakademie in Prag, 1895 dort Matura. Kaufmannslehre. Vor dem Ersten Weltkrieg in Alexandria, zeitweise in Wien. 1916 Angeklagter in einem englischen Gerichtsverfahren wegen Handels mit Feindstaaten. Seit 1914 in Prag und seit 1919 in Reichenberg. Dort Direktor der Textilfabrik S. S. Neumann, zugleich Kommissionär der Reichenberger Firma Johann Liebig & Comp. 1923–1925 Bau der Villa Stross durch Thilo Schoder in Reichenberg. 1938 Flucht in die Schweiz, anschließend nach Uruguay.

L.: Engelmann, I.: Reichenberg und seine jüdischen Bürger (2012). — Sborník Severočeského muzea. Historia 14 (2006) 128 f. — Lukuvka, L.: Strossova vila v Liberci (Bachelor-Arb. Brno, 2005). — Lorenz, U.: Thilo Schoder (2001). — The Near East and India 12 (1916) 494. — 39. Jahres-Bericht über die Prager Handelsakademie 1894/95 (1895) 64. — Biogr. Slg.

Štross, Miroslav, Diplomat, * 15. 12. 1925 Libschitz (Libčice nad Vltavou) Bez. Prag-Nord (Praha-sever), † 6. 4. 2002 Prag (Praha). Bürgerschule, danach Dreherlehre. 1943–1945 Zwangsarbeit in den Unternehmen ČKD bzw. Böhmisch-Mährische Maschinenfabrik in Prag, 1946–1949 Dreher in der Firma Perun in Prag.

Seit 1946 Mitglied der KPTsch. Seit 1949 im tschechoslowakischen Außenministerium, einjähriger Kurs in der Diplomatenschule für Arbeiter, danach Mitarbeiter der Lateinamerika-Abteilung des Außenministeriums. 1956/57 Parteischule des Zentralkomitees der KPTsch. 1960–1962 Sekretär der tschechoslowakischen Botschaft in Kuba. Seit 1962 Mitarbeiter der Amerika-Abteilung des Ministeriums, 1964 deren stellv. Leiter. 1964 erster Sekretär der Botschaft in Mexiko, 1965 Chargé d'affaires ad interim in Chile. 1968–1970 tschechoslowakischer Generalkonsul in Quito/Ecuador. 1971 Entlassung wegen Emigration seiner Ehefrau.

L.: Zourek, M.: *Checoslovaquia y el Cono Sur 1945–1989 (2014). — Dejmek 2 (2013). — Lišková, P.: Proces navazování diplomatických kontaktů Československa a Latinské Ameriky (Mag.-Arb. Praha, 2009). — Diario oficial. Organo del gobierno constitucional de los Estados Unidos Mexicanos 2.11.1964, 5.*

Stross, Otto (Ota, Otta), Jurist und Verbandsfunktionär, * 22. 9. 1900 Prag (Praha), † 14. 3. 1942 Bernburg an der Saale. Akademisches Gymnasium Prag. Seit 1918 Jurastudium an der tschechischen Universität in Prag, 1923 Promotion. 1921/22 Vorsitzender des jüdischen Studentenvereins Kapper. Dann Rechtsanwalt in Prag. Mitglied des Vorstands sowie 1933–1935 und 1936–1939 Vorsitzender des Verbandes der tschechischen Juden, Vertreter einer tschechisch-jüdischen Assimilation. Herausgeber der Zeitschrift Rozvoj, Mitarbeit am Tschechisch-Jüdischen Kalender. Seit Ende 1938 Mitglied einer Arbeitsgemeinschaft zur Wahrung der Berufsrechte tschechischer Rechtsanwälte und Ärzte. Januar 1939 aus „rassischen" Gründen Ausschluss aus dem Verband der tschechischen und slowakischen Rechtsanwälte. September 1939 Deportation in das Konzentrationslager Dachau, anschließend in das Konzentrationslager Buchenwald und im März 1942 in die Tötungsanstalt Bernburg.

W.: Vývoj židovské otázky po světové válce *[Die Entwicklung der jüdischen Frage nach dem Weltkrieg] (1937).*

L.: Totenbuch. KZ Buchenwald *[30.4.2024]. — Dějiny a současnost 3 (2009) 39. — Glac, A.: Reflexe vztahů sionistického a českožidovského hnutí na stránkách vybraných periodik židovské minority (Bachelor-Arb. Brno, 2008). — Rothkirchen, L.: The Jews of Bohemia and Moravia (2006). — Čapková, K.: Češi, Němci, Židé (2005). — HöAutorInnen 3 (2002). — Paginae historiae 7 (1999) 74 u. 189-205. —*

Wlaschek 1 (1995). — Věstník židovských náboženských obcí v Československu 44,4 (1982) 6. — Biogr. Slg.

Strouhal, Eugen (Evžen), Arzt, Anthropologe und Ägyptologe, * 24. 1. 1931 Prag (Praha), † 20. 10. 2016 Prag. Enkel von → V. Strouhal. 1950–1956 Medizin- und 1957–1960 Archäologiestudium an der Universität in Prag, Dr. med. und Dr. phil. 1956/57 Arzt in Franzensbad. 1957–1960 wissenschaftlicher Mitarbeiter am Biologischen Institut der medizinischen Fakultät der Prager Universität in Pilsen, 1961 am endokrinologischen Forschungsinstitut in Prag-Motol. 1961–1968 wissenschaftlicher Mitarbeiter am Ägyptologischen Institut der Universität Prag. 1968 CSc. an der naturwissenschaftlichen Fakultät der Universität Bratislava. 1969–1992 Mitarbeiter, später Leiter der Abteilung für Vorgeschichte und Altertum des Náprstek-Museums in Prag. 1972/73 Studienaufenthalt in den USA, Forschungen in Alaska. 1990–1998 Leiter des Instituts für Medizingeschichte an der Universität Prag. 1991 DrSc. in Prag und Dr. habil. an der Universität Warschau. 1992 Privatdozent in Prag, seit 1994 Prof. für Medizingeschichte und Mitarbeiter des Histologischen Instituts der medizinischen Fakultät der Prager Universität in Pilsen. Einer der ersten tschechischen Paläopathologen, Forschungen zu ägyptischen Mumien. Expeditionen nach Nubien, Ägypten und in die Sahara mit dem Schwerpunkt an der Totenstadt Abusir. Zahlreiche Aufsätze in tschechischen und internationalen Fachzeitschriften, populärwissenschaftliche Bücher zu seinen Exkursionen und zur Geschichte Altägyptens. Organisation von Ausstellungen und Konferenzen. 1972 Mitgründer der reorganisierten Internationalen Paläologischen Gesellschaft. Mitglied der anthropologischen Gesellschaften in Wien, Madrid, Warschau und Prag, der schwedischen Gesellschaft für Medizingeschichte, der tschechischen Gesellschaft für Wissenschafts- und Technikgeschichte sowie des Österreichischen Archäologischen Instituts. 1973 Auszeichnung der Smithsonian Institution in Washington, D.C., 1981 Hrdlička-Medaille der Tschechischen Anthropologischen Gesellschaft, 1986 Michałowski-Medaille Warschau, 2000 Silbermedaille der medizinischen Fakultät der Prager Universität in Königgrätz.

W.: Antropologická problematika núbijské skupiny X *[Die anthropologische Problematik der nubischen X-*

Gruppe] (1966). — Staroegyptské mumie [Altägyptische Mumien] (1971). — Do srdce mauretánské Sahary [Ins Herz der mauretanischen Sahara] (1974). — Egyptian Mummies in Czechoslovak Collections (Mitautor; 1979). — Setkání s Aljaškou (1981; dt.: Begegnung mit Alaska, 1990). — Wadi Qitna and Kalabsha-South. Late Roman, Early Byzantine Tumuli Cemeteries in Egyptian Nubia I (Mitautor; 1984). — Die anthropologische Untersuchung der G-Gruppen-u. Pan-Gräber-Skelette aus Sayala, Ägyptisch-Nubien (Mitautor; 1984). — Sedmkrát do Núbie [Siebenmal nach Nubien] (1989). — Život starých Egypťanů [Das Leben der alten Ägypter] (1989, ²1994; engl.: Life of the Ancient Egyptians, 1992, ²1997; niederl. 1993; dt.: Ägypten zur Pharaonenzeit, 1994). — Rekonstrukce vesnické komunity 3.–5. století n. l. v severní egyptské Núbii [Rekonstruktion einer Dorfgemeinschaft des 3.–5. Jhs. n. Chr. im nordägyptischen Nubien] (1990). — Základy fyzické antropologie [Grundlagen der physischen Anthropologie] (Mitautor; 2000). — Panoráma biologické a sociokulturní antropologie [Panorama der biologischen u. soziokulturellen Anthropologie] (Mitautor; 2004). — Lékařství starých Egypťanů I [Die Medizin bei den alten Ägyptern] (Mitautor; 2010; engl. 2014). — Profesor Čeněk Strouhal. Zakladatel české experimentální fyziky [Prof. Čeněk Strouhal. Gründer der tschech. Experimentalphysik] (2012). — Verz. s. Anthropologie 48,2 (2010) 69-90, Buikstra, J. E./Roberts, C. (Hg.): The Global History of Paleopathology (2012) 129 f., Lexikon českých historiků 2010 (2012) 503 f.

L.: Biografický slovník 1. lékařské fakulty Univerzity Karlovy 2 (2020). — Anthropologia Integra 7,2 (2016) 101 f. — Anthropologie 54,2 (2016) 75-80. — Vlastivědný sborník. Čtvrtletník pro regionální dějiny severního Plzeňska 26,4 (2016) 4 f. — Lexikon českých historiků 2010 (2012). — Peprník, J.: Češi a anglofonní svět 2 (2012). — Buikstra, J. E./Roberts, C. (Hg.): The Global History of Paleopathology (2012) 126-130. — Sklenář (2005). — Dictionary of International Biography 30 (2003). — Časopis českých lékařů 140,2 (2001) 64. — Tomeš 3 (1999). — Filipský (1999). — Kdo je kdo (³1998 bis ⁵2005). — ČBS (1992). — Časopis Národního muzea v Praze, Řada historická 160 (1991) 103-105. — Biogr. Slg.

Strouhal, Josef, Schauspieler, * 16. 1. 1863 Namiest an der Oslawa (Náměšť nad Oslavou), † 23. 6. 1940 Kladno. Tschechisches Gymnasium in Brünn ohne Abschluss. Seit 1881 Schauspieler in verschiedenen Theatergesellschaften, u. a. bei → F. Ludvík, → F. Pokorný, → V. Budil [Nachtragsband] und → P. Švanda ze Semčic. 1893 bis 1898 USA-Tournee mit der Theatergesellschaft von F. Ludvík. Danach Schauspieler und künstlerischer Direktor in Prag am Theater von → J. Pištěk [Nachtragsband], 1900/01 in der Theatergesellschaft von Josef Vilém Suk, seit 1901 erneut bei J. Pištěk und später am Švanda-Theater,

dort auch Regisseur. 1900 Gastspiel am Prager Nationaltheater. 1915–1919 und 1921–1925 Direktor sowie danach auch Schauspieler des Stadttheaters in Kladno.

L.: Šormová 2 (2015, m. Verz. der Rollen). — Frolík, F.: Osobnosti Kladenska (2015). — Slánský obzor 8 (2001) 148-158. — Tomeš 3 (1999). — MČSE 5 (1987). — Dějiny českého divadla 4 (1983). — Deyl, R.: Vavříny s trny (1973) 133-144. — Teichman, J.: Postavy českého divadla a hudby (1941). — OSN ND 6,1 (1940).

Strouhal, Vincenc (Vinzenz, Vincent, Čeněk), Physiker, * 10. 4. 1850 Seč Bez. Nassaber (Nasavrky), † 23. 1. 1922 Prag (Praha). Großvater von → E. Strouhal. Gymnasium in Königgrätz, 1869 Matura. 1869–1872 Studium der Mathematik und Physik an der Universität Prag, 1876 Dr. phil. 1872–1875 Assistent an der Prager Sternwarte. Seit 1875 an der Universität Würzburg, 1878 Habilitation. Seit 1878 Privatdozent an der medizinischen Fakultät der Universität Prag. 1882–1921 Prof. für experimentelle Physik an der philosophischen Fakultät der tschechischen Universität in Prag, 1888/89 Dekan der philosophischen Fakultät, 1903/04 Rektor. Initiator des Baus des neuen Physikalischen Instituts der Universität. Seit 1869 Mitglied und 1900–1922 Vorsitzender der Vereinigung der tschechischen Mathematiker. Seit 1890 ao., seit 1914 o. Mitglied der Tschechischen Akademie der Wissenschaften und Künste sowie seit 1882 ao., seit 1900 o. Mitglied und 1906–1922 Kassenwart der Königlich böhmischen Gesellschaft der Wissenschaften. 1898 Orden der Eisernen Krone 3. Klasse. 1903 Hofrat. Namensgeber der in der Strömungsmechanik verwendeten Strouhal-Zahl.

W.: Über die Krümmungslinien der geraden Schraubenfläche (1877). — Über die besondere Art der Tonerregung (1878). — Über Anlassen des Stahls u. Messung seines Härtezustandes (zus. m. C. Barus; 1880). — Über den Einfluss der Härte des Stahls auf dessen Magnetisierbarkeit u. des Anlassens auf der Haltbarkeit der Magnete (zus. m. C. Barus; 1882). — Das Wesen der Stahlhärtung vom elektrischen Standpunkte aus betrachtet besonders im Anschluss an das entsprechende Verhalten einiger Silberlegirungen (zus. m. C. Barus; 1884). — The Electrical and Magnetic Properties of the Iron-Carburets (zus. m. C. Barus; 1885; tschech.: Ocel a její vlastnosti galvanické a magnetické, 1892). — Fysika experimentální dle přednášek 1885-6 [Vorlesungen zur experimentellen Physik 1885-6] (1886, ²1897). — Fysika experimentální dle přednášek 1886-7 [Vorlesungen zur experimen-

tellen Physik 1886-7] (1887, ²1898). — O životě a působení Dr. A. Seydlera [Das Leben und Wirken von Dr. A. Seydler] (1892). — Mechanika [Mechanik] (1901, ²1910). — Akustika [Akustik] (1902). — Thermika [Thermik] (1908). — Optika [Optik] (zus. m. V. Novák; 1919).

L.: *Strouhal, E.: Profesor Č. S. (2012). — Československý časopis pro fyziku 60,3 (2010) 165-173. — ÖBL 62 (2010). — Osobnosti. Česko (2008). — ČČAVU (2004). — Kobetič, P.: Osobnosti Chrudimska (2002). — Akademický bulletin 3 (2000) 8. — Dějiny a současnost 22,3 (2000) 36-38. — Tomeš 3 (1999). — Dějiny Univerzity Karlovy 3 (1997). — Pokroky matematiky, fyziky a astronomie 42,2 (1997) 57-73. — Sborník lékařský 97,3 (1996) 429-435. — Lišková (1994). — Osobnosti naší vědy 1 (1989). — MČSE 5 (1987). — DVT 12,1 (1979) 1-8. — Nový, L. u. a.: Dějiny exaktních věd v českých zemích (1961). — Časopis pro pěstování matematiky a fysiky 75 (1950) D117-D119. — OSN ND 6,1 (1940). — MSN 6 (1932). — Východ 17.5.1930. — Almanach České akademie 33 (1923) 85-93. — Bohemia 25.1.1922, 5. — Časopis pro pěstování mathematiky a fysiky 39,4 (1910) 369-383. — OSN 24 (1906). — Národní album (1899). — Poggendorff 3 (1898), 4 (1904) u. 5 (1926). — Kalousek, J.: Geschichte der Königl. Böhm. Gesellschaft d. Wissenschaften 2 (1885).*

Stroupežnická (Strobnitzká), Marie, Schriftstellerin und Übersetzerin, * 14. 8. 1808 Pisek (Písek), † 25. 6. 1883 Pisek. Tante von → L. Stroupežnický. Lebensunterhalt durch Näh- und Handarbeiten. Nach 1848 zudem Schriftstellerin. Seit 1869 in Prag, kurz angestellt in der Verwaltung der Zeitung Národní listy. Später erneut in Pisek. Verfasserin von historischen, patriotischen und sentimentalen Gedichten, Kurzgeschichten und Theaterstücken. Veröffentlichungen u. a. in den Zeitschriften Zlatá Praha und Otavan. Übersetzerin aus dem Deutschen.

W.: *Písně pro čas postní [Lieder für die Fastenzeit] (1850). — Bouře aneb Oučinky zlého svědomí [Der Sturm oder Die Folgen des schlechten Gewissens] (1855). — Bedřich a Hynek [Bedřich und Hynek] (1855). — (Übers.:) Hrůzonosné noci na Tolensteině aneb Kostlivec [Die Schreckensnächte auf Schloss Tollenstein oder das Gerippe] (1861). — Dívčí zpěvy [Mädchenlieder] (1863). — Verz. s. LČL 4,1 (2008).*

L.: *ÖBL 62 (2010) 426 f. — Vaněk, V. u. a. (Hg.:) Mrtví tanečníci (2010) 189. — LČL 4,1 (2008). — Zemanová, B.: Písecká literatura a její autoři (2005) 34. — Wernisch, I.: Zapadlo slunce za dnem, který nebyl (2000) 15. — Hanzalová (1997). — Kotalík, J.: Písek a Písecko v literatuře (1966) 20. — NVISN 16 (1932). — MSN 6 (1932). — OSN 24 (1906). — Malý slovník naučný 8 (1890) 914. — České noviny 5.7.1883, 2. — Wurzbach 40 (1880). — Rieger 8 (1870). — Waldau, A. v.: Böhm. Naturdichter (1860) 116-122.*

Stroupežnický, (František) Ladislav, Dramaturg und Schriftsteller, * 6. 1. 1850 Cerhonitz (Cerhonice) Bez. Mirowitz (Mirovice), † 11. 8. 1892 Prag (Praha). Neffe von M. Stroupežnická, Ehemann von Anna **Turková** (Stroupežnická, Schauspielerin, * 23. 11. 1853 Prag, † 7. 4. 1909 Prag, 1883–1892 am Prager Nationaltheater). Seit 1860 Realschule in Pisek, 1862 Ausschluss. 1868 Angestellter einer Bank, danach des Archivs des Gemeindeamts in Cerhonitz. 1872 Übersiedlung der Familie nach Prag, dort zunächst Bankangestellter, seit 1878 Schreiber am Prager Stadtamt. Seit 1871 Veröffentlichungen von Erzählungen in Zeitschriften, seit 1875 Redakteur der Zeitschrift Humoristické listy. Mitglied der Schriftstellervereinigung Jednota dramatických spisovatelů a skladatelů českých. Seit 1882 Dramaturg am Nationaltheater in Prag, Förderung vor allem zeitgenössischer realistischer Dramen. Als Dramatiker einer der Begründer des tschechischen realistischen Dramas. Daneben Autor von Erzählungen, Novellen und einem Roman.

W.: *Žalostný konec přátelství dvou přátel [Das klägliche Ende der Freundschaft zweier Freunde] (1874). — Isák Šmaules a jeho schody [Isaac Šmaules u. seine Treppe] (1874). — Ďáblův mlýn [Des Teufels Mühle] (1874). — Humoristické čtení [Humoristische Lektüre] (1875). — Noviny a karty [Zeitung und Karten] (1876). — V panském čeledníku [In der Gesindestube des Herrenhauses] (1876). — Černé duše [Schwarze Seelen] (1878). — Den soudu [Der Tag des Gerichts] (1878). — Rozmarné historky [Launische Geschichten] (1879). — Povídky a novelly [Erzählungen und Novellen] (1881). — Zvíkovský rarášek [Der Kobold der Burg Zvíkov] (1883; dt.: Der Burgkobold, 1920). — Triumfy vědy [Triumphe der Wissenschaft] (1884). — Velký sen [Der große Traum] (1885). — Paní mincmistrová [Frau Münzmeisterin] (1886). — Sirotčí peníze [Waisengeld] (1887). — Naši furianti [Unsere Furianten] (1887). — Z Prahy a z venkova [Aus Prag und aus dem Land] (1890). — Christoforo Colombo (1890). — Zkažená krev [Verdorbenes Blut] (1891). — Na Valdštejnské šachtě [Am Wallenstein'schen Schacht] (1893). — Král Třtina [König Rohr] (1916). — Verz. s. LČL 4,1 (2008) 389-391.*

L.: *Národní divadlo Online archiv, umelec=3603 [30.4.2024]. — Deutschmann, P.: Allegorien des Politischen (2017). — Šormová 2 (2015). — ÖBL 62 (2010). — LČL 4,1 (2008). — Císař, J.: Přehled dějin českého divadla (2004) 57 f. — Storch, C. P.: Kulturnation und Nationalkunst (2001). — Černý, F.: Kapitoly z dějin českého divadla (2000) 139-154. — Wilpert, G. v.: Deutsches Dichterlexikon (1988). — Národní divadlo (1988). — MČSE 5 (1987). — Ferklová, R.: L. S. (1850–1892). Literární pozůstalost (1978). — SČS (1964). — Hampl, F.: L. S., český hu-*

morista a dramatik (1950). — Müller, V.: L. S. (1949).
— Kalendář historický národa českého 2 (1940) 714.
— Vavroušek, B.: Literární atlas československý 2
(1938). — NVISN 16 (1932). — MSN 6 (1932). —
OSN 24 (1906). — Kamper, J.: L. S., jeho život a dílo
(1900). — Národní album (1899). — Matzner, J.:
Královské město Písek (1898). — Národní listy
11.8.1892, 2.

Strozzi zu Schrattenthal, Peter (Pietro) Graf,
Offizier, Diplomat und Mäzen, * 1626 Schrat-
tenthal/Niederösterreich, † 9. 6. 1664 Novi Zrin
bzw. Legrad/Kroatien. Sohn von Jakob (Giaco-
mo) Graf **Strozzi** (* [um 1590 in Italien], † 1636,
seit 1621 Kämmerer und Geheimer Rat, seit 1622
kaiserlicher Offizier, 1634 Feldmarschallleut-
nant, 1623 Reichsgraf, 1634 Herr auf Hořitz,
1635 böhmisches Inkolat) und von Octavia (Ot-
tavia, Oktávia) Gräfin **Strozzi** (geb. Strozzi,
* [in Italien], † 21. 12. 1662 Wien, erst in Mantua,
seit 1622 Hofdame und 1647 Obersthofmeisterin
der Kaiserin Eleonore, seit 1623 Besitzerin der
Herrschaft Schrattenthal und seit 1636 von
Hořitz). Kavalierstour. Eintritt in die kaiserliche
Armee als Pikenier. 1644/45 Mitglied einer Ge-
sandtschaft nach Münster, Osnabrück, in die
Niederlande und nach Brüssel. 1645 Teilnahme
an der Belagerung von Nördlingen. Seit 1647
Offizier der kaiserlichen Armee in Böhmen.
1648–1654 Kämmerer von König Ferdinand IV.,
dann Hofkriegsrat von → Ferdinand III. 1656
Ausrüstung eines eigenen Infanterieregiments,
1657–1659 Oberst bei Feldzügen im Piemont
und in Polen. 1660 kaiserlicher Gesandter bei
Friedrich Wilhelm v. Brandenburg, 1661 Ge-
sandter in England und Paris. Seit 1660 als Ge-
neralfeldwachtmeister mit seinen Truppen in
Mähren. 1662 Gesandter am ungarischen Land-
tag in Pressburg. 1663 Truppenführer in Sieben-
bürgen, dann Burgkommandant von Pressburg
sowie Ernennung zum Generalfeldmarschall-
leutnant. 1650 Verwalter und seit 1656 Alleinbe-
sitzer der Herrschaft Hořitz mit Třebowětitz,
1661 belehnt mit dem landtäflichen Gut Groß-
Tremeschowes. 1658 testamentarische Stiftung
für berufsunfähige österreichische Offiziere und
Soldaten, aus der ein Pflege- und Altenheim in
Hořitz und später das Invalidenhaus in Karoli-
nenthal/Prag hervorgingen. 1664 Tod bei der
Verteidigung der Festung Neu-Zrin an der Mur
gegen osmanische Truppen.

L.: Kaiser und Höfe. Personendatenbank der Höflin-
ge der österr. Habsburger. KH=13078 u. KH=13079
vom 21.4.2018. — Heřmánek, P.: „Aby nemuseli na-

konec žebrati" (2015). — Dějiny a současnost 36,6
(2014) 22-24. — Keller, K./Catalano, A. (Hg.): Die
Diarien u. Tagzettel des Kardinals Ernst Adalbert
von Harrach 1 (2010). — Mašek, Šlechtické rody 2
(2010). — Pod Zvičinou 26,4 (2008) 8-10 u. 32,2-3
(2014) 3 f. — Stauffer, H.: Sigmund von Birken 1626–
1681 (2007) 524-527. — Schmidt-Brentano, A.: Kai-
serliche u. k.k. Generale 1618–1815 (2006). — Keller,
K.: Hofdamen (2005) 103 f. u. 288. — Heraldická
ročenka 2001/02 (2004) 3-76. — Hb. d. historischen
Stätten: Böhmen u. Mähren (1998) 201. — Historia
hospitalium 19 (1993/94) 278-286. — KSN 10 (1938).
— Argegni, C.: Condottieri, capitani, tribuni 3
(1937). — NVISN 16 (1932). — MSN 6 (1932). —
Krubner, J./Steinský, J.: Die F.-M.-Lieut. P. Graf
Strozzi'sche k.u.k. Militär-Invaliden-Stiftung (1901).
— ADB 36 (1893). — Schweigerd, C. A.: Oesterreichs
Helden und Heerführer 2 (1853) 181-192. — Som-
mer, J. G.: Das Königreich Böhmen 3 (1835) 262, 271
u. 278 f.

Struna, Ladislav Herbert, Schauspieler und Ma-
ler, * 27. 6. 1899 Prag (Praha), † 14. 2. 1980 Prag.
Malerlehre. Nach dem Ersten Weltkrieg Plakat-
und Kulissenmaler für die Filmproduktionsfir-
ma Wetebfilm von → V. Binovec [Nachtrags-
band], später dort Regieassistent und Schauspie-
ler in Stumm- und Tonfilmen. Daneben Besuch
von Vorlesungen an der Akademie der Bilden-
den Künste in Prag bei → O. Nejedlý, Teilnahme
an den Jahresausstellungen der Akademie. Maler
von Stillleben und Landschaften. Im Zweiten
Weltkrieg Kohlenhändler in Prag. Nach 1945
weitere Filmrollen.

L.: Cibulka, A.: Černobílé idoly 3 (2014). — Jiras, P.:
Barrandov 2 (2012). — Osobnosti. Česko (2008). —
SČSVU 15 (2005). — Čáslavský, K./Merhaut, V.:
Hvězdy českého filmu 1 (³2002). — Tomeš 3 (1999).
— Český hraný film 1 (1995) u. 2 (1998). — Filmové
profily II (1990, m. Verz. der Rollen). — MČSE 5
(1987). — Toman 3 (1955).

Struna, Václav (Wenzel), Landwirt und Politi-
ker, * 17. 8. 1853 Gross-Kositz (Kosice) Bez.
Chlumetz (Chlumec nad Cidlinou), † 25. 1. 1910
Gross-Kositz. Grundbesitzer und Landwirt in
Gross-Kositz. Seit 1890 Bürgermeister von
Gross-Kositz. Seit 1899 Obmann der Bezirks-
vertretung in Chlumetz. Vorsitzender des land-
wirtschaftlichen Bezirksvereins. Seit 1908 Abge-
ordneter des böhmischen Landtags für die tsche-
chische Agrarpartei. Goldenes Verdienstkreuz
mit der Krone. Ehrenbürger von Gross-Kositz.

L.: Chlumecké listy 39,4 (2009) 39. — Rychnovský,
V.: Kosice 685 let (2000). — Lišková (1994). — Fran-
kenberger, O./Kubíček, J. O.: Antonín Švehla v ději-

nách Českoslovanské strany agrární (1931). — Schránil-Husák (1911). — Národní listy 27.1.1910, 7. — Čech 26.1.1910, 3. — Prager Tagblatt 26.1.1910, 4. — WZ 26.1.1910, 7. — Národní politika 26.1.1910, 1.

Štrunc (Strunz), Antonín, Bildhauer, * 6. 8. 1871 Chrast (Chrást) Bez. Pilsen (Plzeň), † 5. 4. 1947 Brandeis an der Elbe (Brandýs nad Labem). Lehre zum kunstgewerblichen Holzschnitzer und Steinbildhauer in einer Prager Möbelfirma. Zudem Privatunterricht bei → J. V. Myslbek. Seitdem Bildhauer und Stuckateur in Prag. 1913 Gründer und Leiter einer Firma für dekorative Bildhauerei in Prag. Zusammenarbeit mit den Bildhauern Karel Novák, → A. Mára und → L. Šaloun. Skulpturen für das Neue Rathaus und das Gemeindehaus in Prag, für Fassaden und Innenräume in Prag sowie den Prager Vorstädten, in Nimburg, Nachod, Brandeis an der Elbe und für die Kirche auf dem Heiligen Berg bei Přibram. Zudem Grabmäler und Realisierung von Entwürfen anderer Bildhauer. 1896–1900 Mitglied der Künstlervereinigung Mánes, seit 1907 der Gesellschaft für Bildhauer, Bildschnitzer und Stuckateure in Prag.

L.: Informační systém abART [30.4.2024]. — Gaudeková, H.: Sochař Karel Novák a jeho umělecký závod (Bachelor-Arb. Praha, 2011) 18 f. — Obecní dům hlavního města Prahy (2001) 409. — Loyda, V./Špaček, J.: Hlas domova 2 (2000) 71. — Umělecké památky Prahy: Staré město, Josefov (1996). — Toman 2 (1950). — MSN 7 (1933). — Harlas, F. X.: Sochařství, stavitelství (1911) 127. — Biogr. Slg.

Štrunc, Emil, Schriftsetzer, Turner und Funktionär, * 20. 8. 1887 Miröschau (Mirošov) Bez. Rokican (Rokycany), † 29. 1. 1942 Konzentrationslager Auschwitz (Oświęcim). Schriftsetzerlehre in Pilsen, dann Druckereiangestellter in den Graphischen Werken Pour in Pilsen. Daneben Funktionär und Übungsleiter des Pilsener Sokol-Turnvereins. 1912–1932 preisgekrönte Turnpräsentationen bei Pilsener Sokol-Veranstaltungen und bei All-Sokol-Festen in Prag. Frühjahr 1919 in Pilsen Beteiligung an der Aufstellung von Sicherheitstruppen durch Sokolverbände. 1929–1942 Hauptmann des Pilsener Sokol-Gaues und Ausschussmitglied des tschechischen Sokolgesamtverbands. Ausarbeitung von Frei- und Gruppenturnübungen, zum Teil mit Musik. Verbandsinterne Veröffentlichungen mit Turnanleitungen. Nach 1939 im Sokol-Widerstand. Oktober 1941 Verhaftung als Geisel und Deportation in das Konzentrationslager Auschwitz. Nach 1953 Namensgeber eines Sportgeländes und des Stadions des Fußballvereins FC Viktoria Pilsen (Štrunc-Park/Štruncovy sady).

W.: Prostná cvičení mužů 1929 [Turnübungen am Boden für Männer 1929] (1929). — Prostná cvičení mužů 1932 [Turnübungen am Boden für Männer 1932] (1931). — Vzhůru, bratří! [Auf denn, Brüder!] (1931). — Různosti žáků [Jeder Schüler ist anders] (1932). — Studie prostných cvičení [Studien zum Bodenturnen] (1932). — V různém rytmu [In verschiedenen Rhythmen] (1934). — Burleska. Veselé cvičení trojice mužů [Burleske. Fröhliche Übungen für drei Männer] (1936). — Sedmička mužů v pohybu a obrazci [Sieben Männer in Bewegung u. als Figur] (1938).

L.: Encyklopedie Plzně vom 11.7.2019. — Dějiny města Plzně 3 (2018). — Mitt. Stadtarchiv Plzeň, 20.11.2017. — Dějiny Plzně v datech (2004) 212 u. 336. — Fišer, J. u. a.: Pokrokové osobnosti v názvech plzeňských prostranství (1988). — Dějiny Plzně 3 (1981). — Laštovka, V.: Plzeň v boji proti fašismu (1975). — Kdy zemřeli? (1957 u. 1962). — OSN ND 6,2 (1943, m. Verz.). — Sokol 1 (1938) 16. — Album representantů (1927). — Líkař, K.: Šedesát let „Sokola" plzeňského (1923) 71. — Biogr. Slg.

Strunz, bildungsbürgerliche Familie aus Nordböhmen.

1) **Franz**, Theologe, * 5. 10. 1838 Niemtschau (Němčany bzw. Krásný Dvůr) Bez. Podersam (Podbořany), † 6. 8. 1875 Niemtschau. Bruder von 2) und 3), Onkel von 4) und 5). Gymnasium in Polička und Mariaschein, Externistenmatura in Wien. Seit 1859 Studium an der Theologischen Lehranstalt in Leitmeritz. 1863 Priesterweihe, dann Kaplan in Maschau. Seit 1864 Theologiestudent an der Universität und am Frintaneum in Wien, Dienst in der Hofkirche und am Kaiserhof. Seit 1866 in Leitmeritz Prof. der Dogmatik an der Theologischen Lehranstalt sowie Religionslehrer an der Lehrerbildungsanstalt. 1870 Dr. theol. in Wien. Unveröffentlichte Studien zur Dogmatik und gegen den Darwinismus.

L.: Strunz, P. R.: Familiengeschichte Strunz (1941) 72. — Rott, W.: Der politische Bezirk Podersam (1902) 404. — Prager Abendblatt 17.8.1875, 2. — WZ 14.8.1875, 474 u. 18.8.1875, 504. — Das Vaterland 14.8.1875, 3. — Volksblatt für Stadt u. Land 11.8.1875, 2. — Leitmeritzer Zeitung 11.8.1875, 561. — Catalogus universi cleri Dioecesani Litomericensis (1868) 51 u. 82. — Biogr. Slg.

2) **Karl** (Carl), Jurist, * 19. 2. 1841 Niemtschau, † 26. 12. 1910 Leitmeritz (Litoměřice). Bruder von 1) und 3), Vater von 4) und 5). 1862–1867 Ju-

rastudium an der Universität Prag, 1868 Promotion. 1868/69 Praktikant am Obersten Landesgericht und am Handelsgericht in Prag. Grundbesitzer in Prag. Seit 1875 Rechtsanwalt in Eger, seit 1885 in Leitmeritz. 1885 Reichsratskandidat der katholischen Deutsch-Konservativen Partei. Sekretär des Konsistoriums der Diözese Leitmeritz. 1888 Mitorganisator und Redner des zweiten nordböhmischen Katholikentags in Georgswalde. Konsistorialrat.

L.: Archiv der Karls-Universität, Prag. Matriken. — Teplitz-Schönauer Anzeiger 29.12.1910, 5. — Prager Abendblatt 28.12.1910, 2. — NFP (Ab.) 27.12.1910, 1. — Neues Wiener Tagblatt (Ab.) 27.12.1910, 2. — WZ (Ab.) 27.12.1910, 2. — Directorium divini officii et Catalogus Universi Cleri Dioecesani Litomericensis (1905) 21. — Rott, W.: Der politische Bezirk Podersam (1902) 404. — Volksblatt für Stadt und Land 13.9.1888, 5. — Das Vaterland 11.9.1888, 2. — Leitmeritzer Zeitung 9.5.1885, 510. — Biogr. Slg.

3) **Wenzel**, Arzt, * 12. 3. 1847 Niemtschau, † 5. 9. 1926 Karlsbad (Karlovy Vary). Bruder von 1) und 2). Medizinstudium an der Universität Prag, 1874 Promotion. Mitglied der katholischen Studentenverbindung Norica in Prag. Zunächst praktischer Arzt und Gerichtsmediziner in Eger, seit 1885 Badearzt in Karlsbad. Langjähriges deutsch-konservatives, später christlichsoziales Mitglied der Stadtvertretung von Karlsbad. Ortsvorsitzender der Christlichsozialen Partei. 1899 Bau der Villa bzw. des Sanatoriums Strunz (heute Hotel Smetana). Medizinalrat. Gregorius-Orden und Herzoglich Anhaltischer Hausorden Albrechts des Bären.

W.: Kurzes Vademecum für Carlsbad (1891).

L.: Zeman, L. (Hg.): Slavné vily Karlovarského kraje (2010) 116-118. — EBL 2 (1987). — SDJb 3 (1927) 276. — WZ 8.9.1926, 2. — Bohemia 8.9.1926, 4. — Bohemia 24.7.1924, 4. — Rott, W.: Der politische Bezirk Podersam (1902) 404. — Das Vaterland 4.10.1895, 11. — Biogr. Slg.

4) **Karl (Carl)**, Jurist, * 8. 7. 1874 Prag (Praha), † 7. 2. 1940 Wien. Sohn von 2), Bruder von 5). Gymnasium in Leitmeritz und Prag. Seit 1893 Jurastudium an der deutschen Universität in Prag, 1899 Promotion. Bis 1903 Gerichtspraxis bei der Finanzprokuratur in Prag. Seit 1903 Beamter des Ministeriums für Kultus und Unterricht in Wien, 1908 Ministerial- bzw. Hofsekretär. Im Ersten Weltkrieg Beamter in Przemyśl/Galizien. 1919–1931 und vertretungsweise 1939 Kanzleidirektor des Rektorats der Hoch-

schule für Bodenkultur in Wien. 1919 Regierungsrat, 1931 Hofrat. Daneben musikwissenschaftliche Studien, vor allem zum Werk und Nachlass von → J. W. Kalliwoda. Vor 1914 Mitglied im Verein für erweiterte Frauenbildung in Wien.

W.: Beiträge zu einer Lebensgeschichte des deutschböhm. Tonkünstlers J. W. Kalliwoda. In: DArb 8 (1908/09) 635-650. — Johann Wenzel Kalliwoda. Zur deutschösterr. Musikgeschichte (1910). — (Hg.:) Kalliwoda, J. W.: Lieder-Album (1910).

L.: Archiv der Karls-Universität, Prag. Matriken. — Mitt. Univ.-Archiv der Univ. f. Bodenkultur Wien, 20.12.2016. — Kosch, Lit. Lex. 21 (³2001, m. Verz.). — Strunz, P. R.: Familiengeschichte Strunz (1941) 72 f. — Neues Wiener Tagblatt 16.2.1940, 4. — Prager Tagblatt 30.9.1931, 5. — WZ (Ab.) 26.9.1931, 1. — Jaksch (1929). — Frank, A./Altmann, W.: Kurzgefaßtes Tonkünstlerlexikon (¹²1926). — WZ (Ab.) 27.12.1910, 2. — Wer ist's? (1909). — Biogr. Slg.

5) **Franz Johann**, Historiker, Naturwissenschaftler und Volksbildner, * 15. 11. 1875 Eger (Cheb), † 28. 3. 1953 Wien. Sohn von 2), Bruder von 4). Gymnasium in Eger und Prag. Seit 1897 Chemie-, Physik-, Geschichts- und Philosophie- sowie Sprachenstudium an der TH Dresden und seit 1899 an der Universität Berlin, 1901 dort Dr. phil. 1902–1904 Bibliotheksmitarbeiter der Kaiser-Wilhelms-Bibliothek in Posen bzw. Berlin. 1905 Habilitation, Privatdozent an der deutschen TH in Brünn. 1906 erneute Habilitation an der TH Wien, dort 1912 Honorardozent, 1914 Titularprof. und 1920–1946 ao. Prof. für Geschichte der Naturwissenschaften, zudem Lehrbeauftragter für Theorie und Praxis der Volksbildung. Seit 1895 Tätigkeit in der Volks- und Erwachsenenbildung. Mitgründer und seit 1910 Leiter, 1912–1938 Direktor der Volksbildungseinrichtung Urania in Wien. Fachmann für die Naturforschung im Mittelalter sowie die Geschichte von Chemie, Alchemie, Astrologie und Medizin. Biographische Studien zu Paracelsus, J. B. van Helmont, Albertus Magnus, → J. Hus und → J. A. Comenius. Aufsätze in Fachorganen wie der Chemiker-Zeitung, wissenschaftshistorischen Zeitschriften und in Lexika. Vortragsreisen nach Deutschland, in die Schweiz und nach Italien. Seit 1906 Mitglied der Akademie Leopoldina in Halle an der Saale. Korr. Mitglied der Akademie der Wissenschaften in Barcelona. 1912 Gründungsmitglied des Österreichischen Werkbunds. Im Ersten Weltkrieg Delegierter des Roten Kreuzes. 1940 NSDAP-Mitglied,

dann Parteiausschluss. 1942 Paracelsus-Plakette. Württembergischer Kronen-Orden. 1950 Preis der Stadt Wien für Volksbildung. 1952 Ehrenpräsident der Paracelsus-Gesellschaft. Goldenes Ehrenzeichen der Republik Österreich.

W.: Beiträge zur Entstehungsgeschichte der stoechiometrischen Forschung (Diss., 1901). — Theophrastus Paracelsus (1903). — (Hg.:) Paracelsus, T.: Das Buch Paragranum (1903). — (Hg.:) Paracelsus, T.: Volumen Paragranum u. Opus Parminum (1904). — Naturbetrachtung und Naturerkenntnis (1904; Ndr. 1971). — (Hg.:) Berthelot, M.: Die Chemie im klassischen Altertum (1905). — Über antiken Dämonenglauben (1905). — Über die Vorgeschichte und die Anfänge der Chemie (1906). — Johann Baptist van Helmont (1907). — Beiträge u. Skizzen zur Geschichte der Naturwissenschaften (1909; Ndr. 1971). — Geschichte der Naturwissenschaften im Mittelalter (1910, Ndr. 1972). — Die Vergangenheit der Naturforschung (1913). — Die menschliche Rede und das Leben (1914). — Goethe als Naturforscher (1917). — Unsere Liebe Frau in Österreich (1921). — Theophrastus Paracelsus. Eine Studie (1924). — Albertus Magnus (1926). — Johannes Hus (1927). — (Hg.:) Schmieder, K. C.: Geschichte der Alchemie (1927). — Astrologie, Alchemie, Mystik (1928). — Theophrastus Paracelsus. Idee u. Problem seiner Weltanschauung (1937). — Das Heimweh (1939). — Verz. s. Poggendorff 5,2 (1926), 6,4 (1940) u. 7a (1961), Österreicher der Gegenwart (1951) u. Kosch, Lit. Lex. 21 (³2001).

L.: Kohoutí kříž [30.4.2024]. — Šišma, P.: Zur Geschichte der Deutschen Technischen Hochschule Brünn (2009) 134 (tschech.: Učitelé na německé technice v Brně (2004) 130). — Kosch, Lit. Lex. 21 (³2001, m. Verz.). — Wien Lexikon 5 (1997). — Österr. Personenlexikon (1992). — EBL 2 (1987). — Gmeiner, A./Pirhofer, G.: Der österr. Werkbund (1985) 243. — Heimatkreis Eger (1981) 565. — MSA 49 (1978) 45. — 20 Jahre Patenschaft Amberg-Eger. 25 Jahre Egerer Zeitung (1974). — Jb. d. Egerländer 20 (1973) 54. — Österreich-Lexikon 2 (1966). — Partisch 3 (1966). — RGG Register-Bd. (³1965). — VB 13.11.1965, 8. — Lebendige Stadt 10 (1963). — Fischer 2 (1962). — Poggendorff 7a,4 (1961, m. Verz.). — Zischka, G.: Allgemeines Gelehrten-Lexikon (1961). — Kosch, Lit. Lex. 4 (²1958). — Kürschner, Gel. Kal. 8 (1954). — Österr. Chemiker-Zeitung 54 (1953) 188 f. — Österreicher der Gegenwart (1951, m. Verz.). — Ziegenfuß, W. (Hg.): Philosophen-Lexikon 2 (1950). — Strunz, P. R.: Familiengeschichte Strunz (1941) 73 f. — OSN ND 6,1 (1940). — Poggendorff 6,4 (1940, m. Verz.). — Kürschner, Gel. Kal. 5 (1935). — Wer ist's? (1935). — MSN 6 (1932). — Das Jb. d. Wiener Gesellschaft (1929). — Jaksch (1929). — Poggendorff 5,2 (1926, m. Verz.). — Deutsche Heimat 2 (1926) 424 f. — Wer ist's? (1909, m. Verz.). — Biogr. Slg.

Strunz, Franz, Koch und Unternehmer, * 17. 2. 1756 Thiergarten (Obora bzw. Hracho-lusky) Bez. Netolitz (Netolice), † 18. 7. 1805 Wien. 1778 Traiteur bzw. Pächter der Küche des Priesterseminars in Brünn, 1780–1788 Pächter der Lebensmittelversorgung der Militärakademie in Wiener Neustadt mit Bäckerei, Schlachterei sowie von Gutshöfen und Weinbergen in Bösing. Aufklärer, Reformversuche in Landbau und Viehzucht nach Johann Gottlieb Wolstein. Dann bis 1791 Pächter der Küche des Generalseminars in Pressburg. Seit 1792 Restaurantpächter in Wien und seit 1795 Traiteur. 1795 Wiener Bürgerrecht. 1791/92 Ankauf und 1793/94 in Wien erste öffentliche Ausstellung von 49 Büsten Franz Xaver Messerschmidts (Charakterköpfe), den er auf diese Weise bekannt machte.

W.: Freymüthige Briefe über die Schafzucht in Böhmen und Oesterreich (1788). — (Hg.:) Merkwürdige Lebensgeschichte des Franz Xaver Messerschmidt (1793, ²1794, ³1808, Ndr. 1982).

L.: Pötzl-Malikova, M.: Franz Xaver Messerschmidt 1736–1783 (2015) 114-121. — Schirlbauer, A.: Miscelanaea [sic!] zu Messerschmidt (2014). — Schirlbauer, A.: Der erste Aussteller der Charakterköpfe von F. X. Messerschmidt (2013). — Ars 46,2 (2013) 292-313. — Pötzl-Malikova, M.: Franz Xaver Messerschmidt (1982). — Hirsching, F. C.: Historisch-litterarisches Hb. berühmter u. denkwürdiger Personen 5,1 (1800) 287 f. — Biogr. Slg.

Strunz, Franz, Lehrer und Schriftsteller, * 5. 4. 1941 Fürstenhut (Knížecí Pláně) Bez. Winterberg (Vimperk), † 7. 6. 2007 Deisenhofen bzw. Oberhaching bei München. Nach der Ausweisung aus der Tschechoslowakei zuerst in Peiting/Oberbayern, dann in Niederbayern. Gymnasium in Pfarrkirchen. Latein-, Französisch- und Anglistikstudium in München, Wien und Montpellier. Referendar an der deutschen Schule in Namibia. 1970–2003 Gymnasiallehrer, später Studiendirektor in München. Daneben Psychologiestudium in München, 1980 Dipl.-Psych. Pädagogische, psychologische, philosophische, literarhistorische und musikologische Aufsätze sowie Rezensionen, zudem Regionalforschungen zum Böhmerwald und zu → R. Kubitschek. Mitarbeiter der Zeitschriften Forum Classicum sowie Literatur in Wissenschaft und Unterricht.

W.: Die episodischen Phänomene des Schlafs u. der Traum. In: Psychotherapie, Psychosomatik, Medizinische Psychologie 36 (1986) 263-273. — Catulli Carmina. In: Der altsprachliche Unterricht 33,4 (1990) 25-40. — Preconscious Mental Activity and Scientific Problem-Solving. In: Dreaming 3,4 (1993) 281-294. — Die Traumdeutung zwischen Freud u. Jung (1995).

— (Übers.:) Saint Corbinien. Arbeo, évêque de Freising (1997). — Bischof Korbinian von Freising. In: Literatur in Bayern 52 (1998) 10-21. — Hypatia in der schönen Literatur: Fritz Mauthners Hypatia. In: Forum Classicum 41,2 (1998) 106-111. — Ein literarischer Streit. Alois Johannes Lippl u. Rudolf Kubitschek. In: Ostbairische Grenzmarken 43 (2001) 233-247. — „Meine lieben Fürstenhuter ..." (2002). — Kein Ende um Latein. In: Neue Sammlung 43,4 (2003) 561-582. — (Bearb.:) Kubitschek, R.: Böhmerwäldisches Lachen (2003). — Pils, Groll, Kubitschek. In: Passauer Jahrbuch 47 (2005) 179-204. — Böhmerland (2007).

L.: Kohoutí kříž [30.4.2024]. — Böhmerwäldler Heimatbrief 60,8 (2007) 59 u. 61,6 (2008) 35. — SZ 9./10.6.2007, 18. — Biogr. Slg.

Strupi (Struppi), **Simon**, Arzt, * 20. 10. 1813 Cirčiče bei Krainburg (Čirčiče bzw. Kranj/Slowenien), † 26. 10. 1880 Prag (Praha). 1825–1829 Gymnasium in Krainburg, dann bis 1831 Philosophicum in Laibach. Anschließend Medizinstudium an der Universität Wien, 1833 Promotion. Seit 1834 Veterinärmedizinstudium am Tierarznei-Institut in Wien, 1838 Promotion in Arzneikunde und 1842 Magister in Tiermedizin. 1842–1844 Assistent am Wiener Tierarznei-Institut. Seit 1843 Landestierarzt für Illyrien in Laibach. Zudem Leiter der forstwirtschaftlichen Baumschule. Slowenischer Patriot, Agrarpolitiker und Vertreter eines konservativen Austroslawismus. Gemeinsam mit Janez Bleiweis Konzept für eine slowenischsprachige tiermedizinische Schule in Laibach, die 1848 gegründet wurde und 1850 ihren Lehrbetrieb begann. Dort bis 1855 Dozent. Seit 1855 o. Prof. für theoretische und praktische Tiermedizin mit den Spezialgebieten Arzneimittel und Tierseuchen an der medizinischen Fakultät der Universität Prag. Pläne zum Ausbau des Faches zu einer eigenen Tierarznei- und Veterinärschule an der Prager Fakultät. 1864 Beginn eines Diskurses über die Bekämpfung der Maul- und Klauenseuche. Beiträge zur slowenischen tiermedizinischen Terminologie. Beiträge in österreichischen, slowenischen und tschechischen Fachzeitschriften und populärwissenschaftliche Periodika zur Tiermedizin und Viehzucht. Seit 1856 Mitglied der ständigen Landes-Medizinalkommission in Prag und seit 1874 der Landeskommission für Pferdezucht in Böhmen. Mitglied der Wiener und Ausschussmitglied der Krainer Landwirtschaftsgesellschaft. Seit 1856 Mitglied der patriotisch-ökonomischen Gesellschaft in Prag. 1844 Präsident der Musikalisch-humanistischen Gesellschaft in Laibach.

W.: De febribus (Diss., 1838). — Nauk spoznanja in ozdravljanja vunajnih in notrajnih bolezin kónj, govéd, ovác, koz, prešičev in psov [Die Wissenschaft vom Erkennen u. Heilen der äußeren u. inneren Krankheiten von Pferden, Rindern, Schafen, Ziegen, Schweinen u. Hunden] (1852, ²1885: Živinozdravništvo [Veterinärmedizin]).

L.: Gorenjski Glas 24.10.2016. — Biografski leksikon Gorenjci predstavlja osebnosti vom 8.12.2014. — ÖBL 62 (2010). — Osebnosti. Veliki slovenski biografski leksikon 2 (2008). — Enciklopedija Slovenije 12 (1998). — Dějiny Univerzity Karlovy 3 (1997). — BSPLF 2 (1993). — Kranjski zbornik (1980) 182-193. — Gradivo za spominski sestanek ob 100-letnici smrti prof. Simona Strupija (1980). — Slovenski biografski leksikon 11 (1971). — 50 let vysokého veterinárního učení v Brně (1968) 25. — Loubal, F.: Sto let veterinární služby hlavního města Prahy (1968) 11. — Wiener Tierärztliche Monatsschrift 55 (1968) 194 f. — Koerting (1968). — Volf (1967). — Stefančič, A.: Začetek in razvoj veterinarstva na Slovenskem (1966) 76 u. 112. — Volf, M.: Vlastenecko-hospodářská společnost (1956). — AČL (1913). — Časopis lékařů českých 19 (1880) 673. — WZ 29.9.1880, 3 u. (Ab.) 6.10.1880, 3. — Bohemia 28.9.1880, 5. — Schrader-Hering (1863). — Biogr. Slg.

Struppe, **Max**(imilian), Lehrer und Maler, * 29. 5. 1894 Teplitz-Schönau (Teplice-Šanov bzw. Teplice), † 26. 9. 1957 Fulda. Seit 1905 Realschule Teplitz-Schönau, 1913 Matura. Zudem Staatsfachschule für Keramik in Teplitz-Schönau. Studium an der Prager Akademie der Bildenden Künste, daneben Kurse in Mathematik an der deutschen TH und in Pädagogik an der deutschen Universität in Prag. 1919 Staatsprüfung für das Lehramt an Oberschulen. Dann Lehrer für Kunsterziehung, Mathematik und Geometrie an der Realschule Teplitz-Schönau. Seit 1923 Kunstlehrer am Gymnasium in Karlsbad, seit 1938 an der dortigen Mädchenoberrealschule. Zudem bis 1945 Maler, Zeichner sowie Kunstmanager in Karlsbad. Vortragtätigkeit in Böhmen. 1920 Mitgründer des Metznerbunds und seit Gründung 1929 Vorsitzender des Karlsbader Regionalvereins. Seit 1930 Organisation internationaler und regionaler Kunstausstellungen in der Kunsthalle Karlsbad sowie an weiteren Orten der böhmischen Länder. Seit 1942 Kunstpfleger für Karlsbad und das Egerland. 1945 Porzellanmaler in Karlsbad. Nach der Ausweisung aus der Tschechoslowakei seit 1946 in Heblos bei Lauterbach/Hessen. Seit 1948 Studienrat an der Oberrealschule Lauterbach. Zudem

Organisator von Ausstellungen zur Gegenwartskunst in Hessen und in der Oberpfalz. Bis 1954 Jurymitglied der Ausstellungen Oberpfälzer und Egerländer Künstler auf den Nordgautagen. Ehrenmitglied des Museumsvereins Lauterbach.

W.: Internationale Kunstausstellung Karlsbad 1930 (Mitautor; 1930). — Ausstellung Düsseldorfer Künstler (1942). — Walther Klemm. In: SM (1943) 198-203. — 15 Jahre Kunstausstellungen in Karlsbad. In: Karlsbader Tageszeitung 22.4.1944. — Vers. s. Slavíček 2 (2016) 1380.

L.: Chleborádová B. (Hg.): Umění v nouzi!? / Kunst in Not!? (2019). — Slavíček 2 (2016). — Habánová, A. (Hg.): Junge Löwen im Käfig (2013; tschech.: Mladí lvi v kleci, 2013). — SČSVU 15 (2005). — Stifter Jb. NF 7 (1993) 109. — EBL 2 (1987). — Ostdeutsche Gedenktage (1982) 95. — Karlsbader Zeitung 32,9 (1982) 212 f. — Schubert, H.: Karlsbad (1980). — SdZ 3.5.1974, 11 u. 17.9.1982, 7. — Karlsbader Zeitung 22 (1972) 51, 147 u. 195. — Gedächtnisausstellung Professor M. S. (1958). — Oberhessische Volkszeitung 28.9.1957. — Mitteilungen des Adalbert Stifter Vereins 2,7 (1954) 7. — SdZ 17.7.1954, 6 u. 19.10.1957, 10. — PN 5,7 (1954) 9 f. — Karlsbader Badeblatt 10.7.1954, 4 u. 25.10.1957, 251 f. — Toman 2 (1950). — Prager Tagblatt 29.7.1931, 2. — Biogr. Slg.

Struschka (Struška), František (Franz), Jurist und Heimatforscher, * 3. 9. 1798 Prerau (Přerov), † 7. 8. 1873 Pressburg (Bratislava). Gymnasium und Jurastudium in Olmütz, 1824 Abschluss. Danach am mährischen Landesgubernium in Brünn, 1833 Praktikant am Kreisamt Prerau, Beamter in Mähren, 1868 Ruhestand als Kreishauptmann von Prerau. 1854 Gründer einer Stiftung für die Ausbildung armer Jugendlicher aus Prerau. Lokalhistoriker, Verfasser der ersten Stadtgeschichte Preraus. 1871 Ehrenbürger von Prerau.

W.: Geschichte der Stadt Prerau (Ms.; 1872).

L.: Nové Přerovsko 1.8.2008, 11 u. 8.8.2008, 11. — Drechsler, A. u. a.: Dějiny města Přerova v datech (2006). — Přerovské listy 9 (2003) 8. — Sborník Státního okresního archivu Přerov (1996). — Minulost Přerovska (1992) 79 f. — Kultura Přerova 9 (1960) 5 u. 1 (1967) 9 f. — Přerovský obzor 1.7.1915, 2. — Schematismus des Markgrafthums Mähren (1833) 38.

Struschka, Hermann (Pseud. Hermann Hoffmann, S. Hermann, Sigmund Hanisch), Lehrer und Schriftsteller, * 25. 3. 1851 Olmütz (Olomouc), † 31. 1. 1932 Wien. Gymnasium in Olmütz und Brünn, Matura in Olmütz. 1870–1874 Studium der Naturwissenschaften an der Universität Wien, 1876 Oberstufenlehrbefugnis. Zuerst Supplent für Naturgeschichte, Physik und Mathematik in Olmütz, dann in Kremsier. 1878 Leutnant der Reserve im Okkupationsfeldzug in Bosnien-Herzegowina. Seit 1882 in Kremsier Gymnasiallehrer und Bezirksschulinspektor der deutschen Volks- und Bürgerschulen. Kustos des naturhistorischen Kabinetts und seit 1882 Leiter des Laientheaters in Kremsier. 1890–1892 Gymnasiallehrer in Brünn. Seit 1898 freier Schriftsteller in Mödling bei Wien. Verfasser von naturwissenschaftlichen Studien sowie von Gedichten, Lustspielen und Romanen. Mitarbeiter von Zeitungen wie Austria und Österreichs illustrierte Zeitung sowie von lokalen Blättern in Mödling und Baden bei Wien. Komponist von Liedern, Vertonungen eigener Gedichte.

W.: Die Umgebung Mostars (1880). — Die nennenswerten Dauergewächse des fürst-erzbischöflichen Schlossgartens in Kremsier (1883). — Über einige (zumeist) praehistorische bei u. in Kremsier gemachte Funde (1884). — Blüten und Nieten (1886). — In Freud und Leid (1887). — Vater und Tochter (1887). — Wenn man die Verlobung versäumt (1888). — Kaiser Franz Josef I. (1888). — Schwarz-gelb (1888). — Eine wissenschaftliche Entdeckung (1889). — Die Einquartierung (1889). — Frau Baronin Althturn (1889). — Zoraide (1890). — Auf Brautwerbung (1890). — Der Herr Gesandte (1891). — Die Millionärin (1894). — Die Zecher (1905). — Das Beethovenhaus (1908). — Jubelklänge (1908). — Ein Impromptu (1908). — Haydns letzte Vision (1909). — Waldbleamerln für'n Jaga-Kaiser (1910). — Selbstmord oder Mord? (1923).

L.: Kosch, Lit. 20. Jh. 17 (2011) 148 f. (m. Verz.). — ÖBL 62 (2010). — Fiala-Fürst, I. u. a. (Hg.): Lexikon deutschmähr. Autoren (2006). — Olmützer Blätter 40,3 (1992) 21. — MSA 105 (1991) 48 f. — Kosch, Lit. Lex. 7 (³1979) 988. — SdZ 12.3.1976, 11. — Festgabe für Univ.-Prof. Dr. Josef Matzke (1971) 32 f. — MSH 16 (1971) 32 f. — Adel, K.: Geist und Wirklichkeit (1967) 190. — Olmützer Blätter 13,9 (1965) 8 f. — König (1964). — Giebisch-Gugitz (1963, m. Verz.). — Kosch, Lit. Lex. 4 (²1958). — Giebisch-Pichler-Vancsa (1948). — Jaksch (1929) 106. — Brümmer 7 (1913, m. Verz.). — Deutschlands, Österr.-Ungarns u. d. Schweiz Gelehrte, Künstler u. Schriftsteller (1908, m. Verz.). — Eisenberg 1 (1893). — Heller 3 (1889) u. 5 (1892) X.

Strusius, Matthaeus SJ, Geistlicher, * 31. 3. 1641 Postelberg (Postoloprty), † 20. 10. 1686 Neisse/Schlesien (Nysa/Polen). 1660 Eintritt in den Jesuitenorden, Noviziat in Brünn. 1663 am Kolleg in Neisse. 1664–1666 Studium an der philosophischen Fakultät der Prager Universität. 1669 Grammatiklehrer und Visitator am Kolleg in Neisse sowie Lehrer und Prediger in Troppau. 1670–1676 Theologiestudium an der Universität in Olmütz. 1674 Prof. für Poetik an der Universität in Prag sowie Prediger. 1675 Prof. für Ethik an der philosophischen Fakultät der Universität Olmütz. 1676 Tertiat in Teltsch, 1678 Ordensgelübde in Breslau. 1677–1679 Prof. für Philosophie und Ethik an der philosophischen Fakultät in Breslau, 1682/83 Prof. für Moraltheologie an der theologischen Fakultät in Olmütz, 1683 Oberer des Schweidnitzer Kollegs für die Niederlassung in Hirschberg/Schlesien. Seit 1684 Rektor des Kollegs in Neisse.

L.: Bio-bibliografická databáze řeholníků v českých zemích v raném novověku [30.4.2024]. — Korespondencja Adama Adamandego Kochańskiego SJ (2005) 217. — Fechtnerová, A.: Rectores collegiorum Societatis Iesu in Bohemia, Moravia ac Silesia (1993) 449. — Čornejová-Fechtnerová (1986). — Fischer, Catalogus (1985). — AUC-HUCP 23,1 (1983) 75. — Archiv f. schles. Kirchengeschichte 38 (1980) 156. — PB Phil Kalckbrenner (1972). — Tříška, J.: K rétorice a k univerzitní literatuře (1972) 141 u. 263.

Struska, Jiří, Techniker und Publizist, * 23. 8. 1925 Ossegg (Osek) Bez. Dux (Duchcov), † 1. 3. 1983 Prag (Praha). Maschinenbau- und Elektrotechnikstudium an der TU Prag, 1950 Dipl.-Ing., 1966 CSc. Seit 1950 Mitarbeiter am Forschungsinstitut für Ton-, Bild- und Wiedergabetechnik in Prag, seit 1953 Leiter der Abteilung für Tonaufzeichnung, 1962 Direktor der Zweigstelle in Prag-Wokowitz, 1977–1982 stellv. Direktor des Instituts. Delegierter des Instituts bei der Union Internationale des Associations Techniques Cinématographiques. Veröffentlichungen und Patente im Bereich der magnetischen Tonaufzeichnung. Daneben Filmpublizist und -kritiker. 1947/48 Redakteur der Zeitschrift Směr. Veröffentlichungen in den Zeitschriften Tvorba, Film a doba und Divadelní a filmové noviny. Übersetzungen von Filmfachliteratur und Drehbüchern. Seit 1961 Sektionsvorsitzender des Verbands tschechoslowakischer Theater- und Filmkünstler. Juryvorsitzender bei den Kurzfilmtagen in Karlsbad, 1968 Jurymitglied beim Internationalen Filmfestival in Karlsbad. 1973 Klement-Gottwald-Staatspreis.

W.: Příručka pro promítače [Hb. für Filmvorführer] (zus. m. M. Jiráček; 1956). — (Hg.:) Les travaux des recherches scientifiques et techniques appliqués au cinéma et à la télévision (1962). — K otázce fyzikálních vlastností nosičů pro magnetický záznam zvuku [Physikalische Eigenschaften der Tonträger für die magnetische Tonaufzeichnung] (Diss., 1966). — Occhio magico. Il cinema d'animazione Cecoslovacco 1944–1969 (zus. m. J. Hořejší; 1969). — (Hg. zus. m. V. Obdržálek:) 25 let Výzkumného ústavu zvukové, obrazové a reprodukční techniky [25 Jahre Forschungsinstitut für Ton-, Bild- u. Wiedergabetechnik] (1970). — Videoforum 1971 (1972). — (Hg.:) Výhled vývoje české kultury do roku 1990 [Ausblick auf die Entwicklung der tschech. Kultur bis 1990] (1976). — 100 let záznamu zvuku [100 Jahre Tonaufzeichnung] (1977). — Prognóza rozvoje české kultury do roku 2000 [Entwicklungsprognose der tschech. Kultur bis 2000] (zus. m. M. Racek; 1980).

L.: Tomeš 3 (1999). — Kdy zemřeli? (1992). — 40 let Výzkumného ústavu zvukové, obrazové a reprodukční techniky 1945–1985 (1985) 19-21. — Slaboproudý obzor 44,7 (1983) 364. — Vopravil (1973). — Procházková, M.: Autorské šifry v českých časopisech (1965). — Divadelní noviny 12.4.1961, 6. — Biogr. Slg.

Struska, Johann (Jan), Arzt, * 23. 5. 1848 Böhmisch Budweis (České Budějovice), † 5. 6. 1924 Prag (Praha). Gymnasium in Böhmisch Budweis. 1868 Medizinstudium an der Universität Prag und seit demselben Jahr an der Universität Wien, 1874 dort Dr. med. Dann Krankenhausarzt in Wien. Seit 1876 tiermedizinisches Studium am Militär-Tierarznei-Institut in Wien, 1879 Diplom. Dort seitdem Assistent und seit 1881 Dozent für Geschichte und Literatur der Tierheilkunde. Seit 1883 Adjunkt und 1889–1914 o. Prof. für Anatomie an der Tierärztlichen Hochschule in Wien. Fachmann für tiermedizinische Terminologie, Mitglied der Anatomischen Nomenklaturkommission. Aufsätze in der Vierteljahresschrift für wissenschaftliche Veterinärkunde. Nach 1919 in Prag. 1906 Franz-Joseph-Orden, 1910 Orden der Eisernen Krone 3. Klasse, 1913 Hofrat.

W.: Anleitung zu den anatomischen Präparier-Übungen (1887). — Lehrbuch der Anatomie der Hausthiere (1903).

L.: ÖBL 62 (2010). — Červený, Č.: Brněnská škola československé veterinární morfologie (2005) 13. — Eisenmeier, E.: Böhmerwald-Bibliographie (1977). — VB 11.5.1973, 11. — Sudetenland 10 (1968) 145. — 200 Jahre Tierärztliche Hochschule in Wien (1968). — Partisch 4 (1967) 148 f. — Günther, G.: Die Tierärztliche Hochschule in Wien (1930) 72. — Wiener tierärztliche Monatsschrift 11 (1924) 379 f. — WZ 21.6.1924, 3. — Deutsch-Österreichische tierärztliche Wochenschrift 1.7.1924, 8 f. u. 15.6.1926, 9. — AČL (1913). — Eisenberg 5,2 (1893).

Stryjová (Loewensteinová-Stryjová), Marie, Schriftstellerin, * 4. 11. 1931 Dembrovka/Wolhynien, † 10. 7. 1977 Prag (Praha). Ehefrau von → Bedřich **Loewenstein** (Historiker, * 29. 6. 1929 Prag, † 11. 5. 2017 Berlin [Nachtragsband]). Aus einer wolhynientschechischen Familie. 1947 Übersiedlung der Familie nach Barzdorf bei Braunau. Gymnasium in Braunau, 1951 Matura. 1951–1956 Studium der Polonistik und Russistik an der Universität Prag. Danach Redakteurin im Staatlichen pädagogischen Verlag in Prag. Autorin von Erzählungen und Gedichten, meist posthum veröffentlicht. Übersetzerin aus dem Polnischen ins Tschechische.

W.: Nad rovinou [Über dem flachen Land] (1982). – Mlč [Schweige] (2006). – Pokojík [Das kleine Zimmer] (2009). – Za Hvězdou [Hinter dem Stern] (2019).

L.: Meier, J.: Broumovsko a Policko literární (2016) 35-44. – Hasmanová, E.: M. S. v materiálech literárního archivu PNP (Bachelor-Arb. Pardubice, 2015). – Respekt 20,21 (2009) 48. – Proglas 3 (2007) 35 f. u. 6 (2007) 4-7. – Meier, J.: Broumovsko & literatura (2003) 33-44. – Tomeš 3 (1999). – Šolcová, L.: M. S. (1931–1977). Soupis osobního fondu (1998). – Křesťanská revue 64,8 (1997) 184-187. – Rambousková, Š.: M. S., pokus o monografii (Mag.-Arb. Hradec Králové, 1993).

Strzebsky (Střebský), Mansuet Joseph (Mansvet), Musiker, * 11. 12. 1753 Geiersberg (Kyšperk bzw. Letohrad) Bez. Senftenberg (Žamberk), † 8. 5. 1807 Prag (Praha). Schüler und Chorsänger im Servitenkloster auf dem Muttergottesberg bei Grulich. Dann Philosophie- und Musikstudium in Prag. Seit 1779 Violinist des Klosters Strahow, später im Orchester der St.-Veits-Kathedrale in Prag. Zudem Bratschist im Opernorchester des Prager Ständetheaters. Geiger, Gambist und Pianist. Zudem Musiklehrer, Kopist von Musikhandschriften und Komponist von Kirchen- und Kammermusik.

W.: O salutaris hostia (1800). – Fundament für Viola da Gamba (o. J.).

L.: Vargová, A.: Viola da gamba v českých zemích v 18. století (Bachelor-Arb. Brno, 2014) 22. – ČHS id=1002115 vom 24.2.2006. – Hudební věda 37,3-4 (2000) 228. – Měrka, I.: Violoncello. Dějiny, literatura, osobnosti (1995) 18. – ČslHS 2 (1965). – Eitner 9 (1959). – Rodokmen 1,2 (1946) 43. – Wurzbach 40 (1880). – Biographie universelle des musiciens et bibliographie générale de la musique 8 (1862). – Dlabač 3 (1815).

Strzemcha, Paul Johann Viktor (Pseud. Paul Kirsch, Paul Maibaum), Lehrer und Schriftsteller, * 9. 9. 1844 Großseelowitz (Židlochovice), † 25. 12. 1940 Brünn (Brno). 1856 Gymnasium in Brünn, seit 1857 in Nikolsburg, dort 1863 Matura. Dann Diözesanalumnat in Brünn. 1864–1869 Philologie- und Geschichtsstudium an der Universität Wien. Seit 1868 Gymnasiallehrer für Geschichte und Philologie in Teschen. 1871 Lehrbefugnis für Geographie. Seit 1871 Lehrer, seit 1884 Leiter und seit 1886 Direktor der Landesoberrealschule in Brünn sowie dann auch Bezirksschulrat. 1905 Regierungsrat und Ruhestand. 1903–1920 Inspektor der Brünner Kindergärten. 1893–1917 deutschfreiheitliches Mitglied des Brünner Gemeindeausschusses bzw. des Gemeinderats. Seit 1894 Mitglied der städtischen Theaterkommission. Interimsintendant des deutschen Theaters in Brünn. Literaturhistoriker, Kulturwissenschaftler und Schulbuchautor. Verfasser von Gedichten und kleineren dramatischen Stücken, Festspielen und Prologen. Zudem Feuilletonist für Brünner Zeitungen. 1881/82 Redakteur der Literaturzeitschrift Moravia. Mitglied der historisch-statistischen Sektion der Mährisch-Schlesischen Gesellschaft zur Beförderung des Ackerbaues, der Natur- und Landeskunde in Brünn. Seit 1889 im Vorstand, 1913–1932 Vorsitzender, seit 1914 Ehrenmitglied und seit 1933 Ehrenvorsitzender des Deutschen Vereines für die Geschichte Mährens und Schlesiens, seit 1913 Schriftleiter der Vereinszeitschrift. Obmann der Deutschen Schillerstiftung in Brünn. Vorstandsmitglied des Deutschen Journalisten- und Schriftstellervereins für Mähren und Schlesien. Ehrenvorsitzender der Deutschen Gesellschaft für Wissenschaft und Künste in Brünn. 1924–1934 korr. Mitglied der Deutschen Gesellschaft der Wissenschaften und Künste in Prag. Ehrenbürger von Großseelowitz.

W.: Geschichte der deutschen National-Literatur (1877, ⁸1910). – Gretel (1878). – Kleine Poetik (1880, ³1906). – Berichtigungen zu Schiller's Geschichte des 30jährigen Krieges (1881). – Geschichte, Geographie und Statistik der österr.-ungarischen Monarchie (1883). – Robert Hamerling (1884). – Ein Gruss aus alter Zeit (1886). – Deutsche Literatur in Mähren. In: D'Elvert, Notizenblatt (1891) H. 12, 89-96 u. (1892) H. 4, 31-37. – (Mit-Hg.:) Deutsches Dichterbuch aus Mähren (1892). – (Hg.:) Wilhelm Tell. Schulausgabe (1893, ⁵1919). – Die Schweden vor Brünn (1895). – Volksleben der Deutschen. In: Die österr.-ungarische Monarchie in Wort u. Bild.

Mähren u. Schlesien (1897) 130-164. — Deutsche Dichtung in Österreich im XIX. Jh. (1903). — Das Sonett (1904). — Der silberne Kranz (1906). — Brünner Elegien (1907). — Die Olmützer Dichterschule. In: ZDVGMS 12 (1908) 278-294. — Vom Lebenswege (1925). — Lebensernte (1934).

L.: *BohZ 55,2 (2015) 279, 281 u. 286. — Hlavačka, M. u. a.: Sociální myšlení a sociální praxe v českých zemích 1781–1939 (2015) 361. — Literární procházky německou Olomoucí (2012). — Fiala-Fürst, I.: Kurze Geschichte der deutschmähr. Literatur (2011) 65. — ÖBL 62 (2010). — Fasora, L. u. a. (Hg.): Občanské elity a obecní samospráva 1848–1948 (2006). — Schumann, A.: Heimat denken (2002) 261. — Kosch, Lit. Lex. 21 (³2001, m. Verz.). — Pillwein, E./Schneider, H.: Lexikon bedeutender Brünner Deutscher (2000). — Míšková/Neumüller (1994). — Brünner Köpfe (1988). — Kosch, Lit. Lex. 7 (³1979) 987. — Südmährisches Jb. (1968) 72-75. — Adel, K.: Geist und Wirklichkeit (1967). — VB 18.12.1965, 8. — Giebisch-Gugitz (1963, m. Verz.). — MSH 5 (1960) 353. — SdZ 24.12.1960, 7. — Brünner Heimatbote 5 (1953) 3 f. — Giebisch-Pichler-Vancsa (1948). — SM (1941) 132 f. — ZDVGMS 43,1 (1941) 55-57. — OSN ND 6,1 (1940). — Brünner Tagblatt 28.12.1940, 5. — Brünner Abendblatt 27.12.1940, 2. — Nagl-Zeidler-Castle 4 (1937). — DMSHeimat 20 (1934) 170-173 u. 295 f. — Deutsche Heimat 10 (1934) 220-223. — Tagesbote 10.9.1934, 2. — Bohemia 31.8.1934, 5. — MSN 6 (1932). — Jaksch (1929). — Blösl, J.: Südmährens Dichter und Sänger (1926) 60-63 u. 287. — DMSHeimat 10 (1924) 221-228. — ZDVGMS 26,4 (1924) [o. S.; Festgabe]. — Brümmer 7 (1913, m. Verz.). — Wer ist's? (1909). — Bondi, G.: Geschichte des Brünner Stadttheaters (1907). — Festschrift d. Feier d. 50jähr. Bestandes d. Landes-Oberrealschule in Brünn (1907) 58-60. — Heller 3 (1889) u. 5 (1892). — D'Elvert, Notizenblatt (1886) H. 4, 25 f. — Biogr. Slg.*

Strziebro, Jacob(ellus) von → **Jacobellus von Mies**

Stržil, Josef, Landwirt und Politiker, * 26. 11. 1878 Zalaschan (Zalažany bzw. Jenišovice) Bez. Hohenmauth (Vysoké Mýto), † 14. 1. 1953 Hohenmauth. Ackerbauschule in Chrudim. Landwirt und Gutspächter in Stěnitz bei Jenschowitz, später Gutsbesitzer. 1903 Volontär an der landwirtschaftlichen Landes-Versuchsstation für Pflanzenkultur in Brünn. Seit ca. 1905 Mitglied der tschechischen Agrarpartei, nach 1918 im Parteibezirksvorstand Hohenmauth. 1925–1935 und erneut seit 1937 Senator der tschechoslowakischen Agrarpartei in der Prager Nationalversammlung. Schriftführer und Berichterstatter vor allem zu Handelsverträgen. Seit Ende 1938 Mitglied der Partei der nationalen Einheit und deren Senatsfraktion. Fortbildungskurse und Zusammenarbeit mit der Experimentierstation der land- und forstwirtschaftlichen Hochschule in Brünn. Agrarpolitische und fachliche Beiträge in Venkov, Republika und anderen Zeitungen.

L.: *Mitt. Staatl. Gebietsarchiv Zámrsk, 10.4.2017. — Rokoský, J. u. a. (Hg.): František Udržal (2016). — Východočeský republikán 2.12.1938, 7. — Who's Who (1935). — Národní shromáždění Republiky československé v prvém desítiletí (1928). — Compass. Finanzielles Jb. 61 (1928) 1616. — Zeitschrift f. d. landwirtschaftliche Versuchswesen in Österreich 7 (1904) 277. — Biogr. Slg.*

Strziska (Strischka), Hans (Johann Heinrich), Landwirt und Politiker, * 29. 3. 1866 Mies (Stříbro), † 11. 11. 1922 Mies. Handelsschule. Gutsbesitzer in Mies. Seit 1901 erst alldeutscher, dann deutschradikaler Politiker und Kandidat bei böhmischen Landtagswahlen. Seit ca. 1902 Stadtrat von Mies, seit 1903 Mitglied und seit 1908 Obmann der Bezirksvertretung. 1911–1918 westböhmischer Reichsratsabgeordneter für die Deutsche Agrarpartei, seit 1917 für den Deutschen Nationalverband. Seit November 1918 in Mies Leitung der Bezirkshauptmannschaft und des deutschen Nationalausschusses in Mies. 1918/19 deutschnationaler Abgeordneter der Provisorischen Nationalversammlung in Wien. Mitglied des Deutschen Volksrats für Böhmen. Seit 1904 Obmann des landwirtschaftlichen Vereins in Mies. Delegierter und Ausschussmitglied der deutschen Sektion des Landeskulturrats für Böhmen. Präsident des Deutschen land- und forstwirtschaftlichen Zentralverbands für Böhmen. 1916 Mitgründer und seit 1917 Präsident der deutschen Viehverwertungsgesellschaft für Westböhmen. Im Vorstand des Deutschen Pferdezuchtverbands in Budweis. 1917 Kriegskreuz für Zivilverdienste 2. Klasse.

L.: *Kohoutí kříž [30.4.2024]. — Kubů, E. u. a.: Za německou hroudu a zrno (2023). — Drašarová, E. u. a. (Hg.): Nedostatek odvahy ke smíru (2021). — Adlgasser (2014). — Biogr. Hb. der österr. Parlamentarier (1998). — EBL 2 (1987). — Stickler, M.: Die Abgeordneten zum Österr. Nationalrat (1975). — Brückner, H.: Die deutschen Abgeordneten aus den böhm. Ländern im österr. Reichsrat (1975). — Weschta, W.: Mies 1877–1945 (1971) 103 u. 124. — Knauer, Parl. (1969). — Jb. d. Egerländer 14 (1967) 86. — Der Heimatkreis Mies (1962) 130 u. 133. — Böhmerlandjb. 5 (1924) 49. — Wiener Landwirtschaftliche Zeitung 9.12.1922, 4. — Egerer Zeitung 16.11.1922, 4. — Bohemia 14.11.1922, 3. — Pilsner Tagblatt*

14.11.1918, 4. — Freund, F.: Das österr. Abgeordnetenhaus (1911). — Biogr. Slg.

Strzizek (Střízek), Franz Josef, Ingenieur, * 10. 8. 1852 Widobl (Vidovle bzw. Bitozeves) Bez. Postelberg (Postoloprty), † 19. 1. 1928 Prag (Praha). Bruder von → K. Strzizek. Schule in Saaz und Leitmeritz. Seit 1867 Ingenieurstudium am Polytechnikum in Prag und 1868–1872 am Polytechnischen Institut in Wien. Militärdienst, 1887 Leutnant der Reserve. Seit 1873 Ingenieur, seit 1896 Ober-Ingenieur der Staatsbahnbaudirektion in Wien. Mitarbeit am Bau der Salzburg-Tiroler Eisenbahn und der Böhmerwald-Lokalbahn Strakonitz-Winterberg. Beamter im Handels-, später im Eisenbahnministerium in Wien. 1900 Baurat. Seit 1904 Regierungsrat und stellv. Staatsbahndirektor in Prag, 1906–1917 Staatsbahndirektor in Pilsen. 1907 Eröffnung des neuen Pilsner Bahnhofs. Galt der tschechisch-nationalen Politik bis 1917 als Beispiel eines Germanisators der Bahnbetriebe in Böhmen. Seit 1918 Direktionsrat der Montan- und Industriewerke vormals J. D. Starck. Nach 1918 Präsident der Brüxer Kohlen-Bergbau-Gesellschaft. 1905 Hofrat. 1898 Goldenes Verdienstkreuz mit der Krone sowie 1908 Komturkreuz und 1916 Komturkreuz mit Stern des Franz-Joseph-Ordens.

L.: Hálek, J./Mosković, B.: Ve službách Maffie? (2018). — Mitt. Archiv der TU Wien, 14.12.2016. — EBL 2 (1987). — SDJb (1929) 376. — WZ 22.1.1928, 5. — Prager Tagblatt 21.1.1928, 3 f., 14 u. 22.1.1928, 4. — Bohemia 21.1.1928, 4 u. 13. — Reichspost 5.5.1917, 5. — Bohemia 2.5.1917, 5. — Hof- u. Staats-Handbuch d. Österr.-Ungarischen Monarchie 39 (1913). — Hirsch, Orden (1912) 70. — Pilsner Tagblatt 18.7.1907, 1-3, 11.9.1916, 3 u. 1.5.1917, 4. — Die Fackel 19.2.1906, 22. — Biogr. Slg.

Strzizek, Karl (Carl), Jurist und Bankier, * 15. 7. 1859 Lomnitz an der Lužnitz (Lomnice nad Lužnicí), † 22. 6. 1914 Prag (Praha). Bruder von → F. Strzizek. Gymnasium in Budweis, Leitmeritz und Prag. Seit 1877 Jurastudium an der Universität in Prag, 1885 Promotion an der deutschen Universität. 1878 Reserveoffizier im Okkupationsfeldzug in Bosnien-Herzegowina. Nach 1888 Beamter, dann Direktionssekretär und stellv. Direktor, seit 1894 Direktor und Referent sowie seit 1900 Mitglied und seit 1904 Direktionsrat der Böhmischen Sparkasse in Prag. Gestaltung der ersten Filialgründungen in Aussig, Komotau, Trautenau und Saaz. Vorstandsmitglied des Reichsverbands deutscher Sparkassen in Österreich und des Landesverbands deutscher Sparkassen in Böhmen. Förderer deutscher Studentenwohnheime in Prag. Vorstandsmitglied des Prager deutschen Schulerhaltungsvereins und des Deutschen Vereins zur Verbreitung gemeinnütziger Kenntnisse in Prag. Seit 1904 Vorstandsmitglied des Deutschen Volksrats für Böhmen. Mitgründer und Direktoriumsmitglied des Genesungsheims in Tuchoměřitz und des Blindenheims Francisco-Josephinum in Prag. Ehrenbürger von Aussig. Kriegsmedaille. 1901 Orden der Eisernen Krone 3. Klasse, 1908 Offizierskreuz des Franz-Joseph-Ordens.

L.: Archiv der Karls-Universität, Prag. Matriken. — Montags-Revue aus Böhmen 27.6.1914, 11. — Prager Abendblatt 23.6.1914, 2 u. 9 f. — Prager Tagblatt 23.6.1914, 2 u. 10. — Bohemia (Ab.) 22.6.1914, 2. — Hof- u. Staats-Handbuch d. Österr.-Ungarischen Monarchie 39 (1913). — Hirsch, Orden (1912). — Prager Tagblatt 6.6.1894, 3 f. — Biogr. Slg.

Stubenberg (Freiherr auf Kapfenberg und Mureck, ze Štubenberka), Johann Wilhelm (Hans) Herr von, Schriftsteller und Übersetzer, * 22. 4. 1619 Neustadt an der Mettau (Nové Město nad Metují), † 15. 3. 1663 Wien. Sohn von → R. Herr v. Stubenberg, Vater von Rudolf Wilhelm Herrn von **Stubenberg** (Pseud. HuS, Dichter, * 2. 1. 1643 Pressburg (Pozsony bzw. Bratislava), † 28. 1. 1677 Regensburg, seit 1657 evangelisches Gymnasium Pressburg, dann juristische Studien in Wien, seit 1664 in Regensburg, Scherenschnittkünstler, seit 1661 Mitglied der Fruchtbringenden Gesellschaft, Gedichte, Edition von Schriften seines Vaters). Kindheit auf Schloss Neustadt an der Mettau. Nach der Konfiskation des böhmischen Familienbesitzes ab 1622 in Prag und dann bei protestantischen Verwandten auf der Schallaburg in Niederösterreich. Bis 1629 Adelsschule in Loosdorf/Niederösterreich, dann Exil in Pirna/Sachsen. Seit 1632 als Vollwaise in Dresden. Seit 1636 Kavalierstour durch Frankreich, Italien, die Niederlande und Norddeutschland, 1638 in Oldenburg, dann Rückkehr nach Dresden. 1641–1660 Besitz der Herrschaften Schallaburg und Sichtenberg in Niederösterreich. Längere Aufenthalte in Pressburg, 1652 Reisen nach Weimar und Regensburg. Seit 1658 in Wien. Seit 1648 Mitglied der Fruchtbringenden Gesellschaft. Pferdezüchter und Autor eines lateinischen Pferdezuchtbuchs. Lyriker sowie Übersetzer zeitgenössischer italienischer und französischer Ritterromane, philosophischer, pädagogischer und religiöser Schriften sowie neulateinischer Traktate ins Deutsche. Förderer der deutschen Literatursprache. Umfangreiche Briefwechsel mit deutschsprachigen Dichtern und Dichterinnen wie Andreas Gryphius, → S. v. Birken und der literarischen Ister-Gesellschaft. Erbschenk der Steiermark. 1655 ungarisches Indigenat.

W.: *Norma seu regula armentorum equinorum rectè ac perfectè instituendorum (1662). — (Übers:) Biondi, G. F.: Eromena (4 Bde., 1650–1652); Marini, G. A.: Wettstreit der Verzweifelten (5 Bde., 1651); Loredano, G. F.: Geschichts-Reden (1652); Grenaille, F. de: Frauenzimmer-Belustigung (1653); Bacon, F.: Fürtrefflicher Staats-Vernunfft- und Sitten-Lehr-Schrifften (1654); Bacon, F.: Getreue Reden (1654); Marini, G. A.: Printz Kalloandro (1656); Sorel, C.: Von menschlicher Unvollkommenheit (1660); Scuderi [Scudéry, M. de]: Clélie. Eine römische Geschichte (5 Bde., 1665); Manzini, G. B.: Dem Weisen ist verboten zu dienen (1671). — Verz. s. Jöcher 4 (1751) 902 f., Goedeke 3 (1887) 247 f., Dünnhaupt, G.: Bibliographisches Hb. der Barockliteratur 3 (1981) 1780-1791, Dünnhaupt, G.: Personalbibliographien zu den Drucken des Barock 6 (1993) 3989-4003 u. Kosch, Lit. Lex. 21 (³2001) 166; Verz. der Übersetzungen s. Conermann, K.: Die Mitglieder der Fruchtbringenden Gesellschaft 1617–1650 (1985) 627-630.*

L.: *Die deutsche Akademie des 17. Jhs.: Fruchtbringende Gesellschaft, Mitgliederdatenbank. Datenbanken der Herzog August Bibliothek 9 [30.4.2024]. — Hochedlinger (2018). — Kaiser und Höfe. Personendatenbank der Höflinge der österr. Habsburger. KH=14309 vom 2.2.2018. — Harrer, A.: Die Herren und Frauen v. Zelking (2016) 445 f. — Wolfenbütteler Barock-Nachrichten 38,1 (2011) 51-65. — Koloch, S.: Kommunikation, Macht, Bildung (2011). — Die Schallaburg (2011) 81-88. — Killy, W. (Hg.): Literaturlexikon 11 (²2011). — Mašek, Šlechtické rody 2 (2010). — DBE 9 (²2008). — Höbelt, L.: Ferdinand III. (2008). — Bünker, M. u. a. (Hg.): Protestantismus & Literatur (2007) 398-400. — Laufhütte, H./Schuster, R. (Hg.): Der Briefwechsel zwischen Sigmund v. Birken und [...] J. W. v. S. (2 Bde., 2007). — Stauffer, H.: Sigmund v. Birken (2 Bde., 2007). — Schwarzenbach, S. R.: Stratonica und Demetrius (2002). — Kosch, Lit. Lex. 21 (³2001). — Bircher, M.: Im Garten der Palme 1 (1998). — Hardin, J. (Hg.): German Baroque Writers 1580–1660 (1996) 339-343. — Dünnhaupt, G.: Personalbibliographien zu den Drucken des Barock 6 (1993) 3989. — Bleimfeldner, D.: J. W. v. S. und seine deutsche Übersetzung der Eromena (1992). — Zeitschrift f. Kunstgeschichte 54 (1991) 297-334. — Adel im Wandel 1500–1700 (1990) 206. — Renaissance: Schloß Schallaburg (1989) 25 f. — Conermann, K.: Die Mitglieder der Fruchtbringenden Gesellschaft 1617–1650 (1985) 627-630. — Bircher, M.: J. W. v. S. und sein Freundeskreis (1968). — Literaturwissenschaftliches Jb. 7 (1966) 24-26 u. 11 (1970) 50-52. — Giebisch-Gugitz (1963, m. Verz.). —*

Faber du Faur, C. v.: German Baroque Literature 1 (1958) 222 f. — Rausch, T.: J. W. v. S. (Diss., 1949). — Daut, E.: H. W. v. S.s Clelia-Roman und sein Vorbild (Diss., 1933). — Loserth, J.: Geschichte des altsteirischen Herren- u. Grafenhauses S. (1911). — MVGDB 44 (1906) 1-46 u. 48 (1910) 247-291. — ADB 36 (1893). — Goedeke 3 (1887) 247 f. — Wurzbach 40 (1880) 132-134. — Blahověst 24 (1872) 476. — Regensburg in seiner Vergangenheit u. Gegenwart (1869). — Schrader-Hering (1863). — Goedeke 2 (1859) 505. — Raßmann, F.: Kurzgefaßtes Lexicon deutscher pseudonymer Schriftsteller (1830). — Jöcher 4 (1751). — Zedler 40 (1744) 1172.

Stubenberg (ze Štubenberka, Stumberger), Rudolph Herr von, Ständepolitiker, * 1559, † 1. 2. 1620 Jičin (Jičín). Vater von → J. W. Herrn v. Stubenberg. Aus einer protestantischen steirischen Adels- bzw. böhmischen Herrenstandsfamilie. Juristische Schulung. Seit 1588 Herr auf Schloss Neustadt an der Mettau und seit 1590 Pfandbesitz der Herrschaft Hummel. Kämmerer und königlicher Rat von Erzherzog → Matthias. 1609/10 Reise nach Frankreich, England, Irland und in die Niederlande. 1618 Anwesenheit beim Prager Fenstersturz. 1618/19 beteiligt an den Ständebeschlüssen in Prag. 1619/20 ständischer Generalkriegskommissär für die Kreise Königgrätz, Bunzlau und Kaųřim. Unterstützer von → Friedrich V. von der Pfalz. 1620 Mitglied einer Delegation zur Klärung von Erbstreitigkeiten über die Herrschaft Jičin, Tod bei Explosion und Feuer auf Schloss Jičin. 1621 posthume Verurteilung und Beschlagnahme seines Besitzes. 1588 Mitglied der Bacchusgesellschaft auf Schloss Ambras. Erbschenk der Steiermark, 1610 böhmisches Inkolat.

L.: *Kaiser und Höfe. Personendatenbank der Höflinge der österr. Habsburger. KH=14308 vom 2.2.2018. — Harrer, A.: Die Herren und Frauen v. Zelking (2016) 430-444. — Holý, M.: Ve službách šlechty (2011). — Bůžek, V.: Ferdinand v. Tirol (2009) 272 f. — Siebmacher's großes Wappenbuch 30 (1979). — Bircher, M.: Johann Wilhelm v. S. und sein Freundeskreis (1968) 17-20. — Klos, J.: Paměti města a zámku Nového Města nad Metují (1922). — Jelinek, B.: Die Böhmen im Kampfe um ihre Selbständigkeit (1916) 60. — Loserth, J.: Geschichte des altsteirischen Herren- und Grafenhauses S. (1911). — MVGDB 44,1 (1906) 4-14 u. 23 f. — Bílek, T. V.: Dějiny konfiskací v Čechách po r. 1618 (1882) 637 f. — Wurzbach 40 (1880) 121 u. 135 f. — Blahověst 24 (1872) 476. — Skála ze Zhoře, P.: Historie česká 2-3 (1866/67). — Zedler 40 (1744) 1172. — Warhafftige newe Zeitung, was massen im Königreich Böhmen das Schloß Gytschin den 1. Febr. 1620 [...] zersprengt (1620).*

Stubner, Herbert Friedrich Oskar, Baumeister, * 25. 9. 1901 Marienbad (Mariánské Lázně), † 26. 1. 1977 Würzburg. Bürgerschule in Marienbad. 1916/17 Maurerlehre in Eger. 1917–1919 Vermessungspraktikum in Liesing/Wien. 1919 bis 1922 deutsche Gewerbeschule Pilsen. 1922 bis 1924 Militärdienst in der tschechoslowakischen Armee. 1925 Hochbautechniker in Böhmisch Budweis und 1925/26 in Marienbad. Dann Baumeister 1926–1932 in Karlsbad und 1933/34 in Fleissen. 1933 Baumeisterprüfung in Prag. 1936 Hochbautechniker in Plauen/Sachsen, 1936–1938 Baumeister in Magdeburg und 1938/39 in München. 1939–1943 technischer Angestellter der Reichsbauämter in Eger und Marienbad. Seit 1943 Militärdienst, 1945–1948 sowjetische Kriegsgefangenschaft. Seit 1948 Angestellter des Landbauamtes Würzburg, Beteiligung an Planung und Bauleitung des Wiederaufbaus der Würzburger Residenz sowie anderer historischer Gebäude in Würzburg. Seit 1962 Mitglied der Bayerischen Architektenkammer.

L.: Mitt. Bayerische Architektenkammer München, 27.11.2017. — DBE 9 (²2008). — Menschen aus Bayern. Haus der Bayerischen Geschichte, Augsburg, 2006, id=5380. — EBL 2 (1987). — Egerer Zeitung 28,3 (1977) 34. — Biogr. Slg.

Štuchal, Jiří, Moderator, Kabarettist und Publizist, * 20. 11. 1912 Brünn (Brno), † 2. 3. 1979 Prag (Praha). 1923–1930 Realgymnasium in Brünn. 1931–1942 Beamter der Landesbank in Brünn, daneben dort seit 1931 Kabarettist. 1942–1944 Lagerarbeiter in Brünn. Seit 1944 Mitarbeiter des Tschechischen bzw. Tschechoslowakischen Rundfunks Brünn, zunächst als Reporter, 1945–1953 als Moderator von Unterhaltungssendungen. 1953–1956 und erneut 1960–1972 Redakteur der Humor- und Satireredaktion des Tschechoslowakischen Rundfunks in Prag, dazwischen freier Mitarbeiter des Rundfunks. Manuskript und Moderation von Rundfunksendungen wie Schöne Aussicht und Gute Reise oder An Silvester, außerdem Nebenrollen im Film. 1972 Entlassung aus politischen Gründen. 1964 tschechoslowakischer Orden für Verdienste um den Aufbau.

W.: Řeči 56, rozhlasové rozprávky [56 Ansprachen, Rundfunkerzählungen] (1947). — Anekdoty na šťastnou cestu [Anekdoten für eine gute Reise] (1969). — Anekdoty za školou [Anekdoten für Schulschwänzer] (1970). — (Hg.:) Jaroslav Vojta vypráví anekdoty [Jaroslav Vojta erzählt Anekdoten] (1971). — (Hg.:)

Anekdoty okolo stola-la-la [Eine Anekdote nach der anderen] (1973).

L.: Encyklopedie Prahy 2 vom 8.11.2023. — 99 významných uměleckých osobností rozhlasu (2008). — Osobnosti. Česko (2008). — Chmel, Z.: Galerie brněnských osobností 4 (2005). — Od mikrofonu k posluchačům (2003). — Tomeš 3 (1999). — Bílek, J.: J. Š. (1995). — Kdy zemřeli? (1992). — PSN 4 (1967). — Biogr. Slg.

Stuchl, Vladimír (Pseud. Jan Silvín), Redakteur und Schriftsteller, * 18. 4. 1922 Hradeschitz (Hradešice) Bez. Horažďowitz (Horažďovice), † 4. 4. 1990 Strakonitz (Strakonice). Realgymnasium in Strakonitz, 1941 Matura. Danach bis 1945 Zwangsarbeit in einer Waffenfabrik in Strakonitz. Seit 1945 Studium der Philosophie, Soziologie und Ästhetik an der philosophischen Fakultät der Universität Prag, 1949 Abschluss. 1950/51 Studium an der Zentralen politischen Schule der KPTsch. Seit 1945 in der Presseabteilung des Zentralen Gewerkschaftsrats, 1947/48 Redakteur der Zeitung Práce, seit 1948 der Zeitung Lidové noviny und seit 1951 erneut von Práce. 1955–1960 Reporter der tschechoslowakischen Presseagentur ČTK in den USA. Seit 1961 Redakteur bzw. 1968/69 Chefredakteur der Zeitschrift Květy. Seit 1970 freiberuflicher Schriftsteller, seit 1972 Redakteur der literarischen Agentur Dilia. Verfasser von Lyrik, Reportagen und Kinderbüchern sowie Herausgeber von Sammelbänden moderner tschechischer Dichter wie → J. Wolker, → V. Nezval, → F. Halas oder → F. Hrubín. Übersetzer von J. Steinbeck und E. Hemingway ins Tschechische.

W.: Břehy [Ufer] (1943). — Prchající laně [Fliehende Hirschkühe] (1944). — Nahlas [Laut] (1950). — (Hg.:) Pochodeň práce a míru. Sborník poesie dělníků a rolníků [Fackel der Arbeit u. des Friedens. Ein Sammelband der Arbeiter- u. Bauerndichtung] (1953). — Jedeme tátovi naproti [Wir holen den Papa ab] (1953). — Jarní den [Ein Frühlingstag] (1953). — Vlaštovky se vrátily [Die Wiederkehr der Schwalben] (1957). — Záhon hrášku [Das Erbsenbeet] (1959). — Doma i za mořem [Daheim und in Übersee] (1960). — Procházka po ČSSR [Ein Spaziergang durch die ČSSR] (1962). — Pojďte s námi na výlet [Lasst uns gemeinsam einen Ausflug unternehmen] (1962). — Dobrý večer, Ameriko! [Guten Abend, Amerika!] (1962; dt.: Zwischen Manhattan und Hollywood, 1963). — Celý les zpívá [Der ganze Wald singt] (1962). — Bramborová hora [Der Kartoffelberg] (1962). — Devět sivých peříček [Neun graue Federn] (1963). — Nepravidelnosti [Unregelmäßigkeiten] (1967). — Modrý míč [Der blaue Ball] (1967). — Prérií pádí kůň [Ein Pferd rennt durch die Prärie] (1975;

dt.: Märchen aus Nordamerika, 1979; engl.: American Fairy Tales, 1979). — *Ostrov zmijí [Die Schlangeninsel] (1976).* — *Strejček z Texasu [Der Onkel aus Texas] (1981).* — *Dolů po Mississippi [Den Mississippi hinab] (1981).* — *Vrh nožů proti živé osobě [Messerwerfen auf Personen] (1988).* — *Noční mlha [Nachtnebel] (1990).*

L.: Databáze osobností českého uměleckého překladu po roce 1945 (m. Verz.) [30.4.2024]. — *Slovník autorů literatury pro děti a mládež 2 (2012).* — *Peprník, J.: Češi a anglofonní svět 2 (2012).* — *Osobnosti. Česko (2008).* — *SČL on-line vom 12.8.2006.* — *Domažlický deník 9.10.2000, 26.* — *Janoušek 2 (1998).* — *Kdy zemřeli? (1994).* — *Květy 40,16 (1990) 8.* — *MČSE 5 (1987).* — *Slovník české literatury 1970–1981 (1985).* — *Vopravil (1973).* — *SČS (1964).* — *Kuhn-Böss (1961).* — *Kunc, J.: Slovník českých spisovatelů beletristů 1945–1956 (1957).* — *Kunc 2 (1946).* — *Biogr. Slg.*

Stuchlík, Alexis (Alex), Musiker, * 16. 10. 1875 Prag (Praha), † 8. 7. 1936 Prag. Sohn von Alois **Stuchlík** (Unternehmer, * 3. 8. 1832 Prag, † 26. 11. 1894 Prag, Spediteur und Eigentümer von Mietshäusern in Prag-Žižkow). Bruder von → Ko. Stuchlík, Onkel von → V. Neff [Nachtragsband]. 1891–1895 Violinstudium am Prager Konservatorium, dann Mitglied des Prager Streichquartetts. Fortbildung zum Sänger bei → M. Mallinger in Prag. Als Bariton Opern- und Konzertsänger an deutschen, russischen und österreichischen Bühnen, darunter im Kurensemble Bad Oeynhausen und bis 1911 am Theater Coburg. In Deutschland zeitweise Assistent von Giovanni Battista Lamperti. Seit 1910 Leiter einer Schule für Opern- und Konzertgesang in Prag, zudem privater Geigenlehrer. Mitglied des Prager Kammerstreichquartetts.

L.: ČHS id=1161 vom 24.2.2006. — *Hoffmann, B.: Vladimír Neff (1982) 6-8 u. 10 f.* — *ČslHS 2 (1965).* — *OSN ND 6,1 (1940).* — *Kulturní adresář (1936).* — *Věstník pěvecký a hudební 40 (1936) 113.* — *Bohemia 10.7.1936, 5.* — *NVISN 16 (1932).* — *Album representantů (1927).* — *Der Humorist 10.8.1904, 2.* — *Biogr. Slg.*

Stuchlik (Stuhlik, Stuchlick), Ferdinand, Geistlicher, * [Taufe 9. 10.] 1793 Ungarisch Hradisch (Uherské Hradiště), † 21. 6. 1854 Zwittau (Svitavy). Priesterseminar Olmütz. 1818 Priesterweihe. 1821/22 Lehrer für Dogmatik, Moral- und Pastoraltheologie am Lyzeum in Olmütz. Seit 1831 Sekretär und Rat des Erzbischofs von Olmütz. Konsistoriumsbeisitzer. 1833–1854 Pfarrer in Zwittau, dann auch Dechant für Zwittau und Umgebung. Seit 1836 zudem Erzpriester des Boskowitzer Archipresbyterats. Schulbezirksaufseher in Zwittau. 1839 Ernennung zum Gubernialrat und Referenten für geistliche Angelegenheiten für Galizien in Lemberg, kurz darauf Amtsverzicht und weiterhin Pfarrer in Zwittau. Mitglied der Mährisch-Schlesischen Gesellschaft zur Beförderung des Ackerbaues, der Natur- und Landeskunde in Brünn sowie weiterer Gelehrtengesellschaften. Sammler historischer Münzen, die 1854 zum Grundstock der erzbischöflichen Münzsammlung in Olmütz wurden. 1850 Ehrenkanoniker von Kremsier.

L.: Gutenberg Jahrbuch 55 (1980) 357 f. — *Zimprich, R.: Zur Geschichte des k.k. Lyzeums in Olmütz (1965) 29.* — *Czepan, T.: Statistik von Zwittau (1862) 29 u. 39.* — *Wolny, G.: Kirchliche Topographie von Mähren 1,3 (1859) 8.* — *Personalstand des k.k. Ministeriums für Cultus u. Unterricht (1854) 495.* — *Schematismus für Mähren u. Schlesien (1845) 168.* — *Personalstand der Secular- u. Regular-Geistlichkeit der Erzbischöflichen Olmützer Diözese (1839, 1842 u. 1846).* — *Wolny, G.: Die Markgrafschaft Mähren 5 (1839) 882 f. u. 885.* — *Lemberger Zeitung 15.5.1839, 1 u. 22.7.1839, 1.* — *WZ 7.5.1839, 1 u. 13.7.1839, 1.* — *Biogr. Slg.*

Stuchlík, Jaroslav, Arzt, * 22. 4. 1890 Auhliř (Uhlíře bzw. Lázně Bělohrad) Bez. Neu-Paka (Nová Paka), † 8. 12. 1967 Prag (Praha). Realgymnasium in Jičin und Kuttenberg, dort 1909 Matura. Biologie- und Medizinstudium an der Universität Zürich, 1911/12 Studienaufenthalte an botanischen Instituten in Paris, London und Brüssel, 1912/13 Medizinstudium in München. 1914 Dr. med. in Zürich. Mitarbeit an Prager Studentenzeitschriften. 1914–1918 Distriktarzt in Roth-Kosteletz. 1917 Nostrifizierung der Promotion an der tschechischen Universität in Prag, zugleich Arzt an einer neurologischen Klinik in Wien, psychoanalytische Weiterbildung. In Kontakt mit → S. Freud, C. G. Jung und A. Adler. Dann Militärarzt in Rumburg. 1919 bis 1937 Direktor der neuropsychiatrischen Abteilung des Krankenhauses in Kaschau, seit 1919 dort Vorsitzender des tschechoslowakischen Ärztevereins. 1932 Mitinitiator und im Vorstand der Kaschauer Gesellschaft zum Studium und zur Lösung der Zigeunerfrage. Bis 1937 im Vorstand der Ärztekammer in Pressburg und Vertreter der Ärztekammer im staatlichen Gesundheitsrat. Vizepräsident des gerichtsärztlichen Beirats in Kaschau. Mitglied im Beirat für geistige Hygiene des Gesundheitsministeriums und der Kommission zur Reform des Medizinstudiums des Unterrichtsministeriums in Prag. Mitglied der tschechoslowakischen Sozialdemokratie und der Freidenkerbewegung sowie stellv. Vorsitzender des tschechoslowakischen Reichsverbands sozialdemokratischer Ärzte. Seit 1937 Ministerialrat für Ärztefortbildung am Gesundheitsministerium in Prag, 1939 Entlassung. 1941/42 Leitung des tschechischen staatlichen Instituts für Volksbiologie und Eugenik in Prag. 1941 Habilitation für Psychiatrie an der medizinischen Fakultät der Universität in Pressburg. 1945 Wiedereinstellung im Gesundheitsministerium in Prag und 1945–1949 Leiter der psychiatrischen Klinik der medizinischen Fakultät der Universität Prag in Pilsen. Seit 1948 ao. Prof. an der Universität Pressburg. 1949 erneute Enthebung aller Funktionen und bis 1955 Publikationsverbot. 1955 Prof. für Psychiatrie an der Universität Prag. Studien zur Neurologie und Psychoanalyse, Beiträge in psychiatrischen, medizinischen und biologischen Fachorganen sowie Aufsätze in populärwissenschaftlichen Zeitschriften. Nach 1955 vor allem Forschungen zur Psycholinguistik und zu sprachlichen Neubildungen sowie zur psychoanalytischen Daseinsanalyse und zur existentialistisch-philosophischen Fundierung der Medizin. 1946 Redakteur der Zdravotnická revue. 1948 Vizepräsident des Psychohygiene-Kongresses in London. Mitglied der Gelehrten Šafárik-Gesellschaft in Pressburg, der Purkyně-Gesellschaft, der Liga für geistige Gesundheit und der Slowakischen neurologischen und psychologischen Gesellschaft sowie der Société médico-psychologique, der Société de psychothérapie und der Ligue d'hygiène mental in Paris.

W.: Über die hereditären Beziehungen zwischen Alkoholismus und Epilepsie (Diss., 1914). — Über die praktische Anwendung des Assoziationsexperimentes. In: Archiv für Psychiatrie und Nervenkrankheiten 62 (1921) 441-514 u. 812-878. — Ako sa môžeme uchrániť duševných chorôb [Wie psychischen Krankheiten vorgebeugt werden kann] (1922). — Ochrana proti duševním chorobám 1: Profylaxe nemocí mozkových [Schutz vor psychischen Krankheiten 1: Die Prophylaxe von Gehirnerkrankungen] (1923). — Zdravotnictví SSSR [Das Gesundheitswesen der UdSSR] (1936). — Psychology of the Invention of Artificial Languages. In: International Language Review 5,15 (1959) 3-8. — Novotvary řeči a písma dětského věku [Neuschöpfungen der kindlichen Sprache und Schrift]. In: Československá psychologie 3,4 (1959) 347-358. — K fenomenologii patologických jazykových novotvarů [Zur Phänomenologie pathologischer Sprachneuschöpfungen]. In: Slovo a slovesnost 21 (1960) 257-265. — Existential Approach to the

Psychology of Propaganda. In: Journal of Existential Psychiatry 3 (1963) 383-396. — La conception psychologique de l'hypnose et de la suggestion (1965). — Neofatické polyglotie psychotiků [Polyglossie in Kunstsprachen von Psychotikern] (hg. v. V. Borecký; 2006). — Verz. s. Československá psychiatrie 61,2 (1965) 136-138 u. SBS 5 (1992) 375.

L.: Turda, M. (Hg.): European Eugenics 1900–1945 (2015) 142. — Bahenská, M. u. a. (Hg.): Deník profesora Josefa Charváta z roku 1945 (2014). — Čas zdravého ducha v zdravém těle (2009) 331-337. — Osobnosti. Česko (2008). — Stuchlík, J.: Neofatické polyglotie psychotiků (2006) 371-447. — Hoskovec, J./Hoskovcová, S.: Malé dějiny české a středoevropské psychologie (2000) 206 f. u. 225. — Tomeš 3 (1999). — Slovník českých filosofů (1998). — Kutter, P. (Hg.): Psychoanalysis International 1 (1992) 35-37. — Analogon 4,9 (1992) 30-34. — SBS 5 (1992). — Filosofický časopis 38 (1990) 844-852. — MČSE 5 (1987). — DVT 20,1 (1987) 47. — Psychoterapeutické sešity (1985 u. 1987). — Encyklopédia Slovenska 6 (1982) 756. — Vopravil (1973). — Kdy zemřeli? (1970). — Prehľad profesorov Univerzity Komenského (1968) 45. — Bratislavské lekárske listy 48 (1968) 693-695. — Praktický lékař 48,10 (1968) 396 f. — OSN ND 6,1 (1940). — Československo-Biografie 12 (1937). — Reprezentačný lexikon Slovenska a Podkarpatskej Rusi (1936). — Who's Who (1935). — Kulturní adresář (1934 u. 1936). — AČL (1913). — Biogr. Slg.

Stuchlík, Kamil (Camill), Maler, * 15. 11. 1863 Tetschen (Děčín), † 2. 12. 1940 Prag (Praha). 1880–1883 Studium an der Prager, dann an der Münchner Akademie der Bildenden Künste. Anschließend in den Ateliers von Ludwig v. Löfftz und von Walter Firle in München. 1886/87 Mitglied des Münchner Künstlervereins Škréta. Seit 1887 Ausstellungsbeteiligung in Prag und 1889 in München. Porträtmaler, insbesondere Pastelle, Aquarelle und Federzeichnungen. Daneben Genres und Interieurs, nach 1918 vor allem Stillleben. Vertreter der Salonmalerei. Illustrationen für Zeitschriften wie Zlatá Praha und Světozor. 1899–1933 Rückzug aus der Öffentlichkeit. 1933 Werkschau in Prag.

L.: Chotkové a Kutnohorsko (2015) 89-92. — Mnichov–Praha/München–Prag (2012). — Malá, A./Pavliňák, P.: Signatury českých a slovenských výtvarných umělců (2010). — ÖBL 62 (2010). — Rakušanová, M.: Bytosti odnikud (2008). — Ries, H.: Illustration u. Illustratoren des Kinder- u. Jugendbuchs (1992). — Wood, C.: The Dictionary of Victorian Painters (²1991). — Památky a příroda 11 (1986) 156. — Documenta Pragensia 5,2 (1985) 262-293. — Vollmer 4 (1958). — Toman 2 (1950). — Umění 13 (1941) 169 f. — Dílo 31 (1941) 31 f. — Pestrý týden 14.12.1940, 4. — Lidové noviny 5.12.1940, 2. — Kalendář historický národa českého 2 (1940) 945. — Thieme-Becker 32

(1938). — Kulturní adresář (1936). — Adresář činných členů Jednoty umělců výtvarných v Praze (1935). — Osvěta 41 (1911) 463. — Harlas, F. X.: Malířství (1908). — OSN 24 (1906). — Leistungen 1892 (1894). — Světozor 16.11.1888, 831. — Biogr. Slg.

Stuchlík, Konstantin (Constantin), Maler, * 21. 7. 1877 Prag (Praha), † 12. 4. 1949 Prag. Bruder von → A. Stuchlík, Onkel von → V. Neff [Nachtragsband]. Privater Malunterricht bei → A. Slavíček und → W. Jansa in Prag sowie bei → A. Kaufmann in Wien. 1905–1909 Studium an der Prager Akademie der Bildenden Künste bei → H. Schwaiger. Anfangs impressionistische Landschaftsgemälde, dann Interieurs, später vor allem Porträts. Nach seiner Heirat mit Anna Gräfin Kolowrat-Krakowsky 1919 prominenter Porträtist der böhmischen Aristokratie in Prag.

L.: ÖBL 62 (2010). — Rakušanová, M.: Bytosti odnikud (2008). — SČSVU 15 (2005). — Horová 2 (1995). — Památky a příroda 11 (1986) 156. — Vollmer 4 (1958). — Toman 2 (1950) u. 3 (1955). — OSN ND 6,1 (1940). — Thieme-Becker 32 (1938). — Adresář činných členů Jednoty umělců výtvarných v Praze (1935). — Kulturní adresář (1934 u. 1936, m. Verz.). — NVISN, Dodatky 3 (1934). — Veraikon 17,3 (1931) 57-78. — Dílo 12 (1914) 116. — Biogr. Slg.

Stuchlik, Leo Wilhelm, Chemiker und Lehrer, * 25. 1. 1875 Luditz (Žlutice), † 25. 5. 1945 Prag (Praha). Ehemann von → L. Stuchlik-Deutelmoser. Seit 1885 Gymnasium Kremsmünster, 1893 dort Matura und in Pregarten/Oberösterreich Apothekergehilfenprüfung. Praktikum in einer Apotheke in Mauthausen. Seit 1895 Pharmaziestudium an der Universität Wien, 1897 Magister der Pharmazie. Seit 1898 Chemie-, Physik- und Mathematikstudium an der deutschen Universität in Prag, 1900 Dr. phil. Militärdienst und seit 1903 Chemieassistent an der deutschen Universität in Prag. Daneben Aushilfslehrer. 1904 Lehrberechtigung für Mittelschulen in den Fächern Chemie, Mathematik und Physik. Seit 1906 Lehrer an der Realschule in Trautenau, 1908–1924 an einem Prager Gymnasium und zudem bis 1935 Chemielehrer am deutschen Mädchengymnasium in Prag. Fach- und populärwissenschaftliche Artikel und Vorträge. Mitglied von Schul- und Lehrervereinen sowie volksbildenden Organisationen. Sektionsleiter bei deutsch-österreichischen Mittelschultagen. Seit 1911 Geschäftsführer des Ausschusses für Jugendkunde sowie Ausschussmitglied der deutschen Landeskommission für Kinderschutz und Jugendfürsorge in Böhmen bzw. in der Tschechoslowakei.

W.: Über Papaverinol. In: Monatshefte f. Chemie 21 (1900) 813-830. — Analyse des von Margules dargestellten Platinsulfates. In: Berichte der deutschen chemischen Gesellschaft 37 (1904) 2913-2915. — Das Radium. In: Programm der k.k. Deutschen Staats-Ober-Realschule in Trautenau (1907) 4-12. — Die Luft einst und jetzt. In: Programm der k.k. Deutschen Staats-Ober-Realschule in Trautenau (1908) 4-10. — Das Radium (1924). — Alkohol. In: Beiträge zur Alkoholfrage (1935) 1 f.

L.: PN 69,1 (2018) 4-7. — Mitt. Archiv der Karls-Universität Prag, 9.2.2017. — Ryslavy, K.: Geschichte der Apotheken Oberösterreichs (1990). — Disertace 2 (1965). — Jaksch (1929). — Prager Tagblatt 30.4.1911, 7. — Zeitschrift für die österr. Gymnasien 59 (1908) 1043 u. 64 (1913) 802. — Biogr. Slg.

Stuchlik, Rainer, Maler und Graphiker, * 19. 10. 1929 Arnau (Hostinné), † 11. 2. 2006 Stralsund/Vorpommern. Lithographenlehre an der Fachschule für Kunstgewerbe in Gablonz an der Neiße. Seit 1950 Studium an der Hochschule für Graphik und Buchkunst in Leipzig, 1956 Diplom-Illustrator. Seit 1957 freischaffender Maler, Graphiker und Illustrator in Potsdam, seit 1959 Graphiker am Kunstseidenwerk Premnitz/Brandenburg und Bühnenbildner des dortigen Arbeitertheaters. Nach 1960 freischaffender Künstler erst in Leipzig, dann in Berlin und in Zepernick bzw. Panketal/Brandenburg, seit 1977 während des Sommers auch in Bolz bzw. Mustin/Mecklenburg, dort seit 1992 eigene Galerie. Landschaften und Porträts als Aquarelle, Graphiken und Radierungen. Seit 1957 Teilnahme an den Bezirkskunstausstellungen in Leipzig, Dresden, Potsdam und Frankfurt (Oder) sowie seit 1975 Einzelausstellungen in Brandenburg und Mecklenburg. Mitglied im Verband Bildender Künstler der DDR.

W.: R. S. Aquarelle, Zeichnungen und Graphik (1978).

L.: Kulturkalender vom Salzhaff bis zum Strelasund 19,4 (2015) 51. — Lexikon Künstler in der DDR (2010). — Schweriner Volkszeitung 24.6.1999, 9 u. 16.2.2006, 17. — Norddeutsche neueste Nachrichten, Ausgabe Rostock 21.6.1997, 24. — Stockfisch, W.: Lexikon Mecklenburg-Vorpommern (1993) 305. — R. S. Aquarelle, Zeichnungen und Grafik (1978). — Vollmer 6 (1962). — Biogr. Slg.

Stuchlik-Deutelmoser (geb. Deutelmoser), Ludmila (Lulu, Ludmilla), Musikerin, * 3. 6. 1877 Pilsen (Plzeň), † [vermutlich Mai 1945 Prag

(Praha)]. Schwester von → F. Deutelmoser, seit 1921 Ehefrau von → L. Stuchlik. Aushilfe im Pilsener Telephon- und Telegraphenamt. Klavierunterricht. Auftritte in Pilsen und Franzensbad. Seit 1907 im Vorstand der Frauenortsgruppe des Deutschen Schulvereins in Pilsen. Um 1909 Übersiedlung nach Prag. Klavierstudium, Schülerin von → J. V. Holfeld. Konzertpianistin, freie Klavierlehrerin sowie bis 1924 Musiklehrerin am deutschen Mädchenlyzeum bzw. Mädchengymnasium in Prag. Seit 1919 Mitglied der Staatsprüfungskommission für Musik in Prag. Mitglied im Klub deutscher Künstlerinnen in Prag. Seit 1913 mit → O. Hensel Gründerin und Veranstalterin der Prager Jugendkonzerte. Seit 1916 im Organisationskomitee der Prager Volkskonzerte im Rudolfinum. 1917 Mitgründerin des Prager Kultur- und Bildungsvereins Urania, seitdem Mitglied dessen musikalischen Beirats und Organisatorin musikalischer Veranstaltungen. 1927 bis 1938 gemeinsam mit Emma Saxl Gestaltung, Moderation und Klavierbegleitung von Prager deutschen Rundfunksendungen wie Jugendstunde mit Musik und Zum Mitsingen. Gründungsmitglied und nach 1930 Klavierdozentin an der Deutschen Akademie für Musik und darstellende Kunst in Prag. Seit 1911 Mitglied im Musikpädagogischen Verband in Prag.

W.: *Jakob Virgilius Holfeld. In: Der Auftakt 1,3 (1921) 17 f. — Musikpädagogik: Jugendkonzerte. In: Der Auftakt 1,17-18 (1921) 271-273.*

L.: *Hanyš, M./Pavlíček, T. W.: Dějiny, smysl a modernita (2019) 220-227. — PN 69,1 (2018) 4-7. — Mitt. Stadtarchiv Plzeň, 7.11.2017. — Jirgens, E.: Der Deutsche Rundfunk der 1. Tschechoslowak. Republik (2005). — Jirgens, E.: Der Deutsche Rundfunk der 1. Tschechoslowak. Republik: Musiksendungen 1925 bis 1938 (CD-ROM, 1998). — Frankl, O. (Hg.): Der deutsche Rundfunk in der Tschechoslowak. Republik (1937). — Patzaková, A. J. (Hg.): Prvních deset let Československého rozhlasu (1935). — Prager Tagblatt 15.12.1912, 10 u. (Mo.) 14.3.1917, 5. — Biogr. Slg.*

Stuchlíková, Anna, Lehrerin, * 14. 6. 1887 Wallachisch Klobouk (Valašské Klobouky), † 13. 6. 1977 Brünn (Brno). Seit 1901 Bürgerschule als Privatistin, Abschluss 1903 in Ungarisch Brod. 1903–1906 Mädchenlyzeum und 1906/07 Lehrerinnenbildungsanstalt in Brünn. 1909 Lehramtsprüfung für Volksschulen, 1915 für Bürgerschulen. 1907–1916 Volksschullehrerin in Wallachisch Klobouk, 1916–1919 Bürgerschullehrerin in Lundenburg. 1919–1926 Lehre-

rin an der Frauenfachschule Vesna in Brünn, 1926 dort Gründerin und bis 1939 sowie erneut 1945–1948 Direktorin der Charlotte-Masaryk-Fachschule für Frauenberufe. 1929–1935 Stadtverordnete von Brünn für die Nationale Arbeitspartei und 1936–1939 für die Tschechoslowakische nationale sozialistische Partei.

L.: *Encyklopedie dějin města Brna vom 11.6.2018. — Mitt. Stadtarchiv Brno, 24.8.2017. — Společenský almanach Velkého Brna (1933). — Biogr. Slg.*

Stuchlý, Ignác (Ignazio) SDB, Geistlicher, * 14. 12. 1869 Boleslau/Schlesien (Bolesław bzw. Krzyżanowice/Polen), † 17. 1. 1953 Lukow (Lukov) Bez. Holleschau (Holešov). Gymnasium in Schlesien und in Welehrad. Seit 1891 Studium an der Theologischen Fakultät in Olmütz ohne Abschluss. Seit 1894 in Italien, seit 1895 Noviziat im Orden der Salesianer Don Boscos in Turin und Ivrea. Philosophie- und Landwirtschaftsstudium an der TH Turin, 1897 Diplom-Landwirt. Seit 1897 Studium am Konvikt in Görz, dort 1901 Priesterweihe. Seit 1910 Pfarrer sowie Missionar in Görz und der Untersteiermark. Leiter des Salesianerhauses in Laibach. 1924 Rückkehr nach Italien, seit 1925 in Perosa Argentina Betreuung von tschechischen Salesianern und Planung einer tschechischen Niederlassung. 1927 Gründer und bis 1934 Leiter des ersten tschechoslowakischen Ordenshauses in Freistadtl in Mähren. 1929 Beteiligung an Vorbereitung der Heiligsprechung Don Boscos, tschechische Publikationen zu dessen Biographie. Seit 1930 Redakteur des Věstník českého salesiánského díla, seit 1937 Salesiánský věstník. 1934/35 Direktor des Salesianerhauses in Mährisch Ostrau. Seit Gründung der tschechischen Salesianerprovinz 1935–1948 Ordensinspektor bzw. Provinzial. In den Kriegsjahren im Salesianerhaus in Brünn-Sebrowitz. Seit 1948 wieder in Freistadtl. 1950 Auflösung des Ordens und Internierung, später Verlegung in das Gefängnispflegeheim in Lukow. 2002 Antrag der Diözese Olmütz auf Seligsprechung.

W.: *Sv. Jan Bosko [Der hl. Johannes Bosco] (1934).*

L.: *Myška suppl. 4 (2018). — Buben, M.: Encyklopedie řádů, kongregací a řeholních společností 4,2 (2018) 140, 143 f. u. 159. — Mladá fronta Dnes. Zlínský kraj 24.6.2017, 18. — I. S. Putovní výstava (2014). — KESSM 2 (²2013) 297. — Katolický týdeník 15.2.2011. — Jemelka, M.: Na Šalomouně (2008) 128-132. — Hanuš, J.: Malý slovník osobností českého katolicismu (2005). — Foltýn, D. u. a.: Encyklopedie*

*moravských a slezských klášterů (2005) 291 f. —
Salesiánská rodina 8,1 (1998) 13 f., 12,5 (2002) 8 f.
u. 13,1 (2003) 5 f. — Křížková, M. R.: Kniha víry,
naděje a lásky (1996). — Med, O.: Český Don Bosko
(1992). — BohJb 17 (1976) 285. — Kdy zemřeli?
(1970). — Valentini, E./Rodinò, A.: Dizionario Bio-
grafico dei Salesiani (1969). — 30 let českého salesi-
ánského díla (1957). — Biogr. Slg.*

Stuchlý, Vít, Regisseur, Redakteur und Schrift-
steller, * 13. 8. 1945 Pilsen (Plzeň), † 30. 11. 1980
Prag (Praha). Gymnasium in Prag-Lieben, 1964
Matura. Regie- und Dramaturgiestudium an der
Filmfakultät der Akademie für Musik und dar-
stellende Kunst in Prag, 1969 Abschluss. Zu-
gleich externes Psychologiestudium an der phi-
losophischen Fakultät der Universität Prag. An-
schließend Angestellter des Kurzfilmunterneh-
mens Krátký film, 1970–1977 Regisseur im Film-
studio der tschechoslowakischen Armee. Autor
von Drehbüchern, Mitwirkung an Fernsehpro-
duktionen. 1978 kurz Redakteur der Presseagen-
tur Orbis, danach im Verlag Mladá fronta Re-
dakteur der Jugendzeitschrift Pionýrská stezka.
Veröffentlichungen von Reportagen, Feuilletons
und Kurzgeschichten u. a. in Literární noviny,
Květy, Svět práce und Tvorba.

*W.: Zvonky [Die Glocken] (1978). — Měsíc jde naho-
ru [Der Mond geht auf] (1980).*

*L.: Encyklopedie Plzně vom 4.2.2020. — Šmidrkal,
V.: Armáda a stříbrné plátno (2009) 98, 104 u. 107. —
SČL on-line vom 8.12.2006. — Dokoupil, B. (Hg.):
Slovník českých literárních časopisů 1945–2000 (2002)
261. — Janoušek 2 (1998). — Kdy zemřeli? (1992). —
Slovník české literatury 1970–1981 (1985). — BohZ
27 (1976) 12-17, 21 u. 27-29.*

Stuchly, Wenzel, Bergarbeiter und Gewerk-
schafter, * 9. 12. 1898 Settenz (Řetenice bzw.
Teplice) Bez. Teplitz-Schönau (Teplice-Šanov),
† 22. 3. 1981 Norrahammar bzw. Jönköping/
Schweden. Seit 1910 Bürgerschule in Teplitz-
Schönau. Seit 1913 Glasarbeiter. Seit 1914 im
Verband jugendlicher Arbeiter Österreichs.
Dann Bergarbeiter und seit 1916 Mitarbeiter der
Konsumgenossenschaft in Teplitz-Schönau.
1917/18 Militärdienst. Seit 1919 Mitglied der
DSAP und der tschechoslowakischen Union der
Bergarbeiter. 1920/21 Militärdienst in der tsche-
choslowakischen Armee. Danach erneut Bergar-
beiter sowie Gewerkschaftsfunktionär und
Streikführer. 1930 deshalb Entlassung, anschlie-
ßend Angestellter der Stadt Teplitz-Schönau.
Seit 1933 Vorstandsmitglied, seit 1937 Vorsit-

zender des Verbands der Transport- und Le-
bensmittelarbeiter in der ČSR. 1934 stellv. und
seit 1935 Ortsvertrauensmann der DSAP in Tep-
litz-Schönau. Mitglied der Stadtverordnetenver-
sammlung in Teplitz. 1938 Flucht nach Prag,
1939 nach Norwegen. Dort Arbeiter in einer
Glasfabrik in Magnor. 1940 Flucht nach Schwe-
den, dort erst Torf- und Waldarbeiter in der
Umgebung von Jönköping, dann bis 1963 Eisen-
bahnangestellter und Gewerkschafter. Seit 1960
in Norrahammar. Berater schwedischer Ge-
werkschaften, Teilnahme an Kongressen der In-
ternationalen Transportarbeiter-Föderation.
Mitglied der Treuegemeinschaft sudetendeut-
scher Sozialdemokraten.

*W.: Den långa vägen från Böhmen till Småland [Der
lange Weg von Böhmen nach Småland] (1981).*

*L.: Oellermann, T.: Mehr als nur eine Partei. Die
deutsche Sozialdemokratie in der ČSR (Diss. Düssel-
dorf, 2013). — Tempsch, R.: Från Centraleuropa till
folkhemmet (1997; dt.: Aus den böhmischen Ländern
ins skandinavische Volksheim, 2018). — Lorenz, E.:
Exil in Norwegen (1992). — Grünwald, L.: In der
Fremde für die Heimat (1982). — Kürbisch, F. G.:
Chronik der sudetendeutschen Sozialdemokratie
1863–1938 (1982) 123. — BHDE 1 (1980).*

Stuckenschmidt, Hans Heinz (Heinrich), Mu-
sikwissenschaftler und Journalist, * 1. 11. 1901
Straßburg (Strasbourg), † 15. 8. 1988 Berlin
(West). Gymnasium in Berlin, dann in Ulm und
bis 1919 in Magdeburg ohne Abschluss. Dane-
ben Selbststudium und Privatunterricht für Gei-
ge, Klavier und Komposition. 1917 Dirigier- und
Musiktheoriekurs in Wiesbaden. 1919–1926
Komponist. Seit 1920 freier Musikkritiker und
Fachautor. 1920 Beteiligung an der Berliner
Dada-Ausstellung. 1921 Korrepetitor und Jazz-
musiker und 1923/24 Leiter der Konzertreihe
Neue Musik in Hamburg. 1923–1928 in Berlin,
1924 Studium der Zwölftontechnik in Wien und
1925/26 Aufenthalt in Paris. 1923–1933 Mitglied
der Berliner Novembergruppe und 1926–1928
Mitorganisator ihrer Konzertreihe. 1927 freier
Mitarbeiter der Vossischen Zeitung in Berlin.
1928/29 Musikredakteur der Deutschen Zeitung
Bohemia in Prag, 1929–1934 Mitarbeiter der
Berliner Zeitung am Mittag. 1931–1933 Besuch
von musikalischen Analysekursen an der Preu-
ßischen Akademie der Künste in Berlin bei
A. Schönberg. 1934 im Zusammenhang mit dem
nationalsozialistischen Angriff auf P. Hindemith
Ausschluss aus dem Reichsverband der deut-

schen Presse, Veröffentlichungsverbot. Seitdem Mitglied des Vereins der ausländischen Presse in Berlin und Korrespondent von internationalen Zeitungen, u. a. der New York Herald Tribune, des Christian Science Monitor, der Daily Mail und der Bohemia. Seit 1937 Redakteur des Prager Tagblatts bzw. 1939–1942 Feuilletonist für Der Neue Tag in Prag. Protektion seitens → K. H. Frhr. v. Neurath. Seit 1942 deutscher Militärdolmetscher in Frankreich und Italien, 1945/46 amerikanische Kriegsgefangenschaft. 1946 Leiter der Abteilung Neue Musik des Rundfunksenders RIAS Berlin. Seit 1948 Lehrbeauftragter, seit 1949 ao. und 1955–1966 o. Prof. für Musikgeschichte an der TU Berlin. Daneben 1946–1986 Musikreferent der Neuen Zürcher Zeitung, 1947–1955 der Neuen Zeitung in Berlin und 1956–1987 der Frankfurter Allgemeinen Zeitung. International bekannter Musikkritiker und Förderer der Avantgarde-Musik des 20. Jahrhunderts, Spezialist für A. Schönberg, A. Berg und P. Hindemith. Beiträge in Zeitschriften wie Melos, Anbruch und Die Weltbühne. 1947–1950 Gründer und Mitherausgeber der Zeitschrift Stimmen. Rundfunk- und Fernsehbeiträge. Mitglied der Internationalen Gesellschaft für Neue Musik, 1948–1956 Präsident der deutschen Sektion. Seit 1953 Mitglied des PEN-Zentrums der BRD. Seit 1974 Mitglied der Akademie der Künste in Berlin, seit 1977 der Deutschen Akademie für Sprache und Dichtung in Darmstadt. 1952 und 1977 Arnold-Schönberg-Medaille der Internationalen Gesellschaft für Neue Musik, 1973 Johann-Heinrich-Merck-Preis für literarische Kritik und Essay, 1984 Wilhelm-Heinse-Medaille der Akademie der Wissenschaften und der Literatur in Mainz. 1979 französischer Ordre des Arts et des Lettres. 1981 Verdienstkreuz der BRD 1. Klasse. 1977 Dr. h. c. der Universität Tübingen.

W.: *Neue Musik. Drei Klavierstücke (1921). — (Hg.:) Mysliveček, J.: Sinfonia (1940). — Mozarts Prager Werke. In: Prager Jb. 2 (1941/42) 95-110. — Arnold Schönberg (1951, ²1957; frz. 1956, ²1993; engl. 1959, ²1961, ³1979; japanisch 1959; span. 1964, ²1979; poln. 1965, ²1987; tschech. 1971). — Neue Musik (1951, ²1981; frz. 1956; ital. 1960, ²1975). — (Hg.:) Busoni, F.: Entwurf einer neuen Ästhetik der Tonkunst (1954). — Glanz und Elend der Musikkritik (1957). — Strawinsky und sein Jh. (1957). — Schöpfer der neuen Musik (1958, ³1974; japanisch 1959). — Boris Blacher (1963, ²1985). — Oper in dieser Zeit (1964). — Johann Nepomuk David (1965). — Leoš Janáčeks Ästhetik und seine Stellung in der Weltmusik. In:*

SPFFBU F 14,9 (1965) 303-307. — Maurice Ravel (1966, ²1974; engl. 1968; frz. 1975, ²1981). — Die Einfachheit des Komplizierten (1966). — Zwischen Tradition und Erneuerung. Notizen über Max Reger (1966). — Ferruccio Busoni (1967; engl. 1970). — Kandinského dílo a hudba [Kandinskys Werk und Musik]. In: Hudební rozhledy 20 (1967) 346-348. — Was ist Musikkritik? In: Studien zur Wertungsforschung 2 (1969) 26-42. — Twentieth Century Music (1969; dt.: Musik des 20. Jhs.; 1969 auch frz., ital., span., niederl.). — Twentieth Century Composers: Germany and Central Europe (1970, ²1979; dt.: Die großen Komponisten unseres Jhs.: Deutschland, Mitteleuropa, 1971). — Schönberg. Leben, Umwelt, Werk (1974; engl. 1977). — In memoriam Boris Blacher. In: Hudební rozhledy 28 (1975) 173 f. — Die Musik eines halben Jhs. 1925–1975 (1976). — Musik am Bauhaus (1976). — Zum Hören geboren (1979, ²1982). — Margot (1981). — Schöpfer klassischer Musik (1983). — Porträts aus dem Musikerleben (1987). — Schmitt Scheubel, R. (Hg.): Musik im Technischen Zeitalter [Sende- und Vortragsreihe von H. H. S.] (2012). — Verz. s. Burde, W. (Hg.): Aspekte der Neuen Musik (1968) 118-142 u. Grünzweig, W./Niklew, C. (Hg.): H. H. S. (2010) 209-280.

L.: *BMLO id=s4075 [30.4.2024]. — Pasdzierny, M. u. a. (Hg.): „Es ist gut, dass man überall Freunde hat" (2017). — Lexikon verfolgter Musiker u. Musikerinnen der NS-Zeit vom 30.3.2017. — Grosamová, A.: Problematika hudebního díla v hudebních poetikách 20. století (Bachelor-Arb. Praha, 2015). — Killy, W.: Literaturlexikon 11 (²2011). — Grünzweig, W./Niklew, C. (Hg.): H. H. S. (2010). — Prieberg, F. K.: Handbuch Deutsche Musiker 1933–1945 (²2009). — DBE 9 (²2008). — MGG 16 (2006) u. MGG Online (2016). — Riemann (CD-ROM, 2004). — Knobloch, E. (Hg.): „The shoulders on which we stand". Wegbereiter der Wissenschaft (2004). — Kosch, Lit. Lex. 21 (³2001). — Grove 24 (²2001). — Niklew, C. (Hg.): Findbuch zum Bestand H. H. S. (2001). — Kürschner 1971/98 (1999). — Kürschner, Lit. Kal. 60 (1988). — Munzinger 41 (1988). — Neue Zeitschrift f. Musik 149,10 (1988) 19-25. — Kürschner, Gel. Kal. 15 (1987). — BHDE 2 (1983). — Prieberg, F. K.: Musik im NS-Staat (1982). — Das große Lexikon der Musik 8 (1982). — PN 30,3 (1979) 20. — MSA 49 (1978) 7 f. u. 56 (1979) 15. — Neue Zürcher Zeitung 1.11.1971, 27. — Musica 25 (1971) 609. — Müller, R.: Anthologies des compositeurs de musique d'Alsace (1970). — Burde, W. (Hg.): Aspekte der Neuen Musik (1968). — Who's Who in Germany (1960). — The Universal Jewish Encyclopedia 10 (1948). — OSN ND 6,1 (1940). — Bohemia 13.12.1934, 1. — Biogr. Slg.*

Studeny, Bruno Hermann, Musiker und Musikwissenschaftler, * 22. 7. 1888 Marschendorf IV (Maršov IV bzw. Horní Maršov), † 18. 9. 1917 Brünn (Brno). Bruder von → H. Studeny. 1892 Übersiedlung der Familie nach Troppau. 1899–1907 Gymnasium in Troppau, Matura. Violinstudium an der Hochschule für Musik in München, gesundheitsbedingter Abbruch. Danach Studium der Musikwissenschaft an der Universität München, 1911 Dr. phil. 1914 Kapellmeister am Künstlertheater in München, Komponist und Herausgeber von musikalischen Werken. Seit 1914 als Leutnant Militärdienst in der österreichisch-ungarischen Armee. 1916 schwere Verletzung, italienische Kriegsgefangenschaft. 1917 nach Gefangenenaustausch im Krankenhaus in Brünn. 1916 Militärverdienstkreuz 3. Klasse, 1917 Orden der Eisernen Krone 3. Klasse.

W.: Beiträge zur Geschichte der Violinsonate im 18. Jh. (Diss., 1911). — (Hg.:) Pisendel, J. G.: Sonata a violino solo senza basso (1911). — 3 Ungarische Tänze (1917).

L.: Kartotéka padlých v 1. světové válce. Vojenský ústřední archiv [30.4.2024]. — Heimatblätter. Beiträge zur Oö. Landeskultur 71,1-2 (2018) 11-21. — LDM 2 (2000). — Resch, L./Buzas, L.: Verzeichnis der Doktoren und Dissertationen der Universität Ingolstadt-Landshut-München 7 (1977) 184. — Studeny, H.: Der gläserne Berg (1972). — Jahres-Bericht des k.k. Staats-Gymnasiums in Troppau 1899/1900 (1900). — Biogr. Slg.

Studeny (verh. Nitsche), Herma (Hermine Eleonora Ottilie), Musikerin und Musiklehrerin, * 4. 1. 1886 Marschendorf IV (Maršov IV bzw. Horní Maršov), † 28. 6. 1973 Pullach im Isartal/Oberbayern. Schwester von → B. Studeny und von Grete (Margarete) **Studeny** (Musikerin, * 4. 6. 1899 Troppau (Opava), † 8. 12. 1976 Pullach im Isartal/Oberbayern, seit 1916 in München Klavierunterricht bei Sandra Droucker und 1920–1926 bei Therese Diehn-Slottko sowie Harmoniestudium bei Siegfried Kallenberg, Pianistin und Klavierlehrerin in München, Konzertauftritte mit Herma S.). 1892 Übersiedlung der Familie nach Troppau. Violinunterricht, 1903 erstes öffentliches Konzert in Troppau. 1900–1903 Violinstudium am Prager Konservatorium bei → O. Ševčík, danach an der Hochschule für Musik in Berlin bei Henri Marteau. Seit 1905 in München. Seit 1912 Konzertreisen in Europa und den USA. 1918 Gründerin des S.-Quartetts. Gründerin und Leiterin einer Musiklehranstalt in München, Leiterin des Schülerorchesters. Mitglied des Ensembles Deutsche Vereinigung für alte Musik. Komponistin von Suiten, Kammermusik für Violine und Klavier und von Liedern.

W.: Das Büchlein vom Geigen (1932, ³1949). — Spielmannsweisen (1939). — Der gläserne Berg (1972).

L.: BMLO id=s2039 [30.4.2024]. — Myška suppl. 5 (2020). — Weiss, G. u. a.: Der große Geiger Henri Marteau (2002). — Kosch, Lit. Lex. 21 (³2001). — LDM 2 (2000, m. Verz.). — Friedel, C.: Komponierende Frauen im Dritten Reich (1995). — Weinreich, O.: Ausgewählte Schriften 4 (1975) 137-139. — Sudetenland 16 (1974) 229. — Buhl, P.: Troppau von A bis Z (1973). — MSA 24 (1973) 25. — Partisch 2 (1964). — VB 7.1.1961, 24.10.1964 u. 15.1.1971. — Who's Who in Germany 1 (1956), 2 (1960) u. 3 (1964). — Troppauer Heimatchronik 72 (1956) 4-7, 192 (1966) 17 u. 283 (1973) 177 f. — SdZ 14.1.1956, 6, 21.3.1959, 9 u. 15.11.1963, 6. — Kürschners deutscher Musiker-Kalender (1954). — Steinberger, W. L.: Köpfe in Altbayern (1949). — Wer ist's (1935). — Deutsches Musiker-Lexikon (1929). — Branberger, J.: Das Konservatorium für Musik in Prag (1911). — Biogr. Slg.

Studený, Jan, Lehrer, * 7. 4. 1886 Iglau (Jihlava), † [nach 1948]. 1905–1909 Geschichts-, Philosophie- und Philologiestudium an der Universität Wien. 1914 Lehrbefugnis für klassische Philologie und Deutsch, 1919 für Tschechisch. 1915–1922 Latein- und Griechischlehrer am tschechischen Gymnasium in Iglau, seit 1923 am Gymnasium in Mährisch Budwitz. 1939 Ruhestand. 1945–1948 erneut Gymnasiallehrer in Iglau. Autor von Latein-Schulbüchern. Philosophische und geschichtswissenschaftliche Veröffentlichungen in Vychovatelské listy.

W.: Přehled států doby přítomné s poznámkami o statistice a politických změnách za let posledních [Übersicht der heutigen Staaten mit Anmerkungen zu Statistik u. politischem Wandel der letzten Jahre] (1924). — Stručné dějiny filosofie řecké [Kurze Geschichte der griechischen Philosophie] (1926). — Cvičebnice jazyka latinského pro 1. třídu gymnasií a reálných gymnasií [Übungsheft Latein für die 1. Klassen der Gymnasien u. Realgymnasien] (1926). — Cvičebnice jazyka latinského pro 2. třídu gymnasií a reálných gymnasií [Übungsheft Latein für die 2. Klassen der Gymnasien u. Realgymnasien] (1928).

L.: Mitt. Univ.-Archiv Wien, 29.9.2017. — Mitt. Archiv der Karls-Universität Prag, 7.9.2017. — Almanach ke 100. výročí Gymnázia Moravské Budějovice (2011) 241. — 75 let českého gymnázia v Jihlavě (1994) 87. — Padesát let českého gymnasia v Jihlavě (1971) 62. — OSN ND 6,1 (1940). — MSN 6 (1932).

Studený, Jaroslav, Geistlicher, * 6. 5. 1923 Kosow (Kozov) Bez. Littau (Litovel), † 5. 6. 2008 Sternberg (Šternberk). Gymnasium in Kremsier, 1942 Matura, anschließend bis 1945 Priesterseminar in Olmütz. 1945–1949 Studium an der Lateranuniversität in Rom, Dr. theol., 1947 Priesterweihe in Rom. 1949 Kaplan in Leipnik, 1951 Administrator in Lobenstein. 1951–1954 Militärdienst. 1954–1961 Administrator in Kunzendorf, 1961–1967 in Morawitz, seit 1967 in Bölten. 1969–1971 Dozent für christliche Kunst und Archäologie an der Olmützer Außenstelle der Theologischen Fakultät St. Kyrill und Method der Universität Prag. 1972 Entzug der staatlichen Priestererlaubnis, 1972–1975 Haft im Gefängnis Pilsen-Bory wegen Verbreitung katholischer Literatur. 1976–1983 Arbeiter in einer Maschinenfabrik und Gießerei in Großsenitz. Seit 1983 Administrator in Aujezd bei Wallachisch Klobouk, 1990–2006 Pfarrer im Olmützer Kloster Hradisch. Seit 1990 wissenschaftlicher Mitarbeiter, 1993–1996 Privatdozent für Pastoraltheologie an der theologischen Fakultät der Universität Olmütz. Nach 1990 Initiator von Kirchenbauten u. a. in Drnowitz bei Wallachisch Klobouk, Olmütz und Troppau-Gilschwitz. 2006 Ruhestand, seitdem in Köllein. Autor von Pastoralschriften, daneben Zeichner und Maler. 1995 päpstlicher Ehrenprälat.

W.: Christi Domini repraesentatio in arte paleochristiana (Diss., 1949). — Katecheta kreslí [Der Katechet zeichnet] (1971). — Křestanské symboly [Christliche Symbole] (1992). — Já, odsouzený číslo 11783 [Ich, der Verurteilte Nummer 11783] (1992). — Příručka pro katechety. Přikázání [Hb. für Religionslehrer. Die Gebote] (1993). — První svaté přijímání [Die Erstkommunion] (1996). — Ukřižovaný. Námět ukřižování Našeho Pána Ježíše Krista v duchovních dějinách [Der Gekreuzigte. Das Motiv der Kreuzigung Unseres Herrn Jesus Christus in der Geistesgeschichte] (1997). — Stavíme kostely s firmou SOPOS [Kirchenbau mit der Firma SOPOS] (1998). — Deset let naší bohoslužby při stavbách a opravách kostelů a kaplí [Zehn Jahre Gottesdienst während des Baus u. der Renovierung unserer Kirchen u. Kapellen] (2001). — Myšlenky na cestu životem [Gedanken für den Lebensweg] (2002). — Ty ještě věříš? [Du glaubst noch?] (2005). — Čtu poprvé o Bohu [Ich lese zum ersten Mal über Gott] (2005). — Snoubencům [Für Verlobte] (2006). — Křest [Die Taufe] (2006). — Úvahy věřícím [Überlegungen für Gläubige] (2007). — Bůh mého stáří [Mein Gott im Alter] (2007). — Nemocným. Úvahy a modlitby [Für Kranke. Überlegungen u. Gebete] (2009).

L.: Doležalová, M. (Hg.): Církev za totality (2016) 288-299. — Balík, S./Hanuš, J.: Katolická církev v Československu 1945–1989 (2013). — BSKTF (2013). — Tomášová, M.: Zeptejme se našich předků (2009). — Zpravodaj města Bystřice pod Hostýnem 35,6 (2008) 41. — Novotný, V.: Katolická teologická fakulta 1939–1990 (2007). — Nekovářová, M.: Mons. Doc. ThDr. J. S., pastýř a stavitel (Mag.-Arb. Olo-

mouc, 2004). — Církevní procesy padesátých let (2002). — Kdo je kdo (²1994).

Studený, Svatopluk, Regisseur, * 17. 2. 1921 Prag (Praha), † 6. 1. 2002 Prag. Gymnasium in Prag, 1940 Matura. Schauspielstudium am Prager Konservatorium, 1942–1945 Schauspieler am Theater in Mährisch Ostrau. 1945–1949 Studium der Kunstgeschichte an der philosophischen Fakultät der Universität Prag, Ausschluss aus politischen Gründen, Studienabschluss 1990. 1956–1991 Regisseur des Kurzfilmstudios Krátký film in Prag, seit den 1970er Jahren Zusammenarbeit mit dem Tschechoslowakischen Fernsehen. Dokumentarfilme über Musik-, Architektur- und Kunstgeschichte sowie Reisedokumentationen. 1955 Silberne Medaille des Filmfestivals in Warschau.

L.: Štoll, M. u. a.: Český film. Režiséři-dokumentaristé (2009, m. Verz.). — SČSVU 15 (2005). — Tomeš 3 (1999). — Kdo je kdo (³1998). — Biogr. Slg.

Studený, Vladimír, Maler und Architekt, * 10. 3. 1904 Slatin (Slatiny) Bez. Jičin (Jičín), † 19. 2. 2005 Jičin. Architekturstudium an der tschechischen TH in Prag. 1936–1966 Angestellter der Bauverwaltung der Prager Burg, Archivar der Bauprojekte des Burgbergs. Daneben Maler und Zeichner, vor allem von Landschaften und Prager Stadtbildern. 1944 Ausstellung seiner Zeichnungen in Prag, 2004 in Altenburg bei Liban.

L.: Informační systém abART [30.4.2024]. — Jičínský deník 11.12.2012. — SČSVU 15 (2005). — Listy starohradské kroniky 28,1 (2005) 10-15. — Kirschner, Z.: V. S. Galerie Jičín (1967). — Toman 2 (1950). — Kresby V. S. (1944).

Studnička, Alois, Graphiker, Techniker und Lehrer, * 6. 2. 1842 Janow (Janov bzw. Roudná) Bez. Soběslau (Soběslav), † 9. 9. 1927 Sarajevo. Bruder von → F. J. Studnička, Onkel von → F. K. Studnička und → R. L. Studničková. Realschule in Tabor und Prag, 1861 Matura in Prag. Mitarbeiter von → V. Náprstek bei der Gestaltung des Industriemuseums in Prag. Im Auftrag des Vereins zur Ermunterung des Gewerbsgeistes 1862 Besuch der Weltausstellung in London. Handwerkliche, gewerbliche und museumskundliche Studienreisen nach England, Irland, in die Niederlande sowie nach Hamburg, Berlin und Paris. Als Externist Studium der Mathematik und Physik am Polytechnikum in Prag ohne Abschluss. Zudem Zeichenkurse an der Akademie der Bildenden Künste in Prag. Seit 1867 Sekretär der technischen Sektion des Prager Gewerbevereins sowie 1867–1871 Industrie- und Zeichenlehrer an der Gewerbeschule in Smichow/Prag. Referent für Prager Handwerker- und Gewerbevereine. Beiträge in Fachorganen wie Průmyslník oder Posel z Prahy. Seit 1869 Redaktionsleiter der Zeitung Dělník český. Durch Vorträge und Veröffentlichungen Beitrag zur Verbreitung der Nähmaschine in Böhmen. 1869 kurzzeitig Assistent für mechanische Technologie an der tschechischen TH in Prag. 1872 Lehrbefugnis für Zeichnen und darstellende Geometrie an Mittelschulen. 1872–1886 Lehrer an einem tschechischen Realgymnasium und an der Slawischen Handelsakademie in Prag. Daneben 1873–1879 Leiter der Fortbildungsschule des Vereins zur Ermunterung des Gewerbsgeistes in Böhmen und seit 1884 auch Direktor der Typographie-Schule in Prag. 1875–1883 Redakteur der Listy průmyslové und 1881–1883 Herausgeber des Český kreslíř. 1883 und 1885 alttschechischer Kandidat bei den Reichsratswahlen. 1886–1893 Gründungsdirektor der staatlichen Handwerkerschule in Jaroměř. Dort auch Organisation von Kunst-, Gewerbe- und Industrieausstellungen. Lehrer von → F. Kupka. Zudem Kustode des Kunstgewerbemuseums in Prag. 1893–1908 Direktor der Landeshandwerkerschule in Sarajevo und Staatsbeauftragter für gewerbliche Fachschulen in Bosnien-Herzegowina. Gründung von Gewerbefachschulen und Ausarbeitung des Lehrplans für Zeichenunterricht an den Schulen Bosnien-Herzegowinas. Seit 1908 Ruhestand in Sarajevo und Prag. Graphiker und Schriftgestalter. Autor von Unterrichtsmaterialien für Zeichnen, Ornamentik und Kalligraphie, Patente für Schultafeln. Ausarbeitung der tschechischen graphischen und gewerblichen Fachterminologie. Ethnographische Forschungen, Mitarbeit an der Trachtensammlung des Náprstek-Museums in Prag. Ausstellungskonzeptionen und museumswissenschaftliche Studien. 1880 Ausstellung von Volkstrachten in Prag. Mitglied der HGK Böhmisch Budweis. Ehrenmitglied von gewerblich-technischen Vereinigungen.

W.: Šicí stroje [Nähmaschinen] (1864). — Schule der krummlinigen Ornamentik 1 (1869). — Referát o výstavě amsterodamské [Bericht über die Ausstellung in Amsterdam] (1869). — Škola stínů. Pro vyšší třídy škol občanských, průmyslových a dívčích a pro nižší školy realní a gymnasialní [Die Schattenlehre. Für die höheren Klassen der Bürger-, Industrie- und Mädchenschulen sowie für die unteren Klassen der Realschulen und Gymnasien] (1871; dt.: Schattenlehre für Schule und Haus, 1880). — Živnostenské účetnictví [Gewerbliche Buchführung] (1873). — Novinky z výstavy světové ve Vídni 1873 [Neuigkeiten von der Weltausstellung in Wien 1873] (1874). — Měřictví pro 1. třídu realních gymnasií a realních škol [Geometrie für die 1. Klasse der Realgymnasien und Realschulen] (1874). — Sborníček pro malíře písma a lakýrníky [Hb. für Schriftmaler und Lackierer] (1877). — Abeceda. Sbírka běžných druhů písem starých i novějších provedených ve velkém měřítku (1877; dt.: Alphabete. Eine Sammlung von gangbaren und neueren Schriftarten, 1880, ⁴1913). — O slohu v průmyslu uměleckém a v řemeslech výtvarných [Über den Stil im Kunstgewerbe und im Kunsthandwerk] (1879). — O úpadku řemesel, jeho příčinách a o prostředcích k povznešení práce [Der Niedergang der Handwerke, seine Ursachen und die Mittel zur Hebung der Arbeit] (1883). — Měřictví pro školy průmyslové, měšťanské a pokračovací [Geometrie für Industrie-, Bürger- und Fortbildungsschulen] (1883). — Příspěvek ku kreslířské nauce o stínování [Ein Beitrag zur Schattierungslehre] (1884). — O školách průmyslových [Industrieschulen] (1886). — O hospodářství českého národa [Die Wirtschaft der tschech. Nation] (1888). — Über die Entwicklung der bildenden Handwerke und über die Aufgaben der Handwerkerschule. In: III. Jahresbericht der k.k. allgemeinen Handwerkerschule in der Leibgedingstadt Jaroměř für das Schuljahr 1888/89 (1889) 3-10 (tschech. in: Hubatová-Vacková, L. u. a. (Hg.): Věci a slova (2014) 94-99). — Deutsche Reformschrift (1891). — Základové živnostenského malířství písma (1891; dt.: Anfangsgründe der gewerblichen Schriften-Malerei, 1891). — Einige Motive der Volksstickerei (1898). — Grundlagen der schönen Form. Praktische Ästhetik (1898; kroatisch 1898; frz. 1901; russ. 1904). — Geometrie für gewerbliche Anstalten, zugleich Theorie des Zeichnens und geometrische Ornamentik (1898; kroatisch 1901). — Theorie des Freihand-Zeichnens auf Grundlage der geometrischen Formenlehre nebst Übersicht der geometrischen Ornamente (1898; auch kroatisch). — Sta treba muslimanskom narodu u Bosni i Hercegovini da osigura sretnu budućnost [Was das muslimische Volk von Bosnien und Herzegowine braucht, um sich eine glückliche Zukunft zu sichern] (1906). — Divy přírody [Wunder der Natur] (1908). — Tvorstvo a člověk [Die Schöpfung und der Mensch] (1910). — Krása, stud a láska v pohlavním výběru lidském [Schönheit, Schamgefühl und Liebe in der menschlichen Partnerwahl] (1910). — Verz. s. OSN 24 (1906) 301.

L.: Vlach, M. u. a.: Cesty nesmrtelných (2016) 103. — Hubatová-Vacková, L. u. a. (Hg.): Věci a slova. Umělecký průmysl, užité umění a design (2014) 544 f. — Secká, M.: Americký klub dam (2012). — Uhlíř, J.: Osobnosti Jaroměře (2011). — Malá, A./Pavliňák, P.: Signatury českých a slovenských výtvarných umělců (2010). — ÖBL 62 (2010). — Umění 57,5 (2009) 453-

468. — Němcová [Bečvářová], M.: František Josef Studnička (1998) 11-14 u. 19. — Muzejní a vlastivědná práce 34,4 (1996) 213-221. — Vlček, T.: Praha 1900 (1986). — Vopravil (1973). — Toman 2 (1950). — OSN ND 6,1 (1940). — Sto let Jednoty k povzbuzení průmyslu v Čechách (1934) 310. — Lidové noviny 14.9.1927, 2. — OSN 24 (1906). — Národní album (1899). — Humoristické listy 1.9.1883, 285 f. — Wurzbach 40 (1880). — Rieger 8 (1870). — Biogr. Slg.

Studnička (Studniczka), František Josef (Franz Joseph; Pseud. Pravdomil Čech), Mathematiker und Naturwissenschaftler, * 27. 6. 1836 Janow (Janov bzw. Roudná) Bez. Soběslau (Soběslav), † 21. 2. 1903 Prag (Praha). Bruder von → A. Studnička, Vater von → F. K. Studnička und → R. L. Studničková, Großvater von → O. Studničková. Seit 1849 Gymnasium in Neuhaus. Seit 1857 Studium der Naturwissenschaften und Mathematik an der Universität Wien, 1861 Dr. phil. sowie Lehramtsprüfungen für Physik und Mathematik. Erst Hauslehrer, dann seit 1862 Lehrer am deutschen Gymnasium sowie Vorsitzender des Stenographenvereins in Böhmisch Budweis. Seit 1864 Assistent, dann Dozent und seit 1866 o. Prof. für Mathematik und analytische Mechanik am Polytechnikum in Prag, nach 1869 am tschechischen Polytechnikum. 1868/69 und 1871/72 Dekan der Abteilung für Wasser- und Straßenbau, 1869/70 der Abteilung für Maschinenbau. Seit 1871 Prof. für Mathematik an der Universität Prag, seit 1882 an der tschechischen Universität, 1888 Gründer des mathematischen Seminars. 1882/83 Dekan der philosophischen Fakultät, 1888/89 Rektor der tschechischen Universität. Forschungen zu Algebra, Differential- und Integralrechnung, vor allem zur Zahlen-, Determinanten-, Quaternionen- und Funktionentheorie sowie zur tschechischen mathematischen Terminologie und Geschichte der Mathematik und Physik in Böhmen. Studien zu Akustik und Lichtstreuung, Astronomie, Geographie, Klimatologie und Meteorologie. Im Rahmen des Komitees für die naturwissenschaftliche Erforschung Böhmens und deren Hydrographischer Kommission Aufbau von Stationen zur Niederschlagsmessung und kartographische Wiedergabe der Ergebnisse. Wissenschaftsorganisator und Förderer der Mädchenbildung, seit 1865 Vorträge im Amerikanischen Damenklub in Prag. Verfasser von tschechischen Schul- und Universitätslehrbüchern für höhere Mathematik, darunter auch Logarithmentafeln, sowie von Lehrbüchern für physikalische Geographie, Meteorologie und Kartographie. Seit Gründung 1872–1881 Chefredakteur des Časopis pro pěstování matematiky a fyziky. Mitarbeit an Riegers Slovník naučný, Hauptredakteur des Ottův slovník naučný. Populärwissenschaftliche Vorträge und Artikel zu Mathematik, Physik und Geographie in Blättern wie Živa und Škola a život. 1886–1890 Landesinspektor der Handelsschulen in Böhmen. Mitglied der Staatsprüfungskommission für das Lehramt an Realschulen, seit 1874 auch für Gymnasien, 1893–1895 Vorsitzender der Prüfungskommission für Handelsschullehrer. Seit 1856 Mitarbeit in der Matice česká. Seit 1860 Mitglied der Geographischen Gesellschaft in Wien, seit 1866 der Museumsgesellschaft in Prag und seit 1868 des Vereins zur Ermunterung des Gewerbsgeistes in Böhmen. Seit 1862 Mitglied, seit 1870 Ehrenmitglied und 1874–1877 Vorsitzender der Vereinigung tschechischer Mathematiker und Physiker. 1891–1899 Vizepräsident des Vereins Svatobor in Prag. 1894 Gründungs- und zugleich Ehrenmitglied der Böhmischen geographischen Gesellschaft. Seit 1868 ao., seit 1871 o. Mitglied und 1884 bis 1903 Kassenwart der Königlich böhmischen Gesellschaft der Wissenschaften in Prag. Seit 1890 o. Mitglied und 1890/91 Generalsekretär der Tschechischen Akademie der Wissenschaften und Künste. 1880 korr. Mitglied der Société Royale des Sciences in Lüttich und 1883 der Südslawischen Akademie der Wissenschaften und Künste in Zagreb. Mitglied der Deutschen Mathematiker-Vereinigung, der Société mathématique de France in Paris und des Circolo matematico in Palermo sowie Sekretär der International Association for Promoting the Study of Quaternions. 1886 kaiserlicher Rat, 1902 Hofrat. 1892 Orden der Eisernen Krone 3. Klasse, 1886 Ritter des russischen Stanislaus-Ordens 2. Klasse.

W.: (Zus. m. J. Odstrčil:) Ueber elektrische Entladung und Induction. In: Sitzungsberichte der kaiserlichen Akademie der Wissenschaften 41 (1860) 302-318. — Ueber die Identität der Licht- und Wärmestrahlen von gleicher Brechbarkeit. In: Sitzungsberichte der kaiserlichen Akademie der Wissenschaften 44,2 (1861) 289-296. — Stručný světopis [Eine kurze Kosmologie] (1862). — Základové sférické trigonometrie [Grundlagen der sphärischen Trigonometrie] (1865). — Základové vyšší matematiky [Grundlagen der höheren Mathematik] (1866). — Vyšší matematika v úlohách [Höhere Mathematik. Aufgaben] (1866). — O soustavě sluneční [Das Sonnensystem] (1868). — O de-

terminantech [Die Determinanten] (1870; dt.: Einleitung in die Theorie der Determinanten, 1871; russ. 1870). — *Kapesní logarithmické tabulky [...] pro střední školy [Taschenausgabe der Logarithmentafeln [...] für Mittelschulen] (1870, ¹⁴1927; bulgarisch 1882, ³1895; auch kroatisch).* — *O počtu variačním [Die Variationsrechnung] (1872).* — *Mikuláš Koperník [Nikolaus Kopernikus] (1873).* — *Meteorologie (1874).* — *Základové nauky o číslech [Grundlagen der Zahlentheorie].* In: *Časopis pro pěstování mathematiky a fysiky 4 (1875) 97-115, 145-166, 193-208 u. 241-245.* — *Resultate der ombrometrischen Beobachtungen in Böhmen 1876–1888 (1877–1889; auch tschech.: Výsledky dešťoměrného pozorování provedeného v Čechách).* — *Algebra pro vyšší třídy škol středních [Algebra für höhere Mittelschulklassen] (1877, dt.: Lehrbuch der Algebra, 1878).* — *Všeobecný zeměpis čili Astronomická, matematická a fysikální geografie [Allgemeine Geographie oder Astronomische, mathematische und physikalische Geographie] (3 Bde., 1881–1883).* — *Bericht über die mathematischen und naturwissenschaftlichen Publikationen der Königl. böhm. Gesellschaft der Wissenschaften (1885).* — *Základové dešťopisu království Českého (1886; dt.: Grundzüge einer Hyëtographie des Königreichs Böhmen, 1887).* — *Bis an's Ende der Welt. Erinnerung an Karlsbad (1891, ³1903; tschech.: Až na konec světa!, 1895).* — *Luňan Hvězdomír Blankytný. Broučkův host v Praze roku 1891 [Der Mondbewohner Sternenfried Himmelblau. Broučeks Gast in Prag im Jahre 1891] (1892).* — *Zábavné rozhledy hvězdářské [Unterhaltsame astronomische Nachrichten] (1895).* — *Autobiographica (1896).* — *Bohatýrové ducha [Geisteshelden] (1898).* — *Kartografie [Kartographie] (1901).* — *Bericht über die astrologischen Studien des Reformators der beobachtenden Astronomie Tycho Brahe (1901).* — *Prager Tychoniana (1901).* — *Úvod do analytické geometrie v rovině [Einführung in die analytische Geometrie in der Ebene] (1902).* — *(Hg.:) Brahe, T.: Brevissimum Planimetriae compendium (1903).* — *Verz. s. Časopis pro pěstování matematiky a fyziky 33 (1904) 449-480; Pánek, A.: Dr. F. J. S. (1904) 81-112 u. Němcová, M.: F. J. S. (1998) 273-331.*

L.: Coen, D. R.: *Climate in Motion* (2018). — Vlach, M. u. a.: *Cesty nesmrtelných* (2016). — Secká, A.: *Americký klub dam* (2012). — Surman, J. J.: *Habsburg Universities 1848–1918* (Diss. Wien, 2012). — ÖBL 62 (2010). — *Semináře a studie k dějinám vědy* (2009) 55-67. — Bečvářová, M.: *Česká matematická komunita v letech 1848–1918* (2008). — *Osobnosti. Česko* (2008). — Martínek, J.: *Geografové v českých zemích 1800–1945* (2008) 201-203. — ČČAVU (2004). — *Místo národních jazyků/Position of National Languages* (2003) 511-529. — *Pokroky matematiky, fyziky a astronomie* 46,1 (2001) 65 f. — Krška, K./Šamaj, J.: *Dějiny meteorologie v českých zemích* (2001). — Tomeš 3 (1999). — Němcová [Bečvářová], M.: *F. J. S.* (1998). — Martínek, J./Martínek, M.: *Kdo byl kdo. Naši cestovatelé a geografové* (1998). — Březina, J.: *Děti slavných rodičů* (1998). — *Dějiny*

Univerzity Karlovy 3 (1997). — *Učitel matematiky* 5,4 (1996/97) 247-255 u. 6,1 (1997/98) 22-29. — Bečvář, J./Fuchs, E. (Hg.): *Matematika v 19. století* (1996) 111-119. — *Polensko* 5,2 (1996) 25 f. — *Matematika, fyzika, informatika* 5,9 (1995/96) 498-500. — Lišková (1994). — Munzar, J. u. a.: *Malý průvodce meteorologií* (1989). — *Matematika a fyzika ve škole* 19 (1988/89) 483 f. u. 616-620. — MČSE 5 (1987). — *PB Med Skulina* (1976) 38 f. — Vopravil (1973). — Wagner, J.: *F. J. S. Inventář* (1970). — Häufler, V.: *Dějiny geografie na Universitě Karlově* (1967) 400. — Nový, L. u. a.: *Dějiny exaktních věd v českých zemích* (1961). — *Věstník Královské české společnosti nauk, třída matematicko-přírodovědecká* (1952) Nr. 14. — Vavroušek, B.: *Literární atlas československý 2* (1938). — *Sborník Československé společnosti zeměpisné* 42,1 (1936) 91-93. — MSN 6 (1932). — Poggendorff 5,2 (1926) u. 6,4 (1940). — *Jb. über die Fortschritte der Mathematik* 35 (1906) 39. — OSN 24 (1906). — Pánek, A.: *Dr. F. J. S.* (1904). — *Časopis pro pěstování matematiky a fysiky* 33 (1904) 369-480. — *Časopis Národního muzea* 77 (1903) 420 f. — *Almanach České akademie* 14 (1903) 132-138. — *Osvěta* 33 (1903) 438-441. — *Lidové noviny* 24.2.1903, 3. — WZ 22.2.1903, 4. — *Národní album* (1899). — Poggendorff 3 (1898) u. 4 (1904). — *Sborník České společnosti zeměvědné* 2 (1896) 28-32. — Kalousek, J.: *Geschichte der Königl. Böhm. Gesellschaft d. Wissenschaften* 2 (1885). — Wurzbach 40 (1880). — Rieger 8 (1870). — *Biogr. Slg.*

Studnička, František Karel, Mediziner und Biologe, * 25. 11. 1870 Prag (Praha), † 2. 8. 1955 Prag. Sohn von → F. J. Studnička, Bruder von → R. L. Studničková, Vater von → O. Studničková, Neffe von → A. Studnička. Akademisches Gymnasium in Prag, 1889 Matura. Seit 1889 Medizinstudium an der tschechischen Universität in Prag, 1895 Promotion. Daneben dort 1892/93 Mitarbeiter am Institut für Zoologie. 1895 Arzt in einem Prager Krankenhaus, daneben Biologiestudium an der philosophischen Fakultät der tschechischen Universität in Prag, 1900 dort Habilitation in Histologie und mikroskopischer Anatomie. Studienaufenthalte in Jena, Berlin, Wien, Triest, Neapel und Bergen/Norwegen. 1899–1901 Praktikant an der Universitätsbibliothek in Prag. 1901–1919 Bibliothekar an der tschechischen TH in Brünn. Dort seit 1902 Privatdozent, seit 1909 ao. Prof. und 1912 Honorarprof. für Zoologie und vergleichende Anatomie. 1919 Mitglied der Gründungskommission der Brünner Universität. 1919–1934 o. Prof. und Institutsleiter für Histologie und Embryologie an der medizinischen Fakultät der Universität Brünn. Zudem 1919–1926 dort Vertretung der Professur für allgemeine Zoologie, 1919–1921

Vertretung der Professur für Histologie an der Tierärztlichen Hochschule in Brünn. Seit 1934 Prof. und Institutsleiter für Histologie und Embryologie an der medizinischen Fakultät der tschechischen Universität in Prag, 1939 Zwangspensionierung. Forschungen zum Zellplasma und Zellzwischenraum, Entwicklung einer Theorie eines Exoplasmas zwischen Zellen. Studien zur mikroskopischen Technik, zur Geschichte der Biologie und der Medizin, insbesondere zu → J. E. Purkyně. Einer der Begründer der tschechischen Histologie, Verfasser eines Universitätslehrbuchs zur Histologie und mikroskopischen Anatomie. 1912 Mitgründer und bis 1926 Redakteur der Biologické listy. 1905 Mitgründer des Naturwissenschaftlichen Klubs in Brünn. 1919 Initiator der Purkyně-Gesellschaft. 1922 Mitgründer und 1926–1935 Vorsitzender der Tschechoslowakischen biologischen Gesellschaft. 1924 Gründungsmitglied der Mährischen naturwissenschaftlichen Gesellschaft. Seit 1899 ao., seit 1901 korr. und seit 1934 o. Mitglied der Königlich böhmischen Gesellschaft der Wissenschaften in Prag. Seit 1935 Mitglied der Tschechischen Akademie der Wissenschaften und Künste und seit 1952 o. Mitglied der Tschechoslowakischen Akademie der Wissenschaften. Ehrenmitglied des tschechischen Ärztevereins. Korr. Mitglied der Société de biologie in Paris und seit 1937 der Académie Internationale d'Histoire des Sciences. 1934 Kandidat für den Medizin-Nobelpreis. 1952 tschechoslowakischer Staatspreis, 1955 Orden der Republik. 1956 posthum Purkyně-Medaille der Tschechischen medizinischen Gesellschaft.

W.: *Srovnávací studie o tak zvaných „dorsálních buňkách gangliových" míchy nižších obratlovců [Vergleichende Studie über die sogenannten dorsalen Ganglienzellen des Rückenmarks bei niederen Wirbeltieren] (1899). — Lehrbuch der vergleichenden mikroskopischen Anatomie der Wirbeltiere 5: Die Parietalorgane (1905). — Nauka o buňce a plasmatu [Die Zytologie und Zytoplasmatologie] (1908). — Nové studie o tkanivu chordy dorsalis/Neue Studien über das Gewebe der Chorda dorsalis (1922). — Praktická mikroskopie [Praktische Mikroskopie] (1923). — Joh. Ev. Purkinjes und seiner Schule Verdienste um die Entdeckung tierischer Zellen und um die Aufstellung der „Zellen"-Theorie (1927; tschech. 1947). — Handbuch der mikroskopischen Anatomie 1: Die Organisation der lebendigen Masse (1929). — Das Mesostroma, das Mesenchym und das Bindegewebe der Vertebraten im frischen Zustande (1933). — Histologie a mikroskopická anatomie [Histologie und mikroskopische Anatomie] (zus. m. J. Wolf; 2 Bde.,*

1935–1936, ²1946, ⁴1953). — (Mit-Hg.:) In memoriam Joh. Ev. Purkyně (1937; frz. 1937). — Bibliografie. Publikace Jana Ev. Purkyně [Bibliographie. Die Publikationen von Jan Ev. Purkinje] (1937). — Die Substrate der Lebens-Erscheinungen: Protoplasma-Bioplasma (1938). — Histologie lidského pupečního provazce [Histologie der menschlichen Nabelschnur] (1940). — Dr. František Vejdovský (1940). — Das Problem der Vitalität des Zahnschmelzes (zus. m. V. Bažant; 1941). — (Mit-Hg.:) Opera selecta Joannis Ev. Purkyně (1948). — Ze vzpomínek na počátky mého studia [Erinnerungen an meinen Studienbeginn] (1950). — Úvod do plasmatologie [Einführung in die Zytoplasmatologie] (1952). — La théorie cellulaire et la théorie du protoplasma (1952). — Verz. s. OSN 24 (1906), AČL (1913), Šulc, K.: Vědecká činnost prof. Dr. F. K. S. (1930) V-XVI, Biologické listy 25 (1940) 210-214, Lékařské listy 5 (1950) 653-668 u. Poggendorff 7a,4 (1961).

L.: *Archiv der Karls-Universität, Prag. Matriken. — Encyklopedie Prahy 2 vom 8.11.2023. — Encyklopedie dějin města Brna vom 26.10.2019. — Vlach, M. u. a.: Cesty nesmrtelných (2016) 101. — DVT 39,4 (2006) 218 f. — Universitas. Revue Masarykovy univerzity 38,4 (2005) 55-57. — Peiffer, J.: Hirnforschung in Deutschland (2004). — ČČAVU (2004). — Svobodný, P./Hlaváčková, L.: Dějiny lékařství v českých zemích (2004). — Tomeš 3 (1999). — Němcová [Bečvářová], M.: František Josef Studnička (1998) 15-17. — Dějiny Univerzity Karlovy 4 (1998). — Březina, J.: Děti slavných rodičů (1998). — Hanzalová (1997). — Janko, J.: Vědy o životě v českých zemích 1750–1950 (1997) 602. — Universitas. Revue Masarykovy univerzity 27,4 (1994) 44-48 u. 28,4 (1995) 30-33. — Brněnská věda a umění meziválečného období 1918–1939 (1993) 253 f. — BSPLF 2 (1993). — Bílek, K./Holmanová, D.: F. K. S. Písemná pozůstalost (1988). — Archivní zprávy ČSAV 14 (1982) 66-70. — Žili a pracovali v Brně (1977). — Junas, J.: Průkopníci medicíny (1977). — Universitas. Revue Univerzity J. E. Purkyně v Brně 3,4 (1970) 86-89. — Dějiny university v Brně (1969). — Fischer 2 (1962). — Poggendorff 7a,4 (1961, m. Verz.). — Kdy zemřeli? (1957 u. 1962). — Československá morfologie 3 (1955) 192-195. — Věstník Československé akademie věd 64 (1955) 369-371. — Rudé právo 5.8.1955, 5. — Úvod do plasmatologie (1952) 208-230. — Časopis lékařů českých 89 (1950) 1332-1336. — Lékařské listy 5 (1950) 652-672. — Seznam osob a ústavů University Karlovy v Praze (1948). — World Biography 1 (1947). — Poggendorff 6,4 (1940). — PE 3 (1940). — OSN ND 6,1 (1940). — Vavroušek, B.: Literární atlas československý 2 (1938). — Almanach České akademie 47 (1937) 26. — Who's Who (1935). — Kulturní adresář (1934 u. 1936). — Společenský almanach Velkého Brna (1933). — MSN 6 (1932). — Časopis lékařů českých 69 (1930) 1760-1765 u. 79 (1940) 1152-1160. — Šulc, K.: Vědecká činnost prof. Dr. F. K. S. (1930). — Vacek, B.: Velké Brno hygienické a sociální (1925) 178. — AČL (1913). — OSN 24 (1906) u. 28 (1909). — Biogr. Slg.*

Studnička (Studnicka, Studnitschka), Václav (Wenzel), Musiker und Komponist, * 12. 7. 1815 Böhmisch Leipa (Česká Lípa), † 9. 3. 1895 Teplitz-Schönau (Teplice-Šanov bzw. Teplice). 1826–1831 Gymnasium in Böhmisch Leipa. Danach Philosophie- und Jurastudium an der Universität Prag, Promotion. Musik- und Klavierunterricht durch den Vater. Bereits seit 1823 Konzertpianist, Auftritte in Jung-Bunzlau, Leitmeritz und Theresienstadt, seit 1841 Solokonzerte in Prag. 1843–1847 Pianist, Komponist von Klavierstücken und Musiklehrer in Moskau. 1847 Konzertreise nach Österreich, danach wieder in Moskau, seit 1861 in Dresden. 1875 Übersiedlung nach Teplitz-Schönau.

L.: I-Noviny. Zpravodajství z Českolipska 15.2.2017. — Českolipský deník 13.7.2015. — Panáček, J. u. a.: Z dějin České Lípy (1999) 99. — Vojtíšková, M.: Jiskry a plaménky (1982) 41 f. — Panáček, J.: V. S. Příspěvek k česko-ruským vztahům (1972). — Wurzbach 40 (1880). — Květy 6.5.1847, 214 f. — Biogr. Slg.

Studničková (Studniczka), Božena, Erzieherin, Lehrerin und Schriftstellerin, * 31. 1. 1849 Prag (Praha), † 25. 11. 1934 Prag. Grundschule der Kirche St. Maria Schnee, privates Mädcheninstitut in Prag und Privatunterricht im Elternhaus. Bis 1870 private Ausbildung zur Kindergärtnerin. Fortbildung im Amerikanischen Damenklub in Prag, seit 1868 dort Mitarbeiterin und Mitglied. Seit 1870 Kindergärtnerin in einem deutschen privaten Kindergarten in Prag, dann Aufbau eines tschechischen Kindergartens am privaten Prager Mädchenbildungsinstitut → M. Pešková [Nachtragsband]. 1874 Erzieherinnenexamen als Externistin am böhmischen Lehrerinnenbildungsinstitut und seitdem Leiterin der Kinderbewahranstalt in Karolinenthal bei Prag. Seit 1883 leitende Erzieherin und Vorschullehrerin bzw. seit 1891 Direktorin des Kindergartens in der Prager Altstadt. Referentin für das städtische Kindergartenwesen in Prag. 1906 Ruhestand. Seit 1868 Novellen, Gedichte und Liedtexte in Květy, Světozor, Lumír und anderen Zeitschriften. Herausgeberin einer Lyrik-Sammlung. Seit 1878 Bücher mit Spielanleitungen, Liedern, Abzählreimen und Rätseln für Kinder bzw. für Kindergärten, Vor- und Grundschulen. Ab 1917 Puppenspiele für Kinder. Daneben Unterrichts- und Fachliteratur zur Kleinkindererziehung und zum Kindergartenwesen. Redakteurin der Beilage Pěstoun der Zeitschrift

Škola mateřská und Mitarbeiterin des Stručný slovník paedagogický. Beiträge für die Ženské listy. Mitglied des tschechischen Frauenerwerbsvereins in Prag. 1887 Mitgründerin und seit 1912 Ehrenmitglied des Vereins für die Interessen der Kindergärten in Prag. 1897 Teilnehmerin am ersten tschechoslawischen Frauenkongress in Prag. 1904 Mitgründerin und Präsidentin der ersten Esperanto-Frauengruppe in Prag. 1908–1915 Geschäftsführerin und Mitglied des Verwaltungsausschusses des Amerikanischen Damenklubs in Prag. 1897 österreichisches Goldenes Verdienstkreuz mit Krone, 1901 Bronzene Verdienstmedaille der Stadt Prag.

W.: (Hg.:) Ohlas nitra [Das Echo des Gemüts] (1874). — Dětská zahrádka. Sbírka her, písní, říkání a přání pro školy mateřské a nižší třídy obecných škol [Der Kinder-Garten. Spiele, Lieder, Reime und Glückwünsche für Kindergärten u. untere Volksschulklassen] (Bd. 1: 1878, ²1902; Bd. 2: 1881; Bd. 3: Školka mateřská [Der Kindergarten] 1883, ²1901; Bd. 4 u. 5: Škola mateřská [Der Kindergarten] 1887, ²1906 u. 1891; Bd. 6: Mateřským školám [Für Kindergärten] 1896; Bd. 7: Pro dětský svět [Für die Kinderwelt] 1902). — Snění a život [Träumen und Leben] (1886). — Kdo to uhodne? [Wer errät es?] (1890). — Úvahy a ukázky methodické škol mateřských [Betrachtungen und methodische Anweisungen für Kindergärten] (1891). — Z dětského života [Aus dem Kinderleben] (1895). — Pohádky [Märchen] (1899). — Gratulant a deklamátor [Gratulant und Vortragender] (1899). — Pěstounkám škol mateřských [Für Kindergärtnerinnen] (1901). — Vánoční písně a koledy [Weihnachtslieder] (1902). — Dětem o dětech [Geschichten für Kinder über Kinder] (1923). — Puppentheaterstücke: O začarovaných dětech [Die verzauberten Kinder] (1917), Zázračné koření [Das Wundergewürz] (1920), Kdo to dovede? [Wer kann es?] (1922), Tuláček [Der kleine Zugvogel] (1924), Vděčný jelínek [Das dankbare Hirschlein] (1924), Ovečka v trní [Das Schäfchen in den Dornen] (1925), Pouť do nebe [Die Wallfahrt zum Himmel] (1926), Kouzelný prsten [Der Zauberring] (1926), Čarovné dudy [Der Zauberdudelsack] (1926), Námluvy princezny Prozerpíny [Das Werben um die Prinzessin Proserpina] (1926), Malíček, malý syneček [Söhnchen Fingerchen] (1931). — Verz. s. Loutkář 13 (1926/27) 163 f. u. LČL 4,1 (2008) 402.

L.: Databáze českého amatérského divadla id=6601 [30.4.2024]. — Informační systém abART [30.4.2024]. — Petrů Puhrová, B.: Dějiny předškolní výchovy (2018). — Secká, M.: Americký klub dam (2012) 121. — LČL 4,1 (2008). — Bezděk, Z.: Dějiny české loutkové hry (1983) 34. — ČslHS 2 (1965). — OSN ND 6,1 (1940). — Kulturní adresář (1936). — Ligilo (1935) 7. — Loutkář 21 (1934/35) 67. — Časopis učitelek škol mateřských 24 (1934) 12 u. 159. — Národní listy 27.11.1934, 4. — NVISN 16 (1932). —

MSN 6 (1932). — OSN 24 (1906). — Esperantista societaro. Korektita ĝis la 30a de junio 1906 (1906) 25. — Ženský svět 5.3.1906, 8 f. — Ženské listy 1.1.1902, 2 f. — Národní album (1899). — Bačkovský, F. (Hg.): Přehled písemnictví českého doby nejnovější (³1899). — Zpráva o prvním sjezdu žen českoslovanských (1897). — Kneidl, F.: Dějiny Karlínského školství (1891) 77. — Kryšpín, V.: Obraz činnosti literární učitelstva českoslovanského (1885). — Biogr. Slg.

Studničková, Olga, Malerin und Graphikerin, * 18. 8. 1906 Brünn (Brno), † 17. 4. 1962. Enkelin von → F. J. Studnička, Tochter von → F. K. Studnička, Nichte von → R. L. Studničková. Kunsthandwerkschule Brünn, dann Kunstgewerbeschule Prag bei → F. Kysela. Malerin, Zeichnerin und Zeichenlehrerin an einer Berufsfachschule für Mädchen in Prag. Studienaufenthalte in Paris und Jugoslawien. Gouachen, Aquarelle, Temperas und Zeichnungen. Seit 1936 Beteiligung an Ausstellungen im Mánes-Pavillon in Prag, 1950 an der Ausstellung tschechischer und slowakischer bildender Künstlerinnen in Prag.

L.: Informační systém abART [30.4.2024]. — Knížák, M.: Encyklopedie výtvarníků loutkového divadla 2 (2005). — SČSVU 15 (2005). — Němcová, M.: František Josef Studnička (1998) 15. — Lidová demokracie 20.4.1962, 3. — Toman 2 (1950, m. Verz.). — Biogr. Slg.

Studničková, Růžena Limara (Rosa), Lehrerin und Naturwissenschaftlerin, * 15. 6. 1873 Prag (Praha), † 14. 4. 1957 Kardasch-Řečitz (Kardašova Řečice) Bez. Weseli an der Lužnitz (Veselí nad Lužnicí). Tochter von → F. J. Studnička, Schwester von → F. K. Studnička, Nichte von → A. Studnička, Tante von → O. Studničková. Private Mädchenschule in Prag. Dann Privatlehrerin für Französisch in Prag. Übersetzungen aus dem Französischen und Englischen ins Tschechische, Herausgabe einer französischen Grammatik. Verwalterin des väterlichen Nachlasses. 1917 Mitgründerin der Tschechischen astronomischen Gesellschaft. Autorin von populärwissenschaftlichen Astronomiebüchern sowie naturwissenschaftlichen Beiträgen für Zeitungen wie Ženské listy, Národní politika, Národní noviny und Lidové noviny. 1918/19 Fachaufsätze im Věstník České astronomické společnosti.

W.: Výhledy do světa nadzemského [Ausblicke in die überirdische Welt] (1919). — Věda a poesie [Wissenschaft und Poesie]. In: Národní politika (Ab.) 1.2.1921, 1 f. — Petite grammaire complète (1922). — Vesmír i lidstvo a jeho kultura [Das Universum, die

Menschheit und ihre Kultur] (1923). — Z říše stálic [Aus dem Reich der Fixsterne] (1925).

L.: Peroutková, J.: Tvarosloví a slovní druhy v českých gramatikách francouzštiny (Mag.-Arb. České Budějovice, 2010). — Němcová, M.: František Josef Studnička (1998) 15 u. 19 f. — Kdy zemřeli? (1962). — Říše hvězd 38,7 (1957) 160. — Biogr. Slg.

Studnitschka, Wenzel → **Studnička**, Václav

Studnitzka, Hanna, Bildhauerin, * 17. 8. 1927 Dux (Duchcov), † 30. 8. 2006 Leipzig. 1941–1944 deutsche Staatsfachschule für Keramik und verwandte Kunstgewerbe in Teplitz-Schönau. Nach 1945 erst Fabrik-, 1946 Landarbeiterin. 1947–1951 Fachschule für angewandte Kunst in Leipzig, danach freischaffende Bildhauerin und Keramikerin in Leipzig. 1960–1984 Ateliergemeinschaft mit Elfriede Ducke. Porträtbüsten u. a. von Rosa Luxemburg, Helene Weigel, Claire Waldoff und Ida Dehmel, Figuren, Tierdarstellungen und Reliefs vor allem aus Ton, glasierter Keramik und Terrakotta, nach 1980 auch Bronzeskulpturen. Seit 1953 Beteiligung an den Dresdner Kunstausstellungen und den Ausstellungen des Bezirks Leipzig. 1979 Teilnahme am Leipziger Bildhauer-Pleinair. 1958–1964 und 1984–1988 Mitglied des Verbands Bildender Künstler der DDR, 1960–1964 Leiterin der Sektion Bildhauer, 1961 Kleinplastikpreis des Verbands.

L.: Lexikon Künstler in der DDR (2010). — Hexelschneider, E.: Rosa Luxemburg und Leipzig (2007) 115-117. — Leipziger Volkszeitung 4.5.2007, 3. — Thormann, O. (Hg.): Leipziger Kunstgewerbeschule (1996) 222. — Who's Who in Contemporary Ceramic Arts (1996). — Zeitgenössische Keramik in Sachsen (1991) 35. — Jorek, R.: H. S. (1988). — 11. Kunstausstellung des Bezirkes Leipzig (1985). — Meißner, G. (Hg.): Leipziger Künstler der Gegenwart (1977) 243. — Fünfte Deutsche Kunstausstellung Dresden (1962). — Vollmer 4 (1958).

Stübchen-Kirchner, Robert, Architekt, Lehrer und Maler, * 6. 9. 1852 Prag (Praha), † 28. 3. 1918 Wien. Bruder von Franz **Stübchen-Kirchner** (Ingenieur und Lehrer, * 14. 12. 1853 Prag, † 22. 2. 1930 Oberndorf bei Salzburg, Direktor der Webschule in Jägerndorf, dann Lehrer und 1894–1913 Direktor der Staatsfachschule für Textilindustrie in Reichenberg, 1913 Regierungsrat, 1898 Franz-Joseph-Orden), Vater von Elisabeth Augusta (Else) **Stübchen-Kirchner** (verh. Schmit, Künstlerin, * 11. 6. 1886 Gablonz an der Neiße (Jablonec nad Nisou), seit 1912 Mitarbeiterin der Wiener Werkstätten und Besuch der Kunstgewerbeschule in Wien, Textil-, insbesondere Batikkünstlerin in Wien, Mitglied des Österreichischen Werkbundes). Oberrealschule und deutsches Polytechnikum in Prag, zudem Malkurse an der Prager Akademie der Bildenden Künste. 1875–1879 Angestellter des Architekturbüros → J. Zítek, Beteiligung am Bau des Rudolphinums in Prag, der Börse in Zürich und des Deák-Mausoleums in Budapest. Dann bis 1880 Assistent an der deutschen TH in Prag. Seit 1881 Lehrer an der Gewerbeschule in Pilsen, seit 1883 an der Goldschmiede-Fachschule in Prag. Seit 1885 Direktor der staatlichen Fachschule für Kunstgewerbe in Gablonz an der Neiße und 1898–1908 der Keramik-Fachschule in Teplitz-Schönau. Förderer des Jugendstil-Kunstgewerbes. 1898 Bau der Turnhalle in Gablonz. Beirat des Unterrichtsministeriums in Wien für das gewerbliche Unterrichtswesen. Bis 1908 Stadtverordneter von Teplitz-Schönau und Geschäftsleiter des Museums-Gesellschaft Teplitz. 1899–1908 Konservator der Zentralkommission zur Erforschung und Erhaltung der Baudenkmale in Wien. 1908–1918 Direktor des Lehrmittel-Bureaus für die gewerblichen Unterrichtsanstalten im Schulministerium in Wien. Als Architekt Teilnahme an Wettbewerben für national konnotierte Gebäude in Nordböhmen. Zudem Landschafts- und Porträtmaler, 1894–1896 Ausstellungen im Kunstverein für Böhmen in Prag. Seit 1900 korr. Mitglied der Gesellschaft zur Förderung deutscher Wissenschaft, Kunst und Literatur in Böhmen. Seit 1907 stellv. Vorsitzender des Vereins der Lehrkräfte der gewerblichen Staatslehranstalten. 1906 Regierungsrat. 1898 Franz-Joseph-Orden.

W.: Die neue Turn- u. Festhalle in Gablonz. In: Der Architekt (1898) 40 u. Tafel 65.

L.: Dějiny města Plzně 2 (2016). — Sborník Národního památkového ústavu, územního odborného pracoviště v Liberci (2006) 121. — Enc. architektů (2004 u. ²2023). — Brückler, T./Nimeth, U.: Personenlexikon zur österr. Denkmalpflege (2001). — Míšková/Neumüller (1994). — Die Weltkunst 54,21 (1984) 3217-3220. — Toman 2 (1950). — Thieme-Becker 32 (1938). — Festschrift anlässlich des 50jährigen Bestandes d. deutschen Staatsfachschule f. Kunstgewerbe in Gablonz a. d. N. (1930). — Bohemia 1.3.1930, 3. — Festschrift zur Erinnerung an den 50jährigen Bestand d. Staatsfachschule f. Keramik u. verwandte Kunstgewerbe in Teplitz-Schönau (1925) 12-51. — Prager Abendblatt 3.4.1918, 6. — Bohemia 3.4.1918,

6. — Hirsch, Orden (1912). — Teplitz-Schönauer Anzeiger 29.4.1908, 8. — Die k.k. Fachschule f. Weberei in Reichenberg (1902). — Leistungen 1891 (1893) bis 1895/97 (1900). — Jb. des höheren Unterrichtswesens in Österreich 2 (1889). — Biogr. Slg.

Stübiger, Johann Christian, Instrumentenbauer, * 13. 11. 1864 Fleißen (Plesná) Bez. Wildstein (Vildštejn bzw. Skalná), † 15. 5. 1938 Wien. Geigenmacherlehre bei seinem Verwandten Adam S. in Fleißen, dann dort Geselle. Seit 1883 in der Wiener Instrumentenbauwerkstatt von → T. Zach, seit 1891 selbstständiger Geigenbauer in Wien. Produktion nach dem Vorbild Stradivari. Seit 1910 Kassenwart der Wiener Handelskammer und Schätzer des Wiener Handelsgerichts. 1910 Mitgründer des österreichischen Geigenmacherverbands.

L.: Musikinstrumentenbauer in Österreich (2013) 35. — ČHS id=1000355 vom 27.2.2006. — Vannes, R.: Dictionnaire universel des luthiers 1 (³1988). — Prochart, F.: Der Wiener Geigenbau (1979). — Jalovec, K.: Deutsche und österr. Geigenbauer (1967) 425. — Jalovec, K.: Enzyklopädie des Geigenbaues 2 (1965). — ČslHS 2 (1965). — Lütgendorff, W. L. v.: Die Geigen- u. Lautenmacher (1904), 2 (⁶1975) u. Erg.-Bd. (1990).

Stückler, Kajetan, Musiker, * 30. 9. 1818 Polaun (Polubný bzw. Kořenov) Bez. Tannwald (Tanvald), † 24. 3. 1873 Graz. Kindheit in Neustadt an der Tafelfichte. Musikausbildung am Prager Konservatorium, Fagottvirtuose und Komponist. Seit 1839 und erneut seit 1844 Chorsänger am Ständischen Theater Graz, dazwischen Musiker in Linz. Chorleiter der Gesellschaft zum Liederkranz in Graz. Zudem spätestens seit 1868 dort Domsänger. Komponist von Requiems und anderen geistlichen Werken. 1848 Vertonung von Gedichten für die Akademische Legion und die Nationalgarde in Graz.

L.: Boisits, B.: Musik und Revolution (2013). — Suppan, W.: Steirisches Musiklexikon (²2009). — MVHJI 21 (1927) 153. — Kirchenmusikalisches Jb. 15 (1900) 48 f. — Grazer Volksblatt 27.3.1873, 4. — Biogr. Slg.

Stüdl, Johann (Hans), Kaufmann und Bergsteiger, * 27. 6. 1839 Prag (Praha), † 29. 1. 1925 Salzburg. Oberrealschule in Prag, Matura 1856. Chemiestudium am Polytechnikum in Prag, dann an der TH Dresden ohne Abschluss. 1858 Eintritt in das Familiengeschäft für Delikatessen und Kolonialwaren auf der Prager Kleinseite, seit 1872 Alleininhaber. Beteiligung an einer böhmischen Glashütte. Daneben Laienrichter beim Prager Handelsgericht, Kurator der Böhmischen Sparkasse und Direktoriumsvorsitzender des Prager Blindeninstituts. Verwaltungsratsmitglied der deutschen Handelsakademie in Prag. Großdeutsch orientierter Liberaler und Obmann des Vereins Austria. 1919 Aufgabe des Geschäfts in Prag und Umzug nach Salzburg. Seit 1859 Bergsteiger. 1864 Überschreitung des Alpenhauptkamms vom Zillertal über den Schwarzensteiner Gletscher. Mehrere Erstbegehungen und alpinistische, seit 1869 auch touristische Erschließung der Glockner- und der Venedigergruppe mit dem Zentrum in Kals/Tirol. 1868 Finanzierung der S.-Hütte, später des Ausbaus eines Südwestanstiegs am Großglockner (S.-Grat). 1869 Gründer eines Bergführervereins in Kals/Tirol. Seit 1862 Mitglied des Österreichischen und 1869 Mitgründer des Deutschen Alpenvereins, 1873 Mitorganisator deren Fusion zum Deutschen und Österreichischen Alpenverein, Obmann des Wege- und Hüttenbauausschusses. 1870–1920 Obmann, später Ehrenmitglied der Alpenvereinssektion Prag. Nach 1919 im Vorstand der Sektion Salzburg, seit Gründung 1921 Ehrenmitglied der liberalen Sektion Donauland. Seit 1868 Aufsätze über Wanderrouten und Erstbesteigungen im Jahrbuch des Österreichischen Alpen-Vereines und in der Zeitschrift des Deutschen und Österreichischen Alpenvereins. Theoretische Studien zu Proviantdepots, zu Bau, Bewirtschaftung und Nutzungsregeln von Berghütten, zum Bergführerwesen sowie zur Geschichte des Bergsteigens. Zudem Kartograph, Zeichner und Landschaftsmaler der Alpen. Gegner einer Politisierung des Alpenvereins und des Ausschlusses von Juden. Kaiserlicher Rat. 1898 Franz Joseph-Orden. Verdienstorden vom hl. Michael, Roter Adlerorden und Silvesterorden. 1870 Ehrenbürger von Kals, später auch von Sulden und Matsch in Südtirol.

W.: *(Zus. m. K. Hofmann:) Wanderungen in der Glockner-Gruppe. In: Zeitschrift des Deutschen Alpenvereins 2 (1871) 174-564. — (Hg.:) Karl Hofmann's gesammelte Schriften alpinen und vermischten Inhalts (1871). — (Zus. m. E. Richter:) Wanderungen in der Venediger-Gruppe. In: Zeitschrift des Deutschen und Österr. Alpenvereins 3 (1872) 276-316. — Über Hüttenbau (1877). — Verz. s. Personalbibliographie historischer Persönlichkeiten des Alpinismus (1988) 354.*

L.: *Arnold, K. P.: Tourismus in Osttirol (2014) 274 u. 355. — NDB 25 (2013). — Jirásko, L.: J. S. Vizionář a objevitel Alp (2013). — Dějiny a současnost 34,3 (2012) 31-35. — Sondy revue 21,17 (2011) 22 f. — ÖBL 62 (2010). — Acta historica et museologica Universitatis Silesianae Opaviensis C 7 (2007) 357-363. — Gidl, A.: Alpenverein (2007). — Pusch, W./Baumgartner, L.: Großglockner (2007). — Land der Berge 10,4 (2000) 54 u. 110-112. — Amstädter, R.: Der Alpinismus (1996). — Alpenvereinsjb. 114 (1990) 225-240. — Österr. Alpenvereins-Mitteilungen (1989) H. 3, 18. — Salzburger Nachrichten 5.7.1989, 15. — Kals (1988). — PN 35,6 (1984) 2. — MSA 69 (1982) 56 u. 77 (1984) 71. — Kühlken, O.: Das Glockner-Buch (1975) 108-112 u. 117 f. — PN 26,5-6 (1975) 35. — SdZ 24.1.1975, 11. — Festschrift zum 100jährigen Bestehen d. Sektion Prag d. Deutschen Alpenvereins (1970). — 100 Jahre S.-Hütte (1968; Sonderheft der PN 19,9) 29-35. — Der Bergsteiger 26,11 (1959) 595 f. — Reinitzer, G.: Stammfolge Grohmann (Ms., CC München; 1947), Anhang 50 f. — Beckmanns Sport-Lexikon (1933). — Festschrift zum 60jährigen Bestehen d. Deutschen Alpenvereins Prag (1930) 37-101. — Der Naturfreund 29 (1925) 13. — Der Schlern 6,1 (1925) 37-40. — Zeitschrift d. Deutschen u. Österr. Alpenvereins 46 (1925) 1-8. — Mitteilungen d. Deutschen u. Österr. Alpenvereins 51 (1925) 29 f. u. 45. — Donauland-Nachrichten 1.2.1925, 23-28. — Reichspost 30.1.1925, 6. — Prager Tagblatt 30.1.1925, 4. — Bohemia 30.1.1925, 3. — WZ 30.1.1925, 7. — Salzburger Wacht 29.1.1925, 3 f. — Salzburger Volksblatt 29.1.1925, 5 f. — Tschuppik, W.: Die tschech. Revolution (1920) 114-116. — Mitteilungen d. Deutschen u. Österr. Alpenvereins 35 (1909) 142 f. u. 45 (1919) 72 f. — Biogr. Slg.*

Stüeler (Stueler, Stieler), Michael (Michel), Handwerker, * 1583, † 26. 11. 1656 Graupen (Krupka) Bez. Teplitz-Schönau (Teplice-Šanov bzw. Teplice). Schule in Graupen. Gerberlehre, Geselle, später Meister. Lohgerber, vor 1608 auch Landwirt und Obstbauer. 1608 Kauf des väterlichen Bürgerhauses in Graupen mit Braurecht und Weinbergen. Bürger von Graupen, seit 1628 Mitglied der Ratsältesten, 1633–1637 Bergmeister und 1639 Faktor. 1632–1652 Vorsteher der Gerberzunft. 1609–1619 und nach 1623 herrschaftlicher Heger. Verwalter der Gemeindeschule. 1611 Mitgründer der Männer-Kantorei. 1619 städtischer Delegierter in Prag zum Freikauf der seit 1615 untertänigen Stadt. Nach 1621 Konflikte mit der Sternbergschen Herrschaftsverwaltung. 1636 Vorladung nach Prag, Haft im Schloss Bechin. Erzwungene Konversion zum Katholizismus. Lokaler Chronist während des Dreißigjährigen Krieges und Tagebuchschreiber mit meteorologischer Dokumentation.

W.: *Kilián, J. (Hg.): Michel Stüelers Gedenkbuch 1629–1649 (2014; tschech.: 2013).*

L.: Bogade, M. (Hg.): Transregionalität in Kult und Kultur (2016) 84-86. — Zeitschrift f. Kirchengeschichte 126 (2015) 243-265. — Kilián, J.: Příběh z doby neobyčejného šílenství (2014). — Comotovia 2011 (2012) 91-99. — Historie, otázky, problémy 3,1 (2011) 113-120. — Erzgebirgs-Zeitung 55 (1934) 154 f. — Knott, R.: M. S. (1898).

Stülpner (Stilpner), Carl (Karl Heinrich), Jäger, Soldat und Händler, * 30. 9. 1762 Scharfenstein bzw. Drebach/Erzgebirge, † 24. 9. 1841 Scharfenstein. Jagdgehilfe, dann Wilderer. Seit 1779 Soldat in der sächsischen Armee, 1785 Desertion und Flucht nach Böhmen. Aufenthalt im Erzgebirge. 1800–1807 Militärdienst in Sachsen, erneute Desertion. Gastwirt in Zobietitz bei Sonnenberg. 1813 Amnestie und Rückkehr nach Sachsen, Hauskauf in Großolbersdorf. Nach 1818 Tagelöhner und Schmuggler, später Zwirnhersteller in Preßnitz. Hausierhandel in Sachsen mit Büchern über ihn, 1835 Verhaftung in Leipzig. Altersversorgung durch die Gemeinde Scharfenstein. Seit 1812 Romane, Erzählungen und später Filme über S. als vorgeblichen Wildschützen, Rebellen und Volkshelden des Erzgebirges.

L.: Unger, J.: S. als Soldat in fremden Heeresdiensten (2009). — Pietzonka, J.: K. S. (1998). — Wenzel, M.: Der Stülpner Karl (1997). — Sewart, K.: Mich schießt keiner tot (1994, ⁴2014). — Riemer, W.: Wahre Geschichten um S. K. (1993). — Wille, H. H.: Der grüne Rebell (1980). — Sächsische Heimatblätter 20,6 (1974) 241-267. — Findeisen, K. A.: Der Sohn der Wälder (1934). — Lungwitz, H.: Altes u. Neues über K. S. (1887). — Milan, E.: Leben, Taten und Ende K. S.'s (1858). — Schönberg, S. H. W.: C. S.'s merkwürdiges Leben u. Abenteuer (1835, Ndr. 1973 u. 1982). — Sydow, F. v.: Der Wildschütz C. S. (1832). — Freyberger gemeinnützige Nachrichten (1812) Heft 23-29.

Stürmer, Maximilian → **Schuk**, Pankraz

Stütz (geb. Klemm), Marie, Musikerin, * 26. 8. 1856 Sonnenberg (Suniperk bzw. Výsluní) Bez. Sebastiansberg (Hora Svatého Šebestiána), † 15. 3. 1929 Komotau (Chomutov). Mutter von → O. R. Stütz. Kindheit in Michanitz bei Komotau. Volksschule in Komotau und private Musikausbildung. Seit 1870 Berufsmusikerin und Managerin einer Damenkapelle unter Leitung ihres späteren Mannes Johann **Stütz** (Musiker, * 25. 3. 1845 Dörnsdorf Bez. Preßnitz (Přísečnice), † 23. 11. 1917 Sonnenberg, Violinist, Kapellmeister, Arrangeur und Tourneeorganisator, 1883–1885 Konzertreisen nach In-

dien, Singapur und Vietnam). 1873–1878 Engagements des Ensembles in Istanbul, Edirne und Kairo, 1878/79 in Bulgarien, dann in Rumänien, 1881/82 in Kavala/Griechenland, anschließend in Izmir und bis 1883 in Alexandria und Port Said. 1885–1917 mit ihrem Mann Inhaberin und Wirtin eines Gasthauses in Sonnenberg. Nach 1918 erst in Ober-Georgenthal bei Brüx, anschließend in Komotau. Verfasserin von Reisetagebüchern, von kleineren Erzählungen und Gedichten für Lokalzeitungen im Erzgebirge.

W.: Delia, M. (Hg.): Reisende Musikerinnen (1893) 1-58, in Teilen auch in: Rund um den Keilberg 20,5 (1978) 15; 20,7 (1978) 5; 20,8 (1978) 4 f.; 21,1 (1979) 4 f.; 21,2 (1979) 4; 21,3 (1979) 3 f.; 21,5 (1979) 5; 21,6 (1979) 3 f.; 21,7 (1979) 5 f.; 21,8 (1979) 3 f.; 22,1 (1980) 4; 22,2 (1980) 3 f.; 22,3 (1980) 4. — Zwei Lebensbilder aus meinen Tagebüchern. In: Stütz, O.: Über die Musiker und Instrumentenbauer des Erzgebirges (1924) 26-38. — Tagebücher und andere Dokumente in: Tibbe, M. (Hg.): M. S. (2012) 17-94.

L.: Tibbe, M. (Hg.): M. S. (2012). — Hoffmann, F. (Hg.): Reiseberichte von Musikerinnen des 19. Jhs. (2011) 212-251. — LDM 2 (2000) 1147. — Jb. f. sudetendeutsche Museen und Archive (1993/94) 200. — Stütz, O.: Über die Musiker und Instrumentenbauer des Erzgebirges (1924) 10 f. [zu J. S.]. — Biogr. Slg.

Stütz, Oskar Raimund, Jurist, * 15. 5. 1886 Sonnenberg (Suniperk bzw. Výsluní) Bez. Sebastiansberg (Hora Svatého Šebestiána), † 5. 3. 1970 Traunstein/Oberbayern. Sohn von → M. Stütz. 1905–1911 Jurastudium an der deutschen Universität in Prag. Seit 1919 Bezirksrichter in Wildstein, seit 1923 Präsident des Bezirksgerichts Eger. Seit 1934 Gerichtsrat am Kreisgericht Eger, seit 1939 Landgerichtsrat in Eger und 1942/43 am Amtsgericht Karlsbad. Nach 1945 erst in Bitterfeld/Sachsen-Anhalt, dann in Neustadt an der Aisch/Mittelfranken. Schließlich Richter in Fürth. Studien zur Musikgeschichte des Erzgebirges.

W.: Über die Musiker und Instrumentenbauer des Erzgebirges (1924, auch in: Tibbe, M. (Hg.): Marie Stütz (2012) 99-103). — Unsere Musiker. In: Ebenda 104-108.

L.: Archiv der Karls-Universität, Prag. Matriken. — Tibbe, M. (Hg.): Marie Stütz (2012). — Anders, F.: Strafjustiz im Sudetengau (2008, m. CD-ROM). — Kdo byl kdo v Říšské župě Sudety (CD-ROM, 2008). — Jaksch (1929) 266. — Biogr. Slg.

Stuffler, Wenzel Urban Ritter von (Václav Urban rytíř), Geistlicher, * 27. 9. 1764 Brünn (Brno), † 24. 5. 1831 Brünn. Gymnasium und

Philosophicum in Brünn. 1782 Eintritt in das Augustinerchorherrenstift zu Olmütz, 1784 Aufhebung des Klosters. Studium an der theologischen Fakultät in Olmütz, 1789 Priesterweihe. Kooperator in Schattau bei Znaim, 1790 Kaplan am Brünner Dom, seit 1793 dort Kuratvikar. Seit 1797 Vikar in Olmütz, 1798 dort auch Konsistorialrat. 1799 Pfarrer in Mödritz. Seit 1800 Konsistorialrat und seit 1803 Domherr in Brünn sowie 1806–1816 Studien- und Kirchenreferent des mährisch-schlesischen Guberniums in Brünn. 1816 Dekan des Brünner Domkapitels, 1817–1831 Bischof von Brünn. Autor homiletischer Schriften. Pomologe und Züchter von Apfelbäumen, Ehrenmitglied der Mährisch-Schlesischen Gesellschaft zur Beförderung des Ackerbaues, der Natur- und Landeskunde. Gubernialrat. 1806 Ritterstand und mährisches Inkolat.

W.: Predigt auf den dritten Sonntag nach Ostern (1789). — Hirtenbrief an seine gesammte diözesanische Geistlichkeit (1817). — Passionspredigten (1820).

L.: Dějiny Brna 7 (2015). — Kopecký, F.: 100 osobností z doby Třetí koalice (2010) 45. — Brněnská diecéze 1777–2007 (2007) 26. — Dialog Evropa XXI 17,1–4 (2007) 17-22. — Buben, M. M. u. a.: Encyklopedie českých a moravských sídelních biskupů (2000). — Jandlová, M.: Biskupství brněnské (2000) 18 f. — BohZ 38,1 (1997) 33-35. — Proglas 4,1 (1993) 34-38. — Zelenka, A.: Wappen der böhm. u. mähr. Bischöfe (1979). — BohJb 19 (1978) 88-90. — Archiv f. Kirchengeschichte von Böhmen-Mähren-Schlesien 5 (1978) 45 f. — Katalog moravských biskupů, arcibiskupů a kapitul (1977). — MSH 20 (1975) 135; auch in: Zabel, J.: Zweihundert Jahre Bistum Brünn (1976) 12. — Král (1904). — Das Vaterland 26.9.1902, 4. — Wurzbach 40 (1880). — Weinbrenner, E.: Mähren u. das Bistum Brünn (1877) 65 f. — Brünner Zeitung 1.6.1831, 5 f. — Hamberger, G. C. u. a.: Das gelehrte Teutschland 20 (1825). — Megerle v. Mühlfeld (1822). — Felder, F. K. (Hg.): Gelehrten- u. Schriftstellerlexikon der deutschen katholischen Geistlichkeit 2 (1820). — Czikann (1812).

Stuhlik, … → **Stuchlik, …**

Stuiber, Paul, Komponist, * 6. 10. 1887 Nepomuk (Capartice bzw. Klenčí pod Čerchovem) Bez. Taus (Domažlice), † 20. 3. 1967 Hammern (Hamry) Bez. Neuern (Nýrsko). Gymnasium Pilsen. Klavier-, Dirigier- und Kompositionsstudium an den Universitäten in München und Wien sowie am Leipziger Konservatorium. Schüler von Max Reger und von → Gu. Adler. 1909 Theaterkapellmeister in Detmold, 1910–1912 in Trier, dann bis 1916 in Nürnberg und

1916–1919 in Lübeck. Auftritte am Deutschen Theater in Prag. 1919–1924 Leiter des Deutschen Singvereins in Prag. Dann freier Komponist in Holletitz bei Neuern und in Dresden. Seit 1927 Direktor der Deutschen Musikschule Reichenberg. Von 1929 bis zu seinem Tod in Hammern. Als Ehemann einer Schweizerin nach 1945 von der Ausweisung der Deutschen aus der Tschechoslowakei ausgenommen. Komponist von Liedern, Chorwerken, Kammermusik sowie Konzerten. Zudem musikwissenschaftliche Publikationen. 1918–1926 Stipendiat der Kanka-Stiftung in Prag und seit 1924 korr. Mitglied der Deutschen Gesellschaft der Wissenschaften und Künste in der Tschechoslowakei. Mitglied der Genossenschaft deutscher Tonkünstler, der Reger-Gesellschaft und des Deutschen Musikpädagogenverbands der Tschechoslowakei.

L.: Encyklopedie Plzně vom 13.5.2020. — Präuer, H.: Böhmerwald-Lexikon (2007). — Březina, A.: Prager Musikleben zu Beginn des 20. Jhs. (2000) 190. — LDM 2 (2000, m. Verz.). — Kosch, Theater 4 (1998). — Míšková/Neumüller (1994). — EBL 2 (1987). — MSA 86 (1987) 55 u. 89 (1987) 63. — SdZ 4.3.1977, 11 u. 20.2.1987, 8. — Frank, A./Altmann, W.: Kurzgefaßtes Tonkünstler-Lexikon 1 (¹⁵1971). — Simbriger, H.: Werkkatalog zeitgenössischer Komponisten aus den deutschen Ostgebieten 3 (1968) u. 4 (1971). — Sudetenland 10 (1968) 56. — VB 15.4.1967, 8; 7.10.1967, 8 u. 20.4.1968, 8. — SdZ 7.4.1967, 7. — Musica 19,6 (1965) 319 f. — Preidel, H. (Hg.): Die Deutschen in Böhmen u. Mähren (1952) 240. — OSN ND 6,1 (1940). — Helfert, V./Steinhard, E.: Die Musik in der Tschechoslowak. Republik (1938). — Müller, E. H.: Deutsches Musiker-Lexikon (1929). — Riemann (1929). — Blau, J. (Hg.): Landes- u. Volkskunde der Tschechoslowak. Republik (1927) 158. — Deutsche Heimat 3 (1927) 488. — Abert, H. (Hg.): Illustriertes Musik-Lexikon (1927). — Frank, A./Altmann, W.: Kurzgefaßtes Tonkünstler-Lexikon (¹²1926). — Biogr. Slg.

Stukart, Mori(t)z (Moses), Beamter, * 27. 11. 1855 Datschitz (Dačice), † 16. 11. 1919 Wien. Gymnasium in Znaim. Seit 1877 Jurastudium an der Universität Wien. 1882 Eintritt in den Polizeidienst in Wien. Beamter erst im Stadtkommissariat, dann bei der Staatspolizei, im Verbindungsbüro und schließlich bei der Kriminalpolizei. 1896 Oberkommissar, 1899–1917 Chef des Sicherheitsbüros bzw. der Kriminalsektion der Wiener Polizei. Strukturelle Reformierung der Kriminalpolizei und Einführung der Fingerabdruckspeicherung, der Photographie und von Polizeihunden. Spektakuläre Aufklärung von Mordfällen unter Einbeziehung der Medien. Engagement für die internationale Zusammenarbeit von Polizeibehörden. Mitglied der Internationalen Kriminalistischen Vereinigung und 1906 Mitgründer und Vorstandsmitglied der Österreichischen Kriminalistischen Vereinigung. 1908 Regierungsrat, 1913 Hofrat, 1917 Wirklicher Hofrat. 1901 Ritter und 1916 Komturkreuz des Franz-Joseph-Ordens, 1911 Orden der Eisernen Krone 3. Klasse.

L.: Wolflingseder, B.: Dunkle Geschichten aus dem Alten Österreich (2013). — ÖBL 62 (2010). — Brandl, F.: Kaiser, Politiker u. Menschen (1936). — DMSHeimat 18 (1932) 224. — Wiener Bilder 23.11.1919, 7 f. — WZ (Ab.) 17.11.1919, 4 u. 20.11.1919, 2. — Neues Wiener Tagblatt 17.11.1919, 5. — NFP 17.11.1917, 4 u. 18.11.1917, 14. — Hirsch, Orden (1912) 164. — Wer ist's? (1909). — Mitteilungen d. Internationalen Kriminalistischen Vereinigung 14 (1907) XXXII. — Biogr. Slg.

Štukavec, Libor, Philologe, Übersetzer und Bibliothekar, * 2. 11. 1930 Byštřitz am Hostein (Bystřice pod Hostýnem), † 30. 5. 2000 Brünn (Brno). Gymnasium in Holleschau. Arbeiter, dann bibliographischer Mitarbeiter der Staatlichen Wissenschaftlichen Bibliothek in Olmütz. 1963–1991 Leiter der Bibliothek der philosophischen Fakultät der Universität Brünn. Daneben dort Englisch-, Schwedisch- und Bohemistikstudium, 1968 Promotion. Seit 1969 Sprachlehrer für Schwedisch und Norwegisch am Instituts für Germanistik und Nordistik an der Universität Brünn, seit 1991 dort Assistent der Nordistik. Forschungen und Bibliographien zur schwedischen Literatur. Übersetzer aus dem Englischen, Ungarischen, Schwedischen und Norwegischen ins Tschechische. Übertragungen von schwedischer Renaissance- und Barocklyrik, der schwedischen Literaturgeschichte von Alrik Gustafson und von Werken August Strindbergs, Pär Fabian Lagerkvists, Per Olof Sundmans, Tove Janssons und Astrid Lindgrens sowie von Kåre Holt. Zudem Lyriker. Auszeichnungen für seine Übersetzungen von Kinderliteratur.

W.: Skandinávské literatury 20. století. Výběr literatury [Skandinavische Literatur des 20. Jhs. Eine Literaturauswahl] (1970). — Zur Prosa von Per Olof Sundman. In: Brünner Beiträge zur Germanistik u. Nordistik 2 (1980) 125-138. — Knihovny a informační střediska [Bibliotheken u. Informationszentren] (zus. m. B. Kyjovská; 1981, ⁴1988). — (Zus. m. J. Sehnal; Hg.:) Michna z Otradovic, A. V.: Česká mariánská muzika. Cantilenae sacrae bohemicae ad honorem Beatae Mariae Virginis [Tschechische Marienmusik] (1989). — Die schwedische Kultur am Ende des Dreißigjährigen Krieges. In: Brünner Beiträge zur Germanistik u. Nordistik 10 (1996) 97-110. — Bibliografie českých překladů ze švédské literatury [Bibliographie tschech. Übersetzungen schwedischer Literatur]. In: Gustafson, A.: Dějiny švédské literatury [Die Geschichte der schwedischen Literatur] (1998) 441-470. — Slovník severských spisovatelů [Lexikon der nordischen Schriftsteller] (Mitautor; 1998). — (Mit-Hg.:) Michna z Otradovic, A. V.: Svatoroční muzika. Musik des heiligen Jahres (2001). — Verz. s. Brünner Beiträge zur Germanistik u. Nordistik 15 (2001) 11 f.

L.: Databáze osobností českého uměleckého překladu po roce 1945 [30.4.2024]. — Brünner Beiträge zur Germanistik u. Nordistik 15 [SPFFBU R 6] (2001) 9-12. — Universitas. Revue Masarykovy univerzity 33,3 (2000) 57. — Duha 14,4 (2000) 9. — Ladění 5,2 (2000) 45 f. — Tomeš 3 (1999).

Štůla, Alois, Jurist und Politiker, * 22. 1. 1885 Neweklau (Neveklov), † 26. 8. 1941 Prag (Praha). Bruder von → F. V. Štůla. Gymnasium in Přibram und Beneschau, dort 1905 Matura. 1905–1911 Jurastudium an der tschechischen Universität in Prag, 1911 Promotion. 1909/10 sowie 1914–1918 Militärdienst. Nach 1919 Rechtsanwalt in Prag. Vor 1914 jungtschechischer Lokalpolitiker, später Nationaldemokrat. Seit 1919 in der kommunalen Selbstverwaltung, zuerst stellv. Bürgermeister von Dejwitz bei Prag, 1922/23 Klubobmann der Nationaldemokratie in der Verwaltungszentralkommission von Groß-Prag. Seit 1923 Mitglied der Prager Stadtverordnetenversammlung, seit 1924 Finanzreferent des Stadtrats und 1926–1938 erster stellv. Bürgermeister von Prag. Seit 1934 Mitglied des engeren Parteipräsidiums und Vorsitzender der Finanzkommission der nationaldemokratischen Partei. Dann Bezirks- und Ortsvorsitzender für Prag-Dejwitz und Mitglied des Zentralpräsidiums der Partei Nationale Vereinigung. 1935–1939 Abgeordneter der Nationalversammlung für die Nationale Vereinigung, seit Ende 1938 für die Partei der nationalen Einheit. Mitglied des tschechoslowakischen Nationalrats. Vizepräsident des Verbands der tschechoslowakischen Städte. Mitglied des Prager Wahlgerichts. Sokol-Funktionär. Ausschussmitglied der Prager städtischen Versicherungsanstalt und der Zentralen Elektrizitätswerke in Prag. Vorsitzender des Moldau-Komitees und Propagator der Moldautalsperre Štěchovice. Politisch-juristische Beiträge für die Národní listy, Vltavské proudy und weitere Prager Zeitungen. Serbischer St.-Sava-Orden 2. Klasse mit Stern und bulgarischer Zivilverdienstorden. Ehrenbürger von Neweklau.

W.: *Finanční hospodářství samosprávy [Die Finanzwirtschaft der Selbstverwaltung] (1927). — Zákon o nové úpravě finančního hospodářství svazků územní samosprávy [Gesetz zur Neuregelung der Finanzwirtschaft der territorialen Selbstverwaltungsverbände] (1927).*

L.: *Archiv der Karls-Universität, Prag. Matriken. — Harna, J. (Hg.): Politické programy Československé národní demokracie a národního sjednocení (2017). — Informace České geografické společnosti 32,2 (2013) 92-95. — Rodopisná revue 6,1 (2004) 23 f. — Fic, V.: Národní sjednocení (1983). — Kdy zemřeli? (1957 u. 1962). — OSN ND 6,2 (1943). — KSN 10 (1938). — Československo-Biografie 8 (1937, m. Verz.). — Věstník hlavního města Prahy 21.1.1935, 49 f. — Kulturní adresář (1934 u. 1936). — MSN 7 (1933). — NVISN 17 (1932). — AČSP (1930). — Jas. Rodinný ilustrovaný nepolitický týdeník 31.1.1929, 7. — Album representantů (1927). — Národní listy 12.12.1926, 3. — Almanach hlavního města Prahy 18 (1922).*

Štůla, František Vincenc, Geograph, * 1. 10. 1883 Neweklau (Neveklov), † 29. 11. 1943 Prag (Praha). Bruder von → A. Štůla. Gymnasium Beneschau, 1902 Matura. Geographiestudium an der tschechischen Universität in Prag, 1914 Promotion. Dann Lehrer an der Prager Handelsakademie. 1925 Habilitation in Wirtschaftsgeographie an der tschechischen Universität in Prag. Seit 1925 Privatdozent, seit 1926 ao. Prof. und 1929 o. Prof. für Geographie an der Universität Pressburg, 1927 Gründer und seitdem Leiter des geographischen Seminars. Seit 1929 o. Prof. an der Wirtschaftshochschule in Prag, Leiter des geographischen Instituts, 1931/32 Dekan. Zudem 1927–1938 Dozent an der naturwissenschaftlichen Fakultät der tschechischen Universität in Prag. 1939 Zwangspensionierung. Forschungen zur Wirtschaftsgeographie, Ozeanographie und Kartographie. Ausarbeitung von Europa- und Deutschland-Spezialkarten sowie Schulwandkarten. Mitarbeit am Ottův slovník naučný nové doby. Fachübersetzungen aus dem Englischen ins Tschechische. Seit 1927 korr. Mitglied der Tschechischen Akademie der Wissenschaften und Künste. Mitglied der Gelehrten Šafárik-Gesellschaft in Pressburg sowie des Orientalischen Instituts in Prag, des staatlichen Beirats für Slowakeiforschung, des tschechoslowakischen Nationalen Forschungsrats und der Masaryk-Akademie der Arbeit. Serbischer St.-Sava-Orden.

W.: *Dráhy poloostrova Balkánského [Die Eisenbahnen der Balkanhalbinsel] (Diss., auch in: Roční zpráva o Českoslovanské akademii obchodní 41, 1914). — Všeobecný zeměpis hospodářský [Allgemeine Wirtschaftsgeographie] (1922). — Světový oceán [Das Weltmeer] (1928). — (Mit-Hg.:) Zeměpisný obraz, statistika, ústavní zřízení a filosofie Slovanstva [Landeskundliches Bild, Statistik, Verfassungsordnung u. Philosophie des Slawentums] (1929). — Hospodářský zeměpis [Wirtschaftsgeographie] (1932). — Ilustrovaný zeměpis všech dílů světa [Illustrierte Geographie aller Weltteile] (zus. m. F. Machát u. a.; 1935). — (Red.:) My a svět. Živý atlas [Wir und die Welt. Lebendiger Atlas] 1 (1939). — (Mitautor von Kartenwerken:) Atlantský oceán [Der Atlantik] (1924); Nástěnná mapa Evropy [Wandkarte Europa] (1925); Nástěnná mapa světové dopravy a zámořských osad [Wandkarte des Weltverkehrs u. der Überseekolonien] (1927); Deutsches Reich. Schulhandkarte des Protektorates Böhmen u. Mähren u. der angrenzenden Gebiete/Německo. Příruční školní mapa Protektorátu Čechy a Morava a přilehlých území (1941); Grossdeutsches Reich u. angrenzende Gebiete (1942); Europa/Evropa (1945); Příruční mapa Asie [Übersichtskarte Asien] (1954).*

L.: *Archiv der Karls-Universität, Prag. Matriken. — Geodetický a kartografický obzor 60 (2014) 57. — Martínek, J.: Čeští vědci na Slovensku. Geografický ústav Univerzity Komenského (2010) 23 f. — Martínek, J.: Geografové v českých zemích 1800–1945 (2008) 209 f. — Martínek, J./Martínek, M.: Kdo byl kdo. Naši cestovatelé a geografové (1998). — Mlynárik, J.: Čeští profesoři na Slovensku (1994) 236. — Přehľad profesorov Univerzity Komenského (1968) 121. — Häufler, V: Dějiny geografie na Universitě Karlově (1967) 166 f. u. 401. — Disertace 1 (1965). — Kdy zemřeli? (1957 u. 1962). — Naše věda 23 (1944) 107 f. — Sborník České společnosti zeměpisné 48 (1943) 65 f. — Lidové noviny 1.10.1943, 4. — OSN ND 6,2 (1943). — Who's Who (1935 u. 1937). — Kulturní adresář (1934 u. 1936). — MSN 7 (1933). — NVISN 17 (1932). — Ročenka Slovanského ústavu 2 (1930) 75. — Věstník České akademie věd a umění (1929) 58. — Biogr. Slg.*

Štulc, Václav Svatopluk (Wenzel, Václav; Pseud. Václav Jaroslavský, Václav Svatopluk Kladenský), Geistlicher, Redakteur und Schriftsteller, * 20. 12. 1814 Kladno, † 9. 8. 1887 Prag (Praha). Teynschule und Akademisches Gymnasium in Prag. Seit 1830 Mitglied, später im Ausschuss der Matice česká. Mitglied im Verein des Vaterländischen Museums in Prag. Seit 1833 Mitarbeit an Zeitschriften wie Jindy a nyní, Květy und Časopis katolického duchovenstva. 1834/35 Philosophie-, dann 1835–1839 Theologiestudium an der Universität Prag. 1839 Priesterweihe. Kaplan in Kwilitz, seit 1843 Geistlicher des Prager Blindeninstituts, 1846–1848 der

Katharinen-Irrenanstalt in Prag. Mitgründer und 1847–1853 sowie 1855–1862 Herausgeber des katholischen Wochenblatts Blahowěst. 1848–1858 Religions-, Tschechisch- und Geschichtslehrer am Altstädter Gymnasium. 1848 Mitglied des Nationalausschusses und Mitorganisator des Slawenkongresses in Prag. 1849 Ausschussmitglied der Slovanská lípa. 1848/49 Herausgeber der Zeitung Občan, 1851–1864 des Nový kalendář katolický, später Poutník z Prahy. Seit 1853 unter polizeilicher Beobachtung. Initiator des Vereins Katholische Union und des Baus der Kyrill- und Method-Kirche in Karolinenthal/Prag. 1856 Mitgründer der Kyrill-Method-Stiftung in Prag, Gegner des tschechischen Hus-Kultes. Seit 1860 Kanoniker und Dekan, seit 1863 Historiker sowie seit 1871 Propst des Wyschehrader Kollegiatkapitels. Unterstützer des katholischen Vereins- und Schulwesens sowie der katholischen Druckereigenossenschaft Vlasť. Mäzen von Künstlern wie → B. Němcová, Stiftungen zur Fertigstellung des Veitsdoms. Nach 1860 Vertreter des katholisch-konservativen Flügels der tschechischen Nationalpartei in Prag. 1861 Gründer der katholischen Zeitung Pozor, die 1862 verboten wurde. 1862 Mitgründer des Vereins Svatobor. 1863 Gefängnishaft wegen Pressevergehen. Zusammen mit → F. L. Rieger seit 1869 Mitgestalter der Umwandlung des Wyschehrader Friedhofs zum tschechischnationalen Pantheon Slavín. 1873/74 Bauherr des Wenzelsgartens auf dem Wyschehrad, heute Š.-Park, seit 1910 mit Š.-Denkmal. 1881–1886 Redakteur des Pastýř duchovní. 1883–1887 Abgeordneter des böhmischen Landtags. Slawophiler Verfasser von religiösen und nationalen Gedichten und Schriften sowie von Hagiographien und nationalen Biographien. Herausgeber von Andachtsbüchern, Kalendern und der Buchreihe Bibliotéka katolická. Mitarbeit an Riegers Slovník naučný. Vortragsredner und Volksbildner. Mitübersetzer einer tschechischen Bibelausgabe. Übersetzer aus dem Deutschen, Polnischen, Ukrainischen und Englischen, darunter Sagen und Werke von Johann Gottfried Herder, Adam Mickiewicz, Zygmunt Krasiński und Jack London. Seit 1880 Konsistorialrat in Krakau sowie in Leitmeritz. 1881 päpstlicher Ehrenprälat.

W.: (Hg.:) *Padesáte bájek [Fünfzig Fabeln]* (1844, ²1848, ⁵1890). — *Pomněnky na cestách žiwota* (1845; dt.: *Erinnerungs-Blumen auf den Wegen des Lebens,* 1846). — *Několik slow k poctiwým lidem [Einige Worte an redliche Menschen]* (1849). — *Karlín a jeho* *chrám [Karolinenthal und seine Kirche]* (1854). — (Mit-Hg.:) *Druhá čítanka a mluvnice pro katolické školy [Zweites Lesebuch und Grammatik für katholische Schulen]* (1856). — *Pohled na literaturu českou věku Karla IV. [Ein Blick auf die tschech. Literatur der Zeit Karls IV.].* In: *Programm des K.K. Altstädter Staats-Gymnasiums zu Prag* (1856) III–XVI. — *Žiwot swatých Cyrilla a Methodia, apostolů slowanských [Das Leben der Slawenapostel hl. Kyrill u. Methodius]* (1857). — (Hg.:) *Hwězda Betlémská [Der Stern von Bethlehem* (1857, ⁴1866). — *Život sw. Prokopa [Das Leben des hl. Prokop]* (1859). — *Klement Maria Hoffbauer* (1859). — *Cesty milosti Boží [Wege der Gnade Gottes]* (2 Bde., 1860). — (Hg.:) *Milosrdný Samaritán [Der barmherzige Samariter]* (1860). — *Česká národnost a evangelická církev [Die tschech. Nationalität und die evangelische Kirche]* (1861). — *Prawowěrný ctitel swatých Cyrilla i Methodia, bratří apostolůw slowanských [Der rechtgläubige Verehrer der heiligen slawischen Apostelbrüder Kyrill und Methodius]* (1863). — *Perly nebeské [Himmlische Perlen]* (1865). — *Renan a pravda [Renan und die Wahrheit]* (1865). — *České dumy [Böhmische Meditationen]* (1867). — *Harfa Sionská [Die Harfe Zions]* (1868). — *Posvátný věnec ku poctivosti sv. Václava vévody a dědice českého [Ein heiliger Kranz zu Ehren des hl. Wenzel]* (1869). — *Vlasť a církev čili Může-li vlastencem býti katolík? [Vaterland u. Kirche oder Kann ein Katholik auch Patriot sein?]* (1870). — *Šebestian Hněvkovský* (1870). — (Hg.:) *Kazatelé slovanští [Slawische Prediger]* (4 Bde., 1870–1875). — *Josef Jungmann* (zus. m. J. B. Pichl; 1873). — *Sebrané spisy básnické [Gesammelte Gedichte]* (2 Bde., 1874–1878). — *Vidění [Vision]* (1883). — *Na Tatrách a pod Tatrami [In der Tatra und dem Tatra-Vorland]* (1918). — Verz. s. Wurzbach 40 (1880) 188–190, LČL 4,1 (2008) 792–795, Baron, R. u. a.: Czeskie badania nad Polską w kontekście Europy Środkowej i Wschodniej (2016) 534 f.

L.: Národní divadlo Online archiv, umelec=3844 [30.4.2024]. — Fasora, L. u. a.: Papežství a fenomén ultramontanismu (2018). — Nekula, M.: Tod und Auferstehung einer Nation (2017). — Fasora, L. u. a.: Kněžské identity v českých zemích (2017). — Pavlíček, T. W.: Výchova kněží v Čechách (2017). — Baron, R. u. a.: Czeskie badania nad Polską w kontekście Europy Środkowej i Wschodniej (2016) 531–535. — Balík, S. u. a.: Český antiklerikalismus (2015) 61; dt.: Der tschech. Antiklerikalismus (2016) 61. — Konečný, K. u. a.: Der politische Katholizismus in den tschech. Ländern (2015). — Frolík, F.: Osobnosti Kladenska (2015). — Kazbunda, K.: Karel Havlíček Borovský 2 (2013) 129. — Královský Vyšehrad 4 (2012) 349–354. — Encyklopedický slovník křesťanského Východu (2010). — ÖBL 62 (2010). — Putna, M. C.: Česká katolická literatura v kontextech (2010). — LČL 4,1 (2008). — Pehr, M. u. a.: Cestami křesťanské politiky (2007). — Posel z Budče 23 (2006) 16-25. — Potoček, V.: Vyšehradský hřbitov Slavín (2005). — BohZ 45 (2004) 369-371. — Dějiny města Litoměřic (1997). — Hanzalová (1997). — Čáňová (1995). —

MČSE 6 (1987). — Lebensbilder zur Geschichte d. böhm. Länder 1 (1974) 116 f. — Stölzl, C.: Die Ära Bach in Böhmen (1971). — Beneš, J.: Ač zemřeli, ještě mluví (1964) 360-366. — DČL 2 (1960). — Szyjkowski, M.: Polská účast v českém národním obrození 3 (1946). — Přátelský kruh Boženy Němcové (1946) 127-136. — V. Š., spisovatel a národní buditel (1934). — MSN 7 (1933). — NVISN 17 (1932). — Archa 12 (1924) 257-260. — Vlasť 30 (1913/14) 939-941. — OSN 24 (1906). — Vlasť 20 (1903/04) 51-57, 163-168, 243-248, 429-433, 544-550 u. 602-607. — Národní album (1899). — Slavín 4,2 (1890) 60-64. — Krecar, A.: V. Š. (1889). — Lumír 15 (1887) 358. — Květy 9 (1887) 376 f. — Literární listy 16.9.1887, 307 f. — Vaterland 10.8.1887, 2. — Prager Tagblatt 10.8.1887, 2. — Wurzbach 40 (1880). — Rieger 9 (1872). — Světozor 3 (1869) 257, 262 f., 271 u. 279 f. — Jungmann, J.: Historie literatury české (1849).

Stulík, František (Franz), Kaufmann und Archäologe, * 2. 4. 1818 Böhmisch Budweis (České Budějovice), † 28. 1. 1890 Böhmisch Budweis. Gymnasium und Philosophicum in Böhmisch Budweis. Danach kaufmännische Ausbildung in Graz, Wien und Triest. Chemiestudium am Polytechnikum in Wien. Nach 1840 Kolonialwarenhändler und Immobilienbesitzer in Budweis. Seit 1846 Mitglied und seit 1863 Korrespondent der Matice česká. Finanzier und externer Mitarbeiter des Museums des Königreichs Böhmen in Prag. Mitglied der Prager Vereine Svornost und Bürgerressource. Förderer der tschechischen Kultur in Budweis, seit 1845 führendes Mitglied der dortigen tschechischen Bürgerressource und 1848/49 des Ortsvereins der Slovanská lípa. 1862 Mitgründer des tschechischen Kulturvereins Beseda, 1864 der tschechischen Vorschusskasse, dann des Gesangsvereins Hlahol und 1869 des lokalen Sokolvereins. Private archäologische Forschungen und Aufbau einer vorgeschichtlichen Sammlung. 1865 Entdeckung und Ausgrabungen der bronze- und eisenzeitlichen Plabener Grabhügel. Seit 1865 korr. Mitglied des archäologischen Beirats in Prag. 1866 in Budweis Initiator der ersten archäologischen Ausstellung in Südböhmen. Ausgrabungen und Publikationen zu den Gräbern von Teindles und dem keltischen Oppidum Třisau. 1872–1882 und erneut seit 1888 regionaler Korrespondent sowie 1882–1884 Konservator der Wiener Zentralkommission für die Erforschung und Erhaltung der Kunst- und historischen Denkmale. 1877 Mitgründer, Mäzen und Ausschussmitglied des Budweiser Stadtmuseums. Zudem Maler und Bildhauer sowie Kunstsammler.

W.: (Zus. m. J. K. Hraše:) Mohyly plavské v Budějovsku [Die Plabener Grabhügel rund um Budweis]. In: Památky archaeologické a místopisné 7 (1868) 301-306. — Mohyly plavské [Die Plabener Grabhügel]. In: Památky archaeologické a místopisné 11 (1878) 63-68. — Verz. s. Michálek, J./Fröhlich, J.: Bibliografie jihočeské archeologické literatury 1817–1980 (1985) 225 f.

L.: Výběr 53,3 (2016) 190-194. — Jihočeský sborník historický 84 (2015) 218-242. — Staré Budějovice 3 (2008) 29 f. — Rodopisná revue 9,3 (2007) 1-3. — Náchodsko od minulosti k dnešku (2007) 115-139. — Sklenář (2005). — Brückler, T./Nimeth, U.: Personenlexikon zur österr. Denkmalpflege (2001). — Časopis Národního muzea, řada historická 152 (1983) 1-26. — Výběr z prací členů Historického klubu při Jihočeském muzeu 17 (1980) 192. — Grund, A.: Karel Jaromír Erben (1935) 196. — Prager Abendblatt 3.2.1890, 5.

Stulík, Jaroslav (Josef), Arbeiter und Funktionär, * 4. 1. 1905 Klattau (Klatovy), † 6. 12. 1944 Dresden. Seit 1927 Ehemann von Josefa **Stulíková** (geb. Kašparová, Arbeiterin, * 5. 1. 1908 Klattau, † [nach 1960], Büglerin, nach 1945 Mitglied der KPTsch, Arbeiterin in Klattau, 1954–1960 Abgeordnete der Nationalversammlung in Prag, 1960 tschechoslowakischer Orden für Dienste um den Aufbau). Textilarbeiter in Klattau. Mitglied der KPTsch, Vertreter des linken Flügels. Seit 1929 Sekretär des Parteikreises Pilsen. Anfang 1929 Mitglied des Zentralausschusses sowie des Politbüros der KPTsch. 1929 Ausschluss aus der Parteileitung und 1930 aus der Partei. Funktionär in der Agrarbewegung. Nach 1941 im Widerstand in der Kreisleitung der illegalen KPTsch und des Revolutionären Nationalausschusses in Klattau. 1943 Verhaftung, Gefängnis in Klattau und in der Kleinen Festung Theresienstadt, 1944 Hinrichtung in Dresden.

L.: Anev, P./Bílý, M. (Hg.): Biografický slovník vedoucích funkcionářů KSČ 2 (2018). — Štverák, F.: Schematismus k dějinám Komunistické strany Československa (²2018). — Švermová, M.: Vzpomínky (2008). — Malíř, J./Marek, P.: Politické strany 1 (2005). — Weiser, T.: Arbeiterführer in der Tschechoslowakei (1998). — Minulostí Západočeského kraje 13 (1976) 20, 30 f., 34 u. 17 (1981) 37. — Král, J.: Parašutisté: reportáže z okupace (1967) 47. — Laštovka, V.: Stále v boji (1966). — Laštovka, V.: KSČ na Klatovsku (1963) 86 f. — Rudé právo 7.11.1954, 2. — Biogr. Slg.

Štulík, Karel, Physiker, * 13. 2. 1941 Kolin (Kolín), † 27. 5. 2013 Prag (Praha). Gymnasium in Kauřim. Bis 1963 Studium der Physik an der TU

Prag mit der Spezialisierung physikalische Chemie und Kernchemie. Seit 1964 wissenschaftlicher Aspirant am polarographischen Institut der Tschechoslowakischen Akademie der Wissenschaften, 1967 CSc. Seitdem Assistent der analytischen Chemie an der naturwissenschaftlichen Fakultät der Universität in Prag, dort 1990 DrSc. Seit 1990 dort Dozent, seit 1991 Prof. für analytische Chemie und 1990–1997 sowie 2003–2006 Leiter des Lehrstuhls. 1997–2003 Dekan der naturwissenschaftlichen Fakultät. 1968/69 Forscher an der University of Strathclyde in Glasgow und 1987–1989 Gastprof. an der Universität Padua. Verfasser von Studien und Lehrbüchern zu elektroanalytischen und chromatographischen Methoden der chemischen Analyse und zur analytischen Chemie. Mitherausgeber von internationalen Fachzeitschriften im Fachbereich Chemie. Fachübersetzer ins Englische. 1987–1999 tschechischer Vertreter in einer Kommission der Internationalen Union für reine und angewandte Chemie und 1987–1997 der Abteilung für analytische Chemie der Föderation europäischer chemischer Gesellschaften. 1992–2000 Vorsitzender der tschechischen Forschungsagentur Grantová agentura České republiky. 1995–1999 Mitglied der tschechischen UNESCO-Kommission. Mitglied im Hauptausschuss der Tschechischen chemischen Gesellschaft, Mitglied der Royal Society of Chemistry in London sowie seit 1998 der Tschechischen Gelehrten-Gesellschaft. 1995 Gründungsmitglied der Tschechischen Ingenieurakademie. 1999 Hanuš-Medaille der Tschechischen chemischen Gesellschaft. Medaille der Karls-Universität Prag und der Universität Pardubitz.

W.: Metody základního chemického výzkumu. 1. díl: Elektrochemické metody [Methoden der chemischen Grundlagenforschung. Bd. 1: Elektrochemische Methoden] (Mitautor; 1970). — A Collection of Experiments in Instrumental Analytical Chemistry (Mitautor; 1971; tschech.: Příručka k praktiku z instrumentální analysy 1–2, 1971). — Elektroanalytické metody [Elektroanalytische Methoden] (Mitautor; 1973). — (Zus. m. V. Hora:) Continuous Voltametric Measurements with Solid Electrodes. In: Journal of Electroanalytical Chemistry 70 (1976) 253-263. — Electrochemical Stripping Analysis (Mitautor; 1976; tschech.: Rozpouštěcí polarografie a voltametrie, 1979; russ. 1980). — Analysis with Ion-Selective Electrodes (Mitautor; 1978; tschech.: Analýza iontově selektivními elektrodami, 1979). — (Mitautor:) Electrochemical Detection Techniques in HPLC. In: Journal of Electroanalytical Chemistry 129 (1981) 1-24. — Ion-Selective Electrodes (zus. m. J. Koryta; 1983, ²2009;

tschech.: Iontově selektivní elektrody, 1984; russ. 1989). — Vysokoúčinná kapalinová chromatografie [Hochleistungsflüssigkeitschromatographie] (zus. m. V. Pacáková; 1986; engl. High Performance Liquid Chromatography, 1990). — Electroanalytical Measurements in Flowing Liquids (zus. m. V. Pacáková; 1987; tschech.: Elektroanalytická měření v proudících kapalinách, 1989). — (Mit-Hg.:) Anglicko-český chemický slovník/English-Czech Chemical Dictionary (1988). — (Zus. m. R. Kalvoda, Hg.:) Electrochemistry for Environmental Protection (1996). — (Mit-Hg.:) Chemické a analytické tabulky [Chemische und analytische Tabellen] (1999). — (Mitautor:) Microelectrodes. Definitions, Characterization, and Applications. In: Pure and Applied Chemistry 72 (2000) 1483-1492. — (Mitautor:) Dual Photometric-Contactless Conductometric Detector for Capillary Electrophoresis. In: Analytica chimica acta 433 (2001) 13-21. — (Mitautor:) A Contactless Conductivity Detector for Capillary Electrophoresis: In: Electrophoresis 23 (2002) 3718-3724. — Analytické separační metody [Analytische Trennungsmethoden] (Mitautor; 2004). — Elektroanalytická chemie [Elektroanalytische Chemie] (Mitautor; 2006). — (Mit-Hg.:) Klinická a toxikologická analýza [Klinische und toxikologische Auswertung] (2008).

L.: Electroanalysis 25,7 (2013) 1577. — Chemické listy. Bulletin 44,3 (2013) 598 f. — Osobnosti. Česko (2008). — Tomeš 3 (1999). — Kdo je kdo (1991 bis ⁵2005). — Biogr. Slg.

Štulíková, Anna, Lehrerin, * 3. 10. 1898 Malkowitz (Malíkovice) Bez. Neustraschitz (Nové Strašecí), † [nach 1978]. Seit 1917 Haushaltungsschule in Stěžer, dann Molkereifachschule in Pilsen. Zudem naturwissenschaftliche und agrarwissenschaftliche Fortbildungen an der landwirtschaftlichen Ingenieurschule der tschechischen TH in Prag und an der Pädagogischen Hochschule in Prag. Studienreisen nach Deutschland, Frankreich, Belgien und Polen. Seit 1922 Lehrerin und von 1930 bis in die späten 1950er Jahre Direktorin der staatlichen Haushaltungsschule, später landwirtschaftliche Meisterschule in Stěžer. Seit 1937 auch Landesschulinspektorin für Haushaltungsschulen in Böhmen. Später in Prag. Verfasserin von Lehrbüchern für Haushaltungsschulen und von Zeitschriftenaufsätzen zur Land- und Hauswirtschaft sowie Frauenbildung und Lehrerinnenausbildung. Zudem didaktische, soziologische, ethnologische und volkswirtschaftliche Studien zum Landleben in Böhmen. Teilnehmerin an europäischen agrar- und bildungswissenschaftlichen Kongressen. Funktionärin in Fachorganisationen. 1961 Mitglied des landwirtschaftlichen Beirats beim tschechoslowakischen Landwirtschaftsministerium. Mitarbeit in der tschechoslowakischen Landwirtschaftsakademie. 1940 Preis der Marie-Trachtová-Stiftung.

W.: O výchově dítek pro hospodyňské školy a venkovské rodiny [Kindererziehung für Hauswirtschaftsschulen u. ländliche Familien] (zus. m. M. Trachtová; 1931). — Vychovatelství pro hospodyňské školy a venkovské rodiny [Erziehungswesen für Haushaltungsschulen und ländliche Familien] (1938). — Základy organizace a ekonomiky zemědělství [Grundlagen der Organisation und Ökonomie der Landwirtschaft] (1963, ³1969; slowak. 1967; ung. 1971).

L.: Stěžeráček 82 (2017) 15. — Zemědělská škola 29,2 (1978/79) 27. — Zemědělské noviny 28.3.1961, 4. — Pochodeň 7.10.1958, 3. — OSN ND 6,2 (1943). — PE 3 (1940). — Biogr. Slg.

Stummer, Albert, Lehrer und Weinbaufachmann, * 8. 5. 1882 Atzenbrugg/Niederösterreich, † 9. 2. 1972 State College/Pennsylvania. Realschule und 1899–1901 Studium an der Önologischen und Pomologischen Lehranstalt in Klosterneuburg, dann dort Assistent für die Bekämpfung der Reblaus. 1904 Lehramtsprüfung für Obst- und Weinbauschulen in Österreich. 1911–1918 Adjunkt im Ackerbauministerium in Wien. 1918 Weinbauinspektor in Znaim, seit 1919 Inspektor für den deutschen Weinbau Mährens, seit 1923 auch für die südmährischen tschechischen Weinbaugebiete. 1922 Lehramtsprüfung für Obst- und Weinbauschulen in der Tschechoslowakei. Zudem seit 1923 Lehrer an der Gartenbauschule Eisgrub. Seit 1924 stellv. Vorsitzender des Zentralverbands der Winzer der Tschechoslowakei. 1927–1945 Direktor der Obst- und Weinbauschule Nikolsburg. Seit 1934 Mitglied der tschechoslowakischen Landwirtschaftsakademie. 1935–1938 Redakteur der Brünner Zeitschrift Der Winzer. Mitglied der Prüfungskommission für Landwirtschaftsschulen der ČSR. 1945 Evakuierung nach Österreich. Übersiedlung in die USA. Seit 1955 Botaniker in State College, dort Aufbau einer privaten botanischen Sammlung. Fachmann für Rebenzüchtung, Zusammenarbeit mit den Rebforschern → F. Frimmel v. Traisenau und Fritz Zweigelt. Publikationen zum Weinbau, zur Schädlingsbekämpfung und zu Rebenzüchtungen.

W.: Kulturgeschichte der Rebe (1911). — Zur Urgeschichte der Rebe u. des Weinbaues (1911). — Über Rebenzüchtung. Einige Vorschläge für Südmähren (1919). — Der Weinbau im Znaimer Bezirke. In: Beilage zum Znaimer Tagblatt 22.12.1922, 18. — Weinbau (1924). — Die Weingartenunkräuter von Znaim

u. Umgebung (1926). — Vinařství na jižní Moravě [Weinbau in Südmähren]. In: Katalog zemské jubilejní krajinské výstavy ve Znojmě (1927) 33 f. — Rebkrankheiten, ihre Erkennung u. Bekämpfung (1928). — Die Direktträger (zus. m. F. Zweigelt; 1929). — Die Rebenzüchtung in Südmähren 1922–1931 (zus. m. F. Frimmel; 1932). — Die besondere Lebensgemeinschaft des südmähr. Weinbaugebietes. In: Natur und Heimat 3 (1932) 69-72. — Südmährische Weinfahrt. In: DMSHeimat 20 (1934) 79-81. — Der sachgemässe Rebschnitt (1934; tschech.: Cílevědomý řez révy vinné, 1935). — Züchtungsergebnisse mit der Vinifera-Rebensorte früher Malingre (1941). — Goethes Wissen vom Bau und Leben des Weinstockes. In: Festschrift zum 200. Geburtstag Goethes (1949) 146-163. — Goethes Deutung des Rebsprosses. In: Die Bodenkultur 7 (1953) 60-67.

L.: Vinařovo slovo zní … (2012) 118. — Dějiny vinařství na Moravě (2005) 179-181. — Vinařský obzor 98,1 (2005) 40 f. u. 105,6 (2012) 38. — Claus, P.: Persönlichkeiten der Weinkultur (²2002). — Südmährisches Jb. (1974) 9. — Österr. Weinzeitung 10.4.1972, 7. — Anzeiger für Schädlingskunde 35,5 (1962) 74. — Kulturní adresář (1934 u. 1936). — Vinařský obzor 36,6 (1932) 102. — Biogr. Slg.

Stummer, Joseph, Musiker, * [Taufe 5. 2.] 1813 Proßnitz (Prostějov), † 11. 2. 1866 Salzburg. Musikerausbildung. Violinist in Laibach, dann Orchesterdirektor am Theater in Linz und seit 1839 Violinist am Salzburger Theaterorchester. 1841–1864 Geigenlehrer und seit 1846 Orchesterdirektor am Mozarteum in Salzburg. Zudem Konzertsolist und Kammermusiker. Ehrenmitglied des Musik- und Gesangsvereins Proßnitz.

L.: Oesterr. Musiklexikon 5 (2005). — Wagner, K.: Das Mozarteum (1993) 56 u. 288 f. — Angermüller, R.: Das Salzburger Mozart-Denkmal (1992). — Wurzbach 40 (1880). — Zeitschrift für die österr. Gymnasien 17 (1866) 305. — Neues Fremden-Blatt 14.2.1866, 5. — NFP (Ab.) 14.2.1866, 3. — Die Presse (Ab.) 13.2.1866, 1. — Biogr. Slg.

Stummer, Joseph Wenzel, Beamter und Politiker, * 28. 9. 1834 Bistritz an der Angel (Bystřice nad Úhlavou) Bez. Neuern (Nýrsko), † 14. 7. 1903 Eger (Cheb). Bruder von Eduard Ritter **Stummer** (Beamter, * 1. 9. 1820 Unter-Kralowitz (Dolní Kralovice), † 26. 4. 1886 Wien, Sekretär, dann Ministerialrat der Präsidialkanzlei des zisleithanischen Ministerrats in Wien, 1870 Franz-Joseph-Orden, 1878 Orden der Eisernen Krone 3. Klasse und Ritter des russischen Stanislaus-Ordens 2. Klasse, 1879 Ritterstand) und von Ignaz Franz (Ignác František) **Stummer** (Jurist, * 2. 12. 1824 Bistritz an der Angel, † 3. 4. 1876 Pilsen (Plzeň), Kreisgerichtsrat,

1874–1876 Präsident des Kreisgerichts Pilsen).
Gymnasium Klattau, 1852 Matura. 1852–1857
Jurastudium an der Universität in Prag. 1857
Praktikant am Prager Landesgericht. Seit 1857
bei den Bezirkshauptmannschaften in Adler-
Kosteletz und Böhmisch Krumau, seit 1864 in
Bergreichenstein, dann in Neugedein, Neuhaus
und seit 1868 Kommissär in Böhmisch Krumau.
1873 Sekretär der Statthalterei beim Landes-
schulrat in Prag. Seit 1874 Bezirkshauptmann,
seit 1879 Statthaltereirat in Böhmisch Krumau
und seit 1882 in Eger. 1870 und 1878–1882
deutschliberaler bzw. verfassungstreuer Abge-
ordneter im böhmischen Landtag. Seit 1891 Rat
in der böhmischen Statthalterei in Prag. 1894
Ministerialrat im Innenministerium in Wien,
1894–1898 Statthalterei-Vizepräsident in Prag.
1898–1900 Sektionschef des Innenministeriums
in Wien, Dezember 1899 bis Januar 1900 kom-
missarischer Innenminister. Vertrauter von →
Franz Graf Thun-Hohenstein. Fachmann für
Nationalitätenfragen in Böhmen, 1898 Ausar-
beitung der Stummerschen Grundzüge eines
Sprachengesetzes für Böhmen, 1899/1900 Teil-
nehmer der böhmischen Ausgleichsverhandlun-
gen. Seit Juli 1900 Ruhestand in Eger. 1893 Hof-
rat, 1898 Geheimer Rat. Kriegsmedaille. 1893 Ei-
serne Krone 3. Klasse, 1896 Komturkreuz des
Franz-Joseph-Ordens, bayerisches Verdienst-
kreuz des Ordens vom hl. Michael 3. Klasse.
Ehrenbürger von Franzensbad und 1892 von
Eger.

*L.: Kohoutí kříž [30.4.2024]. — Klečacký, M.: Český
ministr ve Vídni (2017). — AČSRR 2019 (2013). —
EBL 3 (2005). — Lišková (1994). — Špiritová (1993).
— Rutkowski, E. (Hg.): Briefe u. Dokumente zur Ge-
schichte der österr.-ungarischen Monarchie 2 (1991)
446 f. — Partisch 6 (1970). — Knauer, Männer (1960).
— Tobolka, Z.: Politické dějiny československého ná-
roda 3,2 (1936) 213. — Schránil-Husák (1911). —
Kolmer, G.: Parlament und Verfassung 7 (1911). —
BJb 8 (1905) 487. — Reichspost 16.7.1903, 2. — WZ
15.7.1903, 5. — Die Zeit 15.7.1903, 3. — Prager Tag-
blatt 15.7.1903, 2 f. — Almanach Říšské rady (1901)
96. — Egerer Zeitung 28.7.1900, 3; 15.7.1903, 5 u.
18.7.1903, 2 f. — NFP 26.7.1900, 5. — Prager Abend-
blatt 23.12.1899, 2. u. 15.7.1903, 2. — WZ (Ab.)
27.4.1886, 3 u. (Ab.) 28.4.1886, 3 [zu E. v. S.]. —
Biogr. Slg.*

Stummer (Stummer von Tavarnok, Stummer-
Tavarnok, Hardt-Stummer, Haupt-Stummer),
Kaufmanns- und Industriellenfamilie aus Brünn
(Brno), seit 1859 in Wien, mit Fabrik-, Immobi-
lien- und Grundbesitz in Mähren, Böhmen,

Wien und im Komitat Neutra. Nach 1869 Fami-
liensitz in Tavarnok (Tovarníky) bei To-
poľčany/Slowakei. 1874 Verleihung des ungari-
schen Adelsstands, 1884 österreichischer Frei-
herrenstand, 1887 ungarischer Freiherrenstand.

*L.: Smutný, Brněnští podnikatelé (2012). — Mašek,
Šlechtické rody 2 (2010). — Myška, Podnikatelé 1
(2003). — Encyklopédia Slovenska 5 (1981). —
Haupt-Stummer, A.: Die Familie S. v. Tavarnok
(1961). — Genealogisches Tb. d. adeligen Häuser
Österreichs 2 (1906/07) 142. — Král (1904). —
Gotha, frhrl. Häuser 53 (1903) u. 89 (1939).*

1) **Carl (Karl) Stephan**, Großhändler,
* 29. 1. 1797 Brünn, † 13. 9. 1842 Brünn. Ehe-
mann von 2), Vater von 3), 4) und 5), Großvater
von 6). Kaufmännische Ausbildung in einem
Brünner Handelsgeschäft, seit 1817 dort Buch-
halter. 1821 Eröffnung eines Kolonialwarenge-
schäfts in Brünn. Ausweitung zu einem Groß-
handel für Gewürze, Farben und andere Import-
waren mit Lagerhallen und einem Verkaufsge-
schäft in Wien. Bürgerrecht in Brünn.

*L.: Encyklopedie dějin města Brna vom 25.1.2019. —
Smutný, Brněnští podnikatelé (2012). — Myška, Pod-
nikatelé 1 (2003). — Haupt-Stummer, A.: Die Fami-
lie S. v. Tavarnok (1961) 6 f. — Heller 4 (1890).*

2) **Crescentia Franziska Maria** (geb. Dietmann),
Kauffrau und Gutsbesitzerin, * [um 1801 ver-
mutlich Schellenhof bei Wien), † 7. 3. 1865 Wien.
Seit 1824 Ehefrau von 1), Mutter von 3), 4) und
5), Großmutter von 6). Seit 1821 in Brünn. Seit
1842 Miteigentümerin, zudem bis 1843 alleinige
Geschäftsführerin, anschließend bis 1849 zu-
sammen mit ihren Söhnen Leiterin der Brünner
Großhandelsgesellschaft Carl S. Seit 1856 Mitin-
haberin einer Leinen-, Spinn- und Webfabrik in
Brünn mit Produktion von Segeltuch. 1859
Übersiedlung nach Wien. Bis 1863 Leiterin, da-
nach auch Miteigentümerin der Wiener Groß-
handelsgesellschaft Carl S. einschließlich einer
Zuckerfabrik in Oslawan. Seit 1863 Besitzerin
der Herrschaft Rosenau bei Zwettl.

*L.: Encyklopedie dějin města Brna vom 25.1.2019. —
Smutný, Brněnští podnikatelé (2012). — Wagesreit-
her, E. u. W.: Kleine Chronik von Schloß Rosenau
(⁴1989) 3. — Haupt-Stummer, A.: Die Familie S. v.
Tavarnok (1961) 8 f. — Heller 4 (1890). — Handels-
und Gewerbe-Adressbuch des österr. Kaiserstaates
(1867) 519. — Mährischer Correspondent 12.3.1865,
3. — WZ 8.3.1865, 722 u. 10.3.1865, 738. — Brünner
Zeitung der k.k. priv. mähr. Lehenbank 27.12.1843,
7. — Biogr. Slg.*

3) **Karl August (Karol)**, Industrieller, * 13. 11. 1826 Brünn, † 25. 11. 1874 Wien. Sohn von 1) und 2), Bruder von 4) und 5), Onkel von 6). Kaufmännische Ausbildung. Seit 1849 gemeinsam mit 2), 4) und 5) Teilhaber, 1851–1863 zudem Prokurist und seit 1863 Miteigentümer und Leiter der Handelsgesellschaft Carl S. für Gewürze, Farben und andere Waren. Erweiterung um Salzhandel, Niederlassung in Wieliczka/Galizien. 1851 Mitgründer einer Zuckerfabrik in Oslawan und 1856 einer Leinen-, Spinn- und Webfabrik in Brünn, seit 1869 Segeltuchproduktion für die österreichisch-ungarische Marine. Mitgründer von Zuckerfabriken 1865 in Göding, 1870 in Topoľčany und Doudleb. Zudem seit 1851 Leiter der Brünner Filiale der Credit-Anstalt für Handel und Gewerbe. Erwerb einer Privatbanklizenz in Wien. 1859 Verlegung der Familien- und Firmensitzes nach Wien. 1868 zusammen mit 4) und 5) Kauf der Herrschaft Tavarnok bei Topoľčany. 1874 Aufgabe seiner Banklizenz. Verwaltungsrat der Nordwestbahn und der ungarisch-galizischen Bahn, der Austro-Egyptischen Bank und 1858–1874 der Credit-Anstalt für Handel und Gewerbe. Anhänger der Verfassungspartei.

L.: *Encyklopedie dějin města Brna* vom 25.1.2019. — *Hlavačka, M. u. a.: Sociální myšlení a sociální praxe v českých zemích 1781–1939 (2015)* 390. — *Smutný, Brněnští podnikatelé (2012).* — ÖBL 63 (2012). — *Janák, J.: Hospodářský rozmach Moravy 1740–1918 (1999)* 276. — SBS 5 (1992). — *Encyklopédia Slovenska 5 (1981).* — *Vadkertyová, K.: Dejiny cukrovarníckeho priemyslu a pestovania cukrovej repy na Slovensku (1972).* — *März, E.: Österr. Industrie- u. Bankpolitik (1968).* — *Haupt-Stummer, A.: Die Familie S. v. Tavarnok (1961)* 9 f. — *Ein Jahrhundert Creditanstalt-Bankverein (1957).* — Wurzbach 40 (1880). — *Tagesbote aus Mähren und Schlesien* 27.11.1874, 3 u. 8. — NFP (Mo.) 26.11.1874, 13 u. 27.11.1874, 5.

4) **August Wilhelm (Ágost) Freiherr Stummer von Tavarnok**, Industrieller, * 31. 10. 1827 Brünn, † 26. 4. 1909 Wien. Sohn von 1) und 2), Bruder von 3) und 5), Vater von 6) und von Auguste Marie (Auguszta Maria) Freiin **Haupt-Stummer von Tavarnok und Buchenrode** (geb. Stummer von Tavarnok, Großgrundbesitzerin, Aktionärin und Kunstsammlerin, * 3. 9. 1862 Oslawan (Oslavany) Bez. Eibenschitz (Ivančice), † 14. 12. 1945 Tavarnok). Schwieger- und Adoptivvater von 7). 1849 Offizier im Krieg in Ungarn. Seit 1849 stiller Teilhaber, 1851–1863

Prokurist, danach Miteigentümer und Leiter der Handelsgesellschaft Carl S. für Gewürze, Farben und andere Waren in Brünn. Erweiterung um Salzhandel, Niederlassung in Wieliczka/Galizien. 1851 Mitpächter des Gutes Oslawan. Seit 1854 Direktor der Zuckerfabrik Oslawan. 1856 Mitgründer einer Leinen-, Spinn- und Webfabrik in Brünn. Erwerb einer Privatbanklizenz, Verbindung von Industrie- und Bankgeschäften. 1859 Verlegung des Unternehmens- und Familiensitzes nach Wien, dort seit 1874 zusammen mit 5) Leiter und Besitzer der Firma Carl S. Mitgründer der Zuckerfabriken 1865 in Göding, 1870 in Topoľčany und Doudleb, 1876 in Trnava und 1889 in Mezőhegyes. 1905 Zusammenschluss der österreichischen und ungarischen Betriebe zur Karl-Stummer-Zuckerfabriken AG, 1905–1909 deren Präsident. Zudem Präsident der Chropiner Zuckerfabrik sowie der Nestomitzer und der Pečeker bzw. Koliner Zuckerraffinerie in Prag. Seit 1869 Mitglied, seit 1887 Vizepräsident und 1891–1909 Präsident des österreichisch-ungarischen Zentralvereins für Rübenzucker-Industrie. Mitglied und seit 1897 Ehrenmitglied des Vereins der Zuckerindustrie Böhmens. Bis 1909 Vizepräsident des Vereins der österreichisch-ungarischen Zuckerraffinerien. Präsident des Versicherungsvereins der österreichisch-ungarischen Zuckerfabrikanten. Seit 1874 Verwaltungsrat und 1893–1909 Vizepräsident der Credit-Anstalt für Handel und Gewerbe in Wien. Verwaltungsrat des Giro- und Kassenvereins Wien, der böhmischen Westbahngesellschaft und Vizepräsident der Aktiengesellschaft für landwirtschaftliche Industrie in Budapest. Gutsbesitzer in Mähren und Ungarn sowie 1865–1868 der Herrschaft Rosenau bei Zwettl. 1868 zusammen mit 3) und 5) Kauf der Herrschaft Tavarnok bei Topoľčany, seitdem Familiensitz auf Schloss Tavarnok. Bau und Finanzierung des Krankenhauses in Topoľčany. 1903 Erwerb des Gutes Mißlitz in Mähren. 1861–1867 liberaler Abgeordneter des mährischen Landtags und 1861–1865 des Reichsrats. Virilist im Komitat Neutra. Börsenrat. 1905 Kommerzialrat, 1907 Geheimer Rat. 1849 Kriegsmedaille, 1883 Orden der Eisernen Krone 2. Klasse. 1874 ungarischer Adelsstand, 1884 österreichischer und 1887 ungarischer Freiherrenstand. 1887 Adoption seiner beiden Schwiegersöhne Leopold (Lipot) Eugen Freiherr Haupt von Buchenrode (1859–1924) und 7).

W.: A czukoradó törvényjavaslat [Die Zucker-Patentrichtlinien] (1886).

L.: Encyklopedie dějin města Brna vom 24.1.2020. — Kohl, W./Steiger-Moser, S. (Hg.): Die österr. Zuckerindustrie und ihre Geschichte(n) (2014). — Adlgasser (2014). — Malíř (2012). — Smutný, Brněnští podnikatelé (2012). — ÖBL 63 (2012). — Mašek, Šlechtické rody 2 (2010). — Historický časopis 57 (2009) 477. — Myška, Podnikatelé 1 (2003). — Pillwein, E./Schneider, H.: Lexikon bedeutender Brünner Deutscher (2000). — Wagner, C.: Süsses Gold (1996) 138. — SBS 5 (1992). — Wagesreither, E. u. W.: Kleine Chronik von Schloß Rosenau (⁴1989) 3. — Encyklopédia Slovenska 5 (1981). — Michel, B.: Banques et banquiers en Autriche (1976) 202 f. u. 205 f. — Vadkertyová, K.: Dejiny cukrovarníckeho priemyslu a pestovania cukrovej repy na Slovensku (1972). — Knauer, Parl. (1969). — März, E.: Österr. Industrie- u. Bankpolitik (1968). — Zucker 16,12 (1963) 316. — Haupt-Stummer, A.: Die Familie S. v. Tavarnok (1961). — Ein Jahrhundert Creditanstalt-Bankverein (1957). — Österr. Rundschau 19,6 (1909) 473. — Österr.-Ungarische Zeitschrift für Zuckerindustrie u. Landwirtschaft 38 (1909) 308-316. — Szinnyei, J.: Magyar írók 13 (1909). — Wer ist's? (1909). — BJb 14 (1909) 94. — NFP 27.4.1909, 12 u. 22 f. — Tagesbote aus Mähren und Schlesien 27.4.1909, 3. — WZ (Ab.) 26.4.1909, 6 u. WZ 27.4.1909, 10 f. — Großindustrie Österr. 3 (1908) 190 u. 278. — Wiener Landwirtschaftliche Zeitung 30.10.1907, 4. — WZ 29.10.1907, 8 f. — NFP 26.10.1907, 7 f. — Deutsch, E.: Exzellenz A. S., Frhr. von Tavarnok (1907). — Genealogisches Tb. d. adeligen Häuser Österreichs 2 (1906/07) 142. — Tittel, Mähren/Schlesien (1905). — Král (1904). — Der Centralverein für Rübenzucker-Industrie in der Österr.-Ungarischen Monarchie (1904) 227 f. — Gotha, frhrl. Häuser 53 (1903) u. 73 (1923). — Heller 4 (1890). — Biogr. Slg.

5) **Alexander Viktor Stephan (Sándor) Freiherr Stummer von Tavarnok**, Industrieller und Großgrundbesitzer, * 23. 7. 1831 Brünn, † 25. 3. 1914 Monaco. Sohn von 1) und 2), Bruder von 3) und 4), Onkel von 6). Seit 1849 stiller Teilhaber, 1851–1863 Prokurist, später Miteigentümer und Leiter der Handelsgesellschaft Carl S. für Gewürze, Farben und andere Waren. Erweiterung um Salzhandel, Niederlassung in Wieliczka/Galizien. Seit 1851 Beteiligung am Gutsbesitz und an der Zuckerfabrik Oslawan und 1856 an einer Leinen-, Spinn- und Webfabrik in Brünn. 1859 Verlegung der Unternehmensleitung nach Wien, seit 1874 zusammen mit 4) Besitzer und Leiter der Firma Carl S. Mitgründer der Zuckerfabriken 1865 in Göding, 1870 in Topoľčany und Doudleb, 1876 in Trnava und 1889 in Mezőhegyes. Seit 1905 Miteigentümer der Karl-Stummer-Zuckerfabriken AG, seit 1909 deren Präsi-

dent. 1868 zusammen mit 3) und 4) Kauf der Herrschaft Tavarnok bei Topoľčany. 1869 Kauf des Gutes Ludanitz, 1876 des Familiensitzes Horné Obdokovce (Bodok) und 1907 von Malé Ripňany im Komitat Neutra. Zudem Palais in Wien. 1884 Orden der Eisernen Krone 2. Klasse. 1874 Verleihung des ungarischen Adelsstands, 1884 des österreichischen und 1887 des ungarischen Freiherrenstands.

L.: Encyklopedie dějin města Brna vom 24.1.2020. — Sandgruber, R.: Traumzeit für Millionäre (2013). — Smutný, Brněnští podnikatelé (2012). — Mašek, Šlechtické rody 2 (2010). — Historický časopis 57 (2009) 477. — Myška, Podnikatelé 1 (2003). — Encyklopédia Slovenska 5 (1981). — Haupt-Stummer, A.: Die Familie S. v. Tavarnok (1961). — Gotha, frhrl. Häuser 69 (1919) u. 89 (1939). — WZ 26.3.1914, 6. — Genealogisches Tb. d. adeligen Häuser Österreichs 2 (1906/07) 142. — Král (1904). — Gotha, frhrl. Häuser 53 (1903). — Biogr. Slg.

6) **Amalia Marie Freiin Hardt-Stummer** (geb. Stummer bzw. Stummer von Tavarnok; Pseud. Amalia Creszenzia, → A. C. Hardt-Stummer), Schriftstellerin, * 26. 6. 1861 Oslawan, † 2. 1. 1929 Topoľčany/Slowakei. Enkelin von 1) und 2), Tochter von 4) und seit 1883 Ehefrau von 7). Wohnsitz in Wien und auf Schloss Tavarnok. Beteiligung an der Firma Carl S., seit 1905 Aktionärin der Stummer-Zuckerfabriken AG. Mitinhaberin der Herrschaft Tavarnok bei Topoľčany. Seit 1911 Besitzerin des landtäflichen Gutes Mißlitz mit Lodenitz und Socherl. Verfasserin von Erzählungen, Kurzgeschichten und Gedichten. 1916 Ehrenzeichen vom Roten Kreuz 2. Klasse mit Kriegsdekoration.

W.: Eine kleine Geschichte (1881). — Ereignisvolle 24 Stunden (1882). — Liebeslegenden (1886). — Eine Feuerprobe (1887). — Kilian (1888). — Futuri sumus (1930).

L.: Encyklopedie dějin města Brna vom 24.1.2020. — Korotin, I. (Hg.): biografiA 1 (2016). — Sandgruber, R.: Traumzeit für Millionäre (2013). — Mašek, Šlechtické rody 2 (2010). — Schmid-Bortenschlager, S./ Schnedl-Bubeniček, H.: Österr. Schriftstellerinnen 1880–1938 (1982) 74. — Friedrichs (1981) 117. — Encyklopédia Slovenska 5 (1981). — Österr. Familienarchiv 3 (1969) 74 f. — Kosch, Lit. Lex. 2 (³1969). — Haupt-Stummer, A.: Die Familie S. v. Tavarnok (1961). — Reichspost 29.1.1929, 3. — Wiener Salonblatt 20.1.1929, 12 u. 6.7.1930, 11 f. — Brümmer 3 (1913) 76. — Genealogisches Tb. d. adeligen Häuser Österreichs 2 (1906/07) 144. — Holzmann, M./Bohatta, H.: Deutsches Pseudonymen-Lexikon (1906) 57. — NFP 15.5.1905, 8 u. 15. — WZ (Ab.) 15.5.1905,

6. — *Gotha, frhrl. Häuser* 53 (1903) u. 81 (1931). — *Pataky, S.: Lexikon deutscher Frauen der Feder* 1 (1898). — *Eisenberg* 1 (1889) u. 5,1 (1893). — *Biogr. Slg.*

7) **Albert Freiherr Hardt-Stummer von Tavarnok** (geb. Hardt, → Hardt-Stummer, Bd. 1, 536), Großgrundbesitzer und Großindustrieller, * 12. 3. 1854 Wien, † 14. 5. 1905 Wien. Seit 1883 Ehemann von 6), seit 1887 Adoptivsohn von 4). Ausbildung zum Kaufmann und Mitarbeit im Tuchhandelsgeschäft seiner Familie in Wien. Fabrik- und Immobilienbesitzer in Wien. Seit 1883 Gesellschafter der Karl-Stummer-Zuckerfabriken AG. Gemeinsam mit 4) und 5) Miteigentümer der Herrschaft Tavarnok, Herr auf Vitkócz. Vizepräsident der Allgemeinen Verkehrsbank. Verwaltungsrat der Chropiner und weiterer Zuckerfabriken, der Firmen Neusiedler Papierfabrik, Breitenfeld, Danek & Co., Dynamit Nobel, Hirtenberger Patronen- und Metallwarenfabrik, Bank für Tirol und Vorarlberg, Vereinigte Elektrizitäts-Aktiengesellschaft und anderer Industrieunternehmen. Revisor der Österreichisch-Ungarischen Bank. Virilist im Komitat Neutra. 1888 Namenserweiterung und Freiherrenstand.

L.: *Granichstaedter, R. u. a.: Altösterr. Unternehmer* (1969). — *Haupt-Stummer, A.: Die Familie S. v. Tavarnok* (1961). — *Gotha, frhrl. Häuser* 27 (1927) u. 85 (1935). — *Genealogisches Tb. d. adeligen Häuser Österreichs* 2 (1906/07) 144. — *Die Arbeit* 23.5.1905, 11. — *Wiener Salonblatt* 20.5.1905, 12. — *NFP* 15.5.1905, 8. — *WZ (Ab.)* 15.5.1905, 6.

Stumpe, August (Ernst Augustin), Industrieller, * 10. 10. 1831 Sahlenbach (Rokytno) Bez. Rochlitz an der Iser (Rokytnice nad Jizerou), † 24. 5. 1905 Sahlenbach. Bruder von → R. Stumpe. Weberlehre, Eintritt in die väterliche Weberei und Spinnerei Aug. Stumpe in Sahlenbach. Daneben 1862 gemeinsam mit seinem Bruder Gründer und Direktor der Baumwollspinnerei und Weberei Aug. Stumpe's Söhne in Ober-Rochlitz, 1876 Ausbau, Mechanisierung, Dampfbetrieb und Erweiterung um eine Schlichterei sowie 1893 Elektrifizierung. 1867 Erwerb der Baumwollspinnerei und -weberei Rieger in Brand bei Tannwald, Mechanisierung und Ausbau zur Makospinnerei Rieger & Stumpe. 1868 Mitgründer der Baumwollspinnerei Aug. Stumpe & Ullmann in Schumburg an der Desse. 1891 Kauf einer Weberei in Seifenbach. Um 1900 Firmenkonglomerat im Familienbesitz mit mehr als tausend Webstühlen.

L.: *BSČZ Heslář* 4 (2000). — *MVHJI* 21 (1927) 153. — *Hantschel, F.: Biographien deutscher Industrieller aus Böhmen* (1920). — *Die Arbeit* 7.6.1905, 7357. — *Neues Wiener Tagblatt* 25.5.1905, 8. — *NFP* 25.5.1905, 6. — *Hickmann, A. L.: Verzeichnis der Oesterr. Baumwoll-Spinnereien* (1901). — *Lilie, A.: Der politische Bezirk Gablonz* (1895) 659 f. — *Gerichtshalle* 17.9.1863, 365. — *Adressen-Buch der Handlungs-Gremien, Fabriken u. Gewerbe des Königreichs Böhmen* (1855). — *Biogr. Slg.*

Stumpe, Robert, Industrieller, * 4. 6. 1838 Sahlenbach (Rokytno) Bez. Rochlitz an der Iser (Rokytnice nad Jizerou), † 18. 1. 1918 Ober-Rochlitz (Horní Rokytnice) Bez. Rochlitz an der Iser. 1862 gemeinsam mit seinem Bruder → A. Stumpe Gründer und Direktor der Baumwollweberei Aug. Stumpe's Söhne in Ober-Rochlitz. Erweiterung um Baumwollwarenhandel sowie um Produktionsstätten in Schumburg an der Desse und in Seifenbach. Seit 1905 Seniorchef des Firmenkonglomerats. Mitglied des Gemeinderats und der Bezirksvertretung sowie des Orts- und Bezirksschulrats von Rochlitz. Korr. Mitglied der HGK Reichenberg. 1910 Franz-Joseph-Orden.

L.: *Prager Abendblatt* 23.1.1918, 5. — *Bohemia* 20.1.1918, 5. — *Chytilův úplný adresář Království českého* 2 (1914) 577 u. 700. — *Hirsch, Orden* (1912). — *Hickmann, A. L.: Verzeichnis der Oesterr. Baumwoll-Spinnereien* (1901). — *Gerichtshalle* 17.9.1863, 365. — *Biogr. Slg.*

Stumpf, Carl (Friedrich Karl), Philosoph, Psychologe und Musikologe, * 21. 4. 1848 Wiesentheid/Unterfranken, † 25. 12. 1936 Berlin. Vater von → R. E. Stumpf. Musikalische Ausbildung in der Familie. 1859/60 Lateinschule in Kitzingen, Gymnasium in Bamberg und seit 1863 in Aschaffenburg, dort 1865 Abitur. Seit 1865 zuerst Jurastudium, dann Studium der Philosophie, Theologie und Naturwissenschaften an der Universität Würzburg, seit 1867 an der Universität Göttingen, dort 1868 Promotion in Philosophie. Schüler von Franz Brentano, über diesen nach 1881 Freundschaft mit → T. G. Masaryk. 1869/70 kurzzeitig im Würzburger Priesterseminar. 1870 Habilitation in Philosophie an der Universität Göttingen. 1873–1878 o. Prof. für Philosophie an der Universität Würzburg, seit 1878 an der Universität in Prag bzw. seit 1882 an der deutschen Universität in Prag, dort 1883/84

Dekan der philosophischen Fakultät. In Prag Forschungen zur Tonpsychologie. Zusammenarbeit mit → A. Marty, → E. Mach und → K. E. Hering. Mitglied im Prager naturwissenschaftlichen Verein Lotus. Seit 1884 Prof. an der Universität Halle, dort Betreuer der Habilitation von → E. Husserl. Seit 1889 Prof. an der Universität München, 1894–1921 an der Universität zu Berlin, dort 1894 Gründer des psychologischen Seminars, seit 1900 Leiter des psychologischen Instituts, 1907/08 Rektor. 1908 Doktorvater von → R. Musil. Erkenntnistheoretische und phänomenologische Arbeiten. Mitbegründer der experimentellen Psychologie. Physikalische, physiologische und psychologische Fundierung der systematischen Musikwissenschaft als Universitätsfach. Experimente zur Frequenzbestimmung von Tönen zur Analyse von Vokalen, Konsonanten und Klängen von Musikinstrumenten. 1883 Begründer der Tonpsychologie und einer Konsonanztheorie. Gründer der Berliner Schule der Gestaltpsychologie. Studien zu Franz Brentano. Seit 1886 Forschungen zur außereuropäischen Musikethnologie und zur vergleichenden Musikwissenschaft. Beiträge zur Phonetik, Ohrenheilkunde und Rundfunktechnik. Einsatz von Phonographen und 1900 Mitgründer des Phonogrammarchivs in Berlin. Gründer und 1898–1924 Herausgeber der Beiträge zur Akustik und Musikwissenschaft, 1922/23 zusammen mit Moritz v. Hornbostel der Sammelbände für vergleichende Musikwissenschaft. In engem Kontakt mit William James und Max Planck. 1902 Geheimer Regierungsrat. 1910 Ehrenpromotion der medizinischen Fakultät der Universität zu Berlin. 1890 Mitglied der Bayerischen Akademie der Wissenschaften und 1895 der Preußischen Akademie der Wissenschaften. 1929 Orden Pour le Mérite für Wissenschaften und Künste. 1923 Mitglied der Accademia Nazionale dei Lincei in Rom, 1927 auswärtiges Mitglied der National Academy of Sciences in Washington, D.C., und 1924 Ehrenmitglied des Musikwissenschaftlichen Staatsinstituts in Moskau. Roter Adler-Orden 3. Klasse und 1918 preußischer Kronen-Orden 2. Klasse.

W.: Verhältnis des Platonischen Gottes zur Idee des Guten (1869). — Über den psychologischen Ursprung der Raumvorstellung (1873). — Tonpsychologie (2 Bde., 1883–1890). — Psychologie und Erkenntnistheorie (1891). — Über den Begriff der mathematischen Wahrscheinlichkeit (1892). — Tafeln zur Geschichte der Philosophie (1896, ⁴1928). — Die pseudo-aristotelischen Probleme über Musik (1896). — Geschichte des Consonanzbegriffs (1897 u. 1901). — Konsonanz und Dissonanz. In: Beiträge zur Akustik und Musikwissenschaft (1898) 1-108. — Der Entwicklungsgedanke in der gegenwärtigen Philosophie (1899). — Leib und Seele (1903). — Zur Einteilung der Wissenschaften (1906). — Erscheinungen und psychische Funktionen (1906). — Die Wiedergeburt der Philosophie (1907). — Philosophische Reden und Vorträge (1910). — Die Anfänge der Musik (1911). — Die Attribute der Gesichtsempfindungen (1917). — Empfindung und Vorstellung (1918). — C. S. In: Schmidt, R. (Hg.): Die Philosophie der Gegenwart in Selbstdarstellungen 5 (1924) 204-265. — Die Sprachlaute (1926). — Gefühl und Gefühlsempfindung (1928). — William James nach seinen Briefen (1928). — Erkenntnislehre (2 Bde., 1939–1940, ²2011). — Über die Grundsätze der Mathematik (Habil, posthum 2008). — Verz. s. Bulletin of the International Council for Traditional Music (United Kingdom Chapter) 17 (1987) 4-26 u. Sprung, H. (Hg.): C. S. Schriften zur Psychologie (1997) 9-68.

L.: BMLO id=s2081 [30.4.2024]. — Enzyklopädie Philosophie u. Wissenschaftstheorie 7 (²2018). — ČHS id=7010 vom 21.10.2015. — The Stanford Encyclopedia of Philosophy (2015). — Fisette, D./Martinelli, R. (Hg.): Philosophy from an Empirical Standpoint. Essays on C. S. (2015). — NDB 25 (2013). — Bonacchi, S./Boudewijnse, G.-J. (Hg.): C. S. From Philosophical Reflection to Interdisciplinary Scientific Investigation (2011). — Kaiser-el-Safti, M./Ebeling, M. (Hg.): Die Sinne und die Erkenntnis (2011). — Studia philosophica. SPFFMU v Brně 57,1 (2010) 115 f. — Gestalt Theory 31,2 (2009) u. 32,2 (2009) 175-190. — DBE 9 (²2008). — Sprung, H.: C. S. (2006). — MGG 24 (2006) u. MGG Online (2016). — Oesterr. Musiklexikon 5 (2005). — Riemann (CD-ROM, 2004). — Kaiser-el-Safti, M./Ballod, M. (Hg.): Musik und Sprache. Zur Phänomenologie v. C. S. (2003). — Baumgartner, W. (Hg.): C. S. (2002). — Grove 24 (²2001). — Brentano-Studien 9 (2000/01) 23-61. — Simon, A.: Das Berliner Phonogramm-Archiv (2000). — Psychologie dnes 5,5 (1999) 22-24. — BBKL 16 (1999). — Slovník českých filosofů (1998). — Dějiny Univerzity Karlovy 3 (1997). — Sprung, H. (Hg.): C. S. Schriften zur Psychologie (1997). — Hartkopf, W.: Die Berliner Akademie der Wissenschaften (1992). — Bosls Bayerische Biographie (1983). — Das große Lexikon der Musik 8 (1982). — Der Orden pour le Mérite für Wissenschaften und Künste 2 (1978). — Honegger, M.: Dictionnaire de la musique 2 (1970). — BohJb 9 (1968) 255 u. 258. — ČslHS 2 (1965). — Zischka, G.: Allg. Gelehrten-Lexikon (1961). — Riemann 2 (1961). — Ziegenfuß, W. (Hg.): Philosophen-Lexikon 2 (1950, m. Verz.). — Funk und Ton 4 (1948) 121-128. — OSN ND 6,1 (1940). — Archiv für Sprach- und Stimmphysiologie 4 (1940) 1-14. — Král, J.: Československá filosofie (1937) 250. — American Journal of Psychology 49 (1937) 316-320. — Psychological Review 44 (1937) 189-194. — Psychological Bulletin 34 (1937) 187-190. — Hartmann, N. v.: Ge-

dächtnisrede auf C. S. (1937). — Archiv f. Musikforschung 2 (1937) 1-7. — Berliner Tagblatt 29.12.1936. — Bohemia 29.12.1936, 6. — Kürschner, Gel. Kal. 5 (1935). — Bohemia 20.6.1933, 4. — Nagl-Zeidler-Castle 3 (1930) 39. — Müller, E. H. (Hg.): Deutsches Musiker-Lexikon (1929). — Česká mysl 24,3 (1928) 283 f. — Poggendorff 5,2 (1926) u. 6,4 (1940). — Schmidt, R. (Hg.): Die Philosophie der Gegenwart in Selbstdarstellung 5 (1924) 1-57 (engl.: Murchison, C. (Hg.): A History of Psychology in Autobiography 1 (1930) 389-441). — Psychologische Forschung 4 (1923). — Bohemia (Ab.) 19.4.1918, 3. — Eisler, R.: Philosophen-Lexikon (1912). — Poggendorff 4,2 (1904). — Die Deutsche Karl-Ferdinands-Universität in Prag (1899) 390 u. 477. — Philosophische Monatshefte 28 (1892) 547-591. — Biogr. Slg.

Štumpf, Eugen, Übersetzer, Diplomat und Publizist, * 31. 3. 1929 Laun (Louny), † 18. 2. 2014. 1945–1948 Fachschule für Keramik in Prag. 1950–1955 Studium der angewandten Bildhauerei an der Kunstgewerbeschule in Prag. Seit 1956 Kultur- und Presseattaché im tschechoslowakischen Außenministerium, in den 1960er Jahren Presseattaché der tschechoslowakischen Botschaft in Lagos. 1970 Entlassung aus politischen Gründen. 1970–1989 Angestellter der Prager Ziegeleien. 1990/91 Presserat im Außenministerium. Seit den 1950er Jahren Rezensionen, Reportagen und publizistische Texte, vor allem im Bereich der Kulinarik. Übersetzungen von Romanen, Dramen sowie kulinarischen Publikationen aus dem Deutschen, Englischen und Neugriechischen.

L.: Informační systém abART [30.4.2024]. — Databáze osobností českého uměleckého překladu po roce 1945 (m. Verz.) [30.4.2024]. — Zprávy. Zpravodaj Obce překladatelů 24,2 (2014) 4. — Zídek, P./Sieber, K.: Československo a subsaharská Afrika v letech 1948–1989 (2007).

Stumpf, Franz, Lehrer und Politiker, * 30. 3. 1876 Sablat (Záblatí) Bez. Prachatitz (Prachatice), † 28. 2. 1935 Innsbruck. Kindheit in Kundl/Tirol. 1886–1894 Gymnasium in Salzburg und Hall in Tirol. Seit 1894 Studium der Physik, Chemie und Mathematik an der Universität Innsbruck, 1899 Promotion und Lehramtsprüfung für Mathematik und Physik. Lehrer in Bozen und Innsbruck. Seit 1900 Mathematik- und Physiklehrer des Ober-Gymnasiums in Mödling. Daneben 1904/05 Externist für Elektrotechnik an der TH Wien. Seit 1905 Lehrer an der Landeslehrerakademie in Wien. Mitgründer und seit 1907 im Vorstand des Tiroler Bauern-

bunds. 1907–1918 christlichsozialer Abgeordneter des Reichsrats und 1908–1918 des Tiroler Landtags sowie 1914–1918 Mitglied des Landesausschusses. 1918/19 Abgeordneter der österreichischen Nationalversammlung sowie der Tiroler Nationalversammlung für die Tiroler Volkspartei. 1919 Mitglied des Tiroler Nationalrats und Landesrats. Seit 1919 Abgeordneter des Landtags in Innsbruck und bis 1921 Referent für Schulwesen. Seit 1921 Vorsitzender der Tiroler Volkspartei. Seit 1919 stellv. und 1921–1935 Landeshauptmann von Tirol. 1931–1934 Mitglied und 1932/33 Vorsitzender des Bundesrats. Seit 1934 Vertreter im Länderrat und im österreichischen Bundestag. 1918/19 Befürworter eines Anschlusses von Tirol an Deutschland, später der Tiroler Eigenständigkeit. Um 1930 vom Förderer zum Gegner einer Zusammenarbeit mit den Heimwehren. Seit 1934 Beteiligung am Ständestaat. Seit Gründung 1920 Präsident der Tiroler Hauptbank, seit 1926 Hauptbank für Tirol und Vorarlberg. Kommandeurskreuz des Gregorius-Ordens, Großes Ehrenzeichen für Verdienste um die Republik Österreich.

L.: Kohoutí kříž [30.4.2024]. — Adlgasser (2014). — Messner, G.: Landeshauptmann Dr. F. S. u. seine Sicherheitsdoktrin (Diss. Innsbruck, 2014). — NDB 25 (2013). — ÖBL 63 (2012). — Messner, G.: Landeshauptmann Dr. F. S. u. die Tiroler Heimatwehr (Dipl.-Arb. Innsbruck, 2007). — Präuer, H.: Böhmerwald-Lexikon (2007). — Protokolle des Ministerrates der Ersten Republik 4,4 (2005) 458. — Biogr. Hb. der österr. Parlamentarier (1998). — Österr. Personenlexikon (1992). — Enderle-Burcel, G.: Mandatare im Ständestaat (1991). — Geschichte des Landes Tirol IV,2 (1988). — Fally, C.: Studenten aus den böhm. Ländern an der Universität Innsbruck 1848–1918 (Diss. Innsbruck, 1986). — Bachmann, H. (Hg.): Kundl (1986) 686-700. — Schober, R.: Geschichte des Tiroler Landtages (1984). — SdZ 7.2.1975, 11 u. 12.3.1976, 11. — Stickler, M.: Die Abgeordneten zum österr. Nationalrat (1975). — Partisch 6 (1970). — Knauer, Parl. (1969). — Knauer, Männer (1960). — Granichstaedten-Czerva, R. v.: Beiträge zur Familiengeschichte Tirols 2 (1954). — Kosik, C.: Österreich 1918–1934 (1935). — Tiroler Anzeiger 28.2.1935 bis 5.3.1935. — Compass. Finanzielles Jb. 61 (1928) 1617. — Biogr. Slg.

Stumpf, Gustav, Ingenieur, * 5. 3. 1880 Neutitschein (Nový Jičín), † 7. 8. 1962 Fulda. Oberrealschule Neutitschein. Bis 1906 Bauingenieurstudium an der TH Wien, Dipl.-Ing. 1914–1918 Militärdienst, Vermessungsoffizier in den Dolomiten. Dann Architekt im schlesischen Landesdienst in Troppau, später am Landesbauamt für

Mähren und Schlesien in Troppau. Seit 1929 Architekt am Bezirksamt Neutitschein und anschließend Baurat für Städteplanung in Brünn. Seit 1933 im Ruhestand. Nach 1939 Aktivierung für die Reichsbauverwaltung und 1941 Versetzung als Oberregierungsbaurat nach Landskron. 1919 Mitgründer und seitdem Redakteur und Autor der Zeitschrift Das Kuhländchen. Private archäologische Fortbildung, seit 1914 Korrespondent der Wiener Zentralkommission für die Erforschung und Erhaltung der Kunst- und historischen Denkmale. 1921–1929 ehrenamtlicher Kustode der archäologisch-numismatischen Sammlung des Schlesischen Landesmuseums in Troppau. Mitgründer des Museumvereins für Neutitschein und das Kuhländchen, seit 1929 Leiter des Stadtmuseums bzw. des Kuhländler Heimatmuseums in Neutitschein. Nach 1945 in Fulda. Nach 1954 Gründer und Leiter des Heimatarchivs für Neutitschein und das Kuhländchen in Fulda. Mitarbeit am Sudetendeutschen Wörterbuch in Gießen. Flurnamen- und Mundartforschung zum Kuhländchen. Forschungen zur Siedlungsgeschichte, zu Vierkanthöfen im Schönhengstgau und im Auftrag des Collegium Carolinum zur Burgenkunde Mährens und Schlesiens. Archäologische, kulturgeschichtliche, heimatkundliche und familienhistorische Aufsätze.

W.: Daguerreotypie in Neutitschein. In: Das Kuhländchen 1 (1919) 74 f. — Die bauliche Entwicklung der Holzkirchen in Schlesien. In: Das Kuhländchen 4 (1922) 159-164. — Malé zvonice slezské [Kleine schles. Glockentürme]. In: Věstník Slezského zemského muzea v Opavě 1 (1922) 57-59. — Die ehemalige Holzkirche in Stauding. In: Das Kuhländchen 5 (1923) 161-169. — Die ehemalige Holzkirche in Teschendorf. In: Das Kuhländchen 6 (1925) 1-7 u. 17-21, auch in: „Alte Heimat" Kuhländchen 15 (1962) 74-81. — Eine latènezeitliche Ansiedlung bei Kojetein. In: Das Kuhländchen 6 (1925) 137-140. — Die Vor- u. Frühgeschichte des Kuhländchens. In: Kuhländler Heimatfest in Neu-Titschein (1927) 7-24. — Die Nesselsdorfer Tonwarenindustrie. In: Das Kuhländchen 10 (1929) 132-135 u. 152-154. — Die altsteinzeitlichen Stationen auf dem Gilschwitzer Berg in Troppau (zus. m. J. Bayer; 1929). — Neu-Titschein (1937). — Die Flurnamen von Neutitschein. In: Das Kuhländchen 14 (1939) 1-9, 33-42, 65-68 u. 97-101. — Die Kuhländler Tracht. In: Heimatjb. Ostsudetenland 2 (1954) 297-305. — Organisation der heimatkundlichen Bestrebungen im Kuhländchen. In: „Alte Heimat" Kuhländchen 8 (1955) 296-298. — Die Flurnamen von Fulnek. In: Heimatjb. Ostsudetenland 7 (1959) 421-429; auch in: Chronik der Stadt Fulnek (1998) 177-189. — Die Flurnamen von Schönau. In: „Alte Heimat" Kuhländchen 12 (1959) 282-

288. — Stand der Mundartforschung im Kuhländchen. In: „Alte Heimat" Kuhländchen 13 (1960) 246 f. — Die Flurnamen von Kunewald. In: Heimatjb. Ostsudetenland 8 (1961) 414-418. — Schlesische Glockentürmchen im Kuhländchen. In: Kuhländler Heimatkalender 4 (1961) 47-50. — Zur Geschichte der Kuhländler Tracht. In: „Alte Heimat" Kuhländchen 25 (1972) 363-366. — Das Kuhländchen. In: Preußler, H. (Hg.): Heimatland Kuhländchen (1984) 30-42.

L.: Online-Handbuch Heimatpresse. Institut für Volkskunde der Deutschen des östlichen Europa [30.4.2024]. — Dvořáková, E. u. a.: Architekti a stavitelé města Nového Jičína (2016) 159. — Vašíková, T.: Přínos regionálních časopisů Kravařsko a Das Kuhländchen pro národopisné a vlastivědné bádání (Bachelor-Arb. Brno, 2015) 25 f. — KESSM 2 (²2013). — Sklenář (2005, m. Verz.). — Stupek, I.: Deutsche Literatur der Zwischenkriegszeit im tschech. Schlesien (2002) 221. — Brückler, T./Nimeth, U.: Personenlexikon zur österr. Denkmalpflege (2001). — Myška 3 (1995). — Časopis Slezského zemského muzea B 38 (1989) 182 f. — Vlastivědný sborník okresu Nový Jičín 39 (1987) 50-52. — Kuhländler Heimatkalender 23 (1980) 108. — „Alte Heimat" Kuhländchen 33 (1980) 89. — SdZ 12.8.1977, 11. — Buhl, P.: Troppau von A bis Z (1973). — VB 28.7.1972, 11. — 150 let Slezského muzea (1964) 125-127. — MSH 7 (1962) 320 f. — „Alte Heimat" Kuhländchen 13 (1960) 77 f. u. 15 (1962) 74 u. 348 f. — SdZ 5.3.1960, 9. — Biogr. Slg.

Stumpf(ius), Johann(es), evangelischer Theologe, * Alsfeld/Hessen, † 1632 Pressburg (Prešporok, Pozsony bzw. Bratislava). 1599 Magister der freien Künste an der Universität Marburg, dann Theologiestudium, möglicherweise in Wittenberg. 1608 Prof. der Physik und Dekan der philosophischen Fakultät an der Universität Gießen. 1611–1623 evangelischer Pfarrer und Superintendent in Znaim, seit 1623 in Pressburg.

W.: De Jesu Christo Theanthropo, Unico Humani Generis Redemptore (1605). — Meletema phys. de communibus corporis naturalis affectionibus (1608). — Disputatio phys. de sensibus in genere et de quinque sensibus exterioribus in specie (1609).

L.: Hawlitschek, K.: Johann Faulhaber 1580-1635 u. René Descartes 1596-1650 (2006) 86 f. — Pyritz, I. (Hg.): Bibliographie zur deutschen Literaturgeschichte des Barockzeitalters 2 (1985) 674. — Kramm, H.: Wittenberg und das Auslandsdeutschtum (1941) 118. — ZDVGMS 23 (1919) 93-117. — Die Universität Gießen von 1607 bis 1907 (1907) 460. — ZDVGMS 10 (1906) 122-124 u. 129. — Archiv f. Geschichte, Statistik, Literatur u. Kunst 19 (1828) 235. — Grundlage zu einer Hessischen Gelehrten- u. Schriftsteller-Geschichte 16 (1812) 65. — Jöcher 4 (1751). — Zedler 40 (1744). — Winckelmann, J. J.: Beschreibung der

Fürstenthümer Hessen u. Hersfeld 1 (1697) 203 u. 459.

Stumpf, Julius, Lehrer, * 10. 7. 1889 Asch (Aš), † 13. 1. 1985 Karlsruhe. Evangelische Lehrerbildungsanstalt in Bielitz, dann in Graz. Anschließend Lehrer in Stein-Schönau, Wernstadt und seit 1908 Fachlehrer, später Bürgerschuldirektor in Bodenbach. Nach 1914 Militärdienst. Nach 1919 Engagement im Deutschen Kulturverband sowie für Heimatpflege und Lokalgeschichte. Seit 1930 Stadtrat in Bodenbach. Mitglied der SdP, seit 1938 der NSDAP. 1939–1942 Bürgermeister von Bodenbach. Mitinitiator des Zusammenschlusses von Bodenbach und Tetschen im Jahr 1942. Seit 1942 Bürgermeister und seit 1943 Regierungskommissar von Pardubitz. 1945/46 Kriegsgefangenschaft. Nach 1946 in Thierstein im Fichtelgebirge Flüchtlingsvertreter und Gemeindeangestellter. Daneben seit 1951 Heimatkreisbetreuer für Tetschen-Bodenbach. Seit 1953 im Ruhestand in Karlsruhe. 1955 Gründer, Vorsitzender, seit 1963 Ehrenmitglied und seit 1969 Ehrenvorsitzender des Heimatverbands Tetschen-Bodenbach. Herausgeber von heimatkundlichen Publikationen, Beiträge zur Zwischenkriegszeit in Bodenbach. 1959 Rudolf-Lodgman-Plakette der SL, 1963 Emil-Neder-Plakette.

W.: (Hg.:) Deutsche Lehrerbildung in Bielitz/Ostschlesien (1967). — Heimatkreis Tetschen-Bodenbach (Mitautor; 1969).

L.: Zprávy Klubu přátel Pardubicka 49,1-2 (2014) 27 f. — Kdo byl kdo v Říšské župě Sudety (CD-ROM, 2008). — EBL 2 (1987). — Sudetenland 27,1 (1985) 78. — Der Egerländer 36,5 (1985) 17. — Trei da hejmt 38,2 (1985) 1 f. u. 24. — MSA 77 (1984) 54 u. 79 (1985) 54 f. — Trei da hejmt! 32,6 (1979) 1 f. u. 33,7 (1980) 1 f. — Brandes, D.: Die Tschechen unter deutschem Protektorat 2 (1975). — Heimatkreis Tetschen-Bodenbach (1969) 56 u. (1977) 26 u. 113. — SdZ 27.6.1959, 9 u. 5.7.1974, 11.

Stumpf, Rudolf Eugen, Maler und Graphiker, * 8. 6. 1881 Prag (Praha), † April 1945. Sohn von → C. Stumpf. Gymnasium in München und Berlin. Studium an den Kunstakademien in Stuttgart, Paris und München. Dann Meisterschüler und freier Graphiker in Weimar, um 1910 in Berlin. Seit 1919 an der lithographischen Anstalt in Fürth. Seit 1921 Assistent für Zeichnen an der TH München, seit 1926 Lektor für Zeichnen an der Universität Berlin. 1942 in Dachau, 1944 in Göppingen. Graphiken, Radierungen und Gemälde, insbesondere Porträts. Mitglied im Deutschen Künstlerbund, im Verein für Original-Radierung München, in der Künstler-Klause Nürnberg und in der Freien Vereinigung der Graphiker in Berlin. 1912 Villa-Romana-Preis.

W.: Zwischen Deutschland und England. Die Geschichte des Malers Georg Sauter (1940).

L.: Allg. Künstlerlexikon Online [30.4.2024]. — Sprung, H.: Carl Stumpf (2006) 172-174. — Jb. f. Universitätsgeschichte 5 (2002) 62-65. — Lorenz, D.: Künstlerspuren in Berlin vom Barock bis heute (2002). — Goldstein, F.: Monogrammlexikon (1999). — Thieme-Becker 32 (1938). — Wer ist's? (1935). — Dresslers Kunsthandbuch 2 (1930). — Singer, H. W. (Hg.): Allg. Künstler-Lexikon 6 (1922). — Zeitschrift f. bildende Kunst 19 (1908) 112. — Dresslers Kunstjahrbuch 2 (1907). — Ex Libris 15 (1905) 34 f.

Stumpfi, Friedrich C., Redakteur und Publizist, * 20. 12. 1917 Winterberg (Vimperk), † 12. 6. 1981 Schärding/Oberösterreich. Verwandter der Familie → Steinbrener. Oberrealschule Bergreichenstein, 1937 Matura. Studium der Geographie und Naturgeschichte an der deutschen Universität Prag ohne Abschluss. 1939–1945 Militärdienst, zuletzt in Wien. Seit 1947 kaufmännischer Mitarbeiter, dann Lektor des Steinbrener-Verlags in Schärding, 1967–1978 dort Redakteur des Großen illustrierten Haus- und Familienkalenders, 1980 Verlagsdirektor, 1981 Ruhestand. Heimatkundliche, historische und biographische Beiträge zu Südböhmen. Seit 1949 Mitarbeiter und 1966–1981 Redakteur des Böhmerwälder Heimatbriefs. Seit 1946 Bezirksobmann des Vereins der Böhmerwälder im Mühlviertel. Funktionär von Vertriebenenorganisationen in Passau und Schärding bzw. in Wien. 1979 Verdienstorden der BRD.

W.: Aus der Geschichte von Stadt und Schloß Winterberg (1953). — 100 Jahre Verlag J. Steinbrener (1955). — (Hg.:) Messner, J.: Der Primator. Historischer Roman (1972). — 100 Jahre Großer Haus und Familienkalender (1975). — Heimatkreis Prachatitz im Böhmerwald 2 (Mitautor; 1977). — Winterberg im Böhmerwald (Mitautor; 1987, ²1995).

L.: Online-Handbuch Heimatpresse. Institut für Volkskunde der Deutschen des östlichen Europa [30.4.2024]. — Kohoutí kříž [30.4.2024]. — Böhmerwälder Heimatbrief 64,7 (2011) 5 u. 70,12 (2017) 4-7. — Präuer, H.: Böhmerwald-Lexikon (2007). — MSA 49 (1978) 8 u. 65 (1981) 61. — Sudetenpost 7.12.1967, 8, 15.12.1977, 4 u. 10.1.1980, 5. — Böhmerwälder Heimatbrief 12 (1957) 23 f. u. 34 (1981) 247.

Stuna, Matěj (Pelagius, Mathias), Schauspieler und Schriftsteller, * 25. 2. 1765 Prag (Praha), † 3. 6. 1819 Lettowitz (Letovice) Bez. Boskowitz (Boskovice). 1777–1780 Akademisches Gymnasium in Prag. Seit 1781 Philosophie- und Theologiestudium an der Universität Prag, 1783 Ausschluss. 1786 Mitgründer des tschechischen Theaters Bouda in Prag, bis 1790 dort Autor von Bühnenstücken und 1790 Schauspieler. Übersetzungen deutscher Theaterstücke ins Tschechische. 1791 Autor und Schauspieler am Theater U Hybernů in Prag. 1791 Mitglied der deutschsprachigen Theatergesellschaft von Bernard Horny. 1791–1794 Kanzelist in Wodňan, 1794 Entlassung und Verhaftung als Sympathisant der Französischen Revolution. Seit 1795 Mitglied der Theatergesellschaft von → F. Vasbach, Tournee durch Österreich und Bayern. 1810 nach dem Tod seiner Ehefrau Eintritt in den Orden der Barmherzigen Brüder vom hl. Johannes von Gott, 1811 Ordensgelübde, seitdem im Konvent in Lettowitz. Autor eines der ersten tschechischen Bühnenstücke mit direktem Gegenwartsbezug.

W.: Sedlské zbouření [Der Bauernaufstand] (1786). — Chytrost žádný čáry [Die Klugheit ist keine Kunst] (1786). — Přání k Novému roku [Neujahrswünsche] (1786). — Šedivé manželství neb Kobylkáři [Die graue Ehe oder die Krippenreiter] (1786). — Oldřich a Božena [Oldřich und Božena] (1786). — Šťastné shledání neb Dobytí jednoho tureckého hradu [Das glückliche Wiedersehen oder Eroberung einer türkischen Burg] (1790). — Karel ze Šternberka a Jan z Choustnic [Karl v. Sternberg u. Johann v. Chausnik] (1790). — Škatule hejbejte se [Reise nach Jerusalem] (1790). — Holofernes a Judith [Holofernes und Judith] (1791). — Dáme krev a život pro našeho krále [Blut und Leben geben wir für unseren König] (1791). — Mravy starých Čechů [Die Sitten der alten Böhmen] (1791). — Útok na Teplice [Angriff auf Teplitz] (1792). — Verz. s. LČL 4,1 (2008) u. Šormová (2015).

L.: Šormová (2015). — Paginae historiae 20,1 (2012) 5-31. — Studia philosophica 57,1 (2010) 201 f. — LČL 4,1 (2008). — Národní divadlo (1988). — Hejl, E./Procházka, Z.: Koho dal náš okres divadlu (1986) 69. — Polák, V.: Literární místopis okresu Blansko (1985) 98 f. — Makovská, J.: České profesionální divadlo 1 (1983) 18 f. — Stankovský, J. J.: Vlastencové z Boudy (1971) 120. — Dějiny českého divadla 2 (1969). — Jihočeský sborník historický 24,1 (1955) 134-137. — Listy filologické 75,1 (1951) 30-33. — NVISN 16 (1932). — Vondráček, J.: Přehledné dějiny českého divadla 1 (1926) 61 u. 66. — OSN 24 (1906). — Arbes, J.: Theatralia 1 (1889) 349 f. — Jungmann, J.: Historie literatury české (1849). — Catalogus patrum ac fratrum ordinis Sancti Joannis de Deo (1816).

Stuna, Stanislav, Jurist, * 18. 11. 1881 Hořitz (Hořice), † 5. 7. 1956 Jičin (Jičín). 1892–1900 tschechisches Gymnasium in Schlan, Matura. 1900–1905 Jurastudium an der deutschen Universität in Prag, Dr. jur. Seit 1905 beim Kreisgericht in Jičin, 1912 Richter in Hořitz, 1914 in Deutschbrod. Daneben Lehrer an der Handelsakademie. Zudem Konservator des dortigen Museums, seit 1916 dessen stellv. Leiter und Verwalter sowie Kuratoriumsmitglied. Nach 1918 im tschechoslowakischen Justizministerium in Prag, 1922–1925 Redakteur des Věstník ministerstva spravedlnosti, seit 1922 Vorsitzender des Verbands der tschechoslowakischen Bibliothekare und Redakteur des Časopis československých knihovníků. Lehrer für Gewerberecht an der Brauereischule in Prag. 1925–1929 Leiter des Komenský-Instituts in Kaschau. Seit 1929 Gerichtsrat des Landesgerichts in Prag. Seit 1937 Präsident des Kreisgerichts in Jičin. Seit 1950 dort Vorsitzender des Museumsvereins. Veröffentlichungen zu Gerichtsadministration, Denkmalpflege, Touristik und Bibliothekswesen in Právník, Hlasy z Posázaví und Zprávy městského musea v Německém Brodě.

W.: O rejstříku pro přestupky u soudu [Vergehensregister am Gericht] (1916). — K prvním úkolům a práci v oboru soudní a kriminální statistiky [Die ersten Aufgaben und die Arbeit im Bereich der Gerichts- und Kriminalstatistik] (1921). — Něco o knihovnictví francouzském [Über das frz. Bibliothekswesen] (1923). — (Hg.:) Sbírka rozhodnutí živnostenských soudů [Sammlung richterlicher Entscheidungen der Gewerbegerichte] (1924). — Hrad Lipnice u Německého Brodu [Burg Lipnice bei Deutschbrod] (1925).

L.: Archiv der Karls-Universität, Prag. Matriken. — Danielová, D.: František Petr (1863–1938). Život a dílo historika Havlíčkova Brodu (Mag.-Arb. Pardubice, 2013). — Knihovna plus 2 (2012). — Bílková, J.: Historik Karel Kazbunda a jeho rodné město Jičín (Mag.-Arb. Praha, 2010). — Malá encyklopedie českých právníků (2002). — OSN ND 6,1 (1940). — Kulturní adresář (1934). — AČSP (1930, m. Verz.). — Výroční zpráva c.k. státního vyššího gymnasia v Slaném (1893) u. (1900). — Biogr. Slg.

Stupecká, Františka, Bildhauerin, * 27. 6. 1913 Holowous (Holovousy) Bez. Hořitz (Hořice), † 9. 7. 1995 Holowous. 1927–1931 Gewerbeschule für Bildhauerei in Hořitz. 1932–1936 Studium an der Akademie der Bildenden Künste in Prag bei → O. Španiel. Dann bis 1939 Stipendia-

tin an der École des Beaux Arts in Paris bei →
F. Kupka, in Mailand sowie an der Kunstakademie in Rom. Danach Ateliers in Prag und Holowous. Porträtbüsten, Medaillen, Plaketten und Graphiken. Studienreisen nach Jugoslawien, Griechenland, Ägypten, Syrien und in den Libanon. Seit 1936 Beteiligung am Zliner Salon, seit 1942 an den Mitgliederausstellungen der Künstlerressource und an anderen Ausstellungen in Prag, Olmütz, Nachod, Königgrätz, Pardubitz, Pressburg und Berlin/DDR. Einzelausstellungen 1948 in Reichenberg und 1965 in Prag. Mitglied der Künstlerressource in Prag, des Verbands der bildenden Künstler und des Tschechischen Fonds für bildende Kunst.

L.: Fojtíková, M.: *Ženy-sochařky na odborné škole kamenické a sochařské v Hořicích (Bachelor-Arb. Liberec, 2016) 34-37. — Haimann, P.:* Slovník autorů a zhotovitelů mincí *(2006). —* SČSVU 15 *(2005). — Jilemnický, A.:* Kámen jako událost *(1984). — F. S.* Plastiky a kresby *(1972). — Novák, L.:* 300 malířů, sochařů, grafiků *(1968). — F. S.* Výstava sochařských prací *(1965). —* Výtvarná práce *12.4.1965, 2. —* Česká soudobá medaile a plaketa *(1958). —* Práce *27.2.1954, 5. —* Lidová demokracie *18.2.1954, 3. —* Die tschechoslowak. Skulptur *(1952) 45. — Toman 2 (1950) u. 3 (1955).*

Stupecký, Josef, Jurist, * 11. 11. 1848 Prag (Praha), † 24. 8. 1907 Chumo (Chlum bzw. Hartmanice) Bez. Hartmanitz (Hartmanice). Bruder von František (Franz) **Stupecký** (Ingenieur, * 7. 9. 1859 Prag, † 7. 6. 1928 Prag, technisches Studium, Abschluss als Ingenieur, dann Landes-Oberingenieur und Baurat im Landesdienst in Prag, später Leiter einer Fachabteilung des böhmischen Landesausschusses). Besuch mehrerer Gymnasien in Prag. Seit 1868 Jurastudium an der Universität in Prag, 1873 Promotion. Schüler von → A. Ritter v. Randa. 1871/72 Vorsitzender des Studentenvereins Všehrd. 1873–1875 Studienaufenthalte in Göttingen und Leipzig. Danach bis 1881 Rechtsanwalt in Prag. 1877 Habilitation für österreichisches Privatrecht an der Universität Prag, 1882 ao. Prof., seit 1889 o. Prof. für römisches Recht, österreichisches Privatrecht, Handels- und Bergrecht an der juristischen Fakultät der tschechischen Universität in Prag, 1889/90 und 1898/99 Dekan, 1900/01 Rektor. Mitglied des Reichsgerichts. Sachverständiger der Kommission für das Urheberrecht in Prag. 1906/07 Gutachter des böhmischen Landtags zu den Eigentumsverhältnissen der Prager Burg. Beiträge zur tschechischen juristischen Fach-

sprache sowie zum Privat-, Genossenschafts- und Bergrecht. Mitübersetzer des österreichischen Allgemeinen bürgerlichen Gesetzbuchs ins Tschechische. 1875–1901 Redakteur der Zeitschrift Právník und Mitarbeiter des Sborník věd právních a státních. Seit 1874 Mitglied und seit 1884 Präsident des Zentralausschusses der böhmisch-mährischen Vorschusskassen. Ausschussmitglied im Internationalen Genossenschaftsbund in London. Kunstfachmann, Sammler und Förderer der tschechischen Gegenwartskunst. Kuratoriumsmitglied des Náprstek-Museums, seit 1900 des Museums für Kunst und Industrie in Wien und seit 1902 der Modernen Galerie in Prag. Vizepräsident des Vereins Svatobor und Ausschussmitglied der Matice česká. Ehrenmitglied des Vereins Všehrd. 1898 Orden der Eisernen Krone 3. Klasse. 1905 Hofrat.

W.: Versio in rem (1888). — Legitimace dětí nemanželských podle práva rakouského [Legitimation unehelicher Kinder nach österr. Recht] (1897). — Pandekt: část všeobecná [Pandekten: allgemeiner Teil] (1898). — Odkazy dle rakouského práva občanského [Vermächtnisse nach dem österr. Zivilrecht] (1898). — Poručenství a opatrovnictví dle rakouského práva [Vormundschaft und Kuratel nach österr. Recht] (1899). — Rakouské právo knihovní [Österr. Grundbuchrecht] (1900). — Práva věcná [Materielles Recht] (1901). — Příspěvky o českých překladech [...] rakouského práva civilního [Beiträge über die tschech. Übersetzungen (...) des österr. Zivilrechts] (1904). — Rakouské právo rodinné [Österr. Familienrecht] (1905). — Rodinné fideikomissy [Familienfideikomisse] (1905). — Pořízení návrhu k provinciálním statutům Království českého v letech 1805–1808 [Ausfertigung des Antrags zu Provinzialstatuten für das Königreich Böhmen in den Jahren 1805–1808] (1906). — Občanské právo rakouské. Držení [Österr. Zivilrecht: Der Besitz] (1906). — Rakouské právo občanské. Obligační právo [Das österr. Zivilrecht. Das Schuldrecht] (1907). — Rakouské právo dědické [Österr. Erbrecht] (1907). — O královském hradě pražském [Über die königliche Prager Burg] (Mitautor; 1907).

L.: Velek, L. u. a.: Jan Krčmář. Paměti I *(2017). — Ad notam 22,6 (2016) 21-23. — ÖBL 63 (2012). — Skřejpková, O./Soukup, L. (Hg.):* Antologie české právní vědy *(2009) 119 f. — Osobnosti. Česko (2008). — Horová, Dodatky (2006). — Malá encyklopedie českých právníků (2002). — Dějiny Univerzity Karlovy 3 (1997). — Winter, Z.:* Paměti ze života dvou přátel *(1996). — Lišková (1994). — Vavroušek, B.:* Literární atlas československý 2 *(1938). — NVISN 16 (1932). — MSN 6 (1932). — AČSP (1930). — Krčmář, J./Hácha, E./Sommer, O. (Hg.):* J. S. in memoriam *(1928). — Národní politika 8.6.1928, 7 [zu F. S.]. — Památník Spolku českých právníků Všehrd (1918) 97-103. — OSN 28 (1909). — Čechische Revue 2 (1908)*

9-14. — *Stieber, J.: J. S. (1907; auch in: Osvěta 37 (1907) 897-906).* — *Právník 46 (1907) 557-561 u. 729-735.* — *Národní listy 8.9.1907, 13.* — *Čech 25.8.1907, 3 u. 27.8.1907, 8.* — *Lidové noviny 25.8.1907, 1.* — *Národní politika 25.8.1907, 4.* — *Politik 25.8.1907, 3 f.* — *OSN 24 (1906).* — *AČP (1904).*

Stupek, Ivan, Germanist, * 1. 3. 1943 Mistek (Místek bzw. Frýdek-Místek), † 25. 6. 2018 Troppau (Opava). 1960 Matura an der Mittelschule in Troppau, dann Lehramtsstudium der Germanistik und Russistik an der Universität Olmütz, 1968 Staatsprüfung, 1978 Promotion. 1967/68 Lehrer in Köberwitz. Seit 1969 Deutschlehrer am Militärgymnasium in Troppau. 1970–1975 auch Deutsch- und Russischlehrer an der Industrie- und an der Kunstgewerbeschule Troppau. Seit 1973 Externist und seit 1975 Assistent an der Pädagogischen Fakultät in Ostrau, seit 1989 am Lehrstuhl für Fremdsprachen. 1991–2014 wissenschaftlicher Mitarbeiter am Lehrstuhl für Germanistik der Universität Ostrau. 1993 CSc. an der Pädagogischen Hochschule in Oppeln. Forschungen zur deutschsprachigen Literatur Schlesiens einschließlich des Hultschiner Ländchens, zum deutschen Roman des 19. Jahrhunderts, zu Judentum und Antisemitismus in der Weimarer Republik, zur Schweizer Gegenwartsbelletristik und zur Lyrik der DDR. 1995/96 Redakteur des germanistischen Jahrbuchs Ostrava-Erfurt. Zudem Rundfunkbeiträge und Übersetzungen.

W.: Der deutsche Realismus und Friedrich Nietzsche (1994). — *Versuche der Lyrik. Die Entwicklung der Poesie in der ehemaligen DDR der fünfziger Jahre (2001).* — *Deutsche Literatur der Zwischenkriegszeit im tschech. Schlesien 1918–1938 (2002).* — *Herbert Cysarz. In: Würzburger medizinhistorische Mitt. 21 (2002) 523-532.* — *Die deutschen Autoren des 19. Jhs. (2009).*

L.: Myška suppl. 5 (2020, m. Verz.). — *Brünner Hefte zu Deutsch als Fremdsprache 11,2 (2018) 138-140.* — *KESSM 2 (²2013).* — *Krappmann, J.: Allerhand Übergänge (2013).*

Stupka, František, Dirigent und Musiker, * 18. 1. 1879 Tedražitz (Tedražice bzw. Hrádek) Bez. Schüttenhofen (Sušice), † 24. 11. 1965 Prag (Praha). 1892–1895 Gewerbeschule in Steyr, 1893–1895 dort Mitglied der Stadtkapelle. 1895–1901 Violinstudium am Prager Konservatorium bei → O. Ševčík. Seit 1901 in Odessa, dort zunächst Konzertmeister der Stadtoper, 1902–1919 Prof. für Violinspiel am Konservatorium, Diri-

gent des Orchesters des Konservatoriums und seit 1917 des Orchesters der Stadtoper sowie der Odessaer Philharmonie, Mitglied des Odessaer Streichquartetts. Seit 1919 wieder in Prag. 1919–1946 Dirigent der Tschechischen Philharmonie. 1924–1931 Prof. für Bratsche am Prager Konservatorium. 1946–1956 künstlerischer Direktor der Mährischen Philharmonie in Olmütz. 1947–1950 Prof. für Dirigieren an der Akademie der musischen Künste in Brünn. Engagement für slawische Kompositionen. Mitglied der Umělecká beseda sowie des Sokol, Kompositionen für das All-Sokol-Fest 1938 in Prag. Offizierskreuz des bulgarischen Zivilverdienstordens, 1954 Verdienter Künstler der Tschechoslowakei, 1964 Orden der Arbeit, 1968 Nationaler Künstler in memoriam.

L.: Bártová, J. u. a.: Osobnosti Hudební fakulty JAMU (2017). — *Osobnosti. Česko (2008).* — *Česká filharmonie 100 plus 10 (2006).* — *GBO 4 (2005).* — *Tomeš 3 (1999).* — *Kudrlička, V.: Kalendárium kulturních osobností Šumavy a Chodska (1997).* — *Jareš, S.: Busty, pomníky a pamětní desky (1990).* — *Prager Volkszeitung 20.1.1984, 11.* — *Žili a pracovali v Brně (1977).* — *Šefl, V.: O věčné touze. Příběh dirigenta národního umělce profesora F. S. (1975).* — *Riemann 5 (¹²1975).* — *PSN 4 (1967).* — *ČslHS 2 (1965).* — *Rudé právo 18.1.1964, 4, 1.2.1964, 1 u. 25.11.1965, 6.* — *Kozák, J. u. a.: Českoslovenští koncertní umělci a komorní soubory (1964).* — *Holzknecht, V.: Česká filharmonie (1963) 167 f.* — *Schánilec, J.: Za slávou (1961) 161.* — *Lidová demokracie 16.1.1949 u. 24.6.1951.* — *OSN ND 6,1 (1940).* — *Československo-Biografie 11 (1937).* — *Who's Who (1935).* — *Kulturní adresář (1934 u. 1936).* — *NVISN 16 (1932).* — *Album representantů (1927).* — *Biogr. Slg.*

Stupka, Vladimír, Literaturwissenschaftler und Schriftsteller, * 13. 1. 1906 Brünn (Brno), † 26. 5. 1980 Brünn. Gymnasium in Brünn, 1924 Matura. Philosophie-, Romanistik- und Slawistikstudium an der Universität Brünn, 1930 Dr. phil. Seit 1929 Lehrer am Realgymnasium in Eibenschitz, 1931–1950 am Gymnasium in Brünn, zugleich externer Literaturlehrer am Brünner Konservatorium. Seit 1945 externer Lektor und seit 1950 Dozent an der philosophischen Fakultät der Universität Brünn, 1961 CSc. und 1962 Habilitation. 1967–1971 Leiter des Lehrstuhls für romanische Sprachen an der pädagogischen Fakultät in Brünn. Mitgründer und Vorsitzender des Brünner Kreises der modernen Philologen. Literaturwissenschaftliche Veröffentlichungen in Lumír, Archa und Listy pro umění a kritiku. Literatur- und Theaterkritiken in Lidové noviny, Zusammenarbeit mit der Brünner Redaktion des Tschechoslowakischen Rundfunks. Autor von Erzählungen und einem Roman.

W.: Vrchlický a Baudelaire [Vrchlický und Baudelaire] (Diss., 1928). — Svědectví krásy a písma [Zeugnisse von Schönheit und Schrift] (1941). — Pěšiny. Povídky a prózy [Pfade. Erzählungen u. Prosatexte] (1942). — Žíznivý u pramene [Durstig an der Quelle] (1943). — Literární dílo Jindřicha Spáčila [Das literarische Werk von Jindřich Spáčil] (1947). — Kraj a lid Jana Knoba [Land und Leute von Jan Knob] (1948). — Studie verhaerenovské [Verhaeren-Studien] (1960). — K problematice uměleckého překladu francouzsko-českého a česko-francouzského [Problematik der frz.-tschech. u. tschech.-frz. Literaturübersetzung] (Habil., 1960). — Vybrané kapitoly z dějin světových literatur [Ausgewählte Kapitel aus der Geschichte der Weltliteratur] (1965). — Dějiny francouzské literatury 19. a 20. století [Geschichte der frz. Literatur des 19. u. 20. Jhs.] (Mitautor; 3 Bde., 1966-1979). — Pohled na současnou světovou literární tvorbu [Ein Blick auf die zeitgenössische Weltliteratur] (1967). — Précis d'histoire de la littérature française (1969). — Uvedení do dějin světových literatur [Einführung in die Geschichte der Weltliteratur] (2 Bde., 1973-1974).

L.: Rambousek, J.: Doba, knihy, autoři (2007) 31-35. — Universitas. Revue Masarykovy univerzity 39,1 (2006) 49 f. — Duha 20,1 (2006) 11-13. — Kubíček, T. u. a.: Literární Morava (2002). — Kdy zemřeli? (1992). — Philologica Pragensia 23 (1980) 31. — Universitas. Revue Univerzity J. E. Purkyně v Brně 13,4 (1980) 96 f. — Kunc 2 (1946). — NVISN, Dodatky 3 (1934). — Biogr. Slg.

Stupna, Petr ze (Petrus de Stupna), Theologe, † [vor dem 24. 8.] 1407. 1386 Bakkalaureus und 1389 Magister der freien Künste an der Universität Prag. 1393 und 1396 Mitglied der Bakkalaureus-Prüfungskommission. Später Bakkalaureus der Theologie, dann Prof. 1395 Pfarrer in Adler-Kosteletz. 1405 Prediger am Veitsdom in Prag. Seit Juli 1407 Pfarrer in Alt-Kolin. Verfasser von Predigten, teilweise auf Tschechisch, sowie Schriften mit biblischen Themen. Autor einer Auslegung des Matthäusevangeliums.

W.: (alles Hs.; o. J.) Compilacio super corpus Matthaei; Lectura super Pater noster; Postilla super passione Domini secundum Matthaeum; Sermo synodalis; Sermones de tempore. — Verz. s. Tříška, J.: Literární činnost předhusitské university (1967) 94 f.

L.: Šmahel, F.: Jan Hus (2013). — Fudge, T. A.: Jan Hus (2010). — Dějiny Univerzity Karlovy 1 (1995). — ČČH 89,2 (1991) 239-245. — Tříška, J.: Životopisný slovník předhusitské pražské university (1981) 463. — Tříška, J.: Literární činnost předhusitské uni-

versity (1967) 94 f. — Kostnické jiskry 42,25 (1957). — Nejedlý, Z.: Dějiny husitského zpěvu 2 (1954) 133-138. — ČČM 79 (1905) 30. — Věstník České akademie císaře Františka Josefa 13,9 (1904) 812-817.

Štúr, Svätopluk, Philosoph, * 24. 1. 1901 Hotzendorf (Hodslavice) Bez. Neutitschein (Nový Jičín), † 12. 2. 1981 Pressburg (Bratislava). Großneffe von Ľudovít Štúr, Ehemann von → B. Štúrová-Kuklová. Seit 1912 Realgymnasium in Neutitschein, 1919 Matura. 1919/20 Studium an der philosophischen Fakultät der tschechischen Universität in Prag. 1919-1921 Mitarbeiter des Ministeriums für die Verwaltung der Slowakei, dann bis 1936 Angestellter der Slowakischen Bank in Pressburg. 1931 Studienaufenthalt in Berlin, 1932-1936 Philosophiestudium an der Universität Pressburg, Dr. phil., 1938 dort Privatdozent und 1938/39 wissenschaftlicher Mitarbeiter an der philosophischen Fakultät. Zudem 1937-1940 wissenschaftlicher Sekretär der Gelehrten Šafárik-Gesellschaft. 1941/42 Angestellter der Slowakischen Bank. Seit 1945 erneut Dozent und seit 1946 Prof. für Philosophie an der Universität Pressburg. 1950 Entlassung aus politischen Gründen, seitdem Angestellter der Universitätsbibliothek in Pressburg. 1961 Ruhestand. 1968 erneut an der Universität, 1969/70 Vorlesungen zur Geschichte der Philosophie. Durch → T. G. Masaryk, Benedetto Croce und → J. L. Fischer beeinflusster Philosoph, einer der Begründer der modernen slowakischen Philosophie. Veröffentlichungen vor allem zur Noetik, Logik, Ethik und Ästhetik. Daneben 1923-1938 Kunst-, vor allem Musikkritiken in Lidové noviny, Slovenský denník und Prúdy. 1991 Tomáš-Garrigue-Masaryk-Orden 1. Klasse in memoriam.

W.: K logickým problémom súčasnej filozofie [Logische Probleme der zeitgenössischen Philosophie] (1935). — Problém transcendentna v súčasnej filozofii [Das Problem der Transzendenz in der zeitgenössischen Philosophie] (1938). — Rozprava o živote [Eine Abhandlung über das Leben] (1946). — Smysel slovenského obrodenia [Die Bedeutung der slowak. nationalen Wiedergeburt] (1948). — Nemecká vôľa k moci [Der deutsche Wille zur Macht] (1967). — Marxisticko-leninská vôľa k moci [Der marxistisch-leninische Wille zur Macht] (1991). — Zápasy a scestia moderného človeka [Die Kämpfe und Irrwege des modernen Menschen] (1998).

L.: Hrabal, J. (Hg.): Rozpad Rakouska-Uherska a jeho důsledky (2019) 199-205. — Soškova, J. (Hg.): Kapitoly k dejinám estetiky na Slovensku (2013) 167-183. — Gluchman, V. (Hg.): Etika na Slovensku

(2012) 121-129. — Lalíková, E.: Realita a filozofia na Slovensku. Ján Lajčiak, Gejza Vámoš a S. Š. (2010). — Osobnosti. Česko (2008). — Andreanský, E. (Hg.): Filozofia a život, život filozofie (2004) 263-274. — Literárny týždenník 15,5 (2002) 5. — Mosty 11,2 (2002) 4 f. — Filozofia 56,9 (2001) 594-665. — Perstická, D.: Osobnosti. Nositelé Řádu Tomáše Garrigue Masaryka (1993). — ČBS (1992). — SBS 5 (1992). — Encyklopédia dramatických umení Slovenska 2 (1990). — Bakoš, V.: Filozofické myslenie na Slovensku v medzivojnovom období (1988) 148-166. — Encyklopédia Slovenska 5 (1981). — Who's Who in the Socialist Countries of Europe (1978). — Vopravil (1973). — Prehľad profesorov Univerzity Komenského (1968) 121. — ČslHS 2 (1965). — Kapitoly z dejín slovenskej filozofie (1957) 362-364. — OSN ND 6,2 (1943). — Kulturní adresář (1934). — Biogr. Slg.

Sturba, Peter → **Štěrba ze Štěrbic,** Petr

Šturc, Ernest, Diplomat, * 12. 1. 1915 Békéscsaba/Ungarn, † 27. 10. 1980 Washington, D.C. Gymnasium in Eperies, 1935 Matura. Studium an der Universität in Pressburg, 1938 Dr. jur. 1939–1942 Promotionsstudium der Volkswirtschaftslehre an der Universität in Chicago. 1942–1946 Direktor des Tschechoslowakischen Informationsbüros in New York. 1944 Sekretär der tschechoslowakischen Delegation auf der Konferenz in Bretton Woods, 1945 tschechoslowakischer Delegierter auf der Konferenz in San Francisco. 1946 Angestellter der Internationalen Bank für Wiederaufbau und Entwicklung. Seit 1946 stellv. Direktor der europäischen Abteilung des Internationalen Währungsfonds, seit 1965 Direktor der Abteilung für Wirtschafts- und Handelsbeziehungen. 1979 Ruhestand. Mitglied der American Economic Association. 1976–1978 stellv. Vorsitzender der Czechoslovak Society of Arts and Sciences.

L.: Peprník, J.: Češi a anglofonní svět 2 (2012). — Rechcígl, M.: Pro vlast. Padesát let Společnosti pro vědy a umění (2012). — Michálek, S./Krajčovičová, N.: Do pamäti národa (2003). — Pejskar, J.: Poslední pocta 2 (1985). — Who Was Who in America 7 (1981). — The Washington Post 30.10.1980. — Biographical Directory of the Members of the Czechoslovak Society of Arts and Sciences (1978). — Panorama. A Historical Review of Czechs and Slovaks in the United States of America (1970). — Who's Who in the South and Southwest (⁶1959).

Šturc, Václav, Politiker, * 21. 8. 1858 Litowitz (Litovice bzw. Hostivice) Bez. Unhošť, † 21. 2. 1939 Prag (Praha). Metallarbeiter. Zeit-

weise in Ungarn, Serbien und Bosnien. Später Revisor einer Krankenkasse und Häusler in Kobylis. Seit 1885 Mitglied und bald Funktionär der tschechischen Sozialdemokratie in Prag, Vertreter des linken Parteiflügels. Redakteur des Sociální demokrat, um 1894 des Právo lidu und anderer Parteiorgane. 1918–1921 Herausgeber der sozialdemokratischen Wochenschrift Ženský list. Nach 1918 im Parteivorstand für Publikationen zuständig. 1919–1922 Bürgermeister von Kobylis, seit 1923 Stadtverordneter von Prag. 1920–1925 Abgeordneter der tschechoslowakischen Nationalversammlung. 1921 Mitgründer der KPTsch und Mitglied des Parteiexekutivausschusses, 1921/22 Parteivorsitzender bzw. Generalsekretär, 1922 Abwahl und Parteiausschluss. 1922 Delegierter auf dem 4. Komintern-Kongress in Moskau. Auf Druck der Komintern wieder Aufnahme in die KPTsch und bis 1924 Mitglied des Exekutivausschusses. 1925 bis 1929 Senator für die KPTsch. 1927 Präsidentschaftskandidat der KPTsch. Im Konflikt mit → K. Gottwald 1929 erneuter Parteiausschluss. 1932 Wiedereintritt in die tschechoslowakische Sozialdemokratie. 1920–1925 Herausgeber der satirischen Zeitschrift Sršatec, 1921/22 des kommunistischen Parteiblatts Mladý komunista und 1922–1926 der Komunistka.

W.: Moje vzpomínky po 20 letech [Meine Erinnerungen nach 20 Jahren] (7 Bde., 1910).

L.: Paměť a dějiny 13,4 (2019) 60-72 u. 15,2 (2021) 7-19. — Anev, P./Bílý, M. (Hg.): Biografický slovník vedoucích funkcionářů KSČ 2 (2018). — Beneš, J. S.: Workers and Nationalism (2017). — Tomeš, Průkopníci 3 (2013). — Osobnosti. Česko (2008). — Malíř, J./Marek, P.: Politické strany 1 (2005). — Pernes, J.: Spiklenci proti Jeho Veličenstvu (2002). — Vykoupil, L.: Slovník českých dějin (2000). — Tomeš 3 (1999). — Weiser, T.: Arbeiterführer in der Tschechoslowakei (1998). — Kolář, F. u. a.: Politická elita meziválečného Československa (1998). — Wingfield, N. M.: Minority Politics in a Multinational State (1989). — MČSE 6 (1987). — Biographical Dictionary of the Comintern (1986). — Galandauer, J.: Bohumír Šmeral (1986). — PSN 4 (1967). — Mencl, V.: Na cestě k jednotě (1964). — Příruční slovník k dějinám KSČ 2 (1964). — Mommsen, H.: Die Sozialdemokratie u. die Nationalitätenfrage im habsburgischen Vielvölkerstaat (1963). — Kdy zemřeli? (1962). — Šolle, Z.: Dělnické hnutí v českých zemích (1954). — OSN ND 6,2 (1943). — Družstevník 10.8.1938, 335 f. — Hacker, K.: Dějiny obce Kobylis (1935) 25. — Kulturní adresář (1934 u. 1936). — MSN 7 (1933). — Senát ve II. volebním období (1926).

Sturm, Anton, Lehrer und Schriftsteller, * 9. 10. 1787 Pilsen (Plzeň), † 21. 2. 1827 Wien. Gymnasium in Pilsen. Anschließend Privatgelehrter und Schriftsteller in Wien. 1821–1827 Lehrer bzw. später Prof. an der Ingenieur-Akademie in Wien. Autor von Jugend-, Kinder- und Schulbüchern mit geographischen Themen. Entwicklung eines Faltglobusses. Übersetzungen aus dem Französischen.

W.: Erste Reise ins Gebiet der Geographie (1818, ²1829). — ABC- und Lesebuch (1819). — Die ersten Blätter zum Unterrichte der Kinder von drei bis sechs Jahren (1821). — (Übers.:) Infant, M.: Der kleine Mußedieb (2 Bde., 1821). — Taschenglobus (1823). — Der kleine Aesop (1825). — Gründliche Schule der Zeichenkunst für Anfänger (1825). — Herzensergießungen/Le langage du coeur (1825). — (Übers.:) Saint-Maurice [Breton de la Martinière, J. B. J.]: Treue besteht, Falschheit vergeht (1825). — Flora's lieblichste Kinder (o. J.). — Verz. s. Wurzbach 40 (1880) 229, Goedeke 17,4 (1991) 1503 u. Kosch, Lit. Lex. 21 (³2001).

L.: ÖBL 63 (2012). — Kosch, Lit. Lex. 21 (³2001). — Brunken, O. u. a. (Hg.): Hb. zur Kinder- u. Jugendliteratur 4 (1998). — Allmayer-Beck, P. E. (Hg.): Modelle der Welt (1997). — Seibert, E.: Jugendliteratur im Übergang vom Josephinismus zur Restauration (1987) 223. — Goedeke 16,3-4 (1984) 831 u. 17,4 (1991) 1503. — Wurzbach 40 (1880). — Kehrein, J.: Lexikon der katholischen Dichter, Volks- u. Jugendschriftsteller (1872) 195. — Neuer Nekrolog 5,2 (1829) 1101. — Hamberger, G. C. u. a.: Das gelehrte Teutschland 20 (⁵1825).

Sturm (Šturm), Antonín, Lehrer, * 15. 9. 1887 Lanžau (Lanžov) Bez. Königinhof an der Elbe (Dvůr Králové nad Labem), † [nach 1937]. Gymnasium in Königinhof, 1907 Matura. Lehrerkurs für Grund- und Bürgerschulen an der tschechischen Universität in Prag. Seit 1908 Lehrer in Prag, dann in Kuttenberg. Seit 1910 Germanistik-, Romanistik- und Philosophiestudium an der tschechischen Universität in Prag, 1916 Promotion. Lehrer an Volks- und Bürgerschulen in Jaroměř, Smiřitz und Königinhof sowie auch am Gymnasium und an der Handelsschule. Seit 1921 Schulinspektor für den Bezirk Neu-Paka. 1924 Direktor der Bürgerschule in Weipersdorf. 1925 kommissarischer Schulinspektor in Starkenbach, 1926/27 in Hořitz. Seit 1928 Bezirksschulinspektor der tschechischen Volks- und Bürgerschulen für Prag und Umgebung. Mitglied der Prüfungskommission für Volks- und Bürgerschullehrer in Prag. Verfasser von Unterrichtsmaterialien für den Tschechisch-, Deutsch-,

Heimatkunde- und Zeichenunterricht an Grund-, Bürger- und Hilfsschulen. Broschüren zu tschechischen Künstlern und Politikern des 19. und 20. Jahrhunderts. Redakteur der Regionalmonographie zu Neu-Paka und Umgebung.

W.: Osvoboditel Ameriky (Washington) [Der Befreier Amerikas] (1921). — Školství [Das Schulwesen]. In: Novopacko. Vlastivědná monografie okresu 3 (1929) 550-637. — Hlavní město Praha [Die Hauptstadt Prag] (1930). — Alois Jirásek (1931). — Vltava [Die Moldau] (zus. m. J. Hostáň; 1931, ³1946). — Hodiny vlastivědy [Heimatkundeunterricht] (Mitautor; 1931). — Hodiny slohu [Stilkunde] (1932). — Miroslav Tyrš (1932). — Veselé prázdniny [Schöne Ferien] (Mitautor; 1932). — Co dokáže elektřina [Was die Elektrizität fertig bringt] (Mitautor; 1932, Ndr. 1947). — Mikoláš Aleš (1933, ²1946). — Svatopluk Čech (1933). — Praha ve vlastivědném vyučování [Prag im Heimatkundeunterricht] (1933). — Německá čítanka, doplněná mluvnicí pro české měšťanské školy/Deutsches Lesebuch mit ergänzendem Sprachbuch für Bürgerschulen mit tschech. Unterrichtssprache (zus. m. H. Bláhová; 4 Bde., 1933–1935). — Antonín Švehla (1934). — Výbor československých pověstí [Auswahl tschechoslowak. Sagen] (zus. m. A. Sovová-Pálková; 1934, ²1937). — Listy z přírody pro měšťanské školy [Naturkundeblätter für Bürgerschulen] (Mitautor; 5 Bde., 1934–1937). — Kreslení pro měšťanské školy chlapecké a dívčí [Zeichnen für Jungen- und Mädchen-Bürgerschulen] (Mitautor; 11 Bde., 1934/35). — Měřictví a rýsování pro školy měšťanské [Geometrie und Zeichnen für Bürgerschulen] (zus. m. Z. Schmidt; 3 Bde., 1934/35). — Praktické úlohy k rýsování na měšťanských školách a na nižších středních školách [Praktische Zeichenaufgaben für Bürgerschulen und die mittelschulische Unterstufe] (zus. m. Z. Schmidt; 3 Bde., 1934/35; auch slowak. u. ung.). — 500 diktátů a pravopisných cvičení [500 Diktate und Rechtschreibübungen] (Mitautor; 1935). — Kreslení pro obecné školy [Zeichnen für Volksschulen] (Mitautor; mehrere Bde. u. Ausgaben, 1935/36; auch slowak.). — Na našem venkově. Čítanka pro obecné školy málotřídní [Bei uns auf dem Lande. Lesebuch für Kleinklassenschulen] (zus. m. F. Pražák; 3 Bde., 1936). — Dr. Eduard Beneš (1936). — Německy pro začátečníky [Deutsch für Anfänger] (zus. m. H. Bláhová; 1937). — Kreslení pro pomocné školy [Zeichnen für Hilfsschulen] (Mitautor; 4 Bde., 1941–1944).

L.: Archiv der Karls-Universität, Prag. Matriken. — Mitt. Staatl. Bezirksarchiv Jičín, 31.10.2017. — Disertace 1 (1965). — NVISN 16 (1932). — Album representantů (1927). — Věstník Ministerstva školství a národní osvěty 3 (1920/21) 562 u. 13 (1931) 488. — Biogr. Slg.

Sturm, Bernhard → **Sturmius,** Bernadus

Sturm, Eduard Mathias (Pseud. Adam Osten), Politiker und Jurist, * 8. 2. 1830 Olmütz (Olomouc), † 24. 8. 1909 Kirchberg (bzw. Bad Reichenhall)/Oberbayern. Sohn von → M. E. Sturm, Bruder von → G. A. Sturm, Neffe von → R. v. Ott. Gymnasium in Olmütz, 1847 Matura an der Brünner philosophischen Lehranstalt. Jurastudium in Olmütz, 1852 Promotion. Seit 1851 wieder in Brünn. 1855 Rechtsanwaltsprüfung in Wien. Seit 1856 Rechtsanwalt in Pest, seit 1861 in Brünn und 1872–1898 in Wien. Verfasser von Fachartikeln in Gerichtszeitungen und juristischen Fachbüchern. 1870–1872 deutschliberales Mitglied des Brünner Gemeindeausschusses und bis 1878 Mitinhaber des Mährischen Correspondenten. An der Gründung und Leitung zahlreicher deutscher Vereine Brünns beteiligt, u. a. seit 1861 Mitgründer, 1867–1872 Obmann seit 1872 Ehrenobmann des Brünner Turnvereins. 1865–1889 Abgeordneter des mährischen Landtags und 1868–1870 sowie 1871/72 Mitglied des mährischen Landesausschusses. 1867–1871 und 1873–1889 Reichsratsabgeordneter, Mitglied der Ausgleichsdeputation und meist auch der Delegationen. 1867 bei der Ausarbeitung des Staatsgrundgesetzes und der Dezemberverfassung Entwurf der Passagen zu den Grund- und Bürgerrechten. 1886 Vizepräsident der Quotendeputationen. Bis 1876 Vertreter der Verfassungspartei, dann des Fortschrittsklubs, dort 1878/79 stellv. und 1879 Obmann sowie Autor des politischen Programms. Seit 1879 im Fraktionsvorstand der Vereinigten Fortschrittspartei, 1880 und erneut 1881 Obmann. Seit 1881 im Fraktionsvorstand der Vereinigten Linken und seit 1885 des deutsch-österreichischen Klubs. Führender deutschliberaler Politiker Mährens, 1871–1889 Vorsitzender des Landtagswahlkomitees der mährischen Verfassungstreuen bzw. der Deutschliberalen Partei in Mähren. 1867/68 Engagement für die Gleichstellung der Religionsgemeinschaften, die Zivilehe und die Entkatholisierung des Volksschulwesens. 1878 Ablehnung der Okkupation Bosnien-Herzegowinas und des Berliner Vertrags. Befürworter der deutschen Staatssprache. 1890 Rückzug aus der Politik. 1892–1898 Mitglied des österreichischen Staatsgerichtshofs. Ehrenbürger u. a. 1867 von Iglau, 1884 von Brünn, 1890 von Olmütz sowie von Znaim und Mährisch Weißkirchen.

W.: Sätze aus allen Theilen der Rechts- und Staats-Wissenschaften (Diss., 1852). — Reden über den Ge-setzentwurf die Aenderung der Reichsraths-Wahlordnung betreffend (1882). — Reden über den Antrag Wurmbrand betreffend Staatssprache (1884). — Die Sprachenfrage in Österreich. In: NFP 25.3.1904, 1-3.

L.: Malíř, J./Řepa, M.: Morava na cestě k občanské společnosti (2018). — Neschwara, C.: Materialien zur Geschichte d. österr. Grundrechte (2017). — Školy, osobnosti, polemiky (2017) 381-394. — Rája, M.: V čele občanských elit (2015). — Beiträge zur Rechtsgeschichte Österreichs 4,1 (2014) 143-157. — Journal on European History of Law 5,1 (2014) 8-25. — Adlgasser (2014). — Kwan, J.: Liberalism and the Habsburg Monarchy (2013). — Malíř (2012). — Tomeš, J. u. a.: Tváře našich parlamentů (2012) 443-445. — ÖBL 63 (2012). — Wrabetz, P.: Österreichs Rechtsanwälte (²2009). — Fasora, L.: Svobodný občan ve svobodné obci? (2007) 333 f. — Malíř, J./Marek, P.: Politické strany 1 (2005). — Dvorak, Burschenschaft 1,5 (2002). — Die Habsburgermonarchie 1848–1918 7 (2000) u. 8 (2006). — Malíř, J.: Od spolků k moderním politickým stranám (1996). — Harrington-Müller, D.: Der Fortschrittsklub im Abgeordnetenhaus des Österr. Reichsrats (1972) 182 f. — Knauer, Parl. (1969). — Partisch 3 (1966). — Brünner Heimatbote 15 (1963) 664. — BohJb 3 (1962) 286. — Berka, G.: 100 Jahre deutsche Burschenschaft in Österreich (1959) 6 f. — Plener, E. v.: Erinnerungen 2 (1921). — BJb 14 (1912). — Juristische Blätter 29.8.1909, 415. — Pester Lloyd (Ab.) 26.8.1909, 4. — Reichspost 26.8.1909, 2. — NFP 25.–29.8.1909. — Bohemia 25.8.1909, 2. — Tagesbote aus Mähren u. Schlesien 25.8.1909, 4 f. — OSN 24 (1906). — Kolmer, G.: Parlament u. Verfassung 1–4 (1902-1907). — D'Elvert, Notizenblatt (1895) Heft 10, 73 f. — Die Gemeinde Iglau u. ihr Wirken (1890). — Heller 1 (1885). — Vodnarik, E.: Die Landesvertretung der Markgrafschaft Mähren (1884). — Wurzbach 40 (1880). — Reichsrats-Almanach 1 (1867) 148 f. u. 3 (1879) 207 f. — Biogr. Slg.

Sturm, Ernst, Parteifunktionär, * 11. 7. 1884 Chirles (Krchleby) Bez. Müglitz (Mohelnice), † 8. 9. 1922 Freiwaldau (Frývaldov bzw. Jeseník). Schwager von → O. Kallina. Gymnasium, 1907/08 Jurastudium an der deutschen Universität in Prag ohne Abschluss. Mitglied der Ghibellinia Prag und anderer burschenschaftlichen Organisationen, Teilnehmer und Mitausrichter von Burschenschaftstagen in Zisleithanien und Deutschland. Im Vorstand des Lese- und Redevereins Germania Prag. 1908 alldeutscher Berater und Wahlkampfmanager von → K. H. Wolf und von → F. Tobisch. Seit 1909 in der Leitung des Vereins Freie deutsche Schule. Seit 1910 Reichsparteisekretär des Deutschnationalen Vereins für Österreich bzw. der Deutschradikalen Partei. Seit 1920 Parteisekretär der DNP in Freiwaldau. Geschäftsführer des Deutschen

Verbandes. 1921/22 Anklage und Arreststrafe wegen Hochverrats und Waffenschmuggels. Redakteur des Deutschvölkischen Jahrbuchs.

L.: Dvorak, Burschenschaft 1,8 (2014). — Slezský sborník 104 (2006) 259. — Alexander, M. (Hg.): Deutsche Gesandtschaftsberichte aus Prag 2 (2004). — César-Černý 1 (1962) 235. — Národní shromáždění republiky Československé. Poslanecká sněmovna, Tisky/Drucksachen IX./3610 (29.5.1922) u. XX./3953 (10.11.1922). — Deutschösterr. Tages-Zeitung 16.9.1922. — Biogr. Slg.

Sturm, Gabriele Anna, Lehrerin, * 16. 6. 1837 Olmütz (Olomouc), † 15. 3. 1917 Wien. Tochter von → M. E. Sturm, Schwester von → Ed. Sturm, Nichte von → R. v. Ott. Schule in Olmütz. Seit 1857 in Brünn. Ausbildung zur Bürgerschullehrerin. Seit 1870 Lehrerin für Französisch und Handarbeiten an der deutschen Lehrerinnenbildungsanstalt in Brünn, 1871–1894 dort Hauptlehrerin und erste staatliche Mittelschullehrerin mit dem Titel k.k. Professor in der Habsburgermonarchie. Seit 1872 Mitglied des Lehrervereins in Brünn. Seit 1873 Mitglied der Brünner Prüfungskommission für Volks- und Bürgerschulen. 1873 Mitgründerin, seit 1874 Schriftführerin, 1886–1888 Kassenführerin und bis 1894 Vorstandsmitglied des Brünner Frauenerwerbs-Vereins. Seit 1894 in Wien Schriftführerin, 1903–1911 Vizepräsidentin und danach Ausschussmitglied des Vereins für erweiterte Frauenbildung. Mitglied des Wiener Hausfrauen-Vereins und seit Gründung 1903 auch des Neuen Frauenklubs in Wien. Mitglied der Unterrichtskommission des Bundes Österreichischer Frauenvereine. 1908 Teilnahme am Kongress des Frauenweltbunds in Genf.

L.: Braun, M. S.: Frauenbewegung, Frauenbildung u. Frauenarbeit in Österreich (1930) 24, 28 u. 42. — Deutsches Volksblatt 24.3.1917, 12. — NFP 17.3.1917, 8. — Mitteilungen d. Vereines der deutschen Lehrerinnen in Mähren 12 (1914) 8 u. 15 (1917) 241. — Bericht über die k.k. Deutsche Lehrerinnen-Bildungsanstalt u. Städt. Höhere Töchterschule in Brünn (1900) 28. — Heller 1 (1885) 71. — Wurzbach 40 (1880) 230. — Mährisches Schul-Blatt 1.4.1873, 112. — Blätter für Erziehung und Unterricht 3 (1872) 226. — Freie pädagogische Blätter 6 (1872) 290. — Oesterr. Journal 28.10.1871, 8. — NFP 28.10.1871, 23. — WZ 28.10.1871, 2. — Biogr. Slg.

Sturm, Heribert Alexander, Archivar und Historiker, * 22. 7. 1904 Chodau (Chodov) Bez. Elbogen (Loket), † 28. 10. 1981 Amberg/Oberpfalz. Vetter von → W. A. Sturm. Realgymnasi-

um in Kaaden, 1923 Matura. 1923–1927 Studium der Geschichte, der Historischen Hilfswissenschaften sowie der Germanistik und Geographie an der deutschen Universität in Prag, 1927 Promotion. Zugleich Externist an der Bibliothekarsschule in Aussig, 1924 Staatsprüfung. Zudem bis 1928 Mitarbeit im Archiv des Innenministeriums in Prag, in westböhmischen Stadtarchiven und im westfälischen Adelsarchiv in Velen. Seit 1928 Stadtarchivar in Sankt Joachimsthal, 1934–1946 Archivar in Eger, dort seit 1935 Museums- und 1939–1945 Archivdirektor. Mitgründer des Museums Franzensbad. Seit 1939 Betreuer der Gemeindearchive des Reichsgaus Sudetenland. 1940 Verzicht auf Leitung des geplanten Reichsarchivs in Reichenberg bzw. des Prager Stadtarchivs. DNSAP-, später SdP-Mitglied, 1939 Eintritt in die NSDAP. 1940–1945 Militärdienst, dann amerikanische Kriegsgefangenschaft. 1945 als Archivar in Eger Rückführung ausgelagerter Bestände. 1946 Ausweisung aus der Tschechoslowakei. 1947 Mitarbeiter und 1949–1953 Archivrat am Bayerischen Staatsarchiv in Neuburg an der Donau. Dann bis 1973 Direktor und Vorstand des Staatsarchivs Amberg. Historiker und Kulturwissenschaftler insbesondere zum Spätmittelalter und zur Reformationszeit. Studien zur Stadt- und Regionalgeschichte von Eger, Sankt Joachimsthal, Tirschenreuth und Waldsassen. Mitarbeit am Historischen Atlas von Bayern. Initiator und Herausgeber des Biographischen Lexikons zur Geschichte der böhmischen Länder und des Ortslexikons der böhmischen Länder. Vorträge und Rundfunksendungen. Seit 1933 Ausschussmitglied des Vereins für Geschichte der Deutschen in Böhmen, seit 1934 Mitglied der Gesellschaft für deutsche Volksbildung, seit 1937 Vorstandsmitglied des Verbands für Heimatforschung und Heimatbildung sowie des Verbands der deutschen Museen für Heimatkunde in der Tschechoslowakei. 1938 korr. Mitglied der Deutschen Gesellschaft der Wissenschaften und Künste in Prag und seit 1940 Mitglied der Kommission für Geschichte bei der Sudetendeutschen Anstalt für Landes- und Volksforschung in Reichenberg. 1954 Mitgründer, seit 1955 Geschäftsführer der Historischen Kommission der Sudetenländer. 1956 Mitgründer und bis 1981 Vorstandsmitglied sowie Schatzmeister des Collegium Carolinum in München. Seit 1962 korr. Mitglied des Johann-Gottfried-Herder-Forschungsrats in Marburg. 1953 Nordgaupreis für Heimatpflege, 1960 Kulturpreis Ostbayern, 1969 Georg-Dehio-Preis der Künstlergilde. 1970 Verdienstkreuz der BRD 1. Klasse. 1977 silberne Medaille Bene merenti der Bayerischen Akademie der Wissenschaften.

W.: Die Bücherei der Lateinschule zu St. Joachimsthal (1929). — Abriß der geschichtlichen Entwicklung von Stadt und Bezirk St. Joachimsthal (1932). — Das Franzensbader Museum (1935). — Das Archiv der Stadt Eger (1936). — Der Plan eines Sudetendeutschen Städtebuchs. In: ZSG 1 (1937) 183-199. — Der Egerer Losungsschreiber Hans Schönstetter und seine Chronik. In: Heimat und Volk. Festschrift Wilhelm Wostry (1937) 247-285. — Eger (Bd. 1, 1951, ²1960; Bd. 2, 1952). — Staatsarchiv Neuburg a. d. Donau (1952). — Bayern und Eger seit dem Beginn des 19. Jhs. In: Böhmen und Bayern (1958) 109-127. — Egerer Reliefsintarsien (1961). — Unsere Schrift (1961). — Archivalien über Beziehungen zwischen Böhmen und Bayern im Staatsarchiv Amberg. In: BohJb 2 (1961) 125-152. — Die St. Joachimsthaler Lateinschulbibliothek aus dem 16. Jh. (1964). — Oberpfalz und Egerland (1964). — Tirschenreuth (1964). — Skizzen zur Geschichte des Obererzgebirges im 16. Jh. (1965). — Die Landkreiswappen im Regierungsbezirk Oberpfalz (1968). — Zur geschichtlichen Individualität der Stadt Amberg. In: Oberpfälzer Heimat 12 (1968) 71-99. — Historischer Atlas von Bayern. Teil Altbayern; Bd. 21: Tirschenreuth (1970); Bd. 40: Kemnath (1975, Ndr. 1991); Bd. 47: Neustadt an der Waldnaab, Weiden (1978, Ndr. 2006). — Konnersreuth (Mitautor; 1971). — Die alte Reichspfandschaft Eger und ihre Stellung in der Geschichte der böhm. Länder. In: HdBG 2 (1974) 1-96. — Städte im Sudetenland (zus. m. R. Hemmerle; 1976). — Leistungen des Collegium Carolinum für die sudetendeutsche Geschichtsschreibung. In: Der Donauraum 22 (1977) 92-107 u. BohJb 18 (1977) 348-362. — (Hg.:) Ortslexikon der böhm. Länder 1910-1965 (in Lieferungen 1977-1983, ²1995). — (Hg.:) BLGBL 1-2 (1979-1984). — Das wittelsbachische Herzogtum Sulzbach (1980). — Districtus Egranus (1981). — Nordgau, Egerland, Oberpfalz (1984). — Verz. s. BohJb 15 (1974) 10-18, Nordgau, Egerland, Oberpfalz (1984) 347-355, Fünfunddreißig Jahre Forschung über Ostmitteleuropa (1985) 371 f. u. Soukup, P./Šmahel, F. (Hg.): Německá medievistika v českých zemích do roku 1945 (2004) 389-392.

L.: Archiv der Karls-Universität, Prag. Matriken. — Slavíček 2 (2016). — Kaiserová, K./Kunštát, M. (Hg.): Die Suche nach dem Zentrum (2014) 475. — Josefovičová, M.: Německé vědecké institute v Liberci 1923-1945 (2014). — Knott, P. (Hg.): Mühlbach, Sturm u. Ablassbrief (2011) 40-48. — Prokop, V./Smola, L.: Biografický lexikon sokolovského regionu (2009). — Albrecht, S. u. a. (Hg.): Die „sudetendeutsche Geschichtsschreibung" 1918-1960 (2008) 267-269. — Weger, T.: „Volkstumskampf" ohne Ende? (2008). — Kdo byl kdo v Říšské župě Sudety (CD-ROM, 2008). — Das deutsche Archivwesen u. d.

Nationalsozialismus (2007) 385-392. — Soukup, P./Šmahel, F. (Hg.): Německá medievistika v českých zemích do roku 1945 (2004) 381-392. — Boháč, J.: Deset obrazů z dějin Chebského muzea/Zehn Bilder aus der Geschichte des Egerer Museums (2003) 167-174. — Hoffmannová-Pražáková (2000). — Hanzalová (1997). — John, M.: Čechoslovakismus a ČSR (1994). — Míšková/Neumüller (1994). — MSA 116 (1994) 38-40. — EBL 2 (1987). — Der Egerländer 35,7 (1984) 17. — Der Archivar 36 (1983) 123-126. — Die Oberpfalz 70 (1982) 17 f. — Seibt, F. (Hg.): 25 Jahre Collegium Carolinum München (1982) 82 f. — BohZ 22 (1981) 447 f. — Der Egerländer 32 (1981) 279. — Egerer Zeitung 32 (1981) 181. — MSA 56 (1979) 59, 66 (1982) 57 u. 76 (1984) 64-66. — Museum von Cheb (1979). — Sudetenland 21,3 (1979) 230. — Fruchtbares Erbe (1974). — SDKA 8 (1974) 127-129. — Jb. d. Egerländer 21 (1974) 73. — MSA 22 (1973) 8 u. 32 (1974) 22 f. — Sudetenland 15 (1973) 129-131. — Karlsbader Zeitung 22 (1972) 51. — BohJb 5 (1964) 9-11. — SdZ 24.7.1964, 6. — César-Černý (1962). — PN 5 (1954) 11. — Kürschner, Gel. Kal. 7 (1950), 8 (1954) u. 11 (1976). — Biogr. Slg.

Šturm (Sturm), Jindra (Jindřich, Heinrich; Pseud. Carmelita), Drucker und Theologe, † 1536 Sližan (Slížany bzw. Morkovice-Slížany) Bez. Zdounek (Zdounky). Mitglied der Brüderunität. Theologiestudium. Seit den 1520er Jahren Mitarbeiter in der Druckerei von → J. Štyrsa in Jung-Bunzlau, 1531–1534 dessen Nachfolger als Druckereileiter. Herausgeber und Drucker von Schriften der Brüderunität, darunter 1532 des brüderischen Glaubensbekenntnisses. Ordination zum Geistlichen. Seit 1534 Pfarrer in Mähren.

L.: Voit, P.: Český knihtisk mezi pozdní gotikou a renesancí 2 (2017). — Bibliotheca Strahoviensis 10 (2011) 105-202. — Pumprla (2010). — Voit, P.: Encyklopedie knihy (2006). — Z kralické tvrze 11 (1984) 26-31. — Chyba, Slovník knihtiskařů (1966). — Archiv pro bádání o životě a díle Jana Amose Komenského 21 (1962) 49-52 u. 60. — Průvodce po okresních a městských archivech Pražských (1958). — Hobl, A.: O nejstarších impresorech mladoboleslavských (1927). — Volf, J: Dějiny českého knihtisku (1926) 114. — Jireček, J.: Rukověť k dějinám literatury české 2 (1876). — Jungmann, J.: Historie literatury české (1849).

Sturm, Johann von, Offizier, * 3. 5. 1839 Oberklee (Soběchleby bzw. Blšany) Bez. Podersam (Podbořany), † 14. 2. 1900 Abbazia/Istrien (Opatija/Kroatien). Realschule in Komotau. 1855 Eintritt als Feldjäger in die österreichische Armee. Kadettenschule, 1870 Armeeschützenschule. 1859 Leutnant, 1866 Oberleutnant, 1874 Hauptmann, 1885 Major, 1893 Oberst, 1898 Generalmajor. Seit 1894 Kommandant eines Infanterie-Regiments, seit 1898 einer Brigade. 1859 Beteiligung an den Kämpfen von Magenta und Solferino, 1866 bei Königgrätz. 1885 Militärverdienstkreuz. Kriegsmedaille. 1882 italienischer Orden der hl. Mauritius und Lazarus, 1898 Orden der Eisernen Krone 3. Klasse. 1898 Nobilitierung.

L.: Biografický slovník okresu Louny (2000). — EBL 2 (1987). — Rott, W.: Der politische Bezirk Podersam (1902) 411. — Prager Abendblatt 18.1.1900, 2. — WZ 1.11.1898, 1. — Biogr. Slg.

Sturm, Karl, Lehrer, * 28. 1. 1884 Pilnikau (Pilníkov) Bez. Trautenau (Trutnov), † 8. 7. 1974 München. Realschule in Trautenau, 1902 Matura. 1903–1911 Germanistik- und Romanistikstudium an der deutschen Universität in Prag, 1911 an der Universität Wien. Daneben Lehrer an der Berlitz-Schule in Prag. 1912 Lehrberechtigung für Gymnasien und Realschulen. Seit 1911 Lehrer für Französisch, Deutsch, Englisch und Stenographie an Gymnasien und Oberschulen in Brünn. 1914–1918 Militärdienst. Zudem 1924–1945 Französischlektor und seit 1937 Deutschlektor für Ausländer an der deutschen TH in Brünn. Seit 1919 Obmann, seit 1929 Ehrenobmann der Ortsgruppe Brünn des Bundes der Deutschen. 1927 Frankreichaufenthalt. 1941–1945 Referendarausbilder in Brünn. 1945 Ausweisung aus der Tschechoslowakei nach Österreich. 1948 Übersiedlung nach Bayern, seit 1951 in Spatzenhausen/Oberbayern, dann in München. Mitautor eines Französischlehrbuchs. Veröffentlichungen zur deutschen Literatur und Kultur in Mähren. Nach 1945 Engagement in landsmannschaftlichen Vereinigungen.

W.: Manuel de français pratique (zus. m. E. Billaudeau; 1932, ³1944).

L.: Archiv der Karls-Universität, Prag. Matriken. — Kasten, T./Fendl, E.: Heimatzeitschriften (2017) 117-119. — Národopisná revue (2016) 297, 299 u. 302. — Šisma, P.: Zur Geschichte der Deutschen Technischen Hochschule Brünn (2009) 42 f. u. 134. — Becher, P./Fiala-Fürst, I. (Hg.): Literatur unter dem Hakenkreuz (2005) 117 f. — Šišma, P.: Učitelé na německé technice v Brně 1849–1945 (2004) 65 u. 156. — Brünner Heimatbote 6 (1954) 388 f. u. 26 (1974) 42 f. u. 239. — Biogr. Slg.

Sturm, Mathias Eduard, Lehrer, * 1797 Brünn (Brno), † 3. 8. 1862 Prag (Praha). Vater von → Ed. Sturm und → G. A. Sturm, Schwager von → R. v. Ott. Seit 1807 Gymnasium in Brünn. 1813 Eintritt in den Piaristenorden, Novize in Leipnik, anschließend am Theresianum in Wien. Zeichenlehrer am Gymnasium in Freudenthal. 1816/17 Studium am Philosophicum in Nikolsburg, dann in Brünn, 1819 Studienabschluss in Olmütz. 1817 Ordensaustritt und Privatlehrer in Auspitz. 1819 Gymnasiallehrer in Iglau und seit 1827 am Akademischen Gymnasium in Olmütz, dort seit 1843 Latein- und Literaturlehrer, 1851 Pensionierung. Seit 1831 zugleich Lateinlektor an der Universität Olmütz, dort 1833 Promotion und Aufnahme in das Professorenkollegium, 1835/36 Dekan der philosophischen Fakultät. Zudem bis 1852 geschäftsführender Vorstand der Kleinkinder-Bewahrungsanstalt in Olmütz. 1847/48 Olmützer Theater- und Opernrezensent für die Moravia in Brünn und Die Neue Zeit in Olmütz. 1852 Übersiedlung nach Brünn. 1854–1861 kommissarische Leitung des Druck- und Verlagsunternehmens Rudolf Rohrers Erben in Brünn. 1855 Redakteur des Brünner Anzeigers. Ausschussmitglied der Rettungsanstalt der verwahrlosten Jugend in Brünn. Mitglied der Mährisch-Schlesischen Gesellschaft zur Beförderung des Ackerbaues, der Natur- und Landeskunde in Brünn. 1852 Ehrenbürger von Olmütz.

W.: Das Fürst-Erzbischöfliche Clerical-Seminarium zu Olmütz (1841). — Wiedereinführung des Prämonstratenser-Ordens auf dem heiligen Berge nächst Olmütz. In: Moravia 21.11.1846, 558-560.

L.: Kopecký, J./Křupková, L.: Das Olmützer Stadttheater und seine Oper (2017; tschech. 2012; engl. 2015). — Anderthalb Jahrhunderte Rudolf M. Rohrer (1937) 44. — Erinnerungsblätter an das 100-jährige Jubiläum der Buch- und Steindruckerei v. Rudolf M. Rohrer in Brünn (1887) 34 f. — Bibliographisch-statistische Übersicht der Literatur des österr. Kaiserstaates (1857) 111. — Jahresbericht des k.k. akademischen Gymnasiums zu Olmütz (1851). — WZ 6.7.1827, 5. — Biogr. Slg.

Sturm (Šturm), Rudolf, Slawist, Beamter und Verbandsfunktionär, * 15. 4. 1912 Daubrawitz (Doubravice) Bez. Königinhof an der Elbe (Dvůr Králové nad Labem), † 27. 11. 2000 Ballston Spa/New York. 1932–1937 Jurastudium an der tschechischen Universität in Prag. Engagement in der katholischen Tschechoslowakischen Volkspartei. Seit 1936 Mitarbeiter in Prager Ministerien, tschechoslowakischer Delegierter bei Konferenzen der Interparlamentarischen Union in Genf, Brüssel und Paris. 1939 Flucht nach Frankreich, Mitarbeiter der tschechoslowakischen Exilregierung in Paris. Journalist der

Zeitung La Croix. 1941 Flucht über Marokko nach New York. Dort Mitarbeiter des Büros der tschechoslowakischen Exilregierung. Seit 1942 US-Militärdienst. 1945 in Prag, 1946 Mitarbeiter und 1947 Leiter der Amerika-Abteilung im tschechoslowakischen Informationsministerium. 1948 Emigration in die USA, dort Geschäftsführer des American Fund for Czechoslovak Refugees. Nach 1949 Mitglied des Council for Free Czechoslovakia und Mitarbeiter des Mid-European Studies Center. 1948/49 Slawistikstudium an der Columbia-Universität, seit 1949 an der Harvard-Universität, 1956 dort Promotion. Slawist und Linguist am Boston College und am City College in New York. 1958–1982 Prof. für moderne Sprachen und Literatur am Skidmore College in Saratoga Springs/New York, Spezialisierung auf Italienisch und Russisch. Zudem 1964/65 Mitarbeiter der Library of Congress in Washington, D. C. Seit 1954 Mitarbeit in Ausschüssen des Assembly of Captive European Nations. 1958 Gründungsmitglied, 1959/60 sowie 1962–1966 Generalsekretär und 1970–1976 Vizepräsident der Czechoslovak Society of Arts and Sciences. 1968–1975 Mitglied und 1988 Vizepräsident des Nationalkomitees der Friedensinitiative American Professors for Peace in the Middle East. Funktionen im Amerikanischen Verband der Universitätsprofessoren.

W.: Czechoslovakia. A Bibliographic Guide (1967). — (Hg.:) Egon Hostovský (1974). — (Mit-Hg.:) Czech and Slovak Press outside Czechoslovakia: Its Status in 1978 (1978).

L.: Archiv der Karls-Universität, Prag. Matriken. — Rechcigl, M. Jr.: Encyclopedia of Bohemian and Czech-American Biography 2 (2016). — Peprník, J.: Češi a anglofonní svět 2 (2012). — Rechcigl, M.: Pro vlast. Padesát let Společnosti pro vědy a umění (2012). — Raška, F. D.: Fighting Communism from Afar (2008). — Kronika města Dvora Králové nad Labem (2005) 247-253. — Zprávy SVU/SVU News 43,1 (2001) 8. — Čelovský, B.: Politici bez moci (2000) 315. — Biographical Directory of Members of the Czechoslovak Society of Arts and Sciences (1972, 1978 u. 1988). — Panorama. A Historical Review of the Czechs and Slovaks in the United States of America (1970). — Rechcigl, M.: Czechoslovakia Past and Present 1 (1968) 649. — Biogr. Slg.

Sturm(ius) (Šturm, Ssturem), Wácslaw (Wenceslaus, Václav, Wenzel) SJ, Geistlicher, * 4. 4. 1533 Bischofteinitz (Horšovský Týn), † 27. 4. 1601 Olmütz (Olomouc). Lutherische oder utraquistische Lateinschule, dann an der Universität in Prag, seit 1554 Studium der freien

Künste am Collegium Romanum in Rom. 1556 in Rom Kontakt zu Ignatius v. Loyola und Aufnahme in den Jesuitenorden. Rhetorikausbildung an der Universität in Pavia. 1558 Prediger am Prager Jesuitenkolleg Klementinum. Seit 1559 Theologiestudium in Rom, 1565 Dr. theol. Danach Theologe in Prag. Seit 1568 in Wittingau mit Unterstützung von → Wilh. v. Rosenberg Vorbereitung der Gründung neuer Kollegien. 1570 viertes Gelübde. Vizerektor und seit 1572 Prof. für Theologie, Latein und Griechisch am Klementinum. Seit 1574 am Kolleg in Olmütz. 1580–1582 Studienaufenthalt in Leitomischl, dann Visitator des Kollegs in Olmütz. Seit 1584 in Böhmisch Krumau, dort 1586 Gründer und Rektor des Kollegs. 1587 und 1592–1595 Rektor am Klementinum, dazwischen Gründung des Kollegs in Neuhaus. Seit 1598 wieder am Olmützer Kolleg. Bekannter Prediger und Gegner der Brüderunität. 1575 Gutachten zur Confessio Bohemica für → Maximilian II. Neben lateinischen auch tschechische Schriften gegen Pikarden, Waldenser und Utraquisten. Erarbeitung eines Verzeichnisses der brüderischen Werke. Übersetzungen aus dem Lateinischen ins Tschechische. Delegierter der 3. bis 5. Generalversammlung des Jesuitenordens 1573, 1580 und 1593 in Rom.

W.: Srownánij Wijry a Včenij Bratřij starssijch [Vergleich des Glaubens und der Lehre der älteren (Böhm.) Brüder] (1582). — Krátké ozwánij […] proti kratičkému ohlássenij Gednoty Waldenské [Kurze Wortmeldung […] auf die kurze Erklärung der Waldenser Brüder] (1584). — (Übers.:) Psanj S. Augustyna k Donatystum [Ein Brief des hl. Augustinus an die Donatisten] (1584). — Apologia, to gest: Obrana proti nedůwodné a nestřijdmé odpowědi Sylwia Vberýna [Apologie oder die Verteidigung gegen die unbegründete und ungenügsame Antwort des Sylvius Uberýn] (1587). — Rozsauzenij a bedliwé Vwáženij Welikého Kancyonálu od Bratřij Waldenských [Beurteilung und sorgfältiges Gutachten zum großen Gesangbuch der Waldenser Brüder] (1588). — Odpowěd slussná a důwodná na welmi hanliwau a rauhawau Obranu Kancyonálu Bratrského [Eine gebührende und gründliche Antwort auf die lästerliche und blasphemische Verteidigung des Gesangbuchs der Böhm. Brüder] (1590). — Verz. s. Knihopis českých a slovenských tisků 2,8 (1965) 234 u. LČL 4,1 (2008) 796.

L.: Bio-bibliografická databáze řeholníků v českých zemích v raném novověku [30.4.2024]. — Koupil, O.: Grammatykáři (2015). — Pumprla (2010). — Olomoucké baroko 1 (2010) 36-40. — LČL 4,1 (2008). — Osobnosti. Česko (2008). — A2 (2006) Nr. 45, www.advojka.cz/archiv/. — David, Z. V.: Finding the Middle Way (2003) 283-285. — Acta Comeniana

17 (2003) 121-129. — *Harder, H.-B./Rothe, H. (Hg.): Später Humanismus in der Krone Böhmens (1998).* — *Dějiny Univerzity Karlovy 1 (1995).* — *Fechtnerová, A.: Rectores collegiorum Societatis Iesu in Bohemia, Moravia ac Silesia (1993).* — *EBL 2 (1987).* — *HdBG 2 (1974).* — *Vopravil (1973).* — *Unser Heimatbuch Bischofteinitz (1967) 459.* — *Knihopis českých a slovenských tisků 2,8 (1965).* — *Partisch 1 (1961) 58 f.* — *Hrejsa, F.: Dějiny křesťanství v Československu 6 (1950) 306.* — *Časopis katolického duchovenstva 84,5 (1944) 259-264.* — *Bitnar, V.: Postavy a problémy českého baroku literárního (1939).* — *Winter, E.: Tausend Jahre Geisteskampf (1938) 171-173.* — *Hrejsa, F.: Česká konfese (1912) 205.* — *OSN 24 (1906).* — *Sborník Historického kroužku 6 (1897) 74-86.* — *Sommervogel 7 (1896).* — *Pastýř duchovní 4 (1884) 33-53 u. 97-116.* — *Wurzbach 40 (1880).* — *Malý, J.: Vlastenský slovník historický (1877).* — *Jireček, J.: Rukověť k dějinám literatury české 2 (1876).* — *Rieger 9 (1872).* — *Českoslovanský Plutarch 1 (1872).* — *Přecechtěl, R./Adámek, K.: Čechoslovanští výtečníci (1863).* — *Tomek, W. W.: Geschichte der Prager Universität (1849) 171.* — *Jungmann, J.: Historie literatury české (1849) 638.* — *Pelzel, F. M.: Böhm., mähr. u. schles. Gelehrte u. Schriftsteller aus dem Orden der Jesuiten (1786).* — *Balbinus, B.: Bohemia docta 2 (1778).* — *Pelzel, F. M.: Abbildungen böhm. u. mähr. Gelehrter u. Künstler 3 (1777) 56-59.* — *Jöcher 4 (1751).* — *Zedler 40 (1744, m. Verz.).* — *Klein, J. G.: Lebensgemälde fünfzig merkwürdiger Böhmen (o. J., um 1700) 168-187.*

Sturm, Walter, Jurist, * 27. 6. 1891 Königgrätz (Hradec Králové), † 9. 5. 1945 Pilsen (Plzeň). Gymnasium in Olmütz und Brünn. 1912–1919 Jurastudium an der deutschen Universität in Prag und an der Universität Wien, davon drei Jahre Militärdienst. 1920 Promotion in Prag. Seit 1918 am Bezirksamt in Eger. Büroleiter der Innung deutscher Baumeister in Karlsbad. Seit 1938 Bezirksstellenleiter beim Reichsbund der Baugewerbegenossenschaften im Reichsgau Sudetenland in Karlsbad. Seit 1939 Militärdienst, zuletzt Kompaniechef. Seit 1941 Regierungskommissar für Pilsen, seit 1942 Oberbürgermeister von Pilsen. Mai 1945 Verhaftung. Seit 1919 nationalpolitisch engagiert. Seit 1935 Mitglied der SdP, seit 1938 der NSDAP und der SA. Seit 1935 Gauhauptmann des Bundes der Deutschen für das Egerland.

L.: Archiv der Karls-Universität, Prag. Matriken. — *Documenta Pragensia 41 (2022) 597-603.* — *Encyklopedie Plzně vom 19.7.2019.* — *Dějiny města Plzně 3 (2018).* — *Macháček, F.: Pilsen, Theresienstadt, Flossenbürg (2017) 294.* — *Malý, D.: Charakter protektorátní a okupační správy v Plzni 1939–1945 (Mag.-Arb. Plzeň, 2016).* — *Weger, T.: Pilsen/Plzeň (2015).*

— *Sudetenpost 7.5.2009, 7.* — *Minulostí Západočeského kraje 4 (1966) 88-103.*

Sturm, Walther Adam (Walter), Lehrer und Graphiker, * 8. 4. 1900 Turn (Trnovany bzw. Teplice) Bez. Teplitz-Schönau (Teplice-Šanov bzw. Teplice), † 25. 9. 1981 Passau. Vetter von → H. Sturm. Gymnasium in Kaaden, dann Militärdienst. 1919 Matura in Kaaden. Seit Schulzeit Mitglied im österreichischen Wandervogel. Seit 1919 Fachschule für Kunstgewerbe in Gablonz an der Neiße, dann Studium an der Akademie der Bildenden Künste in Prag bei → A. Brömse, 1923 Abschluss und Akademie-Preis. Daneben Kurse in Mathematik an der deutschen TH sowie in Kunstgeschichte und Anatomie an der deutschen Universität in Prag. Lehramtsprüfung für Höhere Schulen in Kunsterziehung und Mathematik. Lehrer in Arnau, Reichenberg und am Gymnasium in Gablonz. Mitglied des Künstlervereins Metznerbund. Seit 1923 Engagement in der Finkelsteiner Singbewegung. Schüler und späterer Kollege von → W. Hensel. Mitorganisator der deutschen Jugendmusikbewegung. Mitarbeiter im Dietausschuss des Deutschen Turnverbands für den Bereich Gesang. Seit 1938 Mitglied der NSDAP, seit 1939 der SA, Sturmführer. Seit 1942 Lehrer und 1943–1945 Direktor der Lehrerbildungsanstalt in Reichenberg. Referent für Lehrerbildungsanstalten und Mitglied der Prüfungskommission für Musik bei der Gauverwaltung in Reichenberg. 1945 Militärdienst. Ausweisung aus der Tschechoslowakei nach Freyung/Niederbayern. Zuerst Dekormaler und Kunstschnitzer, ab 1946 Lehrer für Kunsterziehung in Kelheim, 1949–1965 an der Oberrealschule bzw. am Gymnasium in Passau. Ruhestand als Oberstudiendirektor. Illustrationen für Jugend- und Liederbücher, Vertonungen von Gedichten und Forschungen zum Volkslied. Leiter der Gablonzer Singgemeinde. 1974–1977 Vorsitzender der Walther-Hensel-Gesellschaft, Organisation der Singwochen. Mitglied der Arbeitsgemeinschaft sudetendeutscher Lehrer. 1971 Adalbert-Stifter-Medaille und Franz-Schubert-Medaille der SL, 1978 sudetendeutscher Volkstumspreis. 1980 Kultureller Ehrenbrief der Stadt Passau.

W.: (Hg.:) Hensel, W.: Blüh nur, blüh, mein Sommerkorn (1973).

L.: Weger, T.: „Volkstumskampf" ohne Ende? (2008). — *Kdo byl kdo v Říšské župě Sudety (CD-ROM, 2008).* — *SČSVU 15 (2005).* — *Mader, F.: Tausend*

Passauer (1995) 233. — *W. S., Werk und Wirken (1992).* — *EBL 2 (1987).* — *SdZ 25.7.1980, 8.* — *Scholz, W./Jonas-Corrieri, W. (Hg.): Die Deutsche Jugendmusikbewegung (1980) 1021 f.* — *MSA 59 (1980) 44 f. u. 66 (1982) 57 f.* — *29. Sudetendeutscher Tag 1978 in Nürnberg (1978).* — *Sudetenland 20,3 (1978) 217 u. 24 (1982) 58 f.* — *Isergebirgs-Rundschau 29,3 (1975) 14 f. u. 32,4 (1978) 15.* — *Sudetendeutscher Turnerbrief 26,2 (1975) 62 u. 32,4 (1981) 25 f.* — *Sudetendeutscher Erzieherbrief 22,3-4 (1975) 94 f. u. 28,5 (1981) 149 f.* — *VB 4.4.1970, 7 u. 4.4.1975, 11.* — *Toman 2 (1950).* — *Biogr. Slg.*

Sturm von Greifenberg (Ssturmius z Greyffenberku, Šturm z Greifenberka), Johann (Jan), Ständepolitiker, † 1568 Prag (Praha). Aus einer Metzgerfamilie mit Prager Bürgerrecht. 1565 Mitglied des Stadtrats der Prager Neustadt. Mehrfach städtischer Deputierter auf dem böhmischen Landtag, Mitglied in Landtagskommissionen. 1567 Steuerbeauftragter des Landtags. Fachmann für Stadtrechts- und Steuerfragen. Veröffentlichungen mit religiöser Thematik. 1564 Nobilitierung.

W.: Křestianské y pobožné rozgijmánij na Ewangelium Swatého Jana [Christliche und fromme Betrachtungen zum Johannes-Evangelium] (1567).

L.: Hladík, O.: Kriminalita v rudolfínské Praze (2011). — *Pumprla (2010).* — *Hladík, O.: Kriminalita a právo na Novém Městě pražském v roce 1586 (2008) 58 u. 71 f.* — *Rukověť 5 (1982).* — *Knihopis českých a slovenských tisků 2,8 (1965).* — *MSN 7 (1933).* — *OSN 24 (1906).* — *Král (1904).* — *Wurzbach 40 (1880).* — *Jireček, J.: Rukověť k dějinám literatury české 2 (1876).* — *Rieger 9 (1872).* — *Jungmann, J.: Historie literatury české (1849).*

Šturm z Hranic (Hranický), Adam, Theologe, * [um 1500], † 5. 10. 1565 Leipnik (Lipník nad Bečvou). Studium an der Universität in Prag, 1519 Bakkalaureus. In Diensten von Adeligen, darunter der Kostka v. Postupitz. Mitglied der Brüderunität. Seit 1530 Stadtschreiber in Leitomischl, Lehrer an der dortigen Brüderschule, Bürgerrecht. 1549 Teilnehmer an einer lutherischen Theologenzusammenkunft in Königsberg/Preußen. Seit 1548 in Breslau und Lissa, später in Thorn. 1554 Beamter der Prager Burghauptmannschaft. 1555 auf der Synode in Prerau Approbation als Geistlicher. Seit 1555 Pfarrer in Leipnik. Autor religiöser Schriften, Mitautor des Brüder-Gesangbuchs von 1561. 1556 Nobilitierung.

W.: (Übers.:) Krátcí výkladové na evangelia [Kurze Auslegungen der Evangelien] (1540). — *Dyalog. To gest. Dwau Formanuo Rozmlauwanij [Dialog oder Gespräch zweier Fuhrmänner] (1543).* — *Přídavek mravů pro šlechetné panny a děvečky [Kurze Abhandlung über die Sittlichkeit für tugendhafte Jungfrauen u. Mädchen]. In: Císařová-Kolářová, A. (Hg.): Mravy ctnostné mládeži potřebné [Tugendhafte Sitten für den Gebrauch der Jugend] (1940) 86-113.*

L.: Voit, P.: Český knihtisk mezi pozdní gotikou a renesancí 2 (2017). — *Pumprla (2010).* — *LČL 4,1 (2008).* — *Vopravil (1973).* — *Knihopis českých a slovenských tisků 2,8 (1965).* — *DČL 1 (1959).* — *Říčan, R. u. a.: Jednota bratrská 1457-1957 (1956).* — *MSN 7 (1933).* — *OSN 24 (1906).* — *Bidlo, J.: Jednota bratrská v prvním vyhnanství (1900).* — *Wurzbach 40 (1880).* — *Malý, J.: Vlastenský slovník historický (1877).* — *Jireček, J.: Rukověť k dějinám literatury české 2 (1876).* — *ČČM 49,2 (1875) 171 f.* — *Rieger 9 (1872).* — *ČČM 38,3 (1864) 302-307.* — *Jungmann, J.: Historie literatury české (1849).*

Sturmer (Sturm, Stürmer), Johann Wenzel (Jan Václav), Bildhauer, * 5. 6. 1675 Königsberg/Preußen (bzw. Kaliningrad/Russland), † 14. 11. 1729 Olmütz (Olomouc). Steinmetzlehre. Konversion zum Katholizismus. Seit 1703 Bildhauergeselle in Olmütz bei → F. Zürn d. Ä. und seit 1704 bei → W. Render, bis 1719 dessen Geschäftspartner. Seit 1707 Meister mit eigener Bildhauerwerkstatt in Zwittau. Seit 1712 Stein- und Holzbildhauer sowie Hausbesitzer in Olmütz, 1713 Bürgerrecht, Meister und Mitglied der Steinmetzzunft. 1727 Geschworener in Olmütz. Prägende Bildhauerwerkstatt des Hochbarocks in Nordmähren, in der → J. G. A. Heintz, → S. Tischler und S.s Schwiegersöhne → J. G. Schauberger und → A. Zahner als Lehrlinge bzw. Gesellen tätig waren. Marien- und Dreifaltigkeitssäulen sowie Nepomuk-Statuen in Zwittau, Hohenstadt, Bodenstadt, Müglitz, Mährisch Trübau, Mährisch Schönberg, Fulnek, Kremsier, Littau, Schönwald und anderen mährischen Gemeinden, Mitgestaltung der Mariensäule in Olmütz. Skulpturen und Stukkaturen für die Kirche des Klosters Hradisch, für das Kloster auf dem Heiligen Berg bei Olmütz sowie für die Maria-Schnee- und die St.-Mauritius-Kirche in Olmütz. 1730 Fortführung der Werkstatt durch die Witwe Maria Elisabeth Sturmer.

L.: Právo, Severovýchodní Čechy 27.4.2018, 9. — *KESSM 2 (²2013).* — *Martínková, J. (Hg.): Barokní sochařství v Moravské Třebové (2011) 17-23.* — *Velké dějiny zemí Koruny české 9 (2011).* — *Olomoucké baroko 2-3 (2010/11).* — *Slouka, J.: Mariánské a morové sloupy Čech a Moravy (2010).* — *Osobnosti. Česko (2008).* — *Suchánek, P.: K větší cti a slávě (2007) 228-236 u. 243-251.* — *Stehlík, M.: Barok v soše (2006). — Kroupa, J. (Hg.): Ars naturam adiuvans (2003) 11-29. — Suchánek, P.: J. S. (Mag.-Arb. Brno, 1999). — Umění 46,3 (1998) 257-260. — SPFFBU F 42 (1998) 7-26. — Umění baroka na Moravě a ve Slezsku (1996). — Horová 2 (1995). — Časopis Slezského zemského muzea B 41 (1992) 32. — Dějiny českého výtvarného umění 2,2 (1989). — SPFFBU F 32-33 (1988/89) 89-94. — Historická Olomouc a její současné problémy 5 (1985) 151-161. — Matzke, J.: Olmützer Bildhauer der Barockzeit (1973) 15-20. — Olmützer Blätter 20 (1972) 173 f. — MSH 4 (1959) 112-118. — Toman 2 (1950). — Thieme-Becker 32 (1938). — Kux, H.: Geschichte der königl. Hauptstadt Olmütz (1937) 235. — Röder, J.: Die Olmützer Künstler und Kunsthandwerker des Barock 1 (1934) 135 f. — Prokop, A.: Die Markgrafschaft Mähren in kunstgeschichtlicher Beziehung 4 (1904). — Nowak, A.: Kirchliche Kunst-Denkmale aus Olmütz 2 (1892). — Biogr. Slg.*

Sturmius (Sturm von Rizenbach, Ssturmius), Bernhardus (Bernard), Lehrer und Gelehrter, * [um 1550] Paskau (Paskov) Bez. Mistek (Místek bzw. Frýdek-Místek), † 28.10.1582 Iglau (Jihlava). Seit 1565 Studium der freien Künste an der Universität Wittenberg, 1567 an der Universität Prag, 1570 Magister in Wittenberg. 1572/73 Schulleiter in Laun. 1573 Verwalter der Schule in Komotau. Seit 1573 deutscher Stadtschreiber von Iglau. Humanistischer Gelehrter, Korrespondenz mit → A. Huber v. Riesenbach, → P. Codicillus v. Tulechow, → P. Lupacius v. Hlawaczow und → D. A. v. Weleslawin. Lateinische Gedichte. Chronik der Stadt Iglau. 1578 Wappen und Prädikat von Rizenbach.

W.: *Elegia de salutari nativitale [...] Iesu Christi (1567). — Historia ingressus Christi in urbem Hieosolymani (1568). — Eteostichorum sive versiculorum literis numeralibus certos annos experimentum centuria sex (1580). — De gloriosa Christi resurrectione (1580).*

L.: *Jihlava (2009). — Rukověť 5 (1982). — Mährischer Grenzbote 128,9 (1976) 6. — Vopravil (1973). — Marek, F.: Jihlavští humanisté (1964) 9. — MSN 7 (1933). — Štědrý, F.: Dějiny města Loun (1930) 54. — ZDVGMS 17 (1913) 126 u. 132. — OSN 24 (1906). — Wurzbach 40 (1880). — Rieger 9 (1934) — Leupold v. Löwenthal, M.: Chronik der königl. Stadt Iglau (1861). — Prochaska, F.: De saecularibus liberalium artium in Bohemia et Moravia fatis commentarius (1782).*

Sturnus (Stornus, Sturm, Sturlin(us), Staar), Ioannes (Johannes, Jan, Jodocus; Pseud. Paedagogus), Gelehrter und Lehrer, * [um 1470] Schmalkalden, † [nach 1536]. Gelehrter in Wien. Nach 1497 Mitglied der Sodalitas Litteraria Da-

nubiana und anderer humanistischer Zirkel in Wien. Freundschaft mit Konrad Celtis. Seit 1497 Lehrer von Christoph v. Weitmühl in Wien und Begleiter bei dessen Kavalierstouren nach Bologna, Novara und in andere Orte Italiens. 1502–1511 auf Burg Hassenstein im Dienst von → Boh. Lobkowicz v. Hassenstein. Dort Hofmeister, Sekretär, Privatlehrer, Bibliothekar, Sammler und seit 1510 posthumer Bearbeiter von dessen Werken. 1504 Reise nach Sachsen und Hessen. 1511 Studium an der Universität Leipzig, daneben dort Privatlehrer. 1518 Lehrer in Komotau. Nach 1519 Gründer einer Privatschule für Adlige in Annaberg/Erzgebirge. Humanist, Latinist und Poeta laureatus.

L.: *Holý, M.: Ve službách šlechty (2011). — Storchová, L.: Paupertate styloque connecti (2011). — Flood, J.: Poets Laureate in the Holy Roman Empire 4 (2006) 2046 f. — Hoffmannová-Pražáková (2000). — Geschichte der deutschen Literatur 4,1 (1994) 607. — Rukověť 5 (1982). — Listy filologické 105 (1982) 25-27. — Karell, V.: Kaaden-Duppau (1965) 214. — Ankwicz-Kleehoven, H.: Der Wiener Humanist Johannes Cuspinian (1959) 18. — Germanoslavica 4 (1936) 171. — Codex diplomaticus Silesiae 25 (1909) 209. — OSN 24 (1906). — Schmalkaldia Literata (1894) 64 f. — Krause, C.: Helius Eobanus Hessus 1 (1879) 117. — Eckstein, F. A.: Nomenclator philologorum (1871) 543. — Rieger 8 (1870). — Sitzungsberichte der kaiserl. Akademie der Wissenschaften, Phil.-Hist. Klasse 56,1 (1867) 35 f. — Hagen, K.: Deutschlands literarische u. religiöse Verhältnisse im Reformationszeitalter (1841) 223 f. — Erhard, H. A.: Geschichte des Wiederaufblühens wissenschaftlicher Bildung (1832) 320 f. — Ulrich Hutten's Klagen gegen Wedag Loetz (1816) 426 f. u. 558-560. — Cornova, I.: Der große Böhme Bohuslaw v. Lobkowicz u. zu Hassenstein (1808). — Prochaska, F.: Miscellaneen d. Böhm. u. Mähr. Litteratur 1 (1784) 54-56. — Zedler 40 (1744).*

Štúrová-Kuklová (geb. Kuklová), Božena, Ärztin, * 14. 12. 1893 Senftenberg (Žamberk), † 14. 4. 1977 Pressburg (Bratislava). Schwester von → M. Tumlířová, Ehefrau von → S. Štúr. Gymnasium in Königgrätz, 1912 Matura. 1912 bis 1918 Medizinstudium an der tschechischen Universität in Prag, Dr. med. 1918/19 Mitarbeiterin an der Klinik für Innere Medizin in Prag, 1919–1939 an der Universitätsklinik für Innere Medizin in Pressburg. Studienaufenthalte 1922–1924 in Paris und 1926 in Berlin. 1928 Privatdozentin für Pathologie und klinische Therapie an der Universität Pressburg. 1934 ao. Prof. der Medizin als erste Frau in der Tschechoslowakei, 1946 o. Prof., 1956 DrSc. 1939–1946 an der Beratungsstelle für Tuberkulose in Pressburg, 1949 Gründerin und bis 1961 Leiterin der dortigen Tuberkulose-Klinik. 1946–1949 an der medizinischen Fakultät der Universität Pressburg, 1952–1961 Lehrstuhlinhaberin für Tuberkulose. Veröffentlichungen zu Infektionskrankheiten und zu immunobiologischen Themen. Mitglied der Kommission für Bekämpfung der Tuberkulose in der Tschechoslowakei und der Gelehrten Šafárik-Gesellschaft. 1968 J. E. Purkyně-Medaille, 1992 Tomáš-Garrigue-Masaryk-Orden 3. Klasse in memoriam.

W.: *Poučenie o tuberkulóze [Informationen zur Tuberkulose] (1928). – Nakažlivé choroby [Infektionskrankheiten] (1931). – Novšie poznatky o tuberkulóze [Neuere Erkenntnisse über Tuberkulose] (1936). – Boj proti tuberkulóze [Der Kampf gegen die Tuberkulose] (Mitautorin, 1942). – Tuberkulóza pľúc [Lungentuberkulose] (1956). – Verz. s. SBS 5 (1992).*

L.: *Bahenská, M. u. a.: „Ženám žádný obor vědecký od přírody není uzavřen" (2023). – Práce z dějin Akademie věd 14,1 (2022) 1-10. – Hoffmannová, J.: Prvenství žen (2016). – Dudeková, G. u. a.: Na ceste k modernej žene (2011) 643-657. – Štrbáňová, S. u. a. (Hg.): Women Scholars and Institutions 1 (2004) 387-399. – Interná medicína 4,2 (2004) 140. – Knižnica 5,5 (2004) 268 f. – Michálek, S./Krajčovičová, N.: Do pamäti národa (2003). – Tomeš 3 (1999). – Medzinárodné sympózium k dejinám medicíny (1994) 161 f. – BSPLF 2 (1993). – Perstická, D.: Osobnosti. Nositelé Řádu Tomáše Garrigue Masaryka 1991 a 1992 (1993) 334. – SBS 5 (1992). – Encyklopédia Slovenska 5 (1981). – Studia pneumologica et phthiseologica cechoslovaca 34,1 (1974) 1-3. – Bratislavské lekárske listy 51,2 (1969) 254 f. – Prehľad profesorov Univerzity Komenského (1968) 48. – Rozhledy v tuberkulose a v nemocech plicních 24,2 (1964) 115 f. – OSN ND 6,2 (1943). – OSN ND 3,2 (1935). – Kulturní adresář (1934 u. 1936). – MSN 4 (1929). – Biogr. Slg.*

Štursa, Jan, Bildhauer, * 15. 5. 1880 Neustadtl in Mähren (Nové Město na Moravě), † 2. 5. 1925 Prag (Praha). Ehemann von → B. Štursová-Durasová, Onkel von → Jiří Štursa. 1894–1898 Gewerbeschule in Hořitz, danach Steinmetz in Glatz und Berlin. 1899–1903 Studium an der Akademie der Bildenden Künste in Prag bei → J. V. Myslbek, seit 1908 dessen Assistent. Studienreisen 1904 nach München, Bern, Zürich, Genf, Paris und London, 1907 nach Rom. 1914 bis 1916 Militärdienst. 1916 Prof. der Medailleursklasse, seit 1919 Lehrstuhlinhaber für Bildhauerei und 1922–1924 Rektor der Prager Kunstakademie. Zunächst durch Symbolismus und Jugendstil, später durch Neoklassizismus

beeinflusste Werke. Monumentale Skulpturen, Frauenakte, Werke mit Kriegsthematik sowie Porträtbüsten tschechischer Persönlichkeiten, u. a. für das Foyer des Nationaltheaters in Prag sowie das Comenius-Denkmal in Amsterdam. Zudem Illustrator und Medailleur. Seit 1905 Mitglied und 1921 Vorsitzender des Künstlervereins Mánes, seit 1906 korr. Mitglied des Hagenbundes. 1920 ao., seit 1921 o. Mitglied der Tschechischen Akademie der Wissenschaften und Künste sowie der Société Nationale des Beaux Arts. Einer der bedeutendsten tschechischen Bildhauer des 20. Jahrhunderts. 1925 Suizid.

L.: *Informační systém abART [30.4.2024]. – Encyklopedie Prahy 2 vom 2.4.2024. – Allg. Künstlerlexikon 107 (2020, m. Verz.) u. Online [30.4.2024]. – Hojda, Z. u. a. (Hg.): Světlo, stíny a tma v české kultuře 19. století (2018) 195-202. – Chalupa, J.: J. Š. Dar nebes a země (2017). – Revue Art 10,3 (2017) 4. – Art & Antiques (2014) Heft 7-8, 42-44. – Kuthanová, K. u. a. (Hg.): Metamorfózy politiky (2013). – Umění 56 (2008) 333-341 u. 373 u. 59 (2011) 303-313. – Wittlich, P.: J. Š. (2008, m. Verz.). – Osobnosti. Česko (2008). – ČČAVU (2004). – Storck, C. P.: Kulturnation und Nationalkunst (2001). – Wittlich, P.: Sochařství české secese (2000). – Tomeš 3 (1999). – Dějiny českého výtvarného umění 4,1 (1998) u. 4,2 (1998). – Churaň 2 (1998). – Hanzalová (1997). – Turner, J. (Hg.): The Dictionary of Art 29 (1996). – Lexikon der Kunst 7 (1996). – Horová 2 (1995, m. Verz.). – Osobnosti českých dějin (1995). – Seibt, F. (Hg.): Böhmen im 19. Jh. (1995). – MČSE 6 (1987). – Lexikon der Kunst 11 (1987). – Plánka, I.: J. Š. (1987). – Kotalík (1984 u. 1988). – Jilemnický, A.: Kámen jako událost (1984). – Mašín, J.: J. Š. 1880–1925 (1981). – Kotalík, J. T.: J. Š. (1980). – Bénézit 9 (³1976). – EČVU (1975). – Páleníček, L.: Švabinského český Slavín (1973 u. ²1985). – Myšlenky moderních sochařů (1971) 125-130. – PSN 4 (1967). – Šebek, J. (Hg.): J. Š. Svědectví současníků a dopisy (1962). – Vollmer 4 (1958). – Toman 2 (1950) u. 3 (1955). – Matějček, A.: J. Š. (1950). – OSN ND 6,2 (1943). – Novotný, K.: J. Š. (1940). – Thieme-Becker 32 (1938, m. Verz.). – MSN 7 (1933). – Album representantů (1927). – J. Š. Dílo (1926). – Národní politika 3.5.1925, 4. – Prager Tagblatt 3.5.1925, 7. – Umění. Sborník pro českou výtvarnou práci 1 (1918–1921) 210-236.*

Štursa, Jiří, Architekt, * 17. 3. 1910 Prag (Praha), † 6. 2. 1995 Prag. Ehemann von → V. Štursová, Neffe von → Jan Štursa. 1928–1933 Architekturstudium an der tschechischen TH in Prag. Seit 1930 Gründungsmitglied der Fortschrittlichen Architektengruppe PAS, Vertreter des wissenschaftlichen Funktionalismus. 1931–1939 Mitglied der architektonischen Sektion der Levá fronta, seit 1933 des Verbands sozialistischer Architekten und 1931–1948 des Architektenklubs. Wohnhausprojekte in Prag und Umgebung, 1938/39 zusammen mit → K. Janů [Nachtragsband] Bau der Volman-Villa in Čelakowitz. Mietshäuser in Prag, Pisek, Brüx und Ostrau, häufige Zusammenarbeit mit seiner Frau, u. a. 1949/50 am Stalin-Denkmal in Prag. 1945–1948 Angestellter des Ministeriums für Soziales, seit 1948 des Planungsunternehmens Stavoprojekt. 1948–1978 Prof. an der Fakultät für Architektur der TU Prag, 1952–1954 Dekan der Fakultät. Seit 1933 Redaktionsmitglied der Fachzeitschrift Stavba, 1948–1951 von Architektura. Architekturtheoretiker, Veröffentlichungen in Stavba, Architektura ČSR, Tvorba und Československý architekt. 1932 bis 1943 Beteiligung an Architekturausstellungen.

W.: (Mitautor:) Architektura a společnost [Architektur und Gesellschaft] (1933). — (Mitautor:) Vědecké metody architektonické práce [Wissenschaftliche Methoden der architektonischen Arbeit]. In: Za socialistickou architekturu [Für eine sozialistische Architektur] (1933). — (Mitautor:) Je možná vědecká syntéza v architektuře? [Ist eine wissenschaftliche Synthese in der Architektur möglich?]. In: Magazín Družstevní práce 4 (1936/37) 176-182 (auch in: Švácha, R./Teige, K.: Forma sleduje vědu / Form Follows Science, 2000, 250-255 und engl. 256-261). — Typologie budov správních [Typologie von Verwaltungsgebäuden] (1963). — Vývoj obytného domu v českých zemích v 19. a 20. stol. [Wohnhausentwicklung in den böhm. Ländern im 19. u. 20. Jh.] (1975). — Architektura a životní prostředí v českých zemích [Architektur und Umwelt in den böhm. Ländern] (1980). — Teorie a estetika architektury [Architekturtheorie und -ästhetik] (zus. m. M. Benešová; 1981, ²1987). — Rekonstrukce a renovace památek [Rekonstruktion und Renovierung von Architekturdenkmälern] (1983). — Pražská architektura. Významné stavby jedenácti století (Mitautor; 1990; deutsch: Prag. Elf Jahrhunderte Architektur, 1991).

L.: Allg. Künstlerlexikon Online [30.4.2024]. — Informační systém abART [30.4.2024]. — Miljacki, A.: The Optimum Imperative: Czech Architecture for the Socialist Lifestyle (2017). — Slavíček 2 (2016). — Zarecor, K. E.: Manufacturing a Socialist Modernity (2011). — Osobnosti. Česko (2008). — SČSVU 17 (2006, m. Verz.). — Knapík (2002). — Tomeš 3 (1999). — Horová 2 (1995). — Architekt 41,6 (1995) 6. — Švácha, R.: Od moderny k funkcionalismu (1994). — ČBS (1992). — Kdo je kdo (1991 u. ²1994). — Foltyn, L.: Slowakische Architektur und die tschech. Avantgarde (1991) 166 u. 231 f. — Vollmer 4 (1958). — Toman 2 (1950) u. 3 (1955). — OSN ND 6,2 (1943). — Biogr. Slg.

Štursová (Štursová-Suková), Vlasta, Architektin, * 1. 6. 1912 Prag (Praha), † 15. 11. 1982 Prag. Ehefrau von → Jiří Štursa. 1932–1938 Architekturstudium an der tschechischen TH in Prag. Vertreterin der zweiten Generation des Funktionalismus. Wohnhausprojekte in Prag und Umgebung, Sozialbauten, Interieurdesign, Krematorien in Trebitsch und Jaroměř, später Restaurierungen von historischen Gebäuden. Zusammenarbeit mit ihrem Mann, u. a. 1949/50 an der Gestaltung des Stalin-Denkmals in Prag. 1950 Redaktionsmitglied der Zeitschrift Výtvarné umění, 1950/51 der Architektura ČSR. Seit 1956 Mitglied des Tschechoslowakischen Architektenverbands. 1955 Präsidiumsmitglied des Ausschusses tschechoslowakischer Frauen.

L.: Allg. Künstlerlexikon Online [30.4.2024]. — Informační systém abART [30.4.2024]. — Zarecor, K. E.: Manufacturing a Socialist Modernity (2011). — SČSVU 17 (2006). — Povolání: architekt(ka) (2003) 116-119. — Knapík (2002). — Švácha, R.: Od moderny k funkcionalismu (1994). — Adlerová, A.: České užité umění 1918–1938 (1983). — Toman 2 (1950) u. 3 (1955). — Biogr. Slg.

Štursová-Durasová (Durasová, Důrasová), Božena (Pseud. Marita Válková), Sängerin und Schauspielerin, * 8. 3. 1885 Humen (Humny) Bez. Schlan (Slaný), † 14. 12. 1961 Prag (Praha). Ehefrau von → Jan Štursa. 1899–1904 Schauspiel- und Gesangstudium am Prager Konservatorium bei → O. Sklenářová-Malá und → L. v. Dötscher [Nachtragsband]. Während des Studiums Konzertauftritte mit der Tschechischen Philharmonie. 1906 Schauspielerin und Operettensängerin am Švanda-Theater und am Uranie-Theater in Prag. 1907–1919 Soubrettenrollen am Städtischen Theater in den Königlichen Weinbergen, 1919–1923 am Weinberger Singspielhaus, danach dort Gastauftritte. Gastspiel 1919/20 am Theater in Ostrau, 1920–1924 am Švanda-Theater, 1923 und 1929 am Uranie-Theater, 1925 im Varieté und 1931/32 am Tyl-Theater in Prag sowie 1931 am Städtischen Theater in Kladno. 1922 Schauspielerin in Stummfilmen. 1945 Veröffentlichung ihrer Memoiren in der Zeitung Národní politika.

L.: Česká divadelní encyklopedie [siehe Durasová] (m. Verz. der Rollen) [30.4.2024]. — Týdeník Mělnicko 10.3.2010, 10. — Sílová, Z.: Divadlo na Vinohradech 1907–2007 2 (2007). — ČHS id=4128 vom 13.2.2006. — Česká operetní kronika (2002). — Tomeš 1 (1999) 267. — Slánský obzor 3 (1995) 87-93. —

Vopravil (1973). — Kdy zemřeli? (1970) 84. — ČslHS 1 (1963) 101. — Nedbal, K.: Půl století s českou operou (1959) 100 f. — Pazdírkův hudební slovník naučný 2,1 (1937) 100. — OSN ND 2,1 (1932) 201. — MSN 2 (1926) 203. — Ottův divadelní slovník 1 (1919) 190.

Sturtz (Sturcz, Stortz, Sturtius), Georg, Arzt, * 1490 Buchholz (Annaberg-Buchholz)/Erzgebirge, † 7. 4. 1548 Erfurt. Bruder von Wolfgang (Wolf) **Stur(t)z** (Stortz, Beamter, * [vor 1490], 1519 Bergmeister in Sankt Joachimsthal, 1524 in Leipzig, danach Bergmeister in Kronach und um 1529 im Rammelsberger Bergwerk bei Goslar). Lateinschule Annaberg/Erzgebirge. Seit 1505 Studium an der Universität Erfurt, dort 1506 Baccalaureus und 1521 Magister der freien Künste. Seit 1514 Hausbesitzer in Erfurt. Bis 1519 und erneut 1521 Aufenthalt in Italien. Dann Arzt sowie Lehre an der Universität Erfurt, 1523 Rektor. 1523 Promotion in Medizin an der Universität Wittenberg. 1525 Arzt in Annaberg. Seit 1525 Stadtphysikus in Sankt Joachimsthal, 1526 dort Gründer und Leiter der Stadtapotheke. 1528 Übergabe beider Stellen an → G. Agricola und Übersiedlung nach Erfurt. Prof. an der Universität Erfurt, zwischen 1528 und 1547 wiederholt Dekan der medizinischen Fakultät. Humanist, Mäzen, wichtiger Protagonist der Erfurter Humanisten. 1537 medizinische Behandlung von M. Luther und 1540 von P. Melanchthon. Als Erbe Miteigentümer von Bergwerken in Buchholz. In Sankt Joachimsthal Schlichter bei Bergrechtsauseinandersetzungen.

W.: Schemata febrium seu Tabula de febrium divisione (1524). — Tabula differentiarum omnis generis febrium (1524). — Ein troestlich vnd vhast nuetzlich Regiment vor die Pestilentz (1543).

L.: Naumann, F.: Die historische Entwicklung des erzgebirgischen Bergbaus (2016). — DBE 9 (²2008). — Soukup, R. W.: Chemie in Österreich (2007) 139. — Wilde, M.: Alte Heilkunst (1999) 306. — Kleineidam, E.: Universitas Studii Erffordensis 3 (1983). — Henschke, E.: Landesherrschaft und Bergbauwirtschaft (1974) 42 f. — Irmscher, J.: Renaissance und Humanismus in Mittel- und Osteuropa 1 (1962) 167 f. u. 175 f. — Bireye, J.: Erfurt in seinen berühmten Persönlichkeiten (1937). — ADB 37 (1894). — Krause, K.: Helius Eobanus Hessus (1879). — Laube, G. C.: Aus der Vergangenheit Joachimsthals (1873) 8 f. — Jöcher 4 (1751). — Adami, M.: Vitae Germanorum Medicorum (1620) 49-51. — Mathesius, J.: Chronica Der Freyen Bergstadt inn S. Joachims-Thal (1587). — Biogr. Slg.

Šturz, Stanislav, Maler und Lehrer, * 27. 10. 1908 Nachod (Náchod), † 16. 3. 2001 Kralup an der Moldau (Kralupy nad Vltavou). Realgymnasium in Přibram und Kladno, dort 1928 Matura. 1928–1930 Architekturstudium an der tschechischen TH und 1930–1933 Studium an der Kunstgewerbeschule in Prag. Anschließend Zeichen- und Mathematiklehrer in Prag, 1935/36 in Eperies und 1936–1940 in Kladno. Seit 1940 Zeichenlehrer am Gymnasium in Kralup, 1948–1969 dort Direktor. In Kralup auch Kulturorganisator und Engagement im Klub der tschechischen Touristen. Vom Kubismus, später vom poetischen Realismus beeinflusster Maler von Landschaften, Porträts und Frauenakten. Mitglied der Künstlergruppe Skupina 7+1. 1943 und 1946 Gruppenausstellung im Topič-Salon in Prag.

L.: Informační systém abART [30.4.2024]. — Mladá fronta Dnes. Střední Čechy Dnes: Mělnicko 31.10.2008, C4. — Sígl, M.: Kdo byl a je kdo. Mělnicko, Kralupsko, Neratovicko (2007). — Zach, A.: Nakladatelské Kladno (2007). — SČSVU 17 (2006). — Vlastivědný sborník Kralupska 8,1 (2001) 84 f. — Mělnický deník 3,156 (1999) 10. — Mělnicko 43 (1998) 3. — Toman 2 (1950). — Výstava obrazů a kreseb akademického malíře S. Š. (1943).

Stutterheim, Joseph Xaver Freiherr von, Offizier, * 19. 6. 1764 Neustadtl in Mähren (Nové Město na Moravě), † 21. 7. 1831 Lemberg (Ľviv). Onkel von Johann Nepomuk Freiherr von **Stutterheim** (Offizier, * 30. 10. 1803 Iglau (Jihlava), † 25. 1. 1870 Wien, seit 1816 Militärakademie in Wiener Neustadt, seit 1824 Soldat, 1828 Leutnant, 1833 Hauptmann, 1841 Major, 1848 Oberst, 1849 Generalmajor, 1848/49 Regimentskommandant in Ungarn bzw. Siebenbürgen, seit 1851 Ruhestand in Wien, 1849 Militärverdienstkreuz und Ritterkreuz des Leopold-Ordens und russischer Sankt-Anna-Orden 2. Klasse). Militärakademie in Wiener Neustadt. Seit 1783 Infanterist, 1789 Unterleutnant, 1793 Oberleutnant, 1796 Hauptmann, 1799 Major, 1805 Oberstleutnant, 1807 Oberst, 1809 Generalmajor, 1815 Feldmarschallleutnant. Teilnahme 1788/89 am Krieg gegen das Osmanische Reich und 1794 gegen Frankreich. Seit 1796 im Generalquartiermeisterstab. 1799–1801 in Italien Teilnahme am Zweiten Koalitionskrieg gegen Frankreich. 1801–1805 Mitarbeiter des Kriegsarchivs in Wien, militärgeschichtliche und Strategiestudien zu den Kriegen 1793–1796. 1809 im

Hauptquartier von Erzherzog Karl, Teilnahme an der Schlacht von Aspern. 1812 Adjunkt von → Karl I. v. Schwarzenberg beim österreichischen Hilfskorps im französischen Russlandfeldzug. 1813/14 Leiter einer Grenadierbrigade in Italien und Teilnahme an der Schlacht am Mincio. 1815 Divisionskommandant in Südfrankreich, Teilnahme an der Besetzung von Auxonne, seit 1820 in Lodi in der Lombardei. 1822 Gouverneur von Alessandria/Piemont. Seit 1824 beim Hofkriegsrat in Wien. Seit 1828 in Lemberg kommandierender General in Galizien. Geheimer Rat. 1814 Ritterkreuz des Militär-Maria-Theresien-Ordens, Kommandeur des Leopold-Ordens, 1815 Regimentsinhaber. Russischer Orden des Hl. Wladimir 3. Klasse, polnischer Orden des Weißen Adlers, Orden der Hl. Mauritius und Lazarus sowie Orden von St. Georg der Wiedervereinigung. 1819 Freiherrenstand.

W.: Der Feldzug 1799 in Italien bis zum Abzug der Russen in die Schweiz. In: Neue militärische Zeitschrift 1,1 (1811/12) 337-577; 2. Aufl. in: Oesterr. militärische Zeitschrift 1 (1820) 337-577.

L.: Klijanienko-Birkmann, A.: Lemberg (2014) 215 f. — ÖBL 63 (2012). — *Mašek, Šlechtické rody 2* (2010). — *Schmidt-Brentano, A.:* Kaiserliche u. k.k. Generale 1618–1815 (2006). — Partisch 8 (1979). — BFH 3 (1975). — *Stutterheim, E. v./Stutterheim, K. v.:* Die Herren u. Freiherren v. S./Alt-S. (1965) 244-246. — Gotha, frhrl. Häuser 13 (1956). — ADB 37 (1894). — *Svoboda, J.:* Die Theresianische Militär-Akademie zu Wiener-Neustadt 1 (1894). — *Lukeš, J.:* Militärischer Maria Theresien-Orden (1891). — Wurzbach 40 (1880). — Kneschke 9 (1870). — Hirtenfeld (1857). — Megerle v. Mühlfeld (1822).

Stutzig (geb. Gößl), Hermine Anna, Lehrerin, * 25. 2. 1914 Neudek (Nejdek), † 22. 10. 1996 Kronach/Oberfranken. 1928–1933 Handelsschule Prag. Verkäuferin. Besuch von Klöppelkursen für Lehrerinnen und Volontariate an verschiedenen Fachschulen in Böhmen. 1941 Examen als Klöppellehrerin an der Staatsfachschule für Hausindustrie in Eger. 1946 Ausweisung aus der Tschechoslowakei. Zunächst in Schlüchtern/Hessen. 1948–1974 Leiterin der Klöppelschule Nordhalben bei Kronach, danach in Kronach. Erstellung von Lehrmaterial, Arbeits- und Mustervorlagen. Einführung der Nordhalbener Spitze mit farbigem Garn und Entwurf des Frankenwaldmusters. Sammlerin von historischen und modernen Spitzen, heute im Klöppelmuseum Nordhalben. 1980 Bayerischer Verdienstorden. 1983 Ehrenmedaille des Bezirks Oberfranken.

L.: 100 Jahre Klöppeln in Nordhalben 1903–2003 (2004) 17-19 u. 51. — EBL 2 (1987). — Neudeker Heimatbrief 31,6 (1979) 11 u. 48,8 (1996) 19 f. — Frankenland (1974) 301. — MSA 34 (1974) 39. — Die Bundesrepublik (1956) 459. — Biogr. Slg.

Štván, Maxmilián, Dramatiker, * 14. 10. 1755 Němčice Bez. Wolin (Volyně), † 12. 12. 1819 Böhmisch Krumau (Český Krumlov). Seit 1768 in Strakonitz. Seit 1769 Piaristengymnasium in Böhmisch Budweis. Seit 1773 Philosophie- und 1776/77 Theologiestudium in Prag, Subdiakon. 1786 Mitgründer und bis 1788 Autor, Übersetzer und Souffleur des tschechischen Patriotischen Theaters Bouda in Prag. 1789 Abschluss des Theologiestudiums in Prag. Danach Wandermusiker in Südböhmen. 1794 Ablehnung seines Antrags auf Priesterweihe. Seit 1798 abwechselnd Wanderungen in Südböhmen und Aufenthalte im Minoritenkloster in Böhmisch Krumau. Autor von patriotischen Dramen, Übersetzer von Werken von A. W. Iffland, Catull und Anakreon.

W.: Drahomíra, ovdovělá kněžna česká, neb Krvavé boleslavské hody [Drahomíra, die verwitwete Fürstin von Böhmen oder Das blutige Festmahl in Altbunzlau] (1786/87). — Oldřich a Božena [Oldřich und Božena] (1786/87). — Šťastný Kašpárek [Der glückliche Kasperl] (1786/87). — Jiří z Poděbrad [Georg v. Podiebrad] (1788). — Verz. s. LČL 4,1 (2008).

L.: Deutschmann, P.: Allegorien des Politischen (2017). — Šormová 2 (2015). — LČL 4,1 (2008). — Jeden jazyk naše heslo buď 3 (2005). — *Wernisch, I.:* Píseň o nosu (2005). — Naše noviny 48,37 (1993) 3. — Dějiny českého divadla 2 (1969). — DČL 2 (1960). — MSN 7 (1933). — Literární listy 10,2 (1889) 32. — *Jungmann, J.:* Historie literatury české (1849) 408.

Štvrtník, Adolf Jan (Adolphe), Lehrer und Komponist, * 31. 5. 1849 Netolitz (Netolice), † 18. 11. 1926 Böhmisch Budweis (České Budějovice). Realschule in Böhmisch Krumau, dann Lehrerbildungsanstalt in Böhmisch Budweis. 1874 Lehrberechtigung für Volksschulen und 1878 für Bürgerschulen, 1880 für Turnen an Mittelschulen und Lehrerbildungsanstalten. Seit 1867 Lehrer in Jankau, dann in Voschitz und seit 1873 an der tschechischen Volksschule in Budweis. Seit 1900 Mitglied der Prüfungskommission für Volks- und Bürgerschulen sowie Turnlehrer am Budweiser Gymnasium. 1895–1912 Direktor der Bürgerschule in Budweis. Sokol-

Mitglied. Engagement im tschechischen Kulturleben von Budweis, seit 1900 Ausschussmitglied des Nationalrats der Budweiser Tschechen. Autor von Turnerlehrmaterialien und Werken zur Lokalgeschichte. Daneben Komponist von Tänzen und Liedern.

W.: Tělocvik na nářadí [Geräteturnen] (o. J.). — Tělocvik v rámci osnovy škol osmitřídních [Turnunterricht an achtklassigen Schulen] (1878). — Různé črty k vyučování tělocviku pro učitele a kandidáty [Verschiedene Skizzen für den Turnunterricht für Lehrer u. Anwärter] (3 Teile, 1888, ²1889). — Paměti královského a horního města Českých Budějovic [Gedenkbuch der königl. u. Bergstadt Böhmisch Budweis] (1891). — Kompositionen: Mazurka karakteristique (1911); Nálady [Stimmungen] 1913; Souvenir. Valse pour le Piano (o. J.); Sokolská čtverylka [Sokol-Quadrille] (o. J.).

L.: Encyklopedie Českých Budějovic (1998) 304. — ČslHS 2 (1965). — OSN ND 6,2 (1943). — Česká hudba 19,2-3 (1913). — OSN 24 (1906). — Kryšpín, V.: Obraz činnosti literární učitelstva českoslovanského (1885). — Wurzbach 40 (1880) 250.

Stwrtnik (Štvrtník), August(in) Freiherr von (d. J.), Offizier, * 14. 9. 1790 Prag (Praha), † 9. 12. 1869 Radkersburg bzw. Bad Radkersburg/Steiermark. Sohn von → A. W. Stwrtnik. Seit 1805 Kanonier in der österreichischen Armee, 1809 Unterleutnant, 1820 Hauptmann, 1834 Major, 1839 Oberstleutnant, 1842 Oberst, 1843 Regimentskommandant, 1848 Generalmajor und 1850 Feldmarschallleutnant. 1809 Teilnahme an der Schlacht von Aspern. 1840 in Pest, später in Olmütz stationiert. 1848/49 Feldartilleriedirektor in Italien unter → J. J. Graf Radetzky von Radecz, Teilnahme an den Schlachten von Udine, Vicenza, Custozza und Novara. 1854 Vorsitzender der Kommission zum Ausbau des Marinestützpunkts Pola. 1859 Feldartilleriedirektor in den Kämpfen von Magenta und Solferino. Seit 1859 Ruhestand in Graz und Radkersburg. 1848 Militär-Maria-Theresien-Orden und Kommandeurskreuz des Leopold-Ordens, 1849 österreichisches Militärverdienstkreuz und Großkreuz des Gregorius-Ordens, 1850 Regimentsinhaber, 1855 Großkreuz des toskanischen St.-Stephans-Ordens, 1859 Orden der Eisernen Krone 1. Klasse. 1859 Feldzeugmeister ehrenhalber und Geheimer Rat. 1814 Freiherrenstand, 1836 ungarisches Indigenat.

L.: Hochedlinger (2018). — AČŠRR 2016 (2012). — ÖBL 63 (2012). — Schmidt-Brentano, A.: Die k.k. bzw. k.u.k. Generalität 1816–1918 (2007). — Hanza-

lová (1997). — Partisch 8 (1979). — Streffleurs Oesterr. militärische Zeitschrift 39,4 (1898) 275. — ADB 37 (1894). — Lukeš, J.: Militärischer Maria Theresien-Orden (1891). — Wurzbach 40 (1880). — Das Vaterland 23.12.1869, Beiblatt 1. — Oesterr.-ungarische Wehr-Zeitung: Der Kamerad 22.12.1869, 6 f. — Neues Fremden-Blatt 16.12.1869, 3. — NFP (Ab.) 16.12.1869, 1. — WZ 14.12.1869, 908 u. 21.12.1869, 1011. — Grazer Volksblatt 11.12.1869, 3 u. 31.12.1869, 5. — Militär-Zeitung 12,39 (1859) 313 f. — Hirtenfeld (1857). — Gotha, frhrl. Häuser 3 (1853), 5 (1855) u. 19 (1869). — Strack, J.: Die Generale der österr. Armee (1850) 573-579. — Megerle v. Mühlfeld (1822).

Stwrtnik (Štvrtník), August(in) Wenzel Freiherr von (d. Ä.), Offizier, * 3. 9. 1755 Wittingau (Třeboň), † 24. 10. 1841 Ofen (Buda bzw. Budapest). Vater von → A. Stwrtnik. Seit 1773 Kanonier der kaiserlichen Armee, zeitweise Geometrielehrer an einer Regimentsschule. 1780 Unterleutnant, 1786 Oberleutnant, 1789 Hauptmann, 1797 Major, 1803 Oberstleutnant, 1809 Generalmajor. Zeitweise Stationierung in Prag. 1778/79 Teilnahme am Bayerischen Erbfolgekrieg, 1789 an der Belagerung von Belgrad und 1793–1800 an den Koalitionskriegen gegen Frankreich in Italien, 1800 Interimsartilleriedirektor in der Schlacht von Marengo. Seit 1805 Kommandant der Artilleriehauptreserve in Italien, 1809 der Feldartillerie des Armeecorps in Deutschland. 1809 als Artilleriekommandant Teilnahme an den Kämpfen von Aspern, Wagram und Znaim. 1812 Leiter der Abteilung für Artillerieausrüstung des österreichischen Hilfskorps im französischen Russlandfeldzug. Dann Befehlshaber der Artillerie im bayerisch-österreichischen Corps 1813 bei Hanau und 1814 bei Bar-sur-Aube. 1815–1825 Artilleriebrigadier in Prag. Seit 1825 Festungskommandant von Ofen. 1838 dort Ruhestand als Feldmarschallleutnant. 1802 Militär-Maria-Theresien-Orden. Leopold-Orden, russischer Orden des hl. Wladimir und 1825 bayerischer Militär-Max-Joseph-Orden. 1802 Ritterstand, 1814 Freiherrenstand, 1836 ungarisches Indigenat.

L.: Hochedlinger (2018). — AČŠRR 2016 (2012). — ÖBL 63 (2012). — Mašek, Šlechtické rody 2 (2010). — Schmidt-Brentano, A.: Kaiserliche und k.k. Generale 1618–1815 (2006). — Hanzalová (1997). — Partisch 8 (1979). — Gatti 2 (1905) 83. — Lukeš, J.: Militärischer Maria Theresien-Orden (1891). — Wurzbach 40 (1880). — Hirtenfeld (1857). — Gotha, frhrl. Häuser 3 (1853) u. 5 (1855). — Der Adler 2.11.1841, 1622. — Megerle v. Mühlfeld, Erg.-Bd. (1824).

Stýblo, Adolf Bedřich, Verleger und Buchhändler, * 20. 4. 1848 Prag (Praha), † 14. 3. 1907 Prag. Sohn von → B. Stýblo. Tschechische Realschule, anschließend Handelsakademie in Prag. 1865/66 Aufenthalt in Leipzig. Danach Eintritt in die väterliche Buchhandlung und in den Verlag in Prag. 1886–1899 Mitglied der Prager Gemeindeältesten. Seit 1889 Vorstandsmitglied, seit 1894 stellv. und seit 1900 Präsident der Stadtsparkasse in Prag. Verwaltungsrat der Bürgerlichen Brauerei und anderer Unternehmen in Prag. 1861 Gründungsmitglied des Gesangvereins Hlahol. Seit 1881 Kassenwart des Vereins für den Wiederaufbau des Nationaltheaters in Prag. Ausschussmitglied und Kassenwart des tschechischen Schulvereins Ústřední matice školská. Ehrenmitglied der Prager Bürgerressource. 1898 Franz-Joseph-Orden, 1901 Orden der Eisernen Krone 3. Klasse, Gregorius-Orden. Silbermedaille der Stadt Prag.

L.: Bosáková, Z.: České knižní kalendáře 19. století (2015) 104. — ÖBL 63 (2012). — LČL 4,1 (2008). — Čech 15.3.1907, 7 f. — Národní politika 15.3.1907, 15 f. — Prager Tagblatt (Ab.) 14.3.1907, 2. — Národní listy 14.3.1907, 2 f. — OSN 24 (1906). — Světozor 6.5.1898, 308. — Biogr. Slg.

Stýblo, Bedřich (Friedrich), Verleger, Drucker und Buchhändler, * 31. 7. 1817 Wien, † 5. 8. 1891 Prag (Praha). Vater von → A. B. Stýblo, Jaroslav **Stýblo** (Buchhändler und Verbandsfunktionär, * 8. 12. 1849 Prag, † 20. 7. 1887 Prag, Mitarbeit im väterlichen Verlag, 1875–1887 stellv. Geschäftsführer des Prager Sokol-Vereins, enger Mitarbeiter von → M. Tyrš, 1875/76 und seit 1884 Chefredakteur der Vereinszeitschrift Sokol) und von Václav **Stýblo** (Verleger und Buchhändler, * 3. 1. 1869 Prag, † 27. 8. 1942 Prag, nach dem Tod des ältesten Bruders Adolf Fortführung des Familienverlags und der Buchhandlung, Erweiterung des Verlagsprogramms um zeitgenössische tschechische Literatur, Übersetzungen ins Tschechische, eine Jugendbuchreihe sowie bibliophile Ausgaben). Buchbinderlehre in Prag. 1844–1860 Buchhändler in Prag. 1854 dort Verlagskonzession, 1861 Druckereikonzession, 1862 Gründung einer eigenen Druckerei. Zunächst Spezialisierung auf populäre religiöse Literatur, Gebetbücher und Kalender auf Deutsch und Tschechisch, dann auf Kinder- und Jugendbücher sowie Lehrwerke. 1863–1883 Mitglied des Prager Gemeinderats. Ausschussmitglied der Stadtsparkasse in Prag. Gründungsmit-

glied und 1868–1871 erster Vorsitzender des Prager Sokol-Vereins. 1866 silberne Bürgermedaille der Stadt Prag. 1869 päpstlicher Silvesterorden für die Verbreitung religiöser Literatur. Nach seinem Tod Fortführung der Firma durch die Familie, 1949 Verstaatlichung des Verlags.

L.: Nekula, M.: Tod und Auferstehung einer Nation (2017). — Bosáková, Z.: České knižní kalendáře 19. století (2015). — Waic, M.: Tělovýchova a sport ve službách české národní emancipace (2014) 33. — ÖBL 63 (2012, m. Verz.). — Köllner, A.: Buchwesen in Prag (2000). — Waic, M. u. a.: Sokol v české společnosti (1996) 31, 41 u. 48. — Chyba, Slovník knihtiskařů (1966) 262. — KSN 10 (1938). — ČMM 58 (1934) 296-307. — NVISN 16 (1932). — MSN 6 (1932). — Compass. Finanzielles Jb. 61 (1928) 1619. — Nosovský, K.: Knihopisná nauka a vývoj knihkupectví československého (1927). — Typografia 26 (1919) 27-31 u. 34-37. — OSN 24 (1906). — Národní album (1899) 352. — Národní politika 8.8.1891, 3 f. — Prager Abendblatt 6.8.1891, 3 u. 8. — Zlatá Praha 8 (1890/91) 492. — Sokol 13 (1887) 223-227. — Müller, J./Tallowitz, F.: Památník Sokola Pražského (1883) 102.

Styblo (Stýblo), Karel, Arzt, * 26. 11. 1921 Vilémov (Willimow) Bez. Habern (Habry), † 13. 3. 1998 Den Haag/Niederlande. Bis 1941 Handelsakademie in Kolin. Kaufmännische Tätigkeit, dann Gymnasium. Verhaftung und im November 1944 Deportation in das Konzentrationslager Mauthausen, Erkrankung an Tuberkulose. 1945 Matura an einem Gymnasium in Prag. Seit 1945 Medizinstudium an der Universität Prag, 1950 Promotion. Assistenzarzt in Prag. Epidemiologe und Tuberkuloseforscher, Ausarbeitung praktischer Behandlungs- und Überwachungsverfahren. In den 1950er Jahren Forschungsaufenthalte an der Universität Edinburgh. Studienreisen nach Tunesien. Arzt am Tuberkulose-Forschungsinstitut in Prag, Bearbeiter der Kolin-Studie zur Tuberkulosetherapie. 1965 Habilitation an der Universität Prag. Seit 1965 in den Niederlanden, 1971 niederländische Staatsbürgerschaft. 1966–1995 Direktor der Tuberculose Surveillance Research Unit (TSRU) in Den Haag, 1979–1991 wissenschaftlicher Direktor der International Union Against Tuberculosis and Lung Disease (IUATLD) in Paris. Mitarbeit in der Weltgesundheitsorganisation (WHO). Erprobung der von ihm entwickelten DOTS-Strategie (Directly Observed Treatment, Short Course) zur Betreuung von Tuberkulosepatienten 1978 in Tansania und später in Malawi, Benin, Mosambik, Nicaragua, China und Indien.

1990 Übernahme seiner Strategie in das offizielle WHO-Programm. Beiträge in Rozhledy v tuberkulose a v nemocech plicních, Scandinavian Journal of Respiratory Diseases und anderen Fachzeitschriften. 1982 Robert-Koch-Medaille. 1996 niederländischer Löwen-Orden. Seit 1997 Namensgeber des K.-S.-Gesundheitspreises der International Union Against Tuberculosis and Lung Disease.

W.: (Mitautor:) Epidemiologická a klinická studie tuberkulózy v kolínském okrese [Epidemiologische u. klinische Tuberkulosestudie im Bezirk Kolin]. In: Československé zdravotnictví 10,6 (1962) 304-307. — Epidemiologický a klinický výzkum tuberkulózy v ČSSR ve spolupráci se Světovou zdravotnickou organizací [Die epidemiologische u. klinische Tuberkuloseforschung in der ČSSR in Zusammenarbeit mit der Weltgesundheitsorganisation]. In: Časopis lékařů českých 102,31 (1963) 841-846. — Probleme der Erfassung der Tuberkuloseerkrankten. In: Wiener medizinische Wochenschrift 116,9 (1966) 190-193. — Progress report from the tuberculosis surveillance research unit. In: Bulletin of the International Union against Tuberculosis 41 (1968) 255-264. — The problem of the chronic excretor of tubercle bacilli. In: Scandinavian Journal of Respiratory Diseases 49,3 (1968) 236-248. — Epidemiology of Tuberculosis (1984). — (Mitautor:) Tuberculosis. In: Health Policy and Planning 6,4 (1991) 391-397.

L.: Mitt. Archiv der Karls-Universität Prag, 11.12.2017. — Alergie 16,3 (2014) 151. — Bynum, H.: Spitting Blood (2012) 257. — Štědrá, E. u. a.: Vilémov (2004). — British Medical Journal 317 (1998) 1596. — Nederlands Tijdschrift voor Geneeskunde (1998). — Bulletin of the International Union Against Tuberculosis and Lung Disease 66,4 (1991) 211-213. — Symposium en l'Honneur du Docteur K. S. (1991). — Biogr. Slg.

Stýblo, Max Bedřich (Maxmilián, Maximilian), Schauspieler und Redakteur, * 28. 9. 1892 (Praha), † 4. 3. 1972 Prag. Realschule in Prag. Gesangsausbildung. Seit 1910 Mitwirkung in Theatergesellschaften in Böhmisch Budweis, Pilsen und Mährisch Ostrau. Nach 1914 Militärdienst. Seit 1917 Sänger und Regisseur bei Prager Kabaretts und kleineren Operettenbühnen. Nach 1918 Lehrerbildungsanstalt und Handelsakademie in Prag ohne Abschluss. Seit 1919 Regisseur, Organisator, Sänger und Schauspieler privater und zum Teil eigener Theatergesellschaften in Böhmen, Mähren und der Slowakei. Gastspiele in Zittau, Dresden und Wien. Gründer und Leiter von Kabaretts wie Bohéma und Barikáda. Seit 1925 Bariton des Nationaltheaters in Prag, 1937 krankheitsbedingte Pensionierung.

1939/40 Mitwirkung am Kabarett Lucerna. Von 1945 bis in die 1960er Jahre Unterhaltungskünstler, Auftritte für den Verband der antifaschistischen Kämpfer. Autor von Theaterstücken, Gedichten und Liedern, von Belletristik und Zeitungsbeiträgen. Redakteur von Divadlo, Naše divadlo, Český kabaret und anderer Theaterzeitschriften. Rezitator, zudem Auftritte in Film und Rundfunk. Vertreter patriotisch-nationaler, in den 1920er Jahren faschistischer sowie antisemitischer Positionen.

W.: Vesnická idyla [Dörfliche Idylle] (1909). — Rakouské blázince [Österr. Irrenanstalten] (1923). — Fr. Leopold Šmíd (1923). — Hoří! [Es brennt!] (1925). — Krůpěje [Wassertropfen] (1925). — Květy červené a bílé [Rote und weiße Blüten] (2 Bde., 1929-1934). — Vlastenecký breviř [Patriotisches Brevier] (1932). — Rosa na květech [Taunasse Blüten] (1932). — Světlo ve tmách [Licht im Dunkeln] (1934). — Volání do prázdna [Ruf ins Leere] (1935). — Vlasti a národu [Der Heimat und dem Volke] (1938). — Stýblův večer [Stýblos Abend](1938). — Nedej zahynouti … [Lass uns nicht zugrunde gehen …] (1938). — Písně opuštěných [Lieder der Einsamen] (1939). — Pod českým nebem [Unter dem tschechischen Himmel] (1939). — Hořící oltář [Der brennende Altar] (1940). — Bloudící motýl [Der umherirrende Falter] (1941). — Radostná cesta [Eine fröhliche Reise] (1942). — Nad českou kovadlinou [Über dem tschechischen Amboss] (1943). — Zářivý den [Der leuchtende Tag] (1944). — Hrst rodné země [Eine Handvoll Heimaterde] (1947). — Pravda vítězí! [Die Wahrheit siegt!] (1947).

L.: Národní divadlo Online archiv, umelec=5739 [30.4.2024]. — LČL 4,1 (2008, m. Verz.). — Chilufim 3 (2007) 52-54. — Sigl, M.: Kdo byl a je kdo. Mělnicko, Kralupsko, Neratovicko (2007). — Mikulášek, A.: Antisemitismus v české literatuře 19. a 20. století (2000). — Kdy zemřeli? (1974). — Vopravil (1973). — Svobodné slovo 8.3.1972, 3 u. 28.9.1972, 4. — Lidová demokracie 8.3.1972, 4. — Brabec, J.: Poezie na předělu doby (1964). — Kalendář historický národa českého (1940). — OSN ND 6,1 (1940). — Kulturní adresář (1934 u. 1936). — Biogr. Slg.

Stýblová, Božena (Františka), Lehrerin und Sportfunktionärin, * 30. 12. 1888 Schlan (Slaný), † 15. 11. 1946 Prag (Praha). Ausbildung zur Sportlehrerin. Hilfslehrerin, 1922–1939 Lehrerin am Mädchengymnasium in Prag-Smichow, dann am Staatlichen Lehrerinneninstitut der tschechischen Universität in Prag. 1922–1935 Mitglied im Vorstand der Frauensektion und im Bildungsausschuss des Sokol. 1924–1938 im Sokol-Präsidium. Zudem Mitglied des Sozial- und des Druckausschusses sowie Bibliothekarin des Prager Sokol. Daneben seit 1933 in der tschechischen Pfadfinderbewegung, Vorsitzende des Bildungsausschusses und Organisatorin von Mädchen-Waldschulen. Mitglied im tschechischen Frauenerwerbsverein in Prag. Veröffentlichungen zu Körpererziehung an Mädchenschulen, zu Sportübungen, zur Wehrerziehung für Mädchen und zu Pfadfinderinnen. Seit 1926 Redakteurin des Věstník sokolský. Mitarbeit am Ottův slovník naučný nové doby.

W.: Dr. Renáta Tyršová osmdesátiletá [Dr. R. T. zum 80. Geburtstag] (1934). — Masaryk v Ženevě 1915 [Masaryk in Genf 1915] (1935). — První škola brannosti žen [Die erste Schule der Wehrhaftigkeit für Frauen] (zus. m. S. Čechová; 1936). — (Mit-Hg.:) Žena a brannost [Die Frau und die Wehrhaftigkeit] (11 Folgen, 1938). — 10 branných vycházek pro hochy i dívky [10 Wehrausflüge für Jungen und Mädchen] (zus. m. K. Kalivoda u. B. Valla; 5 Bde., 1939).

L.: Swierczeková, L.: Průvodce po archivních fondech a sbírkách Oddělení dějin tělesné výchovy a sportu Národního muzea (2007). — Břečka, B.: Kronika čs. skautského hnutí (1999). — Macková, V.: Co skautky dělaly po sedmdesát pět let své existence (1992) 11-16 u. 19. — Práce 21.11.1946, 7. — Seznam osob a ústavů University Karlovy v Praze (1937) 140. — Biogr. Slg.

Stýblová (geb. Kolinová), Valja (Valentina), Ärztin, Schriftstellerin und Politikerin, * 4. 6. 1922 Harbin, Heilongjiang (Amur-Provinz)/China, † 12. 11. 2020 Prag (Praha). Seit 1925 in Prag, dort Realgymnasium, 1941 Matura. Musikstudium, Staatsprüfung für Klavier. Musiklehrerin. Seit 1945 Medizinstudium an der Universität in Prag, 1950 Promotion. Anschließend Assistentin und Klinikärztin der Neurologie, 1958 CSc., 1976 DrSc. Seit 1965 Dozentin, seit 1973 Leiterin des Lehrstuhls für Neurologie und Psychiatrie und seit 1977 Prof. für Neurologie an der 3. medizinischen Fakultät der Universität Prag. Seit 1974 Direktorin der neurologischen Klinik des Universitätskrankenhauses in Prag-Weinberge, seit 1978 dort Aufbau einer neurologischen Intensivstation. 1990 Emeritierung und Ruhestand. 1981–1990 Abgeordnete der KPTsch in der tschechoslowakischen Föderalversammlung in Prag, Hochschul- und Wissenschaftspolitikerin. Forschungen zur Elektroenzephalographie, Neurochirurgie und klinischen Neurotoxologie sowie hygienewissenschaftliche Zeitschriftenbeiträge. Zudem Schriftstellerin. Novellen, Kurzgeschichten und Drehbücher mit medizinischen Bezügen, Romane für Kinder und Jugendliche sowie Romante-

tralogie zu → J. Hlávka. Seit 1972 Engagement im tschechischen Schriftstellerverband, nach 1989 Mitglied der tschechischen Schriftsteller-Gemeinde. 1976 Verdiente Künstlerin. 1981 tschechoslowakischer Nationalpreis für Literatur, 1986 bestes tschechisches Buch der Ehrenliste des Hans-Christian-Andersen-Preises für Kinder- und Jugendliteratur, 1987 Orden der Arbeit, 2006 Preis der tschechischen Sektion des Internationalen Kuratoriums für das Jugendbuch, 2007 Josef-Hlávka-Medaille und Literaturpreis Goldenes Band, 2010 Božena-Němcová-Preis und 2012 Josef-Hlávka-Preis.

W.: Vetřelec [Der Eindringling]. In: Literární noviny 1.3.1949, 3-5. — Mne soudila noc [Mich richtete die Nacht] (1957; poln. 1959; engl. 1961). — Dům u nemocnice [Das Haus an der Klinik] (1959; dt.: Im Haus an der Klinik, 1961; poln. 1961). — Moje velká víra [Mein großer Glaube] (1960). — Dopis Kláře [Brief an Klara] (1963). — Až bude padat hvězda [Wenn ein Stern fällt] (1966). — Diagnóza a prevence v průmyslové neurologii [Neurologische Diagnose und Prävention im Industriebereich] (1968). — Nenávidím a miluji [Ich hasse und liebe] (1969). — Můj brácha [Mein Bruder] (1973; dt.: Auf Kim ist Verlass, 1982, ²1984; russ. 1986). — Rychlík z Norimberka [Der Schnellzug aus Nürnberg]. In: Píseň o rodné zemi (1975). — Na konci aleje [Am Ende der Allee] (1979). — Toxické, fyzikální a metabolické faktory, poškozující nervovou soustavu [Das Nervensystem schädigende toxische, physikalische und metabolische Faktoren] (1979). — Skalpel, prosím! [Skalpell, bitte!] (1981; russ. 1984; engl. 1985; dt.: Ein Funke Hoffnung, 1983 u. 1987; auch ung., frz., span., bulgarisch). — Nevěra [Untreue] (1984). — Princ a Skřivánek [Der Prinz und die Lerche] (1984). — Zlaté rybky [Die Goldfische] (1988). — Benjamín (1992). — Eli, Oli, Al a pes Hanibal [Eli, Oli, Al und der Hund Hannibal] (1995). — Most přes řeku Léthé [Brücke über den Fluss Lethe] (1997). — Most sebevrahů [Brücke der Selbstmorde] (1999). — Most aeskulapů [Die Aeskulap-Brücke] (2001). — Ondinino prokletí [Ondinas Fluch] (2003). — Lužanská mše [Die Lužaner Messe] (3 Bde., 2005–2009). — Mecenáš v obnošené vestě [Der Mäzen in abgetragener Weste] (2012). — Verz. s. Dvořáková, L.: V. S. Personální bibliografie (1984) u. Moldanová, D.: V. S. (1985).

L.: SČL on-line vom 26.11.2020. — Právo 14.11.2020, 9. — Lidové noviny 13.11.2020, 4. — iDnes 12.11.2020. — Česká a slovenská neurologie a neurochirurgie 116,6 (2020) 679 f. — Kubeczková, O.: Smrt a dítě (2013). — Slovník autorů literatury pro děti a mládež 2 (2012) 383 f. — Kdo je kdo v Obci spisovatelů (2008, m. Verz.). — Osobnosti. Česko (2008). — Naše rodina 12.6.2007, 20. — Káš, S.: Čeští lékaři-spisovatelé (2003) 124 f. — Tomeš 3 (1999). — Janoušek 2 (1998, m. Verz.). — Světlík, E. (Hg.): Kto je kto (1997). —Dokoupil, B./Zelinský, M. u. a.: Slovník českého románu 1945–1991 (1992). — Kdo je kdo

(1991 bis ⁵2005). — MČSE 5 (1987). — Chaloupka, O.: Čeští spisovatelé literatury pro děti a mládež (1985). — Slovník české literatury 1970–1981 (1985). — Čeští spisovatelé 20. století (1985). — Moldanová, D.: V. S. (1985). — Nejtek, V. M. (Hg.): V. S. (1982). — SČS (1964). — Biogr. Slg.

Štýbnar, Vít, Vereinsfunktionär, * 24. 2. 1877 Nakl (Náklo) Bez. Littau (Litovel), † 31. 7. 1954 Olmütz (Olomouc). Schulen in Nakl und Prag. Seit 1903 in Sankt Petersburg. Dort Bibliothekar und 1913–1918 Geschäftsführer des Tschechischen Hilfsvereins. Nach 1914 Mitorganisator der tschechischen Unabhängigkeitsbewegung in Russland, nachfolgend gegen ihn in Österreich-Ungarn Ermittlungen wegen Hochverrats. 1916/17 Delegierter zweier tschechischer nationalpolitischer Kongresse in Kiew, enge Zusammenarbeit mit → J. Dürich und → M. R. Štefánik. 1918/19 stellv. Vorsitzender des Tschechoslowakischen Hilfsvereins in Petrograd/Sankt Petersburg. Nach 1919 Sekretär des Wirtschaftsvereins für den slawischen Osten in Prag. 1925–1935 Vorsitzender des Zentralverbands der Tschechen und Slowaken aus Russland. Propagator von Entschädigungsforderungen an die Sowjetunion wegen des vormaligen Besitzes von Tschechen in Russland. Beiträge in Zeitschriften wie Legie und Věstník Ústředního Sdružení Čechů a Slováků z Ruska.

W: Z činnosti Čechů a Slováků v Rusku [Die Tätigkeit von Tschechen und Slowaken in Russland]. In: Věstník Sdružení Čechů a Slováků z Ruska 3,12 (1923) 1-5. — Jak jsme r. 1914 v Petrohradě manifestovali [Wie wir 1914 in Petrograd demonstrierten]. In: Věstník Sdružení Čechů a Slováků z Ruska 4,12 (1924) 2 f. — Krajané na Rusi v prvních dnech války [Die tschech. Landsleute in Russland in den ersten Kriegstagen]. In: Češi a Slováci v Rusku v boji za státní samostatnost 1914–1917 (1934) 22 f.

L.: Russkoe Slovo (2014) 36-41. — Secká, M. u. a. (Hg.): České archivy a prameny k dějinám zahraničních Čechů (2007) 68. — Serapionova, E. P.: Karel Kramarž i Rossija (2006) 222. — BSČZ Heslář 4 (2000). — ČsČH 36 (1988) 222, 228 f. u. 231. — Ročenka Slovanského ústavu 5–7 (1935) 435 u. 8 (1936) 182. — Kulturní adresář (1934 u. 1936). — Ročenka Československé republiky 12 (1933) 278. — NVISN 17 (1932). — Za svobodu. Obrázková kronika (1929) 809. — Album representantů (1927). — Dürich, J.: V českých službách (1921) 63. — Čechoslovan 17.4.1916, 4. — Výroční zpráva Českého výpomocného spolku (1915). — Biogr. Slg.

Štýbr, Josef, Arzt und Übersetzer, * 29. 4.1864 Hyskow (Hyskov bzw. Hýskov) Bez. Beraun

(Beroun), † 20. 6. 1938 Prag (Praha). 1876–1884 Akademisches Gymnasium in Prag, Matura. Seit 1884 Medizinstudium an der tschechischen Universität in Prag, 1889 Promotion. Sekretär der Vereinigung der tschechischen Medizinstudenten. Seit 1887 Demonstrator und 1889/90 Assistent am Lehrstuhl für pathologische Anatomie, zugleich seit 1889 Assistent der Hebammenabteilung an der Geburtsklinik in Prag. Übersiedlung in die USA. 1891–1923 Arzt in Allegheny City bzw. Pittsburgh/Pennsylvania. Dort Pathologe im Krankenhaus sowie Arzt des österreichischen Konsulats. Vorsitzender des Exekutivausschusses der Tschechoslowakischen Nationalvereinigung in Pennsylvania, Mitglied des Tschechoslowakischen Nationalrats in Amerika. Seit 1923 Arzt in Prag. Vorsitzender des Auslandsreferats des Tschechoslowakischen Nationalrats. Seit 1936 Vorsitzender des Tschechischen Ärztevereins. Veröffentlichungen in Časopis lékařů českých und anderen Fachzeitschriften. Übersetzungen persischer Dichtung aus dem Englischen und Persischen ins Tschechische sowie tschechischer Gedichte ins Englische. 1910 Ritterkreuz des Franz-Joseph-Ordens.

W.: (Übers.:) Hálek, V.: Evening Songs (1920); Rubáiját Omara Chajjáma, hvězdáře-básníka perského [Rubai'yat des Omar Chayyam, des persischen Astronomen und Dichters] (1922); Čtyřverší Omara Chajjáma [Omar Chayyams Vierzeiler] (1931); Pláč Bábá Táhirův [Die Lamentation des Baba Tahir] (1938).

L.: Rechcígl, M.: Encyclopedia of Bohemian and Czech-American Biography 3 (2016). — Peprník, J.: Anglofonní svět a Češi 2 (2015) 966. — Káš, S.: Slovník českých lékařů-spisovatelů (2011). — Hýskováček 2 (2008) 12. — Filipský (1999). — BSPLF 2 (1993). — Časopis lékařů českých 123,35 (1984) 1100 f. — Kdy zemřeli? (1962). — OSN ND 6,2 (1943). — Naše věda 21 (1942) 125-127. — Časopis lékařů českých 77,30 (1938) 924 u. 78,8 (1939) 214. — Lidové noviny 23.6.1938, 11. — KSN 10 (1938). — Národní rada 15 (1935) 68 u. 18,3 (1938) 50. — Kulturní adresář (1934 u. 1936). — MSN 7 (1933). — Album representantů (1927). — AČL (1913).

Štych, Antonín, Arzt, * 29. 11. 1867 Pottenstein (Potštejn) Bez. Adler-Kosteletz (Kostelec nad Orlicí), † 23. 11. 1928 Prag (Praha). 1880–1888 Gymnasium in Königgrätz, Matura. Seit 1888 Medizinstudium an der tschechischen Universität in Prag, 1895 Promotion. Danach Externist am Allgemeinen Krankenhaus und 1898–1901 Assistent am Physiologischen Institut der tschechischen Universität in Prag. 1903–1928 praktischer Arzt in Prag. Zugleich Lehrer der Heilkunde an einer privaten Lehrerinnenanstalt in Prag. Mitglied des Internationalen Ausschusses für Schulhygiene. Seit 1907 Herausgeber der Zeitschrift Zájmy lékařské. Mitglied der Verwaltungskommission des Allgemeinen Krankenhauses Prag. Seit 1899 Prager Gemeindeältester, seit 1900 Mitglied des Prager Stadtrats, 1906 bis 1909 stellv. Bürgermeister von Prag. 1907–1920 Vorsitzender der Vereinigung der tschechischen Städte. Obmann der Vereinigung der Prager Bürger. Ehrenmitglied des Tschechischen Ausschusses für die Olympischen Spiele in Paris 1904. Franz-Joseph-Orden. Officier de l'instruction publique. Silberne und goldene Medaille der Stadt Paris.

W.: Stavy dušení se z nadbytku kysličníku uhličitého a z nedostatku kyslíku *[Erstickungszustände infolge eines Kohlendioxid-Überschusses sowie eines Sauerstoffmangels]* (1900). — Katalog pavilonu král. hlav. města Prahy na výstavě Obchodní a živnostenské komory pražské *[Katalog des Pavillons der königl. Hauptstadt Prag bei der Ausstellung der Prager HGK]* (1908).

L.: Archiv der Karls-Universität, Prag. Matriken. — Drašarová, E. u. a. (Hg.): Nedostatek odvahy ke smíru (2021). — Svaz měst a obcí očima století (2007) 8. — Ledvinka, V./Pešek, J.: Praha (2000). — BSPLF 2 (1993). — AČL (1913). — Zlatá Praha 23 (1905/06) 287. — Dvacátá čtvrtá výroční zpráva c.k. vyššího gymnasia v Hradci Králové (1888). — Biogr. Slg.

Štýdl, František, Techniker, * 7. 1. 1902 Konotop (Konotopy bzw. Konětopy) Bez. Laun (Louny), † 14. 11. 1969 Prag (Praha). Oberrealschule in Laun. 1920–1924 Maschinenbaustudium an der tschechischen TH in Prag ohne Abschluss. Danach Konstrukteur der Flugzeug- und Automobilfabrik Aero in Prag-Wysočan, Leiter der dortigen Lehrlingsschule. Nach dem Zweiten Weltkrieg Mitarbeiter des Luftfahrtindustrie-Unternehmens PAL, 1947 Beauftragter für die Entwicklung von Flugzeugausrüstung im Maschinenbauunternehmen ČZKS. Seit Ende der 1930er Jahre ehrenamtlicher Mitarbeiter des Technischen Nationalmuseums Prag, 1949–1951 Direktor, dann bis 1962 Leiter der Abteilung für Maschinenbau und Verkehr. Mitglied des Luftfahrtvereins Aeroklub. Seit 1926 Veröffentlichungen in Letectví, Svět motorů und Věstník Technického musea.

W.: (Mitautor:) Dvacáté století: co dalo lidstvu *[Das zwanzigste Jahrhundert: Was es der Menschheit gebracht hat]* 5 (1932). — Vývoj velocipedu od dřevěného kola k motocyklu *[Die Entwicklung des Velozipeds vom Holzfahrrad zum Motorrad]* (1946). — Sbírky motorismu a cyklistiky v Českém technickém museu *[Die Automobil- und Radsammlungen im Tschech. Technischen Museum]* (1947). — (Mitautor:) Od kočáru k automobilu. 50 let automobilky Tatra v Kopřivnici *[Von der Kutsche zum Automobil. 50 Jahre Autofabrik Tatra in Nesselsdorf]* (1947). — Katalog sbírky motorových vozidel *[Katalog der Kraftfahrzeugsammlung]* (1958).

L.: Mitt. Archiv ČVUT, Prag, 9.1.2019. — Šuman-Hreblay, M.: Encyklopedie automobilů (2018) 12. — Malypetr, M.: Československé motorarity (2016) 58. — Hanzalová (1997). — Biogr. Slg.

Stypa, Josef, Lehrer, * 31. 3. 1883 Schlakau (Slavkov) Bez. Troppau (Opava), † 8. 8. 1948 Troppau. Gymnasium in Troppau. 1902–1906 Bohemistik- und Germanistikstudium an der tschechischen Universität in Prag. Seit 1906 Lehrer in Pardubitz, 1909/10 an der tschechischen Gewerbeschule in Brünn, dann an der Handelsschule in Marienberg bei Mährisch Ostrau. Seit 1911 Gymnasiallehrer in Gaya, seit 1915 in Kremsier und 1919–1938 in Troppau, 1937/38 dort auch kommissarischer Direktor. 1938/39 Gymnasiallehrer in Oderfurt, dann Ruhestand. 1928–1938 und 1945 Bürgermeister von Schlakau. Delegierter des Verbands der Bürgermeister des Bezirks Troppau. Publikationen und Bibliographien zur tschechischen Kultur Schlesiens sowie zur Lokalgeschichte von Schlakau. 1920–1928 Redakteur des Věstník Matice opavské. Chronist und Archivar von Schlakau. Mitglied des Vereins Slezan bzw. seit 1910 der Národní jednota slezská in Prag. 1920–1927 Vorstandsmitglied der Matice opavská. Mitglied der staatlichen schlesischen Ortsnamenkommission.

W.: Slezští rodáci v českém písemnictví *[Schlesier in der tschech. Literatur]*. In: Věstník Matice opavské 12 (1904) 28-49, 13 (1905) 23-48 u. 14 (1906) 40-49. — Jak oslavili jsme čtyřicet let svého gymnasia *[Wie wir 40 Jahre unseres Gymnasiums feierten]* (1924). — (Mit-Hg.:) Padesát let českého gymnasia v Opavě *[50 Jahre tschech. Gymnasium in Troppau]* (1933). — Verz. s. Opava 7 (2010) 15.

L.: Opava 7 (2010) 14 f. — Knapík, J./Knapíková, J.: „Slezský konzulát" v Praze (2010). — Myška 8 (1997, m. Verz.). — Ficek, V.: Biografický slovník širšího Ostravska 1 (1972). — Kdy zemřeli? (1957 u. 1962). — Slezský sborník 46 (1948) 286-289. — Věstník hlavního města Opavy 3 (1948) 135 f. — NVISN 16 (1932). — Album representantů (1927).

Stypa, Tomáš, Lehrer, * 1. 3. 1874 Leitersdorf (Litultovice) Bez. Troppau (Opava),

† 3. 11. 1931 Prag (Praha). Tschechisches Gymnasium Troppau, 1892 Matura. Mathematik- und Physikstudium an der tschechischen Universität in Prag. Lehrer an Realschulen und Gymnasien in Prag und Königgrätz. Seit 1899 Lehrer und seit 1922 Direktor der tschechischen Mädchenoberschule in Prag. Seit Studienzeiten nationalpolitisches und journalistisches Engagement. 1906 Mitgründer und stellv., seit 1908 Vorsitzender des Vereins Slezan bzw. seit 1910 Národní jednota slezská in Prag. Seit 1907 Mitglied des Tschechischen Nationalrats und 1908 Mitgründer und stellv. Vorsitzender des Tschechischen Nationalrats für Schlesien. 1908 Gründer des Schlesischen Sekretariats für die tschechischen Selbstverwaltungskörper Schlesiens. Mitglied und seit 1913 stellv. Vorsitzender der Československá jednota. Seit 1913 Vorstandsmitglied und seit 1926 Vizepräsident des tschechischen Schulvereins Ústřední Matice školská. 1919 tschechoslowakischer Delegierter bei der Pariser Friedenskonferenz, 1920 Mitglied der vorbereitenden Kommission für eine Volksabstimmung in der Region Teschen. Aufsätze zur Schul-, Sprachen- und Nationalitätenfrage in Schlesien in der Zeitschrift Národ. Ehrenbürger von Schlesisch Ostrau und Leitersdorf.

W.: Boj českého lidu ve Slezsku za jazykovou rovnoprávnost [Der Kampf des tschech. Volkes in Schlesien für die sprachliche Gleichberechtigung] (1908). — Boj českého lidu ve Slezsku za práva jazyková [Der Kampf des tschech. Volkes in Schlesien für das Sprachenrecht] (1909).

L.: KESSM 2 (²2013). — Knapík, J./Knapíková, J.: „Slezský konzulát" v Praze (2010). — Slezský sborník 107 (2009) 256-276. — Region Opavsko 9.6.2009, 9. — Myška NF 10 (2007). — Ficek, V.: Biografický slovník širšího Ostravska 5 (1983). — OSN ND 6,1 (1940). — Kapras, J.: Ředitel T. S. (1936). — Naše kniha 12 (1931) 352. — Národní listy 5.11.1931, 3. — Národní noviny 5.11.1931, 3. — Národní politika 5.11.1931, 2. — Album representantů (1927). — Kapras, J.: Ředitel T. S. (1926). — Biogr. Slg.

Štýr, Matěj Václav → **Steyer**, Mathias Wenceslaus

Štyrkolský z Volovic (Sstyrkolssky de Wolovicz, Styrkolszky von Wolowitz, Čtyrkolský), Daniel (Danyel), Arzt, * 1588 Leitmeritz (Litoměřice), † [vor 1627]. Sohn von Elias (Eliáš) **Štyrkolský z Volovic** (Lehrer, * Wolin (Volyně), † 1611 Leitmeritz, 1579/80 Bakkalaureatsstudium an der Prager Universität, 1581–1583

Verwalter der Schule in Jung-Bunzlau, 1584 Magister der Prager Universität, dann Schuldirektor, Bürger und Schöffe in Leitmeritz, humanistischer Schriftsteller). Studienaufenthalte seit 1601 an der Universität Leipzig und seit 1603 in Herborn. Seit 1604 Medizinstudium an der Universität Marburg und seit 1607 in Basel, 1610 dort Promotion. Arzt, dann Stadtarzt und Hausbesitzer in Leitmeritz. Nach dem Ständeaufstand 1623 Beschlagnahme von Teilen seines Vermögens. Humanist und Dichter. Korrespondenz mit → M. Borbonius v. Borbenheim und anderen Gelehrten.

W.: Disputatio medica de menstruorum fluxu nimio (1610).

L.: Šváb, J. u. a.: Kapitoly z dějin chirurgie v českých zemích (2016). — Dějiny města Litoměřic (1997). — Rukověť 5 (1982). — Litoměřicko 5 (1968) 9 u. 23 (1987) 140 u. 148. — Die Matrikel der Universität Basel 3 (1962) 82. — Bílek, T. V.: Dějiny konfiskací v Čechách po r. 1618 (1882) 1120. — Catalogus studiosorum scholae Marpurgensis (1881) 54. — Rieger 11 (1874).

Štyrsa, Jiřík (Jiří, Georgius; Pseud. Georg Wylmschwerer, Na hoře Karmeli), Drucker und Schriftsteller, * 1490 Wildenschwert (Ústí nad Orlicí), † 1536 Jung-Bunzlau (Mladá Boleslav). Mitglied der Brüderunität. Mitarbeiter in der Druckerei von → N. Klaudianus [Nachtragsband] in Jung-Bunzlau, 1521–1531 dessen Nachfolger als Druckereileiter. Herausgeber von Schriften der Brüderunität, Verleger von → Lukas v. Prag. Druck einer tschechischen Ausgabe des Neuen Testaments sowie 1531 des deutschsprachigen evangelischen Gesangbuchs von → M. Weiße. Verfasser religiöser Schriften und von Liedern.

L.: Oustecké střípky 6 (2016) 3-8 (m. Verz.). — Voit, P.: Český knihtisk mezi pozdní gotikou a renesancí 1-2 (2013–2017). — Bibliotheca Strahoviensis 10 (2011) 105-202. — Kulturní měsíčník města Mladá Boleslav (2011) Heft 7-8, 13 f. — Beneš, L.: Osobnosti Mladoboleslavska (2009, m. Verz.). — LČL 4,1 (2008, m. Verz.). — Voit, P.: Encyklopedie knihy (2006). — Bietenholz, P. G.: Contemporaries of Erasmus 2 (1986) 262. — Z kralické tvrze 11 (1984) 14-25. — Vopravil (1973). — Chyba, Slovník knihtiskařů (1966). — Archiv pro bádání o životě a díle Jana Amose Komenského 21 (1962) 49-52 u. 57-60. — Průvodce po okresních a městských archivech Pražského kraje (1958). — MSN 7 (1933). — Tobolka, Z. V. (Hg.): Michaela Weisseho Ein new Gesengbuchlen z r. 1531 a jeho tiskař J. Š. (1931). — Hobl, A.: O nejstarších impresorech mladoboleslavských

(1927). — *Volf, J: Dějiny českého knihtisku (1926)* 113 f. — *OSN* 24 (1906). — *Jireček, J.: Rukovět k dějinám literatury české 2 (1876).* — *Rieger* 9 (1872). — *Jungmann, J.: Historie literatury české (1849).*

Štyrský, Jindřich (Alexandr Ladislav), Maler, Photograph und Schriftsteller, * 11. 8. 1899 Böhmisch Rothwasser (Čermná) Bez. Landskron (Lanškroun), † 21. 3. 1942 Prag (Praha). 1914 bis 1917 Lehrerbildungsanstalt in Königgrätz, 1918–1920 Lehrer in Böhmisch Rothwasser. 1920–1924 Studium an der Akademie der Bildenden Künste in Prag bei → J. Obrovský und → K. Krattner. Seit 1921 Beteiligung an Ausstellungen. Seit 1922 enge Zusammenarbeit mit → Toyen. Seit 1923 Mitglied der Künstlergruppe Devětsil. Maler, Graphiker, Photograph, Illustrator, Collagist sowie Dichter und Schriftsteller. 1925 Italienaufenthalt, dann bis 1928 in Paris, dort zusammen mit Toyen Begründung des Artifizialismus. 1928/29 Bühnenbildner am Befreiten Theater in Prag. Zunächst vom Kubismus und Primitivismus, seit Ende der 1920er Jahre zunehmend vom Surrealismus beeinflusst, als einer der ersten Schaffung von bunten Collagen sowie Beschäftigung mit dem Traum als Inspirationsquelle der Kunst. 1929–1931 Redakteur der Zeitschrift Odeon-Literární kurýr. Anfang der 1930er Jahre Beschäftigung mit Sexualität und Erotik in Literatur und bildender Kunst, 1930 bis 1933 Herausgeber der Erotická revue und 1931–1933 der Edice 69. Bedeutender Vertreter des Surrealismus. Studien zu A. Rimbaud und zu Marquis de Sade. Zudem kunsttheoretische Arbeiten. 1932–1942 Mitglied des Künstlervereins Mánes. 1934 Mitgründer der Gruppe der Surrealisten in der Tschechoslowakei. Redakteur der Edice Surrealismu. 1935 in Paris, seit 1939 erkrankt.

W: Průvodce Paříží a okolím [Führer für Paris und Umgebung] (Mitautor; 1927). — Život J. A. Rimbauda [Das Leben des J. A. Rimbaud] (1930, ³1972). — Emilie přichází ke mně ve snu (1933, ²2001; dt.: Emilie kommt im Traum zu mir, 1994; engl.: Emilie comes to me in a dream, 1997). — Poesie [Gedichte] (1946, ²1992). — Život markýze de Sade [Das Leben des Marquis de Sade] (1995). — Texty [Texte] (2007).

L.: Informační systém abART [30.4.2024]. — Vaňková, P.: Český surrealismus (2021). — Allg. Künstlerlexikon 107 (2020, m. Verz.) u. Online [30.4.2024]. — Bydžovská, L./Srp, K.: Krása bude křečovitá (2016). — Slavíček 2 (2016). — Ars 48 (2015) 82-94. — ÖBL 63 (2012, m. Verz.). — Bydžovská, L./Srp, K.: New Formations (2011). — Encyklopedie města Hradce Králové 2 (2011). — Štěpánek, P.: „Československý malíř" Salvador Dalí a jeho vliv na české umění (2010). — Tippner, A.: Die permanente Avantgarde? (2009). — Osobnosti. Česko (2008). — Bydžovská, L./Srp, K.: J. Š. (2007, m. Verz.). — Srp, K.: J. Š. (2007). — Greenberg, H. u. a.: Czech Vision (2007). — Faber, M. u. a.: Blicke, Passanten (2007). — Wilhelmi, C.: Künstlergruppen in West- und Nordeuropa einschließlich Spanien und Portugal seit 1900 (2006). — Schneede, U. M. (Hg.): Begierde im Blick (2005). — Lang, L.: Buchkunst und Kunstgeschichte im 20. Jh. (2005). — Mißelbeck, R. (Hg.): Prestel-Lexikon der Fotografen (2002). — Benson, T. O./Król, M. (Hg.): Avantgarden in Mitteleuropa 1910–1930 (2002). — Wilhelmi, C.: Künstlergruppen im östlichen und südlichen Europa seit 1900 (2001). — Delarge, J.-P.: Dictionnaire des arts plastiques modernes et contemporains (2001). — Kober, R./Lindner, G. (Hg.): Die zweite Arche (2001). — Srp, K.: J. Š. (2001). — Tomeš 3 (1999). — Birgus, V.: Tschech. Avantgarde-Fotografie (1999, m. Verz.). — Dějiny českého výtvarného umění 4,2 (1998). — Churaň 2 (1998). — Ábelovský, J./Bajcurová, K.: Výtvarná moderna Slovenska (1997). — Aspekte imaginärer Kunst im 20. Jh. (1997). — The Dictionary of Art 19 (1996). — Bydžovská, L./Srp, K.: Český surrealismus 1929–1953 (1996). — České moderní umění 1900–1960 (1995) 209-224. — Wagnerová, A. (Hg.): Prager Frauen (1995) 123-162. — Osobnosti českých dějin (1995) 369. — Horová 2 (1995, m. Verz.) — Virmaux, A./Virmaux, O.: Les grandes figures du surréalisme international (1994). — Encyklopedie českých a slovenských fotografů (1993). — Wojciechowski, A. (Hg.): Polskie życie artystyczne w latach 1945–1960 (1992). — Mrázková, D./Remeš, V.: Cesty československé fotografie (1989). — MČSE 6 (1987). — Kotalík (1984 u. 1988). — Krichbaum, J.: Lexikon der Fotografen (1981). — Křivohlávek, J.: Akademický malíř J. Š. (1979). — Bauer, H. (Hg.): Die große Enzyklopädie der Malerei 8 (1978). — EČVU (1975). — Vopravil (1973). — Vollmer 4 (1958). —Kdy zemřeli? (1957 u. 1962). — Toman 2 (1950). — OSN ND 6,2 (1943). — Thieme-Becker 32 (1938). — Š. a Toyen (1938). — Kulturní adresář (1934 u. 1936). — MSN 7 (1933).

Štys, Adolf, Ingenieur, * 17. 12. 1865 Renčov (Řevničov) Bez. Straschitz (Nové Strašecí), † 29. 3. 1942 Brünn (Brno). 1878–1885 Oberrealschule in Rakonitz. Dann Bauingenieurstudium an der tschechischen TH in Prag, 1890 Abschluss als Ingenieur. 1890 Mitarbeiter der technischen Abteilung der Prager Statthalterei. Seit 1891 Assistent für Brücken-, Eisenbahn- und Straßenbau an der tschechischen TH in Prag. 1892/93 Konstrukteur der Ringhofferschen Ersten Böhmisch-Mährischen Maschinenfabrik in Prag. 1894–1903 selbstständiger Brückenbaukonstrukteur der Prager Maschinenbau-AG vorm.

Ruston & Co. in Prag. Bau von Eisenbahn- und Straßenbrücken in Österreich-Ungarn. 1898 Beteiligung an der Erneuerung der Franz-Josephs-Brücke in Prag sowie der Dachkonstruktion des Veitsdoms. Daneben 1895–1900 Mitwirkung an den Fachpublikationen zum Brückenbau von → A. V. Velflík. 1902 Dr. techn. an der tschechischen TH in Prag. 1903 ao., 1907–1936 o. Prof. für Brückenbau an der tschechischen TH in Brünn und Gründer des dortigen Instituts für Brückenbau. 1906/07, 1913/14, 1920/21 und 1934/35 Dekan der Bauingenieurschule, 1914/15 Rektor. Fachmann für Eisen- und Stahlbrücken. Publikationen in Zprávy Spolku architektů a inženýrů und anderen Fachorganen. Mitglied staatlicher Prüfungskommissionen für Bauingenieure.

W.: Grafické vyšetření poloparabolických nosníků soustavy složené [Graphische Untersuchung von Halbparabelträgern der integralen Bauweise] (1896). — Příspěvek k vyšetřování přímopasového nosníku jednoduché pravoúhlé soustavy s podružnými pruty [Ein Beitrag zur Untersuchung von Parallelgurtträgern in einem einfachen rechteckigen System mit Hilfsstäben] (1901). — Stavitelství mostní [Brückenbau] (2 Bde., 1919/20).

L.: Encyklopedie dějin města Brna vom 12.12.2017. — Události na VUT v Brně 6,7 (1996) 10 u. 13,6 (2003) 21. — Mička, L.: Kulturní tvář Rakovnicka 1 (1976) 117. — Franěk, O.: Dějiny České vysoké školy technické v Brně 1 (1969). — Kdy zemřeli? (1957 u. 1962). — OSN ND 6,2 (1943). — Naše věda 21 (1942) 255 f. — Lidové noviny 31.3.1942, 10 u. 1.4.1942, 5. — Who's Who (1935 u. 1937). — Lidové noviny 17.12.1935, 5. — Kulturní adresář (1934 u. 1936). — MSN 7 (1933). — NVISN 17 (1932). — Album representantů (1927). — Památník České vysoké školy technické v Brně (1924) 71. — OSN 24 (1906). — Tagesbote aus Mähren u. Schlesien 14.3.1903, 3. — Biogr. Slg.

Šubar (Schubar, Ssubarus), Walentin (Valentin; Pseud. Lanškrounský), evangelischer Theologe, * vor 1550 Landskron (Lanškroun), † 27. 6. 1593 Kuttenberg (Kutná Hora). Neu-utraquistischer Theologe in Böhmen. 1571–1577 Pfarrer in Taus, 1581 Dekan in Beraun, 1583 Pfarrer in Saaz, seit 1593 Dekan in Kuttenberg. 1575 Berater der Landtagskommission zur Ausarbeitung der Confessio Bohemica. Verfasser theologischer Werke in tschechischer Sprache. 1577 Beobachter des Großen Kometen.

W.: Kázanij o hrozné Kométě [Predigt über den schrecklichen Kometen] (1578). — Pjsně Na Episstoľy a Ewangelia Nedělnj a Swátečnj [Sonn- u. Feiertags-

lieder zu den Apostelbriefen u. zu den Evangelien] (1612 u. 1613).

L.: Naše řeč 100,2 (2017) 57-73. — Kouba, J.: Slovník staročeských hymnografů (2017). — Böhmová, V.: Grafická a hláskoslovná analýza písní V. Š. (Mag.-Arb. Praha, 2017) 15 f. — Pumprla (2010). — Večeřová, P.: Šumanská tiskárna (2002). — Rukověť 5 (1982). — Vopravil (1973). — Knihopis českých a slovenských tisků 2,8 (1965). — Hrejsa, F.: Dějiny křesťanství v Československu 6 (1950) 287. — Hellman, C. D.: The Comet of 1577 (1944) 421. — Vančura, J.: Dějiny někdejšího král. města Klatov 1,2 (1927) 401. — OSN 24 (1906). — Jireček, J.: Rukověť k dějinám literatury české 2 (1876). — Jungmann, J.: Historie literatury české (1849). — Prochaska, F.: Miscellaneen der Böhm. u. Mähr. Litteratur 1 (1784).

Šubert, Engelbert František, Lehrer und Beamter, * 25. 9. 1879 Wallachisch Meseritsch (Valašské Meziříčí), † 20. 1. 1946 Prag (Praha). Tschechisches Gymnasium in Wallachisch Meseritsch, 1899 Matura. 1901–1905 Slawistik- und Germanistikstudium an der tschechischen Universität in Prag. Mittelschullehrer für Tschechisch und Deutsch an Gymnasien in Wischau und Hohenstadt, seit 1912 an der tschechischen Baugewerbe- und Maschinenindustrieschule in Pilsen. Mitglied der tschechischen nationalen sozialistischen Partei. Nach 1918 Beamter im tschechoslowakischen Schulministerium, seit 1938 Sektionschef des Ministeriums. Herbst 1938 tschechoslowakischer Minister für Schulwesen im Beamtenkabinett von → J. Syrový. Experte für Berufs- sowie Fach- und Fortbildungsschulen. Mitarbeit an Bürgerkunde- und Fachschullehrbüchern sowie am Ottův slovník naučný.

W.: (Hg.:) Šimona Lomnického z Budče vybrané rýmování [Ausgewählte Verse von Simon Lomniczky v. Budecz] (1903). — Hrst pravidel pro slušné a jemné chování [Eine Handvoll Regeln für das gut erzogene und kultivierte Benehmen] (1907). — Občanská nauka pro živnostenské školy pokračovací [Bürgerkunde für gewerbliche Fortbildungsschulen] (Mitautor; 1930; dt.: Bürgerkunde. Lehrbuch für gewerbliche Fortbildungsschulen, 1934, ³1938; slowak. 1938). — Pro lepší výchovu živnostenského dorostu [Für eine bessere Erziehung der gewerblichen Jugend] (zus. m. A. Rosa; 1931). — Návod k použití předloh a jiných pomůcek pro odborné kreslení [Anleitung zum Gebrauch von Vorlagen und anderen Hilfsmitteln für das Fachzeichnen] (zus. m. A. Rosa; mehrere Teile, 1931 ff.). — Písemnosti pro živnostenské školy pokračovací [Schriftstücke für gewerbliche Fortbildungsschulen] (zus. m. A. Bednář; mehrere Bde., 1935/36).

L.: Dějiny města Plzně 3 (2018). — *Mitt. Archiv der Karls-Universität Prag, 26.11.2017.* — *Kolář, F. u. a.: Politická elita meziválečného Československa* (1998). — *Kdy zemřeli? (1957 u. 1962).* — *Svobodné slovo 24.1.1946, 3.* — *Biogr. Slg.*

Šubert, František Adolf, Journalist, Schriftsteller und Theaterintendant, * 27. 3. 1849 Dobruška Bez. Opočno, † 8. 9. 1915 Prag (Praha). Onkel von → J. Mucek sowie von → A. Wenig und → J. Wenig. Seit 1860 Gymnasium in Königgrätz, daneben Laienschauspieler. Seit 1868 Studium der klassischen Philologie an der Universität Prag, 1871 Abbruch ohne Abschluss. In Prag anschließend Journalist der Zeitung Čech und der Zeitschrift Žižka. Seit 1873 Redakteur der Zeitung Politik, Leitung der Zeitschrift Brousek und des Jahrbuchs Vlast. 1878–1883 Redakteur des Pokrok. Mitarbeiter des Verlags von → Jan Otto in Prag. Seit 1875 Sekretär des Böhmischen Klubs der Nationalpartei in Prag. 1877 Mitgründer und bis 1880 Geschäftsführer des tschechischen Journalistenvereins. Seit 1881 Geschäftsführer des Schulvereins Ústřední matice školská und seit 1884 des Schutzvereins Národní jednota pošumavská. Seit 1877 Mitglied im Komitee zur Errichtung des tschechischen Nationaltheaters und seit 1880 Mitglied der Genossenschaft des Nationaltheaters. 1883–1900 Direktor bzw. Generalintendant des Nationaltheaters in Prag. Dort auch Regisseur, Kostümbildner und Schauspieler. Ausbau des Nationaltheaters zum Zentrum der tschechischen Nationalkultur. Inszenierungen von Theaterstücken und Opern im Stil des Realismus von → B. Smetana, → A. Dvořák und → Z. Fibich sowie von G. Verdi, P. Tschaikowski, N. Rimski-Korsakow und R. Wagner. Gastspiele in Wien, Sankt Petersburg, Moskau, Warschau, Zagreb und anderen europäischen Städten. 1887 Ausweitung des Künstlerpensionsfonds. 1892 Gründung einer hauseigenen Schauspielschule. Seit 1883 Organisation von Theaterbesuchen mit Eisenbahnzügen aus böhmischen Städten, seit 1893 ermäßigte Nachmittagsaufführungen für Handwerker, Arbeiter und Studenten. Seit 1900 Vizedirektor und 1904/05 Präsident der Genossenschaft des Nationaltheaters. Beratung des kroatischen Nationaltheaters in Zagreb und des Theaters in Pilsen. Seit 1902 Spendensammlungen für den Bau eines tschechischen Theaters in Brünn. 1903 Gastregisseur in Kiew. 1906–1908 Gründungsdirektor und Chefregisseur des Theaters in den Königlichen Weinbergen. 1900–1902 Direktor der Verlagsdruckerei Union in Prag. 1900–1903 Mitglied der Prager Gemeindeältesten für die tschechische Nationalpartei. Dann Mitglied des Zensurkollegiums der Statthalterei. 1903–1906 Chefredakteur des Lexikons Malý Ottův slovník naučný, Mitarbeit am Ottův slovník naučný. Seit 1908 Chefredakteur und Feuilletonist der Osvěta und seit 1909 der Národní politika. Autor von romantisch-historischen Dramen und Tableaux vivants sowie von Romanen und Erzählungen. Theater- und Konzertkritiken, theatergeschichtliche Publikationen und Künstlerbiographien. Ab 1881 Konzeption und Redaktion der literarisch-kunstwissenschaftlichen Buchreihe Čechy zu den Landschaften Böhmens. Konzeption und Mitorganisation von volkskundlichen Ausstellungen, so der Jubiläumsausstellung 1891 und der tschechoslawischen ethnographischen Ausstellung 1895 in Prag. 1896 Mitgründer des Volkskundemuseums und der volkskundlichen Gesellschaft in Prag. 1907 Text für eine tschechische Nationalhymne. Mitglied und Ehrenmitglied zahlreicher Vereine. 1901 Mitgründer des Schriftstellervereins Máj, 1903 des tschechischen Vereins für Orchestermusik, 1911 des Laientheater-Arbeitervereins in Kladno und 1914 der Jaroslav-Vrchlický-Gesellschaft. Seit 1899 ao. und seit 1913 o. Mitglied der Tschechischen Akademie der Wissenschaften und Künste.

W.: Král Jiří Poděbrad [König Georg von Podiebrad] (2 Bde., 1879, ³1925). — *Povídky historické a jiné drobné [Historische Erzählungen und andere Kleinigkeiten]* (3 Bde., 1879–1880). — *Zajetí krále Václava [Die Gefangenschaft König Wenzels]* (2 Bde., 1880–1881). — *Petr Vok Rožmberk (Peter Wok von Rosenberg)* (1881). — *Národní divadlo v Praze [Das Nationaltheater in Prag]* (1881). — *Z českého jihu [Aus Böhmens Süden]* (1882). — *Probuzenci [Die Wiedererwecker]* (1882, ⁴1921; dt. 1885). — (Hg.:) *Průvodce po Národním divadle [Führer durch das Nationaltheater]* (1883). — *Jan Výrava* (1886, ⁸1947). — *Dramatická díla [Dramen]* (6 Bde., 1887–1889). — *Láska Raffaelova [Raffaels Liebe]* (1888; dt. 1889). — *Praktikus* (1889). — *Velkostatkář [Der Großgrundbesitzer]* (1891). — *Vývod rodu Šubertův [Stammbaum der Familie Šubert]* (1891). — *Královské české zemské a Národní divadlo v Praze [Das königl. böhm. Landes- u. National-Theater in Prag]* (1892; dt. 1892). — *České Národní divadlo na první mezinárodní hudební a divadelní výstavě ve Vídni [Das Böhm. National-Theater in der ersten internationalen Musik- u. Theater-Ausstellung zu Wien]* (1892; dt. 1892). — *Moje vzpomínky [Meine Erinnerungen]* (1892; erweitert als: *Z uplynulých dob [Aus vergan-*

genen Zeiten], 3 Bde., ²1902). — Drama čtyř chudých stěn [Das Drama der vier armen Wände] (1893, ⁴1921). — (Mit-Hg.:) Národopisná výstava českoslovanská v Praze 1895 [Die tschechoslawische volkskundliche Ausstellung in Prag 1895] (1898). — Klicpera dramatik [Der Dramatiker V. K. Klicpera] (1898). — (Hg.:) Výbor dramatických spisů V. K. Klicpery [Auswahl aus den dramatischen Werken von V. K. Klicpera] (5 Bde., 1898–1899). — Počátky české dramaturgie na rozhraní věku XVIII. a XIX. [Die Anfänge der tschech. Dramaturgie an der Wende vom 18. zum 19. Jh.] (1899). — Moje divadelní toulky [Meine Theaterstreifzüge] (2 Bde., 1902). — Masky národního divadla 1883–1900 [Die Masken des Nationaltheaters 1883–1900] (3 Bde., 1902–1906). — Žně [Die Ernte] (1904, ³1924). — (Hg.:) Soubor spisů V. K. Klicpery [Sammlung der Schriften von V. K. Klicpera] (2 Bde., 1906–1907). — Krise a budoucnost městského divadla Král. Vinohradů [Krise und Zukunft des Stadttheaters Königliche Weinberge] (1908). — Dějiny Národního divadla v Praze 1883–1900 [Geschichte des Nationaltheaters in Prag 1883–1900] (3 Bde., 1908–1911). — U nás v Dobrušce [Bei uns in Dobruška] (1916). — Na okraje divadelní kroniky [Am Rande der Theaterchronik] (1924). — Verz. s. Almanach České akademie 26 (1916) 150-152 u. LČL 4,1 (2008) 803-805.

L.: Národní divadlo Online archiv, umelec=3844 [30.4.2024]. — Databáze českého amatérského divadla, osobnost tvorba=2442 [30.4.2024]. — Encyklopedie Prahy 2 vom 27.2.2024. — Piorecká, K. u. a. (Hg.): Výpravy k já (2022) 238-250. — Divadelní noviny 28,8 (2019) 10 u. 31,2 (2020) 29-53. — Sílová, Z./Vostrý, J. (Hg.): Jindřich Vodák k historii českého divadla (2017) 23-26. — Genealogické a heraldické listy 35,3 (2015) 2-16 u. 40,3 (2020) 63-65. — Šormová 2 (2015). — ÖBL 63 (2012). — ČHS id=6085 vom 27.12.2012. — Encyklopedie města Hradce Králové 2 (2011). — Peisertová, L. u. a. (Hg.): Zločin a trest v české kultuře 19. století (2011) 119-130. — LČL 4,1 (2008). — Osobnosti. Česko (2008). — Slavíková, L.: Dramatická tvorba F. A. Š. (Bachelor-Arb. Olomouc, 2007). — Divadlo na Vinohradech 1907–2007 (2 Bde., 2007). — Ludvová (2006). — Ther, P.: In der Mitte der Gesellschaft (2006; tschech. 2008). — Slavné osobnosti v dějinách Prahy 5 (2006). — ČČAVU (2004). — Storck, C. P.: Kulturnation u. Nationalkunst (2001). — Tomeš 3 (1999). — Hanzalová (1997). — Kudrlička, V.: Kalendárium kulturních osobností Šumavy a Chodska (1997). — Národní divadlo (1988). — MČSE 6 (1987). — Buchner, A.: Opera v Praze (1985). — Černý, F.: Dějiny českého divadla 3 (1977). — Čeští spisovatelé (1973). — Vopravil (1973). — ČslHS 2 (1965). — SČS (1964). — DČL 3 (1961). — Nejedlý, Z.: Dějiny opery Národního divadla (1949). — Müller, V.: F. A. Š. (1949). — OSN ND 6,2 (1943). — Teichman, J.: Postavy českého divadla a hudby (1941). — Vavroušek, B.: Literární atlas československý 2 (1938). — Veselý, A.: F. A. Š. dramatik? (1937, ²2015). — Nejedlý, Z.: Opera Národního divadla (1935). — Fischer, O.: Činohra Ná-

rodního divadla (1933, ²1983). — MSN 7 (1933). — NVISN 17 (1932). — Prager Presse (Ab.) 29.3.1929, 7. — Almanach České akademie 26 (1916) u. 47 (1937). — Čečetka, F. J.: Život a dílo F. A. Š. (1915). — Osvěta 45 (1915) 639-644. — WZ (Ab.) 9.9.1915, 7. — Zlatá Praha 32 (1914/15) 595 f. — Národní listy 27.3.1909, 3 u. 9.9.1915, 3 f. — OSN 24 (1906) u. 28 (1909). — Národní album (1899).

Šubert, František H. (Pseud. Hugh Fleming, Henry Nelson), Schriftsteller, * 25. 12. 1895 Prag (Praha), † 27. 9. 1946 Prag. Autor von Abenteuerromanen für Jugendliche, Detektivromanen und Wildwestgeschichten.

W.: Žlutý ďábel [Der gelbe Teufel] (1937). — Ztracený důl [Die verlorene Mine] (1937, ²1996). — El Slico (1937). — Vypálená ranč [Die ausgebrannte Ranch] (1937, ²2000). — Inspektor Martin (1938). — Ohava Sandy [Sandy, das Scheusal] (1938). — Liverpoolský kohout [Der Hahn von Liverpool] (1939, ²1991). — Sandy a kameny [Sandy und die Steine] (1939). — Sandy na stopě [Sandy auf der Spur] (1939). — Sandy za čarou [Sandy im Abseits] (1939). — Případ Gavina Morrisaye [Der Fall Gavin Morrisay] (1940). — Ďábel Sonory [Teufel der Sonora] (1940). — Výstraha smrti [Die Todeswarnung] (1941). — Tábor v Měsíčním údolí [Das Lager im Mondtal] (1941). — Sandy zasahuje [Sandy im Einsatz] (1941). — Omyl kapitána Calthopera [Der Irrtum des Kapitäns Calthoper] (1941). — Nefritová vása [Die Nephrit-Vase] (1941). — Nebezpečný protivník [Ein gefährlicher Gegner] (1941). — Mlčenlivý vlk [Der schweigsame Wolf] (1941). — Srub nad řekou [Die Blockhütte am Fluss] (1942). — Půlnoční host [Der Mitternachtsgast] (1942). — Poslední rodeo [Das letzte Rodeo] (1942). — Čínská panenka [Die chinesische Puppe] (1942). — Začarovaný kruh [Der Teufelskreis] (1943). — Těžká zkouška [Eine schwere Prüfung] (1943). — Stezka odvahy [Der Pfad des Mutes] (1943). — Odvážné srdce [Ein tapferes Herz] (1943). — Tábor Pod skalní branou [Das Lager Unter dem Steinbogen] (1943). — Kytice bílých růží [Ein Strauß weißer Rosen] (1944). — Největší případ detektiva Kirka Barryho [Detektiv Kirk Barrys größter Fall] (1944, ²1993). — Bílá stráž [Die weiße Wacht] (1944). — Mladí hrdinové [Junge Helden] (1945). — Kapitán Kid [Kapitán Kid] (1946).

L.: Janoušek, P. u. a.: Dějiny české literatury v Protektorátu Čechy a Morava (2022). — Jareš, M./Mandys, P.: Dějiny české detektivky (2019). — Lexikon dobrodružné literatury 8 (2016). — Janáček, P.: Literární brak (2004). — Slovník českých autorů knih pro chlapce (2000). — Svoboda, M.: Hledání zaváté stezky (1994) 143. — Chaloupka, O.: Próza pro děti a mládež (1989) 28, 71 u. 96. — Chaloupka, O./Voráček, J.: Kontury české literatury pro mládež (1984) 147, 158 u. 347. — Vopravil (1973). — Kdy zemřeli? (1957 u. 1962). — Biogr. Slg.

Šubert, Josef, Lehrer und Regionalhistoriker, * 7. 1. 1913 Kremsier (Kroměříž), † 7. 3. 1985 Kremsier. 1924–1931 Realschule in Kremsier, Matura. 1932/33 Bohemistik- und Germanistikstudium an der tschechischen Universität in Prag, seit 1933 an der Universität Brünn, 1937 Abschluss. 1935 Studienaufenthalt in der UdSSR. Mitglied des Studentenvereins Milíč in Kremsier, stellv. Vorsitzender. 1944 Staatsprüfung in Deutsch und Tschechisch für das Lehramt an tschechischsprachigen Mittelschulen an der deutschen Universität in Prag. Russisch-, Deutsch- und Tschechischlehrer an Schulen in Neuern und Hohenstadt, 1938–1948 in Kremsier. 1948 Verwalter des Gymnasiums in Mährisch Trübau. 1949/50 Lehrer am Gymnasium in Kremsier. 1950–1952 Direktor der Pädagogischen Schule für Kindergarten-Erzieherinnen in Holleschau bzw. seit 1951 in Kremsier. Danach bis 1954 Direktor der Schule in Traplitz. 1954–1973 Tschechisch- und Deutschlehrer am Gymnasium in Kremsier. Seit 1945 Mitglied der KPTsch. 1945 Kreiserziehungsreferent des Tschechischen Jugendverbands. Regionalhistoriker, 1957/58 Chefredakteur der Zeitschrift Rozvoj Kroměřížska. In den 1960er Jahren Vorsitzender der Kommission für die Regionalgeschichte der KPTsch, zahlreiche Veröffentlichungen und Vorträge über sozialistische Erziehung und Geschichte der KPTsch in der Region Kremsier. Zudem Beiträge in Lokalzeitungen, u. a. Za krásami domova, Kroměřížská jiskra und Zpravodaj města Kroměříže.

W.: *K historii dělnického hnutí v Chropyni [Geschichte der Arbeiterbewegung in Chropin] (zus. m. V. Dolníček; 1959). – Čtyřicet let bojů a vítězství KSČ na Kroměřížsku [40 Jahre Kämpfe und Siege der KPTsch im Gebiet von Kremsier] (1961). – Snít a bojovat [Träumen und kämpfen] (1962). – Pohled do vlasti Němců, našich přátel [Ein Blick in die Heimat der Deutschen, unserer Freunde] (1964). – Cesta k úspěchu a radosti ze života [Der Weg zum Erfolg und Lebensfreude] (1970). – Padesát let bojů a vítězství Komunistické strany Československa na Kroměřížsku [50 Jahre Kämpfe und Siege der KPTsch im Gebiet von Kremsier] (1971). – Kroměříž 1945–1975 [Kremsier 1945–1975] (1975). – Kroměříž na cestách k zítřku [Kremsier auf dem Weg in die Zukunft] (1976). – Sny a boje. 60 let KSČ na Kroměřížsku [Träume und Kämpfe. 60 Jahre KPTsch im Gebiet von Kremsier] (1981). – Dědina jménem Břest [Ein Dorf namens Břest] (1981). – Radost z práce, radost ze života [Freude an der Arbeit, Freude am Leben] (1985).*

L.: *Mitt. Archiv der Masaryk-Universität Brno, 28.5.2019. – Kdy zemřeli? (1992). – 110 let českého gymnázia v Kroměříži (1992). – Zpravodaj Muzea Kroměřížska 3 (1986) 28-36. – Kroměřížská jiskra 20.3.1985, 6. – Roční zpráva české státní reálky v Kroměříži za školní rok 1924-25 (1925).*

Šubert (Schubert), Václav (Wenzel), evangelischer Theologe, * 9. 7. 1825 Kadlin (Kadlín) Bez. Melnik (Mělník), † 21. 2. 1885 Krabschitz (Krabčice) Bez. Raudnitz (Roudnice nad Labem). Evangelische Schule in Prag und bis 1843 Gymnasium in Teschen. Anschließend Philosophicum in Prag. 1846–1849 Studium der evangelischen Theologie in Wien. 1849/50 Vikar in Melniker Wtelno, seit 1850 Pfarrer in Černilow, seit 1859 in Prag und 1862–1885 in Krabschitz. Seine Wahl zum Superintendenten der evangelisch-reformierten Kirche in Böhmen 1864 aufgrund seiner nationalen Orientierung staatlicherseits nicht anerkannt. Kontakte zur Diakonie in Kaiserswerth sowie nach England und Schottland. 1864 Gründer des evangelischen Mädchenlehrinstituts sowie einer Sonntagsschule und eines Waisenhauses in Krabschitz. 1874 Gründer der Evangelischen Gesellschaft für christliche Nächstenliebe, seit 1903 Tschechische Diakonie. Ausbilder von Laienpredigern. Veröffentlichung von Predigten. 1861 Gründer und bis 1867 Herausgeber der Zeitschrift Hlasy ze Siona, 1861 des evangelischen Kalenders Sběratel, 1862/63 der Zeitschrift Hus, 1863 der Festschrift zum 1000-jährigen Kyrill- und Method-Jubiläum und 1870/71 des Missionsblatts Evanjelické listy. In den 1870er Jahren Unterstützung der kongregationalistischen Mission American Board in Böhmen. 1862 Kirchenrat.

W.: *Evanjelíkův zármutek, útěcha a žádost za úmrtím Váceslava Hanky [Trauer, Trost und Wünsche der Evangelischen zum Tod von Václav Hanka] (1861). – Ty kdo jsi? [Wer bist Du?] (1862). – Apologie druhá stavův království českého [Zweite Apologie der Stände des Königreichs Böhmen] (1862). – (Mit-Hg.:) Památka roku slavnostního 1863 [Erinnerung an das Festjahr 1863] (1864). – Nedělní škola [Die Sonntagsschule] (1881).*

L.: *Vinterová, T.: Jan Balcar (2018). – Wernisch, M.: Evropská reformace, čeští evangelíci a jejich jubilea (2018). – Pavlíček, T. W.: Výchova kněží v Čechách (2017). – Danys, M.: Diakonie im Herzen Europas (2016) 60 f. – Nešpor, Z. R./Vojtíšek, Z.: Encyklopedie menších křesťanských církví v České republice (2015) 215. – Alois Adlof (2012) 29 f. – Sígl, M.: Kdo byl a je kdo. Mělnicko, Kralupsko, Neratovicko (2007). – Vlastivědný sborník Podřipsko 10 (2000)*

100-118. — *Der Pietismus im 19. und 20. Jh. (2000)*
363 *f.* — OSN ND 6,2 *(1943).* — MSN 7 *(1933).* —
NVISN 17 *(1932).* — *Váša, Č.: V. Š. (1924).* — OSN
24 *(1906).* — *Národní album (1899).* — *Lütge, A. J.:*
Der Aufschwung der Böhmisch-Mährischen Kirche
(1888). — *Wurzbach 32 (1876).* — *Rieger 9 (1872).* —
Doucha, F.: Knihopisný slovník česko-slovenský
(1865). — *Biogr. Slg.*

Šubík, Rudolf, Botaniker und Photograph,
* 11. 4. 1923 Gross-Kostomlat (Kostomlaty nad
Labem) Bez. Nimburg (Nymburk), † 16. 3. 2011
Jung-Bunzlau (Mladá Boleslav). Gärtnerlehre in
Čelakowitz, Garten- und Obstbauschule in Mel-
nik. Seit 1941 Mitarbeiter des Botanischen Gar-
tens der Universität in Prag, seit 1947 dort Leiter
der Kakteenzucht. 1983 Ruhestand, nach 1996 in
Luschtěnitz bei Jung-Bunzlau. 1978–2002 Rei-
sen nach Mexiko, Kuba und Peru. Spezialist für
Kakteen und Sukkulenten, deren Zucht und
photographische Dokumentation. Publikatio-
nen seiner Studien und Photographien in zahl-
reichen Handbüchern und Bildbänden in Russ-
land, Deutschland und Westeuropa. Seit 1947
Mitglied, seit 1951 Vorstandsmitglied, 1953–
1962 Vorsitzender und seit 1972 Ehrenmitglied
des Vereins bzw. Kreises tschechischer Kakteen-
züchter in Prag.

W.: Kaktusy [Kakteen] (zus. m. F. Pažout u. J. Val-
níček; 1960, ²1965; russ. 1963, ²1981). — *Fričovy dru-*
hy rodu Cylindrorebutia Frič 1936 [Die Arten der
Gattung Cylindrorebutia nach Frič] (1962). — *Kak-*
tusy [Kakteen] (zus. m. J. Kaplická; 1963, ²1969; engl.
1968, ⁴1973; dänisch, frz., russ. u. schwedisch 1969).
— *Ještě jednou Fričovy rostliny rodu Cylindrorebutia*
[Nochmals zu den Pflanzen der Gattung Cylindro-
rebutia nach Frič] (1966). — *Spitze Stacheln, bunte Blü-*
ten. Kakteen und ihre Pflege (zus. m. J. Kaplická;
1968). — *Kakteen und andere Sukkulenten (1968,*
³1985; niederl. 1969; schwedisch 1969; engl. 1975). —
Taschenatlas der Kakteen (1968). — *Velký obrazový*
atlas rostlin [Großer Bildatlas der Pflanzen] (1970;
frz. 1974). — *O kaktusech [Über Kakteen] (zus. m. J.*
Jelínek; 1972, ²1980). — *Welt der Kakteen und ande-*
rer Sukkulenten in Farbe (zus. m. J. Říha; 1981; Ndr.
1985; engl. 1981, ²1993; frz. 1981, ²1983). — *Bunte*
Welt der Zimmerpflanzen (zus. m. A. Skalická; 1988;
engl. u. frz. 1988; niederl. 1990, ²1993). — *Kaktusy*
v přírodě [Kakteen in der Natur] (zus. m. J. Říha;
1989). — *Encyklopedie kaktusů [Enzyklopädie der*
Kakteen] (zus. m. J. Říha; 1992; poln. 1992). — *Mi-*
niaturní pouště [Miniaturwüsten] (zus. m. J. Gratias;
1994, ²2000; frz., 1994, niederl. 1995). — *Sukulenty*
pro každého [Sukkulenten für jedermann] (zus. m. J.
Gratias; 1997; slowak. 1997). — *Sukulenty jako bon-*
saje [Sukkulenten als Bonsai] (zus. m. J. Gratias; 1997,
²1999). — *Pokojové rostliny [Zimmerpflanzen] (zus.*
m. A. Skalická; 1998, ³2008). — *Illustriertes Lexikon*

der Zimmerpflanzen (zus. m. A. Skalická; 1999). —
Kaktusy a jak je pěstovat [Kakteen und wie man sie
züchtet] (zus. m. J. Říha; 2000). — *Encyklopedie kak-*
tusů [Enzyklopädie der Kakteen] (zus. m. L. Kunte;
2002, ²2003; engl. 2003, ²2004; dt.: Illustrierte Kak-
teen-Enzyklopädie, 2003, ²2005; litauisch u. niederl.
2003; ung. 2004; estnisch 2005; poln. 2006).

L.: Sígl, M.: Kdo byl a je kdo. Mělnicko, Kralupsko,
Neratovicko (2007). — *Kaktusy 39,2 (2003) 54 f.* —
Gratias, J./Šubík, R.: Náš přítel Rudolf (2000). — *To-*
meš 3 (1999). — *Biogr. Slg.*

Šubíř, František → **Schubirz,** Franz Freiherr
von Chobinie

Šubrt, Eduard (Edvard), Arzt und Politiker,
* 18. 2. 1868 Frauenthaler Höfern (Pohledští
Dvořáci bzw. Havlíčkův Brod) Bez. Deutsch-
brod (Německý Brod bzw. Havlíčkův Brod),
† 9. 7. 1926 Bad Schmecks (Starý Smokovec bzw.
Vysoké Tatry)/Slowakei. Gymnasium Deutsch-
brod, Matura 1885. Medizinstudium an der
tschechischen Universität in Prag, 1892 Promo-
tion. Zuerst praktischer Arzt in Böhmisch Běla,
dann Arzt der Krankenkasse in Deutschbrod.
Seit 1897 Assistenzarzt am Bezirkskrankenhaus
in Deutschbrod, dort seit 1902 Distrikt- und
Bahnarzt, später Oberbahnarzt, seit 1907 Schul-
arzt. Nach 1914 Leiter von Kriegslazaretten und
stellv. Chefarzt in Deutschbrod. Seit 1919 Mini-
sterialrat für Gesundheitswesen im Eisenbahn-
ministerium in Prag, seit 1923 Sektionschef des
Ministeriums. Nach 1919 Mitglied der Reform-
kommission für das tschechoslowakische Ge-
sundheitswesen sowie des zentralen Sozialaus-
schusses und der Gesundheitskommission der
Stadt Prag. Ausbau der Gesundheitsfürsorge für
Eisenbahner in der Slowakei. Mitglied der tsche-
chischen Freisinnigen Nationalpartei, nach 1919
der tschechoslowakischen Nationaldemokratie.
Seit 1893 Mitglied der Gemeindevertretung und
1903–1919 Bürgermeister von Deutschbrod.
Herbst 1918 Vorsitzender des städtischen Na-
tionalausschusses, Mitglied der Bezirksvertre-
tung und des Bezirksschulrats. 1906–1913 böh-
mischer Landtags- und 1911–1918 Reichsratsab-
geordneter. Verwaltungsrat lokaler Sparkassen
und Banken, Präsident der Filiale der Mähri-
schen Agrar- und Industriebank und Vorstand
der Filiale der Živnostenská banka in Iglau, seit
1912 Verwaltungsrat und nach 1919 Vorstand
der Živnostenská banka in Prag. 1926 Mitgrün-
der und Vorsitzender des tschechoslowakischen

nationalen Schützenverbands. 1906 Franz-Joseph-Orden. Ehrenbürger von Frauenthal.

W.: *Úprava chudinství královského města Německého Brodu [Die Regulierung des Armenwesens in der königl. Stadt Deutschbrod]* (1908). — *(Mitautor:) Pokus o sanaci tuberkulosy u železničářů [Der Versuch der Beseitigung der Tuberkulose bei Eisenbahnern]* (1922).

L.: *Drašarová, E. u. a. (Hg.): Nedostatek odvahy ke smíru* (2021). — *Luft* (2012). — *Klementová, Z.: Vydavatelská a novinářská činnost Josefa Hofrychtra (Mag.-Arb. Brno, 2011).* — *Kubů, E./Šouša, J. (Hg.): Finanční elity v českých zemích 19. a 20. století* (2008). — *Lišková* (1994). — *Knauer, Parl.* (1969). — *OSN ND 6,2* (1943). — *Dvě stě let gymnasia v Něm. Brodě* (1935) *82 u. 211-213.* — *MSN 7* (1933). — *NVISN 17* (1932). — *Album representantů* (1927). — *Bohemia 11.7.1926, 5.* — *Národní listy 11.7.1926, 14.* — *AČL* (1913). — *Hirsch, Orden* (1912) *376.*

Šubrt (Schubert), František Jaromír (Xaver; Pseud. F. J. Těchonický), Lehrer, * 4. 11. 1845 Těchonitz (Těchonice bzw. Nalžovské Hory) Bez. Planitz (Plánice), † 4. 4. 1898 Prag-Žižkow (Praha-Žižkov). Gymnasium in Klattau. 1869– 1872 Philologiestudium an der Universität in Prag. Lehrer in Klattau, Leitomischl und seit 1875 an der tschechischen Oberrealschule in Rakonitz sowie seit 1878 in Karolinenthal. Seit 1897 Direktor der Realschule in Žižkow. Seit 1876 zudem Bezirksschulinspektor für Karolinenthal. Bearbeiter von Tschechisch- und Französischlehrbüchern. Fachstudien in Zeitschriften und Schulprogrammen. Autor von Kinderbüchern und Kinderspielen, Herausgeber von Märchensammlungen, Übersetzer aus dem Französischen und Deutschen ins Tschechische.

W.: *Hry, hračky a hádanky pro útlou mládež [Spiele, Spielereien und Rätsel für die zarte Jugend]* (1871). — *Bosko* (1872). — *Ženy ve francouzské literatuře [Frauen in der frz. Literatur]. In: Ženské listy 1,8 u. 1,11* (1873) *63 f. u. 89-92.* — *Mílek [Der Liebende]* (1874). — *Sbírka nejběžnějších galicismů [Eine Sammlung der häufigsten Gallizismen]* (1877). — *Roger Ascham* (1882). — *Rukověť konversace českofrancouzské a slovníček soustavný [Tschech.-frz. Konversationsbuch u. systematisches Wörterbuch]* (1885, ²1901). — *Výbor čtrnácti pohádek bratří Grimmův [Eine Auswahl von 14 Märchen der Brüder Grimm]* (1887). — *Antibarbarus Bohême-Français* (1888). — *Společenské povinnosti jinochovy [Die gesellschaftlichen Verpflichtungen eines jungen Mannes]* (1888). — *Přehled překladů z jazyka francouzského do češtiny [Eine Übersicht der Übersetzungen aus dem Französischen ins Tschechische]* (1889). — *Čítanka francouzská pro nižší školy [Französisch-Le*sebuch für die Unterschule] (zus. m. A. Ricard; 1890). — *Čítanka francouzská pro měšťanské školy [Französisch-Lesebuch für Bürgerschulen] (zus. m. A. Ricard;* 1891). — *Učebnice a čítanka francouzská [Lehr- und Lesebuch für das Französische] (4 Bde., 1891/92, mehrere Neuaufl. bis 1917).* — *Chrestomathie française a l'usage des classes supérieures (zus. m. V. Paulus; 1893, ³1905).* — *Čítanka pro školy měšťanské [Lesebuch für die Bürgerschule] (zus. m. J. Šťastný; 3 Bde., 1893/94, mehrere Neuaufl. bis 1909/10).*

L.: *Mitt. Archiv der Karls-Universität Prag, 17.9.2020.* — *Metelcová, L.: České knižní překlady pohádek bratří Grimmů (Mag.-Arb. České Budějovice, 2016) 21.* — *Černý, J. (Hg.): Rakovnické paměti 19. století* (2016). — *Vopravil* (1973). — *Novák, J. V./Novák, A.: Přehledné dějiny literatury české* (1939) *1173.* — *Bartoš, J.: Zikmund Winter a Rakovník* (1937) *48.* — *MSN 7* (1933). — *NVISN 17* (1932). — *OSN 24* (1906). — *Kneidl, F.: Dějiny karlínského školství* (1891) *80.* — *Přehled překladů z jazyka francouzského do češtiny* (1889). — *Fromme's österr. Professoren- u. Lehrer-Kalender 10* (1878) *86.* — *Biogr. Slg.*

Šubrt (Schubert), Jan (Johann), Musiker, * 23. 9. 1807 Mscheno (Mšeno) Bez. Melnik (Mělník), † 30. 12. 1859 Theresienstadt (Terezín) Bez. Leitmeritz (Litoměřice). Familiäre musikalische Ausbildung und Gymnasium in Prag. Sänger der St. Thomas-Kirche in Prag. Bis 1825 Violin- und Kompositionsunterricht am Prager Konservatorium. Militärkapellmeister in Hannover. 1836–1856 Kapellmeister eines Infanterieregiments in Prag, später in Theresienstadt. Geigen- und Mandolinenvirtuose. Seit 1856 Ruhestand in Theresienstadt. Komponist unveröffentlichter Werke, darunter Sonaten, Märsche, Tänze und Kirchenmusik.

L.: *Sígl, M.: Kdo byl a je kdo. Mělnicko, Kralupsko, Neratovicko* (2007). — *Musikgeschichte in Mittelund Osteuropa 10* (2005) *217.* — *ČslHS 2* (1965). — *Branberger, J.: Das Konservatorium für Musik in Prag* (1911) *353.* — *OSN 24* (1906). — *Böhm, L.: Královské věnné město Mělník a okres Mělnický* (1891) *460 f.* — *Wurzbach 32* (1876) *116.* — *Biogr. Slg.*

Šubrt, Jeroným, Lehrer, * 6. 10. 1873 Laun (Louny), † 30. 8. 1940 Laun. Realschule in Prag, dann Lehrerbildungsanstalt. Lehrer in Trautenau, Mährisch Kromau, Saaz und in der Region Laun. Seit 1908 Lehrer in Leneschitz, seit 1920 stellv. und 1927–1933 Direktor der dortigen Schule. Regionalstudien zur Region Laun und Forschungen zu den tschechischen Minderheiten in Böhmen und Mähren. Mitarbeiter des

Schutzvereins Národní jednota severočeská und der Publikationsreihe Menšinová knihovna. Numismatiker und Leiter der Münzsammlung des Stadtmuseums in Laun. Pilzforscher sowie 1927 Gründer und bis 1937 Präsident der Pilzforschergesellschaft in Laun.

W.: (Mit-Hg.:) Utrpení lidu českého na Moravském Krumlovsku [Das Martyrium der tschech. Bevölkerung im Mährisch Kromauer Gebiet] (1897). — Čechové na Žatecku [Tschechen in der Saazer Region] (1902). — Podrobná národnostní mapa severozápadních Čech [Detaillierte Nationalitätenkarte von Nordwestböhmen] (zus. m. V. Hošek; 1908). — Vývoj a život českých menšin [Entwicklung u. Leben der tschech. Minderheiten] (1908/09). — České menšiny v severovýchodních a východních Čechách s dodatkem: roztroušené německé menšiny [Die tschech. Minderheiten in Nordost- u. Ostböhmen mit einem Anhang: zerstreute deutsche Minderheiten] (1910). — Pověsti a příběhy okresu lounského [Legenden u. Geschichten des Bezirks Laun] (1930). — (Hg.:) Statistika okresu lounského [Statistik des Bezirks Laun] (1930). — Průvodce houbařů [Führer für Pilzsammler] (1936, ²1938).

L.: Patrovská, Z./Roedl, B.: Biografický slovník okresu Louny (2000). — Mykologický sborník 67 (1990) 158 f. — Česká mykologie 26 (1972) 58 f. — Kdy zemřeli? (1962). — Vlastivědný sborník okresu Lounského 11,1 (1940) 1 f. — Biogr. Slg.

Šubrt, Vlastimil, Beamter, Schriftsteller und Politiker, * 14. 2. 1934 Hořitz (Hořice), † 20. 2. 2013 Trautenau (Trutnov). Seit 1949 Handelsakademie Hořitz, 1953 Matura. Dann Erzieher und bis 1959 Studium an der Wirtschaftshochschule in Prag. 1959–1970 Beamter des Bezirksnationalausschusses in Trautenau. 1968 Mitglied des Klubs der engagierten Parteilosen. 1969 Entlassung wegen seines Protests gegen die Okkupation der Tschechoslowakei. Hilfsarbeiter im Elektrizitätswerk Poříčí in Trautenau, seit 1976 Buchhalter, dann Beamter im Kraftwerk Opatowitz bei Pardubitz. Jugendeishockeytrainer. Seit 1990 im Bürgerforum aktiv. 1990 Vorsitzender des Bezirksnationalausschusses von Trautenau, 1991–1996 Bezirksamtsleiter von Trautenau. Seit 1995 Mitglied der Demokratischen Bürgerpartei ODS, 1996–2002 Senator im tschechischen Parlament. Seit 1963 Autor von Theaterstücken, Novellen, Detektivromanen sowie Jugend- und Kinderbüchern. 1968 Ausschluss aus dem tschechoslowakischen Schriftstellerverband, 1970 bis Mitte der 1980er Jahre Publikationsverbot. Nach 2000 Leiter des Literarischen Klubs in Trautenau. 2005 Gründer

und seitdem Leiter des Wettbewerbs für junge Autoren Der Trautenauer Drache.

W.: Nedůvěra [Misstrauen] (1963). — Hrdinům slzy nesluší [Helden geziemen keine Tränen] (1964, ²1994; dt.: Silvester 1944, 1965). — Šejkův jed aneb Komisař odchází [Das Gift des Scheichs oder Der Kommissar geht ab] (1966). — Zásnuby [Die Verlobung] (1968). — Vražda z neschopnosti [Mord aus Unfähigkeit] (1969). — Zlé lásky [Schlimme Liebschaften] (1987; russ. 1987). — Maratón svědomí [Der Marathonlauf des Gewissens] (1990). — Dáma k dobru [Dame zieht] (1990). — Tunel 22,15 [Der Tunnel 22,15] (2004). — Povídky do šuplíku [Geschichten für die Schublade] (2006). — Variace na epigramy KHB. 150 let poté [Variationen auf die Epigramme des KHB. 150 Jahre danach] (2007).

L.: Trutnovinky vom 25.2.2013. — Balík, S.: Občanská demokratická strana a česká politika (2006). — Deset let českého Senátu 1996–2006 (2005). — Who's Who of Czech Politicians (1998). — Kdo je kdo (1991 bis ⁵2005). — Biogr. Slg.

Šubrtová (verh. Werichová), Milada, Sängerin, * 24. 5. 1924 Lhota (Lhota bzw. Chříč) Bez. Kralowitz (Kralovice), † 1. 8. 2011 Prag (Praha). Seit 1965 Ehefrau von → J. H. Tichý. Bis 1941 Handelsschule in Prag. Dann Sekretärin und seit 1943 Verwaltungsangestellte in Prag. Daneben privates Gesangsstudium und 1943 erste Auftritte. 1946–1948 Sopranistin am Theater des 5. Mai in Prag. 1948–1991 Mitglied des Opernensembles des Prager Nationaltheaters. Interpretin von Dvořák- und Mozartopern, insbesondere der Rusalka. Zudem Konzert- und Oratoriensängerin. Seit 1955 Auftritte in der Sowjetunion, Rumänien, Ungarn, der DDR, Italien, Großbritannien und der BRD. Zahlreiche Schallplattenaufnahmen sowie Rundfunk- und Fernsehproduktionen. 1954 erster Preis des internationalen Gesangswettbewerbs des Musikfestivals Prager Frühling. 1966 Verdiente Künstlerin, 1975 Nationalkünstlerin der Tschechoslowakei, 1978 Verdientes Mitglied des Nationaltheaters. 1995 und 1999 Goldener Schallplattenpreis des Musikverlags Supraphon. 1999 Thalia-Preis.

L.: Národní divadlo Online archiv, umelec=3858 (m. Verz. der Rollen) [30.4.2024]. — Mitt. Archiv der Hauptstadt Prag, 6. u. 11.8.2020. — Radio Praha vom 7.8.2011. — Opera plus vom 2.8.2011. — Národní divadlo 126,9 (2009) 16, 129,1 (2011) 13 u. 131,9 (2014) 16. — Pospíšil, M.: Z operního Olympu. Pěvecké legendy 20. století (2009). — Osobnosti. Česko (2008). — Pospíšil, M.: M. Š. (2008, m. Verz. der Rollen). — Harmonie 12,9 (2004) 20-22. — Who's Who, T.: Státní opera Praha (2004). — Hutařová, I.: Národní divadlo (2001). — Kutsch-Riemens 5 u. 6 (⁴1999 u. 2003).

— *Malá encyklopedie české opery (1999).* — *Tomeš 3 (1999).* — *Mladá fronta Dnes 11.5.1999, 21.* — *Zindelová, M.: Sňatky s operou (1997).* — *ČBS (1992).* — *Who's Who in the Socialist Countries of Europe 3 (1989).* — *Národní divadlo (1988, m. Verz. der Rollen).* — *MČSE 6 (1987).* — *Seeger, H.: Opernlexikon (³1987).* — *Bor, V.: Operní večery (³1985).* — *Scéna. Čtrnáctideník Svazu českých dramatických umělců 9,17 (1984) 7.* — *Kopecký, E.: Pěvci Národního divadla (1983).* — *Riemann 5 (¹²1975).* — *Vlasta 29,37 (1975) 8.* — *Mladá fronta 12.6.1975, 4.* — *Honolka, K.: Slavné primadony (1969).* — *ČslHS 2 (1965).* — *Rudé právo 13.2.1955, 4.* — *Hudební rozhledy 8,3 (1955) 135.* — *Biogr. Slg.*

Succovaty von Vezza, Eduard Freiherr von,

Offizier, * 16. 3. 1839 Olmütz (Olomouc), † 10. 8. 1919 Graz. Seit 1851 Militärakademie in Wiener Neustadt. 1858 Leutnant, 1860 Strategielehrer an der Kadettenschule, 1860–1862 Kriegsschule. 1862 Oberleutnant, 1863 Hauptmann im Generalstab, 1864 im Landesverteidigungskommando für Tirol und Vorarlberg. 1866 Kämpfe gegen die Einheiten von G. Garibaldi bei Vezza d'Oglio in der Lombardei. Nach 1867 Übertritt zur Landwehr und Beteiligung an deren Aufbau und Organisation. 1872 Major in Korneuburg, seit 1877 Adjutant von Erzherzog Rainer Ferdinand beim Landwehroberkommando in Wien und 1878–1884 Kommandant des Landwehroffizierskurses. 1880 Oberst, 1884 Brigadekommandant in Kaschau, Korneuburg und Brünn, 1886 Generalmajor. 1889/90 Kommandant der Militärakademie in Wiener Neustadt. Seit 1890 Divisionskommandant in Brünn. 1891 Feldmarschallleutnant. 1897–1907 kommandierender General in Graz, 1898 Feldzeugmeister. 1907 Ruhestand. 1919 Suizid. Leitung militärischer Aktionen gegen tschechisch-nationale Demonstranten in Brünn und seit 1897 in Graz gegen alldeutsche Proteste wegen der Badenischen Sprachenverordnungen. Autor von militärwissenschaftlichen und politischen Studien. 1918/19 Gegner des Anschlusses von Österreich an Deutschland. 1897 Geheimer Rat. 1879 Militärverdienstkreuz. Inhaber eines Infanterieregiments. 1866 Orden der Eisernen Krone 3. Klasse und 1899 1. Klasse, 1886 Ritterkreuz und 1906 Großkreuz des Leopold-Ordens, 1892 preußischer Kronen-Orden 1. Klasse. 1866 und erneut 1897 Ritterstand, 1907 Freiherrenstand.

W.: Handbuch für Offiziere des Generalstabes (Mitautor; 1873). — *Ein alter Österreicher und Friedrich Naumanns „Mitteleuropa" (1916).* — *Eine Reise in das südwestliche Kriegsgebiet (1916).* — *Zwei Fragen über Deutschösterreichs Zukunft (1919).*

L.: Dějiny Brna 4 (2020). — *Malíř, J./Řepa, M.: Morava na cestě k občanské společnosti (2018).* — *Hochedlinger (2018).* — *AČSRR 2026 (2016).* — *ÖBL 63 (2012).* — *Schmidt-Brentano, A.: Die k.k. bzw. k.u.k. Generalität 1816–1918 (2007).* — *Heymel, C.: Touristen an der Front (2007).* — *Steinböck, W.: Graz als Garnison (1982).* — *Broucek, P. (Hg.): Ein General im Zwielicht (1980).* — *Sutter, B.: Die Badenischen Sprachenverordnungen 2 (1965).* — *WZ 12.8.1919, 4.* — *NFP 11.8.1919, 5.* — *Grazer Mittags-Zeitung 11.8.1919, 1.* — *Wrede, A. v.: Geschichte der k.u.k. Wehrmacht 5 (1903) 376.* — *Svoboda, J.: Die Theresianische Militär-Akademie zu Wiener-Neustadt 2-3 (1894–1897).* — *Das Vaterland 12.10.1889, 6.* — *Wurzbach 40 (1880).* — *Svoboda, J.: Die Zöglinge der Wiener-Neustädter Militär-Akademie (1870).* — *Biogr. Slg.*

Suchá, Milada, Bibliothekarin, * 7. 4. 1924 Pilsen (Plzeň), † 31. 10. 1975 Pilsen. Mädchenrealgymnasium in Pilsen, 1943 Matura. 1943–1945 Arbeiterin in den Škoda-Werken in Pilsen. Seit 1945 Studium an der philosophischen Fakultät der Universität Prag, 1950 Promotion. Seit 1950 an der Staatlichen wissenschaftlichen Bibliothek in Pilsen, seit 1954 dort Leiterin der bibliographischen Abteilung, seit 1968 leitende Bibliothekarin. 1970/71 Interims- und seit 1972 stellv. Direktorin der Bibliothek. Verfasserin zahlreicher bibliographischer Verzeichnisse. Daneben kultur- und literaturhistorische Forschungen zur Geschichte Pilsens im 19. Jahrhundert. Redaktionsbeirat der Zeitschrift Minulostí Západočeského kraje.

W.: Plzeňské obrození [Die nationale Wiedergeburt in Pilsen] (Diss., 1950). — *Písemné styky prof. F. A. Hory s Poláky [Der Briefverkehr von Prof. F. A. Hora mit den Polen]. In: Slavia 21 (1953) 322-337.* — *Jihočeský rodák P. Hugo Jan Karlík [P. Hugo Jan Karlík aus Südböhmen]. In: Jihočeský sborník historický 26 (1957) 79-85.* — *Počátky obrození v Plzni ve světle korespondence J. V. Sedláčka [Die Anfänge der nationalen Wiedergeburt in Pilsen in der Korrespondenz J. V. Sedláčeks]. In: Minulostí Plzně a Plzeňska 1 (1958) 149-157.* — *(Zus. m. M. Ulčová:) Plzeňská léta Elišky Krásnohorské [Die Pilsener Jahre von Eliška Krásnohorská]. In: Minulostí Plzně a Plzeňska 2 (1959) 187-218.* — *Plzeňské Klementinum [Das Pilsener Klementinum]. In: Minulostí Plzně a Plzeňska 3 (1960) 149-174.* — *Bibliografie Plzně a Západočeského kraje [Bibliographie Pilsens und der westböhm. Region] (1961).* — *Pivovarská literatura v československých knihovnách [Brauliteratur in tschechoslowak. Bibliotheken] (Mitautorin; 1961).* — *Slovanská lípa v Plzni [Die Slawische Linde in Pilsen]. In: Minulostí Západočeského kraje 2 (1963) 81-89.* — *Ději-*

ny Plzně [Geschichte Pilsens] (Mitautorin; 2 Bde.,
1965–1967). — Pět století knižní kultury v Plzni
[Fünf Jahrhunderte Buchkultur in Pilsen] (1968). —
Satirik Josef František Smetana [Der Satiriker J. F.
Smetana]. In: Minulostí Západočeského kraje 6
(1968) 112-118. — (Hg.:) Knihovny a politická litera-
tura [Bibliotheken und politische Literatur] (1974).
— Plzeň a Bedřich Smetana [Pilsen u. Bedřich Sme-
tana] (1974). — (Hg.:) 25 let Státní vědecké knihov-
ny v Plzni [25 Jahre Staatl. wissenschaftliche Biblio-
thek in Pilsen] (1975).

L.: Knihovna města Plzně. Regionální osobnosti
[30.4.2024]. — Mitt. Pavlína Doležalová, Studien- u.
wissenschaftliche Bibliothek des Pilsener Kreises,
Plzeň 7.1.2020. — Encyklopedie Plzně vom
10.7.2019. — Slovník českých knihovníků vom
20.4.2016. — 65 let Studijní a vědecké knihovny
Plzeňského kraje (2015, m. Verz.) 217-226. — Mo-
rávková, N.: Miloslav Bělohlávek a plzeňská histo-
rická škola (2008). — Plzeňské medailony 2 (2004)
47-51. — 50 let Státní vědecké knihovny v Plzni
(2000) 11. — Plzeňský deník 27.1.1999, 14. — Minu-
lostí Západočeského kraje 13 (1976) 233-235 (m.
Verz.). — Čtenář 27 (1975) 431.

Suchan, Otakar Václav, Diplomat, * 28. 11. 1879
Olmütz (Olomouc), † [in Chile]. Gymnasium,
anschließend Handelsakademie in Chrudim,
1898 Abschluss. Bis 1900 Exportakademie in
Wien. Handelshochschule in Prag, 1925 Ab-
schluss. Seit 1901 österreichischer Konsularbe-
amter in Madrid und 1905–1918 in Buenos Aires.
Dort Beteiligung an der Tschechoslowakischen
Nationalvereinigung in Südamerika. 1918 Rück-
kehr nach Europa, 1919 Begleitung einer spani-
schen Handelsdelegation in die Tschechoslowa-
kei. Seit 1920 im tschechoslowakischen diploma-
tischen Dienst. 1920 Vizekonsul in Breslau, 1921
Konsul in San Francisco, 1923/24 Konsul in
Chemnitz, 1925–1931 Konsul in Santiago de
Chile. Nach 1931 in Prag, Beurlaubung. 1937
Pensionierung, seitdem in Chile. 1947 Austritt
aus dem diplomatischen Dienst.

L.: Polišenská, M.: Diplomatické vztahy Českoslo-
venska a USA 1,2 (2014). — Zourek, M.: Checoslo-
vaquia y el Cono Sur 1945–1989 (2014) 140. —
Dejmek 2 (2013). — Koutská, I.: Českoslovenští di-
plomaté do roku 1945 (2006) 190. — NVISN 16
(1932). — Album representantů (1927).

Suchan, Vladimír (Pseud. V. Sekyra), Diplomat,
* 6. 4. 1890 Olmütz (Olomouc), † August 1976
Buenos Aires. Realschule in Olmütz, 1909 Ma-
tura. 1910 Abiturientenkurs an der Handelssaka-
demie in Chrudim. 1910–1912 Angestellter der
Firma Compañía Alemana Transatlántica de

Electricidad in Buenos Aires. 1913/14 Angestell-
ter der Firma František Wawerka in Leipnik.
1915–1918 Militärdienst. 1919 Buchhalter der
Firma F. Křižík in Olmütz. Seit 1919 im tsche-
choslowakischen Außenministerium, 1920–1924
Konsularbeamter in Buenos Aires, 1925–1936 in
Barcelona. Korrespondent der Zeitungen Pozor,
Zlatá Praha, Čas und Lidové noviny. 1936–1939
Konsul in Barcelona, im April 1939 Übergabe
des Generalkonsulats an Deutschland. 1939/40
Konsul in Lille. 1940–1945 Sozialreferent des
tschechoslowakischen Außenministeriums im
Exil in London. Zusammenarbeit mit der BBC,
Redakteur der Zeitschrift Boletín Católico.
Nach 1945 Chargé d'affaires der tschechoslowa-
kischen Botschaft in Buenos Aires, 1948 Rück-
tritt und Asyl in Argentinien. Mitgründer des
Vereins Centro de Checos y Eslovacos en la Ar-
gentina. Zusammenarbeit mit dem Rat der freien
Tschechoslowakei, dem American Fund for
Czechoslovak Refugees und der Assembly of
Captive European Nations.

L.: Rechcigl, M.: Czech It Out (2015). — Zourek, M.:
Checoslovaquia y el Cono Sur 1945–1989 (2014) 46.
— Němeček, J.: Soumrak a úsvit československé di-
plomacie (2008) 364. — Koutská, I.: Českoslovenští
diplomaté do roku 1945 (2006) 157 u. 190. — Mejstřík
(2000). — Pejskar 1 (1982). — Biographical Directo-
ry of the Czechoslovak Society of Arts and Sciences
(1972). — Štěrba, F. C.: Češi a Slováci v Latinské
Americe (1962).

Suchanek (Suchanek von Hassenau, Suchanek-
Hassenau), Unternehmer-, Bankiers- und Beam-
tenfamilie in Brünn (Brno). 1848–1935 Bankli-
zenz für die Firma Alexander S. in Brünn. 1882
Nobilitierung eines Familienzweigs.

1) Emanuel Franz, Beamter, * 5. 5. 1819 Brünn-
Obrowitz (Brno-Zábrdovice), † 3. 6. 1883 Brünn
(Brno). Bruder von 2), Onkel von 3 und 4). Stu-
dium der Rechtswissenschaften an der Universi-
tät Wien, Promotion. 1841/42 Praktikum beim
Brünner Magistrat. Seit 1842 Beamter des Steu-
eramts in Brünn. Seit 1851 Beamter und seit 1855
Finanzrat der Landesfinanzprokuratur in
Brünn. Seit 1868 Statthatereirat und Rechtsrefe-
rent in Brünn. Kommissar für die HGK Brünn,
Mitglied der mährischen Landeskommission zur
Lehen-Allodialisierung und für das Disziplinar-
wesen. Fachmann für Finanzfragen und kommu-
nale Verwaltung. 1850–1861 Mitglied der Be-
zirksvertretung von Brünn. 1861–1883 deutsch-
liberales Mitglied der Stadtverordnetenver-

sammlung und des Stadtrats von Brünn, Obmann der Rechtssektion. Seit Gründung Mitglied des Brünner Bezirksschulrats. Vorstandsmitglied des Deutschen Vereins, enge Zusammenarbeit mit → K. Giskra. Direktoriumsmitglied der Ersten mährischen Sparkasse in Brünn. Vorstandsmitglied des Mährisch-patriotischen Hilfsvereins. 1866 Mitgründer und 1883 Ehrenmitglied des Brünner Eislaufvereins. 1873 Mitgründer und später Ehrenmitglied des Frauenerwerbvereins Brünn. Mitglied der historisch-statistischen Sektion der Mährisch-Schlesischen Gesellschaft zur Beförderung des Ackerbaues, der Natur- und Landeskunde. 1868 Ehrenbürger von Brünn und 1875 der jüdischen politischen Gemeinde Boskowitz.

L.: Encyklopedie dějin města Brna vom 19.12.2018. — Höbelt, L. u. a. (Hg.): Die Tagebücher des Grafen Egbert Belcredi (2016). — Vyskočil, A.: Slovník představitelů politické správy na Moravě (2011). — Fasora, L.: Svobodný občan ve svobodné obci? (2007) 334 f. — ČČH 103 (2005) 371. — Bránský, J.: Židé v Boskovicích (1999) 262. — Brünner Heimatbote 15 (1963) 662. — Der Brünner Eislauf-Verein (1898). — Mähr. Tagblatt 5.6.1883, 5. — Mähr.-schles. Correspondent 5.6.1883, 1 f. — Tagesbote aus Mähren und Schlesien 4.6.1883, 2. — NFP 4.6.1883, 1. — WZ (Ab.) 4.6.1883, 3.

2) Alexander Wilhelm (Franz Alexander) Suchanek von Hassenau, Kaufmann und Bankier, * 14. 1. 1821 Brünn-Obrowitz, † 26. 11. 1907 Brünn. Bruder von 1), Vater von 3 und 4), Großvater von 5). Kaufmännische Ausbildung, zeitweise in Prag. Seit 1848 Kaufmann mit Banklizenz in Brünn, seit 1851 Großhandel mit Gewürzen und Farbwaren. Chemisch-technische Kurse am Polytechnikum in Brünn. 1855 Gründung der Liqueur- und Rosoglio-Fabrik Alexander S. Nach 1856 auch Zementhandel. Ausbau des Handelshauses Alexander S. um das Wechselgeschäft. Aktionär der Brünner Zuckerfabrik-AG. Bauherr von Mietshäusern in Brünn. Verwaltungsrat der Brünner Gewerbebank. Direktionsmitglied der Ersten mährischen Sparkasse. Censor der Mährischen Escomptebank und seit 1863 der Brünner Filiale der Österreichischen Nationalbank. Mährisch-schlesischer Hauptagent der Ersten ungarischen Assecuranz-Gesellschaft in Pest. Seit 1872 im Vorstand des Mährischen Bauvereins. Seit 1859 Mitglied der HGK Brünn, seit 1862 Beisitzer des Handelsgerichts. 1874–1877 Vorstand des Handelsgewerbegremiums Brünn. Leutnant des Brünner Bür-

gerkorps. 1856–1897 Mitglied der Stadtverordnetenversammlung und des Stadtrats von Brünn. Vorstandsmitglied des Deutschen Wählervereins. Konservativer Deutschliberaler. 1866 Mitgründer des Brünner und Förderer des Obrowitzer Waisenhauses. Seit 1866 Mitglied des mährischen Roten Kreuzes, seit 1871 Vizepräsident des Patriotischen Landes- und Frauenhilfsvereins. 1873 Mitgründer und später Ehrenmitglied des Frauenerwerbvereins Brünn. Mitglied der Mährisch-Schlesischen Gesellschaft zur Beförderung des Ackerbaues, der Natur- und Landeskunde. 1870 Korrespondent des Österreichischen Museums für Kunst und Industrie in Wien und Förderer des Brünner Gewerbemuseums. 1866 Mitgründer und seit 1883 Ehrenmitglied des Brünner Eislaufvereins. 1881 Mitgründer und Vizepräsident des Mährischen Jagdschutzvereins. Vorsitzender der Brünner Sektion des Österreichischen Touristen-Clubs und 1887 Förderer des nach ihm benannten Aussichtsturms Alexander-Warte bei Adamsthal. 1866 Franz-Joseph-Orden, 1900 Orden der Eisernen Krone 3. Klasse. 1871 kaiserlicher Rat. 1882 Nobilitierung.

L.: Encyklopedie dějin města Brna vom 3.10.2023. — Dějiny Brna 4 (2020). — Hlavačka, M. u. a.: Sociální myšlení a sociální praxe v českých zemích 1781–1939 (2015) 390 f. — Smutný, Brněnští podnikatelé (2012). — Mašek, Šlechtické rody 2 (2010). — AČSRR 2009 (2008). — Brňovják, J./Zářický, A. (Hg.): Šlechtic podnikatel (2008) 207 f. u. 214. — Kubů, E./Šouša, J. (Hg.): Finanční elity v českých zemích 19. a 20. století (2008). — Fasora, L.: Svobodný občan ve svobodné obci? (2007) 334 f. — Machačová, J./Matějček, J.: Studie k sociálním dějinám 19. století 11 (2004) 52 f. — Pillwein, E./Schneider, H.: Lexikon bedeutender Brünner Deutscher (2000). — Kratochvíl, K.: Bankéři (1962). — Das Rote Kreuz 23,1 (1908) 2-4. — WZ (Ab.) 28.11.1907, 5. — Tagesbote aus Mähren und Schlesien 27.11.1907, 3. — Der Brünner Eislauf-Verein (1898). — Heller, H.: Unsere Handels- u. Gewerbekammern (1894). — Heller 4 (1890). — D'Elvert, C.: Neu-Brünn (1888) 160. — General-Versammlung d. Priv. Österr. Nationalbank (1875) 63. — WZ 6.8.1871, 1. — Biogr. Slg.

3) Alexander Viktor Suchanek von Hassenau, Bankier und Unternehmer, * 27. 8. 1856 Brünn, † 10. 4. 1915 Brünn. Sohn von 2), Bruder von 4). Seit 1883 Prokurist und später Mitinhaber des Handelshauses mit Bank- und Wechsellizenz Alexander S. in Brünn. 1897 Mitgründer der Ersten mährischen Fahrradwerke in Brünn. Brünner Agent der Wiener Versicherungsgesellschaft.

1907–1910 Miteigentümer und Leiter der Liqueur- und Rosoglio-Fabrik Alexander S. in Brünn. Seit 1902 Mitglied der HGK Brünn. Beisitzer des Handelsgerichts in Brünn. Im Vorstand des Brünner Handelsgremiums, später Ehrenmitglied. Verwaltungsrat des mährischen Gewerbevereins. Seit 1902 Präsident des Zentralverbands deutscher gewerblicher Erwerbs- und Wirtschaftsgenossenschaften. Vorstandsmitglied des Zentralverbands deutschmährischer Genossenschaften und des Brünner Genossenschaftsverbands. Bis 1907 Laienrichter des Landesgerichts in Brünn. 1909–1914 Mitglied der Stadtverordnetenversammlung und des Stadtrats von Brünn. Präsident des Brünner Musikvereins und Ausschussmitglied des Mährischen Kunstvereins. 1881 Mitgründer und Vizepräsident des Mährischen Jagdschutzvereins. 1899 Vorsitzender des Clubs der Amateurphotographen. Im Vorstand des Brünner Eislaufvereins. 1907 kaiserlicher Rat. 1912 Franz-Joseph-Orden.

L.: Encyklopedie dějin města Brna vom 27.12.2019. — Smutný, Brněnští podnikatelé (2012). — Mašek, Šlechtické rody 2 (2010). — AČŠRR 2009 (2008). — Fasora, L.: Svobodný občan ve svobodné obci? (2007) 334. — Machačová, J./Matějček, J.: Studie k sociálním dějinám 19. století 11 (2004) 55. — Wiener genealogisches Tb. 5 (1933) 166. — Mähr. Tagblatt 12.4.1915, 4. — Tagesbote aus Mähren und Schlesien 10.4.1915, 5 u. 11, 11.4.1915, 3 u. 7.

4) **Viktor Josef Suchanek von Hassenau** (Suchanek-Hassenau), Bankier und Unternehmer, * 25. 7. 1858 Brünn, † 25. 11. 1934 Brünn. Sohn von 2), Bruder von 3), Vater von 5). Seit 1883 Prokurist und später Mitinhaber des Handelshauses mit Bank- und Wechsellizenz Alexander S. in Brünn. 1897 Mitgründer der Ersten mährischen Fahrradwerke in Brünn. 1907–1910 Miteigentümer der Liqueur- und Rosoglio-Fabrik Alexander S. in Brünn, Vizepräsident des Patriotischen Landes- und Frauenhilfsvereins. 1914 stellv. Obmann des Sozialpolitischen Vereins in Brünn. Im Vorstand des Mährischen Kunstvereins und des Mährischen Jagdschutzvereins. 1908 Franz-Joseph-Orden.

W.: Commercieller Bericht über die 1882 im Auftrage der HGK in Brünn unternommene Reise nach Südamerika (1883).

L.: Encyklopedie dějin města Brna vom 19.12.2018. — Smutný, Brněnští podnikatelé (2012). — Mašek, Šlechtické rody 2 (2010). — AČŠRR 2009 (2008). — DMSHeimat 21 (1935) 59. — Lidové noviny 27.11.1934, 6. — Tagesbote 26.11.1934, 2 u.

27.11.1934, 16. — *Bohemia* 25.11.1934, 4. — *Wiener genealogisches Tb. 5 (1933) 166. — Industrie-Compass. Čechoslovakei 1928/29 (1928) 1862. — Biogr. Slg.*

5) **Kurt Johann Alexander (von) Suchanek**, Musiker, * 8. 2. 1901 Brünn, † 10. 1. 1980 Salzburg. Enkel von 2), Sohn von 4), Neffe von 3). Gymnasium in Brünn, 1920 Matura. Jurastudium an der Universität Graz, Promotion. Seit 1923 Studium an der Akademie für Tonkunst in München und an der Hochschule für Musik in Wien. Auftritte als Dirigent in Marienbad. Engagements in Meran und Bozen, dann Kapellmeister am Operettentheater in Leipzig, seit 1932 in Reichenberg, seit 1935 am Stadttheater in Aussig. 1938 am Deutschen Theater in Prag und 1938–1944 musikalischer Leiter der Operette in Reichenberg. 1944 Kriegseinsatz als Fabrikhelfer in Reichenberg. Seit 1945 Kapellmeister des Stadttheaters in Zittau, dann am Stadttheater in Gera. 1951–1967 Kapellmeister des Stadttheaters und Dirigent des städtischen Orchesters Heidelberg. Ruhestand zuerst in Nürnberg, dann in Salzburg. Seit 1950 Rundfunkaufführungen und Schallplattenaufnahmen u. a. mit Anneliese Rothenberger. Komposition von Liedern, Tänzen und Unterhaltungsmusik.

W.: Sternschnuppen. Schnellpolka (o. J.). — Meine kleine Kusine. Lied u. Tango (1942). — Eine Minute vor Torschluß. Lied u. Foxtrot (1942). — Carina (1944). — Wiener Träumereien (1952). — 1000 Noten Ungarisch (1955).

L.: Encyklopedie dějin města Brna vom 8.4.2014. — Smutný, Brněnští podnikatelé (2012). — Mašek, Šlechtické rody 2 (2010). — AČŠRR 2009 (2008). — Pillwein, E./Schneider, H.: Lexikon bedeutender Brünner Deutscher (2000). — Kosch, Theater 4 (1998). — Aussiger Bote 32,3 (1980) 89. — Deutsches Bühnen-Jb. 75 (1967) 94. — Volksbote 5.2.1966, 8 u. 5.2.1971, 11. — Partisch 2 (1964). — RZ 5.10.1952, 3. — Deutsche Musikbibliographie 115 (1943). — Prager Presse 26.11.1935, 5. — Reichenberger Zeitung 2.4.1933, 7 f. — Gablonzer Tagblatt 17.8.1932, 11. — Biogr. Slg.

Suchanek (Suchánek), **Anton Jakob** (Antonín Jakub) OCr, Geistlicher, * 7. 6. 1712 Statenitz (Statenice) Bez. Prag-Nord (Praha-sever), † 1. 1. 1795 Prag (Praha). Theologiestudium. 1735 Eintritt in den Orden der Kreuzherren mit dem Roten Stern. 1738 Priesterweihe. Kaplan, dann Provisor und Spitalsleiter in Prag. Anschließend Pfarrer in Unhošť. 1745 erstes und 1785 zweites Ordensgelübde. 1753–1755 Admi-

nistrator in Dobřichowitz. 1755–1795 Groß-
meister des Ordens der Kreuzherren mit dem
Roten Stern in Prag. 1763 Visitationsreise zum
Breslauer Konvent. Zudem 1760–1780 Dechant
der Kapelle von Burg Karlstein. Mitglied des
böhmischen Landtags, Beisitzer des Landesaus-
schusses und der Rektifizierungskommission,
1760 und 1772 Mitglied der Landtagsdeputation
am Wiener Hof. 1769 Mitinitiator und seit 1788
o. Mitglied der Ökonomisch-patriotischen Ge-
sellschaft des Königreichs Böhmen.

L.: *Buben, M. M.: Encyklopedie řádů, kongregací
a řeholních společností 1 (2002) 143. — Buben, M. M.:
Rytířský řád křižovníků s červenou hvězdou (1996).
— Portheimkatalog in der Wiener Stadt- u. Landes-
bibliothek. Personen (1987). — Volf (1967). — Lo-
renz, W.: Die Kreuzherren mit dem roten Stern
(1964) 82 u. 89. — Bělohlávek, V.: Dějiny českých
křižovníků s červenou hvězdou (2 Bde., 1930). —
Jacksche, F.: Geschichte des ritterlichen Ordens der
Kreuzherren mit dem rothen Sterne (1904). — Meli-
char, F.: Monografie města Unhoště (1888) 125. —
Das Vaterland oder Böhmens historischer Kalender 1
(1833) 13 f. — Fuß, F.: Geschichte der k.k. ökono-
misch-patriotischen Gesellschaft im Königreich Böh-
men (1797) 27 u. 109. — Schaller, J.: Topographie des
Königreichs Böhmen 8 (1788) 24 u. 65. — Schmeykal,
A.: Rede über die Worte „Deinem Hause gebühret die
Heiligkeit Herr zu ewigen Zeiten" (1788) 48-50. —
Bienenberg, K. J. Ritter v.: Analekten zur Geschichte
des Militärkreuzordens mit dem rothen Sterne (1786,
²1787) 114-124. — WZ 29.10.1785, 2506. — Wieneri-
sches Diarium 8.3.1755, 4 f. — Biogr. Slg.*

Suchánek, Rudolf, Beamter und Politiker,
* 2. 11. 1920 Unterheřmanitz (Dolní Heřma-
nice) Bez. Großmeseritsch (Velké Meziříčí),
† 20. 5. 1996 Brünn (Brno). Realschule in Groß-
meseritsch, 1941 Matura. 1940–1945 Postange-
stellter in Großmeseritsch, 1945–1949 in Brünn.
Jurastudium an der Universität Brünn, 1948
Dr. jur. 1949–1956 Abteilungsleiter im Unter-
nehmen Domácí potřeby in Brünn. 1956–1972
Leiter des Handels- und Planungsreferats des
Kreisnationalausschusses in Brünn. Studium am
Institut für Steuerung der Wirtschaftshoch-
schule Prag, 1963 Abschluss. Dann dort externe
Aspirantur, 1969 CSc. 1972–1976 Direktor der
Handelssektion des tschechoslowakischen
Außenhandelsministeriums. Seit 1976 stellv.,
1980–1983 Bürgermeister von Brünn.

W.: *Perspektivní problémy reprodukce pracovních sil
v zemědělství, zejména v JZD Jihomoravského kraje
[Perspektivische Probleme der Reproduktion der Ar-
beitskraft in der Landwirtschaft, insbesondere in den
LPGs des Südmähr. Kreises] (Diss., 1969). — Vývoj*

*Jihomoravského kraje v letech 1961–1968 [Die Ent-
wicklung des Südmähr. Kreises 1961–1968] (Mitau-
tor; 1969).*

L.: *Encyklopedie dějin města Brna vom 29.10.2017. —
My, purkmistr a rada města Brna (1990). — Rovnost
23.12.1980, 3. — Československé disertace 1969
(1970) 141. — Biogr. Slg.*

Suchanek, Theobald, Beamter und Pomologe,
* 1. 7. 1838 Brünn (Brno), † 3. 1. 1915 Brünn.
Onkel von → V. Suchanek. Seit 1849 Gymnasi-
um Brünn, 1856 Matura. Danach Beamter, seit
1883 Rechnungsrat, seit 1891 Direktor des Rech-
nungsdepartements der Statthalterei in Brünn.
1899 Ruhestand. 1875–1877 zudem Redakteur
der Brünner Zeitung und der Brünner Morgen-
post. Seit 1885 Mitglied und seit 1893 Vorsitzen-
der der Prüfungskommission für Staatsverrech-
nungskunde. 1895–1900 Direktoriumsmitglied
der Ersten mährischen Sparkasse in Brünn. Seit
1881 Ausschussmitglied im Brünner Beamten-
verein. 1891 Mitgründer, seit 1901 stellv. Vorsit-
zender, seit 1911 Ehrenmitglied des Vereins der
deutschen Staatsbeamten in Mähren. Seit 1858
Mitglied, 1879–1883 Vereinssekretär und Re-
dakteur der Monatsberichte sowie seit 1879
stellv. Vorsitzender und seit 1883 Ehrenmitglied
der Obst- und Gartenbau-Sektion der Mährisch-
Schlesischen Gesellschaft zur Beförderung des
Ackerbaues, der Natur- und Landeskunde in
Brünn. Seit 1884 o. Mitglied und 1888 Silberne
Medaille der Gesellschaft. 1888–1905 stellv.
Vorsitzender des aus der Sektion hervorgegan-
genen mährischen Obst-, Wein- und Gartenbau-
vereins in Brünn. Seit 1901 Beirat und seit 1906
Ehrenmitglied des Brünner Frauenerwerbver-
eins. 1899 Orden der Eisernen Krone 3. Klasse.

W.: *Geschichte des mähr. Obst-, Wein- und Garten-
bau-Vereines (zus. m. L. Křiwanek; 1898).*

L.: *Pillwein, E./Schneider, H.: Lexikon bedeutender
Brünner Deutscher (2000). — Archiv města Brna.
Průvodce po fondech a sbírkách (1956). — Rechen-
schaftsbericht des Brünner Frauenerwerb-Vereines
1914/15 (1915) 10. — Deutsches Nordmährerblatt
8.1.1915, 4. — Tagesbote aus Mähren und Schlesien
4.1.1915, 5 u. 7. — Heller 2 (²1912). — Hübsch
(1912). — Křiwanek, L./Suchanek, T.: Geschichte des
mähr. Obst-, Wein- und Gartenbau-Vereines (1898).
— Heller 2 (1888), 4 (1890) u. 5 (1892). — Biogr. Slg.*

Suchanek, Viktor, Jurist und Beamter,
* 21. 8. 1875 Brünn (Brno), † 1. 9. 1934 Wien.
Neffe von → T. Suchanek. Gymnasium in
Brünn. Jurastudium an der Universität in Wien,

1898 Promotion. Seit 1897 in der Statthalterei, dann beim Landesgericht in Brünn, seit 1908 bei der Staatsanwaltschaft Neutitschein. Seit 1913 Landesgerichtsrat in Brünn. Seit 1917 Beamter im Ministerium für Sozialfürsorge in Wien. 1919 Sektionsrat der Abteilung für Jugendfürsorge im österreichischen Bundesministerium für soziale Fürsorge in Wien, 1920 Ministerialrat und ab 1921 Vorstand des legislativen Departements der sozialpolitischen Sektion und stellv. Sektionsleiter. 1925 Sektionschef, dann Ruhestand. Seitdem Generaldirektor des Apotheker-Hauptgremiums in Wien. Publikationen und Vorträge zum Jugend-, Arbeits-, Sozial- und Gewerberecht. Kommentierte Herausgabe von Gesetzestexten der Republik Österreich. Teilnahme an internationalen Tagungen zum Arbeitsrecht. Vizepräsident, später Präsident der Zentralstelle für Kinderschutz und Jugendfürsorge. Präsident des Vereins für soziale Gerichtshilfe in Wien. 1934 Komturkreuz des österreichischen Verdienstordens.

W.: Das Gesetz über den Schutz von Ziehkindern u. unehelichen Kindern (1920). — Die Hausbesorgerordnung (1923). — Jugendfürsorge in Österreich (1924). — (Mit-Hg.:) Arbeitsrecht und Arbeiterschutz (1925, ³1932). — (Hg.:) Das Angestelltengesetz (1926). — (Mit-Hg.:) Die Gewerbeordnung (2 Bde., 1927). — (Hg.:) Das Jugendgerichtsgesetz (1929). — Die Jugendgerichtshilfe und ihre praktische Arbeit (zus. m. G. Löhr; 1930). — Arbeitsrecht und Arbeiterschutz. Ergänzungsheft (zus. m. M. Lederer; 1933).

L.: Protokolle des Ministerrates der Ersten Republik 4,4 (2005) 458. — Pillwein, E./Schneider, H.: Lexikon bedeutender Brünner Deutscher (2000). — Ehrenbuch der Inhaber des österr. Verdienstordens (1936). — Juristische Blätter 63 (1934) 440. — Kleine Volks-Zeitung 4.9.1934, 6 u. 5.9.1934, 7. — Pharmazeutische Post 28.4.1934, 1, 8.9.1934, 1 u. 15.9.1934, 1. — Biogr. Slg.

Suchánek, Vladimír, Graphiker, * 12. 2. 1933 Neustadt an der Mettau (Nové Město nad Metují), † 25. 1. 2021 Prag (Praha). Gymnasium in Nachod und Neustadt an der Mettau, 1951 Matura. Danach Hilfsarbeiter beim Flugzeughersteller Aero in Prag-Wysočan. 1952–1954 Studium an der pädagogischen Fakultät der Universität Prag bei → C. Bouda [Nachtragsband], → K. Lidický und → M. Salcman, 1954–1960 an der Spezialschule für Graphik der Akademie der Bildenden Künste in Prag bei → V. Silovský. Seitdem freischaffender Künstler, 1960–1965 in Marienbad, seit 1965 in Prag. Durch Jugendstil

und Symbolismus inspirierte abstrakte Graphik, Collage und Monotypie, später figurative Farblithographie. Buchillustrationen, Exlibris und Briefmarken. Seit 1962 Einzelausstellungen, auch in den Niederlanden, Belgien, Deutschland, Schweden, Dänemark, Polen und den USA. Mitglied der Künstlervereinigung Mánes. Seit 1969 Mitglied und 1995–2016 Vorsitzender der Vereinigung tschechischer Graphiker Hollar. Seit 1997 Mitglied der Europäischen Akademie der Wissenschaften und Künste. 1972 Mitgründer und Kapellmeister der Graphiker-Musikgruppe Grafičanka. Internationale Auszeichnungen seiner Graphiken. 2006 tschechische Verdienstmedaille in Bronze. Ehrenbürger 2008 von Neustadt an der Mettau und 2020 von Marienbad.

L.: Informační systém abART [30.4.2024]. — V. S. Vzpomínka (2023). — Novinky vom 26.1.2021. — V. S. Exlibris 1950–2018 (2018). — V. S. Litografické příběhy (2018). — Glos, H./Vizina, P.: Stará garda (2016) 168-173. — V. S. Melancholická ulita (2013). — Vencl, S.: České grafické novoročenky (2012). — Suchý, J./Suchánek, V.: Texty a koláže ze šedesátých let (2010). — Suchánek, V.: Ex graphicis (2009). — Osobnosti. Česko (2008). — SČSVU 15 (2005). — Vencl, S.: České exlibris (2002). — Bužgová, E. u. a.: V. S. Grafika (1997). — Česká grafika XX. století (1997). — Horová 2 (1995). — ČBS (1992). — Kdo je kdo (1991 bis ⁵2005). — Vykoukal, J.: V. S. Grafika (1989). — MČSE 5 (1987). — Šůva, J.: V. S. Výběr z grafického díla (1984). — Dvořák, F.: Současné exlibris (1979). — Maris, L. van: V. S. (1978). — Dvořák, F.: V. S. Litografie (1973). — Dvořák, F.: V. S. Výběr z prací z let 1960–1970 (1970). — Boháč, J. M.: V. S. Kresby a grafika, ilustrace, užitá grafika (1962). — Biogr. Slg.

Suchánková (Mlynářová), Anna, Schauspielerin, * 3. 11. 1885 Prag (Praha), † 12. 10. 1969 Prag. Seit 1898 erste Theaterauftritte. Schauspielausbildung bei H. Kvapilová (→ J. Kvapil). Seit 1902 Engagements am Theater von → J. Pištěk [Nachtragsband] und seit 1904 am Volkstheater Uranie in Prag. Kunstwissenschaftliche Fortbildung bei → K. B. Mádl an der Kunstgewerbeschule Prag. 1905–1907 Schauspielerin am serbischen Hoftheater in Belgrad. 1907–1932 Mitglied des Nationaltheaters in Prag, insbesondere tragische Rollen in Stücken William Shakespeares. Gastspiele an Theatern in Ostrau und Brünn. Seit 1932 Schauspiellehrerin am Konservatorium in Prag. Vermittlerin in den tschechisch-serbischen Kulturbeziehungen, Förderung der Übersetzung serbischer Theaterstücke ins Tschechische. Im Ersten Weltkrieg Betreuung serbischer Kriegsgefangener. 1921 Mitgründerin der Tschechoslowakisch-Jugoslawischen Liga. Geschäftsführerin des Eduard-Vojan-Altersheims für Schauspieler. Mitglied der Gründungskommission der Gesellschaft für theaterwissenschaftliche Praxis. Mitglied im Zentralverband des tschechischen Schauspiels. 1922 jugoslawischer St.-Sava-Orden 3. Klasse. 1956 Orden der Arbeit.

L.: Národní divadlo Online archiv, umelec=3603 (m. Verz. der Rollen) [30.4.2024]. — Informační systém abART [30.4.2024]. — ČBS (1992). — Národní divadlo (1988, m. Verz. der Rollen). — MČSE 5 (1987). — Nechvátal, B.: Průvodce vyšehradským hřbitovem (1981). — Vodák, J.: Tváře českých herců (1967). — Engelmüller, K.: O slávě herecké (1947). — OSN ND 6,1 (1940). — Večer. Lidový deník 30.11.1940, 7. — Blažek, V. (Hg.): Sborník na pamět 125 let konservatoře hudby v Praze (1936). — Kulturní adresář (1934 u. 1936). — MSN 6 (1932). — NVISN 16 (1932). — Götzová, J.: Profily českých herců (1931). — Album representantů (1927). — Večer. Lidový deník 9.1.1924, 5.

Sucharda [2], Antonín, Bildhauer, Holzschnitzer und Marionettenmacher, * 23. 5. 1843 Alt-Paka (Stará Paka) Bez. Neu-Paka (Nová Paka), † 21. 9. 1911 Prag (Praha). Sohn von Antonín **Sucharda** (Holzschnitzer und Bildhauer, * 29. 1. 1812 Alt-Paka, † 26. 5. 1886 Neu-Paka,

Sucharda, Künstlerfamilie aus Neu-Paka.

Verwandtschaftsbeziehungen der Familie Sucharda (in Auswahl)

Die einzelnen Biogramme zu den Familienmitgliedern sind im Folgenden unter Sucharda und Suchardová in alphabetischer Reihenfolge eingeordnet. Die behandelten Personen sind kursiv markiert und zur leichteren Identifizierung mit einer Nummer in eckigen Klammern versehen.

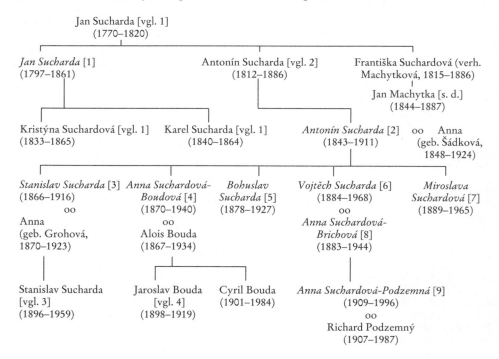

Holzschnitzer, Bildhauer, Maler und Marionettenmacher in Neu-Paka), Neffe von → J. Sucharda [1]. Vater von → S. Sucharda [3], → A. Suchardová-Boudová [4], → B. Sucharda [5], → V. Sucharda [6] und → M. Suchardová [7]. Lehre in der Bildhauerwerkstatt von → J. Votoček und in der Möbelfirma Heinrich Röhrs in Prag. 1861–1863 Studium an der Akademie der Bildenden Künste in Prag. Bildhauer, Holzschnitzer und Gestalter von Marionetten in barockisierendem Stil. Ausbau der väterlichen Werkstatt in Neu-Paka, Restaurierung und Gestaltung der Innenausstattung von Kirchen in Ostböhmen, u. a. in Tuněchod, Kukus und Loukow. 1872 Jan-Hus-Statue in Jičin. 1896 Bau des Sucharda-Hauses in Neu-Paka im Neorenaissancestil. 1870–1876 Hauptmann und 1881–1897 Vorsitzender des Sokol in Neu-Paka. 1887 Gründungsmitglied der Künstlervereinigung Mánes in Prag.

L.: Informační systém abART [30.4.2024]. — Sborník Národního památkového ústavu v Josefově (2019) 6-19. — Jirásková, M./Jirásek, P.: Loutka a moderna (2011; engl. 2014). — Benčová, Y.: Osobnosti Novopacka (2011). — Stejskal, J.: Novopacko (2009) 149-167. — Blecha, J./Jirásek, P.: Česká loutka (2008). — Osobnosti. Česko (2008). — Horová, Dodatky (2006). — Knížák, M.: Encyklopedie výtvarníků loutkového divadla 2 (2005). — Dubská, A.: Dvě století českého loutkářství (2004). — Výtvarníci Novopacka (1998). — Scheybal, J. V.: Umění lidových tesařů, kameníků a sochařů severních Čech (1985). — Slavík, B.: U Suchardů (1973). — Toman 2 (1950) u. 3 (1955). — OSN ND 6,1 (1940). — NVISN 16 (1932). — MSN 6 (1932). — Národní listy 22.9.1911, 3 u. 8. — Osvěta 37 (1907) 375. — Zlatá Praha 24 (1906/07) 267. — OSN 24 (1906). — Biogr. Slg.

Sucharda, Antonín (Anton), Mathematiker, * 3. 10. 1854 Mřična (Mříčná) Bez. Starkenbach (Jilemnice), † 20. 2. 1907 Prag (Praha). Sohn von Antonín Jan **Sucharda** (Lehrer, * 27. 10. 1822 Rostok (Roztoky bzw. Roztoky u Semil) Bez. Semil (Semily), † 27. 5. 1900 Aumislowitz (Úmyslovice) Bez. Poděbrad (Poděbrady), seit 1851 Lehrer in Rostok und im Poděbrader Gebiet, dann bis 1892 in Zahornitz bei Königstadtl, Verfasser pädagogischer Aufsätze, Chorleiter und Komponist religiöser Werke). Realschule seit 1866 in Königinhof an der Elbe, 1869–1872 in Kuttenberg. Bis 1875 Ingenieurstudium des Straßen- und Wasserbaus an der tschechischen TH in Prag. Zudem externe Mathematikkurse an der Universität in Prag. Seit 1875 Assistent für darstellende Geometrie an der tschechischen TH

in Prag, 1879/80 Lehrstuhlvertreter von → F. Tilšer. 1878 Lehrberechtigung für Mathematik an Mittelschulen. 1880–1888 Hilfslehrer, 1888 bis 1890 Lehrer in Tabor, seit 1890 Gymnasial-, später Realschullehrer in Prag. Daneben als Externist 1889 Matura in Königinhof an der Elbe sowie seit 1890 Mathematik- und Physikstudium an der tschechischen Universität in Prag, 1893 Dr. phil. Zudem Studienaufenthalte in Göttingen, München, Paris und Straßburg. 1898 Habilitation an der tschechischen Universität in Prag. 1900 ao. und 1902 o. Prof. für Mathematik an der tschechischen TH in Brünn, 1901/02 Dekan des Bereichs für Maschinenbau und Elektrotechnik, 1903/04 Rektor. 1904 Beurlaubung, 1906 Emeritierung. Umzug nach Prag. Studien zur Geometrie, insbesondere zur Konstruktion und Berechnung von Flächen, Kegeln, algebraischen Kurven und Translationsflächen. 1894 korr. Mitglied der Tschechischen Akademie der Wissenschaften und Künste, 1900 ao. Mitglied der Königlich böhmischen Gesellschaft der Wissenschaften in Prag.

W.: Über die Singularitäten einer Gattung von Rükkungsflächen vierter Ordnung (1888). — Zur Theorie einer Gattung windschiefer Flächen (1890). — Über die asymptotischen Curven gewisser Flächen dritter Ordnung. In: Monatshefte für Mathematik und Physik 8 (1897) 297-329. — Über die Lichtgleichen-Tangenten-Construction (1897). — O některých základních úlohách nové geometrie [Einige grundlegende Aufgaben der neueren Geometrie] (1899). — Eine Aufgabe, betreffend den Schwerpunkt der Polygone. In: Monatshefte für Mathematik und Physik 12 (1901) 337-344. — Příspěvek k theorii kuželoseček [Ein Beitrag zur Theorie der Kegelschnitte] (1903). — Verz. s. Almanach České akademie 18 (1907) 169-173 u. Časopis pro pěstování matematiky a fysiky 37 (1908) 356-359.

L.: Archiv der Karls-Universität, Prag. Matriken. — Encyklopedie dějin města Brna vom 6.12.2019. — ČHS id=8353 vom 26.1.2006 [zu A. J. S.]. — ČČAVU (2004). — Události na VUT v Brně 9,4 (1999) 20-22. — Košťál, R.: Vznik a vývoj pobočky JČMF v Brně (1968) 42 f. — Nový, L. u. a.: Dějiny exaktních věd v českých zemích (1961). — Lidové noviny 4.10.1944, 4. — NVISN 16 (1932). — Časopis pro pěstování matematiky a fysiky 37 (1908) 353-359. — Almanach České akademie 18 (1907) 162-173. — Osvěta 37 (1907) 375. — Lidové noviny 20.2.1907, 4. — OSN 24 (1906) u. 28 (1909). — Poggendorff 3 (1898), 4 (1904) u. 5 (1926). — Biogr. Slg.

Sucharda, Bohumil, Nationalökonom und Politiker, * 20. 4. 1914 Tuhan (Tuhaň bzw. Stružinec) Bez. Lomnitz an der Popelka (Lomnice nad Popelkou), † [Ende] Februar 2009. Bis 1937 Studium an der Handelshochschule in Prag, Abschluss als Diplom-Ingenieur. Kommunistischer Studentenfunktionär, Mitglied der KPTsch. 1937–1945 Angestellter der Zentralkasse der landwirtschaftlichen Genossenschaften. Seit 1945 Leitender Direktor der Mährischen Bank in Brünn und Vorsitzender des Revolutionsausschusses des staatlichen Pensionsversicherungsinstituts der landwirtschaftlichen Genossenschaften in Prag. 1948–1950 tschechoslowakischer Vertreter im Internationalen Währungsfonds in Washington, D. C., zuletzt Regionaldirektor für das östliche Europa. Seit 1951 Gruppenleiter, seit 1953 Staatssekretär, seit 1956 erster Staatssekretär im Finanzministerium in Prag, zudem 1962–1965 Staatssekretär bzw. Vorsitzender der Zentralkommission für Volkskontrolle und Statistik. 1953 Beteiligung an der Ausarbeitung und Durchführung der tschechoslowakischen Währungsreform. 1965–1967 Minister und Vorsitzender der Staatskommission für Finanzen, Preise und Löhne. 1967–1969 tschechoslowakischer Finanzminister und zudem seit 1968 Mitglied des Wirtschaftsrats. 1962–1969 Mitglied der Zentralen Revisions- und Kontrollkommission der KPTsch. 1970 aus politischen Gründen Ausschluss von öffentlichen Ämtern. 1970/71 Lehre an der Wirtschaftshochschule in Prag. 1971–1979 Mitarbeiter der Staatsbank. Dann Ruhestand und Mitarbeit an Studien des Außenhandelsinstituts und 1985 bis 1990 des Prognostischen Instituts der Tschechoslowakischen Akademie der Wissenschaften in Prag. 1990 Berater der Föderalregierung und Mitglied des Wirtschaftsrats in Prag. Fachmann für Währungsbeziehungen und Devisenpolitik. 1964 tschechoslowakischer Orden für Verdienste um den Aufbau, 1969 Orden der Arbeit.

W.: *Československé státní spořitelny [Die tschechoslowak. staatl. Versicherung] (1958). — (Mit-Hg.:) 20 let rozvoje Československé socialistické republiky [20 Jahre Entwicklung der ČSSR] (1965). — Die tschechoslowak. Wirtschaft nach dem Zweiten Weltkrieg. In: Aussenhandel der Tschechoslowakei 5,5 (1965) 3-7. — Die ökonomischen Instrumente und die Stabilität der Wirtschaftsbedingungen der Unternehmen. In: Neue Richtungen in der tschechoslowak. Ökonomie 1,8 (1966) 48-58. — Ekonomicky myslet a jednat [Ökonomisch denken und handeln] (1967; slowak. 1967). — Betriebsfragen im neuen System der Leitung. In: Neue Richtungen in der tschechoslowak. Ökonomie 2,7 (1967) 69-86. — Jak jsme na tom [Wo stehen wir]. In: Rudé právo 30.4.1968, 3 und*

1.5.1968, 4; dt.: Wie stehen wir uns. In: Neue Richtungen in der tschechoslowak. Ökonomie 3,5 (1968) 18-39. — K analýze mezinárodních ekonomických vztahů [Zur Analyse der internationalen Wirtschaftsbeziehungen] (4 Teile, 1976–1979). — Mezinárodní měnová soustava v pohybu [Das internationale Währungssystem im Wandel] (1979). — Eurodolary. Euroměny v mezinárodních platech [Eurodollar. Die Eurowährung im internationalen Zahlungsverkehr] (Mitautor; 1983). — Restrukturalizace v zahraniční zadluženosti a „Pařížský klub" [Umstrukturierungen in der Auslandsverschuldung und der „Pariser Club"] (1987). — Ke směnitelnosti československé měny a kolektivní měny členských zemí RVHP [Die Konvertierbarkeit der tschechoslowak. Währung und der Kollektivwährung der Mitgliedstaaten des Rats für gegenseitige Wirtschaftshilfe] (1989). — Státy střední a východní Evropy (členské státy bývalé RVHP) [Die Staaten Mittel- und Osteuropas (die Mitgliedsstaaten des ehemaligen Rats für gegenseitige Wirtschaftshilfe)]. Anlage zu Ekonomické studie Nr. 185 (Mitautor; 1992).

L.: *Štverák, F.: Schematismus k dějinám Komunistické strany Československa (²2018). — Český rozhlas Plus 17.4.2014. — Řád Práce. Seznam nositelů (2012). — Euro. Ekonomický týdeník 10 (2009) 14. — Osobnosti. Česko (2008). — Historie Ministerstva financí 1918–2004 (2005) 51, 56, 70 u. 89. — Geršlová, J./Sekanina, M.: Lexikon našich hospodářských dějin (2003). — Saxonberg, S.: The Fall: A Comparative Study of the End of Communism (2001). — Tomeš 3 (1999). — ČBS (1992). — Who's Who in the Socialist Countries of Europe (1978). — Kuhn (1969). — Rudé právo 10.4.1968, 2. — Kuhn-Böss (1961). — Biogr. Slg.*

Sucharda [5], Bohuslav, Bildhauer und Musiker, * 22. 4. 1878 Neu-Paka (Nová Paka), † 1927 Prag (Praha). Sohn von → A. Sucharda [2], Bruder von → S. Sucharda [3], → A. Suchardová-Boudová [4], → V. Sucharda [6] und → M. Suchardová [7]. Bildhauer- und Steinmetzlehre in der Familienwerkstatt in Neu-Paka. Studium am Prager Konservatorium ohne Abschluss. Danach Rückkehr nach Neu-Paka und Übernahme der Leitung der Bildhauerwerkstatt der Familie. Anfertigung von Grabstätten und Durchführung von Kirchenrestaurierungen in Nordböhmen sowie Produktion von Marionetten. 1918–1920 Inhaber eines Puppentheaters in Prag. Später Dirigent eines Kinoorchesters in Kuttenberg.

W.: *Suchardové, řezbáři loutek [Die Familie Sucharda, Marionettenschnitzer]. In: Loutkář 2,2 (1918) 30 f.*

L.: *Informační systém abART [30.4.2024]. — Achát 4 (2009) 20. — Blecha, J./Jirásek, P.: Česká loutka (2008). — Knížák, M.: Encyklopedie výtvarníků loutkového divadla 2 (2005). — Dubská, A.: Dvě století* *českého loutkářství (2004). — Březina, J.: Děti slavných rodičů (1998) 20-24. — Výtvarníci Novopacká (1998). — Slavík, B.: U Suchardů (1973). — Toman 3 (1955).*

Sucharda [1], Jan, Holzschnitzer und Bildhauer, * 9. 12. 1797 Alt-Paka (Stará Paka) Bez. Neu-Paka (Nová Paka), † 18. 12. 1861 Neu-Paka. Sohn von Jan **Sucharda** (Weber und Holzschnitzer, * 6. 2. 1770 Aust (Oustí bzw. Roškopov) Bez. Neu-Paka, † 1. 8. 1820 Alt-Paka, Holzschnitzerlehre im Paulanerkloster in Neu-Paka, nach 1789 eigene Holzschnitzer- und Bildhauerwerkstatt in Alt-Paka, Ausstattung von Kirchen in Neu-Paka und Jičín). Vater von Kristýna **Suchardová** (Malerin, *24. 3. 1833 Neu-Paka, † 17. 9. 1865 Wien, zusammen mit ihrem Vater malerische Ausstattung von Kirchen) und von Karel **Sucharda** (Bildhauer, * 19. 12. 1840 Alt-Paka, † 22. 12. 1864 Neu-Paka, Bildhauerlehre in Dresden), Onkel von → A. Sucharda [2] und von → J. Machytka. Gründer einer Holzschnitzer- und Bildhauerwerkstatt in Neu-Paka. Klassizistische Werke. Zudem Restaurator, Maler und Graphiker. Künstlerische Ausstattung von Kirchen und Friedhöfen im Gebiet von Jičín und Neu-Paka.

L.: Informační systém abART [30.4.2024]. — Z Českého ráje a Podkrkonoší 30 (2017) 51-61. — Jičínský deník 3.6.2014. — Jirásková, M./Jirásek, P.: Loutka a moderna (2011; engl. 2014). — Benčová, Y.: Osobnosti Novopacka (2011). — Stejskal, J.: Novopacko (2009) 149-167. — Blecha, J./Jirásek, P.: Česká loutka (2008). — Krummholz, M.: Stanislav S. 1866–1916 (2006) 5. — Horová, Dodatky (2006). — Knížák, M.: Encyklopedie výtvarníků loutkového divadla 2 (2005). — Výtvarníci Novopacka (1998). — Z Českého ráje a Podkrkonoší 3 (1990) 118-120. — Sochařství východních Čech 1700–1945 (1988). — Slavík, B.: U Suchardů (1973). — Toman 3 (1955).

Sucharda, Jan Robert, Lehrer, * 15. 12. 1858 Welenitz (Velenice) Bez. Königstadtl (Městec Králové), † 23. 4. 1950 Neustadt an der Mettau (Nové Město nad Metují). Grundschullehrer für Tschechisch und Mathematik in der Umgebung von Poděbrad. 1893–1899 Grundschuldirektor in Steinzbozi. Seit 1900 Lehrer in Prag-Bubna, später Direktor der Grundschule in Prag-Wyschehrad. Autor von Schulbüchern und Lernhilfsmitteln, Vertreter einer psychologisch begründeten Schuldidaktik und Befürworter einer Reform des Tschechischunterrichts. Leiter methodischer Kurse für Lehrer. 1895/96 Redakteur der Zeitschrift Věstník školský in Nimburg,

1902–1914 der Beseda učitelská, 1910–1914 der Monatsschrift Školská praxe. Außerdem Beiträge in der Zeitschrift Posel z Budče.

W.: Kterak učiti mládež prvních čtyř školních roků správně mluviti a psáti [Wie man Jugendlichen in den ersten vier Schuljahrgängen das korrekte Sprechen und Schreiben beibringt] (2 Bde., 1899). — Návod, kterak na základě počítadla Suchardova naučiti násobiti, měřiti a děliti nazpaměť [Anleitung, wie man mithilfe des Sucharda'schen Rechenhilfsmittels das auswendige Multiplizieren, Messen und Dividieren lehren kann] (1900). — Škola počtů [Die Rechenschule] (3 Bde., 1907/08). — Y či i. Obrázkové tabulky [Y oder I. Bildtabellen] (1910). — Praktická mluvnice a pravopis pro školy obecné [Praktische Grammatik und Rechtschreibung für Grundschulen] (2 Bde., 1916–1919). — Cvičebnice jazyka českého pro školy obecné [Tschechisch-Übungsbuch für Grundschulen] (1922). — Český pravopis pro samouky [Tschech. Rechtschreibung für Selbstlerner] (1926). — Návod k vyučování v kursech negramotných vojáků [Anleitung für den Kursunterricht für schreibunkundige Soldaten] (1929). — Stručný návod k vyučování počtům v elementárce [Kurze Anleitung für den Mathematikunterricht an der Grundschule] (1936).

L.: Mitt. Staatl. Bezirksarchiv Náchod, 13.6.2019. — Štverák, V.: Stručné dějiny pedagogiky (1988). — Strnad, E.: Didaktika školy národní v 19. století 2 (1978) 134, 197, 222 u. 231. — Kdy zemřeli? (1974). — Jelínek, J.: Nástin dějin vyučování českému jazyku (1972) 153 u. 162-168. — Henek, T.: Soupis českých a slovenských pedagogických časopisů do r. 1965 (1967). — Pedagogický slovník 1 (1965) 178 f. — Chlup, O.: Z teorie výchovy a vyučování (1962) 246. — PE 3 (1940). — Český učitel 10.10.1940, 13 f. — Klaška, K.: Reformní směry ve vyučování počtům (1938) 7 u. 23. — Roubík, F.: Bibliografie časopisectva v Čechách z let 1863–1895 (1936) 242. — Katolické listy 6.10.1900, 3. — Národní politika 30.9.1893, 2.

Sucharda, Jaroslav, Chemiker, * 6. 10. 1910 Milowitz (Milovice) Bez. Neu-Benatek (Nové Benátky bzw. Benátky nad Jizerou), † 9. 12. 1978 Stratow (Stratov) Bez. Neu-Benatek. Realschule in Jičín. 1928–1933 Studium der chemischen Technologie an der tschechischen TH Prag. Seit 1935 Mitarbeiter des Vereins für chemische und Hüttenproduktion bzw. seit 1952 des Forschungsinstituts für anorganische Chemie in Aussig. Patente im Bereich der anorganischen Chemie, Entwicklung von Elektrolyseuren. Veröffentlichungen in Chemický průmysl. Seit 1963 Mitglied der Tschechoslowakischen chemischen Gesellschaft, Vorsitzender der Aussiger Ortsgruppe. 1960 Klement-Gottwald-Staatspreis.

L.: *Mitt. Stadtarchiv Ústí nad Labem, 29.3.2022.* — *Mitt. Archiv ČVUT, Prag, 29.9. u. 7.10.2020.* — *Hanč, O./Tomko, J.: Československá společnost chemická 1966–1975 (1980) 29 u. 122.* — *Průboj 6.10.1970, 3.* — *Hanč, O.: 100 let Československé společnosti chemické (1966).* — *Věda a technika mládeži 13.10.1961, 749.* — *Práce 21.12.1960, 3.*

Sucharda [3], Stanislav, Bildhauer, * 12. 11. 1866 Neu-Paka (Nová Paka), † 5. 5. 1916 Prag (Praha). Sohn von → A. Sucharda [2], Bruder von → A. Suchardová-Boudová [4], → B. Sucharda [5], → V. Sucharda [6] und → M. Suchardová [7], Vater von Stanislav **Sucharda** (Architekt, * 1. 9. 1896 Neu-Paka, † 23. 4. 1959 Prag, Bauingenieurstudium an der tschechischen TH in Prag, Projekte von Heilstätten, Wohnhäusern und Denkmälern). 1884–1886 Bildhauerei- und Dekorationsstudium an der staatlichen Gewerbeschule in Prag bei → J. Mauder sowie Zeichenstudium an der tschechischen TH in Prag. 1886 bis 1892 Kunstgewerbeschule Prag bei → J. V. Myslbek, Mitarbeit an dessen Skulpturen für die Palacký-Brücke in Prag. Seit 1892 Assistent für Modellieren an der Kunstgewerbeschule, 1899 bis 1915 dort Prof. und seit 1902 Leiter der Spezialschule für Bildhauerei. 1902–1905 Studienreisen nach Italien, Frankreich, England, Belgien und in die Niederlande. Seit 1915 Leiter der Spezialschule für Medaillengestaltung an der Akademie der Bildenden Künste in Prag. Anfangs von Myslbek, später durch den Jugendstil und den Symbolismus, dann von Auguste Rodin und zuletzt durch den Expressionismus beeinflusster Bildhauer. Ausstattung von Gebäuden in Prag, u. a. der Landesbank, der Assicurazioni Generali und des Wilson-Bahnhofs, sowie in Königgrätz und Proßnitz. Palacký-Denkmal in Prag. Zahlreiche Plaketten und Medaillen. Seit 1896 Mitglied und 1896–1911 wiederholt Vorsitzender der Künstlervereinigung Mánes, Mitgründer und Redakteur deren Fachorgans Volné směry. 1892 Reichel-Preis der Akademie der bildenden Künste Wien. 1906 Ritter des Franz-Joseph-Ordens. 1901 korr., 1913 ao. Mitglied der Tschechischen Akademie der Wissenschaften und Künste.

W.: *Historie pomníku Frant. Palackého v Praze [Geschichte des František-Palacký-Denkmals in Prag]* (1912). — *Pomník Františka Palackého v Praze, jeho vznik a význam [Das František-Palacký-Denkmal in Prag, seine Entstehung und Bedeutung]* (1912).

L.: *Informační systém abART [30.4.2024].* — *Enc. architektů (²2023).* — *Encyklopedie Prahy 2 vom*

13.11.2023. — *Filip, A./Musil, R. (Hg.): Epocha salonů (2021).* — *Allg. Künstlerlexikon 107 (2020) u. Online [30.4.2024].* — *Krummholz, M.: S. S. (2020).* — *Petrbok, V. u. a.: Neviditelná loajalita? (2016) 183-194.* — *Sklenářová Teichmanová, J.: Uměleckoprůmyslová škola v Praze 1890–1910 (Diss. Praha, 2015).* — *Metamorfózy politiky (2013) 76-94.* — *ÖBL 63 (2012).* — *Dačevová, R. u. a.: Káraskova galerie (2012).* — *Benčová, Y.: Osobnosti Novopacka (2011).* — *Stejskal, J.: Novopacko (2009) 149-167.* — *Osobnosti. Česko (2008).* — *Blecha, J./Jirásek, P.: Česká loutka (2008).* — *Kárník, P.: S. S. a Pardubice (2007).* — *Krummholz, M.: S. S. (2006).* — *Michler, S.: Na návštěvě u Suchardů (2006).* — *Haimann, P.: Slovník autorů a zhotovitelů mincí (2006, m. Verz.).* — *Pachmanová, M./Pražanová, M. (Hg.): Vysoká škola uměleckoprůmyslová v Praze 1885–2005 (2005).* — *SČSVU 15 (2005).* — *ČČAVU (2004).* — *Storck, C. P.: Kulturnation und Nationalkunst (2001).* — *Wittlich, P.: Sochařství české secese (2000) 182-215.* — *Tomeš 3 (1999).* — *Churaň 2 (1998).* — *Dějiny českého výtvarného umění 4,1 (1998).* — *Výtvarníci Novopacka (1998).* — *The Dictionary of Art 29 (1996).* — *Horová 2 (1995).* — *Seibt, F. (Hg.): Böhmen im 19. Jh. (1995).* — *Osobnosti českých dějin (1995).* — *Kotalík (1988).* — *Sochařství východních Čech 1700–1945 (1988).* — *MČSE 5 (1987).* — *Vlček, T.: Praha 1900 (1986).* — *Zemina, J.: S. S. (1986).* — *Kotalík (1984).* — *Wittlich, P.: Česká secese (1982).* — *Wittlich, P.: České sochařství ve XX. století (1978).* — *Procházka, V.: S. S. (1866–1916). Výběr z kreseb (1978).* — *Bénézit 10 (³1976).* — *EČVU (1975).* — *Páleníček, L.: Švabinského český Slavín (1973 u. ²1985).* — *Slavík, B.: U Suchardů (1973).* — *Česká a slovenská medaile 1508–1968 (1969).* — *Toman 2 (1950).* — *OSN ND 6,1 (1940).* — *Thieme-Becker 32 (1938).* — *MSN 6 (1932).* — *Volné směry 24 (1926) 163.* — *Osvěta 46 (1916) 573.* — *Národní listy (Ab.) 6.5.1916, 2 u. 7.5.1916, 4.* — *WZ (Ab.) 6.5.1916, 4.* — *Almanach České akademie 24 (1913) 75 f. u. 27 (1916) 143-147.* — *Mádl, K. B.: S. S. Padesát plaket, medailí a podobizen (1912).* — *OSN 24 (1906).* — *Biogr. Slg.*

Sucharda [6], Vojtěch (Vojta, Adalbert), Bildhauer, Holzschnitzer und Marionettenmacher, * 16. 1. 1884 Neu-Paka (Nová Paka), † 31. 10. 1968 Prag (Praha). Sohn von → A. Sucharda [2], Bruder von → S. Sucharda [3], → A. Suchardová-Boudová [4], → B. Sucharda [5] und → M. Suchardová [7], Ehemann von → A. Suchardová-Brichová [8], Vater von → A. Suchardová-Podzemná [9]. Bürgerschule in Neu-Paka. 1897 bis 1899 Bildhauer- und Marionettenmacherlehre in der väterlichen Werkstatt. 1899–1905 Kunstgewerbeschule Prag. Zusammenarbeit mit seinem Bruder Stanislav an Denkmälern und Gebäuden. Danach Bildhauer und Holzschnitzer in Neu-Paka. Innenausstattung von Kirchen in Štěchowitz, Nimburg und Melnik, seit 1907

Mitarbeit an der Innenausstattung des Veits-
doms in Prag. 1913 Ausstattung des Koruna-
Palais in Prag. Im Ersten Weltkrieg Militär-
dienst, seit 1914 russische Kriegsgefangenschaft.
1916 Eintritt in die tschechoslowakische Legion
in Russland. 1918 Rückkehr nach Prag. 1920
zusammen mit seiner Frau Gründung und bis
1956 Führung des Marionettentheaters Říše
loutek in Prag, Gestaltung von Marionetten
sowie Regieführung für das Theater. 1938–1940
Restaurator der Loretokapelle in Prag, 1911 und
1947/48 der Astronomischen Uhr am Altstädter
Rathaus in Prag. 1906–1922 Mitglied der Künst-
lervereinigung Mánes.

W.: *Tradice a poslání českého loutkářství [Tradition
und Berufung des tschech. Marionettenbaus]. In: Li-
dová demokracie 19.6.1955, 5.*

L.: *Informační systém abART [30.4.2024]. — Data-
báze českého amatérského divadla, osobnost id=1446
[30.4.2024]. — Databáze legionářů Vojenského histo-
rického archivu [30.4.2024]. — Novák, J. (Hg.:)
Tvůrci zázraků. Vojtěch a Anna Suchardovi (2022).
— Allg. Künstlerlexikon 107 (2020) und Online
[30.4.2024]. — Sklenářová Teichmanová, J.: Umě-
leckoprůmyslová škola v Praze 1890–1910 (Diss. Praha,
2015). — Nespěšná Hamsíková, M. u. a.: Půvaby lou-
tek a soch. Sochař V. S. (2012). — Jirásková, M./Jirá-
sek, P.: Loutka a moderna (2011; engl. 2014). —
Benčová, Y.: Osobnosti Novopacka (2011). —
Stejskal, J.: Novopacko (2009) 149-167. — Osobnosti.
Česko (2008). — Blecha, J./Jirásek, P.: Česká loutka
(2008). — Haimann, P.: Slovník autorů a zhotovitelů
mincí (2006). — Horová, Dodatky (2006, m. Verz.).
— Mašátová, L.: Loutkové divadlo Říše loutek
(Mag.-Arb. Brno, 2006). — SČSVU 15 (2005,
m. Verz.). — Bařina, M.: V. S. (2005). — Knížák, M.:
Encyklopedie výtvarníků loutkového divadla 2
(2005). — Pachmanová, M./Pražanová, M. (Hg.):
Vysoká škola uměleckoprůmyslová v Praze 1885–
2005 (2005). — Dubská, A.: Dvě století českého lout-
kářství (2004). — Tomeš 3 (1999). — Loutkář 49
(1999) 186-188. — Churaň 2 (1998). — Březina, J.:
Děti slavných rodičů (1998) 20-24. — Výtvarníci No-
vopacka (1998). — Sochařství východních Čech 1700–
1945 (1988). — MČSE 5 (1987). — Wittlich, P.: Čes-
ká secese (1982). — V. S. Český sochař (1978). — Bé-
nézit 10 (³1976). — Loutkář 24 (1974) 112. — Slavík,
B.: U Suchardů (1973). — Vollmer 4 (1958). — Čes-
koslovenský loutkář 4 (1954) 6. — Toman 2 (1950) u.
3 (1955). — OSN ND 6,1 (1940). — Thieme-Becker
32 (1938). — Kulturní adresář (1934 u. 1936). —
NVISN 16 (1932). — MSN 6 (1932). — Album re-
presentantů (1927).*

Suchardová (Wildmannová), Emilie, Schrift-
stellerin und Verbandsfunktionärin, * 28. 2. 1893
Řeheč (bzw. Úlibice) Bez. Jičin (Jičín),
† 1. 8. 1934 Prag (Praha). Mutter von Světluše

Solarová (Světla Wildmannová, verh. Heese-So-
larová, Sonderpädagogin, * 10. 5. 1933 Prag,
† 3. 7. 2019 Zürich, Gymnasium und Studium
der Pädagogik, Psychologie und Behinderten-
pädagogik in Prag, 1963 Promotion, 1967 Hum-
boldtstipendiatin, 1969 ao. Prof. in Hannover,
seit 1970 o. Prof. an der Pädagogischen Hoch-
schule Dortmund, Gastprofessuren in Prag und
Zürich, 1971–1973 Mitglied im Deutschen Bil-
dungsrat. Um 1901 im Blindeninstitut auf dem
Hradschin, dann Bewahranstalt für blinde Mäd-
chen auf der Kampa in Prag. Danach in Schlan.
Seit 1914 Gedichte und Zeitungsartikel zur Be-
hindertenbewegung und zur Sowjetunion, diese
meist in Blindenschrift erschienen. Seit 1926 Ge-
schäftsführerin des Unterstützungsvereins
selbstständiger Blinder in Prag. 1927 Mitorgani-
sation des internationalen Kongresses der tsche-
choslowakischen Blinden. Aktivistin der tsche-
chischen und der internationalen Blindenbewe-
gung und der tschechischen Esperantobewe-
gung. Ausschussmitglied, später Präsidentin der
Organisation tschechischer blinder Esperantis-
ten. Mitglied der tschechoslowakischen Sozial-
demokratie, Anhängerin deren radikalen Flü-
gels. 1921 Eintritt in die KPTsch, 1925 Verurtei-
lung als kommunistische Agitatorin. Reisen in
die Sowjetunion. 1973 Namensstifterin der Emi-
lie-Suchardová-Medaille des tschechoslowaki-
schen Invalidenverbands.

W.: *Hudební nálady [Musikalische Impressionen]
(um 1914). — V dnech bouřlivých [In stürmischen
Tagen] (1920).*

L.: *Štverák, F.: Schematismus k dějinám KSČ (2018)
32, 35, 38 u. 41. — Zora 14 (2018). — Matysková, H.:
Komunistky ve 20. letech (Diss. Praha, 2011). —
Smýkal, J.: Tyflopedický lexikon jmenný (2006). —
Kárník, Z./Kopeček, M. (Hg.): Bolševismus, komunis-
mus a radikální socialismus v Československu (2005)
347. — Mužáková, M.: Aspekty integrace lidí se zra-
kovým postižením (Diss. Praha, 2004) 41 f. —
Krchňák, R.: Nevidomí známí, neznámí (1992) 139 f.
— Uhrová, E.: Po nevyšlapaných stezkách (1984) 157.
— Pochodeň 7.10.1984, 6. — Kamarýt, S.: Historio de
la Esperanto-movado en Čeňoslovakio (1983) 75 u.
249. — Vlasta 36,9 (1982) 1. — Elán 24,2 (1973) 2. —
Svoboda 16.10.1972, 2. — Národní osvobození
2.8.1934, 2. — Venkov 30.1.1926, 9. — Národní listy
24.8.1925, 2. — Biogr. Slg.*

Suchardová [7], Miroslava (Mirina), Malerin,
* 27. 8. 1889 Neu-Paka (Nová Paka),
† 30. 11. 1965 Prag (Praha). Tochter von →
A. Sucharda [2], Schwester von → S. Sucharda
[3], → A. Suchardová-Boudová [4], → B. Suchar-

da [5] und → V. Sucharda [6]. 1904–1910 Studium an der Kunstgewerbeschule in Prag, Spezialschule bei → J. Schikaneder. Studienaufenthalt in Paris. Studienreisen nach Österreich, Deutschland, Italien, Jugoslawien und in die Slowakei. Zeichenlehrerin an einer Mädchenschule in Prag, Zeichenkurse für Fachschullehrer. Vom Impressionismus beeinflusste Malerin, außerdem Textilgestalterin und Kuratorin. Seit 1950 Beteiligung am Puppentheater Říše loutek von → V. Sucharda [6] und → A. Suchardová-Brichová [8] als Kostümdesignerin und Dramaturgin.

W.: 50 pletených vzorů [50 Strickmuster] (zus. m. K. Kovandová; 1936). — Postup kreslení figury pro odborné školy ženských povolání [Figurenzeichnen für Fachschulen für Frauenberufe] (1937). — Metodický postup vyšívání zlatem pro odborné školy ženských povolání [Goldstickereimethodik für Fachschulen für Frauenberufe] (zus. m. A. Kasíková; 1937). — Prádlo pro nejmenší [Kleinkinderwäsche] (Mitautorin; 1938). — Kurs pro divadelní ochotníky [Kurs für Laienschauspieler] (Mitautorin; 2 Bde., 1941/42).

L.: Informační systém abART [30.4.2024]. — Databáze českého amatérského divadla, osobnost id=7262 [30.4.2024]. — Sklenářová Teichmanová, J.: Uměleckoprůmyslová škola v Praze 1890–1910 (Diss. Praha, 2015). — Osobnosti. Česko (2008). — Knížák, M.: Encyklopedie výtvarníků loutkového divadla 2 (2005). — SČSVU 15 (2005). — Březina, J.: Děti slavných rodičů (1998) 20-24. — Výtvarníci Novopacka (1998). — Kdy zemřeli? (1992). — Československý loutkář 29,8-9 (1979) 211 f. — Slavík, B.: U Suchardů (1973). — Toman 2 (1950).

Suchardová-Boudová (geb. Suchardová, verh. Boudová, Boudová-Suchardová) [4], Anna, Malerin und Keramikerin, * 23. 10. 1870 Neu-Paka (Nová Paka), † 14. 5. 1940 Prag (Praha). Tochter von → A. Sucharda [2], Schwester von → S. Sucharda [3], → B. Sucharda [5], → V. Sucharda [6] und → M. Suchardová [7], seit 1896 Ehefrau von → A. Bouda [Nachtragsband], Mutter von → C. Bouda [Nachtragsband] und Jaroslav **Bouda** (Maler und Zeichner, * 23. 2. 1898 Prag, † 5. 7. 1919 Prag, 1916–1919 Studium an der Akademie der Bildenden Künste in Prag bei → A. Hynais). Bürgerschule in Neu-Paka. Mädchengewerbeschule beim Böhmischen Frauenerwerbverein in Prag, daneben Zeichenunterricht. 1885–1889 Zeichen- und Malschule für Frauen an der Kunstgewerbeschule in Prag, 1889–1893 dort Spezialschule für Blumenmalerei bei → J. Schikaneder. Freie Künstlerin in Prag und 1901–1906 in Kladno. Vom Jugendstil beeinflusste Blumenmalerin und Keramikerin, dane-

ben Porträts, Illustrationen, Textilentwürfe, Stickereien und Spitzenmuster sowie Spielzeugentwürfe. Seit 1895 Beteiligung an Ausstellungen in Prag und Wien, 1900 Keramik bei der Weltausstellung in Paris. Beteiligung an der Ausstattung 1894/95 der Landesbank und 1908 des Hauptbahnhofs in Prag sowie Ausstattung des Sucharda-Hauses und der Pfarrkirche in Neu-Paka. Seit 1896 Mitglied der Künstlervereinigung Mánes. Eine der wichtigsten Persönlichkeiten tschechischer angewandter Kunst um die Jahrhundertwende.

W.: Češka. Dámský kalendář [Die Tschechin. Ein Frauenkalender] (zus. m. O. Fastrová; 1912).

L.: Informační systém abART [30.4.2024]. — Chrudimské vlastivědné listy 29,4 (2020) 18-20. — Švabíková, A.: A. S.-B. (Bachelor-Arb. Olomouc, 2017). — Sklenářová Teichmanová, J.: Uměleckoprůmyslová škola v Praze 1890–1910 (Diss. Praha, 2015). — Japonismus v českém umění (2014) 58 f. u. 82. — Vencl, S.: České grafické novoročenky (2012). — Dačevová, R. u. a.: Karáskova galerie (2012). — Benčová, Y.: Osobnosti Novopacka (2011). — Stejskal, J.: Novopacko (2009) 149-167. — Kuthanová, K.: Výtvarné umělkyně ve druhé polovině 19. století (Mag.-Arb. Praha, 2007). — Exotismy ve výtvarném umění XX. století (2007) 60. — Horová, Dodatky (2006) 114. — Pachmanová, M./Pražanová, M. (Hg.): Vysoká škola uměleckoprůmyslová v Praze 1885–2005 (2005). — Tomeš 1 (1999). — Dějiny českého výtvarného umění 4,1 (1998). — Březina, J.: Děti slavných rodičů (1998) 20-24. — Výtvarníci Novopacka (1998). — Allg. Künstlerlexikon 13 (1996) 314. — Vlček, T.: Praha 1900 (1986). — Wittlich, P.: Česká secese (1982). — Bénézit 10 (³1976). — Kdy zemřeli? (1974). — Slavík, B.: U Suchardů (1973). — Pavière, S. H.: A Dictionary of Flower, Fruit, and Still Life Painters 3,2 (1964). — Toman 1 (1947). — Thieme-Becker 32 (1938). — MSN 6 (1932). — OSN 24 (1906).

Suchardová-Brichová (geb. Brichová) [8], Anna, Malerin, Bühnenbildnerin und Dramaturgin, * 3. 2. 1883 Blatna (Blatná), † 28. 1. 1944 Prag (Praha). Seit 1908 Ehefrau von → V. Sucharda [6], Mutter von → A. Suchardová-Podzemná [9]. Studium am Prager Konservatorium, 1899–1908 Kunstgewerbeschule in Prag bei → F. Engelmüller. Studienaufenthalt in München. Seit 1920 zusammen mit ihrem Ehemann Leiterin des Marionettentheaters Říše loutek in Prag. Dramaturgin, Kostümdesignerin und Bühnenbildnerin des Theaters, außerdem Autorin, Übersetzerin und Bearbeiterin von Märchen und anderen Stücken für das Theater. Daneben Gestaltung von Juwelen und Stickereien. Vorsitzende des tschechischen Kreises bildender Künstlerinnen.

W.: *(Bearb.:) Dlouhý, Široký a Bystrozraký [Der Lange, der Dicke und der Scharfäugige] (1920). – Víla Slověnka a zlý král Germon [Die Fee Slověnka und der böse König Germon] (1920). – Album divadelních krojů se střihy pro loutky [Theaterkostüme für Marionetten mit Schnittmustern] (1926). – (Bearb.:) Tři zlaté vlasy Děda Vševěda [Die drei goldenen Haare von Großvater Allwissend] (1929). – Dekorativní zdobení medového pečiva [Honiggebäck dekorieren] (1932). – (Bearb.:) Ošklivý mahárádža a krásná princezna [Der hässliche Maharadscha und die schöne Prinzessin] (1937). – Čarovný plášť [Der Zaubermantel] (1940). – Cvrček houslista [Der Grillengeiger] (1942).*

L.: *Databáze českého amatérského divadla, osobnost id=1819 [30.4.2024]. – Informační systém abART [30.4.2024]. – Novák, J. (Hg.:) Tvůrci zázraků. Vojtěch a Anna Suchardovi (2022). – Sklenářová Teichmanová, J.: Uměleckoprůmyslová škola v Praze 1890–1910 (Diss. Praha, 2015). – Šaldová, L.: Loutkářská šatna A. S.-B. (2012). – Jirásková, M./Jirásek, P.: Loutka a moderna (2011; engl.: The Puppet and the Modern, 2014). – Malá, A./Pavliňák, P.: Signatury českých a slovenských výtvarných umělců (2010). – Blecha, J./Jirásek, P.: Česká loutka (2008). – Mašatová, L.: Loutkové divadlo Říše loutek (Mag.-Arb. Brno, 2006). – Knížák, M.: Encyklopedie výtvarníků loutkového divadla 2 (2005). – Dubská, A.: Dvě století českého loutkářství (2004). – Loutkář 49 (1999) 186–188. – Březina, J.: Děti slavných rodičů (1998) 20–24. – Výtvarníci Novopacka (1998). – Dubská, A.: A. S.-B. Výběr z díla z let 1905–1943 (1983). – Loutkář 24 (1974) 136. – Slavík, B.: U Suchardů (1973). – Kdy zemřeli? (1966). – Toman 2 (1950). – Loutková scéna 3 (1946/47) 111 f. – Kulturní adresář (1934 u. 1936). – MSN 6 (1932). – Loutkářská výstava. Topičův salon (1921).*

Suchardová-Podzemná (geb. Suchardová, verh. Podzemná, Podzemský-Suchardová) [9], Anna, Malerin, * 26. 7. 1909 Prag (Praha), † 13. 8. 1996 Prag. Tochter von → V. Sucharda [6] und → A. Suchardová-Brichová [8], Ehefrau von → Richard Podzemný [Nachtragsband]. Als Kind Marionettenspielerin am Theater ihrer Eltern Říše loutek in Prag, später Graphikarbeiten für das Theater. 1925–1933 Kunstgewerbeschule in Prag, 1933 Studium an der Académie Julian in Paris und 1933–1938 an der Akademie der Bildenden Künste in Prag bei → M. Švabinský. 1937–1939 Lehrerin an der Fachschule für Frauenberufe in Prag. Vom Surrealismus und Poetismus inspirierte Malerin und Graphikerin, daneben Keramik- und Textilentwürfe sowie Gestaltung von Plakaten, Briefmarken und Mosaiken.

Seit 1937 Ausstellungen. Mitglied der Künstlervereinigung Mánes und seit 1966 der Künstlergruppe Index.

W.: *Mí rodiče Anna a Vojtěch Suchardovi [Meine Eltern Anna und Vojtěch Sucharda]. In: Loutkář 49 (1999) 186-188.*

L.: *Informační systém abART [30.4.2024]. – Databáze českého amatérského divadla, osobnost id=3159 [30.4.2024]. – Vencl, S.: České grafické novoročenky (2012). – Kdo byl kdo je kdo na východní Moravě 4 (2011). – Stejskal, J.: Novopacko (2009) 149-167. – A. P.-S. Výběr z díla (2008). – Pachmanová, M./Pražanová, M. (Hg.): Vysoká škola uměleckoprůmyslová v Praze 1885–2005 (2005). – Knížák, M.: Encyklopedie výtvarníků loutkového divadla 2 (2005). – SČSVU 11 (2003). – Slovník osobností kulturního a společenského života Valašska (2000). – Loutkář 49 (1999) 149. – Mašín, J.: Obraz a hudba v tvorbě A. P.-S. (1987). – Mašín, J./Fischer, R.: A. P.-S. Výběr z malířské a známkové tvorby (1986). – Československý loutkář 29,8-9 (1979) 211 f. – Nýdl, M.: Současná známková tvorba (1978) 32 f. – Toman 2 (1950) u. 3 (1955).*

Suchařípa, Leoš (Pseud. Jarmila Fromková), Dramaturg, Schauspieler und Übersetzer, * 15. 2. 1932 Warnsdorf (Varnsdorf), † 14. 6. 2005 Prag (Praha). Ehemann von Helena **Suchařípová** (Theaterwissenschaftlerin, * 9. 10. 1937 Prag, † 4. 9. 2013 Prag, Studium der Theaterwissenschaft an der Akademie der musischen Künste in Prag, Redakteurin von Fachzeitschriften, bis 1970 Mitarbeiterin und 1992–2001 stellv. Chefredakteurin der Divadelní noviny, theaterwissenschaftliche Studien und Übersetzungen aus dem Russischen), Vater von David **Suchařípa** (Schauspieler, * 18. 3. 1965 Prag, Studium am Prager Konservatorium, seit 1996 freiberuflicher Schauspieler). Gymnasium in Prag. Studium der Theaterwissenschaft an der Akademie der musischen Künste in Prag, 1952–1957 an der Theaterakademie in Moskau. Danach bis 1963 Chefredakteur der Zeitung Divadelní noviny, später stellv. Chefredakteur der Zeitschrift Divadlo in Prag. Zugleich Assistent an der philosophischen Fakultät der Universität Prag. 1968–1973 Dramaturg des Theaters Činoherní klub in Prag, dort auch kleinere Rollen. Entlassung aus politischen Gründen. 1973–1975 Dramaturg des Theaters in Karlsbad. Seit 1975 Schauspieler am Činoherní studio in Aussig, 1987–1992 am Realistické divadlo in Prag, seit 1992 am Divadlo Na Zábradlí in Prag. Rollen in Filmen von → E. Schorm und → V. Chytilová [Nachtragsband]. 1985 Preis des besten Darstellers auf dem Filmfestival in Sanremo/Italien. Übersetzer von russischen und sowjetischen Theaterstücken von A. M. Wolodin, F. N. Gorenstein, A. N. Tolstoi, M. A. Bulgakow, A. P. Tschechow, L. M. Leonow, M. Gorki, A. N. Ostrowski, N. W. Gogol u. a. ins Tschechische.

W.: *Pravidla hry [Die Spielregeln] (1998).*

L.: *Databáze osobností českého uměleckého překladu po roce 1945 (m. Verz.) [30.4.2024].* — *Bibliografický soupis českého uměleckého překladu po roce 1945 (m. Verz.) [30.4.2024].* — *Potůček, J. (Hg.): Osobnosti a památky Prahy 1 (2014).* — *Divadelní noviny 6.9.2013 u. 19.10.2013.* — *Fikejz, M.: Český film 3 (2008).* — *Osobnosti. Česko (2008).* — *Česká divadla. Encyklopedie divadelních souborů (2000).* — *Tomeš 3 (1999).* — *Kdo je kdo (1991 bis ⁵2005).* — *Filmové profily 2,2 (1990, m. Verz.).* — *Biogr. Slg.*

Suchomel, Franciscus SJ, Geistlicher, * 4. 10. 1661 Tabor (Tábor), † 30. 4. 1699 Prag (Praha). 1678 Eintritt in den Jesuitenorden. Bis 1680 Noviziat in Brünn. 1681–1683 Philosophiestudium am Kolleg in Olmütz, Magister. 1685/86 Prof. für Grammatik am Kolleg in Neuhaus. 1687–1693 Poetik-Prof. am Kolleg in Prag. 1691 Priesterweihe und Prediger in Altbunzlau. 1694 Tertiat in Teltsch. 1695 Prof. für Rhetorik am Kolleg in Troppau, 1696 in Olmütz. Seit 1697 Rhetorik-Prof. am Prager Klementinum, 1699 Studienpräfekt am Kolleg in der Prager Neustadt.

L.: *Bio-bibliografická databáze řeholníků v českých zemích v raném novověku [30.4.2024].* — *Čornejová-Fechtnerová (1986).* — *Fischer, Catalogus (1985).* — *PB Phil Kalckbrenner (1972).* — *Tříška, J.: K rétorice a k universitní literatuře (1972) 141 u. 263.*

Suchomel, František Assiský (Franciscus) CSsR, Geistlicher, * 7. 11. 1893 Dreihöfen (Tři Dvory) Bez. Kolin (Kolín), † 10. 1. 1972 Morawetz (Moravec) Bez. Bystřitz (Bystřice nad Pernštejnem). Redemptoristen-Gymnasium in Schwarzbach bei Littau, seit 1914 Gymnasium in Přibram, 1916 Matura. Zugleich 1914–1920 theologische Lehranstalt der Redemptoristen in Wobořischt. 1914 Eintritt in den Redemptoristenorden, 1920 Priesterweihe. Seit 1921 Theologiestudium in Rom, Promotion. Rektor der theologischen Lehranstalt in Wobořischt. 1939–1950 Provinzial der Redemptoristen in Böhmen und Mähren. 1950 Verhaftung und 1953 Verurteilung zu 24 Jahren Haft wegen Hochverrats, Gefängnisklöster Seelau und Grulich, später in Leopoldov/Slowakei. 1960 Amnestierung. Seitdem in Morawetz. Studien zur zeitgenössischen

Philosophie und zur Theologie. Beiträge in der Zeitschrift Filosofická revue. 1919/20 Mitglied der Katechismuskommission des Vereins der katholischen Religionslehrer Böhmens. Mitglied der päpstlichen Akademie des hl. Thomas von Aquin.

W.: *Exercicie [Exerzitien] (1934).* — *Duchovní zátiší [Spirituelle Stille] (zus. m. O. M. Korvas; 1938).* — *Zapovězený strom [Der verbotene Baum] (1940, ²1947).*

L.: *Zavadilová, E.: Výuka a vyučující kanonického práva na řádovém teologickém učilišti kongregace Nejsvětějšího Vykupitele v Obořišti (Diss. Olomouc, 2019).* — *Studia Theologica 19,1 (2017) 194 f.* — *Vybíralová, E.: Untergrundkirche und geheime Weihen (Diss. Praha, 2017) 94.* — *Machek, V.: Josef Konstantin Miklík CSsR (Mag.-Arb. Praha, 2017).* — *Buben, M.: Encyklopedie řádů, kongregací a řeholních společností 4,1 (2016) 166 u. 170.* — *Mandzák, D. A.: „Agent a špión Vatikánu" (2008).* — *Vlastivědný věstník moravský 60 (2008) 305 u. 307.* — *Vaško, V.: Dům na skále 2 (2007) 70 u. 129 f.* — *Vlček, V.: Perzekuce mužských řádů a kongregací komunistickým režimem (2003) 100, 309 f. u. 457.* — *Stříbrný, J.: Církevní procesy padesátých let (2002).* — *Pavlincová, H.: Filosofická revue (1994) 132.* — *Kdy zemřeli? (1974).* — *Catalogus cleri Archidioecesis Pragensis (1943).* — *Lidové listy 7.11.1943, 6.* — *Kulturní adresář (1934 u. 1936).* — *Litterae annales de rebus Provinciae Pragensis Congregationis SS. Redemptoris (1918) 33.*

Suchomel, Hynek (Ignác Ondřej), Verbandsfunktionär und Schriftsteller, * 9. 7. 1848 Březnitz (Březnice), † 7. 4. 1924 Prag (Praha). Nach 1868 Angestellter der Versicherungsbank Slavia in Prag. 1869/70 Geschäftsführer des Arbeitervereins Oul, 1871 Ausschussmitglied des Vereins Tyl. 1870 und 1871 Mitorganisator von Tabor-Versammlungen in Prag. 1870 auf einer Prager Arbeiterversammlung in den Ausschuss gewählt, daraufhin Verhaftung wegen Aufwiegelung. 1871 Mitautor einer anschließend konfiszierten sozialdemokratischen Broschüre. Propagator der Lehren von Hermann Schulze-Delitzsch. 1867 Mitgründer der Zeitschrift Dělník, 1869 der Zeitschrift Český dělník. Veröffentlichungen in Dělnické noviny, Dělnická biblioteka, Dělnické listy und Práce. Verfasser von Gedichten, Erzählungen und Romanen. Volksbildende historische Vorträge. Seit 1876 Mitglied der Künstlerressource.

W.: *Kde stojíme [Wo wir stehen] (Mitautor; 1871).* — *Nenadálé věno [Unerwartete Mitgift] (1880).* — *Pomoc v neštěstí [Hilfe im Unglück] (1884).*

L.: Dějiny Prahy (1964) 489. — ČsČH 7 (1959) 571. — ČsČH 6 (1958) 456, 462, 464 u. 682 f. — ČsČH 5 (1957) 679. — KSN 10 (1938). — MSN 6 (1932). — NVISN 16 (1932). — Jiroušek, T. J.: Dějiny sociálního hnutí v zemích Koruny české od roku 1840–1900 1 (1900) 46. — Vlasť 16,10 (1900) 953. — Žižka, V.: Jaké byly počátky křesťanského socialismu v Čechách (1900) 15. — Arbes, J.: Persekuce lidu českého v letech 1869–1873 (1896) 229. — Výroční zpráva a účetní závěrky Slavie vzájemně pojišťovací banky (1894). — Národní listy 3.12.1869, Beil. u. 15.1.1876, 4. — Biogr. Slg.

Suchy (Suchý), Uhrmacher- bzw. Fabrikantenfamilie aus Prag (Praha), später auch in Wien und in der Schweiz. 1897 Verkauf des Prager Unternehmensteils.

1) Carl d. Ä. Emanuel (Karel), Uhrmacher und Unternehmer, * 23. 12. 1796 Prag, † 21. 2. 1866 Prag. Vater von 2), 3), 4) und 5). Bis 1812 Uhrmacherlehre in Prag, dann Wanderjahre, Geselle in München und Prag. 1820 Uhrmachermeister in Prag, seit 1822 mit eigenem Geschäft. 1835 Ausstattung der Prager Burg mit Standuhren. 1836 Fabriklizenz. Seit 1844 k.k. Hoflieferant. 1849 Firmeneintritt von 2) und 3), seitdem Carl Suchy & Söhne. Seit 1853 mit einer Filiale in Wien. Herstellung von Stand- und Pendeluhren. Ausbau zur Fabrikproduktion, größter Uhrenproduzent der Habsburgermonarchie, internationale Vermarktung, Messepräsenz in Leipzig und München, seit 1855 auch bei Weltausstellungen, zudem Import ausländischer Uhren. 1820 Prager Bürgerrecht. 1832–1834 Vorsitzender der Prager Uhrmacherzunft. 1848 Mitgründer und im Vorstand des Handwerkervereins in Prag, 1849 Vorsitzender. 1848 Mitglied des Bürgerausschusses und 1848–1850 der Stadtverordnetenversammlung bzw. des engeren Stadtausschusses von Prag. 1852–1862 Mitglied der Stadtältesten von Prag. Seit 1850 Mitglied der HGK Prag.

2) Carl d. J. Johann (Karl, Karel Jan), Uhrmacher und Unternehmer, * 13. 10. 1827 Prag, † 13. 12. 1872 Prag. Sohn von 1), Bruder von 3), 4) und 5). Bis 1845 Uhrmacherlehre bei → J. Kossek in Prag. Geselle in der Schweiz. Seit 1849 Mitinhaber der Firma Carl Suchy & Söhne. 1853 Gründer und Direktor einer Taschenuhrenfabrik in La Chaux-de-Fonds/Schweiz. 3) Johann Anton (Hans, Jan Antonín), Uhrmacher und Unternehmer, * 30. 5. 1830 Prag, † 1. 12. 1893 Wien. Sohn von 1), Bruder von 2), 4) und 5). Bis 1845 Uhrmacherlehre bei → J. Kossek in Prag. Geselle in der Schweiz. Seit 1849 Mitinhaber der Firma Carl Suchy & Söhne. Seit Gründung 1863 Leiter der Filiale in Wien, nach 1866 Verselbstständigung des Wiener Unternehmens, Hoflieferantentitel.

4) Anton Gottfried (Antonín), Uhrmacher und Unternehmer, * 8. 11. 1832 Prag, † 26. 12. 1897 Prag. Sohn von 1), Bruder von 2), 3) und 5). Uhrmacherlehre bei → J. Kossek in Prag. Geselle. Später Mitinhaber, Prokurist und 1866–1896 zusammen mit 5) Geschäftsführer der Firma Carl Suchy & Söhne in Prag, Hoflieferantentitel. 1897 Verkauf des Prager Unternehmens, seitdem Privatier in Prag.

5) Emanuel Augustin, Uhrmacher und Unternehmer, * 25. 12. 1841 Prag, † 27. 2. 1896 Prag-Königliche Weinberge (Praha-Královské Vinohrady). Sohn von 1), Bruder von 2), 3) und 4). Uhrmacherlehre bei → J. Kossek in Prag. Geselle in der Schweiz. Seit 1866 Mitinhaber und zusammen mit 4) Geschäftsführer der Firma Carl Suchy & Söhne in Prag. 1870 Mitgründer einer Import- und Export-AG in Prag. 1876–1896 Protektor des Unterstützungsvereins der Prager Uhrmacherarbeiter. Daneben Engagement für den Aufbau von Feuerwehrstrukturen in Böhmen. 1872 Mitgründer und seit 1878 Präsident des Freiwilligen Rettungskorps in Prag. Im Vorstand der Freiwilligen Feuerwehr in Königliche Weinberge. Leiter von Feuerwehreinsätzen. Ehrenmitglied zahlreicher Freiwilliger Feuerwehren in Böhmen. 1894 Franz-Joseph-Orden.

L.: Hrdina, M. u. a. (Hg.): Pochopit vteřinu (2019) 128-132. — ÖBL 63 (2012). — Michal, S.: Hodinářství a hodináři v českých zemích (2002) 136, 200 f. u. 262. — Haselsteiner, H. u. a. (Hg.): Zeiten Wende Zeiten (2000) 75. — Weijdom Claterbos, F. H. van: Viennese Clockmakers (1979) 309. — Michal, S.: Vývoj hodinářství v českých zemích (1976) 49-51, 71 u. 80. — Klíma, A.: Revoluce 1848 v českých zemích (1974) 197. — BohJb 6 (1965) 321, 9 (1968) 121 u. 12 (1971) 113. — Procházka, R. v.: Meine zweiunddreißig Ahnen (1928) 341. — Slokar, J.: Geschichte der österr. Industrie (1914) 625. — Almanach královského hlavního města Prahy 11 (1908) 96. — Großindustrie Österr. 3 (1898) 292 f. — Hasičský kalendář rodinný 3 (1897) 39 f. — Bohemia 28.2.1896, 6. — Prager Tagblatt 28.2.1896, 5 u. 19, 27.12.1897, 4 u. 11. — Národní politika 27.2.1896, 2, 28.2.1896, 9 u. 29.2.1896, 11. — Národní listy (Ab.) 27.2.1896, 4 u.

28.2.1896, 7 f. — Politik 27.2.1896, 2. — Bohemia 23.2.1866, 548 u. 553, 14.12.1872, 5126. — Hb. des Königreiches Böhmen f. das Jahr 1848 (1850) 551. — Kohl, J. G.: Hundert Tage auf Reisen in den österr. Staaten 1 (1842) 257-259. — Mittheilungen für Gewerbe und Handel 2,1 (1836) 465. — Biogr. Slg.

Suchy (Suchý), Adalbert (Vojtěch), Maler, * 27. 4. 1783 Schwihau (Švihov) Bez. Klattau (Klatovy), † 25. 8. 1849 Wien. Seit 1800 in Wien Unterricht bei dem Kupferstecher Jacob M. Schmutzer. Seit 1802 Studium an der Akademie der bildenden Künste in Wien, 1806 Gundel-Preis der Akademie. Seitdem Porträtist, Miniatur- und Historienmaler in Wien. Gemälde in Öl, Aquarell und Pastell. Bildnisse von Kaiser Franz und anderen Habsburgern, von Adligen und Künstlern. 1820–1840 Beteiligung an den Jahresausstellungen der Akademie der bildenden Künste.

L.: Informační systém abART [30.4.2024]. — ÖBL 63 (2012). — Kalendárium osobností západních Čech na rok 2009 (2008). — Vondráček, R. (Hg.): Biedermeier (2008) 500 f. — Kudrlička, V.: Kalendárium kulturních osobností Šumavy a Chodska (1997). — Miniatura a drobný portrét z českých a moravských sbírek (1985) 54. — Fuchs, H.: Die österr. Bildnisminiatur (1982) 85 f. — Nimmergut, J./Wager, A.-M.: Miniaturen-Dosen (1982). — Keil, N.: Die Miniaturen der Albertina in Wien (1977) 101 f. — Művészeti lexikon 4 (1968). — Schidlof, L. R.: The Miniature in Europe 2 (1964). — Toman 2 (1950). — Thieme-Becker 32 (1938). — NVISN 16 (1932). — Jiřík, F. X.: Miniatura a drobná podobizna v době empirové a probuzenecké v Čechách (1930) 29-31. — Bourgoing, J. de: Die Wiener Bildnisminiatur (1926) 17 u. 33. — Leisching, E.: Die Bildnis-Miniatur in Oesterreich (1907) 195. — Verzeichnis der Silhouetten-Ausstellung und Miniaturen aus mähr. Privatbesitz (1906). — Wurzbach 40 (1880). — WZ 30.8.1849, 2394.

Suchý, Čestmír, Journalist, * 11. 1. 1921 Hohenelbe (Vrchlabí), † 2. 1. 2005 Prag (Praha). Realschule und Lehrerbildungsanstalt. 1940–1945 Aushilfslehrer, Beamter und Arbeiter. Seit 1952 Jurastudium an der Universität Prag, 1957 Abschluss, 1967 Dr. jur. 1945 Eintritt in die KPTsch. 1945/46 Redakteur der Zeitung Stráž severu in Reichenberg, 1946–1957 Redakteur der Zeitung Rudé právo in Prag, 1955–1957 deren Auslandskorrespondent in Genf. 1957 Mitgründer und bis 1964 Chefredakteur der englisch-französischen, afrikaorientierten Zeitschrift Solidarité-Solidarity in Prag. Seit 1965 Redakteur der internationalen Redaktion des Tschechoslowakischen Rundfunks, 1968–1970 Leiter der Redaktion, 1970/71 Reporter. 1968 Beteiligung an den Antiokkupationssendungen des Tschechoslowakischen Rundfunks. 1970 Ausschluss aus der KPTsch. 1971 Entlassung aus der Redaktion aus politischen Gründen. Danach Bühnenarbeiter, Lastwagenfahrer und Fensterputzer, 1981 Ruhestand. Unterzeichner der Charta 77. 1990 Dozent am Lehrstuhl für Journalistik der Universität Prag. 1990/91 Dekan der neugegründeten Fakultät für Sozialwissenschaften, 1991–1994 Prodekan für Öffentlichkeitsarbeit. 1990 Mitgründer und stellv. Vorsitzender der Gesellschaft für tschechoslowakisch-israelische Freundschaft. Seit 1990 Mitglied des Journalisten-Syndikats.

W.: Vzorná krmička soudružka Šerejchová [Die vorbildliche Viehwärterin Genossin Šerejchová] (1949). — (Übers. zus. m. M. Weiner:) Žukov, J.: Jak žijí na Západě [Wie man im Westen lebt] (1949). — (Bearb.:) Čistecká, M.: Stala jsem se údernicí [Ich bin Aktivistin geworden] (1950). — (Bearb.:) Vacková, A.: O vyšší počet stavů [Für eine höhere Anzahl von Webstühlen] (1950). — Emigranti proti národu [Emigranten gegen das Volk] (Mitautor; 1953). — O fejetonu [Das Feuilleton] (1955).

L.: Mitt. Archiv der Karls-Universität Prag, 5.6.2019. — Blažek, P./Schovánek, R. (Hg.): Prvních 100 dnů Charty 77 (2018). — Kotalová, Z.: Redakce mezinárodního života Československého rozhlasu v 60. letech (Mag.-Arb. Praha, 2012). — Svět rozhlasu 25 (2011) 35 f. — Marková, A.: Maďarské povstání v roce 1956 a jeho ohlas v Československu (Bachelor-Arb. Liberec, 2011) 40. — Aula. Revue pro vysokoškolskou a vědní politiku 18,4 (2010) 30-33. — Sígl, M. (Hg.): Almanach českých novinářů (2008) 344. — iForum. Online magazín Univerzity Karlovy 5.1.2005. — Od mikrofonu k posluchačům (2003). — Tomeš 3 (1999). — Běhal, R.: Kdo je kdo v sedmdesátileté historii Českého rozhlasu (1992). — Kdo je kdo (1991 u. ²1994). — Biogr. Slg.

Suchý, František, Pomologe, * 24. 1. 1889 Kuttenberg (Kutná Hora), † 15. 12. 1936 Brünn (Brno) [oder Starý Smokovec bzw. Vysoké Tatry/Slowakei]. Sohn von → Franz Suchy. Höhere Gartenbauschule in Eisgrub, dann 1909 Wein- und Obstbauschule Klosterneuburg. Assistent am tschechischen pomologischen Institut in Bohonitz bei Brünn, dann Inspektor und später Landwirtschaftsrat für Obst-, Gemüse- und Weinbau der tschechischen Abteilung des mährischen Landeskulturrats in Brünn. Fachwissenschaftliche Aufsätze zum Obstbau. Geschäftsführer und seit 1935 Vorsitzender des mährischen Landesobstbauvereins. Mitglied der tschechoslowakischen Landwirtschaftsakademie.

W.: Hubení nejrozšířenějších škůdců ovocného stromoví [Die Bekämpfung der am weitesten verbreiteten Obstbaumschädlinge] (1920). — (Hg.:) Návod ku pěstování vysokokmenných stromů ovocných [Anleitung zur Pflege von hochstämmigen Obstbäumen] (⁴1921). — Mohou výstavní trhy ovocné prospěti propagaci a odbytu ovoce? [Können Obstausstellungen der Werbung und Vermarktung von Obst zugute kommen?] (1930). — Zpráva o činnosti Zemského ovocnického spolku moravského za třicet let jeho trvání [Bericht über die Tätigkeit des mähr. Landesobstbauvereins in den 30 Jahren seines Bestehens] (1931). — (Hg.:) Moravské ovoce [Mähr. Obst] (²1931).

L.: Encyklopedie dějin města Brna vom 25.3.2019. — DVT 19 (1986) 93. — Kdy zemřeli? (1970). — OSN ND 6,1 (1940). — Československý zemědělec 19 (1937) 59. — Věstník Československé akademie zemědělské 13 (1937) 59, 109 u. 230 f. — Lidové noviny 17.12.1936, 7. — Ročenka Československé akademie zemědělské 4 (1934–1936) 243. — Společenský almanach Velkého Brna (1933). — Biogr. Slg.

Suchý (Suchý Pražský, Suchý Komárenský), František, Komponist und Lehrer, * 21. 4. 1891 Birkenberg (Březové Hory bzw. Příbram) Bez. Přibram (Příbram), † 13. 6. 1973 Prag (Praha). Niedere Gymnasialklassen in Přibram, 1906 bis 1910 dort Lehrerbildungsanstalt. 1913/14 Musikstudium am Prager Konservatorium bei → O. Horník [Nachtragsband], 1914–1916 Dirigierstudium in Leipzig bei Arthur Nikisch. 1910 bis 1914 Lehrer in Königstadtl, 1914/15 in Dimokur. Im Ersten Weltkrieg Militärdienst. Danach in der Slowakei, 1919–1921 Lehrer in Sučan, 1922–1924 an der Bürgerschule in St. Martin. 1924–1938 Direktor der Bürgerschule in Komorn/Slowakei, 1939/40 in Prag-Bubentsch und 1940–1953 in Prag-Koschiř. 1920 Gründer und bis 1924 Leiter der Turz-Philharmonie in St. Martin, 1924–1938 Leiter der Orchestervereinigung des Volksbildungsverbands sowie des Gesangvereins Spevokol in St. Martin, 1946–1948 Dirigent der Orchestervereinigung der Prager Lehrer. Orgel-, Violin-, Violoncello- und Flötenspieler. Komponist von Opern, Messen, Kantaten, Orchester- und Klavierwerken, Kammermusik, Balletten und Melodramen. Sammler und Herausgeber von Volksliedern. Veröffentlichungen in Musikzeitschriften. Daneben Puppenspieler und Komponist für Puppentheater.

W.: Hudební povídky [Musikalische Erzählungen] (1931). — Lidové písně a tance z Polabí na Královéměstecku [Volkslieder und -tänze aus dem Elbetal im Königstädtler Gebiet] (1955).

L.: Kahan. Zpravodaj městského úřadu Příbram 8 (2015) 8. — Pecháček, S.: Lidová píseň a sborová tvorba (2013) 39 f. — SBS 5 (1992). — MČSE 5 (1987). — Encyklopédia Slovenska 5 (1981). — Frank, A./Altmann, W.: Kurzgefaßtes Tonkünstler-Lexikon 2 (¹⁵1978). — Riemann 5 (¹²1975). — Vopravil (1973). — Hudební rozhledy 26,8 (1973) 358. — PSN 4 (1967). — Gardavský, Č.: Les compositeurs tchécoslovaques contemporains (1966). — ČslHS 2 (1965, m. Verz.). — Gardavský, Č. u. a.: Contemporary Czechoslovak Composers (1965, tschech.: Skladatelé dneška, 1961). — Kozák, J. u. a.: Českoslovenští koncertní umělci a komorní soubory (1964). — Matějček, J.: Tschech. Komponisten von heute (1957, m. Verz.). — OSN ND 6,1 (1940).

Suchý (Suchý Brněnský), František, Musiker und Komponist, * 9. 4. 1902 Deutschliebau (Německé Libiny bzw. Libina) Bez. Mährisch Schönberg (Šumperk), † 12. 7. 1977 Brünn (Brno). Jugend in Olmütz, dort Violinist in einem Laienquartett. 1922–1927 Oboen- und Kompositionsstudium am Konservatorium in Brünn bei Matěj Wagner und → J. Kvapil, 1935 bis 1937 Kompositionsmeisterschule bei → V. Novák in Prag. 1927–1947 Erster Oboist des Brünner Rundfunkorchesters, 1927 Mitgründer und künstlerischer Leiter des Mährischen Bläserquintetts. Seit 1940 Lehrbeauftragter und 1947–1968 Lehrer für Oboe, Komposition, Musiktheorie und Kammermusik am Brünner Konservatorium, 1960 Dozent und Lehrstuhlleiter. Seit 1949 auch Dozent und 1965–1971 Prof. für Oboe und Instrumentation an der Akademie der musischen Künste in Brünn. Komponist von Klavierwerken, Kammermusik für Bläser, Liedern, Kantaten, Orchesterwerken und einer Oper sowie von Bühnenmusik und Musik für Hörspiele. Vorsitzender des Verbandes tschechoslowakischer Komponisten. 1975 Verdienter Künstler der Tschechoslowakei.

W.: Dechové nástroje jako nástroje komorní a koncertantní [Blasinstrumente als Kammer- und Konzertinstrumente]. In: Sborník Janáčkovy akademie múzických umění v Brně 1 (1959) 72-77. — Melodické ozdoby a manýry hudby předklasické a klasické [Melodische Verzierungen und Manieren in der vorklassischen und klassischen Musik]. In: Sborník Janáčkovy akademie múzických umění v Brně 6 (1972) 7-33.

L.: Bártová, J. u. a.: Osobnosti Hudební fakulty JAMU (2017). — Encyklopedie dějin města Brna vom 7.4.2013. — Kostelecká, P.: Čeští komponující hobojisté (Mag.-Arb. Brno, 2013) 71 f. — GBO 4 (2005). — Grove 24 (²2001). — Baker's Biographical Dictionary of Musicians 6 (2001). — Šlapanská, E.: Jak jsem je znala (2001). — Štaudová, E.: Komorní *hudba brněnských skladatelů (1991). — MČSE 5 (1987). — Čeští skladatelé současnosti (1985, m. Verz.). — Frank, A./Altmann, W.: Kurzgefaßtes Tonkünstler-Lexikon 2 (^{15}1978). — Riemann 5 (^{12}1975, m. Verz.). — Svaz českých skladatelů a koncertních umělců (1975). — Gardavský, Č.: Les compositeurs tchécoslovaques contemporains (1966). — ČslHS 2 (1965). — Gardavský, Č. u. a.: Contemporary Czechoslovak Composers (1965, tschech.: Skladatelé dneška, 1961). — Smolka, J.: Česká hudba našeho století (1961). — Hudební rozhledy 10,9 (1957) 389 u. 15,7 (1962) 301. — Divadlo a hudba 1,5 (1941) 36. — OSN ND 6,1 (1940). — Biogr. Slg.*

Suchy (Suchý), Franz (František), Pomologe, * 22. 10. 1860 Mutenitz (Mutěnice) Bez. Strakonitz (Strakonice), † 11. 10. 1910 Brünn (Brno). Vater von → F. Suchý (1889–1936). Gärtnerlehre in Mutenitz. Seit 1876 in Gartenbaubetrieben in Böhmen, 1882/83 in Erfurt und dann in Opočno. Seit 1885 Gärtner und Lehrer an der Ackerbauschule in Kuttenberg. Seit 1890 Leiter bzw. Obergärtner der Baumschule und des Gartens der Mährisch-Schlesischen Gesellschaft zur Beförderung des Ackerbaues, der Natur- und Landeskunde in Brünn. Seit 1891 auch Lehrer am Institut für Baumgärtner in Brünn. 1900/01 Gründungsdirektor des tschechischen pomologischen Instituts bzw. der tschechischen Gärtnerfachschule in Bohonitz bei Brünn. 1901–1910 Landesobstbauinspektor des mährischen Landeskulturrats in Brünn. Autor eines Standardwerks über mährische Obstsorten und weiterer Lehrbücher, pomologische und gartenbauwissenschaftliche Veröffentlichungen in Fachzeitschriften. Gründer und Geschäftsführer des Obstbauvereins in Kuttenberg. In der Leitung des mährischen Landesobstvereins. 1914 Denkmal in Bohonitz.

W.: Bericht über die Obstausstellung in Prag, Oct 1891. In: Monatsberichte des mähr. Obst-, Wein- und Gartenbau-Vereines 25 (1892) 4-7. — Die I. Obstverwertungsfabrik in Trebnitz (bei Lobositz). In: Monatsberichte des mähr. Obst-, Wein- und Gartenbau-Vereines 25 (1892) 178-181. — Die amerikanische Staats-Schnittreben-Anlage in Ober-Siebenbrunn. In: Monatsberichte des mähr. Obst-, Weinund Gartenbau-Vereines 28 (1895) 163-166. — Bericht über eine, zum Studium der Obst-, Wein- und Gartenbau-Cultur nach Deutschland unternommene Reise. In: Monatsberichte des mähr. Obst-, Weinund Gartenbau-Vereines 30 (1897) 3-10, 21-25 u. 42-47. — Sklizeň ovoce se zřetelem k obchodu ovocnářskému [Das Ernten von Obst mit Hinblick auf den Obsthandel] (1900). — Zelinářství [Der Gemüseanbau] (1901). — Návod ku pěstování vysokokmenných stromů ovocných [Anleitung zur Pflege

von hochstämmigen Obstbäumen] (1902, ^{4}1921). — (Mit-Hg.:) Stringfellow, H. M.: Nové zahradnictví [Der neue Gartenbau] (1902). — Der Obstbau in den slawischen Landesteilen Mährens. In: Lauche, W. (Hg.): Österreichs Obstbau auf der internationalen Obst-Ausstellung in Düsseldorf 1904 (1904) 90-96. — Moravské ovoce [Mähr. Obst] (1907, ^{2}1931).

L.: Encyklopedie dějin města Brna vom 24.3.2019. — Steinová, Š.: Zahradní umění první Československé republiky a její zahradníci (2017). — Crha, A.: Z historie Bohunic (2014) 156 f. u. 312-314. — ÖBL 63 (2012). — GBO 4 (2005). — Almanach ke 100. výročí založení Zahradnické školy v Brně-Bohunicích (2001). — DVT 19 (1986) 92-95. — Maštálka, O./Vávra, M.: F. S., inspektor ovocnictví (1960). — Zahradnický a ovocnicko-vinařský slovník naučný 3 (1942). — Olšanský, F.: 25 let zemského zahradnicko-ovocnického ústavu (1925). — Moravská orlice 12.10.1910, 2. — Lidové noviny 20.11.1902, 2. — Křiwanek, L./Suchanek, T.: Geschichte des mähr. Obst-, Wein- und Gartenbau-Vereines (1898) 300 f., 306, 318 u. 320 f. — Biogr. Slg.

Suchý, Jaroslav, Bibliothekar, * 10. 1. 1921 Nachod (Náchod), † 26. 5. 2002 Nachod. Gymnasium Nachod. Bis 1942 Mitarbeiter der regionalen Wochenschrift U nás, 1945 der Regionalzeitung Jiráskův kraj. Daneben Hilfsbibliothekar in Nachod. Nach 1945 Philosophie- und Bohemistikstudium an der Universität in Prag, 1951 Promotion. Bibliothekarskurse in Prag bei → Z. V. Tobolka. Kurzzeitig Lehrer. 1950–1983 Direktor der Stadtbibliothek Nachod. Mitorganisation des lokalen Kulturlebens und Leiter des Filmklubs in Nachod. Begründung der Nachoder Bibliothekarswoche. 1968 Mitgründer und Vorstandsmitglied des Verbands der Bibliothekare SKIP, 1970 Auflösung des Verbands aus politischen Gründen, 1990 Beteiligung an dessen Reorganisation als Vorstandsmitglied sowie Redakteur der Verbandszeitschrift. Verfasser von Gedichten, Theaterstücken und Hörspielen sowie von bibliothekarischen, lokalhistorischen und feuilletonistischen Beiträgen. Redakteur von Náchodský zpravodaj und Rodný kraj. Nach 1990 Mitarbeit an bibliothekarischen Zeitschriften wie Čtenář und U nás. Zudem Graphiker. 1998 Mitgründer des Studentenfestivals der Literatur in Nachod. Seit seiner Jugend Freundschaft mit → J. Škvorecký [Nachtragsband]. 2001 Preis der tschechischen Bibliothekare und Z. V. Tobolka-Medaille des Bibliotheksverbands Tschechiens.

W.: Rok návratu [Jahr der Rückkehr] (1940). — Blázen a princezna [Der Narr und die Prinzessin] (1947).

— *Práce s poesií [Arbeit mit Poesie] (1955). — Adam Mickiewicz. Bibliografie [Adam Mickiewicz. Eine Bibliographie] (1955). — Okres Náchod [Der Bezirk Nachod] (1976). — Náchod [Nachod] (1976). — Knihovnická historie [Bibliothekarische Geschichte]. In: Náchodský zpravodaj 11,3-4 (1984) 3-4 u. 16,9 (1989) 4-5. — Městská knihovna Police nad Metují [Die Stadtbibliothek von Politz] (Mitautor; 1987). — Bronislav Hofman (zus. m. J. Ducháč; 1991). — (Hg.:) Škvorecký, J.: Náchod, to krásné město Kostelec [Nachod, die schöne Stadt Kostelec] (1994). — Cestou knihovníka [Auf dem Weg eines Bibliothekars] (2000). — Knihovnické vzpomínky [Bibliothekarische Erinnerungen]. In: U nás, knihovnicko-informační zpravodaj 12,3-4 (2002).*

L.: U nás, knihovnicko-informační zpravodaj 30,1 (2020). — Kubíček, J.: Dějiny veřejných lidových knihoven v českých zemích (2019). — Slovník českých knihovníků vom 23.2.2017. — Sedláčková, K.: Vývoj, současný stav a perspektivy Městské knihovny v Náchodě (Bachelor-Arb. Praha, 2007). — Bulletin SKIP 11,3 (2002). — U nás, knihovnicko-informační zpravodaj 12,3 (2002). — Čtenář 53 (2001) 24-26 u. 299, 54 (2002) 230 f. — Javůrek, M. (Hg.): Sto let Jiráskova gymnázia v Náchodě (1997). — Teichmanová, P.: Veřejná lidová knihovna v Náchodě (1990). — Čtenář 33 (1981) 380-382.

Suchý, Jaroslav, Anthropologe, * 30. 6. 1926 Schlan (Slaný), † 28. 8. 1975 Woznitz (Voznice) Bez. Dobříš (Dobřís). Realgymnasium in Prag, 1945 Matura. Studium der Anthropologie an der naturwissenschaftlichen Fakultät der Universität Prag, 1948 Staatsexamen für das Lehramt Natur- und Landeskunde, 1949 Dr. rer. nat. 1949–1951 Assistent an der pädagogischen und naturwissenschaftlichen Fakultät der Universität Prag. 1951–1954 Aspirantur, 1955 CSc. 1954–1962 wissenschaftlicher Mitarbeiter der Pädagogischen Hochschule und des Pädagogischen Instituts in Prag. 1961 Habilitation. Seit 1962 Dozent für Anthropologie und Biologie des Kindes am Pädagogischen Institut, seit 1964 an der pädagogischen Fakultät der Universität Prag, dort Gründer und Leiter des Labors für Entwicklungsanthropologie. Seit 1965 Mitglied der Kommission für CSc.-Promotionen im Fach Anthropologie. 1968 ao., 1972 o. Prof. für Anthropologie an der Universität Prag. 1970–1973 Prodekan der pädagogischen Fakultät. 1973–1975 Koordinator eines Projekts des tschechoslowakischen Bildungsministeriums über biologische und gesundheitliche Aspekte der Pädagogik. Zunächst Beschäftigung mit physischer Anthropologie und Anthropometrie, später Begründung der tschechischen Entwicklungsan-

thropologie. Vorbereitung eines interdisziplinären Forschungsprojekts über die Kultur der Roma, zahlreiche Veröffentlichungen in Fachzeitschriften zur Anthropologie der Roma. 1960–1974 Herausgeber des Almanachs Antropologický archiv. Autor von Lehrbüchern. Um 1955 Geschäftsführer und später stellv. Vorsitzender der Anthropologischen Sektion der Gesellschaft des Nationalmuseums. Sekretär des Hauptausschusses der Tschechoslowakischen anthropologischen Gesellschaft an der Tschechoslowakischen Akademie der Wissenschaften. Silbermedaille der Universität Prag. Ehrenmitglied der Polnischen anthropologischen Gesellschaft.

W.: Žilné kresby na dorsu ruky [Die Venenmuster des Handrückens] (Diss., 1949). — Anthropologické praktikum [Anthropologisches Praktikum] (Mitautor; 1953, ²1958). — Ústrojí přeměny látkové [Das Stoffwechselsystem] (Mitautor; 1957). — Ontogenese a fylogenese člověka [Die Ontogenese und die Phylogenese des Menschen] (1957). — Kolik je lidských plemen [Wie viele Menschenrassen es gibt] (1957). — Vývin taxonomických znaků u školní mládeže [Entwicklung der taxonomischen Merkmale bei der Schuljugend] (1961). — Antropologie [Anthropologie] (1962). — Praktická cvičení ze somatologie a antropologie [Praktische Übungen in der Somatologie und Anthropologie] (1963, ²1970). — Metody hodnocení a identifikace v antropologii [Auswertungs- und Identifikationsmethoden in der Anthropologie] (1963). — Somatologie a antropologie [Somatologie und Anthropologie] (1964). — Biologie dítěte a školní hygiena [Biologie des Kindes und Schulhygiene] (1964). — Vybrané kapitoly ze zdravotnické výchovy [Ausgewählte Kapitel aus der Pflegeausbildung] (1965). — Praktická cvičení ze somatologie a antropologie pro pedagogické fakulty [Praktische Übungen in der Somatologie und Anthropologie für pädagogische Fakultäten] (zus. m. J. Machová; 1966, ²1970). — Tělesné vlastnosti české školní mládeže [Physische Merkmale der tschech. Schuljugend] (1967). — Antropologie [Anthropologie] (Mitautor; 1967). — Die Zigeuner. In: Saller, K. (Hg.): Rassengeschichte der Menschheit 1 (1968) 185-221. — Biologie dítěte pro pedagogické fakulty [Biologie des Kindes für pädagogische Fakultäten] (1970, ⁴1985; ung. 1970). — (Hg.:) Pedagogická fakulta University Karlovy v Praze 1946–1971 [Die Pädagogische Fakultät der Karls-Universität Prag 1946–1971] (1971; russ. 1980). — Vývojová antropologie obyvatelstva ČSR [Die Entwicklungsanthropologie der Bevölkerung der ČSR] (1972). — Jak se mění člověk [Wie der Mensch sich entwickelt] (1972, ²1975). — Biologie člověka pro 4. ročník gymnasií [Biologie des Menschen für die 4. Gymnasialklasse] (Mitautor; 1972; slowak. 1973, ung. 1976). — Antropologická propedeutika [Anthropologische Propädeutik] (zus. m. J. Machová; 1974). — Anthropologie der rezenten Bevölkerung der Tsche-

choslowakei. In: Schwidetzky, I. (Hg.): Rassenge-
schichte der Menschheit 5,3 (1978) 55-73. — Speziál-
ní příprava učitelů pro práci s cikánskými dětmi [Spe-
zielle Lehrervorbereitung für die Arbeit mit Zigeu-
nerkindern] (zus. m. H. Malá; 1979). — Verz. s. An-
thropologie 14,1-2 (1976) 136-139.

L.: Malina, J. u. a.: Antropologický slovník (2009). —
Osobnosti. Česko (2008). — Česká antropologie 56
(2006) 9. — Wolf, J.: Integrální antropologie na pra-
hu 21. století (2002) 35 f. — Filipský (1999, m. Verz.).
— Tomeš 3 (1999). — Česká antropologie 47
(1994/95) 29 f. — MČSE 5 (1987). — Anthropologie
14,1-2 (1976) 135-139. — Social Scientists Specializing
in African Studies (1963). — Schmidt, G. A.: Rol'
truda v stanovlenii čeloveka (1948; tschech. 1950,
²1952).

Suchy, Josef (Seff), Jurist, Lehrer und Journalist,
* 24. 9. 1905 Eibenberg (Tisová bzw. Kraslice)
Bez. Graslitz (Kraslice), † 25. 12. 1997 Heidel-
berg. Gymnasium und Musikfachschule in Gras-
litz, 1924 Matura. Seit 1924 Jurastudium an der
deutschen Universität in Prag, 1933 Promotion.
Dazwischen Studium an der Hochschule für
Welthandel in Wien, 1928 Diplom-Kaufmann.
Mitglied des Studentenvereins Freischar Eger-
land. Engagement in der Wandervogel-Bewe-
gung, seit 1930 böhmischer Gauleiter des sude-
tendeutschen Wandervogels. Seit 1933 Lehrer in
Machendorf und seit 1934 Sekretär des Lander-
ziehungsheims Leitmeritz bzw. von → K. Metz-
ner. Mitglied im Kameradschaftsbund. Veröf-
fentlichungen zur sudetendeutschen Jugendbe-
wegung. Seit 1935 hauptamtlicher Leiter für po-
litische Bildung im Führungsrat der SHF bzw.
der SdP. 1938 Verurteilung wegen Spionage für
Deutschland, Herbst 1938 Amnestie. Mitglied
der NSDAP und 1939 Leiter des Gauschulungs-
amts in Reichenberg. April 1939 Verhaftung we-
gen des Vorwurfs der Homosexualität. Aus-
schluss aus der NSDAP. 1940 Prozess in Dres-
den, Haft in Bautzen und im Konzentrationsla-
ger Sachsenhausen, Entlassung. Seit 1942 Ange-
stellter der Volksbank Graslitz. 1942–1945 Mili-
tärdienst, 1949 Entlassung aus französischer
Kriegsgefangenschaft. Bis 1952 in Frankfurt am
Main, zunächst Versicherungsangestellter, dann
Handelsvertreter, Berufsschullehrer und Journa-
list. Seit 1951 Mitarbeit an der Vertriebenenzei-
tung Wegweiser. Daneben Studium der Wirt-
schaftspädagogik an der Universität Frankfurt
am Main, 1952 Diplom-Handelslehrer. Seit 1953
Lehrer, seit 1958 Studienrat, 1967–1975 Studien-
prof. an der Höheren Handelslehranstalt in Hei-

delberg. Journalistische und volksbildende Bei-
träge zu Wirtschaft, Geschichte, Persönlichkei-
ten und Mundart. Seit 1970 stellv. Chefredakteur
der Graslitzer Nachrichten. 1976 Gründer und
Herausgeber des Egerländer Zeitungsdienstes.
Pressewart des Bundes der Egerländer Gmoin.
Seit 1975 stellv. Vorsitzender des Arbeitskreises
Egerländer Kulturschaffender. Mitarbeiter, spä-
ter Ehrenvorsitzender des Heimatverbands der
Graslitzer. Mitglied der Egerlandjugend und des
BdV. 1977 Adalbert-Stifter-Medaille, 1984 Gro-
ßes Ehrenzeichen des Bundes der Egerländer
Gmoin.

W.: (Hg.:) Keysers Lexikon des praktischen Kauf-
manns (1957, ²1959). — Die Mundartdichtung Josef
Moders (1965). — Der Maler Adam Kraft (1969). —
(Hg.:) Festschrift zur 60-Jahrfeier des deutschen
Staats-Realgymnasiums Graslitz (1973). — Egerlän-
der als Verleger. In: Jb. d. Egerländer 25 (1978) 87-
93. — (Hg.:) Egerland. Landschaft und Menschen in
der Dichtung (1984).

L.: Archiv der Karls-Universität, Prag. Matriken. —
Hergemöller, B.-U. (Hg.): Mann für Mann 2 (2010)
1156 f. — Kdo byl kdo v Říšské župě Sudety (CD-
ROM, 2008). — Anders, F.: Strafjustiz im Sudetengau
(2008). — Historie okupovaného pohraničí 6 (2000)
135 f. — Gebel, R.: „Heim ins Reich!" (1999). —
Zimmermann, V.: Die Sudetendeutschen im NS-Staat
(1999). — Der Egerländer 50,2 (1998) 20. — Sude-
tenpost 29.1.1998, 8. — SdZ 23.1.1998, 4. — Graslit-
zer Nachrichten 29 (1998) 1. — MSA 100 (1990) 50 u.
120 (1995) 45 f. — Luh, A.: Der Deutsche Turnver-
band in der Ersten Tschechoslowak. Republik (1988).
— Sudetenpost 17.11.1988, 3. — Graslitzer Nachrich-
ten 19 (1988) 1. — EBL 2 (1987). — Der Egerländer
36,9 (1985) 21. — Rhein-Neckar-Zeitung 24.9.1985.
— SdZ 20.9.1985, 4, 28.10.1988, 7 u. 19.12.1990, 9. —
Biman, S./Malíř, J.: Kariéra učitele tělocviku (1983)
230 u. 272. — Franzel, E.: Gegen den Wind der Zeit
(1983) 240. — MSA 60 (1980) 38 u. 81 (1985) 60 f. —
Jb. d. Egerländer 20 (1973) 23. — Graslitzer Nach-
richten 1 (1970) 129, 6 (1975) 164 f., 11 (1980) 182 u.
15 (1984) 254. — Karlsbader Zeitung 20,11 (1970)
241. — César-Černý 2 (1962). — Biogr. Slg.

Suchý, Josef, Schriftsteller und Übersetzer,
* 1. 3. 1923 Jakobau (Jakubov bzw. Lesní Jaku-
bov) Bez. Namiest an der Oslawa (Náměšť nad
Oslavou), † 30. 5. 2003 Brünn (Brno). Gymnasi-
um in Brünn, 1942 Matura. Danach Land- und
Waldarbeiter in Jakobau. 1945–1949 Tsche-
chisch- und Philosophiestudium an der Univer-
sität Brünn. 1949 Lehrer an der Eisenbahnfach-
schule in Feldsberg. 1949 Verhaftung wegen des
Vorwurfs eines Emigrationsversuchs, bis 1952
Haft, 1990 Rehabilitierung. Bis 1954 Militär-

dienst bei den Hilfstruppen der tschechoslowakischen Armee. Seit 1955 Dreher in der Traktorenfabrik ZKL in Brünn. Seit 1968 Redakteur des Brünner Verlags Blok, 1983 Ruhestand. Seit 1947 Mitglied der Gruppe katholischer Lyriker um den Velikonoční almanach, Freundschaft mit → J. Deml, → J. Zahradníček und → J. Skácel. Veröffentlichungen in den Zeitschriften Akord, Vyšehrad, Host do domu, Tvorba, Kmen, Lidová demokracie und Literární měsíčník. Meditative Lyrik und autobiographische Prosa mit Themen aus dem Landleben der Böhmisch-Mährischen Höhe. Übersetzungen von u. a. Kito Lorenc, Jurij Koch und Józef Nowak aus dem Sorbischen und von Oskar Loerke, Erwin Strittmatter und → R. M. Rilke aus dem Deutschen ins Tschechische. 1966 Preis des Blok-Verlags. 1997 Literaturpreis der Stadt Brünn.

W.: Sen [Der Traum] (1942). — Žernov [Der Mühlstein] (1948, ²1998, ³2007). — Krajina v díle Jakuba Demla [Die Landschaft im Werk Jakub Demls] (Dipl.-Arb. Brno, 1948). — Jitřenka v uchu jehly [Der Morgenstern im Nadelöhr] (1966). — Ocúnová flétna [Die Herbstzeitlosen-Flöte] (1967). — Okov [Der Schöpfeimer] (1969). — Ve znamení vah [Im Sternzeichen der Waage] (1970). — Eliášovo světlo [Elijas Licht] (1971, ²1999). — (Hg.:) Kociánová, S.: Do copánků spletené [Zu Zöpfen geflochten] (1973). — Katka má starosti [Katka hat Sorgen] (1976, ²1982, ³1987). — Duhové kameny [Regenbogensteine] (1976). — Zelené souhvězdí [Grünes Sternbild] (1978). — Strnadi nad sněhem [Ammern über dem Schnee] (1982). — Starosti s Katkou [Sorgen um Katka] (1982, ²1987). — Dům u jitřního proutí [Haus zur Morgenrute] (1983). — Země tvých dlaní [Das Land deiner Hände] (1986). — (Hg.:) Lyrické konfrontace. Výbor z překladů O. F. Bablera [Lyrische Konfrontationen. Ausgewählte Übersetzungen O. F. Bablers] (1986). — Proti osudu [Gegen das Schicksal] (1988). — Jasmínová hvězda [Der Jasminstern] (1990). — Tváří v tvář [Von Angesicht zu Angesicht] (1992). — Křížová cesta [Der Kreuzweg] (1995). — Šarlat na sněhu [Scharlach im Schnee] (1999). — Srdce a kámen [Herz und Stein] (2003). — Poezie Jakuba Barta-Ćišinského [Die Dichtung Jakub Bart-Ćišinskis]. In: Černý, M./Kaleta, P. (Hg.): Pražské stopy Jakuba Barta-Ćišinského (2010) 67-96. — Tvář času. Výbor z poezie [Antlitz der Zeit. Ausgewählte Dichtungen] (2012). — Slzy věcí. Výbor z tvorby [Tränen der Dinge. Ausgewählte Werke] (2013). — (Übers.:) Vřesový zpěv. Antologie lužickosrbské poezie [Heidekrautgesang. Anthologie sorbischer Dichtung] (1976); Skrytý pramen. Antologie lužickosrbské povídky a drobné prózy [Verborgene Quelle. Anthologie sorbischer Erzählungen und kleiner Prosawerke] (1981); Vlaštovky světla. Antologie lyriky NDR [Schwalben des Lichts. Eine Lyrikanthologie aus der DDR] (1983);

Magické kameny. Současná rakouská lyrika [Magische Steine. Zeitgenössische österr. Lyrik] (1993).

L.: Databáze osobností českého uměleckého překladu po roce 1945 [30.4.2024]. — Encyklopedie dějin města Brna vom 6.5.2022. — Harák, I.: Básník J. S. (2014). — Religious and Sacred Poetry 4,8 (2014) 113-147. — Pospíšil, I.: Areál a filologická studia (2013) 124-129. — Jungmannová, L. (Hg.): Česká literatura na okraji (2010) 223-232. — Osobnosti. Česko (2008). — SČL on-line vom 26.1.2007. — GBO 4 (2005). — Praha a Lužičtí Srbové (2005) 214-225. — Slavia. Časopis pro slovanskou filologii 74 (2005) 487-499. — SPFFBU X 7 (2004) 37-45. — Štěpán, L. (Hg.): Černá a bílá pravda. J. S. (2004). — Západoslovanské literatury v českém prostředí ve 20. století (2004) 358-376. — Katolický týdeník (Perspektivy) 30 (2003) 8. — Lidové noviny 4.6.2003, 11. — Janoušek 2 (1998). — Akord 18,8 (1992/93) 22-39. — Kdo je kdo (1991, ²1994 u. ⁴2002). — MČSE 5 (1987). — Čeští spisovatelé 20. století (1985). — Letopis A 31,1 (1984) 87-92. — Biogr. Slg.

Suchý, Lothar (Lotar; Pseud. Jan Bělohlávek, Jan Vojan), Journalist, Schriftsteller und Übersetzer, * 6. 5. 1873 Turnau (Turnov), † 4. 5. 1959 Turnau. 1885/86 Gymnasium in Jung-Bunzlau, anschließend in Příbram, dort 1893 Matura. 1893/94 Slawistik- und 1894/95 Jurastudium an der Universität Wien, 1895–1898 Jurastudium an der tschechischen Universität Prag, anschließend Notariatspraktikum. 1899 Philosophiestudium in Prag ohne Abschluss. 1902 Mitgründer des Kreises tschechischer Schriftsteller, Mitglied der Prager literarischen Vereinigung Syrinx. 1902/03 Theaterredakteur der Zeitung Slovo, 1903/04 Chefredakteur der Zeitschrift Dílo und 1907/08 Redakteur der Zeitung Union in Prag. Daneben Übersetzer von französischen Theaterstücken für das Nationaltheater, das Theater in den Königlichen Weinbergen und das Volkstheater Uranie. 1908–1914 Korrespondent der Zeitungen Národní politika und Venkov in Paris. Während des Ersten Weltkriegs in Prag. Seit 1918 erneut Journalist in Paris. 1938 Ruhestand. Während des Zweiten Weltkriegs in Melnik, seit 1946 in Turnau. Verfasser von Gedichten, Theaterstücken, Versromanen und Prosawerken, Veröffentlichungen seiner Lyrik in den Zeitschriften Niva und Moderní revue. Übersetzer von H. Balzac, A. Dumas, V. Hugo, É. Zola u. a. aus dem Französischen ins Tschechische. 1948 Tyl-Preis.

W.: Nezabiješ [Du sollst nicht töten] (1903). — Matka [Die Mutter] (1904). — Kniha lyriky [Ein Lyrikbuch] (1904). — Sláva [Ruhm] (1905). — Dvě povíd-

ky veršem [Zwei Verserzählungen] (1905). — (Mit-Hg.:) Od kolébky Riegrovy. Almanach ve prospěch zřízení Riegrovy mohyly na Kozákově [Riegers Wiege. Almanach zugunsten der Errichtung eines Rieger-Denkmals auf dem Berg Kozakow] (1908). — Slaboch [Der Schwächling] (1909). — David (1911). — Pro rod a půdu [Für Familie und Boden] (1917). — Červánky svobody [Das Morgenrot der Freiheit] (1918). — Hamilton a společnost [Hamilton und Gesellschaft] (1921). — Sobec a světice [Der Egoist und die Heilige] (1929). — Carský poklad [Der Zarenschatz] (1930). — Mučednice lásky [Märtyrerin der Liebe] (1931). — Hrstka věrných [Eine Handvoll Getreuer] (1948). — Čtyři básně [Vier Gedichte] (1948). — Výbor z dramatického díla [Ausgewählte dramatische Werke] (1953). — Bajky [Fabeln] (1954). — Stará jabloň. Výbor z poezie [Der alte Apfelbaum. Ausgewählte Gedichte] (1958). — Kostecký fraucimor [Das Frauenzimmer auf der Burg Kost] (1958).

L.: Databáze českého amatérského divadla, osobnost id=5268 [30.4.2024]. — Od Ještěda k Troskám 20,3 (2013) 166-168. — LČL 4,1 (2008, m. Verz.). — Osobnosti. Česko (2008). — Petrušková, J.: Novýturnovský Pantheon (2003) 13-15. — Wernisch, I.: Zapadlo slunce za dnem, který nebyl (2001). — Bílková, E.: L. S.. Soupis osobního fondu (1995). — Dějiny české literatury 4 (1995). — MČSE 5 (1987). — Čeští spisovatelé 19. a počátku 20. století (1982). — Vopravil (1973). — Čeští spisovatelé z přelomu 19. a 20. století (1972). — SČS (1964). — Kdy zemřeli? (1962). — Rudé právo 6.5.1959, 3. — Palivec, V.: Literární místopis Příbramska (1958). — Kunc, J.: Slovník českých spisovatelů beletristů (1957). — Teichman, J.: Divadelní slovník. Činohra (1949). — Kunc 2 (1946). — Pojizerské listy 14.5.1943. — Lidové noviny 6.5.1943, 3. — OSN ND 6,1 (1940). — Vavroušek, B.: Literární atlas československý 2 (1938). — Kulturní adresář (1934 u. 1936). — MSN 6 (1932). — NVISN 16 (1932). — OSN 24 (1906). — Biogr. Slg.

Suchý, Oldřich, Landwirt, Beamter und Politiker, * 11. 9. 1892 Malenowitz (Malenovice bzw. Suchdol) Bez. Kuttenberg (Kutná Hora), † 26. 3. 1973 Neudorf (Nová Ves pod Pleší) Bez. Dobříš (Dobříš). Gymnasium in den Königlichen Weinbergen. Seit 1911 Jurastudium an der tschechischen Universität in Prag, Mitglied der Studentenschaft der tschechischen Agrarpartei. 1918 Promotion, zuvor Militärdienst. Seit 1919 im Staatsdienst, dann Landwirt in Malenowitz. Zudem Geschäftsführer bzw. später Oberrat der tschechischen Abteilung des Landeskulturrats für Böhmen in Prag. Seit 1924 stellv. Vorsitzender der Zentrale der agrarischen Sportorganisation Selská jízda. Mitarbeit im agrarischen Jugendverband Dorost und im Bund der slawischen agrarischen Jugend. Mitglied des Exekutivausschusses der tschechoslowakischen Agrar-

partei und im Vorstand der Tschechischen Agrargesellschaft. Seit 1928 Redakteur der Wochenschrift Brázda und 1937–1942 Herausgeber der Verbandszeitschrift Selská jízda. Fachbeiträge zu Landwirtschaftsfragen. 1931–1939 Abgeordneter der Agrarpartei in der Nationalversammlung in Prag, seit 1935 Schriftführer der agrarischen Fraktion. 1939 Mitglied der Partei der nationalen Einheit und Vorsitzender der Propagandakommission. Dann Ausschussmitglied und Leiter der Pressekommission der tschechischen Nationalen Gemeinschaft. 1939 Verhaftung durch die Gestapo, bis 1945 im Konzentrationslager Sachsenhausen. 1945 Vorsitzender des Einheitsverbands der tschechischen Landwirte in Prag. Nach Verbot der Agrarpartei Kontakte zur Slowakischen demokratischen Partei, dann 1945–1948 Politiker der Tschechoslowakischen nationalen sozialistischen Partei. 1948 Verhaftung und 1949 Verurteilung zu mehreren Jahren Gefängnis, 1952 Entlassung, 1968 Rehabilitierung. Seit 1952 Ziegelarbeiter in Kuttenberg, seit 1956 Maurer in Malenowitz.

W.: Selská jízda [Bauernreiterei] (1925). — Práce pro naše zemědělství. Stručný přehled působnosti Českého odboru zemědělské rady [Arbeit für unsere Landwirtschaft. Ein kurzer Überblick über das Wirken der tschech. Abteilung des Landeskulturrats] (1926). — Strana agrární-republikánská a její dorostové hnutí [Die agrarisch-republikanische Partei und ihre Jugendbewegung]. In: Agrární almanach 1907–1927 (1927) 11-50. — Přehled zemědělských poměrů v soudních okresech Čáslav, Hora Kutná, Janovice Uhlířské, Kolín a Kouřim [Eine Übersicht der landwirtschaftlichen Verhältnisse in den Gerichtsbezirken Časlau, Kuttenberg, Kohl-Janowitz, Kolin und Kauřim] (1928). — Problémy vesnice [Die Probleme des Dorfes] (1931). — Občanský zákon v parlamentě [Das Zivilgesetzbuch im Parlament] (1937). — Majetkové dávky u zemědělců [Vermögenssteuern bei Landwirten] [zus. m. J. Knespl; 1946]. — Za lepší budoucnost českých zemědělců [Für eine bessere Zukunft der tschech. Landwirte] (1947). — Rokoský, J. (Hg.): Dvakrát otrokem. Paměti [Zweimal Knecht. Erinnerungen] (2014).

L.: Archiv der Karls-Universität, Prag. Matriken. — Rokoský, J. (Hg.): Dvakrát otrokem (2014) 387-507. — Rokoský, J.: Rudolf Beran a jeho doba (2011). — Osobnosti. Česko (2008). — Medvecký, M. (Hg.): Posledné a prvé slobodné (?) voľby: 1946, 1990 (2006) 84 f. — Rašticová, B. (Hg.): Osobnosti agrární politiky 19. a 20. století (2006) 188. — Malíř, J./Marek, P.: Politické strany 2 (2005). — Tomeš 3 (1999). — Dostál, V. V.: Agrární strana (1998). — Moderní dějiny 1 (1993) 284. — Kutnar, F.: Generace Brázdy (1992). — Český antifašismus a odboj (1988). — Kdy *zemřeli? (1974). — AČSP (1930). — Album representantů (1927).*

Suchý, Václav, Jurist und Offizier, * 1. 1. 1881 Pilsen (Plzeň), † 27. 5. 1966 Prag (Praha). Seit 1892 Gymnasium Pilsen. Seit 1900 Jurastudium an der tschechischen Universität in Prag, 1908 Promotion. Anschließend Studium an der Export-Akademie in Wien. 1908 am Gericht in Pilsen, seit 1909 Angestellter der Živnostenská banka in Wien, dann bei der Prager Kreditbank. Seit 1913 Direktor einer Handelsgesellschaft in Prerau. Mitglied der tschechischen Realistenpartei von → T. G. Masaryk. Seit 1914 Militärdienst, 1915 Leutnant. 1915 russische Kriegsgefangenschaft. 1916 Eintritt in die tschechische Einheit der russischen Armee, dann in die tschechoslowakische Legion. Offizierskurs in Borispol. Seit 1918 Hauptmann und stellv. Leiter der Proviantabteilung beim Generalstab der Legion. Mitorganisator des Verbands der tschechoslowakischen Vereine in Russland. 1918 Vorstandsmitglied des Tschechoslowakischen Nationalrats in Russland. 1919 Major und stellv. Leiter der Militärverwaltung der tschechoslowakischen Truppen in Russland, 1920 Mitglied der obersten Kontrollkommission und Oberstleutnant der Intendantur der Legion in Russland. Seit 1920 stellv. Leiter des Liquidationsamts ausländischer Armeen in Prag. Seit 1923 Oberst im tschechoslowakischen Verteidigungsministerium, dort seit 1925 Referent und seit 1926 Leiter von Finanz- und Wirtschaftsabteilungen, später des Kontrollwesens. 1929 Generalmajor. Seit 1935 stellv. Leiter, 1936–1939 Generalintendant bzw. Sektionschef im Verteidigungsministerium. Nach 1939 Vorsitzender des illegalen Vereins für Sozialfürsorge von inhaftierten Legionären, 1944 leitend in der Widerstandsorganisation Obrana národa und 1945 Beteiligung am Prager Aufstand. Seit 1945 erneut Generalintendant im Verteidigungsministerium. 1947 Pensionierung. 1919 Falken-Orden, 1920 tschechoslowakisches Kriegskreuz und Revolutionsmedaille.

L.: Archiv der Karls-Universität, Prag. Matriken. — Databáze legionářů Vojenského historického archivu [30.4.2024]. — Brádlerová, D.: Vojáci nebo podnikatelé? (2019). — Stehlík, E.: Muži s lipovou ratolestí (2009) 76 f. — Fidler, J./Sluka, V.: Encyklopedie branné moci Republiky československé (2006). — Fidler, J.: Generálové legionáři (1999). — Koutská, I./Svátek, F. (Hg.): Politické elity v Československu (1994) 130. — Thunig-Nittner, G.: Die tschechoslo-wak. Legion in Russland (1970). — NVISN 17 (1932). — AČSP (1930). — Biogr. Slg.

Šúd ze Semanína (Schud von Semanin), Eliáš (Elias, Ročovinus), Theologe, * [um 1530] Prag (Praha), † 29. 5. 1614 Prag. Sohn von → M. Šúd ze Semanína. Nach 1556 Jesuitenschule in Prag. Eintritt in das Augustinerkloster in Schopka bei Melnik, dann wohl im Kloster Unter-Rotschow. Austritt und Studium der freien Künste an der Universität in Prag. 1569 Priesterweihe durch → A. Brus v. Müglitz. 1570 Bekenntnis zum Utraquismus. 1571–1582 Pfarrer in Sadska. Seit 1584 Pfarrer, seit 1591 Dekan in Nimburg. 1609–1614 Pfarrer sowie Oberkantor der Teynkirche und der Marienkirche an der Lacke in der Prager Altstadt. Seit 1609 Vorsitzender der utraquistischen Kirche bzw. Administrator des Konsistoriums der Böhmischen Konfession. Humanistischer Gelehrter. Vertreter des Utraquismus bzw. der Böhmischen Konfession, später des Protestantismus, nach 1609 Neu-Utraquist.

L.: AČŠRR 2026 (2016). — Storchová, L.: Paupertate styloque connecti (2011). — Mašek, Šlechtické rody 2 (2010). — Rukověť 5 (1982). — Sborník archivních prací 31 (1981) 201. — Kalendář historický národa českého 2 (1940) 679. — Hrejsa, F.: Česká konfese (1912) 486 f. — Kulhánek, F.: Dějiny královského města Nymburka (1911) 279. — Kryštůfek, F. X.: Protestantství v Čechách až do bitvy Bělohorské (1906) 238. — OSN 24 (1906). — Winter, Z.: Život církevní v Čechách (1895) 334. — Denis, E./Vančura, J.: Konec samostatnosti české (1893) 679. — Časopis Musea království Českého 57,3 (1883) 488 u. 73,3 (1899) 322 f. — Rieger 9 (1872). — Gindely, A.: Geschichte der Ertheilung des böhm. Majestätsbriefes (1858) 141 u. 155. — Martyrologium Bohemicum oder die Böhm. Verfolgungs-Geschichte (1766).

Šúd ze Semanína (Schud von Semanin, Lythomisslensis Ssudus a Semanina, Zsud), Mikuláš (Nicolaus), Mathematiker, Astronom und Verleger, * um 1490 Leitomischl (Litomyšl), † 23. 4. 1557 Prag (Praha). Vater von → E. Šúd ze Semanína. Schule der Brüdergemeinde in Leitomischl. Studium der Philosophie, Mathematik und Astronomie an der Universität in Prag, 1510 Bakkalaureus, 1515 Magister. Seit 1515 Prof. für Mathematik, Astronomie und klassische Sprachen an der Universität in Prag. 1521/22 Dekan der Artistenfakultät. 1525 Ausscheiden aus der Universität, seitdem freier Astronom und Uhrmacher in der Prager Altstadt. Astrologische Gutachten. Seit 1520 Verleger und Herausgeber von Kalendern, Almanachen und Schematismen.

1525 erstes und seit 1542 monopolistisches Ka-
lenderprivileg, 1550 dessen gerichtliche Vertei-
digung. Nach 1547 erneut Vorlesungen an der
Universität in Prag. 1524 Bürgerrecht der Prager
Altstadt. 1523–1529 Beisitzer des utraquisti-
schen Konsistoriums. 1548 Verhandlungen mit
der Brüdergemeinde in Leitomischl über deren
Übertritt zu den Utraquisten. 1525 Erhebung in
den Wladikenstand mit dem Prädikat ze Semaní-
na.

*W.: Pranostyka [Bauernregeln] (1523). — Almanach
(1525–1557). — Pranostyka nowá [Neue Bauernre-
geln] (1541–1550). — Formy a Notule listůw wsseliy-
akých. Přitom: Tytulář Stawuow, Duchownijho y
Swětského [Verschiedene Briefformulare und Notiz-
blätter. Zugleich: Amtsträgerverzeichnis der geistli-
chen und weltlichen Stände] (1547 u. 1556).*

*L.: Holá, M. u. a.: Profesoři pražské utrakvistické
univerzity 1457/1458–1622 (2022). — Čes-
kotřebovský zpravodaj 9 (2017) 66 f. — AČSRR 2026
(2016). — Pomezí Čech, Moravy a Slezska 16 (2015)
172 f. — Voit, P.: Český knihtisk 1-2 (2013–2017). —
Pumprla (2010). — Mašek, Šlechtické rody 2 (2010).
— Osobnosti. Česko (2008). — Brázdil, R./Kotyza,
O.: History of Weather and Climate in the Czech
Lands 3 (1999). — Rukověť 5 (1982). — Knihopis
českých a slovenských tisků 2,8 (1965). — Nový, L.:
Dějiny exaktních věd v českých zemích (1961). —
Astronomie v Československu (1952) 48. — Věstník
Královské české společnosti nauk, třída matematicko-
přírodovědecká (1952) Heft 14, 7. — MSN 7 (1933).
— OSN 24 (1906). — Časopis Musea království Čes-
kého 76,2 (1902) 293-297. — Winter, Z.: Děje vy-
sokých škol pražských (1897). — Malý, J.: Vlastenský
slovník historický (1877) 814 f. — Jireček, J.: Rukověť
k dějinám literatury české 2 (1876). — Rieger 9
(1872). — Výbor z literatury české 2 (1868) 1373. —
Tábor 25.3.1865, 2. — Smolík, J.: Matematikové v
Čechách 1 (1865) 34-36. — Živa 9 (1861) 321-328. —
Jungmann, J.: Historie literatury české (1849). — Mo-
numenta historica Universitatis Carolo-Ferdinandeae
Pragensis 3 (1830) 122 u. 235. — Časopis Společnosti
wlastenského Museum w Čechách 3,1 (1829) 42-46.
— Wydra, S.: Historia Matheseos in Bohemia et Mo-
ravia Cultae (1778) 18.*

Suda, Jan (Johann), Lehrer und Politiker,
* 25. 10. 1838 Pisek (Písek), † 3. 1. 1910 Pisek.
Gymnasium in Pisek. Studium der Geschichte,
Geographie und Slawistik an den Universitäten
in Prag und Graz, 1860 Abschluss. 1860–1898
Lehrer für Tschechisch, Geographie, Geschichte
und Naturgeschichte an der tschechischen
Oberrealschule in Pisek. Daneben 1870–1876
Direktor der Bauernschule Pisek. Politiker der
tschechischen Nationalpartei. 1879–1885 Abge-
ordneter des Reichsrats, dort Engagement für

den Bau der Böhmisch-Mährischen Transversal-
bahn. 1880–1885 Abgeordneter des böhmischen
Landtags. Seit 1899 Ruhestand in Pisek. Histori-
sche und sprachgeschichtliche Studien. 1868–
1879 Redakteur und Autor der Mädchenzeit-
schrift Zlaté klasy.

*W.: Historické spisy věku 16. o dějinách českých [Hi-
storische Schriften des 16. Jhs. über die böhm. Ge-
schichte] (2 Teile, 1877 u. 1878). — Několik etymolo-
gií dovedených srovnávací semasiologií [Einige Ety-
mologien auf Grundlage der vergleichenden Semasio-
logie] (1900).*

*L.: Adlgasser (2014). — Pichlíková, K.: Písecké gym-
názium v letech 1778–1850 (Mag.-Arb. České
Budějovice, 2009) 23 u. 28. — Lišková (1994). —
Knauer, Parl. (1969). — Stosedmdesát let píseckého
gymnasia (1948) 98. — OSN ND 6,1 (1940). —
NVISN 16 (1932). — Sedláček, A.: Dějiny královské-
ho krajského města Písku 3 (1913). — Schránil-Husák
(1911). — Národní listy 7.1.1910, 4. — OSN 24
(1906). — Wurzbach 40 (1880). — Reichsrats-Alma-
nach 3 (1879) 208. — Fromme's österr. Professoren-
und Lehrer-Kalender 10 (1878) 79.*

Suda, Stanislav, Musiker und Komponist,
* 30. 4. 1865 Alt-Pilsenetz (Starý Plzenec) Bez.
Pilsen (Plzeň), † 1. 9. 1931 Pilsen. Großonkel
von Stanislav Suda (Architekt, * 29. 9. 1925
Böhmisch Budweis (České Budějovice), † 10. 9.
1988 Pilsen, Stadtplaner, Denkmalpfleger, Maler
und Karikaturist in Pilsen). Erblindung in früher
Kindheit. Volksschule in Pilsen. 1874–1881 Mu-
sikunterricht an der Blindenanstalt auf dem
Hradschin in Prag. Flötist und Violinist, später
auch Pianist. 1880/81 Besuch der Prager Orgel-
schule und Unterricht in Komposition bei →
F. Z. Skuherský. Seit 1879 öffentliche Auftritte.
Seit 1881 Konzertflötist, 1884/85 Konzertreise
durch Deutschland. 1886 Externistenprüfung
für Flöte am Prager Konservatorium. Seit 1887
Komponist, Musiklehrer und Klavierstimmer in
Pilsen. Bis 1913 vier romantisch-nationale
Opern. Zudem Symphonien, Werke für Flöte
und Orchester, für Klavier und Violine, Chor-
stücke, Tänze sowie Lieder. Musikalische The-
matisierung des Blindseins. Unterstützung der
Esperantobewegung. 1928 o. Mitglied der Tsche-
chischen Akademie der Wissenschaften und
Künste. 1929 tschechoslowakischer Staatspreis.

*W.: Al la fratos. Kanto. Dedicita al unua kongreso de
bohemaj esperantistoj en Praha [An die Brüder. Lied.
Dem ersten Kongress böhm. Esperantisten in Prag ge-
widmet] (1909). — Blovická školní mládež na
Šumavě v červnu r. 1914 [Die Blowitzer Schuljugend*

im Böhmerwald im Juni 1914] (1914). — Verz. s. Vo-
máčka, B.: S. S. (1933) 25-31 u. ČslHS 2 (1965).

L.: *Informační systém abART [30.4.2024].* — *ČHS*
id=6165 vom 25.11.2020. — *Encyklopedie Plzně vom*
7.8.2019. — *Dějiny města Plzně 2 u. 3 (2016 u. 2018).*
— *ÖBL 63 (2012).* — *Čestné hroby města Plzně*
(2011). — *MGG 16 (2006, m. Verz.) u. MGG Online*
(2016). — *ČČAVU (2004).* — *Grove 24 (²2001).* —
Baker's Biographical Dictionary of Musicians 6
(2001). — *BSČZ Heslář 4 (2000).* — *Malá encyklope-*
die české opery (1999). — *Tomeš 3 (1999).* — *Hanza-*
lová (1997). — *Kalendárium osobností západních*
Čech na rok 1995 (1994). — *The Grove Dictionary of*
Opera 5 (1992). — *MČSE 5 (1987).* — *Polcarová, O.:*
S. S. (1978, m. Verz.). — *Špelda, A.: Hudební místo-*
pisPlzeňska (1969). — *Sborník Pedagogické fakulty*
v Plzni. Umění 6 (1968) 87-103 u. 7 (1970) 97-118. —
Sborník Pedagogické fakulty Západočeské univerzity
v Plzni. Pedagogika-umění 7 (1967) 209-229. —
ČslHS 2 (1965). — *Svobodný směr 2.9.1945.* — *OSN*
ND 6,1 (1940). — *Almanach České akademie 47*
(1937). — *Vomáčka, B.: S. S. (1933).* — *Úchylná mlá-*
dež. Časopis pro výzkum a výchovu mládeže 8,2-4
(1932) 56-59. — *Česká hudba 35 (1931) 17-23.* — *Al-*
bum representantů (1927). — *Nová doba. Orgán lidu*
pracujícího 5.2.1915, 4. — *Branberger, J.: Das Kon-*
servatorium für Musik in Prag (1911) 178. — *Intim-*
ní Praha 1,4 (1909) 8. — *Plzeňské besedy 1,4 (1909)*
3 f. — *OSN 24 (1906).* — *[Zum Großneffen S. S.: Do-*
mažlický deník 8.6.2012, 1; Kdy zemřeli? (1992); Mi-
nulostí západočeského kraje 25 (1989) 231 f.; Pravda
23.9.1988, 5].

Suda, Stanislav, Geistlicher, * 16. 6. 1879
Předměř (Předmíř) Bez. Blatna (Blatná)
† 12. 2. 1950 Großaujezd (Velký Újezd) Bez.
Leipnik (Lipník nad Bečvou). Seit 1890 Gymna-
sium in Pisek, 1898 Matura. Bis 1902 Studium
am Priesterseminar in Böhmisch Budweis, 1902
Priesterweihe. Kaplan in Kalsching, dann Erzie-
her in der Familie von → Jaroslav Graf Thun-
Hohenstein in Kwassitz. Seit 1905 Kaplan in
Stěkna, später auch Religionslehrer für das Ge-
biet von Strakonitz. 1909–1920 Kaplan, später
Pfarrer und Religionslehrer in Blowitz. Dazwi-
schen 1914–1917 Militärdienst als Feldkaplan in
Galizien, der Bukowina und Wolhynien. 1919–
1925 Geistlicher auf Schloss Worlik und Lehrer
der Prinzen → Karl VI. Schwarzenberg und →
Franz Friedrich Schwarzenberg. 1925–1948 De-
kan in Březnitz. Mitglied der katholischen
Tschechoslowakischen Volkspartei. Seit 1927
Mitglied der Gemeindeversammlung und des
Stadtrats von Březnitz, zeitweise stellv. Bürger-
meister und Finanzreferent. 1945 Mitglied des
Ortsnationalausschusses und des Stadtrats. 1945
Rückzug von öffentlichen Funktionen. Kunsthi-

storische und religiöse Beiträge in katholischen
Zeitschriften, posthum publiziertes Tagebuch
aus dem Ersten Weltkrieg. Bischöflicher Notar,
nach 1931 bischöflicher Sekretär und seit 1938
Vikar für die Region Blatna. 1914 Goldenes Ver-
dienstkreuz mit der Krone. 1917 Franz-Joseph-
Orden.

W.: *Promluva příležitostná [Anlassrede]. In: Vycho-*
vatel 29,8 (1914) 124-126. — *Březnické kostely [Die*
Breznitzer Kirchen] (1935). — *Kaška, V./Pospíšil, O.*
(Hg.): Deník z Velké války. Svědectví polního kurá-
ta [Tagebuch aus dem Großen Krieg. Zeugnis eines
Feldkuraten] (2015, ²2017).

L.: *Kaška, V./Pospíšil, O. (Hg.): Deník z Velké války*
(2017) 4-6. — *Podbrdsko 22 (2015) 216-221.* — *Vo-*
pravil (1973). — *NVISN 16 (1932).* — *Catalogus ve-*
nerabilis cleri saecularis et regularis Dioeceseos Bohe-
mo-Budvicensis (1931 u. 1938). — *Album represen-*
tantů (1927). — *Biogr. Slg.*

Suda, Václav, Landwirt, * 16. 10. 1856 Třescho-
witz (Třešovice) Bez. Strakonitz (Strakonice),
† [nach 1904]. Landwirt in Třeschowitz. Bürger-
meister von Třeschowitz und Mitglied des Be-
zirksausschusses Strakonitz. Jungtschechischer
Politiker. 1895–1901 fraktionsloser Abgeordne-
ter des böhmischen Landtags, dort 1897 Mitglied
der Kommission zur Pferde-Enquete. 1901 ge-
scheiterte Kandidatur zum Landtag. Seit 1896
Vorstand des Wirtschaftsverbandsausschusses in
Strakonitz. Mitglied und seit 1904 im Vorstand
des Landwirtschaftsvereins Strakonitz. Mitglied
im Vorbereitungskomitee der regionalen Wirt-
schafts-, Industrie- und Schulausstellung in Stra-
konitz von 1899. Seit 1886 Ausschussmitglied
des Schutzvereins Národní jednota pošumavská.

L.: *Mitt. Staatl. Bezirksarchiv Strakonice, 15.11.2023.*
— *Hankovec, M: Významní rodáci Strakonicka*
(2005). — *Lišková (1994).* — *Schránil-Husák (1911).*
— *Obrana zemědělců 26.1.1904, 74.* — *WZ*
9.10.1901, 8. — *Pražské hospodářské noviny*
15.12.1898, 211. — *Národní politika 11.12.1898, 18.*
— *Prager Tagblatt 1.6.1897, 2 f.* — *Národní listy*
18.8.1896, 6. — *Almanach sněmu království Českého*
(1896). — *Čech 21.11.1895, 3.* — *Národní politika*
17.2.1886, 2.

Suda, Zdeněk Ludvík, Soziologe, * 7. 10. 1920
Pilgram (Pelhřimov), † 21. 10. 2015 St.
Louis/Missouri. 1932/33 Gymnasium in Trop-
pau und anschließend in Prag, 1939 dort Matura.
1939–1945 Bahnarbeiter in Prag. 1939 und er-
neut seit 1945 Studium der Soziologie, Ge-
schichte und Philosophie an der Universität in
Prag, 1948 Dr. phil. Sekretär des World Student

Relief in der Tschechoslowakei, Mitglied der YMCA. 1948 Emigration in die Schweiz. Studium der internationalen Beziehungen an der Universität Genf, 1950 Abschluss. Seit 1949 Mitherausgeber der Exilzeitschrift Skutečnost. 1951 Absolvierung der Europastudien am College of Europe in Brügge. 1951–1954 Mitarbeiter des Sekretariats der Europäischen Bewegung in Paris. Seit 1954 freier Mitarbeiter, seit 1958 Redakteur der tschechoslowakischen Redaktion von Radio Free Europe in München. Seit 1968 in den USA, 1968–1985 Dozent an der Universität Pittsburgh. Stellv. Vorsitzender der Czechoslovak Society of Arts and Sciences in Pittsburgh. 1990 Rückkehr in die Tschechoslowakei, soziologische Vorlesungen an der Universität und der TU in Prag. 1990–2002 Redakteur von Radio Free Europe in Prag, 1991–1993 Beteiligung am geplanten Aufbau der Central European University in Prag. 1994–1997 Direktor der sozialwissenschaftlichen Abteilung der Universität in Troppau. Forschungen zur politischen Soziologie, zur Soziologie der Arbeit und des Schulwesens sowie zur deutschen Politik und Gesellschaft und zum tschechischen Nationalismus und Liberalismus.

W.: *Fašismus jako politické hnutí a společenská soustava [Der Faschismus als politische Bewegung und soziales System] (Diss., 1948).* — *Europäische politische Gemeinschaft. Warum wollen wir ein vereintes Europa? (1953).* — *(Mitautor:) Nová třída. Rozbor komunismu jako společenského systému [Eine neue Klasse. Analyse des Kommunismus als soziales System] (1958, ²2019).* — *La division internationale socialiste du travail (1967).* — *The Czechoslovak Socialist Republic (1969).* — *Zealots and Rebels: A History of the Communist Party of Czechoslovakia (1980).* — *(Mit-Hg.:) Directions of Change: Modernization Theory, Research and Realities (1981, ²2018).* — *Occupational Satisfaction of Graduates under Conditions of "Over-Qualification" (1981).* — *(Hg.:) The Globalization of Labor Markets (1994).* — *The Origins and the Development of the Czech National Consciousness and Germany (1995).* — *Německo 1995 [Deutschland 1995] (zus. m. J. Musil, 1995).* — *(Mit-Hg.:) The Meaning of Liberalism. East and West (2000).* — *(Mit-Hg.:) The European Left after 1989 (2000).*

L.: *Sociologická encyklopedie vom 8.12.2018.* — *Rechcigl, M.: Encyclopedia of Bohemian and Czech-American Biography 2 (2016).* — *University Times (University of Pittsburgh) 12.11.2015.* — *Slovník českých sociologů (2013).* — *Rechcígl, M.: Pro vlast (2012).* — *Peprník, J.: Češi a anglofonní svět 2 (2012).* — *Petrusek, M.: České sociální vědy v exilu (2011).* — *Pacner, K. u. a.: Čeští vědci v exilu (2007) 324–335.*

— *Rozchod 1948. Rozhovory s českými poúnorovými exulanty (2006).* — *The Writers Directory 2 (202005).* — *Trapl, M./Skoupý, A.: Československý exil a krajanské hnutí ve Švýcarsku (2004).* — *Sociologický časopis 37,1 (2001) 138 f.* — *Biographical Directory of Members of the Czechoslovak Society of Arts and Sciences (1972, 1978 u. 1988).*

Sudek, Josef, Photograph, * 17. 3. 1896 Kolin (Kolín), † 5. 9. 1976 Prag (Praha). 1908–1911 Buchbinderlehre in Kuttenberg, 1911–1913 Geselle in Prag und 1913–1915 Buchbinder in Nimburg. Daneben Amateurphotograph. Seit 1915 Militärdienst. 1922–1927 aufgrund seiner Kriegsverletzungen im Veteranenheim in Prag. Mitglied und 1920–1922 Stipendiat des Tschechischen Klubs der Amateurphotographen, 1922–1924 Photographiestudium an der Staatlichen Graphikschule in Prag bei → Karel Novák [Nachtragsband]. Mitglied des Klubs der Amateurphotographen in Prag-Žižkow, 1922 Ausschluss. 1922 Gründungsmitglied des Fotoklubs Prag, 1924 der Tschechischen photographischen Gesellschaft. Seit 1927 Atelier gemeinsam mit → A. Schneeberger in Prag. 1926–1936 Zusammenarbeit mit dem Verlag Družstevní práce und mit der Zeitschrift Volné směry. Seit 1928 Mitglied des Photographie-Verbands der Prager Handelskammer, Werbephotograph. Seit 1932 Mitglied der Künstlerressource. Seit 1920 Mitglied der Künstlervereinigung Mánes, 1947 Mitgründer der photographischen Sektion. Zunächst durch Piktorialismus, später durch Impressionismus und die Neue Sachlichkeit, nach dem Zweiten Weltkrieg durch Postmodernismus und Surrealismus beeinflusster Photograph. Porträt-, Landschafts-, Architektur- und Kunstphotographie sowie Stillleben und Prager Stadtbilder. Seit den 1930er Jahren Werbephotographie und Reportagen. Seit 1940 Arbeit mit großformatigen Negativen. Kunstsammler. Seit 1921 Gruppen- und seit 1933 Einzelausstellungen in der Tschechoslowakei, den USA, Großbritannien, Frankreich, Ungarn, der Schweiz und der UdSSR. Einer der bedeutendsten tschechischen Photographen des 20. Jahrhunderts. 1954 Preis der Hauptstadt Prag, 1961 Verdienter Künstler der Tschechoslowakei, 1966 Orden der Arbeit. 1970 Auszeichnung der Internationalen Föderation der Photographie.

W.: *Svatý Vít. Patnáct fotografií [Veitsdom. 15 Photographien] (1928).* — *Praha. Malá Strana a Hradčany [Prag. Die Kleinseite und der Hradschin] (1928).* — *Praha. Staré město [Prag. Die Altstadt]*

*(1928). — Praha. Hrad [Prag. Die Burg] (1929). — Praha. Moderní část [Prag. Der moderne Teil] (1929). — Praha. Předměstí a okolí [Prag. Vorstädte und Umgebung] (1929). — Praha. Chrám sv. Víta [Prag. Der Veitsdom] (1929). — Československo. Přírodní, umělecké a historické památnosti [Die Tschechoslowakei. Natur-, Kunst- und Geschichtsdenkmäler] (1929). — Vánoce 1933 [Weihnachten 1933] (1933). — Praha barokní [Das barocke Prag] (1938, 4*1947; frz.: Prague baroque, 1938). — Pražský kalendář 1946 [Prager Kalender 1946] (1945). — Pražský hrad [Die Prager Burg] (1945, 2*1947; engl.: Magic in Stone, 1947). — Praha [Prag] (1948). — Fotografie (1956). — Lapidarium Národního musea [Das Lapidarium des Nationalmuseums] (1958). — Josef Mařatka (1958). — Praha panoramatická [Prag im Panorama] (1959, 2*1992; auch frz., engl., dt., span. u. ital.). — Karlův most ve fotografii [Die Karlsbrücke in der Photographie] (1961). — Mostecko, Humboldtka [Das Brüxer Land, der Humboldt-Schacht] (1969). — Janáček, Hukvaldy (1971). — J. S. (1976). — J. S. Zahrady [Gärten] (1981). — Výběr fotografií z celoživotního díla [Photographienauswahl aus dem Lebenswerk] (1982, 3*1990). — J. S. Slovník místo pamětí [Ein Wörterbuch anstatt von Memoiren] (1994, 2*1999). — Das stille Leben der Dinge (1998). — Smutná krajina [Triste Landschaft] (1999, 2*2004). — J. S. Fotografie 1940–1970 (2001). — J. S. neznámý. Salonní fotografie 1918–1942 [Der unbekannte J. S. Salonphotographie 1918–1942] (2006). — Okno mého ateliéru [Das Fenster meines Ateliers] (2007, 2*2015; auch engl.). — Portréty [Porträts] (2007; auch engl.). — Zátiší [Stillleben] (2008; auch engl.). — Reklama [Werbung] (2008; auch engl.). — Rautert, T. (Hg.:) J. S., Prag 1967 (2008). — Privatissima (2008; auch engl.). — Prales Mionší [Der Mionší-Urwald] (2009; auch engl.). — Svatý Vít [St. Veit] (2010; auch engl.). — Labyrinty [Labyrinthe] (2013; auch engl.). — Topografie sutin [Topographie der Ruinen] (2018; auch engl.). — S. a sochy [S. und Skulpturen] (2020; auch engl.).*

L.: Informační systém abART [30.4.2024]. — Mlčoch, J.: J. S., Otto Rothmayer (2022). — Allg. Künstlerlexikon 107 (2020) u. Online [30.4.2024]. — Umění. Časopis Ústavu dějin umění AV ČR 66,5 (2018) 388–399. — Rusinko, M.: Snad nesbíráte obrazy? (2018). — Buddeus, H. u. a. (Hg.): Instant Presence: Representing Art in Photography (2017). — Thomas, A. u. a. (Hg.): The Intimate World of J. S. (2016). — Hron, P. u. a. (Hg.): J. S. v rozhovorech a vzpomínkách (2014). — Benezit Dictionary of Artists vom 22.1.2014. — Pospěch, T.: Myslet fotografii (2014). — Sutnik, M.-M. (Hg.): J. S. The Legacy of a Deeper Vision (2012). — Birgus, V./Mlčoch, J.: Tschechische Fotografie des 20. Jhs. (2009). — Osobnosti. Česko (2008). — Hlasy muzea ve Frenštátě pod Radhoštěm 24,1-4 (2007) 36-38. — Greenberg, H. u. a. (Hg.): Czech Vision: Avant-Garde Photography in Czechoslovakia (2007). — SČSVU 15 (2005, m. Verz.). — J. S. Poet with a Camera (2005). — Birgus, V./Mlčoch, J.: Česká fotografie 20. století (2005). —

*Česká fotografie 1840–1950 (2004). — Lahoda, V.: J. S. The Commercial Photography for Družstevní práce (2003). — Grove Art Online (2003). — Fárová, A.: J. S. (2002, 2*2005, 4*2015; auch engl.). — Knapík (2002). — Jeffrey, I.: J. S. (2001). — Anděl, J.: J. S. o sobě (2001). — Tomeš 3 (1999). — Birgus, V.: Tschech. Avantgarde-Fotografie (1999). — Česká fotografická avantgarda 1918–1948 (1999). — Birgus, V./Scheufler, P.: Fotografie v českých zemích 1839-1999 (1999). — Churaň 2 (1998). — Dějiny českého výtvarného umění 4,1 (1998). — Stifter Jb. 11 (1997) 61-69. — Mrázková, D./Remeš, V.: A hudba hraje. J. S. očima fotografů (1996). — Pražáková, A. M.: O Sudkovi (1996). — Růže pro J. S. (1996; frz. 1998). — Fárová, A.: J. S. (1995; frz. 1997; deutsch 1998, engl. 1999). — Horová 2 (1995, m. Verz.). — Řezáč, J. (Hg.): J. S. Slovník místo pamětí (1994, 2*1999). — Encyklopedie českých a slovenských fotografů (1993). — J. S. intimní (1991). — Kroutvor, J.: Photographie der Moderne in Prag 1900–1925 (1991). — Fárová, A.: J. S., Poet of Prague (1990; ital. 1991). — Kotalík (1988). — MČSE 5 (1987). — Mrázková, D./Remeš, V.: J. S. (1982). — Kirschner, Z.: J. S. (1982; engl. 1993). — Tausk, P.: J. S. (1980). — Bullaty, S.: Sudek (1978). — Fárová, A.: Fotograf J. S. (1976). — Dufek, A.: J. S. (1976). — Fárová, A.: Osobnosti české fotografie (1973). — PSN 4 (1967). — Řezáč, J.: Sudek (1964). — Toman 3 (1955). — Kulturní adresář (1934 u. 1936).*

Šuderla (Schuderla), Robert, Geistlicher, * 2. 6. 1823 Großseelowitz (Židlochovice), † 24. 2. 1909 Brünn (Brno). Sohn von Pavel (Paul) **Šuderla** (Schuderla, Šudrla, Lehrer, * 5. 6. 1794 Podivín Bez. Lundenburg (Břeclav), † 30. 5. 1864 Mödritz (Modřice) Bez. Brünn-Umgebung (Brno-okolí), 1819–1859 Schulrektor, Komponist und Chronist in Großseelowitz, 1854 Verdienstkreuz für Musterlehrer). Priesterseminar in Brünn, 1846 Weihe. Kooperator in Wischau, dann Kaplan und Zeremoniar am Brünner Dom. 1860–1877 Pfarrer bzw. Dekan in Mödritz, zudem bis 1868 Schuldistriktsaufseher. Seit 1864 Konsistorialrat der Brünner Diözese. Seit 1877 Domkapitular und seit 1901 Domdekan in Brünn. Vertreter der tschechischen katholischen Bewegung, Förderer des Kyrill-Method-Kultes in Mähren, Zusammenarbeit mit → F. Sušil. 1850 Mitgründer und seitdem Ausschussmitglied der Stiftung Dědictví ss. Cyrilla a Metoděje. Mitglied der Österreichischen Leo-Gesellschaft. Bischöflicher Kämmerer. Apostolischer Protonotar, päpstlicher Ehrenprälat. 1904 Komturkreuz des Franz-Joseph-Ordens.

L.: ČHS id=1004320 vom 25.10.2015 [zu P. Š.]. — Zpravodaj Modřice (2008) Heft 6, 26 f. — Jan, L. u.

a.: Sedm set let brněnské kapituly (1996) 128. — Masák, E.: Dějiny Dědictví sv. Cyrila a Metoděje v Brně (1932). — Kratochvíl, A.: Židlochovský okres (1910) 80 [zu P. Š.]. — WZ (Ab.) 25.2.1909, 4. — Catalogus cleri Dioeceseos Brunensis (1905). — Vychodil, P.: František Sušil (1898) 209-211. — Weinbrenner, E.: Morava a biskupství Brněnské (1877) 75. — Gemeinde-Zeitung (Wien) 17.6.1877, 2. — Mähr. Correspondent 31.7.1864, 2. — Blahověst 3 (1857) 45 f. — Biogr. Slg.

Sudetis, Georg (Polenta) von → **Georg a Sudetis**

Sudetis (Matthias a Sudetis, Matthias von den Sudeten, Matyáš ze Sudétu/Sudetů, Sudetinus), Johannes Matthias (Jan Matyáš, Matěj), Jurist, * 1575 Budweis (České Budějovice), † [nach 1617]. Verwandter von → S. Proxenus a Sudetis und von → Georg a Sudetis. Schulen in Pisek und Wodňan, Gymnasium in Linz. 1588–1603 Studienaufenthalte an den Universitäten in Leipzig, Marburg, Helmstedt, Straßburg, Ingolstadt, Heidelberg, 1597 in Altdorf und 1599 in Padua sowie in den Niederlanden, Frankreich, England und der Schweiz. Promotion. Um 1610 in Prag. 1611–1617 Prof. der Rechtswissenschaften an der Universität in Prag. Unter → A. Huber v. Riesenbach Vertreter der böhmischen Nation im Ausschuss des Rektors. Humanistischer Gelehrter, vermutlich Utraquist. Publikationen zum römischen Recht sowie Lehens- und Kirchenrecht. 1615 These zur Herkunft der Ureinwohner und Slawen Böhmens aus Sarmatien bzw. Asien. 1616 deswegen Verwarnung durch den Akademischen Senat der Universität, 1617 Entzug des Wohnrechts im Carolinum in Prag. 1595 Adoption durch Georg a Sudetis und Prädikat a Sudetis.

W.: De consuetudinibus feudorum (1613, ²1615). — De origine Bohemorum et Slavorum subseciva (1615; auch in: Acta Comeniana 22-23 (2009) 166-205). — De Bohemia pia contra Roxolanos (1615). — Das Testament des vaterländischen Gelehrten und Professors Johann Mathias a Sudetis. In: Monatschrift der Gesellschaft des Vaterländischen Museums in Böhmen 2 (1828) 339-343.

L.: Holá, M. u. a.: Profesoři pražské utrakvistické univerzity 1457/1458–1622 (2022). — Detering, N. u. a. (Hg.): Contesting Europe (2020) 230 u. 235-245. — Acta Comeniana 22-23 (2009) 149-206. — Storchová, L.: Paupertate styloque connecti (Diss. Praha, 2008, ²2011). — Malá encyklopedie českých právníků (2002). — Harder, H.-B./Rothe, H. (Hg.): Später Humanismus in der Krone Böhmens (1998) 108. — Jb. f. sudetendeutsche Museen und Archive (1993/94)

163-165. — Harder, H.-B./Rothe, H. (Hg.): Die Bedeutung der humanistischen Topographien (1993). — SdZ 29.7.1988, 3. — Kuzmík, J.: Doplnky a opravy k slovníkom starovekých, stredovekých a humanistic-ko-renesančných autorov (1987). — BohZ 25 (1984) 66. — Antika a česká kultura (1978) 230. — Vopravil (1973). — Krömer, P.: Die Magister der Philosophischen Fakultät der Universität zu Prag (1972). — Rukověť 3 (1969). — Kunstmann, H.: Die Nürnberger Universität Altdorf und Böhmen (1963). — Českopolský sborník vědeckých prací 1 (1955) 376-380. — OSN ND 6,1 (1940). — AČSP (1930). — Listy filologické 36 (1909) 425. — Volf, J.: Jan Matyáš ze Sudetů (1907; auch in: Památky archaeologické a místopisné 22,7-8 (1907) 531-566). — OSN 24 (1906). — Jireček, H.: Právnický život v Čechách a na Moravě (1903) 388-392. — Doerr, A. v.: Der Adel der böhm. Kronländer (1900) 63. — Rieger 8 (1870). — Tomek, W. W.: Geschichte der Prager Universität (1849). — Monatschrift der Gesellschaft des Vaterländischen Museums in Böhmen 2 (1828) 339-343. — Kalina v. Jätenstein, M.: Nachrichten über böhm. Schriftsteller und Gelehrte 1 (1818) 53-59, 2 (1819) 15 u. 3 (1827) 5. — Haner, G. J.: De Scriptoribus Rerum Hungaricarum et Transilvanicarum Saeculi XVII (1798). — Jöcher 4 (1751).

Sudetis, Simon Proxenus von → **Proxenus a Sudetis,** Simon

Sudrich (Šudrich), Karl, Offizier, Sportler und Maler, * 7. 10. 1895 Hodolein (Hodolany bzw. Olomouc) Bez. Olmütz-Stadt (Město Olomouc), † 18. 9. 1944 Cegléd/Ungarn. 1906–1914 Sophiengymnasium in Wien, Matura. Im Wintersemester 1914/15 Studium der klassischen Philologie an der philosophischen Fakultät der Universität Wien, danach kriegsbedingter Abbruch des Studiums. Nach dem Krieg Militärlaufbahn. 1925–1933 Hauptmann in Wiener Neustadt, dann in Wien. 1936 Major, nach 1938 Offizier der deutschen Wehrmacht, 1942 Oberst. Tod in einem Lazarett in Ungarn. Florett- und Säbelfechter. 1931 Bronzemedaille mit der österreichischen Florettmannschaft bei der internationalen Fechtmeisterschaft in Wien, 1932 österreichischer Degenmeister, 1936 österreichischer Teilnehmer an den Olympischen Spielen in Berlin. Auch Porträt- und Genremaler u. a. von Sportmotiven. 1927 Beteiligung an der Jahresausstellung der Wiener Neustädter Kunstgemeinschaft.

L.: Mitt. Archiv der Universität Wien, 9.4.2019. — Allg. Künstlerlexikon 11 (2009). — Schmidt, G. E.: Ehrenzeichen u. Orden im Österreich der Zwischenkriegszeit (1994). — Fuchs, H.: Die österr. Maler der Geburtsjahrgänge 1881–1900 2 (1977). — Militärwis-

senschaftliche Mitteilungen 64 (1933) 563. — Jahresbericht des k.k. Sophiengymnasiums in Wien (1907) 27. — Biogr. Slg.

Süsmilich (Süssmilich), Jaroslav, Politiker und Funktionär, * 14. 9. 1891 Sazena (Sazená) Bez. Welwarn (Velvary), † 23. 4. 1972 Prag (Praha). Zimmermannslehre. Arbeiter in Alt-Ouholitz, später Kaufmann in Laun. Sozialdemokrat und Gewerkschafter. Seit 1919 Bürgermeister von Alt-Ouholitz, zeitweise Suspendierung wegen Unterstützung der ungarischen bzw. slowakischen Räterepublik. 1920 Vorsitzender des Revolutionsausschusses beim Generalstreik in Kralup an der Moldau, Verhaftung und 1921 Verurteilung wegen Hochverrats. 1921 Mitgründer der KPTsch im Gebiet von Laun, Leiter der Ortsgruppe in Alt-Ouholitz, Mitarbeit in der Parteipresse und der Genossenschaftsbewegung. 1927–1938 Angestellter der Kommunalverwaltung in Laun. 1937/38 Redakteur der Lokalzeitung Průboj pracujícího lidu in Laun. 1939 Verhaftung. Anschließend Kaufmann in Laun, später Arbeiter in Prag. 1942 Haft in der Kleinen Festung Theresienstadt. Seit 1944 Zwangsarbeit in den nationalsozialistischen Lagern Klein Stein/Oberschlesien und Osterode am Harz. 1945/46 Mitgründer und Vorsitzender des Ortsnationalausschusses bzw. Bürgermeister von Laun. Erneut Redakteur der Průboj pracujícího lidu. 1946–1948 kommunistischer Abgeordneter der Verfassungsgebenden Nationalversammlung in Prag. Seit 1948 Leitender Sekretär des Kreisgenossenschaftsrats Aussig, 1952 Mitglied des Zentralrats der Genossenschaften. Seit 1959 Vorsitzender des Kreisausschusses, seit 1960 auch des nordböhmischen Regionalausschusses des Verbands der antifaschistischen Kämpfer in Aussig. Um 1961 auch im Vorstand des Kreisausschusses der KPTsch Nordböhmen. 1966 Orden der Arbeit.

L.: Nohejlová, K.: Revoluční úsilí sociální demokracie ve 20. letech 20. století. Události na Kralupsku (Mag.-Arb. Praha, 2010). — Kubíček, J.: Noviny České republiky 1919–1945 (2004) 53. — Biografický slovník okresu Louny (2000). — Hanzalová (1997). — Rudé právo 26.4.1972, 2 u. 2.7.1980, 3. — Kuhn-Böss (1961). — Biogr. Slg.

Suess (Sueß), Eduard Karl Adolph, Geologe und Politiker, * 20. 8. 1831 London, † 26. 4. 1914 Wien. Enkel von → M. Zdekauer, Vater von → F. E. Suess und von Adolf Franz **Suess** (Industrieller, * 23. 5. 1859 Wien, † 10. 4. 1916 Witko-witz (Vítkovice) Bez. Mährisch Ostrau (Moravská Ostrava), 1886 Gründer der Witkowitzer Zementwerke, nach 1911 der Stramberger Kalk- und Zementwerke mit Beteiligung an weiteren Zementfabriken, 1889–1893 Direktor der Königshofer Cement-Fabrik AG). Seit 1834 in Prag, seit 1840 am dortigen Akademischen Gymnasium, 1846 Matura am Akademischen Gymnasium in Wien. 1846–1852 Studium am Polytechnikum und 1848 Eintritt in die Akademische Legion in Wien. 1848/49 Studienaufenthalt am Polytechnikum und der Universität in Prag. 1850/51 Untersuchungshaft wegen Hochverrats. 1852–1862 Assistent am Hofmineralienkabinett in Wien. Seit 1857 ao. Prof. für Paläontologie, seit 1862 für Geologie und 1867–1901 o. Prof. für Geologie an der Universität Wien. 1888/89 dort Rektor, Rücktritt wegen antisemitischer Angriffe deutschnationaler und christlichsozialer Studenten. 1891 Mitgründer des Vereins zur Abwehr des Antisemitismus in Wien. Seit 1850 Forschungen zur Geologie und Paläontologie von Böhmen, Mähren, Wien und den Karpaten sowie zum Karlsbader Mineralwasser. 1875 These von der Entstehung der Alpen als Kettengebirge. Forschungen zur Plattentektonik, Begriffsschöpfung von Tethys, Gondwana, Eurasien und eustatischer Bewegung sowie Litho-, Hydro- und Biosphäre. Seit 1863 Planung der ersten Wiener Hochquellwasserleitung. Seit 1867 Mitglied der Donauregulierungskommission, 1879–1885 Präsident des Donau-Vereins in Österreich. 1863–1873 und 1882–1886 Gemeinderat von Wien. 1869–1896 liberaler Abgeordneter des niederösterreichischen Landtags und 1870–1874 Mitglied des Landesausschusses sowie Landesschulinspektor. Engagement für ein säkulares Schulwesen. 1873–1897 Abgeordneter des Reichsrats, 1881 Obmann des Klubs der Liberalen, seit 1896 fraktionslos und 1897 Rückzug aus der Politik. 1860 korr. und 1867 o. Mitglied der Akademie der Wissenschaften in Wien, seit 1865 Sekretär der mathematisch-naturwissenschaftlichen Klasse, 1890–1893 Generalsekretär, 1893–1898 Vizepräsident und 1898–1911 Präsident. 1880 korr. Mitglied der Bayerischen Akademie der Wissenschaften, 1886 Mitglied der American Philosophical Society, 1889 korr. und 1900 auswärtiges Mitglied der Académie des Sciences in Paris, 1889 korr. Mitglied und 1901 Ehrenmitglied der Russischen Akademie der Wissenschaften in Sankt Petersburg,

1894 Mitglied der Royal Society in London, 1898 der US-amerikanischen National Academy of Sciences, 1900 der Preußischen Akademie der Wissenschaften in Berlin. Ehrenmitglied der Ungarischen Geologischen Gesellschaft und der Royal Society of Edinburgh. Mitglied der Deutschen Geologischen Gesellschaft, der Palaeontographical Society in London und der Société Linnéenne de Normandie in Caen. 1894 Vorsitzender der Gesellschaft Deutscher Naturforscher und Ärzte, 1910 Ehrenvorsitzender der Geologischen Vereinigung in Bonn. 1908 auswärtiges Mitglied der Tschechischen Akademie der Wissenschaften und Künste in Prag. 1896 Wollaston-Medaille der Geological Society of London, 1903 Copley-Medaille der Royal Society. 1869 Dr. phil. h. c. der Universität Wien, 1904 Dr.-Ing. h. c. der TH Wien, Ehrenpromotion der Universität Dorpat. 1873 Ehrenbürger von Wien.

W.: *Ueber böhmische Graptolithen (1851). — Ueber die Brachiopoden der Kössener Schichten. In: Denkschriften der Kaiserlichen Akademie der Wissenschaften 7 (1854) 29-65. — Die Brachiopoden der Stramberger Schichten. In: Beiträge zur Paläontographie von Österreich 1 (1858) 15-32. — Der Boden der Stadt Wien (1862). — Die Entstehung der Alpen (1875). — Die Zukunft des Goldes (1877, Ndr. 1976). — Die Heilquellen Böhmens (1879). — Vortrag über das Wienthal-Wasserleitungs-Projekt (1881). — Über die Schulnovelle (1883). — Die Sintfluth. Eine geologische Studie (1883, Ndr. 2010). — Das Antlitz der Erde (3 Bde., 1883–1909; frz. 1897–1918, engl. 1904–1924). — Beiträge zu einer morphologischen Einteilung der Bivalven (1891). — Are ocean depths permanent? In: Natural Science 2,3 (1893) 180-187. — Einige Bemerkungen über den Mond (1895, Ndr. 2019). — Erinnerungen (1916). — Verz. s. Mitteilungen d. Geologischen Gesellschaft in Wien 7 (1914) 26-32 u. Annalen des Naturhistorischen Museums in Wien 67 (1963) 170-173.*

L.: *Steininger, F. F. u. a.: Zur Entwicklung der Paläontologie in Wien bis 1945 (2018) 28-33 u. 139 f. — Hochedlinger (2018). — Myška suppl. 4 (2018) [zu A. F. S.]. — Ash, M. G./Ehmer, J. (Hg.): Universität, Politik, Gesellschaft (2015) 217-224. — Adlgasser (2014). — Angetter, D. u. a. (Hg.): E. S. und seine Familie (2014). — ÖBL 63 (2012). — Seidl, J. (Hg.): E. S. und die Entwicklung der Erdwissenschaften (2009). — DBE 9 (²2008). — Seidl, J.: E. S. (Habil. Graz, 2008). — Enc. Jud. 19 (²2007). — Jb. der Geologischen Bundesanstalt 146 (2006) 151-299 u. 149 (2009) 375-410. — Studie z dějin hornictví 34 (2006) 91-97. — Wußing, H.-L. u. a. (Hg.): Fachlexikon Forscher und Erfinder (³2005). — Biogr. Hb. des niederösterr. Landtages (2005). — ČČAVU (2004). — Wiener Geschichtsblätter 57 (2002) 38-61. — Heindl, G. (Hg.): Wissenschaft und Forschung in Österreich (2000) 59-84. — Cernajsek, T. u. a.: E. S. und die Entwicklung*

Wiens zur modernen Großstadt (1999). — Wien Lexikon 5 (1997). — Wlaschek 1 (1995). — Mitteilungen d. Österr. Geologischen Gesellschaft 82 (1989) 1-17. — MČSE 5 (1987). — Hamann, G. (Hg.): E. S. zum Gedenken (1983). — Tollmann, A.: E. S. Forscher und Politiker (1981). — Zapfe, H. (Hg.): Catalogus fossilium Austriae 15. Index palaeontologicorum Austriae (1971) 115. — Österr. Naturforscher und Techniker (1950). — Charmatz, R.: Lebensbilder aus der Geschichte Österreichs (1947) 153-164. — Etz, A.: E. S. (Diss., 1939). — Handwörterbuch d. Naturwissenschaften 9 (1934). — DBJ 1 (1925). — NÖB 1 (1923). — Śbornik České společnosti zeměvědné 25 (1919) 171 f. — DArb 17 (1917/18) 84-87 u. 116-119. — Jb. der k.k. Geologischen Reichsanstalt 66 (1916) 333-556. — Almanach der kaiserlichen Akademie der Wissenschaften 64 (1914) 356-362. — Mitteilungen d. Geologischen Gesellschaft in Wien 7 (1914) 1-32. — Lotos 62 (1914) 146-149. — Prager Tagblatt 28.4.1914, 2. — Almanach České akademie 19 (1909) 46 f. u. 25 (1914) 138-148. — OSN 24 (1906). — WZ (Ab.) 20.8.1901, 4, (Ab.) 27.4.1914, 5 u. 28.4.1914, 26 f. — Poggendorff 3 (1898) bis 5 (1926). — Eisenberg 5,2 (1893, m. Verz.). — Wurzbach 40 (1880). — Biogr. Slg.

Suess (Sueß), Franz Eduard (Eduard Franz Adolf), Geologe, * 7. 10. 1867 Wien, † 25. 1. 1941 Wien. Urenkel von → M. Zdekauer. Sohn von → E. Suess. Realgymnasium Wien. Seit 1886 Studium der Geologie und Naturwissenschaften an der Universität Wien, 1891 Dr. phil. Daneben Volontär am Naturhistorischen Museum in Wien. Seit 1891 Assistent der Mineralogie und Geologie an der deutschen TH in Prag. 1893 bis 1909 Mitarbeiter an der Geologischen Reichsanstalt in Wien. 1898 Habilitation für Geologie an der Universität Wien, dort seit 1905 ao. Prof. und seit 1908 besoldeter Extraordinarius. 1911 o. Prof. für Geologie und Mineralogie an der deutschen TH in Prag, Dekan der Fachschule für Chemie. 1911–1936 o. Prof. für Geologie an der Universität Wien, 1924 Dekan der philosophischen Fakultät. Forschungen zu Erdbeben, Vulkanismus, Meteoriten und vor allem zur Tektonik von Schottland bis zu den Alpen sowie zur Kristallingeologie der böhmischen Länder. Ausarbeitung der Konzepte Tektogenese sowie moldanubisches und moravisches Grundgebirge. Einführung des Fachbegriffs Tektit. Seit den 1890er Jahren auch Studien zur Hydrologie der Thermalquellen von Teplitz und Karlsbad. Bearbeitung von geologischen Karten Mährens. 1907 Gründungsmitglied der Geologischen Gesellschaft in Wien, 1912/13 Redakteur der Mitteilungen, 1928/29 Präsident und später Ehrenmitglied. Seit 1925 Korrespondent der Geologischen Bundesanstalt in Wien. 1911 korr. und 1915 o. Mitglied der Akademie der Wissenschaften in Wien, 1939 Ausschluss aus „rassischen" Gründen. Komturkreuz des österreichischen Verdienstordens. 1928 Ehrendoktor der Universität Glasgow. 1937 Eduard-Suess-Gedenkmünze der Geologischen Gesellschaft in Wien.

W.: Einige Bemerkungen zu dem Erdbeben von Graslitz. In: Verhandlungen d. k.k. Geologischen Reichsanstalt (1897) 325-328. — Der Bau des Gneisgebietes von Groß-Bittesch u. Namiest in Mähren. In: Jb. d. k.k. Geologischen Reichsanstalt 47 (1897) 505-532. — Über die Herkunft der Moldavite aus dem Weltraume (1898). — Studien über unterirdische Wasserbewegung (Die Thermalquellen von Teplitz; Die Schwimmsandeinbrüche von Brüx). In: Jb. d. k.k. Geologischen Reichsanstalt 48 (1898) 425-516. — Der Granulitzug von Borry in Mähren. In: Jb. d. Geologischen Reichsanstalt 50 (1900) 615-648. — Bau und Bild der Böhm. Masse (Mitautor; 1903). — Die geologischen Verhältnisse des Steinkohlenbeckens von Ostrau-Karwin (Mitautor; 1903). — Erläuterungen zur geologischen Karte im Reichsrate vertretenen Königreiche u. Länder der Österr.-Ungarischen Monarchie (1906). — Geologische Spezialkarte von Trebitsch u. Kromau (1906). — Geologische Spezialkarte von Gross-Meseritsch (1906). — Die Tektonik des Steinkohlengebietes v. Rossitz u. d. Ostrand d. böhm. Grundgebirges (1907). — Die moravischen Fenster u. ihre Beziehung zum Grundgebirge des Hohen Gesenkes (1912). — Geologische Spezialkarte von Brünn (1912). — (Bearb.:) Neumayr, M.: Erdgeschichte. Dynamische Geologie (³1920). — Zur Deutung der Vertikalbewegungen der Festländer u. Meere. In: Geologische Rundschau 11 (1921) 141-168, 249-263 u. 361-406. — Das Großgefüge der böhm. Masse. In: Zentralblatt für Mineralogie B (1926) 97-109. — Intrusionstektonik u. Wandertektonik im variszischen Grundgebirge (1926). — Bausteine zu einem System der Tektogenese 1-3. In: Fortschritte der Geologie u. Palaeontologie 13,42-44 (1937–1939) 1-376. — Das Lebenswerk von Eduard Suess. In: Mitteilungen d. Österr. Geologischen Gesellschaft 74/75 (1981/82) 1-6. — Verz. s. Mitteilungen d. Geologischen Gesellschaft in Wien 36-38 (1949) 279-284 u. Jb. d. Geologischen Bundesanstalt 151 (2011) 78-81.

L.: Der Bayerische Wald 32 (2019) 94-97. — Steininger, F. F. u. a.: Zur Entwicklung der Paläontologie in Wien bis 1945 (2018) 140 f. — Angetter, D. u. a. (Hg.): Eduard Suess und seine Familie (2014) 14. — Feichtinger, J. u. a. (Hg.): Die Akademie der Wissenschaften in Wien 1938 bis 1945 (2013). — Geohistorica 8,20 (2012) 14-22. — ÖBL 63 (2012). — Jb. d. Geologischen Bundesanstalt 151 (2011) 61-86. — Berichte d. Geologischen Bundesanstalt 89 (2011) 25-33. — DBE 9 (²2008). — Osobnosti. Česko (2008). — Moderní dějiny 14 (2006) 46. — HöAutorInnen 3 (2002). — Universitas. Revue Masarykovy univerzi-

ty 34,4 (2001) 3-15. — *Abhandlungen der Geologischen Bundesanstalt* 56,1 (1999) 45-49 u. 56. — *Scriba, C. J. (Hg.): Die Elite der Nation im Dritten Reich* (1995) 137. — *Heuer* 3 (1988). — *Tetzlaff* (1982). — *Bober, J.: Malá encyklopédia bádateľov a vynálezcov* (1973). — *Zapfe, H. (Hg.): Catalogus fossilium Austriae* 15: *Index palaeontologicorum Austriae* (1971) 115 f. — *PSN* 4 (1967). — *Mitteilungen d. Geologischen Gesellschaft in Wien* 36-38 (1949) 267-284 u. 60 (1967) 5-12. — *Almanach d. Akademie der Wissenschaften in Wien* 95 (1945) 319-323. — *Nature* 150 (1942) 341. — OSN ND 6,1 (1940). — F.-E.-S.-Festschrift d. Geologischen Gesellschaft in Wien (1937) III f. — Wer ist's (1935). — Kürschner, Gel. Kal. 4 (1931). — Das Jb. d. Wiener Gesellschaft (1929). — The Glasgow University Calendar (1928) 739. — Schweizer Zeitgenossenlexikon (1921). — OSN 24 (1906). — Poggendorff 4 (1904) u. 5 (1926). — Biogr. Slg.

Süß (Süss), Herbert, Jurist und Diplomat, * 23. 10. 1931 Neudek (Nejdek), † 26. 7. 2007 Birkenwerder/Brandenburg. Bis 1945 Bürgerschule in Neudek. Nach der Ausweisung aus der Tschechoslowakei seit 1946 Gymnasium in Gera, 1950 Abitur. Seit 1950 Studium der Rechtswissenschaften an der Universität Leipzig, 1954 Diplom. Wissenschaftlicher Assistent am Institut für Völkerrecht der Universität Leipzig, 1959 Oberassistent für Völkerrecht an der Deutschen Akademie für Staats- und Rechtswissenschaft in Potsdam-Babelsberg. 1961 Promotion. Anschließend dort Dozent und seit 1976 ao. Prof. für Völkerrecht. 1963 Eintritt in den diplomatischen Dienst und 1964–1990 Leiter der Hauptabteilung Rechts- und Vertragswesen im Außenministerium der DDR. 1971 Außerordentlicher Botschafter, Beteiligung u. a. an den Verhandlungen 1971 zum Verhältnis zwischen West-Berlin und der DDR, 1972 zur Aufnahme der diplomatischen Beziehungen der DDR mit Finnland, 1974 mit den USA und mit dem Vatikan sowie zu anderen internationalen Abkommen. Seit 1984 Vertreter der DDR im Rechtsausschuss der UN-Generalversammlung. 1990 erst Mitglied, dann Berater der DDR-Delegation bei den Zwei-plus-Vier-Verhandlungen. Seit 1990 Pensionär. 1972 Banner der Arbeit, 1973 Vaterländischer Verdienstorden der DDR in Silber. 1985 Stern der Völkerfreundschaft in Silber.

W.: Die Prinzipien der kollektiven Sicherheit und die Außenpolitik der DDR (Diss., 1961).

L.: Schriften zur internationalen Politik 52 (2015) 102-104. — Görner, G.: Völkerrecht im Kontext sei-

ner Zeit (2014). — Bock, S.: DDR-Außenpolitik 3 (2010). — Hentilä, S.: Neutral zwischen den beiden deutschen Staaten (2010). — Biogr. Handbuch der SBZ/DDR 2 (1997). — Breithaupt, D.: Rechtswissenschaftliche Biographie DDR (1993). — Who's Who in the Socialist Countries of Europe 3 (1989). — Buch, G.: Namen u. Daten wichtiger Personen in der DDR (⁴1987). — EBL 2 (1987). — Who's Who in the Socialist Countries of Europe (1978). — SdZ 13.9.1974, 9. — Biogr. Slg.

Süß, Siegwin, Jurist und Beamter, * 11. 11. 1922 Seibersdorf (Dolní Houžovec bzw. Ústí nad Orlicí) Bez. Wildenschwert (Ústí nad Orlicí), † 15. 6. 2017 Grünwald bei München. Kindheit in Schirmdorf und Rudelsdorf bei Landskron. Gymnasium in Landskron, 1941 Matura. Militärdienst, 1944–1948 britische Kriegsgefangenschaft. Jurastudium an der Universität München, 1951 Promotion. Seit 1952 Beamter des bayerischen Innenministeriums. 1954 Entsendung an das Bundesministerium für Städtebau in Bonn. Seit 1957 am Landratsamt Miesbach/Oberbayern. 1959–1965 Oberregierungsrat im Innenministerium, dann Ministerialrat. Seit 1968 Ministerialdirigent und Abteilungsleiter der Obersten Baubehörde in Bayern. Seit 1972 Ministerialdirektor und Amtschef des bayerischen Innenministeriums. Fachmann für Bau- und Verwaltungsrecht. Mitwirkung am Bundesbau- und am Städtebauförderungsgesetz. In Bayern Mitgestaltung der Kreis- und der Gemeindegebietsreform, der Landesbauordnung, der Verstaatlichung der Polizei sowie der Neuordnung des Feuerwehr- und Rettungswesens. 1987 Ruhestand. Juristische und verwaltungswissenschaftliche Fachstudien. 1974–1995 Mitherausgeber der Bayerischen Verwaltungsblätter. Mitglied des Verwaltungsrats der Energieversorgung Oberfranken AG, des Stiftungsrats der Berchtesgadener Landesstiftung und des Aufsichtsrats der Bayerischen Landesbank. 1973 Verdienstkreuz 1. Klasse und 1987 Großes Verdienstkreuz der Bundesrepublik Deutschland, 1975 Bayerischer Verdienstorden, 1988 Bayerische Umweltmedaille.

W.: Der Friedensrichter (Diss., 1951). — Die Behandlung des Bauantrages durch die Gemeinde (zus. m. H.-J. Ludyga; 1963, ²1964). — Die Verwaltungsgemeinschaft. In: Maunz, T. (Hg.): Verwaltung und Rechtsbindung (1979) 39-50. — Bürokratie und Verwaltung. In: Bayerische Verwaltungsblätter 27 (1981) 33-36. — 175 Jahre Bayerisches Staatsministerium des Innern. In: Bayerische Verwaltungsblätter 28 (1982) 1-5. — Beschlüsse der Gemeinden zu verteidigungs-politischen Fragen. In: Bayerische Verwaltungsblätter 29 (1983) 513-520. — Eigenbetrieb oder Gesellschaft? In: Bayerische Verwaltungsblätter 32 (1986) 257-262. — Bodensee. In: Handwörterbuch des Umweltrechts 1 (1986) 276-279. — Zur gesetzlichen Verankerung des Selbsteintrittsrechts im Bayerischen Verwaltungsverfahrensgesetz. In: Bayerische Verwaltungsblätter 33 (1987) 1-5.

L.: Bayerische Verwaltungsblätter 63 (2017) 689. — SZ 24./25.6.2017, 33. — SdZ 16.11.2012, 6. — Stiller, M.: Edmund Stoiber (2002). — Nußberger, M.: Münchener Profile 1 (1993) 351. — SZ 30.11.1987, 15. — SdZ 27.11.1987, 8. — Biogr. Slg.

Süssemilch, Gustav Walter, Geograph, * 28. 6. 1907 Neu-Kreibitz (Nová Chřibská bzw. Rybniště) Bez. Warnsdorf (Varnsdorf), † 19. 12. 1944 [in Südungarn]. Realschule Warnsdorf, 1925 Matura. 1926 Lehrerbildungsanstalt Reichenberg. Volksschullehrer in Oberufer bei Pressburg und seit 1928 in Gablonz an der Neiße. Seit 1930 dort Hauptschullehrer. 1930/31 Vorbereitungsklasse an der Akademie der Bildenden Künste in Prag. 1931 Lehrbefähigung für Bürgerschulen. 1930–1935 Geographiestudium an der deutschen Universität in Prag sowie an der deutschen TH in Prag. 1935 Lehrbefähigung für höhere Schulen. Seit 1935 Gymnasiallehrer in Troppau, seit 1938 in Mährisch Schönberg und seit 1939 Oberschullehrer in Gablonz, 1939 Studienrat. 1944 Einreichung der Dissertation an der deutschen Universität in Prag. Fachmann für Sozialgeographie, politische Geographie und Kartographie. Forschungen zur Region Wischau, zu Nordböhmen und zur Theorie kleiner Räume. Verwendung des Begriffs Sudetenraum. Mitarbeit an Schulatlanten, Kartenwerken und den Seydlitzschen Schulbüchern sowie Beiträge in der Zeitschrift für Erdkunde. Nach 1938 Mitglied und später Gausachberater für Heimat- und Erdkunde im sudetendeutschen Lehrerbund bzw. im NS-Lehrerbund. Seit 1938 NSDAP-Mitglied, nach 1939 Berater der Gauselbstverwaltung für Gebietsordnung und Landesplanung in Reichenberg. Seit 1941 Militärdienst, zuletzt Ende 1944 in Ungarn.

W.: Bezirksgrenzen und Sprachgrenze. In: Brandt, B. (Hg.): Atlas der Sudetenländer (1935). — Neue Aufgaben der sudetendeutschen Heimatforschung. In: SDJb (1936) 16-20. — Volkskunst, Jugendkunst und Laienwerk. In: SDJb (1937) 31-49. — Siedlung, Haus und Hof in den deutschen Volksinseln bei Wischau. In: DMSHeimat 23 (1937) 297-299. — Sudetendeutsche Kinderarbeiten. In: Die zeitgemäße Schrift 49

(1939) 33-42. — Sudetendeutscher Grenzkampf und die geopolitische Volkserziehung. In: Der sudetendeutsche Erzieher 2 (1939) 36-38. — Mährens Landschaft und Raumbedingungen. In: Böhmen u. Mähren 1 (1940) 236-241. — Nordsudetenland. In: Zeitschrift für Erdkunde 9 (1941) 201-214. — (Mit-Hg.:) Sudetendeutscher Schulatlas (1941). — (Zus. m. K. Zepnik) Erläuterungen zum neu erschienenen Sudetendeutschen Schulatlas. In: Mitteilungsblatt des NSLB, Gauwaltung Sudetenland 9 (1941) 89-93. — (Bearb.:) Deutscher Schulatlas. Heimatteil Gau Sudetenland (1942 u. 1944). — Beiträge zu einer geographischen Heimatkunde d. deutschen Volksinsel bei Wischau. In: Deutsche Volksforschung in Böhmen u. Mähren 2 (1943) 149-163, 240-267 u. 3 (1944) 58-82. — Haus und Hof in den deutschen Volksinseln bei Wischau. In: Deutsche Volksforschung in Böhmen und Mähren 3 (1944) 231-263. — Die deutschen Volksinseln bei Wischau. Versuch zur Methode der Landeskunde kleiner Räume (Diss., 1944). — Der Sudetenraum. In: Geographischer Anzeiger 45,9-12 (1944) 129-148.

L.: Schatz, S. J.: Unterricht für die „Grenzlanddeutschen" (2023). — ÖBL Online-Edition, Lfg. 3 vom 15.11.2014. — Z dějin geodézie a kartografie 16 (2012) 53-55. — Sudetendeutscher Erzieherbrief 22,1 (1975) 18. — MSA 34 (1974) 19. — Unser Niederland 22,264 (1970) 45. — Disertace 2 (1965). — Unser Niederland 6,73 (1954) 3. — Biogr. Slg.

Süsser, František Václav (Franz Wenzel), Maler, * 28. 2. 1890 Wien, † 26. 10. 1956 Brünn (Brno). Bis 1905 Realgymnasium in Wien. Dort 1905/06 Privatunterricht im Zeichnen. Bis 1913 Malausbildung an der Kunstgewerbeschule in Wien. 1913/14 am Institut für Theaterdekoration in Wien. 1914–1916 Militärdienst. 1917/18 Lehrer an der Kunstgewerbeschule für Keramik in Znaim, dann bis 1924 an der höheren Textilgewerbeschule in Brünn. 1924–1950 Prof. an der Kunstgewerbeschule in Brünn. 1914 Studienreise nach Italien, später nach Deutschland und 1925 nach Frankreich. Maler, Zeichner und Lithograph. 1920–1922 Zeichner der Lidové noviny. Porträts von Brünner Persönlichkeiten sowie Buchillustrationen. 1922 lithographischer Zyklus zum Mährischen Karst. Entwicklung von abstrakten, dann neoklassizistischen und kubistischen Werken in den 1930er Jahren hin zum Realismus in den 1950er Jahren. Zudem Altarbilder, Glasfenster, Gobelins und Grabmale. Befreundet mit → O. Kokoschka. Seit 1919 Mitglied des Künstlerklubs Aleš und 1922 Mitgründer der Gruppe Bildender Künstler in Brünn. Preisträger bei Plakatwettbewerben. 1932 in Brünn erste Einzelausstellung, seit 1936 Teilnahme an den Ausstellungen des Zliner Salons. 1957 posthum Preis der Befreiung Brünns.

L.: Informační systém abART [30.4.2024]. — Hubatová-Vacková, L. u. a.: První republika 1918–1938 (2018). — Encyklopedie dějin města Brna vom 19.11.2017. — Malá, A./Pavliňák, P.: Signatury českých a slovenských výtvarných umělců (2010). — Brno v minulosti a dnes 22,1 (2009) 308. — SČSVU 15 (2005). — GBO 4 (2005). — Osobnosti Znojma (1996) 98. — Horová 2 (1995). — Holešovský, K.: Secese. Meziválečné užité umění (1986). — Hlušička, J.: Přírůstky českého malířství 20. století (1978). — Žili a pracovali v Brně (1977). — Kdy zemřeli? (1974). — Sedláčková, J.: F. S., výstava kreseb a olejů (1972). — Rovnost 8.4.1971, 5. — Zhoř, I.: Historie výtvarných škol v Brně (1968) 84-87. — Host do domu 8 (1961) 335 f. — Svrček, J. B.: F. S., obrazy a kresby (1961). — Výtvarná práce 9,13 (1961) 9. — Toman 2 (1950) u. 3 (1955). — Rovnost 28.2.1950, 5. — Die Künstler dem Volke (1943). — OSN ND 6,1 (1940). — Kulturní adresář (1934 u. 1936). — MSN 7 (1933). — Svrček, J. B.: Moderní výtvarné umění na Moravě (1933). — Dostál, E.: F. S. (1932). — NVISN 16 (1932).

Süsser, Josef, Lehrer, * 18. 3. 1878 Hilbeten (Hylváty) Bez. Wildenschwert (Ústí nad Orlicí), † 28. 10. 1954 Landshut/Niederbayern. Seit 1891 Gymnasium Landskron. Ausbildung zum Bürgerschullehrer für Deutsch, Lehrberechtigung für Tschechisch an Lehrerbildungsanstalten. Seit 1904 Hilfslehrer an der Handelsschule Brüx. Seit 1908 Lehrer an der Handelsschule Saaz, nach 1920 Direktor. Seit 1946 in Landshut. Engagement in der Esperanto- und der Paneuropa-Bewegung. Verfasser von Lehrbüchern des Deutschen, Tschechischen und Esperanto sowie von philologischen, pädagogischen und didaktischen Fachstudien in Zeitschriften und Tageszeitungen. 1921 Präsentation seiner Lehrbücher auf dem Esperanto-Weltkongress in Prag.

W.: Lehr- und Uebungsbuch für den deutschen Sprachunterricht an Handelsschulen (1915). — Uebungsbuch für den deutschen Sprachunterricht an kaufmännischen Fortbildungsschulen (1916). — Deutscher, sprich deutsch! (1916). — Praktischer Lehrgang der Esperantosprache für Anfänger (o. J.). — Böhm. Sprech- und Übungsbuch für zweiklassige deutsche Handelsschulen (zus. m. J. Lamm; 2 Bde., 1919/20, mehrere Neuaufl., zuletzt: Čechisches Sprech- und Uebungsbuch, 1934, ²1935). — Die Völkersprache Esperanto. Vollständiges Lehrbuch (1921). — Anekdotaro [Anekdotensammlung] (1921). — Volkstümlicher Lehrgang der Völkersprache Esperanto (1926). — Ausgewählte schwierige Kapitel der tschech. Sprachlehre (1928). — Der erfolgreiche Verkauf (Mitautor; 1934). — Werdegang und Ziele der Paneuropa-Bewegung (1935).

L.: Zumpf, H./Schuldes, J. (Hg.): Saazerland, Hopfenland (1959) 166. — Heimatbrief Saazerland 20.11.1954, 4 u. 6. — Bohemia 17.3.1938, 4. — Kulturní adresář (1936). — Jaksch (1929). — Biogr. Slg.

Süsskind (Susskind), Hans Walter (Hanuš, Jan), Musiker, Dirigent und Komponist, * 1. 5. 1913 Prag (Praha), † 25. 3. 1980 Berkeley/Kalifornien. Gymnasium in Prag, daneben Klavier- und Kompositionsstudium am Prager Konservatorium bei → J. Suk (d. Ä.), → A. Hába und →K. Hoffmeister. Dirigier- und Klavierstudium an der Deutschen Akademie für Musik und darstellende Kunst in Prag bei → G. Szell und → F. F. Finke, mit einem Schwerpunkt auf Vierteltonmusik. Ab 1933 Pianist des Tschechischen Trios in Prag. 1934–1938 Dirigent und Assistent des Musikdirektors am Neuen Deutschen Theater in Prag. Mitglied der Konzertvereinigung Přítomnost. 1939 Flucht nach London, dort weiterhin Mitglied des Ensembles Czech Trio. 1943–1945 musikalischer Leiter der Carl Rosa Opera Company in London, im Herbst 1945 Deutschland-Tournee. Danach am Sadler's Wells Theatre in London. 1946 britischer Staatsbürger. 1946–1953 Musikdirektor des Royal Scottish National Orchestra in Glasgow und 1953–1955 des Victorian Symphony Orchestra in Melbourne. Kurzzeitig Direktor des London Philharmonic Orchestra und Gründer des Nationalen Jugendorchesters von Großbritannien. 1956–1965 Musikdirektor, Dirigent und Pianist des Toronto Symphony Orchestra. Zudem Initiator des Nationalen Jugendorchesters von Kanada, 1960–1964 dessen Leiter sowie des Mendelssohn-Chors Toronto. 1968–1975 Musikdirektor und Dirigent des St. Louis Symphony Orchestra, 1977–1980 musikalischer Berater, Direktor und Gastdirigent des Cincinnati Symphony Orchestra. Gastdirigent nordamerikanischer und europäischer Orchester. Festspielleitung 1962–1968 des Aspen Music Festival in Aspen/Colorado und 1969–1975 des Mississippi River Festival in Edwardsville/Illinois. 1968–1975 Dozent an der Southern Illinois University in Edwardsville. Interpretation vor allem der Werke Arnold Schönbergs und → L. Janáčeks. Klavierstücke, Kantaten, Lieder und Tänze teilweise im Viertel- oder Sechstelton, außerdem Komponist und Arrangeur von Film-, Fernseh- und Theatermusik. Ehrendoktor der Southern Illinois University.

L.: Roš chodeš 77 (2015) 23. — Encyclopedia of Music in the 20th Century (2014). — The Canadian Encyclopedia vom 16.11.2013. — Peprník, J.: Češi a anglofonní svět 2 (2012). — Petersen, P./Maurer Zenck, C. (Hg.): Musiktheater im Exil der NS-Zeit (2007) 263. — Enc. Jud. 19 (²2007). — MGG 16 (2006) u. MGG Online (2016). — Srba, B: Múzy v exilu (2003). — HöAutorInnen 3 (2002). — Grove 24 (²2001). — Baker's Biographical Dictionary of Musicians 6 (2001). — LDM 2 (2000, m. Verz.). — Kosch, Theater 4 (1998). — Hunt, J.: Makers of Philharmonia (1996) 43-74. — The Harvard Biographical Dictionary of Music (1996). — Wlaschek 1 (1995) u. 2 (1997). — Pass, W. u. a.: Orpheus im Exil (1995) 368 f. — Weber, H. (Hg.): Musik in der Emigration (1994) 165. — The Concise Dictionary of American Jewish Biography 2 (1994). — Wo sich Kulturen begegnen (1992) 123. — Review of the Society for the History of Czechoslovak Jews 2 (1988/89) 152 f. — Tetzlaff (1982). — Encyclopedia of Music in Canada (1981 u. ²1992). — MSA 61 (1980) 54. — The Washington Post 6.4.1980. — SZ 28.3.1980, 37. — Frank, A./Altmann, W.: Kurzgefaßtes Tonkünstler-Lexikon 2 (¹⁵1978). — Colombo, J. R.: Colombo's Canadian References (1976). — Simbriger, H.: Werkkatalog zeitgenössischer Komponisten aus den deutschen Ostgebieten 6 (1976). — Creative Canada 2 (1972). — The Jews of Czechoslovakia 1 (1968) 542 u. 545. — ČslHS 2 (1965). — Gottesman, E.: Who's Who in Canadian Jewry (1964). — Who's Who in Australia (1955). — Brook, D.: International Gallery of Conductors (1951) 200-206. — Palmer, R.: British Music (1948). — OSN ND 6,1 (1940). — Helfert, V./Steinhard, E.: Geschichte der Musik in der tschechoslowak. Republik (²1938). — Kulturní adresář (1934 u. 1936).

Süssmandl, Josef, Kaufmann und Funktionär, * 2. 12. 1877 Kanitz (Dolní Kounice) Bez. Eibenschitz (Ivančice), † 20. 5. 1937 Troppau (Opava). 1902 Angestellter, seit 1905 Buchhalter, seit 1910 Mitglied des Verwaltungsrats und später stellv. Direktor bzw. Leiter der Mährisch Ostrauer Bierbrauerei und Mälzerei von → M. Strassmann. 1936 Ruhestand. Sekretär des Schutzverbands mährisch-schlesischer Brauereien und Ausschussmitglied des Zentralverbands der tschechoslowakischen Brauereien. Gedichte, Glossen, Satiren und Theaterkritiken für die Ostrauer Zeitung. Ausschussmitglied des Vereins Deutsches Theater in Mährisch Ostrau. 1908 Mitgründer und seit 1913 Vorsitzender des Jüdischen Volksvereins Zion in Mährisch Ostrau. Teilnahme an regionalen Zionistentagen. Seit 1910 im Zionistischen Zentralbüro für Westösterreich.

W.: Povšechné o prodejních výlohách pivovaru [Allgemeines zu den Verkaufskosten der Brauereien]. In: Zpráva o VI. celostátním sjezdu sladařsko-pivovarském (1930) 115-123.

L.: Myška suppl. 5 (2020). — Věstník Muzea cenných papírů 9,1 (2016). — Daněk, R.: Ostravské pivovarnictví v éře kapitalismu (2014). — Kvasný průmysl 57,4 (2011) 93. — Soukupová, L.: Pivo. Slad. Chmel (2004). — Ostrauer Zeitung 21.5.1937, 2. — Compass. Finanzielles Jb. (1935) 876 u. 922. — Jüdische Volksstimme 21.2.1911, 5, 15.3.1911, 6, 6.12.1911, 2 f., 10.4.1912, 5 u. 17.4.1913, 6. — Jüdische Zeitung 8.4.1910, 2 u. 22.12.1911, 4. — Amtsblatt der Brünner Zeitung 20.8.1910, 1. — Neue Schlesische Zeitung 2.11.1902, 2.

Süßner (Süssner), Conrad Max (Konrad Maximilian, Konrád Max), Bildhauer, * [Taufe 12. 5.] 1652 Schlackenwerth (Ostrov) Bez. Karlsbad (Karlovy Vary), † [nach 1696]. Bruder von → J. Süßner. Bildhauerlehre vermutlich bei Johann Heinrich Böhme in Schneeberg/Erzgebirge. Seit 1680 Bildhauer und Bildschnitzer in Prag, später auch mit Werkstatt in Dresden, spätestens seit 1690 sächsischer Hofbildhauer. Zusammenarbeit mit seinem Bruder, nach dessen Tod Ausführung der verbliebenen Berliner Aufträge. Von Gian Lorenzo Bernini beeinflusster Bildhauer des Hochbarocks. 1688–1690 Statuen der Kreuzherrenkirche in Prag. Skulpturen und Schmuckelemente für das Residenzschloss, das Palais im Großen Garten und den Türkenbrunnen in Dresden, für Schloss Oranienburg sowie für Grabdenkmäler in Dresden und Mügeln.

L.: Informační systém abART [30.4.2024]. — Allg. Künstlerlexikon 107 (2020, m. Verz.) u. Online [30.4.2024]. — Velké dějiny zemí Koruny české 9 (2011). — Zajačiková, V.: Ikonografie a ikonologie sochařské výzdoby křižovnického kostela sv. Františka Serafinského v Praze (Bachelor-Arb. Olomouc, 2010). — Sehnal, J.: Život a dílo vrcholně barokních sochařů Heermannů a Süssnerů (Mag.-Arb. Praha, 2009). — DBE 9 (²2008). — Horová, Dodatky (2006). — Umělecké památky Prahy: Staré Město, Josefov (1996) 66. — Dějiny českého výtvarného umění 2,1 (1989). — Poche, E. u. a. (Hg.): Praha na úsvitu nových dějin (1988). — EBL 2 (1987). — Výtvarná kultura 6,3 (1982) 14 u. 16. — Neumann, J.: Das böhm. Barock (1970; tschech. 1974). — SdZ 14.1.1966, 6. — Jb. d. Egerländer 11 (1964) 36. — Swoboda, K. M. (Hg.): Barock in Böhmen (1964). — Asche, S.: Drei Bildhauerfamilien an der Elbe (1961). — Blažíček, O. J.: Sochařství baroku v Čechách (1958). — Ročenka Kruhu pro pěstování dějin umění (1939) 42-50.

Süßner (Süssner, Süßmer), Jeremias (Jeremiáš), Bildhauer, * 12. 12. 1653 Schlackenwerth (Ostrov) Bez. Karlsbad (Karlovy Vary), † 5. 6. 1690 Dresden. Bruder von → C. M. Süßner.

Bildhauerlehre bei Johann Heinrich Böhme in Schneeberg/Erzgebirge. Nach 1670 vermutlich Italienaufenthalt. Seit 1678 in Dresden, seit 1680 mit eigener Werkstatt. Bildhauerische Mitgestaltung des Palais im Großen Garten und des Residenzschlosses in Dresden. Spätestens seit 1683 auch Aufträge in Berlin. 1685–1690 Standbilder, Büsten und Dekorationen für den Berliner Hof sowie figuraler und ornamentaler Schmuck für Schloss Oranienburg. 1685 brandenburgischer Hofbildhauer mit Sitz in Dresden. 1689/90 Statuen der Kreuzherrenkirche in Prag. Grabmäler und Büsten für sächsische Adlige und Beamte. Vor allem Werke aus Stein und Stuck. Antikisierender Bildhauer des Hochbarocks. Zusammenarbeit mit seinem Bruder, der das Dresdner Unternehmen nach S.s Tod fortführte.

L.: Informační systém abART [30.4.2024]. — Allg. Künstlerlexikon 107 (2020, m. Verz.) u. Online [30.4.2024]. — Velké dějiny zemí Koruny české 9 (2011). — Zajačiková, V.: Ikonografie a ikonologie sochařské výzdoby křižovnického kostela sv. Františka Serafinského v Praze (Bachelor-Arb. Olomouc, 2010). — Sehnal, J.: Život a dílo vrcholně barokních sochařů Heermannů a Süssnerů (Mag.-Arb. Praha, 2009). — DBE 9 (²2008). — Horová, Dodatky (2006). — Löffler, F.: Das alte Dresden (1999). — Umělecké památky Prahy: Staré Město, Josefov (1996) 65 f. — Dějiny českého výtvarného umění 2,1 (1989). — Poche, E. u. a. (Hg.): Praha na úsvitu nových dějin (1988). — EBL 2 (1987). — Karlsbader Zeitung 22 (1972) 51. — Neumann, J.: Das böhm. Barock (1970; tschech. 1974). — SdZ 14.1.1966, 6. — Jb. d. Egerländer 11 (1964) 36. — Swoboda, K. M. (Hg.): Barock in Böhmen (1964). — Asche, S.: Drei Bildhauerfamilien an der Elbe (1961). — Blažíček, O. J.: Sochařství baroku v Čechách (1958). — Toman 2 (1950). — Ročenka Kruhu pro pěstování dějin umění (1939) 42-50. — Boeck, W.: Oranienburg (1938). — Thieme-Becker 32 (1938).

Süssová (geb. Chladová), Anna, Pädagogin, * 25. 7. 1858 Brünn (Brno), † 28. 5. 1941 Brünn. Schulen in Königsfeld, Lehrerinnenbildungsanstalt in Brünn, 1876 Abschluss. Volksschullehrerin in Domaschow bei Eibenschitz. Seit 1882 Erzieherin am neuerrichteten tschechischen Kindergarten der Matice školská in Brünn. 1910 Gründerin und Leiterin eines Reformkindergartens in Brünn, 1923 Ruhestand. Fachvorträge und Fortbildungen für Kindergärtnerinnen. Didaktisch-pädagogische Konzepte für eine kind- und familienorientierte Vorschulerziehung in Abgrenzung von der Volksschule und für Kindergärten mit variablen Inhalten und Spielzeiten, mit heimischem Spielzeug, kindgerechten Möbeln und einem Garten. Beeinflusst von → J. A. Comenius und Maria Montessori. Ausschussmitglied des Verbandes der mährischen Kindergärtnerinnen, 1907 und 1911 Mitorganisatorin von dessen Kongressen in Brünn. Mitarbeit in der Matice školská. 1921 Rednerin auf dem tschechoslowakischen Lehrerkongress.

W.: O reformě škol mateřských [Die Kindergartenreform]. In: Věstník Ústředního spolku jednot učitelských na Moravě 9 (1909/10) 592-594, 612-614 u. 630 f. – Kam jsme dospěli v hromadné výchově dětí [Was wir mit der Massenerziehung von Kindern erreicht haben] (1912). – Návrh na reformu mateřských škol [Ein Vorschlag zur Reform der Kindergärten]. In: První sjezd československého učitelstva (1921) 209-212.

L.: Petrů Puhrová, B.: Dějiny předškolní výchovy (2018). – Syslová, Z.: Učitel v předškolním vzdělávání a jeho příprava na profesi (2017) 33. – Blechová, M.: Inspirující pokusnictví v předškolní výchově (Bachelor-Arb. Praha, 2015). – Kasper, T. u. a. (Hg.): Úloha osobností a institucí v rozvoji vzdělanosti v evropském kontextu (2013) 327-337 (m. Verz.). – Šlégl, J.: Dějiny výchovy dětí předškolního věku (2012) 115 u. 117 f. – Pavlovská, M. u. a.: Dějiny předškolní pedagogiky (2012). – Podlahová, L.: 1+100 osobností pedagogiky a školství v českých zemích (2001). – Učitelské noviny 94,12 (1991) 5. – Štverák, V.: Stručné dějiny pedagogiky (1988) 200. – Mišurcová, V. u. a.: Úvod do dějin předškolní pedagogiky (1987) 65 f. – Bělinová, L./Mišurcová, V.: Z dějin předškolní výchovy (1980) 62-65. – Mišurcová, V.: Dějiny teorie a praxe výchovy dětí předškolního věku v 19. a 20. století (1980). – Spěváček, V.: Průkopníci českých pokusných škol (1978) 44-48. – Spěváček, V.: Počátky a základy českých škol pokusných (1970) 30-32. – Lidové noviny 30.5.1941, 6. – Menšinový učitel 3,2 (1912/13) 24 f. – Moravská orlice 20.5.1912, 2. – Pedagogické rozhledy (1912) 128. – Lidové noviny 21.8.1910, 9 f. u. 1.8.1912, 11.

Suhrada, Josef, Landwirt und Politiker, * 24. 11. 1869 Račitz (Radčice bzw. Vodňany) Bez. Wodňan (Vodňany), † 10. 4. 1914 Račitz. Realgymnasium Prag. Landwirtschaftsschule Rabin bei Prachatitz. Übernahme des väterlichen Gutsbesitzes in Račitz. Agrarpolitisch aktiv, seit 1898 Mitglied der konservativen Vereinigung der tschechischen Landwirte für das Königreich Böhmen. 1899 Gründungsmitglied der tschechischen Agrarpartei. Zusammenarbeit mit → K. Prášek. Gemeinderat von Račitz, Mitglied des Bezirksschulrates Pisek. Mitglied, später bis 1914 Obmann des Bezirksausschusses Wodňan. Mehrfach Kandidaturen als Unabhängiger, seit 1901 als Agrarier zum böhmischen Landtag und

zum Reichsrat. 1907–1911 agrarischer Abgeordneter des Reichsrats. Seit 1911 Mitglied der politischen Gruppierung Unabhängige Vereinigung vom Lande, 1913 Rückkehr in die Agrarpartei. Vorsitzender des landwirtschaftlichen Bezirksvereins in Wodňan. Seit 1904 Mitglied des Landeskulturrats für Böhmen. Seit 1911 Mitglied des Kontrollausschusses der Agrarbank in Prag.

L.: Adlgasser (2014). – Luft (2012). – Šouša, J.: Mezi brázdou a bankovním úvěrem (2012). – Knauer, Parl. (1969). – Frankenberger, O./Kubíček, J. O.: Antonín Švehla (1931). – Písecké listy 15.4.1914. – Zemědělské zprávy 15.4.1914, 113. – Bohemia 14.4.1914, 4. – Venkov 11.4.1914, 7. – Wilhelm, A.: Die Reichsrats-Abgeordneten (1907). – Freund, F.: Das österr. Abgeordnetenhaus (1907). – Wiener Bilder 3.7.1907, 9. – Národní listy 9.1.1901, 9.

Suhrmann, Rudolf Johannes, Chemiker, * 9. 3. 1895 Reichenberg (Liberec), † 21. 9. 1971 Karlsruhe. Oberrealschule Dresden. 1914 und erneut 1917–1920 Studium an der TH Dresden, dazwischen 1914–1917 Militärdienst. 1921 Promotion an der TH Dresden. Seit 1920 dort Assistent. 1923–1933 Oberassistent am physikalisch-chemischen Institut an der TH Breslau. Dort 1925 Habilitation und Privatdozent für physikalische Chemie. Seit 1932 ao. Prof. und kommissarischer Institutsleiter, 1933–1945 o. Prof. der TH Breslau, 1940–1945 Dekan. Bis 1945 auch Direktor des physikalisch-chemischen Instituts von TH und Universität Breslau. Daneben 1928 bis 1933 Mitglied der Kommission für Strahlenforschung der Notgemeinschaft der deutschen Wissenschaft, 1929–1931 Berater der AEG für die Photozellenfabrikation und 1938–1945 Mitarbeiter am Laboratorium für Elektronenforschung von Telefunken. Militärtechnische Forschungsaufträge. NS-Gaufachgruppenverwalter Chemie in Niederschlesien und Vorsitzender des niederschlesischen Vereins deutscher Chemiker. 1945 Flucht und Landarbeiter. Seit 1946 Prof. an der TH Braunschweig, seit 1955 o. Prof. für physikalische Chemie und Elektrochemie an der TH Hannover. Studien zu photoelektrischen Prozessen, zu Elektronenemissionen von Metallschichten, Kristallwachstum und Lichtabsorption. Patente zu Photozellen und Sekundärelektronenvervielfachern. Beiträge zur Technik des Farbfernsehens. Mitarbeit an Lehrwerken der Physik und der physikalischen Chemie. Seit 1950 Mitglied der Braunschweigischen Wissenschaftlichen Gesellschaft, seit 1958 der

Deutschen Akademie der Naturforscher Leopoldina. 1960 Ehrenpromotion in Physik der TU Dresden.

W.: Ionisierungs- und Anregungsspannungen (Mitautor; 1925). — Physikalisch-chemische Praktikumsaufgaben (zus. m. A. Eucken; 1928, ²1948, ⁷1968). — Lichtelektrische Zellen und ihre Anwendung (zus. m. H. Simon; 1932, ²1958). — Lehrbuch der Physik 4,4: Elektrische Eigenschaften der Metalle und Elektrolyte (Mitautor; 1934). — Verz. s. Poggendorff 7a,4 (1961).

L.: Kranich, K.: Die „Bollwerk-Ingenieure" (2018) 466-468. — DBE 9 (²2008). — Ostdeutsche Familienkunde 55 (2007) 118 f. — Catalogus professorum [Hannover] 1831-2006 2 (2006). — Stockhorst, E.: 5000 Köpfe (1998). — Becke-Goehring, M./Eucken, M.: Arnold Eucken (1995). — Deutsche Akademie der Naturforscher Leopoldina (1987). — SdZ 7.3.1975, 11. — Abhandlungen d. Braunschweigischen Wissenschaftlichen Gesellschaft 24 (1973/1974) 160-163. — Mitteilungsblatt der Gesellschaft der Freunde der TH Breslau 7 (1972) 5. — Berichte d. Bunsengesellschaft für physikalische Chemie 74,3 (1970) 181. — VB 14.3.1970, 8. — RZ 16,7 (1965) 4. — Poggendorff 7a,4 (1961). — Zeitschrift f. Elektrochemie 64 (1960) 341 f. — Der Lehrkörper der Technischen Hochschule Hannover (1956). — Kürschner, Gel. Kal. 7 (1950) bis 11 (1970). — Hb. der deutschen Wissenschaft 2 (1949). — Wer ist wer (1948, 1955 u. 1962). — Poggendorff 6,4 (1940, m. Verz.).

Suida (Svida), **Franz** (de Paula), Unternehmer, * 26. 7. 1807 Prag (Praha), † 30. 3. 1886 Sophienthal bzw. Nieder-Mohren (Dědov bzw. Česká Metuje) Bez. Wekelsdorf (Teplice nad Metují). Vater von → J. A. Suida und → W. F. Suida. Gymnasium und Philosophicum in Prag, dann Jurastudium an der Universität Prag. Seit 1831 Leinenhändler und Industrieller in Nordböhmen. 1845 Gründer einer Leinenbleiche und einer Baumwollweberei in Wekelsdorf. 1848 Verkauf an → B. Schroll, weiterhin Fabrikleiter und später Direktor des Unternehmens Benedict Schroll & Söhne. Import von englischen Webstühlen. Gründer einer mechanischen Leinenweberei und 1860 einer mechanischen Bleiche in Politz. Seit 1871 Direktor der Leinenfabrik sowie des Bleich- und Appreturbetriebs Franz Suida & Söhne in Sophienthal bei Nieder-Mohren mit Verkaufsstellen in Wien, Prag und Berlin. 1873 Beteiligung an der Wiener Weltausstellung. 1877 Auflassung der Weberei. Seitdem Postmeister in Nieder-Mohren. Gemeinderat und 1850-1861 Bürgermeister von Wekelsdorf. 1861-1866 und 1872-1876 deutschliberaler Abgeordneter des böhmischen Landtags, 1861 bis

1865 und 1873-1876 des Reichsrats. Seit 1861 Mitglied der Fraktion der Unionisten, nach 1873 im Klub der Linken. 1869 Obmann der Bezirksvertretung für Politz. Mitglied der HGK Reichenberg. Mitglied im Verein für Geschichte der Deutschen in Böhmen.

L.: Adlgasser (2014). — Myška, Podnikatelé 1 (2003). — Lišková (1994). — BohJb 12 (1971) 224 f. — Knauer, Parl. (1969). — Procházka, R. v.: Meine zweiunddreißig Ahnen (1928) 345 f. — Hantschel, F.: Biographien deutscher Industrieller aus Böhmen (1920). — Schránil-Husák (1911). — Langer, E.: Firma Benedict Schroll's Sohn (1895) 93 f. — Prager Abendblatt 1.4.1886, 5. — Wurzbach 40 (1880). — Reichsraths-Almanach (1873). — Der politische Bezirk Braunau (1872) 35. — Biogr. Slg.

Suida, **Jaroslaw Adolf**, Unternehmer, * 27. 7. 1849 Oberwekelsdorf (Horní Teplice bzw. Teplice nad Metují) Bez. Wekelsdorf (Teplice nad Metují), † 11. 9. 1889 Braunau (Broumov). Sohn von → F. Suida, Bruder von → W. F. Suida, Schwiegersohn von → J. Edler v. Schroll und Schwiegervater von → H. Hilgenreiner. Seit 1872 Ehemann von Johanna **Suida** (geb. v. Schroll, seit 1892 verh. Langer-Schroll, Ehefrau von → Eduard Langer, Unternehmerin, * 2. 10. 1850 Braunau, † 9. 11. 1926 Braunau, seit 1889 Gesellschafterin, seit 1908 Alleininhaberin und Seniorchefin des Textilunternehmens Benedikt Schroll's Sohn, volkskundliche Sammlerin). 1863-1866 Handelsakademie Prag. Kaufmann in nordböhmischen Leinenindustrieunternehmen. Seit 1871 Fabrikant und Mitinhaber der Leinenfabrik und Bleiche Franz Suida & Söhne in Sophienthal bei Nieder-Mohren. Generaldirektor der Firma Benedikt Schroll's Sohn. Nach 1876 auch Grundbesitzer in Braunau. 1883-1888 Bürgermeister von Braunau, seit 1884 Mitglied der Bezirksvertretung. 1889 deutschliberaler Abgeordneter des böhmischen Landtags. Mitglied im Verein für Geschichte der Deutschen in Böhmen.

L.: Lišková (1994). — ÖBL 21 (1970) 9 [zu Johanna S.]. — Procházka, R. v.: Meine zweiunddreißig Ahnen (1928) 346 f. — Schránil-Husák (1911). — MNExKl 13 (1890) 102. — NFP 14.9.1889, 19 u. 17.9.1889, 13. — WZ 11.9.1889, 14. — Jahresbericht d. Prager Handels-Akademie 1865/66 (1867) 26. — Biogr. Slg.

Suida, **Wilhelm Franz**, Chemiker, * 10. 9. 1853 Wekelsdorf (Teplice nad Metují), † 31. 3. 1922 Mödling/Niederösterreich. Sohn von → F. Suida, Bruder von → J. A. Suida, Vater von Hermann Franz **Suida** (Chemiker, * 3. 2. 1887 Wien, † 20. 9. 1973 Salzburg, Chemiestudium an der TH Wien und an der Universität Wien, Dr. techn. und Dr. phil., 1914 Habilitation für organische Chemie an der deutschen TH in Brünn, dort bis 1919 Dozent, seit 1922 o. Prof. für chemische Technologie organischer Stoffe an der TH Wien, Berater der I.G. Farbenindustrie, 1933–1938 Präsident des österreichischen Petroleuminstituts, 1946 Entlassung aus dem Staatsdienst). 1861–1870 Realschule in Prag, 1870 bis 1872 Chemiestudium am Polytechnikum in Zürich, dann am deutschen Polytechnikum in Prag, Ingenieur. 1874 Mitarbeiter im Labor der Handelsakademie Wien, dann bis 1876 Assistent der Tierphysiologie an der Hochschule für Bodenkultur in Wien. 1876 Promotion an der Universität Budapest. Anschließend im Labor von Adolf Baeyer in München. Seit 1877 Hilfskraft im chemisch-pathologischen Labor des Allgemeinen Krankenhauses Wien, seit 1881 am Technologischen Gewerbemuseum in Wien. 1882 Habilitation für die Chemie aromatischer Verbindungen an der TH Wien, dort 1891 ao. und 1902 o. Prof. für chemische Technologie organischer Stoffe. 1904–1919 dort zudem Vertretung der Professur für organische Chemie, 1909 Gründer des Färberei-Laboratoriums. 1908 bis 1910 Dekan der chemisch-technischen Fachschule und 1911/12 Rektor der TH Wien. Grundlagenforschungen zu Aldehyden, Eisenoxiden, Cholesterin, Beizmitteln und Substanzen wie Indol, Türkischrotöl und Anilinschwarz. Fachmann für Stempel-, Banknoten- und Briefmarkenfarben. Seit 1885 Chemiker des Staatsnoten-Ateliers und 1898–1902 der Hof- und Staatsdruckerei in Wien. Seit 1891 Mitglied der staatlichen Prüfungskommission für Chemie und seit 1914 derjenigen für Zivilingenieure. Regierungskommissär der Fachschule für Färberei und der Fachschule für chemische Gewerbe. Seit 1899 Mitglied des Patentamtes in Wien. Seit 1911 Sachverständiger des Handelsgerichts und 1913 bis 1922 Berater des Technischen Museums für Industrie und Gewerbe in Wien. 1915 Hofrat. Seit 1922 Ehrenmitglied der Association des Chimistes coloristes.

W.: Ueber die Einwirkung von Oxalsäure auf Carbazol. In: Berichte der deutschen chemischen Gesellschaft 12,2 (1879) 1403-1406. — Ueber das Ortho-Aethylphenol (zus. m. S. Plohn; 1880). — Über die Einwirkung des Quecksilberäthyls auf Jodide von Kohlenwasserstoffen. In: Monatshefte für Chemie 1 (1880) 713-723. — Über gebromte Propionsäuren u. Acrylsäuren (zus. m. J. Mauthner; 1881). — (Zus. m. J. Mauthner:) Beiträge zur Kenntnis des Cholesterins. In: Monatshefte für Chemie 17 (1896) 29-49 u. 579-603. — (Zus. m. P. Gelmo:) Studien über die Vorgänge beim Färben animalischer Textilfasern. In: Sitzungsberichte der kaiserlichen Akademie der Wissenschaften, mathematisch-naturwissenschaftliche Klasse 115/IIb (1906). — Studien über die Ursachen der Färbung animalischer Fasern. In: Hoppe-Seyler's Zeitschrift für physiologische Chemie 50,2-3 (1906) 174-203. — (Zus. m. F. Glassner:) Ueber die Ursachen der Entfärbung von gefärbten Flüssigkeiten durch verschiedene Kohlen. In: Liebig's Annalen der Chemie 357 (1907) 95-128. — Die organisch-chemische Großindustrie im Dienste der menschlichen Wohlfahrt (1911). — Erinnerungen aus meiner Studienzeit im Labor A. v. Baeyers. In: Österr. Chemiker-Zeitung (1917). — Verz. s. Österr. Chemiker-Zeitung 25 (1922) 113-115.

L.: Mikoletzky, J. (Hg.): Eine Sammlung von außerordentlicher Geschlossenheit (2015) 92. — Hjelt, E.: Geschichte der Organischen Chemie (2013). — ÖBL 63 (2012). — Šišma, P.: Zur Geschichte der Deutschen TH Brünn (2009) 134 f. (tschech.: Učitelé na německé technice v Brně (2004) 157) [zu H. F. S.]. — DBE 9 (²2008). — MSA 51 (1978) 40. — Volksbote 10.3.1972, 11. — SdZ 3.3.1972, 11. — Das Braunauer Land (1971) 618 f. — Partisch 3 (1966). — 150 Jahre Technische Hochschule in Wien 2 (1965) 212 f. u. 549. — Sudetenpost 22.10.1965, 3. — Poggendorff 7a,4 (1961) [zu H. F. S.]. — Procházka, R. v.: Meine zweiunddreißig Ahnen (1928) 348. — Poggendorff 5 (1926) u. 6,4 (1940, m. Verz.). — Böhmerlandjb. (1923) 51. — Österr. Chemiker-Zeitung 25 (1922) 111-115. — WZ 3.4.1922, 5. — NFP 2.4.1922, 11. — Das k.k. Technologische Gewerbe-Museum in Wien (1904). — Leistungen 1895/97 (1899). — Eisenberg 5,2 (1893). — Biogr. Slg.

Šujan, František, Historiker, * 3. 7. 1859 Kloboučck (Kloboučky bzw. Bučovice) Bez. Butschowitz (Bučovice), † 19. 7. 1944 Brünn (Brno). Seit 1872 Slawisches Gymnasium in Brünn, 1879 Matura. Seit 1879 Studium der Geschichte, Geographie und Bohemistik an der Universität bzw. seit 1882 an der tschechischen Universität in Prag, 1889 Promotion. Daneben seit 1884 Hilfslehrer in Karolinenthal, Neuhaus und Kremsier und seit 1887 in Brünn. Seit 1890 Geschichts- und Tschechischlehrer am tschechischen Gymnasium in Brünn. 1907–1925 Realschuldirektor in Brünn. Ruhestand in Brünn und Wranau. Forschungen zur Stadtgeschichte Brünns sowie zur Geschichte, Landeskunde und Literaturgeschichte Mährens. Veröffentlichungen in Historický sborník, Český časopis historický, Časopis Moravského musea zemského, Hlídka und Časopis Matice moravské. Beiträge zum Ottův slovník naučný. Geschichtslehrbücher für Mittelschulen. Seit 1887 Mitglied und 1902–1936 im Ausschuss der Matice moravská. Seit 1897 Mitautor, seit 1898 Redakteur der Reihe Vlastivěda moravská. Seit 1896 Ausschussmitglied des Kaiser-Franz-Museums (heute Mährisches Landesmuseum) in Brünn, 1901–1908 Redakteur des Časopis Moravského musea zemského. 1899 bis1908 im Ausschuss der Mährischen Museumsgesellschaft. Seit 1900 Mitglied, 1917–1935 Vorsitzender des Museumsvereins der Stadt Brünn, später Ehrenmitglied. Mitarbeit im tschechischen Nationalverband für Südwestmähren. 1915 Regierungsrat, 1928 Mitglied der Königlich böhmischen Gesellschaft der Wissenschaften in Prag. 1940 Ehrenbürger von Wranau bei Brünn.

*W.: O králi českém Přemyslu II. [Der böhm. König Přemysl Ottokar II.] (1883). — Rakousko po válce třicetileté [Österreich nach dem Dreißigjährigen Krieg] (1890). — Dějepis všeobecný v obrazech pro nižší třídy škol středních [Bebilderte allgemeine Geschichte für untere Mittelschulklassen] (auch unter dem Titel: Dějepis pro nižší třídy středních škol [Geschichte für untere Mittelschulklassen]; zus. m. R. Dvořák; 3 Bde., 1893–1894, ²1905–1908, ⁹1927; Sonderausgabe für die Realschule, 1914). — O zeměpisu na gymnasiích [Über den Geographieunterricht an Gymnasien]. In: Věstník Ústředního spolku českých profesorů v Praze 2 (1894). — Erbenova Kytice po stránce aesthetické [Erbens „Blumenstrauß" aus ästhetischer Sicht] (1896). — Učebnice dějepisu pro měšťanské školy [Geschichtslehrbuch für Bürgerschulen] (zus. m. F. Kunstovný; 3 Bde., 1897–1899, ³1922–1925). — Švédové u Brna roku 1645 [Die Schweden vor Brünn 1645] (1898, ³2019). — Starší literatura česká ve Františkově museu v Brně [Die ältere tschech. Literatur im Franzensmuseum in Brünn] (1898). — Prameny a pomůcky k dějinám Brna [Quellen und Hilfsmittel zur Geschichte Brünns] (1901). — Dějepis Brna [Geschichte Brünns] (1902, ²1928). — Ukazatel k dějepisu Brna [Wegweiser zur Geschichte Brünns] (1905). — Vývoj hradů na Moravě v letech 1029–1197 [Die Entwicklung der Burgen in Mähren 1029–1197]. In: Časopis Moravského musea zemského 6 (1906) 271–279. — Nejstarší zřízení zemské na Moravě [Die älteste Landesordnung in Mähren] (1916, ²1926). — Učebnice dějepisu na základě sociologickém a vlastivědném pro chlapecké i dívčí školy občanské [Geschichtslehrbuch auf soziologischer und heimatkundlicher Grundlage für Knaben- und Mädchen-Bürgerschulen] (3 Bde., 1922–1925). — Vlastivěda pro nižší třídy středních škol [Heimatkunde für die unteren Klassen der Mittelschulen] (zus. m. A. Novák; 1924). — Musejní spolek v Brně 1888–1928 [Der Museumsverein in Brünn

1888–1928] (1928). — Svatý Václav v dějinách [Der hl. Wenzel in der Geschichte] (1929). — Náš ústav v prvních dvacetipěti letech [Die ersten 25 Jahre unserer Einrichtung]. In: 25 let II. státní československé reálky v Brně (1932) 9-52. — Dějiny Olomouce [Geschichte von Olmütz] (1936). — Petrov či Špilberk? [Petersberg oder Spielberg?] (1936).*

L.: Archiv der Karls-Universität, Prag. Matriken. — Mitt. Pavel Galík, Vranov, 17.5.2022. — Encyklopedie dějin města Brna vom 7.1.2020. — Dějiny Brna 4 (2020). — Bučovické noviny 26.7.2019. — Osobnosti moravských dějin 2 (2019) 279-291. — Flodrová, M.: Názvy brněnských ulic (2009) 275. — GBO 4 (2005). — Kutnar, F./Marek, J.: Přehledné dějiny českého a slovenského dějepisectví (1997) 441. — Flodrová, M.: Brněnské hřbitovy (1992) 41 f. — Žili a pracovali v Brně (1977). — Dřímal, J.: Historik F. Š. (1969). — Košťál, R.: Dr. F. Š. (1969). — První české gymnasium v Brně (1967). — Kdy zemřeli? (1957 u. 1962). — Naše věda 24 (1946) 197 f. — Vlastivědný věstník moravský 1 (1946) Beilage XVIII-XXI. — ČMM 66 (1946) 187. — OSN ND 6,2 (1943). — Vavroušek, B.: Literární atlas československý 2 (1938). — Who's Who (1935). — Kulturní adresář ČSR (1934 u. 1936). — MSN 7 (1933). — Společenský almanach Velkého Brna (1933). — NVISN 17 (1932). — OSN 24 (1906).

Suk, Jiří (geb. Vladimír Bartůšek), Schauspieler, * 15. 1. 1914 Prag (Praha), † 12. 12. 1982 Prag. 1930–1934 Konservatorium in Prag. Danach am tschechischen Theater in Olmütz. Seit 1939 dort Mitglied einer illegalen kommunistischen Organisation, 1940 Verhaftung durch die Gestapo. Nach 1945 in Prag an den Theatern Uranie, Theater des 5. Mai, Voskovec-und-Werich-Theater, D 34 und Theater der tschechoslowakischen Armee, 1960–1971 am E. F. Burian-Theater. In den 1950er Jahren Filmrollen.

L.: Spurná, H.: Divadelní režisér a člověk Oldřich Stibor (2015). — Špačková, A.: Avantgardní vlivy v olomouckém českém divadle (Mag.-Arb. Olomouc, 2015) 11, 14 u. 52. — Dějiny Olomouce 2 (2009) 231. — Fikejz, M.: Český film 3 (2008). — Štefanides, J. u. a.: Kalendárium dějin divadla v Olomouci (2008) 118 u. 130. — Český hraný film 3 (2001). — Almanach Moravské divadlo Olomouc 1920-2000 (2000) 91 f. — Makovská, J.: České profesionální divadlo mezi dvěma světovými válkami (1986) 129. — Blažek, V.: Sborník na paměť 125 let konservatoře hudby v Praze (1936) 146 u. 464.

Suk, Josef (d. Ä.), Musiker und Komponist, * 4. 1. 1874 Křečowitz (Křečovice) Bez. Neweklau (Neveklov), † 29. 5. 1935 Beneschau (Benešov). Großvater von → J. Suk (d. J.). Seit 1898 Schwiegersohn von → A. Dvořák, Ehemann von Otilie **Suková** (geb. Dvořáková, Musikerin,

* 6. 6. 1878 Prag (Praha), † 6. 7. 1905 Křečowitz, Höhere Mädchenschule in Prag, privater Musikunterricht, 1892–1894 in den USA und Großbritannien, Pianistin und Komponistin). Als Kind musikalische Ausbildung durch den Vater. 1885–1892 Violin- und Kompositionsstudium am Konservatorium in Prag bei → A. Bennewitz und seit 1891 bei Dvořák. 1891–1933 Violinist des Böhmischen Quartetts mit → K. Hoffmann, → O. Nedbal und → O. Berger [Nachtragsband] bzw. später mit → H. Wihan, → Jiří Herold und → L. Zelenka, Auftritte in europäischen Ländern. Seit 1922 Kompositionslehrer, Leiter der Meisterschule und 1924–1926 sowie 1933–1935 Direktor des Prager Konservatoriums, dort seit 1934 auch Vorsitzender der Ševčík-Stiftung. Lehrer von → B. Martinů. Komponist polyrhythmischer und polytonaler Instrumentalmusik, anfangs in lyrischer und nationalromantischer Tradition, dann symbolistisch und expressionistisch geprägt, später mit individueller Tonsprache der Moderne. International geschätzter Komponist von Symphonien und symphonischer Dichtung. Orchesterwerke, Suiten, Klavier- und Kammermusik, Chöre, Märsche und Lieder. 1919 Marsch für das Sokol-Fest und damit 1932 Auszeichnung beim künstlerischen Wettbewerb der Olympischen Spiele in Los Angeles. 1901 ao. und 1913 o. Mitglied der Tschechischen Akademie der Wissenschaften und Künste. Mitglied der Nationalen Akademie der hl. Cäcilia in Rom, Ritter des Ordens Isabellas der Katholischen. 1933 Smetana-Preis, 1934 tschechoslowakischer Staatspreis. 1933 Ehrenpromotion der Universität Brünn. Ehrenbürger von Křečowitz und Beneschau.

W.: Verz. s. Fiala, J.: Skladby J. S. (1933), Květ, J.: J. S. (1936) 61-66, Budiš, R.: J. S. Výběrová bibliografie (1965), Svobodová, M.: J. S. Tematický katalog (1993), Nouza, Z./Nový, M.: J. S. Tematický katalog skladeb (2005). — Otilie Suková. Klavierstücke (2018).

L.: Česká divadelní encyklopedie [30.4.2024]. — Encyklopedie Prahy 2 vom 17.4.2024. — Molkhou, J.-M.: Les grands quartuors à cordes du XXe siècle (2020) 326-328. — Bártová, J. u. a.: Osobnosti Hudební fakulty JAMU (2017). — ČHS id=2505 vom 21.4.2016. — Riemann 5 (¹³2012). — ÖBL 63 (2012). — Molkhou, J.-M.: Les grands violonistes du XXe siècle 1 (2011) 262-265. — Osobnosti. Česko (2008). — MGG 16 (2006) u. Online (2016). — Vojtěšková, J. (Hg.): J. S., dopisy (2005). — Vojtěšková, J. (Hg.): Sborník příspěvků ze semináře k 70. výročí úmrtí J. S. (2005). — Riemann (CD-ROM, 2004). — ČČAVU (2004).

— Weber, H. (Hg.): Komponistenlexikon (²2003). — College Music Symposium 43 (2003). — Pičman, O.: Lidská tvář J. S. (2002). — Storck, C. P.: Kulturnation und Nationalkunst (2001). — Holeňová, J. (Hg.): Český taneční slovník (2001). — Grove 24 (²2001). — Baker's Biographical Dictionary of Musicians 6 (2001). — Březina, A. (Hg.): Prager Musikleben zu Beginn des 20. Jhs. (2000) 39-59 u. 153-176. — Kolář, F. u. a.: Kdo byl kdo. Naši olympionici (1999). — Tomeš 3 (1999). — Churaň 2 (1998). — Hanzalová (1997). — The Harvard Biographical Dictionary of Music (1996). — The Grove Dictionary of Opera 5 (1992). — Opus musicum 22 (1990) 245-251. — Universitas. Revue Masarykovy univerzity 21,5 (1988) 33. — Seeger, H.: Opernlexikon (³1987). — MČSE 5 (1987). — International Review of the Aesthetics and Sociology of Music 8 (1977) 73-86. — Páleníček, L.: Švabinského český Slavín (1973 u. ²1985). — HdBG 4 (1970). — Honegger, M.: Dictionnaire de la musique 2 (1970). — Sádecký, Z.: Lyrismus v tvorbě J. S. (1966). — ČslHS 2 (1965, m. Verz.). — Auzinger, H.: Kleine slavische Biographie (1958). — Berkovec, J.: J. S. (1956, ²1962; neubearb. 1968; dt. 1969; engl. 1969; frz. 1970). — Hudební rozhledy 7 (1954) 7-22. — Rouček, J. S.: Slavonic Encyclopaedia (1949). — Květ, J.: J. S. (1947). — Štěpán, V.: Novák a S. (1945). — Šach, J.: J. S. (1941). — OSN ND 6,1 (1940). — Almanach České akademie 47 (1937). — Blažek, V. (Hg.): Sborník na paměť 125 let konservatoře hudby v Praze (1936). — Květ, J.: J. S. (1935). — Bohemia 30.5.1935, 5 u. 31.5.1935, 5. — Kulturní adresář (1934 u. 1936). — Bohemia 9.11.1933, 5. — NVISN 16 (1932). — MSN 6 (1932). — Album representantů (1927). — Vomáčka, B.: J. S. (1922). — Almanach České akademie 24 (1913) 73. — Branberger, J.: Das Konservatorium für Musik in Prag (1911). — OSN 24 (1906).

Suk, Josef (d. J.), Musiker, * 8. 8. 1929 Prag (Praha), † 7. 7. 2011 Prag. Urenkel von → A. Dvořák, Enkel von → J. Suk (d. Ä.). Gymnasium in Prag, 1945 Matura. Seit 1937 privater Violinunterricht bei → J. Kocián. 1945–1951 Violinstudium am Prager Konservatorium. 1951–1953 Studium an der Akademie der musischen Künste in Prag ohne Abschluss. Nach 1948 erste Konzerte im Ausland. 1950/51 Primarius des Prager Quartetts. 1951 Gründer und bis 1990 Leiter des Suk-Trios. 1953/54 stellv. Konzertmeister am Nationaltheater in Prag. 1954–1957 Militärdienst als Solist des Vít-Nejedlý-Armeekünstler-Ensembles. 1961–1990 Solist der Tschechischen Philharmonie. 1974 Gründer und 1992–2000 künstlerischer Leiter sowie Dirigent des Suk-Kammerorchesters. 1979–1985 Dozent am Wiener Konservatorium. 2000–2005 Präsident des Musikfestivals Prager Frühling. Seit 1959 regelmäßig internationale Konzerte als Violinist und seit

1973 auch als Bratschist. Rundfunk- und Schallplattenaufnahmen. Bearbeiter von Kompositionen. Mitglied des tschechischen Verbands der Komponisten und Konzertkünstler. Seit 1958 zahlreiche in- und ausländische Schallplattenpreise. 1964 Klement-Gottwald-Staatspreis, 1970 Verdienter Künstler der Tschechoslowakei, 1974 Wiener Flötenuhr, 1977 tschechoslowakischer Nationalkünstler, 1999 tschechische Verdienstmedaille, 2009 Goldene Ehrenplakette des tschechischen Präsidenten, 2009 Antonín-Dvořák-Preis. 2002 Ritter der französischen Ehrenlegion. 2003 Dr. h. c. der Akademie der musischen Künste in Prag.

L.: Encyklopedie Prahy 2 vom 2.4.2024. — Molkhou, J.-M.: Les grands quartuors à cordes du XXe siècle (2020) 64. — Hlaváč, J.: J. S. (2018). — Vojtěšková, J.: J. S. (2017). — Molkhou, J.-M.: Les grands violonistes du XXe siècle 1 (2011) 262-265. — Lidové noviny 8.7.2011, 24. — Osobnosti. Česko (2008). — Der Brockhaus Musik. Komponisten, Interpreten, Sachbegriffe (³2006). — Eggebrecht, H.: Große Geiger (2005) 391-395. — Grove 24 (²2001). — Baker's Biographical Dictionary of Musicians 6 (2001). — Tomeš 3 (1999). — Churaň 2 (1998). — The Harvard Biographical Dictionary of Music (1996). — Creighton, J.: Discopaedia of the Violin 3 (1994). — ČBS (1992). — Kdo je kdo (1991 bis ⁵2005). — MČSE 5 (1987). — Instrumentalisté. Čeští koncertní umělci (1983) 111 f. — Great Masters of the Violin (1983). — Riemann 5 (¹²1975). — Svaz českých skladatelů a koncertních umělců (1975). — Budiš, R.: Slavní čeští houslisté (1966). — ČslHS 2 (1965). — Kozák, J. u. a.: Českoslovenští koncertní umělci a komorní soubory (1964). — Biogr. Slg.

Suk, Josef Thomas (Tomáš), Brauer, * 29. 10. 1842 Nepomuk, † 14. 5. 1878 Prag (Praha). 1856–1859 Realschule in Rokican und 1859–1862 in Prag. Danach bis 1866 Chemiestudium am tschechischen Polytechnikum in Prag. Geschäftsführer des studentischen Akademischen Lesevereins. Dann bis 1868 Brauerlehre bei der Brauerei Wanka in Prag. 1868 Altgeselle in der Brauerei in Windig-Jenikau, 1868/69 Braumeister in Interlaken/Schweiz, 1869–1872 in Wiener Neustadt und bis 1876 in Wlašim. 1877 Pächter der Brauerei in Patzau. 1878 Fachschriftsteller in Prag. 1873 Mitgründer, seitdem Ausschussmitglied und 1878 Geschäftsführer des Brauindustrie-Vereines im Königreiche Böhmen. Seit 1868 Mitarbeit an Fachzeitschriften wie Časopis chemiků českých, Kvas und Listy chemické. 1878 Gründer und Redakteur der Zeitschriften Český sládek und Der Bierbrauer aus

Böhmen. Deutsche und tschechische Publikationen zum Brauwesen. 1875 Silberne Staatsmedaille der Wirtschaftsausstellung in Beneschau.

W.: Materiál ku slovníku technologickému pro průmysl pivovarský [Material zum technologischen Handbuch für die Brauindustrie] (1878). — Nový Poupě. Katechismus pro sladovnické učenníky a tovaryše [Der neue Paupie. Ein Katechismus für Mälzerlehrjungen und -gesellen] (2 Bde., 1880–1882). — Verz. s. Listy chemické 2 (1878) 439.

L.: Basařová, G.: České pivo (2011) 206. — Soukupová, L.: Pivo. Slad. Chmel (2004). — BSČZ Heslář 4 (2000). — NVISN 16 (1932). — OSN 24 (1906). — Bělohoubek, A.: J. T. S. (1885). — Listy chemické 2 (1878) 436-439. — Der Bierbrauer aus Böhmen (1878) 118-121.

Suk, Václav František, Lehrer und Publizist, * 29. 11. 1883 Chlistau (Chlístov) Bez. Klattau (Klatovy), † 1. 7. 1934 Prag (Praha). Gymnasium in Klattau. 1902–1906 Tschechisch- und Französisch-Studium an der tschechischen Universität in Prag sowie Studienaufenthalte an den Universitäten Grenoble, Lausanne, Marburg und Paris. Seit 1905 Realschullehrer in Žižkow, 1907–1911 Lehrer am Mädchenlyzeum in Pilsen, anschließend in Pardubice und später Gymnasiallehrer in Prag. Vertreter der Reformpädagogik, Gründer von Schülerbibliotheken. 1919 Mitgründer und seit 1922 Vorsitzender der Gesellschaft der Freunde von Jugendliteratur, 1919 Initiator einer Spezialbibliothek für Kinder- und Jugendliteratur, heute Teil des Nationalen Pädagogikmuseums in Prag. Beteiligung am Masaryk-Volksbildungsinstitut in Prag. 1926 Mitorganisation des Internationalen Bibliothekarkongresses in Prag, 1932 Organisator der Woche des Kinderbuches an tschechoslowakischen Schulen. Seit 1915 Autor, seit 1922 Redakteur und seit 1927 Chefredakteur der Zeitschrift Úhor. Studien zur Geschichte der Kinderliteratur, Empfehlungslisten, Literaturkritiken, biographische und andere Veröffentlichungen in den Zeitschriften Česká osvěta, Pedagogické rozhledy, Střední školy und Úsvit. Herausgeber von Anthologien für Kinder und von Werken von → J. Neruda. Übersetzer von Märchen und Romanen aus dem Französischen ins Tschechische. Seit 1930 Mitglied des Bureau International d'Education in Genf.

W.: (Übers.:) Perrault, C.: Princ Chocholouš [Riquet mit dem Schopf] (1916). — (Übers.:) Perrault, P.: Babičžiny brejle [Großmutters Brille] (1916). — České úkoly na školách středních a ústavech učitelských

*[Tschech. Aufgaben in Mittelschulen und Lehrerbildungsanstalten] (zus. m. F. Šimek; 1917, ⁴1928). —
(Übers.:) Pohádky z Bretaňska [Märchen aus der Bretagne] (1919). — O Janu Nerudovi [Jan Neruda]
(1919). — (Hg.:) Seznam dobré četby dětem [Verzeichnis guter Kinderlektüre] (1920; ²1921 als: Dobré
knihy dětem [Gute Kinderbücher], ³1929; Erg.-Bde.
1932, ²1933). — Nerudovo dětství [Nerudas Kindheit] (1922). — (Hg.:) Žerty hravé. Hrst veselých
fejtonů ze spisů Jana Nerudy [Verspielte Scherze.
Eine Handvoll lustiger Feuilletons aus dem Werk Jan
Nerudas] (1923). — Dětská literatura česká [Tschech.
Kinderliteratur] (zus. m. O. Pospíšil; 1924). — Verz.
s. Úhor 22,7 (1934) 115-117 u. LČL 4,1 (2008).*

L.: Mitt. Archiv der Karls-Universität Prag,
13.7.2020. — Encyklopedie Plzně vom 17.4.2020. —
ÖBL 63 (2012). — 90 let Národní pedagogické knihovny Komenského (2009) 14-17. — LČL 4,1 (2008).
— Učitelé, autoři učebnic a dětské literatury (2005)
127-130. — Cipro, M.: Slovník pedagogů (2001). —
Podlahová, L.: 1+100 osobností pedagogiky a školství
v českých zemích (2001) 200 f. — Tomeš 3 (1999). —
DČL 4 (1995). — MČSE 5 (1987). — Chaloupka, O.
u. a.: Čeští spisovatelé literatury pro děti a mládež
(1985). — Karfíková, V./Součková, V.: V. F. S.
(1983). — Vopravil (1973). — PSN 4 (1967). — Holubová, A.: Život a dílo V. F. S., zakladatele Knihovny spisů pro mládež (1963). — Hykeš, P.: V. F. S.
(1956). — OSN ND 6,1 (1940). — PE 3 (1940). —
Vavroušek, B.: Literární atlas československý 2
(1938). — Pech, O.: Příruční slovník pedagogický
(1937). — Kulturní adresář (1934 u. 1936). — Úhor
22,7 (1934) 105-117. — MSN 6 (1932). — NVISN 16
(1932). — Věstník českých profesorů 15 (1907/08) 47
u. 19 (1911/12) 32. — Biogr. Slg.

Suk, Váša (Václav, Wjatscheslaw Iwanowitsch),
Musiker, Dirigent und Komponist,
* 16. 11. 1861 Kladno, † 12. 1. 1933 Moskau.
1872–1878 Violin- und Kontrapunktstudium am
Prager Konservatorium bei → A. Bennewitz und
→ J. Krejčí, privater Kompositionsunterricht bei
→ Z. Fibich. Kurzzeitig Violinist im Prager
Konzertorchester. 1878–1880 Geiger im Warschauer Konzertorchester, 1880–1882 Konzertmeister an der Kiewer Oper, 1882–1885 Geiger
am Bolschoi-Theater in Moskau. 1883 russische
Staatsbürgerschaft. 1885/86 Dirigent an der
Oper in Charkow, 1887–1889 in Taganrog,
1890–1894 in Wilna. Danach Gastspiele in Charkow, Moskau und Sankt Petersburg. 1897–1902
Leiter des Opernensembles von Fürst Alexej A.
Zereteli mit Auftritten in Kiew, Charkow und
Odessa sowie 1901/02 in Kasan und Saratow.
Danach Dirigent des Nazarow-Ensembles in
Charkow sowie 1904–1906 bei Zereteli in Sankt
Petersburg. 1906–1932 Kapellmeister der Oper

am Bolschoi-Theater in Moskau. Zudem dort
1926–1929 Dirigent der Staatlichen Akademischen Philharmonie sowie ab 1927 leitender Dirigent am Operntheater von Konstantin S. Stanislawski. 1905–1914 Leiter von Sommerkonzerten im Kurort Sestrorezk, 1915–1917 Leiter
symphonischer Konzerte für die Sokolbewegung in Moskau. Propagator von Werken tschechischer Komponisten. Seit 1876 Komponist
von Klavier-, Kammer-, Chor- und Orchesterwerken sowie 1903 der Oper Der Waldkönig.
Bearbeiter tschechischer Volkslieder. 1924/25
Professor am Moskauer Konservatorium. 1922
Verdienter Künstler Sowjetrusslands, 1925 Nationalkünstler der Russischen Sozialistischen
Föderativen Sowjetrepublik.

L.: Frick, F.: Biografisches Lexikon der Violinisten
(2017). — Poštolka, J.: Historie hudebních aktivit na
Kladensku (Bachelor-Arb. Plzeň, 2013) 15-26. —
Grochovskij, M.: Čeští hudebníci na Rusi (2010). —
Osobnosti. Česko (2008). — MGG 16 (2006) u. MGG
Online (2016). — Kladno 6,1 (2005) 6. — Grove 24
(²2001). — Baker's Biographical Dictionary of Musicians 6 (2001). — Slánský obzor 9 (2001) 100-108. —
Tomeš 3 (1999). — Jiskra 37,44 (1995) 9. — Muzejní
listy 4 (1993) 19 f. — Mytci Ukraïny (1992). — The
Biographical Dictionary of the Former Soviet Union
(1992). — Sovetskie kompozitory i muzykovedy 3
(1989). — MČSE 5 (1987). — Rudenko, V.: V. I. S.
(1984). — Žídek, F.: Čeští houslisté tří století (1982).
— Bol'šaja sovetskaja ènciklopedija 25 (1976). —
Dějiny české hudební kultury 1890–1945 1 (1972). —
PSN 4 (1967). — ČslHS 2 (1965, m. Verz.). — Teatral'naja ènciklopedija 4 (1965). — Kladenský rodák
V. S., národní umělec RSFSR (1963). — Burghauser,
J.: Slavní čeští dirigenti (1963). — Slovanský přehled
47,1 (1961) 56-59. — Schánilec, J.: Za slávou (1961)
119-126. — Racek, J.: Ruská hudba (1953). — Remezov, I.: V. I. S. (1951). — Nopp, V.: Houslová hra
v SSSR (1948). — OSN ND 6,1 (1940). — Remezov,
I.: V. I. S. (1933). — NVISN 16 (1932). — Riemann
(1916). — Branberger, J.: Das Konservatorium für
Musik in Prag (1911). — Srb, J.: Dějiny hudby
v Čechách a na Moravě (1891) 148.

Suk (Schück), Vojtěch (Adalbert; Pseud. Homo
Ferus), Anthropologe und Arzt, * 18. 9. 1879
Prag (Praha), † 8. 3. 1967 Brünn (Brno). Gymnasium in Prag. 1905–1910 Anthropologiestudium
an der philosophischen Fakultät der Universität
Zürich, 1913 dort Dr. phil. 1911/12 Assistent am
anthropologischen Institut der Universität Bologna, Studienreise nach Dalmatien. 1913/14 im
Auftrag des United States National Museum
Studienreise nach Südafrika, Britisch-Ostafrika,
Sansibar, Italienisch-Somaliland und Eritrea.

1914 kurzzeitig Haft in einem britischen Internierungslager in Nairobi. Im Ersten Weltkrieg Militärdienst. 1918/19 Studium an der medizinischen und der philosophischen Fakultät der tschechischen Universität Prag, 1922 Dr. med. 1922 Habilitation für Anthropologie an der naturwissenschaftlichen Fakultät der Universität Prag. 1923 ao. Prof. für Anthropologie und Ethnologie an der naturwissenschaftlichen Fakultät der Universität Brünn sowie Gründungsdirektor des dortigen Anthropologischen Instituts, 1929 o. Prof., 1932/33 Dekan und 1933/34 Prodekan der naturwissenschaftlichen Fakultät. 1926/27 Studienreise nach Labrador, später in die Karpato-Ukraine und 1937 nach Tripolitanien und Sardinien. 1940 Zwangspensionierung. Während des Zweiten Weltkriegs Arzt am Krankenhaus in Königinhof an der Elbe. Nach Kriegsende Wiederaufbau des Anthropologischen Instituts an der Universität Brünn. 1946–1948 Vorstand des Instituts für Ausbildung von Turnlehrern an der Universität Brünn. Seit der Pensionierung 1948 Vorlesungen zur plastischen Anatomie an der Architekturfakultät der TU Brünn und an der pädagogischen Fakultät der Universität Brünn. 1952–1956 Arzt in Auspitz und Großseelowitz. 1955 DrSc., 1961 Dr. rer. biol. hum. an der Universität Zürich. Forschungen zur physischen Anthropologie, Humanbiologie, Rassenpathologie, Serologie und Hämatologie, zur Gesundheit von Kindern und Jugendlichen sowie zur Schulhygiene. Zudem Reisebeschreibungen und Schriften gegen den Rassismus. Veröffentlichungen u. a. in den Zeitschriften Péče o mládež, Přítomnost, Nové školy und Zeitschrift für Schulgesundheitspflege. Seit 1932 korr. Mitglied der Königlich böhmischen Gesellschaft der Wissenschaften. Mitglied der Masaryk-Akademie der Arbeit, 1922/23 Geschäftsführer deren Kommission für Eugenik. Mitglied der American Anthropological Association, des Royal Anthropological Institute und der British Association for the Advancement of Science in London und des Institut international d'anthropologie in Paris. 1947 Gründungsmitglied und seit 1950 Ehrenvorsitzender der tschechoslowakischen Anthropologischen Gesellschaft. 1954 Orden der Arbeit. Namensgeber des seit 2007 vergebenen Vojtěch-Suk-Preises der Universität Brünn für Verdienste um die Weiterentwicklung der Anthropologie.

W.: *Beiträge zur Myologie der Primaten (Diss., 1912).* — *Chrup školní mládeže pražské s hlediska antropologického [Das Gebiss der Prager Schulkinder aus anthropologischer Sicht] (1916).* — *Africká dobrodružství [Afrikanische Abenteuer] (1921).* — *Příspěvky k anthropologii podkarpatských Huculů [Beiträge zur Anthropologie der karpatoukrainischen Huzulen] (1922).* — *On the Relation of Blood Sugar to Physical Training and Mental Work (1925).* — *On the Occurrence of Syphilis and Tuberculosis amongst Eskimos and Mixed Breeds of the North Coast of Labrador (1927).* — *Anthropological and Physiological Observations on the Negroes of Natal and Zululand (1927).* — *On Face Types in Man (1928).* — *Congenital Pigment Spots in Eskimo Children (1928).* — *On Two Femora with an Unusual Deformity. In: Anthropologie 7,3-4 (1929) 263-276.* — *Health Status of Students after Physical Training and after Brain Work (1929).* — *Antropologie a národopis [Anthropologie und Ethnographie] (1929).* — *Škola a zdraví [Schule und Gesundheit] (1930; slowak. 1950).* — *Faultless Teeth and Blood Groups (1930).* — *Contribution to the Study of Blood Groups in Czechoslovakia (1930).* — *Prázdninové osady a ozdravovny pro děti [Ferienlager und Kindersanatorien] (1931).* — *Eyebrows and Eyelashes in Man (1931).* — *Ethnic Pathology (1931).* — *Lidská plemena a serologie [Menschliche Rassen und Serologie] (1932).* — *Anthropologie Podkarpatské Rusi [Anthropologie der Karpato-Ukraine] (1932).* — *Sur la population de la Valachie Morave (1933).* — *On the Question of Human Races on the Basis of the Precipitin Test and Isoagglutinations (1933).* — *Lidské rasy a světová politika [Die Menschenrassen und die Weltpolitik] (1933).* — *Rassen und Völker (1934).* — *Anthropological Aspects of Blood Grouping (1934).* — *Venkovské školství, regionalismus a motorisace [Ländliches Schulwesen, Regionalismus und die Motorisierung] (1935).* — *Těla pružnost, ladnost a zdraví [Die Flexibilität, Harmonie und Gesundheit des Körpers] (1935).* — *Fallacies of Anthropological Identifications and Reconstructions (1935).* — *Židé na Podkarpatské Rusi [Die Juden in der Karpatenukraine] (1936).* — *Škola a zdraví. Tělesná a branná výchova mládeže měšťanských škol [Schule und Gesundheit. Körperliche und militärische Ausbildung der Bürgerschuljugend] (Mitautor; 1936).* — *Divoši ve střední Evropě (1938; dt.: Die Wilden Mitteleuropas, 1938).* — *Races and Racism. Science and Art versus Pretension (1955).* — *Niederlové [Die Niederles] (1964).* — *Po stopách Holubových [In den Fußspuren Emil Holubs] (1975).* — *Verz. s. Anthropologie 5,3 (1967) 67-69.*

L.: *Archiv der Karls-Universität, Prag. Matriken.* — *Encyklopedie dějin města Brna vom 8.8.2022.* — *Tomková, J.: Podkarpatská Rus očima antropologa (Bachelor-Arb. Brno, 2019).* — *Míšková, A. u. a. (Hg.): Bohemia docta (2010).* — *Laube, R.: Z Čech a Moravy až k severnímu pólu (2009) 129-132.* — *Malina, J. u. a.: Antropologický slovník (2009).* — *Osobnosti. Česko (2008).* — *GBO 4 (2005).* — *Pilařová, R.: V. S. (Diss. Brno, 2005).* — *Brněnská antropologie v českém a mezinárodním kontextu (2004). — Káš, S.: Čeští lékaři-spisovatelé (2003) 97 f. — Wolf, J.: Integrální antropologie na prahu 21. století (2002) 170-173. — Tomeš 3 (1999). — Martínek, J./Martínek, M.: Kdo byl kdo. Naši cestovatelé a geografové (1998). — Hanzalová (1997). — History of Physical Anthropology 2 (1997). — Osobnosti Přírodovědecké fakulty Masarykovy univerzity (1997). — Prokopec, M.: Biological Anthropology in Czechoslovakia. In: International Association of Human Biologists. Occasional Papers 3,3 (1991) 1-54. — MČSE 5 (1987). — DVT 20 (1987) 46. — Tobias, P. V.: History of Physical Anthropology in Southern Africa. In: Yearbook of Physical Anthropology 28 (1985) 1-52. — Vopravil (1973). — Kudělka, M. u. a.: Československé práce o jazyce, dějinách a kultuře slovanských národů (1972). — Kdy zemřeli? (1970). — Vlček, E.: Českoslovenští antropologové světové vědě (1970). — Anthropologie 5,3 (1967) 66-69 (m. Verz.). — Časopis lékařů českých 106,17 (1967) 472. — PSN 4 (1967). — Zprávy Československé společnosti anthropologické 20,3 (1967) 36-38. — Časopis lékařů českých 83,39 (1944) 1185 f. u. 93,45 (1954) 1261-1264. — OSN ND 6,1 (1940, m. Verz.). — PE 3 (1940). — Pech, O.: Příruční slovník pedagogický (1937). — Who's Who (1935 u. 1937). — Kulturní adresář (1934 u. 1936). — MSN 6 (1932). — Biogr. Slg.*

Suková (geb. Pužejová), Věra, Sportlerin, * 13. 9. 1931 Ungarisch Hradisch (Uherské Hradiště), † 13. 5. 1982 Prag (Praha). Ehefrau von Cyril **Suk** [d. Ä.] (Verbandsfunktionär, * 18. 6. 1942 Prag, seit 1979 Direktor des Eisenbahnknotens Prag, 1980–1990 Vorsitzender des Tschechischen Tennisverbands), Mutter von Helena Suková (Sportlerin, * 23. 2. 1965 Prag, 1985–1997 14 Grand-Slam-Titel im Doppel und Mixed) und von Cyril **Suk** [d. J.] (Sportler, * 29. 1. 1967 Prag, 1991–1998 5 Grand-Slam-Titel im Doppel und Mixed, 2003–2006 Kapitän der tschechischen Davis-Cup-Mannschaft). Handelsakademie in Pilsen. Zudem Basketballerin und seit 1946 Tennisspielerin. 1949 westböhmische Regionalmeisterin. Dann in Prag Lohnbuchhalterin und Tennisspielerin bei Motorlet Praha bzw. dem 1. Český lawn–tenisový klub. 1952–1964 mehrfach tschechoslowakische Meisterschaft im Dameneinzel, Damendoppel und Mixed. 1957 Siegerin im Mixed-Wettbewerb der French Open, 1962 Finalistin des Dameneinzels in Wimbledon. 1968 Ende der aktiven Karriere. Trainerkurs an der Sportfakultät der Prager Universität. Nationaltrainerin für Frauen und weibliche Jugendliche. 1969/70 und 1975–1980 Teamchefin der tschechoslowakischen Mannschaft beim Federation Cup, 1975 Gewinn des Wettbewerbs. Zwischen 1974 und 1980 mehr-

fach Kapitänin des tschechoslowakischen Juniorinnenteams.

W.: *Program sportovní přípravy v tréninkových střediscích mládeže tenisu [Vorbereitungsprogramm in den Trainingszentren der Tennisjugend] (Mitautorin; 1978). — Chcete vyhrát Wimbledon? [Wollt ihr Wimbledon gewinnen?] (zus. m. O. Mašek; 1980). — Pálkový tenis [Tennis] (zus. m. M. Lekič; 1982). — Jak se naučit základy tenisu [Wie man die Tennisgrundlagen lernt] (zus. m. M. Lekič; ²1988). — Tenis pro mládež [Tennis für Jugendliche] (zus. m. M. Lekič; ²1990).*

L.: *100 let českého sportu (2018). — Encyklopedie města Uherské Hradiště vom 21.9.2017. — Kirchner, J./Žofka, Z.: Wimbledon a světové tenisové legendy (2012) 121-124. — Osobnosti. Česko (2008). — The Bud Collins History of Tennis (2008). — Tenis 6 (2007) 22 f. — Tomeš 3 (1999). — Kdy zemřeli? (1992). — Encyklopedie tělesné kultury 2 (1988). — Malá encyklopedie tenisu (1985). — Rudé právo 15.5.1982, 8. — Československý sport 15.5.1982, 2. — Lichner, I. u. a.: Tenis. Encyklopédia (1980). — Biogr. Slg.*

Suková, Vlasta → **Štursová**, Vlasta

Sukupová, Anděla, Lehrerin und Politikerin, * 25. 9. 1906 (Roschtěni) Roštění Bez. Holleschau (Holešov), † 31. 10. 1990 Jaroměř. Gymnasium Holleschau. Latein- und Französischstudium an der Universität Pressburg. Lehrerin an Bürgerschulen, nach 1945 in Ungarisch Hradisch, dort 1949–1963 Gymnasiallehrerin für Französisch und Geographie. Seit 1964 Mitglied des Bezirksnationalausschusses Ungarisch Hradisch. Seit 1928 Mitglied der katholischen Tschechoslowakischen Volkspartei und deren Frauenorganisation. Nach 1945 parteipolitisch aktiv, 1948 Beteiligung an der Reorganisation der Volkspartei in der Region Ungarisch Hradisch. Mitglied und seit 1960 Vorsitzende des Bezirkskomitees, Vertreterin im südmährischen Kreis- und seit 1950 im Zentralkomitee der Volkspartei, dort seit März 1968 Präsidiumsmitglied. Enge Mitarbeiterin von → J. Plojhar. 1953–1960 Abgeordnete der Nationalversammlung in Prag, Mitglied bzw. stellv. Vorsitzende des Kulturausschusses. Um 1970 Rückzug aus der aktiven Politik. Ruhestand in Göding.

L.: *Kočišková, J.: Role a postavení žen ve vrcholné politice v Československu v letech 1948–1968 (Diss. Praha, 2017). — Konečný, K. u. a.: Der politische Katholizismus in den tschech. Ländern (2015). — Pehr, M. u. a.: Cestami křesťanské politiky (2007). — Konečný, K.: Československá strana lidová na střední Moravě (2005) 70-73. — Knapík (2002). — Sto let českého* *gymnázia v Uherském Hradišti (1984) 140. — Kuhn (1969). — Lidové noviny 1.4.1968, 1. — Rudé právo 10.11.1954, 2. — Biogr. Slg.*

Šula (Šůla), Ivan Václav, Architekt, * 21. 1. 1903 Pilsen (Plzeň), † 16. 12. 1977 Prag (Praha). Ehemann von → J. Lisková [Nachtragsband]. Realgymnasium in Prag. 1921–1927 Architekturstudium an der tschechischen TH Prag. Danach Lehrer an der Baugewerbeschule in Prag. Gemeinsam mit seiner Ehefrau Mietshausprojekte für Arbeiter in Prag. Mitglied und seit 1940 Vorsitzender der Architektengruppe SIA. Nach 1945 Mitglied des Blocks fortschrittlicher Architektenvereinigungen BAPS. 1946/47 Entwürfe von experimentellen Wohnhäusern in Neu-Paka. Teilnahme an Wettbewerben für Schul- und Verwaltungsgebäude, Wohnhäuser und die Prager Verkehrsregulierung. Veröffentlichungen in den Zeitschriften Architekt SIA und Architektura ČSR. Beteiligung an Architekturausstellungen.

W.: Půdorysy a konstrukce amerických rodinných domů [Grundrisse und Konstruktion amerikanischer Einfamilienhäuser] (1932). — Zdravé a levné bydlení [Gesundes und billiges Wohnen] (zus. m. E. Hnilička; 1935). — Rodinný dům [Das Einfamilienhaus] (1937). — Nové mrakodrapy New-Yorské [Neue New Yorker Wolkenkratzer] (1939). — Dřevěný rodinný dům [Das Einfamilienhaus aus Holz] (1939). — (Übers.:) Britská města zítřka [Britische Städte der Zukunft] (1947). — Stavitelství [Bauwesen] (Mitautor; 4 Bde., 1956/57). — Kvalifikační příručka tesaře [Handbuch zur Qualifikation von Zimmerern] (Mitautor; 1973).

L.: Informační systém abART [30.4.2024]. — Mitt. Archiv ČVUT, Prag, 22.9.2020. — Architektúra & urbanizmus 3-4 (2016) 186. — SČSVU 16 (2006). — Svoboda, J. E. u. a.: Praha 1919–1940 (2000). — Nový, O.: Česká architektonická avantgarda (1998). — Švácha, R.: Od moderny k funkcionalismu (1994). — Foltyn, L.: Slowak. Architektur und die tschech. Avantgarde (1991). — Pechar, J.: Československá architektura 1945–1977 (1979). — Toman 2 (1950). — OSN ND 6,2 (1943).

Šula, Jaroslav, Chemiker und Philatelist, * 30. 4. 1865 Kuttenberg (Kutná Hora), † 5. 11. 1927 Prag (Praha). Realschule in Kuttenberg. Seit 1883 Studium an der tschechischen TH Prag, 1888 zweite Staatsprüfung. Seit 1887 Assistent und seit 1894 Adjunkt des dortigen Instituts für Brauwesen. Studienaufenthalte in bakteriologischen Labors in Deutschland, Dänemark, Schweden, Belgien und Frankreich. 1896/97

Chemiker der Brauerei in Bodenbach. 1897 bis 1914 Laborleiter am Prager Forschungsinstitut für die Brauindustrie in Böhmen und seit 1911 Direktor der dortigen Mälzerschule. Nach 1914 Aufbau und Leitung eines privaten Forschungs- und Versuchslabors in Prag. Seit 1898 Sachverständiger für Brauwesen. Gründer und bis 1914 Redakteur der Zeitschrift Pivovarnická revue. Mitglied der Gesellschaft der chemischen Industrie im Königreich Böhmen. Daneben Philatelist, 1899–1920 Vorsitzender des Klubs tschechischer Philatelisten. Veröffentlichungen über das Brauwesen in Pivovarské listy und über die Philatelie in Český filatelista und Tribuna filatelistů.

W.: Pamětní spis [...] ve příčině zřízení stanice na zkoušení potravin a vod [Denkschrift [...] aus Anlass der Errichtung einer Prüfstation für Lebensmittel und Wasser] (1895). — Tabulky ku rozborům pivovarnickým [Tabellen für Brauanalysen] (1898). — Návod ku zkoušení surovin, produktů a odpadků pivovarnických [Einleitung zur Prüfung der Braurohstoffe, -produkte und -abfälle] (1898). — Jednotná metoda rozboru sladu [Eine einheitliche Methode der Malzanalyse] (1898). — Pozor při koupi várečných! [Vorsicht beim Kauf der Braurechte] (1904). — Encyklopedie pivovarství 4: Všeobecná lučba [Enzyklopädie des Brauwesens 4: Allgemeine Chemie] (1909). — Anglická osada Papua a její známky poštovní [Die englische Kolonie Papua und ihre Briefmarken] (1914). — Letecké poštovní známky republiky Československé z roku 1920 (1925; dt. 1926: Die Flugpostmarken der Tschechoslowak. Republik aus dem Jahre 1920). — Novotisky a padělky československých známek soukromých i oficielních [Neudrucke und Fälschungen von privaten und offiziellen tschechoslowak. Briefmarken] (1929).

L.: Merkur Revue 5 (2013) 1. — Basařová, G.: České pivo (2011) 199. — Kratochvíle, A.: Pivovarství českých zemí (2005) 23. — Kvasný průmysl 51,4 (2005) 137. — Soukupová, L.: Pivo. Slad. Chmel (2004). — OSN ND 6,2 (1943). — MSN 7 (1933). — NVISN 17 (1932). — Album representantů (1927). — Tribuna filatelistů 19.11.1927, 109. — Národní listy 9.5.1925, 6 u. 8.11.1927, 10. — Český svět 9,19 (1913) 24. — Národní listy 15.12.1907, 3. — OSN 24 (1906).

Šula, Josef, Biologe, * 11. 6. 1909 Prag (Praha), † 25. 3. 1973 Olmütz (Olomouc). Gymnasium in Prag, 1928 Matura. Studium der Botanik und der Philosophie der Naturwissenschaften an der naturwissenschaftlichen und philosophischen Fakultät der tschechischen Universität in Prag, 1934 Dr. rer. nat. 1931 Stipendiat des Slawischen Instituts in Prag zur Erforschung von Algen in der Slowakei. Seit 1934 Lehrer am Realgymnasium in Prag, seit 1938 in Zlin. 1946–1950 Lektor an der naturwissenschaftlichen Fakultät der Universität Prag, zugleich Vorlesungen an der pädagogischen Fakultät der Universität Olmütz. Dort seit 1950 Dozent für Didaktik der Biologie, Gründer des Lehrstuhls für Biologiedidaktik, seit 1954 Prof. für Botanik. Seit 1950 Prodekan und 1953 Dekan der Pädagogischen Hochschule der Universität Olmütz, 1953–1956 Dekan der naturwissenschaftlichen Fakultät und 1958–1960 Prorektor der Olmützer Universität. Botaniker und Biologiedidaktiker. Mitglied der Kommission für naturwissenschaftlichen Unterricht des Pädagogischen Forschungsinstituts in Prag, Mitautor von Richtlinien des Biologieunterrichts für Grundschulen. Redakteur der Fachzeitschriften Střední škola, Theorie a praxe und Přírodověda a výchova sowie 1958–1968 Chefredakteur von Přírodní vědy ve škole. 1969 Ehrenpromotion der Universität Rostock.

W.: *Studie o rodu Pithopora [Studie über das Genus Pithopora] (Diss., 1934). — První krok k činné škole přírodopisu [Der erste Schritt zum aktiven Naturkundeunterricht] (1941). — Školní pokusy o dědičnosti [Schulexperimente über die Erblichkeit] (1944). — Názorný materiál k vyučování o dědičnosti [Bildliches Material für den Genetikunterricht] (1945). — Přírodní vědy na pedagogických fakultách [Naturwissenschaften an pädagogischen Fakultäten] (1947). — Pracovní škola a zřetel k žákovi u nás a v SSSR [Die Arbeitsschule im Hinblick auf den Schüler bei uns und in der UdSSR] (1947). — Podmínky pracovní školy v biologii [Die Bedingungen der Arbeitsschule im Biologieunterricht] (1947). — Návrh nových učebních osnov biologie na škole 2. stupně [Entwurf neuer Richtlinien im Biologieunterricht in der 2. Klassenstufe] (1947). — Buňka v biologickém vyučování na škole 2. stupně [Die Zelle im Biologieunterricht in der 2. Klassenstufe] (1948). — (Hg.:) Palackého universita lidu [Die Palacký-Universität dem Volk] (1950). — Botanika. Učebnice pro 7. postupný ročník [Botanik. Lehrbuch für die 7. Klasse] (Mitautor; 1954, ⁸1961; 1956 poln., 1957 ung., 1958 ukrainisch.). — Botanika pro 6. postupný ročník všeobecně vzdělávacích škol [Botanik für die 6. Klasse der allgemeinbildenden Schule] (Mitautor; 1954, ⁵1958; auch slowak. u. ung., 1956 poln., 1957 ukrainisch). — Botanika pro 6. ročník základních devítiletých škol [Botanik für die 6. Klasse der neunjährigen Grundschule] (1961, ¹⁵1978; auch poln., 1963 slowak., 1979 ung.). — Jarní byliny hájů a lesů [Frühlingspflanzen der Haine und Wälder] (1976).*

L.: *Archiv der Karls-Universität, Prag. Matriken. — Osobnosti střední Moravy 2018 (2017). — Holásek, B./Fifková, R. (Hg.): Osobnosti Olomouckého kraje (2016). — Bieberle, J.: Letopis intelektuála ze zatracené generace (2010). — Dějiny Olomouce 2 (2009). — Univerzita Palackého 1946–1976 (1976) 51, 154 u. 231. — Kdy zemřeli? (1974). — Kapitoly z dějin olo-*

mouckém university 1573–1973 (1973) 191 f., 338 u. 350 f. — Vesmír 52,7 (1973) 218. — Ochrana přírody 28,5 (1973) 118. — Přírodní vědy ve škole 25 (1973) 3-7 (m. Verz.). — Disertace 1 (1965) 316. — Výroční zpráva spolkového čsl. reálného gymnasia ve Zlíně (1939) 3. — Ročenka Slovanského ústavu v Praze (1932) 126. — Biogr. Slg.

Šula, Ladislav, Arzt, * 29. 12. 1912 Ober-Hermanitz (Horní Heřmanice) Bez. Landskron (Lanškroun), † 7. 2. 1992 Prag (Praha). Gymnasium in Hohenstadt, 1932 Matura. Medizinstudium an der Universität Brünn, 1938 Dr. med. Arzt am Sanatorium in Nový Smokovec/Slowakei, 1939–1941 am Sanatorium in Senftenberg, anschließend an der pathologischen Klinik des Krankenhauses in Königgrätz. 1944–1985 Mitarbeiter des Staatlichen Gesundheitsinstituts in Prag, dort bis 1982 Vorstand der Abteilung für Mikrobiologie der Tuberkulose. 1957 Habilitation für Phthisiologie, 1969 DrSc. 1948/49 Organisator einer allgemeinen Impfung der tschechoslowakischen Bevölkerung gegen Tuberkulose und Entwicklung eines BCG-Impfstoffs gegen Tuberkulose. 1946/47 Studienaufenthalt am serologischen Institut in Kopenhagen. 1957–1962 am Tuberkulose-Forschungsinstitut in Kopenhagen, danach bis 1963 bei der Weltgesundheitsorganisation (WHO) in Genf. Später Experte der WHO und Direktor des internationalen Zentrums der WHO für Mykobakterien in Prag. 1956–1991 Chefredakteur der Fachzeitschrift Studia pneumologica et phthiseologica cechoslovaca. Veröffentlichungen in den Fachzeitschriften Časopis lékařů českých und Rozhledy v tuberkulose a nemocech plicních. 1978 Ehrenmitglied der Tschechischen pneumologischen und phthisiologischen Gesellschaft. Purkyně-Medaille.

W.: *(Übers.:) Úspěchy sovětských lékařů [Die Erfolge sowjetischer Ärzte] (1951). — (Übers.:) Lysenko, T. D.: J. V. Stalin a mičurinská agrobiologie [J. W. Stalin und die mitschurinsche Agrobiologie] (1951). — Co máme vědět o tuberkulose [Was wir über die Tuberkulose wissen sollten] (1952). — (Hg.:) Očkování proti tuberkulose [Impfung gegen Tuberkulose] (1955). — Tuberkulóza hospodářského zvířectva a ochrana před přenosem na člověka [Tuberkulose der Nutztiere und der Schutz gegen die Übertragung auf den Menschen] (1962). — (Mit-Hg.:) Proceedings of the 2ⁿᵈ Symposium on Isolation, Classification and World-Wide Distribution of Mycobacteria (1965). — Mikrobiologie tuberkulosy [Mikrobiologie der Tuberkulose] (1965, ²1970). — (Mit-Hg.:) Proceedings of the 3ʳᵈ Symposium on Isolation, Classification and World-Wide Distribution of Mycobacteria (1966). —*

Nový protituberkulózní vakcinový kmen Marinus Praha [Der neue Tuberkulose-Impfstamm Marinus Prague] (Diss., 1969). — *Standardní metody v mikrobiologii tuberkulosy a lepry [Standardmethoden in der Mikrobiologie der Tuberkulose und der Lepra] (Mitautor; 1974).*

L.: *Jireš, J.: Albertinum (2005) 49.* — *Kříž, J./Beranová, R.: Historie Státního zdravotního ústavu v Praze (2005) 68, 78, 84 u. 90.* — *Praktický lékař 83,2 (2003) 107 f.* — *Zdravotnické noviny 41,14 (1992) 12.* — *Studia pneumologica et phtiseologica cechoslovaca 43,1-2 (1983) 1-3 u. 52,3 (1992) 235 f.* — *Časopis lékařů českých 121,52 (1982) 1632.*

Šula, Otto, Ingenieur, * 29. 1. 1905 Wien, † 23. 6. 1975 Platz (Stráž nad Nežárkou) Bez. Neuhaus (Jindřichův Hradec). Schule in Wien. 1918 Übersiedlung der Familie nach Prag. 1922–1928 Elektrotechnikstudium an der tschechischen TH in Prag, Ingenieur. Fachmann für Beleuchtungstechnik. 1927–1948 Mitarbeiter der Firmen Siemens und Philips in Pressburg und Prag. Zeitweise eigenes Unternehmen, Neonschilder für das Befreite Theater und für das Kaufhaus Bílá labuť in Prag. Seit 1948 Angestellter des Unternehmens Hutní projekt in Prag, Beleuchtung der Witkowitzer Eisenwerke, weiterer Industriebetriebe und Sportstätten. Nach 1950 in Zusammenarbeit mit Siemens Erneuerung der Bühnenbeleuchtung des Nationaltheaters in Prag. Ausarbeitung der tschechoslowakischen Beleuchtungsrichtlinien. Fachpublikationen. Lehraufträge an der TU Prag. Ruhestand in Platz.

W.: *Osvětlení [Beleuchtung] (1953).* — *Příručka osvětlovací techniky [Hb. der Beleuchtungstechnik] (1969, ²1979).*

L.: *Mitt. Archiv ČVUT, Prag, 29.9.2020.* — *Světlo 4 (2006).* — *Monzer, L.: Osvětlení Prahy (2003) 94.* — *Tomeš 3 (1999).* — *Šnejdar, J. u. a.: Národní divadlo (1987) 164 f.*

Sula, Pavel (geb. Josef Sulík), Lehrer und Schriftsteller, * 3. 3. 1882 Swojschitz (Svojšice) Bez. Přelauč (Přelouč), † 27. 7. 1975 Prag (Praha). Bürgerschule in Časlau. 1897–1901 Lehrerbildungsanstalt in Kuttenberg. Lehrer an Grundschulen im Časlauer Gebiet, 1901/02 in Lučitz, dann in Krchleb, 1904/05 in Willimow und 1905 in Zbeischow sowie in der Umgebung von Böhmisch Brod, 1905–1907 in Skramnik und 1907–1912 in Wischerowitz. 1912 Studienaufenthalt in Grenoble. 1913/14 an der Komenský-Schule in Wien, dort in Verbindung mit

→ J. Úlehla, → J. S. Machar und → I. Olbracht. Seit 1915 Militärdienst. 1917/18 Lehrer in Deutschbrod, 1919–1921 in Hlohovec/Slowakei. 1921–1926 Lehrer an der Bürgerschule in Prag-Weinberge, 1932–1935 an der Reformschule in Kobylis, 1935–1940 Direktor der Masaryk-Schule in Holeschowitz. 1921–1940 zudem Abendschullehrer der Arbeiter-Akademie in Prag. Nach 1940 Ruhestand in Königssaal, nach 1960 in Prag. Vertreter der pädagogischen Reformbewegung und einer neuen Kinderliteratur. Autor von Kinderbüchern, Lese- und Lehrbüchern. Veröffentlichungen u. a. in Lidové noviny, Směr, Dělnické listy, Lumír und Zlatá Praha. 1920–1924 Redakteur der Zeitschrift Úsvit, 1923 Gründer und bis 1939 Redakteur der Zeitschrift Klas, 1924–1928 Redakteur der Lehrerbeilage der Zeitschrift Národní osvobození. Zudem Redakteur der Zeitschrift Komenský und der Kinderbuchreihe Detva.

W.: *O souvislé četbě literární [Die umfassende literarische Lektüre] (o. J.).* — *Kniha pianissima [Das Pianissimo-Buch] (1904).* — *Dolánka. Knížka pro malé i velké děti [Buch für kleine und große Kinder] (1908, ²1918).* — *Zeměžluč [Tausendgüldenkraut] (1910).* — *Ráno [Der Morgen] (1910).* — *Tanečnice [Die Tänzerin] (1911).* — *Majda Bobeček [Die kleine Majda] (1911, ³1932).* — *Vítězství [Der Sieg] (1912).* — *Človíček [Das Menschlein] (1913, ²1934).* — *Proč máme vychovávati své děti v českých školách? [Warum wir unsere Kinder in tschech. Schulen erziehen sollen?] (1914).* — *Radovánky. Domov-škola [Frohlocken. Heim und Schule] (1917).* — *Úsměvy v slzách [Lächeln unter Tränen] (1918).* — *Šťastná zahrada [Der Glücksgarten] (1918).* — *Domů pěšinkami [Auf schmalen Pfaden nach Hause] (1918).* — *Stvořitelé světa [Die Schöpfer der Welt] (1919).* — *Pokušitelé [Die Versucher] (1920).* — *Melanka (1920).* — *Sneh. Vianočný sborník [Schnee. Ein Weihnachtsband] (1920).* — *Zvončeky [Die Glöckchen] (1921).* — *Morální výchova ve školské praxi [Moralische Erziehung in der Schulpraxis] (1922).* — *Květen. Čítanka pro školy obecné [Der Mai. Lesebuch für Grundschulen] (1923).* — *Rodné kořeny [Heimatwurzeln] (1924).* — *Potulky Prahou [Streifzüge durch Prag] (2 Bde., 1926–1929).* — *Mateřídouška. Učebnice jazyka českého pro obecné školy [Mutterseelchen. Tschechisch-Lehrbuch für Grundschulen] (zus. m. B. Tožička; 3 Bde., 1928–1930, ²1933).* — *Vzkříšení. Čítanka pro měšťanské školy [Auferstehung. Lesebuch für Bürgerschulen] (zus. m. J. Jursa; 1931, ³1933).* — *Letňáskové. Knížka z prázdnin pro malé i velké [Sommerfrischler. Ein Ferienbuch für Groß und Klein] (1931, ²1948).* — *Do života. Osobnosti naší doby mladému pokolení [Für's Leben. Persönlichkeiten unserer Zeit der jungen Generation] (zus. m. H. Siebenschein; 1931).* — *Kašpárek objevil zlatou Prahu [Wie der Kasperl das goldene Prag entdeckte]*

(1932). — Škola slohu z praxe na školách národních [Stilübungen aus der Praxis an den Volksschulen] (1933). — Kloučkové z předměstí [Buben aus der Vorstadt] (1933). — Jan Neruda (1934, ²1946). — (Hg.:) Děti dětem [Von Kindern für Kinder] (1934). — Recitujeme sborově [Gedichte gemeinsam vortragen] (zus. m. J. Kuhn; 1935). — Osada kmene Juchachá [Die Siedlung des Stammes Juchacha] (1936). — Svět v kolotoči [Das Weltkarussell] (1937). — Dobrý čtenář [Der gute Leser] (1939). — Černošské báje a pohádky [Mythen und Märchen der Schwarzen] (zus. m. L. M. Pařízek; 1941). — Zářivá křídla [Leuchtende Flügel] (1943). — Na větrném koni [Auf dem Windpferd] (1943). — Kalendář pro nejmenší [Kalender für die Kleinsten] (1944). — V dětském světě [In der Kinderwelt] (1955, ²1960).

L.: *Sdružení knihoven České republiky v roce 2012 (2013) 76-78. — Slovník autorů literatury pro děti a mládež 2 (2012). — LČL 4,1 (2008, m. Verz.). — Cipro, M.: Slovník pedagogů (2001). — Šolcová, L.: P. S. 1882–1975. Soupis osobního fondu (1996). — DČL 4 (1995). — MČSE 5 (1987). — Chaloupka, O.: Čeští spisovatelé literatury pro děti a mládež (1985). — Pedagogika 23,4 (1983) 489 f. — Učitelské noviny 25,30 (1975) 2. — Zlatě doma. K devadesátinám zasloužilého učitele spisovatele P. S. (1972). — Český jazyk a literatura 22 (1971/72) 329-332. — SČS (1964). — Zlatý máj 6 (1962) 356 f. — Komenský 86 (1961/62) 624 f. — Hlas exilu 6,5 (1957) 5. — Pražák, F.: Spisovatelé učitelé (1946). — Kunc 2 (1946). — České slovo 3.3.1942. — OSN ND 6,1 (1940). — PE 3 (1940) 34 f. — Vavroušek, B.: Literární atlas československý 2 (1938). — Pech, O.: Příruční slovník pedagogický (1937). — Kulturní adresář (1934 u. 1936). — MSN 6 (1932). — NVISN 16 (1932). — Album representantů (1927). — Frabša, F. S.: Čeští spisovatelé dnešní doby (1923).*

Šuláková (Šuláková-Schmidtová), Jarmila, Sängerin, * 27. 6. 1929 Wsetin (Vsetín), † 11. 2. 2017 Wsetin. Seit 1943 Schneiderinnenlehre und dann bis 1950 Damenschneiderin in einem Pelzgeschäft in Wsetin. 1950–1985 Verkäuferin im staatlichen Schallplattenladen Supraphon in Wsetin. Volksliedsängerin, Auftritte mit Zimbalorchestern. 1948–1953 Solistin des Volkstanzensembles Vsacan in Wsetin, danach Zusammenarbeit mit anderen Gruppen. 1952–1993 Solistin des Brünner Rundfunkorchesters für Volksmusikinstrumente BROLN, zahlreiche internationale Gastspiele. Seit 1965 auch Sängerin des Ostrauer Zimbalorchesters Technik. 1994–2011 Auftritte mit der Folk-Rock-Band Fleret. Seit 1979 Schallplattenaufnahmen und Rundfunk- und Fernsehauftritte. Zudem Filmschauspielerin. Führende Interpretin des walachischen Volkslieds. Preise bei in- und ausländischen Musikfestivals, so bei den Weltjugendspielen 1955

in Warschau und 1957 in Moskau. 1979 Verdiente Künstlerin, 1989 Nationalkünstlerin der Tschechoslowakei. 2005 Ehrenbürgerin und 2017 Sonderpreis der Stadt Wsetin. Posthum 2017 tschechische Verdienstmedaille 1. Klasse.

L.: *Myška suppl. 4 (2018, m. Verz.). — ČHS id=1264 vom 4.8.2017. — Radio Praha vom 19.2.2017. — Valašský deník 11.2.2017. — Petrů, J.: J. Š. (2016). — KESSM 2 (²2013). — Mazurek, J. u. a.: Ostravská hudební kultura (2010). — Osobnosti. Česko (2008). — Tomeš 3 (1999). — Národopisná revue 9,4 (1999) 232-234. — Slovník osobností kulturního a společenského života Valašska (1998). — Od folkloru k folklorismu (1997). — ČBS (1992). — Kdo je kdo (1991 bis ⁵2005). — Národopisné aktuality 26,4 (1989) 265 f. — Rudé právo 30.4.1989, 3. — Stolařík, I.: J. Š. (1979). — CslHS 2 (1965). — Biogr. Slg.*

Šulc (Schulz), Alan (Antonín) František Ferdinand, Journalist und Regisseur, * 2. 12. 1909 Kladno, † 4. 5. 1992 Prag (Praha). 1929 Matura am Realgymnasium Kladno. Biologie- und Geographiestudium an der tschechischen Universität in Prag. Dann Ausbildung zum Sportlehrer. 1933–1944 Redakteur im Verlag Melantrich in Prag, davon 1933 und 1938–1944 Kulturredakteur. Zudem 1933/34 Sportredakteur der Tageszeitung České slovo sowie der Zeitung A-Zet, 1934–1936 Chefredakteur der Sportzeitung Star, 1939–1942 Chefredakteur von A-Zet. Mitarbeit an Kultur- und Filmzeitschriften, Autor belletristischer Werke. 1944/45 Redakteur der ländlich-agrarischen Zeitung Lidový deník. 1945 kurzzeitig Berufsverbot als Journalist. Dann technischer Redakteur der Parteizeitung der tschechoslowakischen Nationalen Sozialisten Svobodné slovo, Mitarbeiter des Verlags Blok. 1946–1948 Chefdramaturg des Kurzfilmunternehmens Krátký film und bis 1956 Mitarbeiter des Filminstituts in Prag. 1946 Mitgründer der Film-, später Film- und Fernsehfakultät der Akademie der musischen Künste in Prag, dort 1948 Dozent, seit 1958 Lehrstuhlleiter für Dokumentarfilme, 1969–1986 o. Prof. für Regie, wissenschaftliche und dokumentarische Filme. Seit 1947 Drehbuchautor und Regisseur, vor allem von historischen und archäologischen Dokumentarfilmen. Seit 1954 Preise internationaler Dokumentarfilmfestivals, später auch Juror. Seit 1933 Mitglied des Syndikats tschechoslowakischer Journalisten. Ausschussmitglied der Vereinigung der Filmjournalisten beim Nationalen Journalistenverband. 1984 Orden der Arbeit.

W.: S vlky výti ... [Mit den Wölfen heulen ...] (1934).
— Pan Goliáš není fit [Herr Goliath ist nicht in
Form]. In: Star 21.11.1935. — Skutečnost a její filmo-
vé hodnocení [Die Wirklichkeit und ihre filmische Be-
wertung] (1943). — Přednášky ze semináře pro fil-
mové autory [Vorträge aus dem Seminar für Dreh-
buchautoren] (Mitautor; 1944). — Základy drama-
turgie dokumentárního a populárně vědeckého filmu
[Grundlagen der Dramaturgie des dokumentarischen
und populärwissenschaftlichen Films] (1956). —
Jindřich Ferenc (1965).

L.: Cebe, J.: Spolkový život českých novinářů v letech
1945–1948 (2015). — Česálková, L.: Atomy věčnosti.
Český krátký film 30. až 50. let (2014). — Štoll, M.
u. a.: Český film. Režiséři-dokumentaristé (2009,
m. Verz. der Filme). — Slovník odpovědných redak-
torů a šéfredaktorů legálního českého denního tisku
(2007). — Šulcová, K.: Poznané budiž sděleno (1999,
m. Verz. der Filme). — Tomeš 3 (1999). — ČBS
(1992). — Kdo je kdo (1991). — MČSE 6 (1987). —
Rudé právo 1.12.1984, 2. — PSN 4 (1967). — Biogr.
Slg.

Šulc, František, Geistlicher, * 8. 7. 1851 Brdo
Bez. Neu-Paka (Nová Paka), † 24. 3. 1921 Kö-
niggrätz (Hradec Králové). Gymnasium in Jičin.
Theologisches Seminar in Königgrätz, 1875
Priesterweihe. Kaplan in Goltschjenikau. Dann
Studium am Augustineum in Wien, 1881 dort
theologische Promotion. 1881–1921 Dogmatik-,
später Philosophie- und Fundamentaltheologie-
lehrer am theologischen Seminar in Königgrätz.
Seit 1886 auch Religionslehrer am dortigen
Gymnasium, später Diözesankommissar für
Mittelschulen. 1890 bischöflicher Zensor. Eh-
rendomherr und Diözesanbibliothekar. 1897
Organisation des Diözesankatholikentags in
Königgrätz. Seit 1899 Mitglied, später Vizepräsi-
dent des bischöflichen Ehegerichts. Leiter des
katholischen Vereinshauses Adalbertinum. Seit
1894 Vorsitzender der katholisch-politischen
Druckereigenossenschaft in Königgrätz. Vertre-
ter des tschechischen politischen Katholizismus.
Nach 1905 Mitglied des Pius-Vereins in Prag.
Seit Gründung 1906 Mitglied des engeren Exe-
kutivausschusses der Partei des katholischen
Volkes in Böhmen, 1908–1914 einer der Partei-
führer und Vorsitzender des Königgrätzer Par-
teikomitees. Seit 1910 zudem im Exekutivaus-
schuss der tschechischen Christlich-Sozialen
Partei Böhmens und 1911 im Gründungsaus-
schuss der Katholisch-Konservativen National-
partei in Böhmen. Kandidat bei Landtags- und
Reichsratswahlen. Seit 1914 Vorsitzender des
Kyrill-Bundes. Autor von Andachtsbüchern

und Zeitschriftenbeiträgen. Übersetzer und
Herausgeber von Predigtsammlungen. Kritiker
von → J. Hus und der Tschechoslowakischen
Kirche. 1893 Konsistorialrat. Päpstlicher Käm-
merer. Ehrenkreuz Pro Ecclesia et Pontifice.
1917 Franz-Joseph-Orden.

W.: (Hg.:) Výbor kázání nejlepších ze 40 ročníků
„Prediger und Katechet" [Auswahl der besten Pre-
digten aus 40 Jahrgängen der Zeitschrift „Prediger
und Katechet"] (3 Bde., 1895–1897). — (Hg.:) Zprá-
va o prvním diecésním sjezdu katolíků [Bericht aus
dem ersten Diözesankatholikentag] (1897). — Otče
náš! [Vater unser!] (1897). — Kázání na neděle a
svátky roku církevního [Sonn- und Feiertagspredig-
ten des Kirchenjahres] (mehrere Hefte pro Jahr,
1898–1901). — Májová pobožnost [Maiandacht]
(1900–1902). — Kázání a řeči příležitostné [Predigten
und Anlassreden] (1902). — Mater Admirabilis
(1903). — Učení M. Jana Husa [Die Lehre des Magi-
sters Jan Hus] (1905). — Katolíci, organisujme! [Ka-
tholiken, organisieren wir uns!] (1907). — (Hg.:) In-
telligence a náboženství [Die Intelligenz und die Re-
ligion] (1907). — Jazyková otázka v Čechách [Die
Sprachenfrage in Böhmen] (1912). — Věda a víra
[Wissenschaft und Glaube] (1913). — Bludné učení
M. Jana Husa [Die Irrlehre des Magisters Jan Hus]
(1914). — Byl Hus odsouzen jenom pro 30 článků z
jeho spisů? [Wurde Hus nur für 30 Thesen aus seinen
Schriften verurteilt?] (1914/1915). — Co souditi o
československé církvi katolické [Wie urteilt man über
die tschechoslowak. katholische Kirche] (1920).

L.: Drašarová, E. u. a. (Hg.): Nedostatek odvahy ke
smíru (2021). — Konečný, K. u. a.: Der politische Ka-
tholizismus in den tschech. Ländern (2015). — Studia
theologica 14,4 (2012) 90 f. — Marek, P.: Čeští
křesťanští sociálové (2011). — Pehr, M. u. a.: Cestami
křesťanské politiky (2007). — Hanuš, J.: Malý slovník
osobností českého katolicismu (2005). — Hanuš, J.:
Tradice českého katolicismu ve 20. století (2005). —
Marek, P.: Český katolicismus 1890–1914 (2003). —
OSN ND 6,2 (1943). — MSN 7 (1933). — NVISN 17
(1932). — Podlaha, A.: Bibliografie české katolické li-
teratury náboženské (1923). — Cyril 4-5 (1921) 46. —
Catalogus venerabilis cleri saecularis et regularis
dioeceseos Reginae-Hradecensis (1918). — Štít
6.7.1911, 1. — OSN 24 (1906). — Biogr. Slg.

Šulc, Jaroslav (Pseud. Jan Klen, Jaroslava Šulco-
vá, Jindřich Hahn), Lehrer und Schriftsteller,
* 22. 9. 1903 Melnik (Mělník), † 22. 7. 1977
Ostrau (Ostrava). Bis 1918 Bürgerschule in So-
botka, 1918–1922 Lehrerbildungsanstalt in Jičin.
Seit 1922 Grundschullehrer in Mährisch Ostrau.
1924 Lehramtsprüfung in Freiberg, 1926 Lehr-
befähigung für Tschechisch, Geographie und
Geschichte. 1927/28 Bürgerschullehrer in Mäh-
risch Ostrau, 1928/29 in Wigstadl, 1929–1933 in
Jaktar und dann bis 1938 in Troppau. Mitglied

der literarischen Gruppe um die Zeitschrift Iskra in Hrabin. Propagator der tschechischen Kultur in Mähren und Schlesien. Im Herbst 1938 Zwangsumsiedlung ins Landesinnere, Bürgerschullehrer in Unter-Bautzen und Sobotka. Seit 1939 in Prag, dort bis 1963 Bürger- und Grundschullehrer. Dazwischen 1944/45 Zwangsarbeiter am Bau des Staudamms Štěchowitz. 1963 Ruhestand, Rückkehr nach Ostrau. Autor von Gedichten, Prosawerken und biographischer Prosa über schlesische Persönlichkeiten wie → P. Bezruč und → J. Kalus [Nachtragsband]. Veröffentlichungen in Moravskoslezský deník, Venkov, Archa, Cesta, Iskra und Naše republika. Übersetzungen aus dem Polnischen und Deutschen ins Tschechische.

W.: Vrak [Das Wrack] (1930). — Peřeje [Die Stromschnellen] (1932). — Hnědka [Brauner] (1933). — Dva hlasy [Zwei Stimmen] (1934). — Návrat [Die Rückkehr] (1935). — Od Pradědu k Lysé hoře [Vom Altvater zum Kahlberg] (1936). — Karel V. Rais v Sobotce [Karel V. Rais in Sobotka] (1936). — Příběh poštmistra Dluhoše [Die Geschichte des Postmeisters Dluhoš] (1937). — Úděl a odkaz [Schicksal und Vermächtnis] (Mitautor; 1938). — Chata v horách [Die Berghütte] (1940). — Český ráj. Básně [Böhm. Paradies. Gedichte] (1940). — Hrst historek kolem starého ještěra [Eine Handvoll Geschichten über die alte Echse] (1941). — Marnotratný syn [Der verlorene Sohn] (1943). — Od jara do jara [Von Frühjahr zu Frühjahr] (1944). — Dům pod horami [Das Haus am Fuße der Berge] (1945). — Přátelství Petra Bezruče s Valašským slavíkem [Die Freundschaft Petr Bezručs mit der Walachischen Nachtigall] (1947). — Stateční chlapci z Přímoří [Die tapferen Burschen aus dem Küstenland] (1948).

L.: KESSM 2 (²2013). — LČL 4,1 (2008). — Bruntálský a krnovský deník 2.8.2008. — Šuleř, O.: Laskavé podobizny (2005). — Málková, I./Urbanová, S.: Literární slovník severní Moravy a Slezska 1945–2000 (2001). — Wernisch, I.: Zapadlo slunce za dnem, který nebyl (2000). — Slovník osobností kulturního a společenského života Valašska (1998). — Myška 2 (1994). — Dějiny Ostravy (1993). — Ficek, V.: Biografický slovník širšího Ostravska 4 (1981). — Vopravil (1973). — Rafaj, O.: Literatura a současnost (1963). — Kunc (1946). — OSN ND 6,2 (1943). — Kulturní adresář (1934 u. 1936).

Šulc, Jaroslav, Paläontologe, * 21. 10. 1903 Prag (Praha), † 20. 5. 1943 Berlin. Sohn von Čeněk (Vincenc) **Šulc** (Unternehmer, * 6. 4. 1867 Gross-Čakowitz (Čakovice) Bez. Prag-Ost (Praha-východ), † 11. 4. 1945 Prag, Schwager von → F. Topič, Redakteur im Topič-Verlag, seit 1902 Inhaber eines Reisebüros und bis 1914 eines Verlags für Reiseliteratur in Prag, nach

1918 Direktor des Prager Büros der Holland-America Line und Inhaber einer Großgärtnerei, Mäzen tschechischer Schriftsteller wie → A. Jirásek, → E. Krásnohorská und → K. V. Rais). Großneffe von → F. Šimáček. Gymnasium in Prag. 1922–1929 Paläontologie- und Geologiestudium an der naturwissenschaftlichen Fakultät der tschechischen Universität Prag, Dr. rer. nat. 1924–1926 Mitarbeiter der geologisch-paläontologischen Abteilung des Nationalmuseums Prag. Anschließend bis 1933 Assistent am Paläontologischen Institut der tschechischen Universität Prag. Danach Privatgelehrter, paläontologische Privatsammlung. Studienreisen nach Deutschland, Frankreich und Großbritannien. Veröffentlichungen zur Paläozoologie und Mikropaläontologie, vor allem zur Mikrofauna der Kreidezeit, sowie zur Geologie von Mittelböhmen. Seit 1939 Mitglied der Widerstandsgruppe Obrana národa. 1940 Verhaftung durch die Gestapo, Haft in Prag-Pankraz, Theresienstadt, Gollnow, Dresden und Berlin. Hinrichtung im Gefängnis Berlin-Plötzensee.

W.: Příspěvky k poznání morfologie foraminifer [Beiträge zur Kenntnis der Morphologie der Foraminifera] (Diss., 1929). — Průvodce ku geologické exkursi do okolí Berouna, Koněprus a Budňan [Geologischer Exkursionsführer durch die Gegend von Beraun, Koněprus und Budňan] (Mitautor; 1931). — Mořská vložka v peruckých pískovcích na Vidouli u Prahy [Meereseinschluss im Peruc-Sandstein auf dem Widowel-Berg bei Prag] (zus. m. O. Kodym; 1931). — Zpráva o nálezu počátečních komůrek orthoceru ve vápencích hloubočepských [Bericht über den Fund der Orthoceren-Anfangskammern im Kalkstein von Hlubočep] (1932). — Otolity paleogénu okolí Biarritz [Paläogen-Otolithen in der Gegend von Biarritz] (1932). — 2. příspěvek ku poznání ostracodů českého křídového útvaru [2. Beitrag zu den Erkenntnissen über Ostrakoden in der böhm. Kreideformation] (1932). — Studien über die fossilen Chitonen (1934). — Études sur quelques genres et espèces de Pénéroplidés. In: Annales de Protistologie 5 (1936) 157-70.

L.: Archiv der Karls-Universität Prag, Matriken. — Dokumentace popravených Čechoslováků za druhé světové války v Berlíně-Plötzensee [30.4.2024]. — Pamět a dějiny 9,1 (2020) 70-78. — Slovník českých nakladatelství vom 11.11.2018 [zu Č. Š.]. — Kokoška, S. (Hg.): Obrana národa v dokumentech (2017) 285. — Kahovcová, M.: Přírodní vědy v Národním muzeu v Praze v letech 1918–1939 (Mag.-Arb. Plzeň, 2013) 52. — Bulletin mineralogie petrologie 16,1 (2008) 141. — Ehrenbuch der Opfer von Berlin-Plötzensee (1974) 175. — Disertace 1 (1965) 289. — Naučný geologický slovník 2 (1961) 787 f. — Kdy zemřeli? (1957 u. 1962). — Augusta, J./Remeš, M.: Úvod do všeobecné paleontologie (1947) 300 u. 315. — Naše věda 24

(1946) 116. — Příroda 38 (1946) 111 f. — Věstník Státního geologického ústavu 20 (1945) 26-28 (m. Verz.). — OSN ND 6,2 (1943). — Biogr. Slg.

Šulc, Josef, Landwirt und Politiker, * 5. 4. 1857 Woděrad (Voděrady bzw. Luštěnice) Bez. Jung-Bunzlau (Mladá Boleslav), † 21. 4. 1903 Jiřitz (Jiřice) Bez. Neu-Benatek (Nové Benátky bzw. Benátky nad Jizerou). Grundbesitzer und Landwirt in Jiřitz. Dort auch Bürgermeister. 1895 bis 1901 Abgeordneter des böhmischen Landtags für die tschechische Freisinnige Nationalpartei. 1896–1903 Obmann der Bezirksvertretung von Neu-Benatek. Bezirksschulrat von Jung-Bunzlau. Vorsitzender des Vereins der Rübenbauern des Bezirks Neu-Benatek.

L.: Mitt. Miloš Dvořák, Jiřice, 14.4.2019. — Rokoský, J. u. a. (Hg.): František Udržal (2016). — Lišková (1994). — Schránil-Husák (1911). — Národní listy 22.4.1903, 2. — Almanach sněmu království Českého (1896). — Biogr. Slg.

Šulc, Karel, Arzt und Zoologe, * 3. 9. 1872 Königinhof an der Elbe (Dvůr Králové nad Labem), † 31. 7. 1952 Brünn (Brno). Gymnasium in Königgrätz. Seit 1891 Medizinstudium an der tschechischen Universität in Prag, 1897 Promotion. Daneben zoologische und embryologische Weiterbildung bei → F. Vejdovský. Entomologische Forschungsaufenthalte an der zoologischen Abteilung des Wiener Hofmuseums, in Deutschland, Italien, Frankreich und Russland. Arzt am Allgemeinen Krankenhaus in Prag. Seit 1899 in Mährisch Ostrau. Seit 1900 Gemeinde- und Bergbauarzt in Michalkowitz bei Schlesisch Ostrau. 1914–1918 Militärarzt in Innsbruck und Italien. Seit 1919 ao. Prof. und Vorstand des histologisch-embryologischen Instituts der Tiermedizinischen Hochschule in Brünn, 1924 Prof., 1925–1927 Rektor. 1939 Ruhestand. 1945–1949 dort Ehrenprofessur. Forschungen zur Histologie, Embryologie, vergleichenden Anatomie und Morphologie der Wirbeltiere sowie der Insekten. 1910 Beschreibung von Myzetomen bei Zikadenlarven. 1922 bis 1931 Redakteur der Biologické listy. Seit 1925 Herausgeber der Lehrbuchreihe Zvěrolékařská knihovna. Mitglied der tschechischen Sektion der Mährischen Ärztekammer in Brünn, des tschechoslowakischen Nationalen Forschungsrates und der Naturwissenschaftlichen Forschungskommission Mährens. 1904 Gründungsmitglied der Tschechischen entomologi-

schen Gesellschaft in Prag. 1908 Mitgründer, bis 1920 Vorsitzender, später Ehrenmitglied der Naturwissenschaftlichen Gesellschaft in Mährisch Ostrau. 1922 Gründungsmitglied der Biologischen Gesellschaft und 1924 der Mährischen naturwissenschaftlichen Gesellschaft in Brünn. 1910 korr. und 1936 o. Mitglied der Königlich böhmischen Gesellschaft der Wissenschaften in Prag. 1929 ao. und 1936 o. Mitglied der Tschechischen Akademie der Wissenschaften und Künste. Mitglied der Association des Anatomistes in Paris. 1951 tschechoslowakischer Staatspreis. 1951/52 Kandidat für den Nobelpreis für Medizin.

W.: Studie o Coccidech [Studien zu den Napfschildläusen] (3 Teile, 1895–1897). — Zur Kenntnis und Synonymie der weidenbewohnenden Psylla-Arten. In: Wiener entomologische Zeitung (1909) Nr. 28, 11-24. — Pseudovitellus und ähnliche Gewebe der Homopteren sind Wohnstätten symbiotischer Saccharomyceten (1910). — Monographia generis Trioza Foerster (4 Teile, 1910–1913). — Über Respiration, Tracheensystem und Schaumproduktion der Schaumcikadenlarven (Aphrophorinae-Homoptera). In: Zeitschrift f. wissenschaftliche Zoologie 99 (1911) 147-188. — Zur Kenntnis einiger Psylla-Arten. In: Annales Historico-Naturales Musei Nationalis Hungarici 11 (1913) 409-435. — Mikroskopicko-anatomická analysa pigmentace mladé minohy [Mikroskopischanatomische Analyse der Pigmentierung des jungen Ammocoetes] (1923). — Aklimatisace a akomodace chladnokrevného koně v Čechách [Akklimatisierung und Anpassung des kaltblütigen Pferdes in Böhmen] (1924). — O epoikických a parasitických larvách Chironomidů [Epoikische und parasitische Zuckmückenlarven] (1924). — O intracelulární symbióze u Fulgorid [Die intrazelluläre Symbiose bei Fulgoridae] (1924). — Rolnický chov koní a prostředky k jeho provozu a zvelebení v ČSR [Landwirtschaftliche Pferdezucht und Mittel zu ihrer Verbesserung in der Tschechoslowakei] (Mitautor; 1925). — O původu a rozvoji srsti [Herkunft u. Entstehung der Behaarung] (1926). — Das Haar und das Haarkleid, die Gesichtswarzen und Naevi des Menschen und der Tiere im Lichte der Deszendenztheorie (1927). — Učebnice histologie [Lehrbuch der Histologie] (Mitautor; ³1927). — Vzdušnicová soustava Lepismy (Thysanura) a původ křídlatého hmyzu [Das Tracheensystem der Silberfischchen (Zottenschwänze) u. der Ursprung geflügelter Insekten] (1927). — Voskové žlázy a jejich výrobky u larev sbf. Cixiinae (Homoptera) [Die Wachsdrüsen und ihre Produkte bei den Larven der Cixiinen (Gleichflügler)] (1928). — O zmenšeném počtu tarsálních žláz u hraboušů [Die reduzierte Anzahl von Fußwurzeldrüsen bei Wühlmäusen] (1929). — Srst hraboše [Das Fell der Wühlmaus] (1930). — Vědecká činnost prof. Dr. Františka Karla Studničky [Die wissenschaftliche Tätigkeit von Prof. Dr. F. K. Studnička] (1930). — Československé druhy rodu puklice [Die tschechoslowak. Schildlausarten] (1932). — (Mit-Hg.:) Histologie a mikroskopická anatomie [Histologie u. mikroskopische Anatomie] (2 Bde., 1935/36). — Zevní morfologie, metamorfosa a běh života červce Phenacoccus aceris [Äußere Morphologie, Metamorphose und Lebenslauf von Phenacoccus aceris] (1943). — Zevní morfologie, metamorfosa a běh života červce Nipaecoccus [Äußere Morphologie, Metamorphose und Lebenslauf von Nipaecoccus] (1945).

L.: Archiv der Karls-Universität, Prag. Matriken. — Encyklopedie dějin města Brna vom 26.7.2015. — Vesmír 92 (2013/14) 195. — Čermáková, J. (Hg.): A vůbec ... (2010) 362-369. — DVT 39,4 (2006) 221. — GBO 4 (2005). — ČČAVU (2004). — Časopis lékařů českých 141,3 (2002) 101-104. — Veterinářství 52 (2002) 490. — Tomeš 3 (1999). — Janko, J.: Vědy o životě v českých zemích 1750–1950 (1997) 604. — Klapalekiana suppl. 31 (1995) 602-604. — Plzeňský lékařský sborník, suppl. 66 (1993) 121 f. — Skala, L.: Malý slovník biografií 3 (1990). — MČSE 6 (1987). — Biologické listy 39 (1974) 74 f. — Veterinářství 18 (1968) 439-444. — PSN 4 (1967). — Zoologické listy 11,2 (1962) 101-104. — Kdy zemřeli? (1957 u. 1962). — Veterinární medicína 2,10 (1957) 762. — Věstník Československé zoologické společnosti 17,2 (1953) 89-107. — Lékařské listy 8 (1953) 124. — Zoologické a entomologické listy 1 (1952) 135 f. u. 3 (1954) 229 f. — Entomologické listy 6 (1943) 1-7 u. 10 (1947) 95 f. — OSN ND 6,2 (1943). — Almanach České akademie 47 (1937). — Kulturní adresář (1934 u. 1936). — MSN 7 (1933). — Časopis Československé společnosti entomologické 29 (1932) 89-98 (m. Verz.). — Věda přírodní 13 (1932) 308-310. — Sborník Přírodní společnosti v Mor. Ostravě 7 (1932) 7-10. — Vacek, B.: Velké Brno hygienické a sociální (1925) 178. — Lotos 67/68 (1919/20) 134. — AČL (1913, m. Verz.).

Šulc, Otakar, Chemiker, * 3. 2. 1869 Prag (Praha), † 11. 6. 1901 Prag. Akademisches Gymnasium in Prag. Seit 1886 Physik-, Chemie- und Mathematikstudium an der tschechischen Universität in Prag, 1892 Promotion. Gymnasiallehrer in Prag. Seit 1894 Assistent der tschechischen Universität in Prag, Gastaufenthalte an der Universität Leipzig bei Wilhelm Ostwald und in Halle an der Saale. Aufbau eines privaten Labors in Prag. 1896 Privatdozent der physikalischen Chemie an der tschechischen TH in Prag. Zudem Prof. der chemischen Technologie an der Kunstgewerbeschule in Prag. Mitbegründer der tschechischen Elektrochemie. Forschungen zur elektrischen Leitfähigkeit von Metallen, zu elektrochemischen Konstanten und der Bestimmung des relativen Molekulargewichts organischer Verbindungen, ferner zu Zuckern und Invertzuckern. 1897–1900 Redakteur der Fachzeitschrift Listy chemické. Mitarbeit an der Zeit

schrift Živa sowie am Ottův slovník naučný. Mitglied der Tschechischen Chemischen Gesellschaft. 1900 korr. Mitglied der Tschechischen Akademie der Wissenschaften und Künste in Prag.

W.: Elektrolytický superoxyd stříbra [Elektrolytisches Silbersuperoxid] (1895). — Význam a některé důsledky theorie elektrolytického tlaku [Bedeutung und einige Folgen der Theorie des Elektrolytdrucks] (1900).

L.: Archiv der Karls-Universität, Prag. Matriken. — ÖBL 63 (2012). — DVT 40 (2007) 88 f. u. 93 f. u. 43 (2010) 27-37. — ČČAVU (2004). — Tomeš 3 (1999). — ČBS (1992). — Dějiny Českého vysokého učení technického 1,2 (1978). — Nový, L. u. a.: Dějiny exaktních věd v českých zemích (1961). — OSN ND 6,2 (1943). — MSN 7 (1933). — NVISN 17 (1932). — OSN 24 (1906). — Poggendorff 4 (1904, m. Verz.). — Almanach České akademie 12 (1902) 131. — Živa 11 (1901) 253. — Časopis pro průmysl chemický 11 (1901) 221. — Listy chemické 25,7 (1901) 179 f. — Pharmaceutische Post 30.6.1901, 362. — Národní listy 12.6.1901, 3 u. 8 u. 3.7.1901, 1. — Prager Tagblatt (Ab.) 12.6.1901, 4.

Šulc, Pavel Josef (P. J. Štulc, Paul J. Schulz), Journalist, Schriftsteller und Übersetzer, * 27. 6. 1828 Knobis (Knovíz) Bez. Schlan (Slaný), † 12. 10. 1897 Prag (Praha). Gymnasium in Prag. 1847–1852 Studium an der philosophischen Fakultät der Universität Prag, Besuch von Vorlesungen zur Ästhetik, Philosophie und zur tschechischen Literatur. 1853–1859 Realschullehrer für Tschechisch, Landeskunde und Geschichte in Reichenberg, danach krankheitsbedingtes Ausscheiden aus dem Schuldienst. 1860–1875 Lektor einer Druckerei in Prag. Seit 1877 Redakteur verschiedener Zeitungen und Zeitschriften, 1877/78 Posel z Prahy, 1879/80 Průmyslový věstník, 1881 Gewerblich-industrielle Mitteilungen, 1881–1883 Průmyslník, 1882 Pražské listy, 1885 Kolínské noviny, 1887/88 Posel z Podhoří und 1888/89 Nové módy. Seit 1880 Redakteur des Verlags Alois Hynek. Autor von Jugendliteratur, didaktischen Schriften und Ratgebern. Übersetzer aus dem Deutschen, Französischen und Polnischen ins Tschechische von Werken von Franz Hoffmann, Wilhelm Bauberger, Adolf Mützelburg, Wilhelm Herchenbach und der Gebrüder Grimm sowie von Alexandre Dumas, Jules Verne, Wincenty Budzyński, Józef Korzeniowski und Józef Ignacy Kraszewski. Seit 1879 Mitglied der Vereinigung tschechischer Journalisten.

W.: Krisstof Kolumbus [Christoph Kolumbus] (1851). — *Obrazy světa pro mládež [Bilder der Welt für die Jugend] (1853).* — *Rozdílné jsou osudy lidské! [Menschliche Schicksale sind verschieden] (1854).* — *Albrecht z Valdštejna [Albrecht von Wallenstein] (1860).* — *Zábavné pověsti cizokrajné [Unterhaltsame Sagen aus fremden Ländern] (1861).* — *Vzory pro dítky k poučení a výstraze [Vorbilder für Kinder zur Belehrung und Warnung] (1861, ²1863 als Přítel dítek poučující a varující [Der belehrende und warnende Kinderfreund]).* — *Vínek. Sbírka pohádek pro dítky [Das Kränzchen. Eine Märchensammlung für Kinder] (1861, ²1863).* — *Robinsonady [Robinsonaden] (1861, ²1863).* — *Přírodopis názorný [Praktische Naturkunde] (1861).* — *Petr Veliký [Peter der Große] (1861).* — *Veselý společník [Der lustige Gespiele] (1862, ⁵1884).* — *Otec a syn, čili Vojsko francouzské v Rusích [Vater und Sohn, oder das französische Heer in Russland] (1862).* — *Anfangsgründe der böhm. Sprache für die Unterklassen der Mittelschule (1862).* — *Robinson (1863, ⁴1930).* — *Přírodopis. Soustavný přehled živočišstva [Naturkunde. Eine systematische Übersicht der Lebewesen] (1863).* — *Pedagogika všeobecná [Allgemeine Pädagogik] (2 Bde., 1863).* — *Pomník studentstva pražského [Denkmal der Prager Studentenschaft] (1864).* — *Přírodopis. Soustavný přehled tří přírodních říší [Naturkunde. Eine systematische Übersicht der drei Naturreiche] (1864, ²1877).* — *Domácí tajemník. Naučení o spisování listů či psaní [Der häusliche Sekretär. Belehrung über das Verfassen von Briefen und Schreiben] (1864, ⁴1876).* — *Všeobecný gratulant [Der universelle Gratulant] (1872, ³1884).* — *Základové pedagogiky a didaktiky [Grundlagen der Pädagogik u. Didaktik] (1873).* — *Karel IV. [Karl IV.] (1876).* — *Ferdinand V. Dobrotivý, král český [Ferdinand V. der Gütige, König von Böhmen] (1876).* — *Třicetiletá válka se zvláštním ohledem na Čechy [Der Dreißigjährige Krieg unter besonderer Berücksichtigung Böhmens] (1877).* — *Veselý zpěvák. Společenský zpěvník sokolský [Der lustige Sänger. Gemeinschaftliches Gesangbuch des Sokol-Vereins] (1878, ⁶1889).* — *Přípitky [Trinksprüche] (1878).* — *Zlatá pokladnice domácí [Goldene heimische Schatztruhe] (1880).* — *O výživě a chování dítek [Von der Ernährung und Erziehung von Kindern] (1880).* — *Napoléon I. (1880).* — *Benjamin Franklin (1880).* — *Zlatý král Přemysl Otakar II. [Der goldene König Přemysl Ottokar II.] (1881).* — *Ve střední Africe [In Zentralafrika] (1881).* — *Sběratel přírodnin [Der Naturaliensammler] (1881).* — *Přítel zvířat [Der Tierfreund] (1881).* — *Libuša a Přemysl [Libussa und Přemysl] (1881).* — *Konec Přemyslovců [Der Untergang der Přemysliden] (1881).* — *Jagelloni v Čechách [Die Jagellonen in Böhmen] (1881).* — *Hry mládeže [Spiele für die Jugend] (1881).* — *Hádanky pro dítky [Rätsel für Kinder] (1881).* — *Dva primatoři [Zwei Oberbürgermeister] (1881).* — *Bájky vybrané [Ausgewählte Fabeln] (1881).* — *Báchorky a povídky pro dítky [Märchen und Erzählungen für Kinder] (1881).* — *Zlatý vínek [Das goldene Kränzchen] (1882).* — *Na kraji propasti [Am Abgrund] (1883).* — *Krvavý sněm v Praze [Der blutige Stände-*

tag in Prag] (1883). — *Revoluce francouzská a vývoj republikánského zřízení ve Francii [Die Französische Revolution u. die Entwicklung des republikanischen Regierungssystems in Frankreich] (1884).* — *Cesty Sindbadovy [Sindbads Reisen] (1884, ²1892).* — *Nejnovější tajemník lásky a dvorný společník [Der jüngste Sekretär der Liebe und höflicher Gespiele] (1888).* — *Mikuláš Zrinský [Nikolaus Zrinski] (1889).* — *Jiří z Poděbrad [Georg von Poděbrad] (1889).* — *Jan Žižka z Kalicha [Jan Žižka vom Kelch] (1889).* — *Vlasť. Nový prostonárodní kalendář [Das Vaterland. Neuer Volkskalender] (1892).* — *Společenské hry [Gesellschaftsspiele] (1894).* — *Humoristika [Humoristik] (1898).*

L.: Mitt. Archiv der Karls-Universität Prag, 6.8.2020. — LČL 4,1 (2008). — Štverák, V.: Stručné dějiny pedagogiky (1988) 177 f. — Vopravil (1973). — Balák, K.: V posvátné půdě Vyšehradu (1946). — MSN 7 (1933). — Pospíšil, O./Suk, V. F.: Dětská literatura česká (1924) 137. — Kádner, O.: Dějiny pedagogiky 1 (1909) 146. — OSN 24 (1906). — Osvěta 28,2 (1898) 148. — Wurzbach 32 (1876).

Šulc, Stanislav, Lehrer und Politiker, * 12. 4. 1905 Königsfeld (Královo Pole bzw. Brno) Bez. Brünn-Umgebung (Brno-okolí), † 1975. 1917–1921 tschechisches Untergymnasium in Brünn, dann bis 1925 tschechische Lehrerbildungsanstalt in Brünn. Lehrer in Skřip, später in Brünn. Seit 1927 Mitglied der tschechischen Sozialdemokratie, Funktionär im Kreisparteiausschuss. Mitarbeit im mährischen Zentralverband der Lehrervereinigung. Mitglied der Freidenker. Seit 1937 Mitglied im mährischen Landesausschuss. 1938 Mitgründer und Vorsitzender des Bezirks Brünn der tschechischen Nationalen Partei der Arbeit. Bis 1939 auch Beisitzer im Landesverband zur Heilung und Erziehung Behinderter in Mähren. 1939 in Gestapo-Haft in Brünn und dann bis 1942 in den Konzentrationslagern Dachau und Buchenwald. 1945 Beteiligung an der Neugründung der Sozialdemokratie, seit 1945 Vorsitzender der Brünner Stadtorganisation und Mitglied im Zentralkomitee der Partei. Seit 1945 stellv. Vorsitzender des Nationalausschusses für Groß-Brünn und des mährischen Landesnationalausschusses, dort Gesundheits- und Sozialfürsorgereferent. Seit 1948 Mitglied der KPTsch, Bildungs- und Schulreferent für den Brünner Kreis. Direktor des Kinderheims in Brünn-Jundorf. April 1968 Mitgründer der Vereinigung der Freunde des SOS-Kinderdorfs in der Tschechoslowakei. Seit 1968 Abgeordneter, Präsidiumsmitglied sowie Vorsitzender des Mandats- und Immunitätsausschusses des Tschechischen Nationalrats, 1969 Rücktritt. Publikation pädagogischer Studien, politisch-organisatorischer Ratgeber und eines Erinnerungsromans über seine Haftzeit. 1968 tschechoslowakischer Orden der Republik.

W.: Sborník sjezdu mladého učitelstva [Kongressband der jungen Lehrerschaft] (1929). — (Hg.:) Spolupráce rodiny a školy [Die Zusammenarbeit von Familie und Schule] (1929). — Děti před mikrofonem [Kinder vor dem Mikrophon] (1933). — Smích v slzách [Zwischen Gelächter und Tränen] (1945). — Obnovení národních výborů místních, okresních a zemských [Die Erneuerung der Orts-, Bezirks- und Landesnationalausschüsse] (1946). — Národní výbory [Die Nationalausschüsse] (1946). — Jednací řády národních výborů okresních a zemských [Die Geschäftsordnungen der Bezirks- und Landesnationalausschüsse] (1946). — Organisační a jednací řády místních výborů okresních a zemských [Die Organisationsstatute u. Geschäftsordnungen der Orts- u. Landesnationalausschüsse] (Mitautor; 1947).

L.: Encyklopedie dějin města Brna vom 25.7.2019. — Brno v minulosti a dnes 27 (2014) 237 f. — Dvořák, T.: Vnitřní odsun 1947–1953 (2012). — Hoppe, J.: Opozice '68. Sociální demokracie, KAN a K 231 (2009) 371. — Škerle, M.: Československá sociální demokracie v Brně v letech 1945–1948 (Mag.-Arb. Brno, 2009). — Forum Brunense 7 (1993) 142 u. 146. — Acta Universitatis Palackianae Olomucensis, Historica 2 (1961) 216. — Rovnost 1.1.1949, 9 f. — Rudolf, J.: Byl jsem číslem 7809 (1945). — Biogr. Slg.

Šulc (Schulz), **Vácslav** (Václav, Wenzel), Grundbesitzer und Politiker, * 6. 8. 1837 Poučník (Poučník bzw. Karlštejn) Bez. Beraun (Beroun), † 9. 12. 1926 Prag (Praha). Gymnasium in Prag und höhere landwirtschaftliche Lehranstalt in Ungarisch-Altenburg/Ungarn. Gutsbesitzer in Želkowitz, Wohnsitz in Prag. Mitglied der tschechischen Nationalpartei. 1884–1907 Abgeordneter des konservativen Großgrundbesitzes im böhmischen Landtag. 1883–1907 tschechisch-konservativer Reichsratsabgeordneter, bis 1891 im Tschechischen Klub, dann in der Fraktion des konservativen Großgrundbesitzes. Mitglied, später Obmann des Bezirksausschusses von Hořowitz. Seit 1900 Direktoriumsmitglied, später bis 1924 stellv. Generaldirektor der Landesbank von Böhmen. 1898 Orden der Eisernen Krone 3. Klasse.

L.: Rokoský, J. u. a. (Hg.): František Udržal (2016) 81. — Adlgasser (2014). — Lišková (1994). — Rutkowski, E. (Hg.): Briefe u. Dokumente zur Geschichte der österr.-ungarischen Monarchie 2 (1991). — Knauer, Parl. (1969). — Sutter, B.: Die Badenischen Sprachenverordnungen 2 (1965). — OSN ND 6,2

(1943). — Národní politika 14.12.1926, 5. — Národní listy 10.12.1926, 2 u. 12.12.1926, 3. — Schránil-Husák (1911). — OSN 24 (1906). — Navrátil, M.: Nový český sněm (1902). — Almanach Říšské rady (1901) 57 u. 126. — Almanach sněmu království Českého (1896).

Šulc, **Viktor** (Pseud. Vít Suk), Regisseur, * 7. 3. 1897 Auwal (Úvaly) Bez. Böhmisch Brod (Český Brod), † [nach dem 12. 6.] 1942 Zwangsarbeitslager Trawniki. Kaufmannslehre. Im Ersten Weltkrieg Militärdienst. Danach in Prag, Mitglied des Arbeiter-Theatervereins Dědrasbor. Seit 1921 Mitglied der KPTsch. Seit 1921 in Berlin, dort Schauspielschule des Deutschen Theaters, Schüler von Max Reinhardt. Seit 1924 Schauspieler und Regieassistent in Schleswig, Hamburg und Berlin. 1926 Regieassistent von Leopold Jessner am Staatlichen Schauspielhaus in Berlin. 1927–1932 Regisseur am Nationaltheater Prag. Gründer des Kollektivs junger Theatermenschen in Prag. 1932–1938 Dramaturg und Regisseur der tschechischsprachigen Bühne des Slowakischen Nationaltheaters in Pressburg, dort enge Zusammenarbeit mit dem Bühnenbildner → F. Tröster. Daneben 1932/33 Gastregisseur am Theater in Mährisch Ostrau, 1933/34 an der Modernen Operette in Karolinenthal und 1934/35 am Nové divadlo in Prag. 1938 Rückkehr nach Prag, dort Regisseur des Švanda-Theaters. 1939/40 Mitglied der Theatergesellschaft von → K. Jičínský [Nachtragsband], 1940/41 unter dem Pseudonym Vít Suk Mitglied der Theatergesellschaft Nová česká scéna von Josef Mareček. 1942 Umzug nach Nimburg, dort Angestellter der Elbe-Flussregulierung. Im Juni 1942 Deportation ins Konzentrationslager Theresienstadt, anschließend ins Zwangsarbeitslager Trawniki. Vertreter des politischen Theaters, des Expressionismus und der tschechoslowakischen Theater-Avantgarde.

L.: Národní divadlo Online archiv, umelec=3863 [30.4.2024]. — Lindovská, N. u. a.: Od rekonštrukce divadelnej inscenácie ku kultúrnym dejinám? (2015). — Holocaust.cz. Databáze obětí vom 2.4.2014. — Studie a zprávy. Historický sborník pražského okolí 4 (2014) 123-141. — Život Úval 54,4 (2013) 9. — Hodulík, E.: Spolupráca V. Š. a Františka Tröstera v SND (Bachelor-Arb. Brno, 2010). — Hudobný život 7-8 (2009). — Úvaly v průběhu staletí (2004) 283. — Burian, J. M.: Modern Czech Theatre (2000). — Tomeš 3 (1999). — Churaň 2 (1998). — Terezínská pamětní kniha 1 (1995) 599. — Život Úval 3 (1993) 4. — SBS 5 (1992). — Encyklopédia dramatických umení Slovenska 2 (1990). — Mittelmann-Dedinský,

M.: *Veľkí divadelní režiséri (1989).* — *Hilmera, J.: František Tröster (1989).* — *Národní divadlo (1988).* — *MČSE 6 (1987).* — *Mittelmann-Dedinský, M.: V. Š. Cesta režiséra (1984).* — *Dějiny českého divadla 4 (1983).* — *Encyklopédia Slovenska 5 (1981).* — *PSN 4 (1967).* — *Theater-divadlo (1965).* — *Vojtěchová, D. (Hg.): Divadlo bojující (1961) 191.*

Šulc, Viktorin, Beamter und Architekt, * 9. 10. 1870 Lissa an der Elbe (Lysá nad Labem) Bez. Neu-Benatek (Nové Benátky bzw. Benátky nad Jizerou), † 20. 3. 1946 Prag (Praha). 1890 bis 1897 Architekturstudium an der tschechischen TH in Prag, daneben privater Zeichenunterricht. Studienreisen nach Italien, Deutschland, Frankreich, Österreich, Griechenland und in die Schweiz. 1897–1899 Angestellter des Bauamts der Stadt Prag. Industrieschullehrer 1899–1912 in Pilsen und 1912–1919 in Prag. 1919–1931 Beamter des tschechoslowakischen Ministeriums für Schulwesen, Inspektor der Industrieschulen, 1922 Ministerialrat. Zugleich durch Späthistorismus und Klassizismus beeinflusster Architekt von Mietshäusern, Schul- und Verwaltungsgebäuden, Krankenhäusern, Theatern und Hotelbauten sowie von Stadtentwicklungsprojekten. Mitgestaltung des Smetana-Hauses in Leitomischl, Bau der Rathäuser in Schlesisch Ostrau und Patzau. Daneben Aquarellist. Redakteur der Fachzeitschrift Architektonický obzor. Veröffentlichungen in Stavitelské listy. Mitarbeit am Masarykův slovník naučný und am Technický slovník naučný. Mitglied der Vereine Myslbek und Česká matice technická sowie des Vereins der bildenden Künstler.

L.: *Informační systém abART [30.4.2024].* — *Litomyšlský architektonický manuál [30.4.2024].* — *Allg. Künstlerlexikon 107 (2020) u. Online [30.4.2024].* — *Brůhová, K.: Pražské vize (2018).* — *Radnice Slezské Ostravy (2011).* — *Kolář, O.: Písecké solitéry (2010) 45.* — *Enc. architektů (2004 u. ²2023, m. Verz.).* — *Horová 2 (1995).* — *Kdy zemřeli? (1974).* — *Vopravil (1973).* — *Toman 2 (1950, m. Verz.).* — *Lidové noviny 9.10.1940, 7.* — *Kulturní adresář (1934 u. 1936).* — *MSN 7 (1933).* — *Rosa, A./Jindra, J.: Průmyslové a odborné školství v Republice československé (1928) 215 f.* — *Album representantů (1927).*

Šulcová (Schulz, verh. Macháčková), Marie, Sängerin, * [1806/07] Prag (Praha), † 18. 10. 1847 Jičin (Jičín). Seit 1829 Ehefrau von → S. K. Macháček, Mutter von Emilie Marie **Macháčková** (Lehrerin, * 12. 2. 1840 Jičin, † 19. 3. 1897 Prag, deutsche Lehrerinnenbildungsanstalt Prag, seit 1876 Lehrerin an der tschechischen Mädchen-

bürgerschule in Prag-Neustadt, Teilnahme am Amerikanischen Damenklub, 1869 Gründungsmitglied des Prager Frauenturnvereins, 1867 Verurteilung wegen einer nationalpolitischen Kranzniederlegung). 1823 Schauspielerin am tschechischen Laientheater von → V. F. Teisinger in Prag. 1823–1829 Mezzosopranistin am Ständetheater in Prag, Mitwirkung an tschechischsprachigen Aufführungen. Seit 1829 in Jičin, gelegentlich Auftritte als Sängerin und Violinistin im dortigen Schlosstheater. Protagonistin der frühen tschechischen Oper. Akteurin des lokalen tschechischen Bildungsbürgertums und Organisatorin von karitativen Veranstaltungen in Jičin.

L.: *Vzdělavatelské listy 2 (2019) 3.* — *Ludvová (2006).* — *Waic, M. u. a.: Sokol v české společnosti (1996) 37.* — *Březina, J.: Děti slavných rodičů (1995) 56.* — *Vondráček, J.: Dějiny českého divadla 1-2 (1956/57).* — *Plavec, J.: František Škroup (1941).* — *Korespondence a zápisky Frant. Ladislava Čelakovského 4,2 (1935).* — *Sedmá výroční zpráva českého soukromého gymnasia ve Vyškově (1906) 13, 19, 21, 25 f., 30 u. 38 f.* — *Krok 1 (1887) 136 f., 238 u. 313.* — *Bohemia 23.4.1847, 4.* — *Časopis Společnosti Wlastenského Museum w Čechách 1 (1827) 129.* — *Biogr. Slg.*

Šulcová, Marie, Schriftstellerin, * 6. 8. 1926 Eseň (Eszeny bzw. Eseň Bez. Užgorod bzw. Rajon Uschhorod/Ukraine, † 4. 8. 2015 [vermutlich Prag]. Jugend in Karthaus-Waldiz, Eisenstadtl bei Jičin und Chiesch bei Luditz. Bürgerschule in Welim, 1941–1944 Fachschule für Frauenberufe in Jičin. Dort 1944/45 Arbeitseinsatz. 1956–1958 Studium am staatlichen Institut für Stenographie, Staatsexamen. 1959–1961 Finanzbuchhalterin der Firma Motex in Prag. Seit 1962 Sekretärin an der Wirtschaftshochschule in Prag, seit 1963 dort Sekretärin der Redaktion der Ökonomischen Enzyklopädie, seit 1967 Redakteurin, zugleich seit 1971 Redakteurin des Informationsbulletins der Wirtschaftshochschule. 1979 Ruhestand. Forschungen zu den Biographien von → J. Čapek und → K. Čapek, daneben Verfasserin von Novellen und historischen Studien. Veröffentlichungen in Lidová demokracie, Svobodné slovo, Vlasta und Naše rodina. Mitglied der tschechischen Schriftsteller-Gemeinde, Ehrenmitglied der Brüder-Čapek-Gesellschaften in Prag und Sankt Petersburg. 1991 Medaille des tschechischen Kulturministeriums, 1997 Karel-Čapek-Preis der Brüder-Čapek-Gesellschaft. Ehrenbürgerin von Chiesch.

W.: *Kruh mého času [Der Kreis meiner Zeit] (1975, ⁵2005). — Čapci [Die Čapeks] (1985, ²1998). — Ladění pro dvě struny [Stimmung für zwei Saiten] (1990). — O vzniku památníku Karla Čapka v Chyších u Žlutic [Von der Entstehung des Karel-Čapek-Denkmals in Chiesch bei Luditz] (1992). — Poločas nadějí [Die Halbzeit der Hoffnung] (1993, ²1998). — Šance pro Ondřeje [Eine Chance für Ondřej] (1996). — Brána věčnosti [Tor zur Ewigkeit] (1997). — Zámek Chyše [Schloss Chiesch] (Mitautorin; 2000). — Prodloužený čas Josefa Čapka [Josef Čapeks verlängerte Zeit] (2000). — P. František Wonka (1894–1967). In: Rodným krajem 21 (2000) 54-57. — Antonín Marek (2002). — Dvě studie [Zwei Studien] (2002). — Antonín Marek. Životní osudy [A. M. Sein Lebensschicksal] u. Osudy dětí Antonína Marka [Die Schicksale der Kinder von Antonín Marek]. In: Mandava (2003/04) 125-136 u. 137-141. — Pohádky z růžové stráně [Märchen vom Rosenhang] (2006).*

L.: *Zprávy Společnosti bratří Čapků 119 (2015) 11. — Kdo je kdo v Obci spisovatelů (2008). — Kronika městské části Praha 10 (2006) 240. — Rodným krajem 23 (2001) 34-37. — 50 let Společnosti bratří Čapků (1999) 52 u. 71. — Karel Čapek. Sborník příspěvků z Národní konference ke stému výročí autorova narození (1990) 193-196. — Slovník české literatury 1970–1981 (1985).*

Sulek, Svatopluk, Maler und Graphiker, * 16. 3. 1921 Tabor (Tábor), † 7. 2. 2007 Prag (Praha). Realschule in Kaschau. 1947–1950 Malereistudium an der Académie de Montmartre in Paris bei Fernand Léger. 1950 Aufenthalt auf Korsika. 1950/51 Malereistudium an der Akademie der Bildenden Künste in Prag bei → V. Rada. Danach Bergmann in Maltheuern bei Brüx und in Kladno. Später freiberuflicher Maler in Südböhmen. Französische, korsische und südböhmische Landschaften, Porträts, Prager Stadtbilder, Illustrationen. Seit 1958 eigene Ausstellungen in Prag und anderen böhmischen Städten.

L.: *Informační systém abART [30.4.2024]. — Lidové noviny 8.2.2007, 16. — Mladá fronta Dnes 8.2.2007, B5. — SČSVU 15 (2005). — Kosatík, P.: S. maluje (2005). — Hrabica, Z.: Jak jsem je potkal (2001). — 300 malířů, sochařů, grafiků (1968). — Padrta, J.: S. S. Obrazy a kresby (1958).*

Šuleř, Oldřich, Journalist und Schriftsteller, * 1. 6. 1924 Mährisch Ostrau (Moravská Ostrava), † 26. 1. 2015 Ostrau (Ostrava). Gymnasium in Troppau und Wallachisch Meseritsch, dort 1943 Matura. Seit 1943 Arbeitseinsatz als Bergarbeiter in Ostrau und in einer Waffenfabrik in Wallachisch Meseritsch. 1945–1949 Jurastudium an der Universität Prag, 1950 Promoti-

on. Verfasser von Kulturbeiträgen in Zeitschriften sowie von Hörspielen. 1948–1955 Redakteur der Sendestation Ostrau des Tschechoslowakischen Rundfunks zuerst für Kindersendungen, dann für Literatur und Theater. 1956 Mitarbeiter der Kreisvolksbücherei Ostrau. 1957–1961 Direktor des Kreisverlags in Ostrau und 1959/60 Chefredakteur der Kulturzeitschrift Červený květ, Beiträge in Nová svoboda und Literární noviny. 1961–1970 Vorsitzender der Ostrauer Zweigstelle und seit 1967 Mitglied des Zentralkomitees des Verbands tschechoslowakischer Schriftsteller. Seit 1966 Mitglied des nordmährischen Kreisausschusses der KPTsch und 1966 Delegierter des 13. Parteitags. 1969 Parteiausschluss und Berufsverbot. 1970/71 Maschinist eines Elektrizitätswerks in Ostrau, seit 1972 Jurist der Bezirksstraßenverwaltung in Neu-Titschein, 1984 Ruhestand. Seit 1990 Vorsitzender der Ostrauer Zweigstelle des tschechischen Schriftstellerverbands. 1995–2000 Vorsitzender der mährisch-schlesischen Schriftstellergemeinde. Mitglied des tschechischen PEN-Klubs. Romane, Erzählungen, Hör- und Fernsehspiele, Kinderbücher, Feuilletons, Essays und historisch-kulturwissenschaftliche Studien, oft mit Bezug zur schlesischen bzw. walachischen Region, zum Widerstand gegen die deutsche Besatzung oder zur Rolle des Künstlers. 1948 Hörspielpreis des Tschechoslowakischen Rundfunks. 1992 Egon-Erwin-Kisch-Preis, 2010 Preis der Stadt Ostrau. 2009 Ehrenbürger von Ostrau.

W.: *Stanice Sousedov [Die Station Sousedov] (Hörspiel 1948; 1958). — Mírová hranice [Die Friedensgrenze] (1952). — Letopisy v žule [Chroniken auf Granit] (1957, ³1967). — Kraj žuly a mramoru [Ein Land aus Granit und Marmor] (1957). — (Hg.:) 600 let města Štramberka [600 Jahre der Stadt Stramberg] (1959). — O Janíčkovi maléřečkovi [Janíček der Maler] (1960, ²1969). — Zpěvník léta [Liederbuch eines Sommers] (1960). — Bratrství v boji [Bruderschaft im Kampf] (zus. m. H. Jasiczek; 1960). — Návratníček [Der kleine Rückkehrer] (1963). — Cyrilek [Der kleine Cyril] (1964). — Bylina od černé žluny [Kräuter vom schwarzen Specht] (1964). — Na srnčích nohách [Auf Rehbeinen] (1966, ²1969). — Inkognito (1967, ²2013). — Vášnivé povahy [Leidenschaftliche Charaktere] (1969). — Marné návraty [Vergebliche Rückkehr] (1969). — Měsíční krajina [Mondlandschaft] (1979, ²2009). — Dlouhé stíny [Lange Schatten] (1984). — Modrá štola [Der blaue Stollen] (1985). — Ve dne v noci [Bei Tag und Nacht] (1986). — Ovčák a drak [Der Hirte und der Drache] (1986). — Valentýnská zima [Der Valentinswinter] (1987). — Je to chůze po kotárech! [Wanderung auf kargen*

Hügeln] (1989). — *Nic nalhaného, máloco pravda [Nichts gelogen, wenig Wahres] (1990).* — *Návrat na stadión [Die Rückkehr ins Stadion] (1992).* — *Zbojnické pohádky a pověsti z Valašska [Räubergeschichten und Legenden aus der mähr. Walachei] (1993).* — *Paměť domova [Heimaterinnerung] (1994).* — *Neodeslané dopisy [Unversandte Briefe] (1994).* — *Severní svahy [Nordhänge] (1997).* — *Sláva a pád Valašského pánbíčka [Ruhm und Fall des walachischen Herrgotts] (1998).* — *Důvěrné dialogy [Vertrauliche Dialoge] (2000).* — *Krásné nesmysly [Schöner Unsinn] (2000).* — *Šálivý šepot vzpomínek [Das trügerische Flüstern der Erinnerungen] (2001).* — *Bílý kůň ve znaku [Ein weißes Pferd im Wappen] (2001).* — *Valašský poslanec T. G. M. [Der walachische Abgeordnete T. G. Masaryk] (2002).* — *Úhlavní přítel [Der Erzfreund] (2002).* — *Hořela lípa, hořela [Es brannte die Linde, sie brannte] (2002).* — *Laskavé podobizny [Freundliche Porträts] (2005).* — *Laskavé medailony [Freundliche Medaillons] (2007).* — *Třetí strana mince [Die dritte Seite der Medaille] (2008).* — *Laskavá setkání [Freundliche Begegnungen] (2008).* — *Chýrný valašský muzikant Jan Pelár [Der berühmte walachische Musikant Jan Pelár] (2017).*

L.: *Krok. Kulturní revue Olomouckého kraje 19,4 (2022) 10-16.* — *Encyklopedie města Ostravy vom 22.10.2018.* — *Myška suppl. 3 (2016, m. Verz.).* — *Slezský sborník 113 (2015) 425.* — *SČL online vom 18.3.2015 (m. Verz.).* — *Valašsko 34 (2015) 53 f.* — *Host 31,2 (2015) 5 f.* — *Literární noviny 26,2 (2015) 18.* — *KESSM 2 (²2013).* — *Osobnosti. Česko (2008).* — *Málková, I./Urbanová, S.: Literární slovník severní Moravy a Slezska 1945–2000 (2001).* — *Tomeš 3 (1999).* — *Janoušek 2 (1998, m. Verz.).* — *Vlastivědný věstník moravský 46 (1994) 375-378.* — *ČBS (1992).* — *Kdo je kdo (1991 bis ⁵2005).* — *MČSe 6 (1987).* — *Slovník české literatury 1970–1981 (1985).* — *Vopravil (1973).* — *Červený květ 14,6 (1969) 44-46.* — *SČS (1964).* — *Slezský sborník 59 (1961) 247-253.* — *Kuhn-Böss (1961).* — *Kunc, J.: Slovník českých spisovatelů beletristů 1945–1956 (1957).* — *Biogr. Slg.*

Sulewicz (Sullowitz, Cappleri de Sulewitz, Kaplíř ze Sulevic), Kaspar (Kašpar) → **Kaplirsch** v. Sulewitz, Kaspar Zdenko Graf

Šulík, Andělín (Engelbert Alois), Beamter und Politiker, * 4. 6. 1901 Strzebowitz (Třebovice bzw. Ostrava) Bez. Königsberg (Klimkovice), † 23. 1. 1977 [in der Tschechoslowakei]. Tschechisches Gymnasium in Troppau. Als Schüler Sokol-Mitglied. Seit 1918 Vorsitzender der tschechischen nationalen sozialistischen Jugend. Hilfslehrer und 1920–1927 Jurastudium an der tschechischen Universität in Prag. Dann Beamter und seit 1934 Leiter des Präsidiums der schlesischen Finanzverwaltung in Troppau. Engage-

ment im Schlesischen Nationalverband. Oktober 1938 Beauftragter für die Evakuierung der tschechoslowakischen Behörden und Beamten aus Troppau. Anschließend am Hauptzollamt in Brünn. Mitglied des Schlesischen Nationalrats im Untergrund, 1941 und 1944/45 Inhaftierung. Seit 1945 Administrator der Finanzverwaltung in Brünn, beauftragt mit der Rekonstruktion der schlesischen Finanzdirektion in Troppau. 1946–1948 Abgeordneter der volkssozialistischen Partei in der Prager Nationalversammlung. 1948 Verhaftung und 1950 Prozess wegen Landesverrats, Haft in Leopoldov und Ilava/Slowakei, 1960 Amnestierung. Später Nachtwächter. 1964 teilweise Rehabilitierung. 1968 Brünner Sekretär der Vereinigung ehemaliger politischer Gefangener K 231, Befürworter der Wiedergründung des Sokol und des Landes Schlesien. Mitarbeit in der Tschechoslowakischen Sozialistischen Partei, 1970 Parteiausschluss. Beschuldigungen einer Kollaboration mit dem NS-Regime. Juristische und finanzrechtliche Fachstudien sowie Mitarbeit am Handbuch Praktický advokát.

W.: *Základní problémy hospodářské a finanční rekonstrukce republiky [Grundprobleme der wirtschaftlichen und finanziellen Rekonstruktion der Republik] (1947).*

L.: *Archiv der Karls-Universität, Prag. Matriken.* — *Kaplan, K.: Politický proces s Miladou Horákovou a spol. (2019).* — *Knapík, J./Knapíková, J.: „Slezský konzulát" v Praze (2010).* — *Kaplan, K.: Druhý proces (2008).* — *Pernes, J.: Od demokratického socialismu k demokracii (1999) 125.* — *Těšínsko 39,4 (1996) 25-27.* — *Kaplan, K.: Největší politický proces (1995).* — *Klátil, F.: Republika nad stranami (1992) 302.*

Sulík, Josef → **Sula,** Pavel

Sulko de Hosstka (Sulke von Hostka, Sulek z Hoštky), Arzt und Geistlicher, * [um 1370 vermutlich Nordböhmen], † [nach 1418] Erfurt. 1395 Bakkalaureus an der Universität Prag, 1405 Licentiatus Artium. 1410 Magister der Freien Künste bzw. Doktor der Medizin. Seit 1410 Altarist der Hl.-Kastulus-Kirche in Prag. 1411 Kanzler und Interim-Rektor der Universität in Prag, 1412 Vizekanzler und 1413 Rektor. 1417 Pfarrer in Großnehwizd. Nach 1418 an der Universität Erfurt. Lateinische und deutsche Werke zur Behandlung von Fieber und Koliken.

W.: *Regimen magistri Sulkonis doctris medicinae in febribus/Regimen et cura colicae. In: Archiv für Geschichte der Medizin 2 (1908) 47-53.*

L.: Šmahel, F: Alma mater Pragensis (2016). — Vodička, O.: Katoličtí exulanti ze zemí Koruny české v době husitské (Diss. Brno, 2015). — Šmahel, F.: Die Prager Universität im Mittelalter (2007) 121. — Svobodný, P./Hlaváčková, L.: Dějiny lékařství v českých zemích (2004). — Dějiny Univerzity Karlovy 1 (1995). — BSPLF 1 (1988) 56. — Spunar, P.: Repertorium auctorum Bohemorum 1 (1985, m. Verz.) 132 f. — Eis, G.: Medizinische Fachprosa des späten Mittelalters und der frühen Neuzeit (1982) 83. — Tříška, J.: Životopisný slovník předhusitské pražské univerzity (1981). — AUC-HUCP 20,2 (1980) 63 f. — Eis, G.: Kleine Schriften zur altdeutschen weltlichen Dichtung (1979) 443. — Abe, H. R.: Die Erfurter medizinische Fakultät 1392–1524 (1974) 153 u. 246. — AUC-HUCP 9,2 (1968) 84. — Kleineidam, E.: Universitas studii erffordensis 1 (1964) 324 u. 329. — Stammler-Langosch 4 (1953). — Jihočeský sborník historický 13 (1940) 37 u. 88. — Hirsch 5 (1934). — Vierteljahrschrift f. d. praktische Heilkunde 23,2 [= Bd. 90] (1866) 17. — Krombholz, J. V. v.: Topographisches Tb. v. Prag (1837) 210.

Šultys z Felsdorfu (Ssulttys, Šoltys, Schultis von Felsdorf), **Jan** (Johann d. Ä.), Lehrer, Gastwirt und Politiker, * [um 1560] Schlan (Slaný), † 21. 6. 1621 Prag (Praha). Vater von → Jiří Šultys z Felsdorfu und von Jan (Johann d. J.) **Šultys z Felsdorfu** (Lehrer, * [nach 1593] Kuttenberg (Kutná Hora), † [nach 1638], Schulen in Kuttenberg, Böhmisch Brod und Leitmeritz, 1616 Bakkalaureus und 1617 Magister an der Universität in Prag, seit 1618 Schulleiter in Schlan, Konversion zum Katholizismus, seit 1627 Stadtrat, seit 1631 Bürgermeister von Schlan, 1633–1635 Gefängnis wegen Kooperation mit der sächsischen Besatzung, nach 1638 in Prag). Studium an der Universität in Prag. 1584 Lehrer der Lateinschule in Schlan, seit 1589 Lehrer, spätestens seit 1598 Direktor der Lateinschule in Kuttenberg. Durch Heirat auch Gastwirt, Weinhändler und Bürger von Kuttenberg. Erwerb von Häusern und Grundstücken in der Stadt. Schöffe, seit 1593 Richter. Seit 1604 Mitglied des Stadtrats von Kuttenberg. 1609 Delegierter auf dem Landtag in Prag. 1612–1614 städtischer Münzmeister. 1614, 1616 und 1620 Bürgermeister von Kuttenberg. Beteiligung am Ständeaufstand, seit 1618 Mitglied des Direktoriums in Prag. 1619 Unterzeichner der Konföderationsakte und Wähler von → Friedrich V. von der Pfalz. 1620 Leitung der Kapitulation der Stadt Kuttenberg. 1621 Verhaftung, Prozess und Hinrichtung auf dem Altstädter Ring in Prag. Konfiskation des Vermögens. 1604 Prädikat und Wappen von Felsdorf.

L.: Slánský obzor 29 (2021) 98-108. — Slánské listy 24,6 (2016) 10. — Dědictví Koruny české 21,3 (2012) 20 f. u. 24. — Přísně tajné! Literatura faktu 4 (2012) 29-35. — Kutnohorský deník 18.6.2011, 8. — Slánský obzor 17 (2009) 97-113. — Petráň, J.: Staroměstská exekuce (2004) 233 u. 327. — Malá encyklopedie českých právníků (2002). — Heraldická ročenka 2 (1994) 14 u. 16. — Rukověť 5 (1982). — OSN ND 6,2 (1943). — MSN 7 (1933). — Kutnohorské příspěvky k dějinám vzdělanosti české 2,1 (1925) 17-27. — Pick, F. (Hg.): Die Prager Exekution im Jahre 1621 (1922) 130 f. — OSN 24 (1906). — Listář k dějinám školství Kutnohorského (1894). — Lacina, J.: Paměti královského města Slaného (1885) 101. — Sborník historický 1 (1883) 257-269. — Bílek, T. V.: Dějiny konfiskací v Čechách (1882) 642-645. — Rieger 9 (1872). — Dlabacž (1815). — Martyrologium Bohemicum (1766) 297 f. — Biogr. Slg.

Šultys z Felsdorfu (Ssulttys, Schultis von Felsdorf), **Jiří** (Jiřík, Georg), Gelehrter, * [nach 1590] Kuttenberg (Kutná Hora), † [um 1627/28] Verona. Sohn von → Jan Šultys z Felsdorfu. Lateinschule in Kuttenberg, 1608–1610 Gymnasium in Görlitz und bis 1612 in Leitmeritz. Seit 1612 Studium an der Universität Altdorf, dann Jurastudium an der Universität Marburg, seit 1614 an der Universität Prag. Dort 1615 Bakkalaureus sowie Magister der Philosophie, seitdem Prof. für Rhetorik. Promotion. 1617 und 1619 Dekan der philosophischen Fakultät in Prag. Bürgerrecht der Prager Altstadt. 1618 Zeuge des Prager Fenstersturzes. 1620 Verwalter der konfiszierten Bibliothek des Prager Jesuitenkollegs. 1621 Mitglied einer Gesandtschaft zum böhmischen Oberstkanzler → Zdenko Adalbert Fürst v. Lobkowicz in Wien sowie zum sächsischen Kurfürsten in Dresden zur Sicherung der Rechte der utraquistischen Universität. 1621 Hausarrest. Rücktritt von seiner Professur und Umzug in eine Landgemeinde. 1623 aus konfessionellen Gründen Auswanderung in die Niederlande, 1623 als Begleiter von Heinrich Friedrich von der Pfalz Studium an den Universitäten Groningen und Leiden. Später Offizier im venezianischen Dienst. Lateinische Gedichte und humanistische Werke.

W.: Cunae in Laudem et Gloriam Recens nati Immanuelis et Servatoris Nostri Jesu Christi Decantatae (1613). — Oratio continens Vituperium Concordiae cum Detestatione Eivsdem Sobolis videlicet securitatis (1614). — Decisio et jucundissima ita et utilissima ac hodie diu multumque inter academicos agitatae questionis: Utrumscilicet in scholis, gymnasiis et academiis liceat docere non titulatis (1615).

L.: Holá, M. u. a.: Profesoři pražské utrakvistické univerzity 1457/1458–1622 (2022). — Storchová, L.: Paupertate styloque connecti (2011). — Slánský obzor 17 (2009) 106. — Malá encyklopedie českých právníků (2002). — Dějiny Univerzity Karlovy 2 (1996). — Rukověť 5 (1982). — PB Mag Krömer (1972). — Kunstmann, H.: Die Nürnberger Universität Altdorf und Böhmen (1963) 217. — ÖSN ND 6,2 (1943). — NVISN 17 (1932). — Winter, Z.: Děje vysokých škol pražských (1897). — Sborník historický 1 (1883) 261-263. — Rieger 9 (1872). — Tomek, W. W.: Geschichte der Prager Universität (1849).

Sum, Antonín, Jurist, Umweltforscher und Verbandsfunktionär, * 31. 1. 1919 Prag (Praha), † 15. 8. 2006 Prag. Sohn von → A. B. Sum. Gymnasium in Wien und Prag, dort Matura. Mitglied der Pfadfinder und der YMCA in der Tschechoslowakei. 1937–1939 und 1945/46 Jurastudium an der tschechischen Universität in Prag, dazwischen Notariatsangestellter. Teilnahme am Widerstand und 1945 am Prager Aufstand. 1946/47 Mitarbeiter des Amtes des tschechoslowakischen Ministerpräsidenten. 1947–1949 im Außenministerium, 1947/48 persönlicher Sekretär von → J. Masaryk. 1949 Entlassung, danach Dreher. 1949 Zeuge im Prozess gegen → M. Horáková [Nachtragsband]. 1949 Verhaftung und 1950 Verurteilung zu 22 Jahren Gefängnis und Zwangsarbeit wegen Hochverrats, Haft in den Gefängnissen Rusin, Pankratz und Waldic sowie im Arbeitslager Sankt Joachimsthal. 1962 Entlassung, 1968 Rehabilitierung. 1962–1968 Schornsteinfeger. 1968–1970 Vorsitzender der wiedergegründeten Pfadfinderorganisation Junák. 1969/70 Sekretär des Zentralausschusses der Nationalen Front. 1970–1984 Mitarbeiter bzw. leitender Mitarbeiter des Forschungsinstituts für Bau und Architektur in Prag, zahlreiche Arbeiten zu Umweltbedingungen in der Tschechoslowakei. Daneben Übersetzer und Gerichtsdolmetscher. 1989 Mitgründer und seit 1995 Vizepräsident der Demokratischen Masaryk-Bewegung, 1991–1994 Präsident der Jan-Masaryk-Stiftung in Prag. 1990 Mitwirkung am Wiederaufbau von Junák und YMCA. Ehrenpräsident des Verbandes des nationalen Aufstands von 1945. 1969 Orden der Arbeit, 2003 Masaryk-Orden 3. Klasse, 2005 Alice-Masaryková-Medaille des Tschechischen Roten Kreuzes.

W.: Almanach Masarykova letního tábora Křesťanského sdružení mladých lidí (YMCA) na Sázavě [Almanach des Masaryk-Ferienlagers des YMCA an der Sazawa] (Mitautor; 1939). — Péče o životní prostředí ve Svazu sovětských socialistických republik [Umweltschutz in der UdSSR] (1971, ²1972). — Ochrana životního prostředí v členských zemích RVHP [Umweltschutz in den RGW-Mitgliedstaaten] (1971, ²1972; russ. 1972; engl. 1973). — Právní řešení životního prostředí v Československu [Rechtliche Grundlagen des Umweltschutzes in der Tschechoslowakei] (zus. m. Z. Madar; 1972; engl. 1973). — Péče o zdravé životní prostředí v Československu [Pflege einer gesunden Umwelt in der Tschechoslowakei] (1972). — Mezinárodní zkušenosti v oblasti životního prostředí [Internationale Erfahrungen im Umweltbereich] (1973, ²1974). — Výchova k péči o životní prostředí [Umwelterziehung] (Mitautor; 1975; frz. 1977; slowak. 1978). — Právní ochrana čistoty ovzduší v rámci péče socialistického státu o životní prostředí [Rechtliche Bedingungen der Luftreinhaltung im Rahmen des Umweltschutzes eines sozialistischen Staates] (1975). — Péče o životní prostředí po sjezdech KSČ a KSSS [Umweltschutz nach den Parteitagen der KPTsch und der KPdSU] (1976). — Ochrana zemědělského lesního a půdního fondu [Wald- und Bodenschutz] (Mitautor; 2 Bde., 1978). — Leninská výchova k péči o životní prostředí [Leninistische Erziehung zum Umweltschutz] (1978). — Jak bych chtěl bydlet. Názory dětí na životní prostředí [Wie ich wohnen möchte. Umweltansichten von Kindern] (Mitautor; 1979). — Zvelebování měst a obcí, akce Z [Verschönerung von Städten und Dörfern, die Aktion Z] (Mitautor; 1980). — Význam vody v životním prostředí [Die Bedeutung des Wassers für die Umwelt] (Mitautor; 1980). — Mimoškolní výchova k péči o životní prostředí [Außerschulische Erziehung zum Umweltschutz] (Mitautor; 2 Bde., 1980). — Zdokonalování systému řízení péče o životní prostředí ve výrobních organizacích [Verbesserung des Steuerungssystems des Umweltschutzes in Produktionsbetrieben] (Mitautor; 1981). — Základy biologie a ekologie [Grundlagen der Biologie und Ökologie] (Mitautor; 1981). — Úvod k základním teoretickým poznatkům péče o životní prostředí pro technicky zaměřené studium [Einführung in die theoretischen Grundlagen der Umweltpflege für technische Fächer] (Mitautor; 2 Bde., 1981). — Rekreace v krajině [Erholung in der Landschaft] (2 Bde., 1981). — Průmysl a životní prostředí [Industrie und Umwelt] (Mitautor; 1981). — Národní fronta a životní prostředí [Die Nationale Front und die Umwelt] (Mitautor; 1981). — Zlepšování životního prostředí ve městech [Die Verbesserung der Umweltbedingungen in Städten] (Mitautor; 1982). — Zásady pro ochranu přírody [Grundsätze des Naturschutzes] (1982). — Výzkumné úkoly životního prostředí v 7. pětiletce [Die Umweltforschungsaufgaben des 7. Fünfjahresplans] (Mitautor; 1982). — Vliv výroby a rozvodu elektřiny na životní prostředí [Die Auswirkung der Stromerzeugung und Stromverteilung auf die Umwelt] (Mitautor; 1982). — Věda a výzkum v životním prostředí [Umweltwissenschaft und -forschung] (1982). — Úloha národních výborů ve vlastní investorské činnosti při péči o životní prostředí [Die Rolle der Nationalausschüsse als Investoren in den

Umweltschutz] (Mitautor; 1982). — Péče o člověka v pracovním prostředí [Der Schutz des Menschen in der Arbeitswelt] (Mitautor; 1982). — Úkoly národních výborů v péči o životní prostředí [Aufgaben der Nationalausschüsse im Umweltschutz] (Mitautor; 1983). — Sociální a právní aspekty péče o pracovní prostředí [Die sozialen und rechtlichen Aspekte des Schutzes der Arbeitsumwelt] (Mitautor; 1983). — Příručka pro ochránce přírody [Hb. für Umweltschützer] (1983, ²1984). — Památky a mládež [Baudenkmäler und Jugend] (Mitautor; 1983). — Kritéria pro posuzování investic z hlediska životního prostředí [Umweltkriterien für die Bewertung von Investitionen] (1983). — Význam a funkce kontroly v péči o životní prostředí [Bedeutung und Funktion der Kontrolle im Umweltschutz] (1984). — Výchova k péči o životní prostředí na 1. stupni základních škol [Umwelterziehung in der 1. Jahrgangsstufe der Grundschule] (1984). — Soubor předpisů na ochranu ovzduší [Richtlinien für die Luftreinhaltung] (Mitautor; 1984). — Péče o lesy v činnosti národních výborů [Waldschutz in der Tätigkeit der Nationalausschüsse] (1984). — Právní aspekty péče o životní prostředí [Rechtliche Aspekte des Umweltschutzes] (Mitautor; 1985). — Studijní podklady a informace k životnímu prostředí [Studienunterlagen und Informationen zur Umwelt] (Mitautor; 2 Bde., 1989). — Koncepční přístupy k řešení ekologických a technologických problémů životního prostředí v jednotlivých resortech [Konzeptionelle Herangehensweisen zur Lösung technologischer und ökologischer Umweltprobleme in einzelnen Ressorts] (Mitautor; 1989). — Analýza stavu životního prostředí a koncepční opatření v současném období [Analyse des Umweltzustands und derzeitige konzeptionelle Maßnahmen] (1989). — Analýza stavu a koncepční přístupy k řešení problémů životního prostředí v jednotlivých krajích ČSR [Zustandsanalyse und konzeptionelle Lösungsansätze für Umweltprobleme in einzelnen Regionen der ČSR] (Mitautor; 1989). — (Übers.:) Porritt, J.: Zachraňme Zemi [Rettet die Erde] (1992). — Osudný krok Jana Masaryka [Der verhängnisvolle Schritt Jan Masaryks] (1996). — (Hg.:) Otec a syn. Tomáš Garrigue a Jan Masarykové ve vzpomínkách přátel a pamětníků [Vater und Sohn. Tomáš Garrigue und Jan Masaryk in den Erinnerungen von Freunden und Zeitzeugen] (2 Bde., 2000 u. 2003). — (Hg.:) Jan Masaryk stále s námi [Jan Masaryk stets mit uns] (2004).

L.: Hynek, B.: Gratias agit (2019) 18-24. — Churáčková, A.: Obnova a opět zákaz. Historie organizace Junák v letech 1968–1970 (Bachelor-Arb. Praha, 2017). — Hynek, B.: Diplomacie kouzla zbavená (2015) 61-66. — Peprník, J.: Češi a anglofonní svět 2 (2012). — Řád Práce. Seznam nositelů (2012) 121. — Osobnosti. Česko (2008). — Hájková, D. u. a. (Hg.): Informační zpravodaj věnovaný památce JUDr. A. S. (2007). — Radio Praha 15.8.2006. — iDnes 15.8.2006. — Odkaz. Listy Masarykovy společnosti (2004) 20 f. — Lešanovský, K.: Stručné dějiny skautingu v období 1968–1970 (2003). — Malá encyklopedie českých právníků (2002). — Tomeš 3 (1999). — Břečka, B.: Kronika čs. skautského hnutí (1999).

Sum, Antonín Bohumil (Anton), Jurist und Diplomat, * 20. 11. 1877 Königstadtl (Městec Králové), † 23. 12. 1947 Prag (Praha). Vater von → A. Sum. Gymnasium Leitomischl, 1898 Matura. Seit 1899 Jurastudium an der tschechischen Universität in Prag, 1904 Promotion. Studienaufenthalt an der London School of Economics. 1904 bis 1920 Mitarbeiter, später Magistratsrat der Prager Stadtverwaltung. Persönlicher Sekretär des Prager Oberbürgermeisters, 1906 gemeinsam mit → F. H. Graf v. Lützow Organisation des böhmischen Teils der Österreichischen Ausstellung in London. 1914–1917 Militärdienst als Offizier, zuletzt Hauptmann in Wien. 1919 Generalsekretär des tschechischen Kinderhilfswerks im Rahmen der American Relief Administration für die Tschechoslowakei. Seit 1920 Beamter im tschechoslowakischen Außenministerium, bis 1922 Attaché an der Botschaft in Washington. Dann im Außenministerium in Prag, seit 1924 Ministerialrat, 1926 Leiter der juristischen Abteilung. 1928–1935 Generalkonsul in Wien. Dann Abteilungsvorstand im Außenministerium, 1938 Pensionierung. 1938–1940 Vizepräsident des Tschechoslowakischen bzw. Tschechischen Roten Kreuzes und 1938 dessen Berater in Flüchtlingsfragen. Fachmann für Sozialwesen, Jugendfürsorge und Migrationen. 1911 Gründer des Englischen Klubs in Prag. 1925 Mitgründer des ersten Rotary Club in der Tschechoslowakei. Im Vorstand des YMCA in Prag. 1926 Mitgründer der Englischen Schule in Prag. Seit 1928 Vorsitzender des Verbands der angloamerikanischen Klubs und Gesellschaften in der Tschechoslowakei. 1931 Mitgründer und 1937–1941 Direktor des Amerika-Instituts in Prag. Mitglied der Masaryk-Akademie der Arbeit. Alice-Masaryková-Medaille.

W.: *Sir Thomas Vezey Strong (1912). — Hooverova akce ve prospěch dětí československých a američtí Čechoslováci [Die Hoover-Aktion zum Wohl tschechoslowak. Kinder und die amerikanischen Tschechoslowaken] (1924). — Americký dělník [Der amerikanische Arbeiter] (1924). — Hrabě Lützow [Graf Lützow] (1925; engl. 1925).*

L.: Archiv der Karls-Universität, Prag. Matriken. — Paginae Historiae 26,2 (2018) 91. — Polišenská, M.: Diplomatické vztahy Československa a USA 1,1-2 (2014). — Rajzlová, E.: Šíření kultury anglofonních zemí v meziválečném Československu (Mag.-Arb. Praha, 2015). — Dejmek 2 (2013). — Benda, J.: Útěky a vyhánění z pohraničí českých zemí 1938-1939 (2013). — Peprník, J.: Češi a anglofonní svět 2 (2012). — Osobnosti. Česko (2008). — Koutská, I.: Československí diplomaté do roku 1945 (2006) 190. — Tomeš 3 (1999). — Hanzalová (1997). — Vopravil (1973). — Kdy zemřeli? (1957 u. 1962). — Svobodné slovo 30.12.1947, 4. — OSN ND 6,1 (1940). — Národní rada 17,5-6 (1937) 264. — Národní politika 20.11.1937, 4. — Kulturní adresář (1934 u. 1936). — NVISN 16 (1932). — AČSP (1930). — Das Jb. d. Wiener Gesellschaft (1929). — Almanach královského hlavního města Prahy 17 (1914). — AČP (1904). — Biogr. Slg.

Sum, Miloš, Konditor und Graphiker, * 4. 10. 1896 Leitomischl (Litomyšl), † 1. 3. 1966 Prerau (Přerov). Bis 1910 Bürgerschule in Prerau, danach Konditorlehre und ein Jahr Handelsschule in Prag. Anschließend Konditor im Familienbetrieb in Prerau. Zugleich Zeichenunterricht bei Bohumil Krs. Seit 1914 Militärdienst. 1916 russische Kriegsgefangenschaft, 1917 Eintritt in die tschechoslowakische Legion, zuletzt Korporal. Dort Zeichner, Herausgeber einer illustrierten Zeitschrift und Tätigkeit im Legionärstheater in Tomsk. 1920 Rückkehr in die Tschechoslowakei. Konditor und seit 1934 Mitinhaber des Familienbetriebs in Prerau, Ausbau der Konditorei zu einem Betrieb mit 60 Angestellten. Nach 1939 im Widerstand, 1940 Verhaftung, bis 1942 Haft in Brünn, Ostrau und Olmütz. 1949 Verstaatlichung der Konditorei, seitdem dort Produktionsleiter, später Kreisinspektor der Lebensmittel-Qualitätskontrolle in Olmütz. 1961 Ruhestand. Zudem Graphiker. Exlibris, Plakate und Buchillustrationen in Lithographie und Linolschnitt. Organisator des Kulturlebens in Prerau. Mitglied des Vereins der Kunstfreunde, des Vereins der mährischen Bibliophilen, des Vereins der Theaterlaien und der Tschechoslowakischen Legionärsgemeinde. Seit 1926 Vorsitzender des Sokol-Vereins Prerau. Ausschussmitglied des Freidenkerverbands.

W.: Touhy v temnotách [Sehnsucht in der Finsternis] (1945). — K 30. výročí bitvy u Zborova [Zum 30. Jahrestag der Schlacht bei Zborów] (1947). — Cukrář vojákem. Deník legionáře Miloše Suma [Ein Konditor als Soldat. Das Tagebuch des Legionärs M. S.] (2019).

L.: Informační systém abART [30.4.2024]. — Databáze legionářů Vojenského historického archivu [30.4.2024]. — Cukrář vojákem. Deník legionáře Miloše Suma (2019). — Zpravodaj Muzea Komenského v Přerově 7-9 (2018) Beilage, 5. — Přerovské listy 12 (2016) 11. — Kopeček, P.: Cílem byla svoboda (2015) 69 f. — Výtvarní umělci města Přerova (2009). — Historie a současnost podnikání na Přerovsku

a Hranicku (2009) 165 u. 202 f. — Haimann, P.: Slovník autorů a zhotovitelů mincí (2006). — SČSVU 15 (2005). — Rodáci a občané okresu Přerov v československé legionářské armádě (2001) 16, 19, 30 u. 88. — M. S. Portrét přerovské osobnosti (2000). — Vencl, S.: České exlibris (2000). — Sborník Státního okresního archivu Přerov 6,1 (1998) 143 u. 8,1 (2000) 95 f. — Signatury českých a slovenských výtvarných umělců (1995). — Zprávy Spolku sběratelů a přátel exlibris 69-71 (1966) 6-8. — Toman 2 (1950). — Dějev, P.: Výtvarníci-legionáři (1937) 247 f.

Šuman, Viktor, Lehrer, Maler und Publizist, * 13. 7. 1882 Libun (Libuň) Bez. Lomnitz an der Popelka (Lomnice nad Popelkou), † 20. 9. 1933 Prag (Praha). Vater von Viktor Maria **Šuman** (Musiker und Komponist, * 14. 8. 1910 Sehuschitz (Žehušice) Bez. Časlau (Čáslav), † 14. 6. 1968, 1925–1931 Trompetenstudium am Prager Konservatorium, Kompositionsstudium bei → J. Suk d. Ä., Trompeter und Kapellmeister in Prag, Jazzkomponist). Seit 1906 Malstudium an der Akademie der bildenden Künste in München. Französischlehrer an Prager Mittelschulen und nach 1918 Französischlektor im Eisenbahn- und im Finanzministerium in Prag. 1919 Gründer und Redakteur der Reihen Severská knihovna und Severské perly zur skandinavischen Literatur. Seit 1918 Sokol-Funktionär in Prag-Weinberge, 1926–1931 Vorstandsmitglied des Bildungsausschusses und 1932 Sekretär der Kunstausstellung des internationalen Sokol-Turnfestes in Prag. 1924–1931 Redakteur der Kunstzeitschrift Dílo, zudem Redakteur der Sokol-Zeitschrift Jas. Seit 1926 Sokol-Redakteur der Národní listy und 1931–1933 Kunstredakteur der Samostatnost. Als bildender Künstler neoromantische Blumenbilder und Stillleben, Graphiken und Illustrationen. Kunstkritiker. Studien zu zeitgenössischen tschechischen und bulgarischen Künstlern. Zudem philologische Beiträge und Herausgeber von Französisch- und Deutschlehrbüchern. Übersetzer von Romanen und historischen Werken aus dem Dänischen, Norwegischen, Schwedischen und Französischen sowie von Grillparzer aus dem Deutschen ins Tschechische.

W.: Německá konversace [Deutsche Konversation] (2 Teile, 1913, ³1920). — Klíč německé korespondence pro jednoroční školy obchodní [Der Schlüssel zur deutschen Korrespondenz für einjährige Handelsschulen] (1918). — Fügnerova idéalnost [Fügners Vollkommenheit] (1920). — Français par l'aspect. Premières leçons de conversation (1920). — Maxmilián Pirner (1924). — Vojtěch Hynais (1924). — Alois

Kalvoda (1925). — Karel Špillar (1925). — Sokol v poezii a umění výtvarném [Der Sokol in Poesie u. bildender Kunst]. In: Sokol 51 (1925) 31 f., 62-64, 92-94, 112-115, 137-139, 169-171, 228-231 u. 253-256. — Bulharské umění [Bulgarische Kunst] (1926). — Julius Mařák a jeho škola [J. M. und seine Schule] (1929).

L.: *Informační systém abART [30.4.2024]. — Slavíček 2 (2016, m. Verz.). — LČL 4,1 (2008, m. Verz.). — Swierczeková, L.: Průvodce po archivních fondech a sbírkách. Oddělení dějin tělesné výchovy a sportu Národního muzea (2007). — Glück, H. u. a. (Hg.): Deutsche Sprachbücher in Böhmen u. Mähren (2002). — Gustafson, A.: Dějiny švédské literatury (1998). — Kirschnerová, J.: V. Š. (1970). — ČslHS 2 (1965) [zu V. M. Š.]. — Toman 2 (1950). — OSN ND 6,2 (1943). — Umění 7 (1934) 128. — Sokol 59,10 (1933) 215. — Rozhledy po literatuře a umění 2,13-14 (1933) 99. — Věstník sokolský 35,37 (1933) 618. — Venkov 21.9.1933, 6. — MSN 7 (1933). — Biogr. Slg.*

Šumavský (geb. Franta), Josef Franta (Pseud. Josef F. Šumavský, Franta-Šumavský, Wlad. Franta, Franta Vrantovič), Sprachwissenschaftler, Lehrer und Schriftsteller, * 27. 11. 1796 Polenka (Poleňka bzw. Poleň) Bez. Klattau (Klatovy), † 22. 12. 1857 Prag (Praha). Onkel von → J. Rank (geb. 1833). 1814–1819 Gymnasium in Klattau. Nach 1819 Philosophiestudium in Prag. 1822/23 und erneut 1824 Novize des Benediktinerordens im Emmauskloster in Prag. Beginn des Theologiestudiums an der Universität Prag. 1825 Ordensaustritt. Privatlehrer, 1828/29 Erzieher in Seltsch bei Saaz, danach in Prag. Schriftsteller und Lehrer, zeitweise Mitarbeit in Druckereien und in der Redaktion der Pražské noviny. 1832–1834 Hilfslehrer der Kinderbewahranstalt Na Hrádku. 1834–1838 Korrektor der erzbischöflichen Druckerei, u. a. für → Jos. Jungmanns Slovník česko-německý. 1845/46 Tschechischlehrer an der Sophien-Akademie, 1847/48 an der jüdischen Hauptschule in der Josefstadt. 1848 Mitglied des Nationalausschusses und dessen Bildungssektion. Beteiligung an der Errichtung der tschechischen Hauptschule Budeč in Prag. Dort 1848–1851 Tschechischlehrer und zudem 1848–1850 am Akademischen Gymnasium. Seitdem freier Schriftsteller. Seit 1823 unter Einfluss von → J. Dobrovský und Jungmann philologisches Selbststudium der slawischen Sprachen. Sprachwissenschaftler und Lexikograph. Beteiligung an der Popularisierung des Tschechischen im Bürgertum. Herausgeber von Sprachlehren, Lehrbüchern und Wörterbüchern, darunter seit 1846 ein deutsch-tschechisches, später ein allslawisches Wörterbuch. Veröffentlichungen zur vergleichenden Sprachwissenschaft, zur Sprachkultur, zu Grammatik, Wortschatz und Orthographie und zur Stenographie. Zudem Übersetzungen aus slawischen Sprachen ins Tschechische, Vorträge, ethnographische Studien und Gedichte. Förderer der Wiederbelebung der tschechischen Nationalkultur und Mitorganisator des Kulturlebens in Prag. Veröffentlichungen in Zeitschriften wie Česká wčela, Kwěty und Lumír. 1830 Mitbegründer der Zeitschrift Čechoslaw, 1848 Redakteur des pädagogischen Periodikums Posel z Budče. 1848 Teilnehmer am Slawenkongress und an der Junirevolution in Prag. 1849 Ausschussmitglied der Slovanská lípa.

W.: *Zastaralé formy českého slovesa [Veraltete Formen des tschech. Zeitworts] (1829). — Sámo [Samo] (zus. m. S. Tomíček; 1832). — Čech (zus. m. S. Tomíček; 1832). — Krok (zus. m. S. Tomíček; 1833). — Slowanka [Die Slawin] (zus. m. S. Tomíček; 1833). — (Hg.): Bílek, J.: Žiwot Jana Augusty staršjho a správce gednoty bratrské w Čechách [Das Leben Jan Augustas, Ältesten und Vorstands der Brüderunität in Böhmen] (1837). — Kurzgefaßte Grammatik der böhm. Sprache (zus. m. N. Waněk; 1838). — Böhm.-deutsche Sprechübungen und Uibersetzungs-Aufgaben (1840). — Otčenáš slowanský [Slawisches Vaterunser] (1840). — (Hg.:) Libušin saud [Libussas Gericht] (1840). — Prokop opatrný, aneb, Dobrá rada v potřebě [Prokop der Vorsichtige, oder Guter Rat in der Not] (1841). — Malá čítanka [Kleines Lesebuch] (1841). — Deutsch-böhm. Wörterbuch (2 Bde., 1844-1846). — Navedení ke čtení bez abecedy a k pravopisu bez psaní [Anleitung zum Lesen ohne Alphabet und zur Grammatik ohne Schreiben] (1845). — Česká i německá mluvní cvičení/Böhm.-deutsche Sprechübungen (1846, ³1854). — Jazyk slovanský, čili Myšlenky o všeslovanském písemním jazyce [Die slawische Sprache oder Gedanken zu einer allslawischen Schriftsprache] (1851). — Česko-německý slovník/Böhm.-deutsches Wörterbuch (1851). — Slovník všeslovanský s přidanými významy německými [Allslawisches Wörterbuch mit hinzugefügten deutschen Übersetzungen] (1852). — Taschen-Wörterbuch der böhm. und deutschen Sprache (2 Bde., 1853/54, ²1855, ⁷1910). — Slovník jazyka slovanského [Wörterbuch der slawischen Sprache] (1857). — Verz. s. Doucha, F.: Knihopisný slovník česko-slovenský (1865), LČL 1 (1985) 738 f. u. Čížková, D.: J. F. Š. Personální bibliografie (1986).*

L.: *Franta, D. (Hg.): Polák, K: J. F. Š. (2020). — Madl, C. u. a.: Buchwesen in Böhmen 1749–1848 (2019). — Sborník prací z historie a dějin umění 10 (2019) 187-201. — BSČZ 18 (2015) 355 f. — Večerka, R.: Slovník českých jazykovědců (2013). — Černý, J./Holeš, J.: Kdo je kdo v dějinách české lingvistiky (2008). — Kdo byl kdo v našich dějinách do roku 1918 (⁴1999). — Kudrlička, V.: Kalendárium kulturních osobností*

Šumavy a Chodska (1997). – Kudělka, L. u. a.: Česká slavistikav prvním období (1995) 275 f. – Čížková, D.: J. F. Š. Personální bibliografie (1986). – LČL 1 (1985). – Kaňák, M.: J. F. Š. (1975). – Vopravil (1973). – Kaňák, M. (Hg.): J. F. Š. Ze života a díla (1965). – PSN 1 (1962). – Dějiny české literatury 2 (1960) 609. – Polák, K.: J. F. Š. k 140-letému výročí narození (1936). – Vavroušek, B.: Literární atlas československý 1 (1932). – MSN 2 (1926). – Národní album (1899). – J. F. Š. Upomínka na slavnost [...] u příležitosti stoleté památky narozenin (1896). – OSN 9 (1895). – Zlatá Praha 20.8.1886, 570 f. – Kryšpín, V.: Obraz činnosti literární učitelstva českoslovanského (1885). – Rieger 9 (1872). – Doucha, F.: Knihopisný slovník česko-slovenský (1865). – Přecechtěl, R./Adámek, K.: Čechoslovanští výtečníci (1863). – Wurzbach 4 (1858) 340 f. u. 40 (1880). – Die neue Zeit [Olmütz] 29.12.1857, 3. – Jungmann, J.: Historie literatury české (1849) 56.

Šumbera, Cyril, Parteifunktionär, * 3. 7. 1901 Hluk Bez. Ungarisch Ostra (Uherský Ostroh), † 10. 5. 1944 Dresden. Fabrikarbeiter in Wien und im Stahlwerk Trzyniec. Sozialdemokrat und Gewerkschafter. Seit Gründung 1921 Mitglied der KPTsch. Parteifunktionär in Ungarisch Brod, dann in Zlin und Ostrau, seit 1927 Kreissekretär für Prag-Land. Mitglied des Bundes der Freunde des UdSSR, des Föderativen Arbeiterturnverbands und der Arbeitergenossenschaft Včela. Seit 1941 Führungsmitglied der KPTsch im Untergrund und 1942 Mitglied des 2. Zentralausschusses. Herstellung und Verbreitung von Flugblättern und Zeitungen in Ostmähren und im Prager Umland. 1942 Herausgeber der verbotenen Parteizeitung Rudé právo. 1942 Verhaftung, Gefängnis in der Kleinen Festung Theresienstadt und in Berlin. Prozess wegen Hochverrats, 1944 Hinrichtung in Dresden.

L.: Plachá, P./Sack, B.: „Tento dopis si nechte na památku na mě" (2023). – Kopeček, P.: Cílem byla svoboda (2018). – Břečka, J./Mitáček, J.: Hluk. Dějiny města (2011) 341 u. 465. – Lašťovka, M. u. a.: Pražský uličník 2 (1998). – Český antifašismus a odboj (1987). – Malá pevnost Terezín (1988). – MČSE 6 (1987). – Bartoš, J.: Nedokončené životopisy (1987). – Hájková, A.: Praha v komunistickém odboji (1984). – Pražský sborník historický 13 (1981) 151. – Franěk, O./Drybčáková, T.: Šli před námi (1981). – Rudé právo 3.7.1981, 4. – Žižka, J.: Proti okupantům (1975). – Rudé právo 19.9.1970, Beilage 3, u. 15.5.1971, Beilage Haló sobota, 3, u. 8.5.1974, 2. – Kdy zemřeli? (1970). – Příruční slovník k dějinám KSČ 2 (1964). – Dolejší, V.: Noviny a novináři (1963).

Sumec, Josef K. (Jozef), Techniker, * 26. 8. 1867 Žalkowitz (Žalkovice) Bez. Kremsier (Kroměříž), † 9. 7. 1934 Brünn (Brno). Gymnasium in Kremsier, 1886 Matura. Theologiestudium erst in Olmütz, dann an der Päpstlichen Universität Gregoriana in Rom, dort 1891 Dr. phil. 1892 bis 1895 Mathematik- und Physikstudium an der tschechischen Universität in Prag, zeitweise Assistent am physikalischen Institut. 1895/96 Studium der Elektrotechnik an der TH Darmstadt bei Erasmus Kittler. 1896–1902 Labordirektor der Firma Bartelmus, Donát und Co. in Brünn. 1902 ao. und 1907–1932 o. Prof. für Elektrotechnik an der tschechischen TH in Brünn, 1905/06, 1915/16 und 1926/27 Dekan der Maschinenbauschule sowie 1912/13 Rektor. Zudem 1919–1921 Dozent für Akustiklehre am Konservatorium in Brünn. Forschungen zur Kommutatorentheorie, zum Bau von Drehstrom- und Einphaseninduktionsmotoren, zur Streuungsberechnung von elektrischen Maschinen, zur elektrischen Messtechnik und Beleuchtung sowie zur Akustik. Mehrere Patente. Bau von Harmonien. Beiträge zur elektrotechnischen Fachterminologie und zu Normungs- und Sicherheitsregeln. Seit 1907 Fachberater des Technischen Museums für Industrie und Gewerbe in Wien. Nach 1907 Mitarbeit in der Internationalen Beleuchtungskommission in Wien und in der Internationalen elektrotechnischen Kommission in London. Seit 1919 Mitglied des naturwissenschaftlichen Beirats des tschechoslowakischen Schulministeriums, seit 1921 des Patentgerichts in Prag und seit 1924 des tschechoslowakischen Forschungsrats. Mitglied, 1908–1910 und 1915–1917 Ausschussmitglied, seit 1930 korr. Mitglied im Elektrotechnischen Verein Berlin. Seit 1908 Mitglied der Société Française de Physique in Paris, seit 1921 der Deutschen beleuchtungstechnischen Gesellschaft in Berlin sowie der Mährischen naturwissenschaftlichen Gesellschaft in Brünn. 1927 Ehrenmitglied des Tschechoslowakischen elektrotechnischen Verbands. 1909 korr. Mitglied der Königlich böhmischen Gesellschaft der Wissenschaften in Prag, 1928 o. Mitglied der Tschechischen Akademie der Wissenschaften und Künste. 1934 posthum Ehrenpromotion der tschechischen TH in Prag. Seit 1927 S.-Stiftungsfonds des Tschechoslowakischen elektrotechnischen Verbands für Veröffentlichungen im Ausland.

W.: Über den heutigen Stand der Kommutierungstheorie. In: Elektrotechnische Zeitschrift 30 (1909) 936-940 u. 972-976. – Die günstigste Höhe von Straßenlampen. In: Elektrotechnik und Maschinenbau 28 (1910) 1-4. – Stupnice 612-tonová, pomůcka ke zná-

zornění čistých intervalů a jejich poměru k temperovaným [Die 612-Tonskala, ein Hilfsmittel zur Veranschaulichung der reinen Intervalle und ihres Verhältnisses zu temperierten Intervallen] (1917). — Zur Geschichte der „doppelt verketteten" Streuung. In: Elektrotechnik und Maschinenbau 36,40 (1918) 445 f. — Střídavé proudy a oscillace [Wechselströme und Oszillation] (1924). — Obecná elektrotechnika [Allgemeine Elektrotechnik] (²1924). — Verz. s. Elektrotechnický obzor 16 (1927) 542-548 u. Novák, V.: J. K. S. (1935) 48-54.

L.: Brněnský deník 29.6.2016. — ČHS id=1552 vom 22.10.2012. — ÖBL 63 (2012). — Osobnosti. Česko (2008). — Folta, J. (Hg.): Některé trendy v energetice 20. století (2006). — ČČAVU (2004). — Tomeš 3 (1999). — Hanzalová (1997). — Události na VUT v Brně 6,5 (1996) 16. — ČBS (1992). — DVT 18,1 (1985) 1-9. — Dějiny Českého vysokého učení technického 1,2 (1978). — Žili a pracovali v Brně (1977). — Zprávy Československé společnosti pro dějiny věd a techniky 11 (1969) 61-64. — ČslHS 2 (1965). — Elektrotechnický obzor 46 (1957) 442-444 u. 56 (1967) 471. — OSN ND 6,1 (1940). — Almanach České akademie 47 (1937) 68. — Novák, V.: J. K. S. (1935). — Kulturní adresář (1934 u. 1936). — Elektrotechnik u. Maschinenbau 52 (1934) 463 f. — Naše věda 15 (1934) 207 f. — Bohemia 12.7.1934, 4. — Lidové noviny 11.7.1934. — Elektrotechnický obzor 16,34 (1927) 539-553 u. 23 (1934) 449. — OSN 24 (1906).

Sumín, Jiří (geb. Amálie Vrbová; Pseud. Jarmila Svitavská, Serafína Svitavská), Schriftstellerin, * 9. 10. 1863 Uhřičitz (Uhřičice) Bez. Kojetein (Kojetín), † 11. 11. 1936 Prerau (Přerov). Jugend in Cwrčov bei Kojetein. Schule in Loboditz und Tobitschau, höhere deutsche Mädchenschule im Borromäerinnen-Kloster Friedland. Autodidaktisches Studium der deutschen und französischen Sprache. 1871 Umzug der Familie nach Prerau. Mitglied der dortigen Volksbildungsvereine wie Matice česká und des Laientheatervereins Tyl. Befreundet mit → F. Bílý [Nachtragsband]. Seit 1888 Verwendung des Pseudonyms Jiří Sumín. Veröffentlichung von Gedichten im Almanach Zora, später Veröffentlichungen ihrer Prosawerke in der Zeitung Národní listy sowie in den Zeitschriften Domácí hospodyně, Niva, Lumír und Přítel domoviny. Durch den Realismus und Naturalismus beeinflusste Autorin von Erzählungen, Novellen, Romanen, Jugendbüchern und einem Theaterstück aus dem mährischen Landleben. Seit 1925 Mitglied der Tschechischen Akademie der Wissenschaften und Künste.

W.: Tajný sňatek [Die geheime Heirat] (1890). — Z doby našich dědů [Aus der Zeit unserer Großväter]

(1895). — Zapadlý kraj [Eine entlegene Gegend] (1898). — Úskalím [Durch Felsenklippen] (1898). — Věstě [Das Wilde Kind] (1898). — Potomstvo [Die Nachkommen] (1899, ³1973). — V samotách duší [In der Einsamkeit der Seelen] (1903). — Zrádné proudy [Trügerische Ströme] (1904, ²1921). — Dvě novelly [Zwei Novellen] (1906). — Spása [Die Erlösung] (1908, ²1920). — Podle cest [Entlang der Wege] (1909). — Když vlny opadly [Als die Wellen abebbten] (1910, ²1924). — Poupata [Knospen] (1911, ³1925). — Kroky osudu [Die Schritte des Schicksals] (1912). — Trosečníci [Die Gestrandeten] (1913). — Příčina rozvodu a jiné povídky [Die Scheidungsursache und andere Erzählungen] (1913, ²1931). — Zápas s andělem a jiné prósy [Kampf mit dem Engel und andere Prosawerke] (1917). — Děti soumraku [Kinder der Dämmerung] (1918). — Bílý ďábel [Der weiße Teufel] (1923). — Martin Gaca (1931). — Přeludy [Sinnestäuschung] (2 Bde., 1942). — Soumraky a Potomstvo [Dämmerung und Die Nachkommen] (1944). — Opelík, J. (Hg.): V aréně života [In der Arena des Lebens] (1973).

L.: Informační systém abART [30.4.2024]. — Kozáková, Š.: Vybraná díla J. S. (Bachelor-Arb. Brno, 2021). — Hanácké noviny 29.10.2018. — Heczková. L. u. a.: J. S. (2017). — Studia et Documenta Slavica 2 (2017) 47-59. — ÖBL 63 (2012). — Papoušek, V. u. a.: Dějiny nové moderny (2010). — Opršalová, M.: Povídky Heleny Malířové a J. S. (Bachelor-Arb. Brno, 2010). — LČL 4,1 (2008, m. Verz.). — Osobnosti. Česko (2008). — Osobnosti olomouckého kraje (2008) 138 f. — Michnová, M.: J. S. (Mag.-Arb. Brno, 2007). — ČČAVU (2004). — Hawkesworth, C. (Hg.): A History of Central European Women's Writing (2001). — Hanácký kalendář 2002 (2001). — Sládková, I.: J. S. Soupis osobního fondu (1998) 19. — Nové Přerovsko 7,39 (1998) 19. — DČL 4 (1995). — Moldanová, D.: Studie o české próze na přelomu století (1993). — Studie Muzea Kroměřížska (1992/93) 71-75. — Polák, J.: Česká literatura 19. století (1990). — MČSE 5 (1987). — Kovářík, V.: Literární toulky Moravou (1978) 177-179. — Vopravil (1973). — Kdy zemřeli? (1970). — Skácelík, F.: Krásná setkání (1970). — SČS (1964). — Kunc 2 (1946). — Veselý, A.: Neblednoucí podobizny (1946). — Národní politika 9.10.1943. — OSN ND 6,1 (1940). — Vybíral, B.: Beletristický přínos olomouckého kraje (1940). — Slavík, B.: Hanácké písemnictví (1940). — Vavroušek, B.: Literární atlas československý 2 (1938). — Preissová, G.: J. S. (1937). — Věstník České akademie věd a umění 13 (1937) 560-563. — Ženský obzor 28,9-10 (1936) 104. — Národní osvobození 13.11.1936, 5. — Kulturní adresář (1934 u. 1936). — MSN 6 (1932). — Frabša, F. S.: Čeští spisovatelé dnešní doby (1923) 98. — Zvon 27.11.1915, 128. — Staněk, J.: J. S. (1915). — OSN 26 (1907) 1019. — Národní album (1899) 155. — Biogr. Slg.

Summ (Sum), Anton (Antonín), Maler und Bildhauer, * 6. 3. 1812 Prag (Praha), † 14. 1. 1856 Prag. Vater von Katharina Anna **Summ** (Kateřina Summová, verh. Ambrožová, Musikerin,

* 15. 7. 1847 Prag, † 14. 11. 1917 Böhmisch Budweis (České Budějovice), Ausbildung zur Sängerin und Pianistin am Prager Konservatorium, 1868–1875 Opernsängerin des Stadttheaters Pilsen, dann Musiklehrerin, frühe Förderin von → B. Smetana). Seit 1829 Studium an der Prager Kunstakademie, dann an der Akademie der bildenden Künste in Wien. Maler und Bildhauer in Prag, religiöse Gemälde und Grabplastiken. Um 1836/37 auch Zeichenlehrer am Italienischen Waiseninstitut in Prag. Seit 1839 an Ausstellungen in Prag beteiligt. 1837 Auszeichnung durch die Gesellschaft patriotischer Kunstfreunde in Prag, 1840 Dosenbaumscher Kompositionspreis der Akademie der bildenden Künste in Wien. Mitglied und 1851–1856 Ausschussmitglied des Vereins der bildenden Künstler in Böhmen.

L.: Informační systém abART [30.4.2024]. — Hudecová, D./Řeháček, K.: Plzeňské ženy (2017) [zu K. A. S.]. — ČHS id=5631 vom 24.2.2006 [zu K. A. S.]. — Hutter, H.: Original, Kopie, Replik, Paraphrase (1980) 56. — Toman 2 (1950). — Thieme-Becker 32 (1938). — Jiřík, F. X.: Miniatura a drobná podobizna v době empirové a probuzenecké v Čechách (1930) 61. — Sís, V.: Olšanské hřbitovy (1929). — Památky archeologické 28 (1916) 55. — Jiřík, F. X.: Vývoj malířství českého ve století XIX. (1909) 140. — Wurzbach 40 (1880). — Kollár, J.: Cestopis obsahující cestu do Horní Italie se slowníkem slawjanských umělcůw (1843) 329. — Biogr. Slg.

Summer, Adolf, Verbandsfunktionär und Beamter, * 13. 5. 1903 Treunitz (Dřenice bzw. Cheb) Bez. Eger (Cheb), † 23. 3. 1977 Plochingen/Baden-Württemberg. Gymnasium Eger, 1923 Matura. 1923–1927 Studium der Germanistik, Slawistik und Geschichte an der deutschen Universität in Prag sowie Kurse am Pädagogischen Seminar. Nach 1919 Funktionär der bäuerlichen Jugendbewegung und des Bundes, später Reichsverbands der deutschen Landjugend. Mitglied des BdL. Seit 1925 Geschäftsführer der westböhmischen Bauernhochschule in Saaz und Referent der Böhmerwälder Bauernschule. 1932 Mitarbeiter des Sudetendeutschen Nährstands in Prag. Redakteur von Deutsches Jugendland in Saaz. 1935 Übertritt zur SdP, Mitarbeiter von → A. Pfrogner. Ende 1935 Haft wegen Kontakten zur NSDAP in Deutschland. Nach 1938 Mitglied der NSDAP. Seit 1938 Stabsleiter der Landesbauernschaft Sudetenland in Reichenberg. 1941 Landwirtschaftsrat und seit 1942 Gauhauptstellenleiter für Agrarpolitik und Bauernfragen in Reichenberg. Nach 1945 Übersiedlung nach Plochingen. Dort Sachbearbeiter, dann Referent der Lastenausgleichsverwaltung im Kreis Tübingen. 1970–1973 Herausgeber der Egerer Zeitung.

W.: Die liberale Zeit und ihre Einwirkungen auf die Gesellschaft. In: Führerschulung (1932) 12-16. — Die egerländische Stammesjugend. In: Jb. d. Egerländer 56 (1977) 121-123. — Ein Rückblick auf die ehemalige „Landjugend". In: Komotauer Jb. 12 (2007) 214-221.

L.: Mitt. Archiv der Karls-Universität Prag, 9.5.2019. — Wilms-Graf, H.: Raimund Graf (2016). — Kdo byl kdo v Říšské župě Sudety (CD-ROM, 2008). — EBL 2 (1987). — Schmid-Egger, H./Nittner, E.: Staffelstein (1983) 238. — Egerer Zeitung 28 (1977) 62 u. 74. — Bohemia 24.10.1935, 3. — Reichenberger Zeitung 28.12.1935, 3. — Biogr. Slg.

Summer, Alexander Freiherr von, Beamter, * 26. 4. 1820 Kolomea/Galizien (bzw. Kolomyja/Ukraine), † 26. 4. 1882 Troppau (Opava). Jurastudium an der Universität Lemberg. Seit 1841 Beamter des galizischen Landesguberniums. 1846 Kreiskommissär in Kolomea und Leiter der Robot-Regulierungskommission, nach 1848 Kreiskommissär in Sambor. 1854 Sekretär der Landeskommission für Grundentlastung in Lemberg und Statthaltereisekretär, 1859 Statthaltereirat, seit 1861 Leiter des Präsidialbüros der Statthalterei in Lemberg. Seit 1867 Leiter der Grundentlastungskommission in der Bukowina. Seit 1868 Statthaltereirat im schlesischen Landespräsidium in Troppau. 1870–1882 Landespräsident von Schlesien. Vorsitzender der Landesfinanzdirektion, des Landesschulrats und der Landesausstellungskommission für die Wiener Weltausstellung 1873. Förderer des deutschsprachigen und Gegner des slawischen Mittelschulwesens in Österreichisch-Schlesien. Ehrenmitglied der Österreichisch-schlesischen Land- und Forstwirtschaftsgesellschaft und des Vereins der österreichischen Schlesier in Wien. 1863 Orden der Eisernen Krone 3. Klasse, 1876 2. Klasse. 1881 Geheimer Rat. Königlich-preußischer Kronen-Orden 2. Klasse, Großkreuz des mecklenburgischen Hausordens der Wendischen Krone. 1863 Ritterstand, 1876 Freiherrenstand. 1876 Ehrenbürger von Troppau sowie von Bielitz, Jägerndorf und Kolomea.

L.: Myška suppl. 6 (2022). — Krejčík, T./Psík, R.: Nová šlechta v rakouském Slezsku po roce 1848 (2017). — Mašek, Šlechtické rody 2 (2010). — Górzyński, S.: Nobilitacje w Galicji w latach 1772–1918 (1997) 254. — Časopis Slezského muzea B 26 (1977)

80. — *Siebmacher's großes Wappenbuch 17 (1977).* —
Knauer, Männer (1960). — *Preradovich, N. v.: Die
Führungsschichten in Österreich und Preussen (1955).*
— *Alt-Österr. Adels-Lexikon (1928).* — *Král (1904).*
— *Troppauer Zeitung 19.10.1883, 3.* — *Blüh, A.:
Trauerrede (1882).* — *WZ (Ab.) 27.4.1882, 2.* —
Mähr. Tagblatt 27.4.1882, 1 f. — *Schles. Tagblatt
27.4.1882, 1 f.* — *Eckstein, A. (Hg.): Das Parlament
2,13 (1880).* — *Biogr. Slg.*

Summer (Sommer), Fabian(us), Arzt, * 1533
Karlsbad (Karlovy Vary), † 1571 Karlsbad.
Schule in Karlsbad. Seit 1553 Studium an der
Universität Leipzig, 1554 Bakkalaureus und
1557 Magister. Seit 1557 Pharmaziestudium an
der Universität Wittenberg. Medizinstudium an
den Universitäten Siena und Padua, dort 1567
Lizentiat. Balneologische Studienreisen zu ita-
lienischen Heilbädern. 1567 Arzt in Saaz. 1570
Doktor der Philosophie an der Universität Wit-
tenberg, seitdem dort Prof. für Pharmazie. Zeit-
weise am Hof des sächsischen Kurfürsten. Tod
bei einem Aufenthalt in Karlsbad. Posthume
Veröffentlichung seiner Beschreibung des Kur-
orts Karlsbad.

*W.: De inventione, descriptione, temperie, viribus [...]
thermarum Caroli IV. libellus (1571, ⁴1647; dt.: Ein
kurtzes, notwendiges und nützlichs Büchlein, von Er-
findung, Beschreibung, Krefften, und zuvor aus, von
dem rechten Gebrauch, des Keyser Carlsbads, 1572,
⁶1647; tschech.: O lázních císaře Karla IV., 2008).*

*L.: Hanyková, E.: Karlovarští lázeňští lékaři (2011).
— Lexikon osobností Karlovarska (2009) 111-113. —
Karlovarský deník 13.10.2008. — Bořík, O. (Hg.);
Summer, F.: O lázních císaře Karla IV. (2008) 10-17.
— Oehmig, S. (Hg.): Medizin u. Sozialwesen in Mit-
teldeutschland zur Reformationszeit (2007) 296 u.
333. — Burachovič, S.: Karlovy Vary a jejich vla-
stivědné písemnictví (2000) 30-33. — Burachovič, S.:
Mattoni a Lázně Kyselka (1999). — Würzburger me-
dizinhistorische Mitteilungen 13 (1995) 237 f. u. 21
(2002) 207 f. — EBL 2 (1987). — Karlsbader Zeitung
22 (1972) 51. — Weiss, A.: Die Heilquellen von Kar-
lovy Vary (Karlsbad) (1967). — Myslil, V.: Sborník
přednášek a příspěvků I. hydrogeologické konference
(1961). — Nejdl, K.: Les anciens médecins de Karlovy
Vary (1957). — Kötzschke, R. (Hg.): Forschungen zur
Geschichte Sachsens u. Böhmens (1937) 172. — Suddt.
Lebensbilder 2 (1930). — Prager medizinische Wo-
chenschrift 39 (1914) 606 f. — Becker, K.: Bibliogra-
phia Carolothermensis (1902). — Festschrift zur 74.
Versammlung Deutscher Naturforscher und Ärzte
(1902) 221-225. — Časopis Musea království České-
ho 71 (1897) 257 u. 80 (1906) 524. — Prökl, V.: Ge-
schichte der königl. Stadt Karlsbad (1883). — Rieger
8 (1870). — Neuberg, J. v.: Geschichte und Literatur
des Giesshübler Sauerbrunnen (1862). — Sommer, J.
G.: Das Königreich Böhmen 15 (1847) 243 u. 252 f. —*

Stöhr, A. L.: Kaiser-Karlsbad (1810). — *Jöcher 4
(1751).* — *Springsfeld, G. C.: Abhandlung vom Carls-
bade (1749).*

Šumšal (Cella, Plachý), Jaroslav, Geistlicher
und Publizist, * 7. 9. 1905 Opatowitz (Opato-
vice) Bez. Mährisch Weißkirchen (Hranice),
† 4. 12. 1942 Konzentrationslager Auschwitz
(Oświęcim). Seit 1916 Gymnasium in Mährisch
Weißkirchen, 1924 Matura. 1924–1928 Studium
an der theologischen Fakultät in Olmütz. 1925
bis 1927 Geschäftsführer des theologiestudenti-
schen Literaturvereins Stojanova literární jedno-
ta bohoslovců. 1928 Priesterweihe, 1928–1930
Kaplan in Gewitsch, 1930–1933 in Witkowitz
bei Mährisch Ostrau. Seit 1933 Ökonom und seit
1938 Vizesuperior des erzbischöflichen Semi-
nars in Olmütz. Geschäftsführer und Kassen-
wart des erzbischöflichen Denkmalrates. 1934
Veröffentlichung einer Hagiographie von →
J. Sarkander, Verfasser religiöser Lyrik. Veröf-
fentlichungen über christliche Kunst in den Zeit-
schriften Na hlubinu, Literární kruh, Museum
und Našinec. Seit 1938 Mitglied des katholischen
Künstlervereins Družina literární a umělecká
und des Vlastenecký spolek musejní in Olmütz.
Funktionär der katholischen Tschechoslowaki-
schen Volkspartei in Olmütz. 1942 Verhaftung
wegen Verdachts auf „Rundfunkverbrechen",
Haft in Olmütz und Brünn, Freispruch vor Ge-
richt, anschließend erneut Verhaftung und De-
portation in das Konzentrationslager Ausch-
witz. 1947 posthum Ehrendoktor der Universi-
tät Olmütz.

*W.: (Hg.:) Stadium. Jubilejní almanach Stojanovy li-
terární jednoty bohoslovců [Stadium. Jubiläumsalma-
nach von Stojans literarischer Theologenvereinigung]
(1928). — Rubín Moravy. Blahoslavený Jan Sarkan-
der [Ein Rubin Mährens. Der selige Johannes Sar-
kander] (1934).*

*L.: Monitor. Svět katolickýma očima 15,10 (2018) 6.
— Studia theologica 17,2 (2015) 244. — Larisch, J.:
Vytrvali ve zkouškách (2012). — Graubner, J.:
Kněžské osobnosti (2010). — Dějiny Olomouce 2
(2009) 286. — Schulze Wessel, M./Zückert, M.:
Handbuch der Religions- u. Kirchengeschichte d.
böhm. Länder (2008). — Hanuš, J.: Malý slovník
osobností českého katolicismu (2005). — Hanuš, J.:
Tradice českého katolicismu ve 20. století (2005) 111.
— Vlastivědný věstník moravský 50,3 (1998) 233. —
Vopravil (1973). — Beneš, J.: Kaine, kde je tvůj bratr?
(1971). — Kdy zemřeli? (1957 u. 1962). — Ludvík, F.:
České katolické kněžstvo s národem a lidem v boji
(1946) 29. — Hoffmann, B.: A kdo vás zabije ...*

(1946) 257 f. — Archa 30,2 (1945) 39 f. u. 208. — Našinec 78,62 (1945) 3. — OSN ND 6,1 (1940).

Sup, Jiří → **Šašek,** Jiří [Nachtragsband]

Šup, Josef (Pseud. J. K. Šustr), Diplomat, Übersetzer und Literaturkritiker, * 24. 8. 1910 Kohl-Přibram (Uhelná Příbram) Bez. Chotěboř, † 16. 7. 1980 Prag (Praha). Ehemann von Marie **Šupová** (Bibliothekarin und Übersetzerin, * 2. 2. 1921 Kročehlaw (Kročehlavy) Bez. Kladno, bis 1945 Telefonistin, dann 1946–1948 Korrespondentin des tschechoslowakischen Informationsministeriums in Genf und 1949–1953 Referentin des Außenministeriums in Paris, seit 1953 Bibliothekarin des Instituts für klinische und experimentelle Chirurgie in Prag, 1970–1984 Leiterin des Zentrums für wissenschaftlich-technische Information des Instituts für klinische und experimentelle Medizin, zahlreiche Fachveröffentlichungen sowie Übersetzungen aus dem Französischen). Gymnasium in Kolin, 1928 Matura. 1928–1930 Jurastudium und 1933–1939 Studium der Romanistik, Literaturgeschichte und Philosophie an der tschechischen Universität in Prag, Dr. phil. 1938–1945 Redakteur der Verlage Vilímek und ELK, Mitarbeiter des Ottův slovník naučný nové doby. 1946 Sekretär im tschechoslowakischen Informationsministerium in Prag. 1946–1948 tschechoslowakischer Kulturattaché bei den Vereinten Nationen in Genf. 1949–1952 Chargé d'Affaires und Geheimdienstmitarbeiter an der Botschaft in Paris. Seit 1955 Redakteur des Staatsverlags für politische Literatur und seit 1956 Direktor einer Sprachschule in Prag. Wissenschaftlicher Mitarbeiter der Universität des 17. November in Prag. Publizist, Veröffentlichungen zur Organisation des Buchmarktes. Literaturkritiken in der Zeitschrift Kritický měsíčník. Lektor und zusammen mit seiner Ehefrau Übersetzer aus dem Französischen ins Tschechische von Werken u. a. von Pierre Boulle, Georges Simenon und André Maurois.

W.: Lokalisace místní a časová v románu historickém [Die räumliche und zeitliche Lokalisierung im historischen Roman] (Diss., 1939). — Tvář černé Afriky [Das Antlitz des schwarzen Afrika] (1963).

L.: Archiv der Karls-Universität, Prag. Matriken. — Databáze osobností českého uměleckého překladu po roce 1945 [30.4.2024]. — Dejmek 1 (2012) 274. — Databáze českého uměleckého překladu vom 7.5.2010. — Med, J.: Literární život ve stínu Mnichova (2010) 271. — Drsková, K.: České překlady francouzské literatury (2010). — Motejlková, L.: Československo-francouzské vztahy v letech 1948–1956 (Mag.-Arb. Praha, 2006). — Pacner, K.: Československo ve zvláštních službách 3 (2002) 70 u. 91. — Venyš, L. (Hg.): Nakladatel Bohumil Janda a Evropský literární klub (2000) 11 u. 13. — Poláček, J.: Portréty a osudy (1994). — Vopravil (1973). — Disertace 1 (1965) 166. — Lidová demokracie 20.4.1949, 1. — OSN ND 6,2 (1943).

Sup, Karel, Maler und Lehrer, * 27. 1. 1897 Welka (Velká bzw. Velká nad Veličkou) Bez. Straßnitz (Strážnice), † 20. 3. 1973 Welka. Verwandter von → C. Mandel und → J. Mandel [Nachtragsband]. 1909–1917 Erzbischöfliches Gymnasium Kremsier, danach Realgymnasium in Straßnitz. Im Ersten Weltkrieg Militärdienst. Seit 1918 Studium an der Akademie der Bildenden Künste in Prag. 1924 Lehramtsprüfung als Zeichenlehrer für Gymnasien. Zeichenlehrer 1923/24 am Gymnasium in Straßnitz, bis 1927 am Realgymnasium in Iglau, später in der Slowakei in Modra und Lučenec, um 1940 an der Lehrerbildungsanstalt in Olmütz, 1943–1945 in Trebitsch, danach an Realgymnasien in Kremsier und Olmütz. 1958 Ruhestand, seitdem in Welka. Studienreisen nach Deutschland, Frankreich und Österreich. Maler mährischer und slowakischer Landschaften und folkloristischer Motive. Zudem Graphiken und Exlibris. 1929 Bau des Ausstellungspavillons Strážná hůrka in Welka. 1957 Mitgründer des Volksfests Horňácké slavnosti in Welka. Gründer der mährisch-slowakischen Künstlervereinigung Skupina horňáckých umělců, Mitglied der Umelecká beseda slovenská.

L.: Informační systém abART [30.4.2024]. — Hodonínský deník 25.1.2020. — Malovaný kraj 51,4 (2015) 18 f. — Moštková, M.: Lidová kultura Horňácka (Bachelor-Arb. Brno, 2013). — Mička, A.: Z dějin horňáckého školství a jeho osobností (2011) 431-434. — Bartošíková, A.: Krajinou Horňácka (2008) 108 f. — Mrkvová, L.: Vyšší bratrské školství a strážnické gymnázium (2007) 162. — SČSVU 15 (2005). — Malovaný kraj 33,1 (1997) 17 u. 33,6 (1997) 28 f. — SBS 5 (1992). — Malovaný kraj 8,6 (1972) 6 f. u. 9,3 (1973) 11. — Toman 2 (1950). — Páleníček, L.: Výtvarné umění na Kroměřížsku a Zdounecku (1940) 76. — Kulturní adresář (1934 u. 1936). — MSN 6 (1932). — NVISN 16 (1932). — Album representantů (1927).

Šup, Prokop Bartoloměj (Bartholomäus; Pseud. P. Š. Senický, Zdravko Smíšek) OSB, Geistlicher, Politiker und Publizist, * 24. 8. 1866 Großsenitz (Senice na Hané) Bez. Littau (Litovel),

† 12. 12. 1921 Großraigern (Rajhrad) Bez. Groß-seelowitz (Židlochovice). Gymnasium und 1886 Matura in Brünn, danach Privatlehrer in Landshut bei Lundenburg. 1887 Eintritt in den Benediktinerorden in Großraigern. Studium am Brünner Priesterseminar. 1891 Ordensgelübde. 1892 Priesterweihe in Brünn. 1892–1912 Novizenmeister und Theologielehrer im Kloster Großraigern, 1912–1921 dort Abt. 1894 Mitgründer der tschechischen Christlich-Sozialen Partei in Leitomischl und 1899 der Christlich-Sozialen Partei in Mähren und Schlesien in Welehrad, ab 1900 stellv. Vorsitzender. Anhänger der slawischen Solidarität und der Welehrader Kirchenunionsbewegung. 1913–1918 Abgeordneter des mährischen Landtags für die Kurie der Großgrundbesitzer. 1918/19 Mitwirkung an der Fusion der tschechischen katholischen Parteien zur Tschechoslowakischen Volkspartei, stellv. Vorsitzender deren nationalökonomischen Klubs. 1918 Erarbeitung des Programms der katholischen Reformbewegung Jednota katolického duchovenstva für Brünn, 1919 Vertretung Mährens in der Leitung ihres Reichsverbandes. Veröffentlichungen in katholischen Presseorganen, vor allem in Hlas und Zemědělská politika, zur Nationalökonomie und zu den Kulturverhältnissen der Slawen. 1891–1895 Literaturkritiker der Monatszeitschrift Hlídka literární, 1897 bis 1912 dort Wirtschaftskolumnist. 1893–1899 Redakteur der christlich-sozialen Zeitung Dělník, seit 1897 Redakteur der Obecné noviny und seit 1898 der Wochenzeitung Hlas. Zudem religiöse Lyrik in den Zeitschriften Květy mariánské und Škola božského srdce Páně sowie Lustspiele und satirische Gedichte. Vertreter der tschechischen katholischen Moderne. Übersetzung polnischer Belletristik ins Tschechische.

W.: Čert a Káča [Die Teufelskäthe] (1907). — Z vývoje sociálního pojišťování [Entwicklung der Sozialversicherung] (1908). — Navržené sociální pojišťování [Vorschlag einer Sozialversicherung] (1909). — Tři mikulášské scény s proslovem a zpěvy [Drei Nikolausszenen mit Vortrag und Gesang] (1921). — Centrála na blechy pro Slovensko, Slezsko, Moravu a Čechy [Flohzentrale für die Slowakei, Schlesien, Mähren und Böhmen] (1921).

L.: Eisele, W.: Abt Alban Schachleiter (2021). — Biographia Benedictina vom 19.11.2019. — Malíř, J./Řepa, M.: Morava na cestě k občanské společnosti (2018). — Konečný, K. u. a.: Der politische Katholizismus in den tschech. Ländern (2015). — Malíř (2012). — ÖBL 63 (2012). — Marek, P.: Čeští křesťanští sociálové (2011). — Schulze Wessel, M.: Re-

volution und religiöser Dissens (2011). — Marek, P.: Setkání. Osobnost v politickém a veřejném životě (2010). — Pehr, M. u. a.: Cestami křesťanské politiky (2007). — Malíř, J./Marek, P.: Politické strany 1 (2005). — Hanuš, J.: Tradice českého katolicismu ve 20. století (2005). — Buben, M. M.: Encyklopedie řádů, kongregací a řeholních společností 2,2 (2004) 136. — Marek, P.: Český katolicismus (2003). — Marek, P.: České schisma (2000). — Bibliographie der deutschsprachigen Benediktiner 2 (1987). — BohJb 19 (1978) 99-101 u. 116 f. — Vopravil (1973). — OSN ND 6,2 (1943). — KSN 10 (1938). — MSN 7 (1933). — NVISN 17 (1932). — Sociální revue 2 (1921) 37 u. 4 (1923) 39. — Hlídka 38,12 (1921) 580. — Bohemia 14.12.1921, 4. — Našinec 8.8.1912, 3, 19.8.1916, 1 u. 15.12.1921, 1. — Studien u. Mitteilungen zur Geschichte des Benediktiner-Ordens NF 2,33 (1912) 794-796 u. 41 (1922) 177-180.

Šupčík, Bedřich (Friedrich), Sportler, * 22. 10. 1898 Trumau/Niederösterreich, † 11. 7. 1957 Pisek (Písek). Kindheit in Kwassitz bei Kremsier, dort Grundschule. Mitglied des örtlichen Sokol-Vereins. Beginn einer Metzgerlehre in Wien. Im Ersten Weltkrieg Militärdienst. Nach dem Krieg in Brünn Hausmeister der Berg- und Hüttengesellschaft sowie Mitglied des Sokol. Danach Verwalter der Sokol-Turnhalle in Prag-Nusle, später in Prag-Hostiwař. Mitglied der tschechoslowakischen Turn-Nationalmannschaft. Im Tauhangeln 1924 in Paris erste tschechoslowakische olympische Goldmedaille, Bronzemedaille im Einzelmehrkampf. 1928 Silbermedaille im Mannschaftsmehrkampf bei den Olympischen Spielen in Amsterdam. 1926 und 1930 Turnweltmeister mit der tschechoslowakischen Mannschaft, 1930 Silber- und 1931 Bronzemedaille im Ringeturnen bei der Weltmeisterschaft. In den 1930er Jahren Geschäftsreisender eines Textilunternehmens in Humpoletz. Im Zweiten Weltkrieg Vertreter für Löschgeräte. Zudem Trainer und zeitweise stellv. Vorsitzender des Sokol in Hostiwař. Seit 1948 in Horosedl bei Mirowitz und Angestellter der Tschechoslowakischen Versicherung in Pisek.

L.: Strachová, M.: Sokol Brno I (2020). — Encyklopedie dějin města Brna vom 19.12.2019. — 100 let českého sportu (2019) 62. — Prácheňské muzeum v Písku v roce 2014 (2015) 125-130. — Brněnský deník 9.6.2010. — Osobnosti. Česko (2008). — Valík, R.: B. Š. Po stopě první zlaté olympijské medaile (2008). — Dovalil, J. u. a.: Olympismus (2004) 76. — Reflex 26.7.2004, 56-59. — Kirchner, J./Slepička, J.: Hvězdy českého sportu 1 (2000). — Tomeš 3 (1999). — Kolář, F. u. a.: Kdo byl kdo. Naši olympionici

(1999). — *Sokol. Časopis zájmům tělocvičným věnovaný 3,4 (1997) 20.* — *MČSE 6 (1987).* — *Večerní list. Ústřední orgán slovanských národních socialistů 31.10.1928, 6.* — *Biogr. Slg.*

Šupich, Prokop Václav, Architekt und Politiker, * 19. 12. 1870 Deutschbrod (Německý Brod bzw. Havlíčkův Brod), † 1. 10. 1947 Deutschbrod. Sohn von Josef **Šupich** d. Ä. (Architekt, * 1. 4. 1842 Königinhof an der Elbe (Dvůr Králové nad Labem), † 22. 11. 1923 Deutschbrod, Architekturstudium am Prager Polytechnikum, Angestellter des Architekturbüros von → J. Zítek in Prag, 1868–1910 Bauunternehmer und Architekt historistischer Gebäude in Deutschbrod, seit 1880 Stadtrat von Deutschbrod). Bruder von Josef **Šupich** d. J. (Jurist, * 19. 2. 1872 Deutschbrod, † 2. 2. 1948 Prag (Praha), 1896 Jura-Promotion an der tschechischen Universität in Prag, Rechtsanwalt und Syndikus von Immobilien- und Versicherungsfirmen, Aufsichtsratsmitglied der Živnostenská banka, Auftraggeber des Geschäftshauses Rokoko-Palast (Šupich-Häuser) in Prag, Mitglied des Prager Stadtrats, Kunstmäzen). Gymnasium in Deutschbrod. 1888–1897 Architekturstudium an der tschechischen TH in Prag bei → J. Schulz, Ingenieur. 1897–1899 Studium an der Akademie der bildenden Künste in Wien bei Otto Wagner. Nach 1908 Übernahme des väterlichen Bauunternehmens mit Dampfsägewerk in Deutschbrod. Gründung einer Dampfziegelei. Bau von neoklassizistischen und kubistischen Villen, Mehrfamilienhäusern und öffentlichen Gebäuden. 1915 Errichtung der lokalen Barackensiedlung für jüdische Kriegsflüchtlinge aus Galizien. Bis 1942 Bau des Flugfelds bei Deutschbrod. 1909–1912 und seit 1918 Mitglied der Gemeindevertretung, 1922–1927 Bürgermeister und bis 1931 Stadtrat von Deutschbrod. Seit 1929 Mitglied der Bezirksvertretung von Deutschbrod. Mitglied der nationaldemokratischen Partei, 1938/39 der Partei der nationalen Einheit. Mitglied im Verwaltungsausschuss der mährischen Agrar- und Industriebank, Vorstand von Versicherungsanstalten. Seit 1939 stellv. Obmann des Landesverbands der Gremien und Genossenschaften der Holzhändler und Sägewerksbesitzer.

L.: Informační systém abART [30.4.2024]. — *Veřejná správa. Týdeník vlády ČR 30,5 (2019) 31.* — *Veselý, A. (Hg.): Příběhy brodských domů (2016).* — *Lukeš, Z.: Šupichovy domy a pasáž Rokoko (2015).* — *Havlíčkobrodské listy (2012) Nr. 8, 12.* — *Kamp, M.: Podnikatelské rodiny v Německém Brodě (Mag.-Arb.*

Brno, 2009). — *Enc. architektů (2004 u. ²2023).* — *Noll, J. (Hg.): Josef Schulz (1992) 28.* — *Pozzetto, M.: Die Schule Otto Wagners (1980).* — *Dvě stě let gymnasia v Něm. Brodě (1935) 494.* — *Album representantů (1927).*

Šupichová, Julie (Pseud. Studnická), Lehrerin, Publizistin und Verbandsfunktionärin, * 27. 1. 1884 Studnitz (Studnice) Bez. Böhmisch Skalitz (Česká Skalice), † 22. 12. 1970 Prag (Praha). Private Lehrerinnenbildungsanstalt in Kladno, 1907 Matura. 1907/08 Volksschullehrerin in Roth-Kosteletz, seit 1908 in Hronow und seit 1910 in Prag. 1920 Fachlehrerinnenprüfung für Bürgerschulen. 1920–1930 Bürgerschullehrerin in Prag. Staatsprüfung für Esperanto-Schulunterricht. 1930 Erkrankung und vorzeitiger Ruhestand. 1907 Gründung eines Esperanto-Kreises in Roth-Kosteletz. Nach 1910 Gründerin des Esperantistinnen-Kreises in Prag, 1920 Ehrenmitglied. Mitglied des Obersten Sprach- und Prüfungskomitees der böhmischen und nach 1918 der tschechoslowakischen Esperanto-Vereinigung. 1920–1923 Eigentümerin und Herausgeberin der Monatszeitschrift Esperantský zpravodaj. 1923–1939 Geschäftsführerin des tschechoslowakischen Esperanto-Instituts in Prag. 1921 Mitorganisatorin des Esperanto-Weltkongresses in Prag, 1922 Delegierte auf der Internationalen Lehrerkonferenz in Genf. 1923 Vorsitzende der Frauensektion des Esperanto-Weltkongresses in Nürnberg. 1928 Gründerin und später Ehrenmitglied der Freien Union der Esperanto-Freunde in Prag. Delegierte und 1933 Ehrenmitglied der Universala Esperanto-Asocio. Lehrbücher und Hilfsmittel zum Esperanto. Beiträge in Malý čtenář und zahlreichen Zeitungen. Seit 1929 Wochenkolumne in Národní politika. Vortragsreihen im Rundfunk. Kuratoriumsmitglied des Internationalen Esperanto-Museums in Wien. Mitglied des Verbands der Volksschullehrer in Prag.

W.: Pomocný jazyk mezinárodní Esperanto [Die internationale Hilfssprache Esperanto] (1917, ⁴1933). — *Esperanto. Malá mluvnice a cvičebnice [Esperanto. Kleine Grammatik und Übungen] (1919).* — *Učte se esperantu! [Lernen Sie Esperanto!] (1919).* — *Malá učebnice esperanta [Kleines Esperanto-Lehrbuch] (1919, ²1924).* — *(Mit-Hg.:) Nokto en Karlův Týn [Nacht auf der Burg Karlstein] (1921).* — *Učebnice esperanta pro mládež [Esperanto-Lehrbuch für die Jugend] (1924).* — *Kniha česko-esperantské konversace [Das Tschech.-Esperanto-Konversationsbuch] (1925).* — *Legu kaj parolu! Esperanta legolibro [Lesen und reden! Ein Esperanto-Lesebuch] (1925).* —

Rádce českého esperantisty [Ratgeber des tschech. Esperantisten] (1929). — Esperanto, jeho vývoj a význam pro národní školu [Esperanto, seine Entwicklung und Bedeutung für die Volksschule] (1935). — Esperantský dopisovatel [Der Esperanto-Korrespondent] (1935). — Esperanto. Mluvnice a cvičebnice pro samouky a kursy [Esperanto. Grammatik und Übungen für Selbstlerner und Kurse] (1935, ²1947). — Slovníček cizích slov pro mládež [Fremdwörterbuch für Jugendliche] (1936, ²1944). — Zajímáte se o esperanto? [Interessieren Sie sich für Esperanto?] (1939). — Několik slov maminkám našich školáků [Einige Worte an die Mütter unserer Schüler] (1942). — L. L. Zamenhof (1947). — Mladý dopisovatel [Der junge Korrespondent] (1951; poln. 1958). — Esperanto v kostce [Esperanto kurz und bündig] (1954).

L.: *Rodným krajem 58 (2019) 17 f.* — Drahoňovský, F.: *Umění a jeho tvůrci (2009) 134 f.* — *Výčepní list 25.12.2004, Beilage Litera, 1.* — Kamarýt, S.: *Historio de la Esperanto-movado en Čehoslovakio (1983).* — *Vopravil (1973).* — *Lidová demokracie 23.12.1970, 4.* — *Kdy zemřeli? (1970).* — *Archiv pro bádání o životě a díle Jana Amose Komenského 20,2 (1961) 252 f.* — *Československo-Biografie 27 (1940).* — *PE 3 (1940).* — *Kulturní adresář (1934 u. 1936).* — Kökény, L./Bleier, V. (Hg.): *Enciklopedio de Esperanto 2 (1933/34).* — *MSN 7 (1933).* — *NVISN 17 (1932).* — *Biogr. Slg.*

Šupka, František, Schriftsteller und Verleger, * 17. 5. 1877 Řičan (Říčany) Bez. Eibenschitz (Ivančice), † 4. 2. 1951 Königgrätz (Hradec Králové). Volksschule in Řičan, danach in Wien, dort Fortbildungskurse. Seit 1898 mit der Unterstützung von → A. C. Stojan in der tschechischen christlich-sozialen Bewegung aktiv. Seit 1905 Lehrer in Königgrätz, dort Mitgründer der Partei des katholischen Volkes, 1908 Kandidat bei den böhmischen Landtagswahlen. 1908 Repräsentant der Landwirte in der tschechischen Christlich-Sozialen Partei. 1912–1918 Mitglied des Exekutivkomitees der Christlich-Sozialen Partei für Böhmen. 1923 krankheitsbedingt Rückzug aus dem öffentlichen Leben. 1907–1939 Herausgeber der Wochenzeitung Štít, seit 1910 der Zeitschrift Dorost. 1912–1914 Redakteur der Wochenzeitung Čech. Seit 1912 Autor und Herausgeber katholisch geprägter Volkserzählungen und Romane. 1926 Konzession für den Verlag F. Š. in Königgrätz, Verleger u. a. von → V. Javořická [Nachtragsband] sowie 1912–1918 Reihenherausgeber der Besídky Štítu, 1918–1932 der Lidové povídky, 1927–1933 der Lidové romány und 1932–1943 der Sebraná četba lidová.

W.: *Vybíral, až přebral [Er nahm, bis er sich übernahm] (1912).* — *Blázen [Der Narr] (1913).* — *Kterak dragounské boty staly se příčinou dvou šťastných manželství [Wie Dragonerstiefel zur Grundlage zweier glücklicher Ehen wurden] (1913).* — *Milionářův syn a havířova dcera [Der Millionärssohn und die Bergmannstochter] (1913).* — *Následky kletby matčiny? [Die Folgen des mütterlichen Fluches?] (1913).* — *Pod ochranu Tvou se utíkáme ... [Unter Deinen Schutz und Schirm fliehen wir ...] (1913).* — *Také lakomec [Auch ein Geizhals] (1913).* — *Tovární dělnice a její dva milenci [Die Fabrikarbeiterin und ihre zwei Liebhaber] (1913).* — *Zvrhlý otec [Der perverse Vater] (1913).* — *Význam katolického tisku v naší době [Die Bedeutung der katholischen Presse in unserer Zeit] (1913).* — *Honba za ženichem [Die Suche nach dem Bräutigam] (1914).* — *Kterak mladý pan Buchta na vojně se oženil [Wie der junge Herr Buchta im Wehrdienst geheiratet hat] (1914).* — *Oklamaná [Die Betrogene] (1914).* — *Pro peníze [Für Geld] (1914).* — *Padla kosa na kámen [Da traf die Sense auf den Stein] (1915).* — *Strach má velké oči [Angst hat große Augen] (1915).* — *Životopis nešťastníka [Die Lebensgeschichte eines Unglücksraben] (1915).* — *Klotildino zasnoubení [Klothildes Verlobung] (1916).* — *Svárlivá žena [Die zänkische Frau] (1919).* — *Ďáblice [Das Teufelsweib] (1920).* — *Za touhou po matce [Sehnsucht nach der Mutter] (1920).* — *Žena válečného slepce [Die Frau des Kriegsblinden] (1921).* — *Válečný invalida [Der Kriegsversehrte] (1922).* — *Zlomená růže [Die gebrochene Rose] (1923).* — *Dragounovy boty [Dragonerstiefel] (um 1924).* — *Volná láska [Freie Liebe] (1924).* — *Křivá přísaha [Der Meineid] (1925).* — *Nad propastí [Am Abgrund] (1925).* — *Rozvedené manželství [Eine geschiedene Ehe] (1925).* — *Rozvrat [Der Zerfall] (1928).*

L.: *LČL 4,1 (2008, m. Verz.).* — Fiala, P. u. a.: *Český politický katolicismus (2008) 98.* — Pehr, M. u. a.: *Cestami křesťanské politiky (2007).* — Hanuš, J: *Malý slovník osobností českého katolicismu (2005).* — Marek, P.: *Český katolicismus (2003).* — *Vopravil (1973).* — *Kdy zemřeli? (1957 u. 1962).* — *OSN ND 6,2 (1943).* — *Lidové listy 16.5.1937.* — *Právo lidu 23,152 (1914) 2.* — *Věstník katolického duchovenstva 10.2.1908, 151.* — *Čech. Politický týdenník katolický 32,342 (1907) 3.*

Supper (Super), Judas Thaddäus Josephus (Juda Tadeáš Josef), Maler, * 29. 3. 1712 Müglitz (Mohelnice), † 1. 5. 1771 Mährisch Trübau (Moravská Třebová). Vater von Franz Karl Silvester (František Karel Silvestr) **Supper** (Maler, * 31. 12. 1743 Mährisch Trübau, † 23. 5. 1790 Mährisch Trübau, Weiterführung der Werkstatt seines Vaters, Vollendung seiner Werke, 1771 Bürgerrecht in Mährisch Trübau). Jesuitengymnasium in Olmütz. Danach dort vermutlich Theologiestudium, Baccalaureus. 1729–1733

Malerausbildung in der Werkstatt von → K. J. Haringer [Nachtragsband] in Olmütz. Seit 1736 in Mährisch Trübau, 1737 dort Bürgerrecht, später Stadtrat. Freundschaft mit den Bildhauern → G. Patzak und → S. Tischler. Altarbilder und Fresken für Kirchen in Mährisch Trübau und Umgebung, in Ostböhmen und in Mittel- und Nordmähren, 1756–1760 Wand- und Deckengemälde des Zisterzienserklosters Sedletz, dort vermutlich Zusammenarbeit mit → J. Chambrez. Beeinflusst durch die mährische und böhmische Barockmalerei von → J. C. Handke, → P. Brandl und → W. L. Reiner.

L.: Informační systém abART [30.4.2024]. — Ostdeutsche Gedenktage (2012) 63. — Olšanová, P.: Oltářní obrazy J. T. Š. (1712–1771) na Moravě (Bachelor-Arb. Olomouc, 2011). — Kutnohorsko 12 (2009) 1-29. — Fejtová, O. u. a. (Hg.): Město a intelektuálové (2008) 878. — Horová, Dodatky (2006, m. Verz.). — Zprávy památkové péče 64,1 (2004) 51-68. — Nordmähr. Heimatbuch 48 (2001) 74 f. — Schönhengster Jb. 47 (2001) 34 f. — Myška 11 (1998). — Moravskotřebovské vlastivědné listy 6 (1996) 19-26. — Umění baroka na Moravě a ve Slezsku (1996). — Loubal, L.: Hřebečské baroko (1996). — Kovaříková, J.: J. T. Š. (Mag.-Arb. Praha, 1995). — Dějiny českého výtvarného umění 2,2 (1989). — Portheimkatalog in der Wiener Stadt- und Landesbibliothek. Personen (1987). — Ryschawy, F.: J. T. Š. (1981). — SPFFBU F 26-27,21-22 (1977/78) 65-69. — Bénézit 10 (³1976). — SdZ 8.6.1962. — Toman 2 (1950). — Teichmann, E.: Geschichte der Stadt Müglitz (1942) 94. — Thieme-Becker 32 (1938). — NVISN 16 (1932). — Wenzelides 3 (1922). — Památky archaeologické a místopisné 22,7-8 (1907) 586 f. — Mitteilungen d. maehr. Gewerbe-Museums in Brünn 24,9-11 (1906) 129-140, 145-158 u. 165-174. — OSN 24 (1906). — Wurzbach 40 (1880). — Rieger 8 (1870). — Nagler, G. K.: Neues allg. Künstler-Lexicon 17 (1847). — Hawlik, E.: Zur Geschichte der Baukunst, der bildenden und zeichnenden Künste im Markgrafthume Mähren (1838). — Dlabacž 3 (1815). — Biogr. Slg.

Suppetius (Suppet, Supecio), Andreas (Ondřej, Andrés) SJ, Geistlicher, * 4. 11. 1650 Ratibor/Schlesien (Racibórz/Polen), † 6. 11. 1712 Valdivia/Chile. Jesuitengymnasium in Troppau. 1670 Eintritt in den Jesuitenorden in Troppau, 1670–1672 Noviziat in Brünn, 1673–1675 Philosophiestudium am Kolleg in Olmütz. 1676/77 Lehrer für Grammatik und Poetik sowie Musikpräfekt am Kolleg in Oppeln, 1678 Poetiklehrer am Kolleg in Brünn, 1679 in Olmütz. 1680–1683 Theologiestudium am Klementinum in Prag. 1683 Priesterweihe in Prag. 1684 am Kolleg in Teltsch. 1684 Antritt einer Missionsreise nach

Südamerika, seit 1686 in Chile. 1688 Ordensgelübde. 1688–1692 Vizerektor des Kollegs in Castro auf der Insel Chiloé, dann dort bis 1698 Rektor. Seit 1698 Rektor und Novizenmeister des Kollegs in Santiago de Chile. 1708 Vizerektor und Visitator in Castro, 1709 Visitator am Nahuel-Huapi-Kolleg. Danach erneut bis 1711 Vizerektor und Missionar in Castro, seit 1711 Superior und Seelsorger der Residenz in Valdivia. Autor von Reiseberichten in Briefform.

W.: Stratagema amoris (1678). — Beschreibung des Reichs und Provinz Chili, und der Missionen daselbst. In: Stöcklein, J. (Hg.): Brief-Schrifften und Reis-Beschreibungen welche von denen Missionariis der Gesellschaft Jesu … in Europa angelangt sind 1 (1726) 28-30.

L.: Bio-bibliografická databáze řeholníků v českých zemích v raném novověku [30.4.2024]. — Rechcígl, M.: Encyclopedia of Bohemian and Czech-American Biography (2016). — Zavadil, P.: Čeští jezuité objevují Nový svět (2015). — Vilímcová, Z.: Každodennost jezuitských misionářů z české provincie v Jižní Americe (Mag.-Arb. Praha, 2013). — Geschichte der Böhm. Provinz d. Gesellschaft Jesu 3 (2012) 1315 f. — Meier, J./Müller, M.: Jesuiten aus Zentraleuropa in Portugiesisch- und Spanisch-Amerika 2 (2011) 284-288. — Sabik, K./Kumor, K. (Hg.): La cultura del barroco español e iberoamericano (2010) 606. — Moreno Jeria, R.: Misiones en Chile austral (2007). — Čeští jezuité, cestovatelé a objevitelé (2006). — Folia historica bohemica 13 (1990) 314 f. — Fischer, Catalogus (1985). — Ibero-americana pragensia 5 (1971) 200. — Matthei, M.: Los primeros Jesuitas germanos en Chile (1968) 168-174. — The Hispanic American Historical Review 25,4 (1945) 452. — Hoffmann, H.: Schles., mähr. u. böhm. Jesuiten (1939). — Huonder, A.: Deutsche Jesuitenmissionäre des 17. und 18. Jhs. (1899) 138. — Sommervogel 7 (1896). — Pelzel, F.: Böhm., mähr. u. schles. Gelehrte u. Schriftsteller aus dem Orden der Jesuiten (1786) 121.

Sůra, Jaroslav, Graphiker, * 31. 3. 1929 Prag (Praha), † 24. 5. 2011 Prag. Ehemann von Věra **Sůrová** (Graphikerin, * 26. 9. 1929 Prag, bis 1951 Studium an der staatlichen Graphikschule in Prag, Illustrationen und Graphiken, Mitwirkung an den Werken ihres Ehemanns). Bis 1945 in Křiwsoudow. 1945–1948 Studium an der staatlichen Graphikschule in Prag, 1948–1954 an der Kunstgewerbeschule in Prag bei → K. Svolinský. Studienreisen nach Russland, Finnland, Bulgarien, Polen, Frankreich, Italien, Rumänien und in die Schweiz. Graphiken in Siebdruck, Linolschnitt, Holzschnitt und Lithographie. Buchillustrationen, Theater-, Film- und Kon-

zertplakate, Exlibris und Briefmarken sowie Ge-
mälde. Typograph. Gestaltung von Logos und
Plakaten für das Prager Nationaltheater, das
Tschechoslowakische Fernsehen und die Tsche-
chische Philharmonie. Seit 1959 eigene Ausstel-
lungen in der Tschechoslowakei sowie in Dres-
den, Florenz und Warschau. Zahlreiche Preise,
u. a. aus Tokio, New York und Florenz. Mitglied
der Vereinigung tschechischer Graphiker Hol-
lar, der Union bildender Künstler und der Alli-
ance Graphique Internationale. 1989 Verdienter
Künstler der Tschechoslowakei.

L.: *Informační systém abART [30.4.2024]. — Ency-
klopedie Prahy 2 vom 25.11.2022. — Klímová, N.
(Hg.): České knižní obálky v edičních řadách (2016).
— Vencl, S.: České grafické novoročenky (2012). —
Novinky 25.5.2011. — Osobnosti. Česko (2008). —
Sýkorová, L.: Český divadelní plakát 1968–1989
(Mag.-Arb. Praha, 2008). — SČSVU 15 (2005, m.
Verz.). — Kudrna, M.: Duchovní rozměr grafiky
(2002). — Hrabica, Z.: Jak jsem je poznal (2001). —
Vencl, S.: České exlibris (2000). — Sylvestrová, M.
(Hg.): Czech Film Posters of the 20ᵗʰ Century (2000).
— Tomeš 3 (1999). — Česká grafika XX. století
(1998). — Grafika J. S. (1997). — Kdo je kdo (²1994
bis ⁵2005). — J. S. Grafika (1994). — Design Journal
27 (1990) 70 f. — Výtvarná kultura 13,5 (1989)
50-52. — Hudební plakáty J. S. (1984). — J. S. Gra-
fika (1979). — Pochodeň 13.4.1979, 5. — Současný
plakát (1976) 22 f. — Výtvarná práce 17,1-2 (1969) 7.
— J. S. Plakáty 1961/63 (1963). — J. S., Vladimir
Veselý. Obrazy, kresby, grafika (1959). — Toman 3
(1955). — Biogr. Slg.*

Šuran, Gabriel, Philologe und Übersetzer,
* 8. 7. 1856 Prag (Praha), † 18. 6. 1916 Prag. Aka-
demisches Gymnasium Prag, 1875 Matura.
1875–1881 Studium der klassischen Philologie
und Slawistik an der Universität in Prag. 1882
Hilfslehrer in Prag. 1882–1899 Lehrer für La-
tein, Griechisch und Französisch am tschechi-
schen Gymnasium in Raudnitz und 1899–1912
am Gymnasium Königliche Weinberge. Lehrbü-
cher und Übersetzungshilfen für den griechi-
schen und lateinischen Schulunterricht. Publika-
tionen in Zeitschriften und Schulprogrammen.
Mitarbeit am Ottův slovník naučný. Übersetz-
zungen von Herodot und Plutarch, aus dem
Russischen von Iwan S. Turgenjew, Wladimir G.
Korolenko, Grigori P. Danilewski, Semjon A.
Wengerow und Lew N. Tolstoi sowie aus dem
Deutschen von Wilhelm v. Polenz. 1892 kroa-
tisch-slawonische Auszeichnung für seine Lehr-
hilfen. 1913 Schulrat.

W.: *Vzorné příklady k latinské skladbě [Musterbei-
spiele zur lateinischen Syntax] (1885). — Přehled*

*dějin literatury řecké [Überblick über die Geschichte
der griechischen Literatur] (1892, ⁴1930). — Přehled
dějin literatury římské [Überblick über die Geschich-
te der römischen Literatur] (1892, ⁷1938). — Slov-
níček k prvým čtyřem zpěvům Homerovy Iliady
[Wortschatz zu den ersten vier Gesängen der Ilias
von Homer] (2 Bde., 1892/93, ⁴1911).*

L.: *ÖBL Online-Edition, Lfg. 4 vom 30.11.2015. —
LČL 4,1 (2008, m. Verz.). — Svoboda, K.: Antika a
česká vzdělanost (1957). — OSN ND 6,2 (1943). —
MSN 7 (1933). — NVISN 17 (1932). — 23. výroční
zpráva c.k. českého gymnasia na Král. Vinohradech
(1917) 7 f. — Osvěta 46 (1916) 576. — Národní listy
19.6.1916, 3 u. 20.6.1916, 6. — Věstník českých profe-
sorů 24,10 (1916) 70. — Listy filologické 43,5 (1916)
377. — Topičův sborník 3 (1915/16) 480. — Zlatá
Praha 33 (1915/16) 467. — OSN 24 (1906). — Adre-
sář města Roudnice (1892) 14. — Biogr. Slg.*

Šuráň, Josef, Geodät und Astronom,
* 25. 4. 1929 Jestřaby (Jestřabí) Bez. Wallachisch
Klobouk (Valašské Klobouky), † 28. 5. 2015
Prag (Praha). Gymnasium in Ungarisch Brod,
1949 Matura. Studium der Geodäsie und geodä-
tischen Astronomie an der TU Brünn und seit
1951 an der Militärisch-technischen Akademie
in Brünn, 1954 Abschluss. Forschungsaufenthal-
te an den Observatorien in Potsdam und Moskau
sowie am Pulkowo-Observatorium in Lenin-
grad. Seit 1957 Angestellter des neugegründeten
Geodätischen Observatoriums Pecný in
Ondřejow bei Schwarzkosteletz, 1959–1964 Lei-
ter des Observatoriums. 1968–1975 geodätischer
Experte der Vereinten Nationen in Afghanistan,
1976/77 Leiter einer tschechoslowakischen
astronomisch-geodätischen Nepal-Expedition
zur Bestimmung neuer Laplace-Punkte. 1980
CSc. an der TU Prag. 1980–1983 im Irak, Ver-
messung von Brücken- und Straßenprojekten in
der Nähe von Bagdad. Daneben Beschäftigung
mit Kosmologie, unveröffentlichte Manuskripte
zur allgemeinen physikalischen Theorie. Zudem
spiritualistische Publikationen, insbesondere
Versuche einer exakten Datierung der Geburt
Christi. Seit 1951 Mitglied der Tschechischen
astronomischen Gesellschaft.

W.: *Über die Auswahl der Sterne bei der Methode der
gleichen Höhen. In: Studia geophysica et geodaetica
4,1 (1960) 6-19. — (Zus. m. I. Baueršíma:) Verbesser-
tes unpersönliches Mikrometer für das Zirkumzenital.
In: Studia geophysica et geodaetica 7,3 (1963) 209-
227. — Otázky fotoelektrické registrace průchodu
hvězd u přístrojů astroláabového typu [Fragen der
photoelektrischen Registrierung der Sternbahnen bei
Geräten des Astrolabtypus] (Diss., 1980). — The Star
of Bethlehem (1991). — The Calendar of the Future.*

In: Vistas in Astronomy 41,4 (1997) 493-506. —
*Hvězda betlémská a chronologie života Ježíše Krista
[Der Stern von Bethlehem und die Chronologie des
Lebens Jesu Christi] (2011).* — *Je Bůh a duchovní
svět? [Gibt es einen Gott und die spirituelle Welt?]
(2012).* — *Ten lidský svět [Die Menschenwelt] (2013).*
— *Československá astronomicko-geodetická expedice
Nepál [Die tschechoslowak. astronomisch-geodätische
Nepal-Expedition]. In: Z dějin geodézie a kartografie
17 (2014) 56-72.* — *Československý astronomický
přístroj cirkumzenitál [Das tschechoslowak. astrono-
mische Instrument Zirkumzenital]. In: Z dějin geo-
dézie a kartografie 18 (2016) 258-279.*

L.: *Historický vývoj zeměměřičských činností (2018)*
261. — *Zeměměřič 18.5.2016.* — *Slavičínský zpravo-
daj 40,5 (2016) 11.* — *Kosmické rozhledy 54,1 (2016)
10-12.* — *Kdo byl kdo je kdo na východní Moravě 5
(2011).* — *Trčková, H.: Návrat ke kořenům (Bache-
lor-Arb. Brno, 2008) 64-71.* — *Toufar, P.: Druhé set-
kání s tajemstvím (2000) 16-23.* — *Geodetický a kar-
tografický obzor 45/87,5 (1999) 109.* — *Geodetický a
kartografický obzor 21/83,12 (1975) 332 f.*

Šuránek, Antonín, Geistlicher, * 29. 5. 1902
Ostra Lhota (Ostrožská Lhota) Bez. Ungarisch
Ostra (Uherský Ostroh), † 3. 11. 1982 Petržiko-
witz (Petřkovice) Bez. Neutitschein (Nový
Jičín). Gymnasium in Ungarisch Hradisch, 1922
Matura. Während der Schulzeit Organisation
katholischer Jugendveranstaltungen. 1922–1926
Studium an der theologischen Fakultät in Ol-
mütz. 1926 Priesterweihe. 1926–1929 Seelsorger
in Großlatein, 1929–1948 Spiritual des Priester-
seminars in Olmütz. 1946 Promotion, 1947–
1950 Dozent an der theologischen Fakultät der
Universität Olmütz bis zu deren Schließung, da-
nach bis 1951 Kaplan in Großořechau. 1951 In-
ternierung im Prämonstratenserkloster Seelau,
anschließend Gefängnishaft. 1955 Entlassung,
anschließend Arbeiter im Kalkwerk in Stram-
berg. 1962 Pensionierung und Umzug nach Un-
garisch Hradisch. 1968–1970 Spiritual des Semi-
nars in Olmütz, zeitweise Entzug der staatlichen
Seelsorge- und Lehrerlaubnis aufgrund seiner
Ablehnung der staatsnahen Priesterorganisation
Mírové hnutí katolického duchovenstva. An-
schließend Unterstützung der Seelsorge in
Kleinblatnitz und Einsiedler am Wallfahrtsort
Großblatnitz, 1975 erneut Verbot priesterlicher
Tätigkeit, danach in Schreibendorf sowie in
Ludgerstal bei Hultschin, dort wieder Unter-
stützung der Seelsorge. Seit 1937 Publikation re-
ligiöser Schriften, Mitwirkung am 1965 begon-
nenen Seligsprechungsprozess von → A. C. Sto-
jan. Seit 1990 posthume Veröffentlichung seiner

Werke. 1996–1999 diözesaner Seligsprechungs-
prozess in Olmütz, 1999 Ehrentitel Diener
Gottes.

W.: *Kněžská sobota [Priesterlicher Sabbat] (1937).* —
*Kořeny kalvárské oběti [Die Wurzeln des Golgatha-
opfers] (Diss., 1948).* — *Z celého srdce [Von ganzem
Herzen] (1990).* — *Kukátka [Die Gucklöcher]
(3 Bde., 1992–2000).* — *Světlo z Beňova [Das Licht
von Beňow] (1994).* — *Dějiny mého povolání [Die
Geschichte meiner Berufung] (4 Bde., 1996–1997).* —
*Starozákonní rozjímání [Alttestamentliche Medita-
tionen] (1998).* — *Růžencová rozjímání [Die Rosen-
kranzmeditationen] (2 Bde., 1998–1999).* — *Sta-
vovské promluvy [Standesreden] (2000).* — *Křížové
cesty a rozjímání nad liturgickými texty [Kreuzwege
und Meditationen über liturgische Texte] (2001).* —
*Novozákonní rozjímání [Neutestamentliche Medita-
tionen] (2001).* — *Rok v semináři s P. Šuránkem [Ein
Jahr im Seminar mit P. Š.] (2001).* — *Svatí z pohledu
P. Šuránka [Heilige aus der Sicht P. Š.s] (2 Teile,
2001–2002).* — *Osudy bohoslovců v Reichu [Theolo-
genschicksale im Dritten Reich] (2002).* — *Pozdrav
ze semináře 1936–1949 [Gruß aus dem Seminar
1936–1949] (2002).* — *S Ježíšem v jeho utrpení [Mit
Jesus in seinem Leiden] (2005).* — *Křížová cesta se
služebníkem Božím P. A. Š. [Kreuzweg mit dem Die-
ner Gottes P. A. Š.] (2007).*

L.: *Holásek, B./Fifková, R. (Hg.): Osobnosti Olo-
mouckého kraje (2016).* — *Ambros, P. (Hg.): Vele-
hrad na křižovatkách evropských dějin (2016).* — *Ko-
tek, A.: Rozněcovat mladá srdce (2012).* — *Svatošová,
M.: Víme si rady s duchovními potřebami ne-
mocných? (2012).* — *Ostrožská Lhota (2011) 268-277.*
— *Graubner, J.: Kněžské osobnosti (2010).* — *Kotek,
A.: Šťastně zasáhl do výchovy celé kněžské generace
(2008).* — *Teřhal, V.: Svatý Antonínek (2008).* — *No-
votný, V.: Katolická teologická fakulta 1939–1990
(2007).* — *Vaško, V.: Dům na skále 2 (2007) 67 f.* —
Malovaný kraj 3 (2006) 10 f. — *Hanuš, J.: Malý slov-
ník osobností českého katolicismu (2005).* — *Marek,
P.: Český katolicismus (2003).* — *Jílek, L./Malůšek,
A.: P. A. Š. Krátký životopis (2002).* — *Kotek, A.: Ple-
nární sněm a P. A. Š. (2002).* — *Hrdlička, J.: Novéna
k služebníku Božímu P. A. Š. (2001).* — *Marek, P.:
České schisma (2000).* — *Tomeš 3 (1999).* — *Malůšek,
A.: Život a dílo P. A. Š. (1996).* — *Kotek, A.: Vzpo-
mínky na P. A. Š. (1993).*

Sus, Oleg, Literaturwissenschaftler und Philo-
soph, * 9. 9. 1924 Brünn (Brno), † 22. 11. 1982
Brünn. 1936–1944 Realgymnasium in Brünn,
Matura. 1945–1949 Studium der Philosophie,
Ästhetik und Literaturwissenschaft an der Uni-
versität Brünn, 1950 Dr. phil. 1949–1951 Dreh-
buchautor für das Kurzfilmunternehmen Krátký
film. Seit 1950 Lehrbeauftragter an der philoso-
phischen Fakultät der Universität Brünn, seit
1951 Aspirantur. Seit 1954 Assistent und Leiter

des Seminars für Ästhetik an der Universität Brünn. 1960 CSc., 1964 Habilitation, seit 1965 Dozent für Ästhetik an der Universität Brünn. 1970 Entlassung aus politischen Gründen, Publikationsverbot. Seitdem Veröffentlichungen im Ausland und unter Decknamen. Beschäftigung mit Semantik, Semiotik, Ästhetik und Philosophie des 19. und 20. Jahrhunderts, Strukturalismus und der Avantgarde. 1957–1970 externer Redakteur der Zeitschrift Host do domu, seit 1958 der Monatsschrift Věda a život, 1969 Chefredakteur. 1968/69 auch Chefredakteur der Zeitschrift Index. Seit 1956 Veröffentlichungen von literaturwissenschaftlichen Studien und Literaturkritik in Česká literatura, Květen, Estetika, Orientace, Literární noviny und Host do domu. Seit 1943 Mitglied der Soziologischen Gesellschaft in Prag, 1945–1947 Mitglied der Soziologischen Masaryk-Gesellschaft in Brünn, seit 1964 Mitglied des Verbands tschechoslowakischer Schriftsteller. 1968 Befreiungspreis der Stadt Brünn.

W.: *Film v kapitalistické společnosti a některé otázky filmové theorie [Der Film in der kapitalistischen Gesellschaft und einige Fragen der Filmtheorie] (Diss., 1950).* – *Sémantický problém „významové představy" u O. Zicha a J. Volkelta [Das semantische Problem der „Bedeutungsvorstellung" bei O. Zich und J. Volkelt] (1958).* – *Příspěvky ke genesi teorie významu v české strukturalistické estetice [Beiträge zur Genese der semantischen Theorie in der tschech. strukturalistischen Ästhetik] (1961).* – *Zu einigen Problemen der Psychologie des literarischen und künstlerischen Schaffens (1962).* – *Systém a integrace [System und Integration] (1963).* – *Metamorfózy smíchu a vzteku [Metamorphosen des Lachens und der Wut] (1963, ²1965).* – *(Hg.:) Cesty k dnešku [Wege ins Heute] (1964).* – *Vlasta Zábranský. Možnosti [V. Z. Möglichkeiten] (1965).* – *Bez bohů geneze? [Genese ohne Götter?] (1966).* – *Český strukturalismus z hlediska ideologického „demaskování" [Der tschech. Strukturalismus aus Sicht der ideologischen „Demaskierung"] (1967).* – *Typologie tzv. slovanského formalismu a problémy přechodu od formálních škol ke strukturalismu [Typologie des sog. slawischen Formalismus und die Probleme des Übergangs von den formalen Schulen zum Strukturalismus] (1968).* – *Struktura v klasickém strukturalismu a její nová interpretace [Die Struktur im klassischen Strukturalismus und ihre neue Interpretation] (1968).* – *Poetry and Music in the Psychological Semantics of Otakar Zich (1969).* – *On the Genetic Preconditions of Czech Structuralist Semiology and Semantics (1972).* – *Die Genese der semantischen Kunstauffassung in der modernen tschech. Ästhetik (1972).* – *A Contribution to the Prehistory of Relations between Formalism and Semantics (1975).* – *Individuum, Struktur, anthropologische Konstante (1981).* – *From the Pre-History of Czech Structuralism (1982).* – *Geneze sémantiky hudby a básnictví v moderní české estetice [Entwicklung der Semantik von Musik und Poesie in der modernen tschech. Ästhetik] (1992).* – *Estetické problémy pod napětím [Ästhetische Probleme unter Spannung] (1992).*

L.: *Informační systém abART [30.4.2024].* – Encyklopedie dějin města Brna vom 7.1.2022. – Soldán, L.: Osmkrát O. S. (2018). – Česká literatura. Časopis pro literární vědu 66,4 (2018) 527-552. – SČL online vom 15.11.2017. – Soldán, L.: O. S. méně známý (2017). – Slavíček 2 (2016). – Pulsy 1 (2014) 6-59. – Vlastivědný věstník moravský 64,1 (2012) 87. – Rusové a Morava 2 (2011). – Studia philosophica 57,1 (2010) 149-162. – Osobnosti. Česko (2008). – Česká literární kritika 20. století (2006) 133-148. – Nünning, A.: Lexikon teorie literatury a kultury (2006). – GBO 4 (2005). – SČSVU 15 (2005). – Tomeš 3 (1999). – Slovník českých filosofů (1998). – Literární věda na prahu 21. století (1998). – Janoušek 2 (1998). – Horová 2 (1995). – Česká filozofie ve 20. století 2 (1995). – Pečman, R./Osolsobě, P. (Hg.): O. S. redivivus (1994). – Časopis Květen a jeho doba (1994) 89-93. – Česká literatura 41,1 (1993) 63-82. – ČBS (1992). – Kdy zemřeli? (1992). – Brabec, J. u. a.: Slovník zakázaných autorů 1948-1980 (1991). – Universitas. Revue Masarykovy univerzity v Brně 24,3 (1991) 16-18. – Zhoř, I. (Hg.): Památce O. S. (1988). – Soldán, L. (Hg.): In memoriam O. S. (1984). – Vopravil (1973). – Biogr. Slg.

Suschitzky (geb. Bauer), Adele, Verlegerin und Buchhändlerin, * 19. 11. 1878 Brünn (Brno), † 24. 5. 1980 London. Seit 1907 Ehefrau des Wiener Buchhändlers und Verlegers Wilhelm Suschitzky. Nach dem Tod ihres Mannes seit 1935 Mitgesellschafterin des Anzengruber-Verlags Brüder S. mit Buchhandlung und Antiquariat in Wien. Durch die nationalsozialistische „Arisierung" 1938 Zwangskonkurs und 1941 Löschung der Firma. 1938 Flucht nach Großbritannien.

L.: Korotin, I. (Hg.): biografiA 3 (2016). – ÖBL 63 (2012) 58 f. – Staudacher, A.: „… meldet den Austritt aus dem mosaischen Glauben" (2009). – HöAutorInnen 3 (2002). – Klösch-Melliwa, H. u. a. (Hg.): kolloquiA (2001) 241-243. – Mitteilungen d. Gesellschaft für Buchforschung in Österreich 1 (1999) 3. – Lechner, A.: Die Wiener Verlagsbuchhandlung „Anzengruber-Verlag, Brüder S." (Dipl.-Arb. Wien, 1994). – Hall, M. G.: Österr. Verlagsgeschichte 2 (1985). – Neues Wiener Tagblatt 22.10.1938, 17. – Jüdische Volksstimme 10.12.1908, 4.

Sušil, František, Geistlicher, Schriftsteller und Ethnograph, * 14. 6. 1804 Neuraußnitz (Rousínov) Bez. Austerlitz (Slavkov u Brna), † 31. 5. 1868 Bystřitz am Hostein (Bystřice pod Hostýnem). 1819–1822 Piaristengymnasium in

Kremsier, dann Philosophicum in Brünn. 1823 bis 1827 Theologiestudium am Priesterseminar in Brünn. 1827 Priesterweihe. Bis 1836 Kaplan in Wolframitz und anschließend in Kumrowitz bei Brünn. 1835 Habilitation. 1837–1868 Prof. für Neues Testament an der Brünner theologischen Lehranstalt. Nach 1848 Mittelpunkt des S.-Kreises junger mährisch-patriotischer Theologen. Organisator eines nationalen Kulturlebens in Mähren. Mitgründer mehrerer nationalpatriotischer und kirchlicher Vereine, u. a. 1848 der Ústřední katolická jednota und 1849 der Moravská národní jednota. 1849 Initiator der konservativen katholischen Zeitschrift Hlas. Vertreter des slawischen Kyrill- und Method-Kultes. Seit 1850 Obmann des Vereins Dědictví sv. Cyrila a Metoděje. Sprach- und Musikforscher. Seit 1824 Sammler und Herausgeber von Volksliedern aus den Regionen Mährens und zusammen mit → C. Lelek aus Schlesien. Kommentator und Übersetzer des Neuen Testaments sowie antiker Autoren wie Flavius Josephus, Ovid und Catull ins Tschechische. Verfasser von Gedichten und Fabeln. Beiträge für belletristische, kirchliche und wissenschaftliche Zeitschriften sowie zu Kalendern. 1848 erzbischöflicher Titular-Konsistorialrat, 1863 Wirklicher Rat. 1864 Ehrenkanoniker des Brünner Domstifts. 1862 russischer Orden der hl. Anna. 1865 Ehrenpromotion der theologischen Fakultät der Universität Wien.

W.: Morawské národnj pjsně [Mähr. Volkslieder] (1835, erweitert 1840, ⁵1868, kritische Ausgabe ⁵1998). — De versione slavica (Habil., 1835). — Spisy swatých otců apoštolských [Schriften der hl. Apostolischen Väter] (1837, ³1874). — Nápěwy k nowé sbjrce morawských národnjch pjsnj [Melodien für die neue Sammlung mähr. Volkslieder] (1840). — Hymny církewni [Kirchliche Hymnen] (1846, ²1859). — Básně [Gedichte] (1847). — Růže a trní. Básně [Rosen und Dornen. Gedichte] (1851). — O prozódii české [Zur tschech. Prosodie] (1855; ²1861 als: Krátká prosodie česká [Kurze tschech. Prosodie], ³1863). — (Übers.:) Josefa Flavia O Wálce Židowské a wlastní żiwotopis [Der Jüdische Krieg und die Vita des Flavius Josephus] (1856). — (Hg. u. Übers.:) Anthologie z Ovidia, Katulla, Propertia a Muséa [Anthologie zu Ovid, Catull, Properz und Musaios] (1861). — Sebrané básně [Gesammelte Gedichte] (1862). — (Hg. u. Übers.:) Evangelium svatého Matouše [Das Matthäusevangelium] (1864, ²1871). — (Hg. u. Übers.:) Evangelium svatého Marka [Das Markusevangelium] (1865, ²1885). — (Hg. u. Übers.:) Evangelium svatého Lukáše [Das Lukasevangelium] (1865, ²1885). — (Hg. u. Übers.:) Evangelium svatého Jana [Das Johannesevangelium] (1867, ²1886). — (Übers.:) Skutky apoštolské [Die Apostelgeschichte] (1869). —

Zpěvy a hněvy. Sonetty [Gesänge und Grollen. Sonette] (1869). — Smíšené básně [Gemischte Gedichte] (1870). — (Hg. u. Übers.:) Listové sv. Pavla apoštola [Die Paulusbriefe] (2 Bde., 1870–1871). — (Hg. u. Übers.:) Písmo svaté Nového zákona [Die Heilige Schrift des Neuen Testaments] (1872).

L.: Encyklopedie dějin města Brna vom 25.5.2022. — Dějiny Brna 4 (2020). — Osobnosti moravských dějin 2 (2019) 13-34. — Jan, L./Štěpánek, V. (Hg.): Pocta P. Františku Sušilovi (2018). — Večerka, R.: Slovník českých jazykovědců v oboru bohemistiky a slavistiky (2013). — KESSM 2 (²2013). — ÖBL 63 (2012). — Encyklopedický slovník křesťanského Východu (2010). — Theologická revue 81 (2010) 147-160. — Kopecký, F.: 100 osobností z doby třetí koalice (2010) 64. — MGG Suppl. (2008) u. MGG Online (2016). — LČL 4,1 (2008, m. Verz.). — Osobnosti. Česko (2008). — GBO 4 (2005). — Plocek, J. (Hg.): Sušilovské zrcadlo (2005). — Fasora, L. u. a. (Hg.): Člověk na Moravě 19. století (2004) 375-388. — Frolcová, V. (Hg.): F. S. (2004). — Malý, R.: F. S. (2004). — Hojda, Z./Prahl, R. (Hg.): Bůh a bohové (2003) 161-168. — Grove 24 (²2001). — Muzeum. Sborník Muzea Kroměřížska 2 (2000) 77-88. — Myška 12 (1999). — Putna, M. C.: Česká katolická literatura v evropském kontextu (1998). — MČSE 5 (1987). — Prager Volkszeitung 25.5.1984, 11. — Ficek, V.: Biografický slovník širšího Ostravska 3 (1979). — Žili a pracovali v Brně (1977). — Vopravil (1973). — HdBG 4 (1970). — ČslHS 2 (1965). — SČS (1964). — DČL 3 (1961). — Harrassowitz, O.: Kleine slavische Biographie (1958). — Vodička, T.: F. S. (1946). — Vavroušek, B.: Literární atlas československý 1 (1932). — Vychodil, P. (Hg.): Z doby Sušilovy (1917). — Hýsek, M.: Literární Morava (1911). — OSN 24 (1906). — Svozil, J.: O Františku Sušilovi (1904). — Šťastný, V. (Hg.): Památce Františka Sušila (1904). — Národní album (1899). — Vychodil, P. J.: F. S. (1898). — Srb, J.: Dějiny hudby v Čechách i na Moravě (1891) 148. — Wappler, A.: Geschichte der theologischen Facultät der k.k. Universität zu Wien (1884). — Wurzbach 41 (1880). — Českoslovanský Plutarch 2 (1875). — D'Elvert, Musik (1873). — Procházka, M.: F. S. (1871). — Peřina, F. J.: Slavín 1 (1871). — Rieger 8 (1870). — D'Elvert, Notizenblatt (1868) 73-76. — Salzburger Kirchenblatt 8 (1868) 188, 194 u. u. 205 f. — Časopis katolického duchovenstva 9 (1868) 290 f. — WZ 3.6.1868, 804. — City ctitelův důstojného a veleučeného pána pana Františka Sušila (1854). — Jungmann, J.: Historie literatury české (1849). — Oesterr. Morgenblatt 18.3.1837, 138.

Sušilová, Libuše Františka, Ethnographin, * 29. 10. 1908 Wallachisch Klobouk (Valašské Klobouky), † 8. 5. 1986 Ungarisch Hradisch (Uherské Hradiště). Mutter von Horymír **Sušil** (Musiker und Tierarzt, * 14. 6. 1928 Wallachisch Klobouk, † 27. 7. 2010 Ungarisch Brod (Uherský Brod), 1947–1953 Studium an der tierärztlichen Hochschule in Brünn, danach Tierarzt in Wallachisch Klobouk und seit 1960 in Ungarisch Brod, zugleich Volksliedsammler und Zymbalspieler, u. a. in den Ensembles Dúbrava und Olšava). Organisatorin des Kulturlebens in Wallachisch Klobouk, nach 1945 Mitglied des Folkloreensembles Valašský krúžek, später Dúbrava. Geschichtenerzählerin. Sammlerin von Volksliedern, Trachten und Tänzen aus der Gegend von Wallachisch Klobouk, seit 1945 auch von walachischen Stickereien und Rezepten. 1949 Beteiligung an ethnographischen Forschungen der Tschechoslowakischen Akademie der Wissenschaften. Zusammenarbeit mit dem Stadtmuseum in Wallachisch Klobouk, Mitarbeit am Aufbau des Walachischen Freilichtmuseums in Rožnau am Radhost. Veröffentlichungen in Naše Valašsko und Vlastivědné kapitoly z Valašskokloboucka.

W.: Obživa na Klobucku [Broterwerb im Gebiet von Wallachisch Klobouk]. In: Valašsko 1 (1952) 122 f. – Svatba na Valašskoboucku [Hochzeit im Gebiet von Wallachisch Klobouk]. In: Lidové písně a tance z Valašskokloboucka (1955) 90-92. – (Zus. m. B. Havlíček:) Co víme o lidovém oděvu na Valašskoboucku? [Was wissen wir über die Volkstracht in der Region Wallachisch Klobouk?]. In: Zprávy Okresního musea ve Valašských Kloboukách (1956) 84-94. – Od Kateřiny po Lucku. Vyprávění tetičky Sušilové [Von Katharina bis Lucie. Erzählungen der Tante Sušilová]. In: Spektrum Rožnovska 9,24 (1999) 4. – Klobucký rok [Das Jahr in Wallachisch Klobouk] (2010). – Sobotěnka [Samstag] (zus. m. F. Fojtík; 2012).

L.: Šarounová, M.: Využití regionálních námětů v integrované výuce vybraných oborů (Mag.-Arb. Olomouc, 2019). – Národopisná revue 21,2 (2011) 133-136. – Kdo byl kdo je kdo na východní Moravě 5 (2011). – Slovácký deník 11.8.2010. – Havlíček, L.: Kapitoly k dějinám Valašskokloboucka 1 (2008) 415-417. – Malíková, E.: L. S. (2001). – Malíková, E./Polášková, J.: Lidové tradice Slavičínska (2001) 43. – Valašsko 5 (2000) 37. – Slovník osobností kulturního a společenského života Valašska (1998). – Kdy zemřeli? (1992). – Národopisné aktuality 23,4 (1986) 265 f. – Biogr. Slg.

Suske, Ferdinand, Schauspieler, * 19. 4. 1857 Swoleňowes (Zvoleněves) Bez. Schlan (Slaný), † 22. 8. 1907 München. Oberrealschule in Prag. Seit 1873 Maschinenbaustudium am deutschen Polytechnikum in Prag, dann Schauspielunterricht. Erste Auftritte im Verein Concordia und am Niklastheater in Prag. Seit 1876 am Stadttheater in Görlitz, dann in Flensburg und bis 1880 am Wiener Stadttheater. Anschließend bis 1890 am Deutschen Hoftheater in Sankt Petersburg. Seit 1891 am Berliner Theater und seit 1895 am Lessingtheater in Berlin. Seit 1898 Mitglied des Hof- und Nationaltheaters in München. 1900 bayerischer Hofschauspieler. Alexander-Newski-Orden und St.-Stanislaus-Orden. 1904 Ludwigsmedaille.

L.: BMLO id=s2130 [30.4.2024]. – ÖBL 63 (2012). – DBE 9 (²2008). – Kosch, Theater 4 (1998). – Kullnick, H.: Berliner und Wahlberliner (1969) 220. – BJb 12 (1909) 91 f. – Neuer Theater-Almanach 19 (1908) 145 u. 152 f. – Wer ist's? (1908). – Bühne und Welt 10 (1907/08) 160 f. – Der Humorist 2.9.1907, 6. – Teplitz-Schönauer Anzeiger 26.8.1907, 4. – Allgemeine Zeitung München 24.8.1907, 3 u. 7. – Münchner Neueste Nachrichten 24.8.1907, 3. – Bohemia (Ab.) 23.8.1907, 2. – Stark, F.: Die k.k. Deutsche Technische Hochschule in Prag (1906) 481. – Eisenberg, Bühnenlex. (1903). – Wrede, R. (Hg.): Das geistige Berlin 1 (1897). – Biogr. Slg.

Suske, Richard Franz, Lehrer und Parteifunktionär, * 19. 2. 1916 Bodenbach (Podmokly) Bez. Tetschen (Děčín), † 17. 6. 1978 Apolda/Thüringen. Mittelschule, dann Lehrerbildungsanstalt in Aussig. Mitglied der SdP und Engagement im Aufbruchkreis. Seit 1938 Mitglied der Hitler-Jugend und der NSDAP. 1939 erst Adjutant des HJ-Bannführers in Aussig, dann HJ-Bannführer. SS-Mitglied, 1943 SS-Obersturmführer. 1940–1944 Militärdienst, Oberleutnant der Wehrmacht. 1944/45 erneut hauptamtlicher HJ-Bannführer. Nach 1945 Oberschullehrer in Apolda. Vorsitzender des Kreisverbands Apolda der Nationaldemokratischen Partei Deutschlands und Mitglied im Parteihauptausschuss. 1963 Rücktritt von Parteiämtern wegen seiner nationalsozialistischen Vergangenheit. Weiterhin Oberschullehrer in Apolda. 1942 Ostmedaille, Goldenes HJ-Abzeichen. 1959 Verdienstmedaille der DDR.

L.: Mitt. Bundesarchiv Berlin, 8.4.2022. – Rykl, J.: Ústí nad Labem v letech 1938/39 (2012) 80. – Kappelt, O.: Braunbuch DDR (²2009). – Kdo byl kdo v Říšské župě Sudety (CD-ROM, 2008). – Antifaschistisches Infoblatt 17.6.2007. – Die juristische Aufarbeitung der NS-Vergangenheit in der DDR (2005) 94. – Zimmermann, V.: Die Sudetendeutschen im NS-Staat (1999). – Kappelt, O.: Die Entnazifizierung in der SBZ (1997) 108 f. – Luh, A.: Der Deutsche Turnverband in der Ersten Tschechoslowak. Republik (1988). – Biman, S./Malíř, J.: Kariéra učitele tělocviku (1983) 243. – Ehemalige Nationalsozialisten in Pankows Diensten (⁵1965) 93. – Jb. für den Stadt- und Landkreis Aussig 1940 (1939) 96 f. – Biogr. Slg.

Susskind, Walter → **Süsskind,** Hans Walter

Šust, Jiří, Komponist, * 29. 8. 1919 Prag (Praha), † 30. 4. 1995 Prag. Gymnasium in Prag, dann dort Handelsakademie ohne Abschluss. 1936–1939 Klavier- und Kompositionsstudium am Staatskonservatorium in Moskau, 1939–1942 Kompositionsstudium am Konservatorium in Prag bei → J. Řídký und → A. Hába. Daneben Musiklehrer und freier Komponist. Seit 1941 Komponist für Werbefilme des Filmstudios in Zlin. 1946/47 Musikreferent der KPTsch für den Mittelböhmischen Kreis. Dann Mitarbeiter und Komponist der Barrandov-Filmstudios, 1953–1982 Musikdramaturg des Armeefilmstudios in Prag. Werke für Jugendorganisationen und die Spartakiade 1960. 1965–1993 Musik zu Filmen von → Jiří Menzel [Nachtragsband]. 1967 Orchesterwerk Concerto Bohemo für die Weltausstellung in Montreal. Kompositionen für Theaterstücke, Fernsehsendungen, Serien, Dokumentar-, Kurz- und Musikfilme, zudem Kantaten, Militär-, Trauer- und Unterhaltungsmusik. Seit 1953 Redakteur der Hudební rozhledy. Seit 1963 Vorsitzender des Ausschusses des tschechoslowakischen Autorenschutzverbandes. Bis 1982 Vizepräsident der Tschechischen Musikstiftung. 1975 tschechoslowakischer Staatspreis.

L.: Česká divadelní encyklopedie [30.4.2024]. — Hudební rozhledy 70,6 (2017) 48 f. — Kieler Beiträge zur Filmmusikforschung 1 (2008) 187-190 (m. Verz.). — Knapík (2002). — Matzner, A./Pilka, J.: Česká filmová hudba (2002). — Holeňová, J. (Hg.): Český taneční slovník (2001) 327. — Tomeš 3 (1999). — Lidové noviny 3.5.1995, 19. — Rudé právo 3.5.1995, 2. — Filmové profily (1986, m. Verz.). — Purš, J.: Obrysy vývoje československé znárodněné kinematografie (1985). — Frank, A./Altmann, W.: Kurzgefaßtes Tonkünstler-Lexikon 2 (¹⁵1978). — Svaz českých skladatelů a koncertních umělců (1975). — PSN 4 (1967). — ČslHS 2 (1965, m. Verz.). — Gardavský, Č. u. a.: Contemporary Czechoslovak Composers (1965, tschech.: Skladatelé dneška, 1961). — Matějček, J.: Tschech. Komponisten von heute (1957, m. Verz.). — Czechoslovak Film 6,7-8 (1953) 13. — Filmové zpravodajství 5.5.1948, 3. — Biogr. Slg.

Šusta, Josef (d. Ä.), Landwirtschafts- und Fischzuchtfachmann, * 26. 11. 1835 Jankau (Jankov) Bez. Wotitz (Votice), † 15. 10. 1914 Prag (Praha). Vater von → J. Šusta (d. J.) und von → V. Šusta. Akademisches Gymnasium Prag. Externer Student am Polytechnikum in Prag. 1856/57 Höhere landwirtschaftliche Lehranstalt in Ungarisch Altenburg/Ungarn. Güterbeamter 1857/58 in Ungarn und seit 1858 in Leneschitz bei Postelberg. Seit 1867 Verwalter, 1879–1898 Direktor der schwarzenbergischen Herrschaft Wittingau. 1874–1902 Mitglied im Landeskulturrat für Böhmen. Seit 1883 Prüfungskommissar für Wirtschafts-Mittelschulen. Seit 1894 Mitglied der Böhmischen Sektion des Landwirtschaftlichen Beirats des Ackerbauministeriums in Wien. Seit 1898 Mitglied im Ständigen Komitee für die Hebung der Fischzucht in Böhmen. 1898 Übersiedlung nach Prag. Fachmann für Landwirtschaft, speziell für die Karpfenteichwirtschaft. Pionier einer wissenschaftlichen Bewirtschaftung von Aquakulturen. Tschechische und deutsche Publikationen zur Rationalisierung der Landwirtschaft, zum landwirtschaftlichen Rechnungswesen und zur Fischzucht, vor allem zur Karpfenzucht. Hand- und Lehrbücher sowie Fortbildungen für Bauern. 1877 Patent für einen Tiefpflug. Seit 1886 Redaktionsmitglied der Zeitschrift Archiv zemědělský, seit 1893 der Zeitschrift České listy hospodářské. Mitglied des Landwirtschaftlichen Clubs in Prag.

W.: Něco staviva na vědeckou budovu orby [Einige Bausteine für das wissenschaftliche Gebäude des Pflügens] (1862). — Die fürstlich schwarzenbergische Domäne Postelberg. In: Jb. für oesterr. Landwirthe 7 (1867) 204-215. — Die Pflugtheorie. In: Wiener Landwirtschaftliche Zeitung 7.2.1868, 43-47. — Naše hospodářství ve velkém [Unsere Wirtschaft im Großen]. In: Komers, A. E. (Hg.): Pokrok v rolnictví 5 (1868) 57-76. — Hospodář v práci a v skoumání [Der Landwirt in Praxis und Forschung] (1870). — Freie Futterwahl beim Mastvieh. In: Wiener Landwirtschaftliche Zeitung 4 (1871). — Die landwirtschaftliche Productions-Rechnung auf chemischer Grundlage (1872). — O krmení dobytka [Die Fütterung von Mastvieh]. In: Hospodářský list 21 (1872) 25-33. — Die Ziffer in der landwirtschaftlichen Produktion. In: Jb. für oesterr. Landwirte 13 (1873). — Über die hierländige Bodenbearbeitung. In: Landwirthschaftliche Mittheilungen (1873). — Die Pflege der menschlichen Kraft in der Landwirtschaft. In: Oesterr. landwirtschaftliches Wochenblatt (1875). — Über die Ertragshebung der Grossgüter (1876, ²1890). — Výživa kapra a jeho družiny rybničné [Die Ernährung des Karpfens und seiner Teichgenossen] (1884, ³1997; dt. 1888, ²1905). — K přiměřené organizaci statku [Über die angemessene Organisation eines Gutes]. In: Archiv zemědělský 1 (1886) 30-39. — Krmení kaprů na panství třeboňském v r. 1886 [Karpfenfütterung auf der Herrschaft Wittingau im Jahre 1886]. In: Archiv zemědělský 2 (1887) 65-75. — O vápnění [Die Bodenkalkung]; Hospodářská rybářská těžba v rybnících [Wirtschaftliche Fischerei in Teichen]. In: Lambl, J. B. (Hg.): Rukověť zemědělství (1888) 127 f. u. 208-213. — Pokusy krmné podniknuté na základě samovolného požívání [Fütterungsversuche auf der Grundlage spontaner Nahrungsaufnahme] (1893). — Fünf Jahrhunderte der Teichwirthschaft zu Wittingau

(1898; tschech.: Pět století rybničního hospodářství v Třeboni, ²1995). — Zur Frage der Fischverwertung. In: Oesterr. Fischerei-Zeitung (1904).

L.: Kopp, R. (Hg.): 65 let výuky rybářství na Mendelově univerzitě v Brně (2014) 24-30. — ÖBL 63 (2012). — Berka, R.: Kdo byl kdo v českém a moravském rybářství (2006) 114-116. — Vlast a rodný kraj v díle historika (2004) 621-633. — Obnovená tradice 15 (2004) 31-33. — Hule, M.: Rybníkařství na Třeboňsku (2003) 138-147. — Dějiny a současnost 22,4 (2000) 16-19. — Tomeš 3 (1999). — Jihočeský sborník historický 68 (1999) 187-198. — Jiroušek, B.: Rybníkář J. Š. (1999). — Historický obzor 9 (1998) 33 f. — Skala, L.: Významné osobnosti českého zemědělství (1992) 60-62. — ČBS (1992). — MČSE 6 (1987). — Prameny a studie 28 (1985) 157-180. — Sborník vlastivědných prací z Podblanicka 25 (1984) 267-301. — Jihočeský sborník historický 49 (1980) 271-274. — Volf (1967). — PSN 4 (1967). — Dyk, V.: Velký příklad (1948). — Šusta, J.: Léta dětství a jinošství (1947). — Československý rybář 15 (1935) 139-157. — Lidové noviny 26.11.1935, 5. — NVISN 17 (1932). — Pytlík, R. J.: Památce Š. In: Československý rybář 7,10-11 (1927) 149-152. — Věda česká 1 (1914) 294. — Bohemia 17.10.1914, 6. — Wiener Landwirtschaftliche Zeitung 7.11.1914, 4. — Národní album (1899).

Šusta, Josef (d. J.), Historiker und Politiker, * 19. 2. 1874 Wittingau (Třeboň), † 27. 5. 1945 Prag (Praha). Sohn von → J. Šusta (d. Ä.) und Bruder von → V. Šusta. Vater von Jan **Šusta** (Ingenieur, * 16. 2. 1902 Prag, † 16. 7. 1985, Maschinenbau- und Elektrotechnikstudium an der tschechischen TH in Prag, 1924–1945 Konstrukteur und seit 1934 stellv. Direktor der Automobil- und Flugzeugmotorenfirma Walter in Prag, zeitweise Produktionsleitung der Filiale in Belgrad, 1945 Vorwurf der Kollaboration, später Ingenieur in der Slowakei, Motorsportfunktionär, Rennfahrer und Pilot, Schwiegersohn von → B. Vlasák). Gymnasium in Wittingau und seit 1887 in Böhmisch Budweis, 1891 Matura. 1891–1893 Studium der Geschichte und Geographie an der tschechischen Universität Prag, 1893–1895 am Institut für österreichische Geschichtsforschung in Wien. Schüler von → J. Goll, Oswald Redlich und Franz Wickhoff. 1895/96 Einjährig-Freiwilliger. 1896–1899 Stipendiat am Österreichischen Historischen Institut Rom. 1898 Dr. phil. Seit 1900 Privatdozent für allgemeine Geschichte an der tschechischen Universität Prag, seit 1903 kommissarischer Leiter, seit 1907 Leiter des Historischen Seminars. 1900 bis 1905 zudem Lehrer an der tschechischen Handelsakademie in Prag. 1905 ao., 1910–1939

o. Prof. für allgemeine Geschichte an der tschechischen Universität in Prag. Studienaufenthalte in Rom, Paris, London, Zürich, München und Berlin. 1916/17 Dekan der philosophischen Fakultät. 1919 Ablehnung der Berufung zum tschechoslowakischen Botschafter in Berlin. 1920/21 parteiloser Minister für Schulwesen und Volksbildung in Prag. Dozent an der Diplomatischen Akademie in Prag. Forschungen zur Geschichte des böhmischen und europäischen Mittelalters, zum Papsttum, zur allgemeinen europäischen und Weltgeschichte, zur Wirtschafts- und Sozialgeschichte sowie zur Theorie und Geschichte der Geschichtswissenschaft. Veröffentlichungen in internationalen Publikationen wie Bulletin of the International Committee of Historical Sciences, Social Science Abstracts und Revue historique. Führender tschechischer Historiker seiner Generation. Verfasser von Schulgeschichtsbüchern. Daneben Autor eines Romans. Seit 1910 Redakteur, 1937–1941 Chefredakteur des Český časopis historický. Seit 1908 Mitglied der Historischen Landeskommission für Böhmen. 1909 korr., 1916 ao., 1924 o. Mitglied und 1939–1945 Präsident der Tschechischen Akademie der Wissenschaften und Künste. 1917 ao., 1933 o. Mitglied der Königlich böhmischen Gesellschaft der Wissenschaften. 1935 Mitgründer und bis 1937 Vorsitzender der Tschechoslowakischen historischen Gesellschaft. 1937 Präsident des ersten tschechoslowakischen Historikerkongresses in Prag. Seit 1937 Obmann des Historischen Klubs. Seit 1923 Vorsitzender der Kommission des Tschechischen Historischen Instituts in Rom. Seit 1926 führender tschechoslowakischer Vertreter im Internationalen Komitee für Geschichtswissenschaften. 1935 Mitglied des Tschechoslowakischen nationalen Forschungsrats. Seit 1923 Mitglied des Tschechoslowakischen Zentrums für internationale geistige Zusammenarbeit, seit 1927 Mitglied und 1928–1938 Vorsitzender der Internationalen Kommission für geistige Zusammenarbeit beim Völkerbund. Seit 1925 Teilnehmer an der → T. G. Masaryk nahestehenden Freitagsrunde um → J. Čapek und → K. Čapek. Vorstandsmitglied seit 1925 des tschechoslowakischen PEN-Klubs und seit 1935 des Vereins Svatobor. 1939 Mitglied der Partei der nationalen Einheit und der tschechischen Nationalen Gemeinschaft. 1939 Vizepräsident des Tschechischen Verbandes für die Zusammenarbeit mit den Deutschen, 1944 Mitglied des Ehrenausschusses der Liga gegen den Bolschewismus. Seit 1930 assoziiertes Mitglied der Académie diplomatique internationale. Korr. Mitglied der Royal Historical Society in London, Mitglied der School of Slavonic Studies in London, Ehrenmitglied der Société historique Algérienne. 1934 Kommandeur der französischen Ehrenlegion. 1944 Ehrenschild des Protektorates Böhmen und Mähren mit dem Herzog-Wenzel-Adler. Suizid.

W.: Záviš z Falkenštejna [Zawisch von Falkenstein]. In: ČČH 1 (1895) 69-75, 246-259, 287-298 u. 384-392. — Zur Geschichte und Kritik der Urbarialaufzeichnungen (1898). — Otroctví a velkostatek v Čechách [Sklaverei u. Großgrundbesitz in Böhmen]. In: ČČH 5 (1899) 34-43 u. 86-97. — Pius IV. před pontifikátem a na počátku pontifikátu [Pius IV. vor u. zu Beginn seines Pontifikates] (1900). — (Hg.:) Die römische Kurie und das Konzil von Trient unter Pius IV. (4 Bde., 1904–1914). — Všeobecný dějepis pro vyšší školy obchodní 3. Dějiny nového věku [Allgemeine Geschichte für höhere Handelsschulen 3. Geschichte der Neuzeit] (1905). — Ignatius von Loyola's Selbstbiographie. In: MIÖG 26 (1905) 45-106. — Purkrabské účty panství Novohradského z let 1390–1391 [Burggrafrechnungen der Herrschaft Gratzen 1390–1391] (1909). — Dějinné předpoklady moderního imperialismu [Historische Grundlagen des modernen Imperialismus] (1909). — Všeobecný dějepis pro vyšší třídy škol středních [Allgemeine Geschichte f. höhere Mittelschulklassen] (Mitautor; 3 Bde., 1911–1913, ²1920–1921, ⁴1947; ung. 1926). — Cizina [Das Ausland] (1914). — Dvě knihy českých dějin [Zwei Bücher zur böhm. Geschichte] (2 Bde., 1917–1919, ³2001/02). — Dějiny Evropy v letech 1812–1870 [Geschichte Europas 1812–1870] (2 Bde., 1922/23). — Z dob dávných i blízkých [Aus fernen und nahen Zeiten] (1924) — Světová politika v letech 1871–1914 [Weltpolitik 1871–1914] (6 Bde., 1924–1931). — Dějepisectví [Geschichtsschreibung] (1933, ²1946). — Úvahy a drobné spisy historické [Essays und kleine historische Schriften] (2 Bde., 1934). — Soumrak Přemyslovců a jejich dědictví [Die Abenddämmerung der Přemysliden und ihr Vermächtnis] (1935). — Henri Pirenne (1936). — Dějiny lidstva od pravěku k dnešku [Geschichte der Menschheit von der Urgeschichte bis zur Gegenwart] (Red. u. Mitautor; 6 Bde., 1936/37). — Histoire de Tchécoslovaquie. In: Revue historique 181,2 (1937) 183-240. — Posledních deset let československé práce dějepisné [Die vergangenen 10 Jahre tschechoslowak. Geschichtsforschung] (1937). — Památce Josefa Pekaře [Josef Pekař zum Gedächtnis]. In: ČČH 43 (1937) 237-252. — Král cizinec [König Fremdling] (1939). — Eliška Přemyslovna [Elisabeth von Böhmen]. In: Česká žena v dějinách národa (1940) 71-85. — Karel IV. Otec a syn 1333–1346 [Karl IV. Vater und Sohn 1333–1346] (1946). — Vzpomínky [Erinnerungen] (2 Bde., 1947 u. 1963). — Karel IV. Za císařskou korunu 1346–1355 [Karl IV. Auf dem Weg zur Kaiserkrone 1346–1355] (1948). — Úvahy o všeobecných dějinách [Betrachtungen zur allgemeinen Geschichte] (1999). — Verz. s. Úvahy o všeobecných dějinách (1999) 297-316 u. LČL 4,1 (2008) 816-818.

L.: Informační systém abART [30.4.2024]. — UNESCO Archives AtoM Catalogue [30.4.2024]. — Janoušek, P. u. a.: Dějiny české literatury v Protektorátu Čechy a Morava (2022). — Marek, P. u. a.: Historik a jeho dílo (2015) 151-166. — Formánek, M.: J. Š., president České akademie věd a umění (Diss. Praha, 2013). — ÖBL 63 (2012). — Iwańczak, W./Karczewski, D. (Hg.): Zwycięzcy i przegrani w dziejach średniowiecznych i wczesnonowożytnych Czech i Polski (2012) 45-60. — Kutnar, F./Marek, J.: Přehledné dějiny českého a slovenského dějepisectví (³2009). — LČL 4,1 (2008). — Blüml J.: J. Š. (2006). — Jiroušek, B. u. a. (Hg.): Jaroslav Goll a jeho žáci (2005) 343-360. — ČČAVU (2004). — Lach, J.: J. Š. (2003). — Východočeské listy historické 19-20 (2002) 33-45. — Lach, J.: J. Š. a Dějiny lidstva (2001). — Moderní dějiny 9 (2001) 285-338. — Acta Universitatis Palackianae Olomucensis, Historica 29 (2000) 125-142 u. 32 (2003) 29-38. — Tomeš 3 (1999). — Blüml, J. u. a.: Jihočeši v české historické vědě (1999) 91-113. — Marginalia historica 3 (1999) 169-184. — Barviková, H./Kostlán, A. (Hg.): Věda v českých zemích za druhé světové války (1998) 69-80. — Churaň 2 (1998). — Výběr. Časopis pro historii a vlastivědu jižních Čech 35,1 (1998) 17-29. — Kolář, F. u. a.: Politická elita meziválečného Československa (1998). — Historický obzor 6,7-8 (1995) 187-190. — MČSE 6 (1987). — Vopravil (1973). — Kudělka, M. u. a.: Československé práce o jazyce, dějinách a kultuře slovanských národů (1972). — Šindelová-Přibylová, M.: J. Š. (Dipl.-Arb. Brno, 1972). — Kdy zemřeli? (1957 u. 1962). — Plaschka, R. G.: Von Palacký bis Pekař (1955). — Časopis společnosti přátel starožitností 51-53 (1946) 275-277. — Umění 17 (1945) 67 f. — Lidová demokracie 3.6.1945, 3. — Svobodné slovo 3.6.1945, 2. — OSN ND 6,2 (1943). — Vavroušek, B.: Literární atlas československý 2 (1938). — Československo-Biografie 3 (1936, m. Verz.). — Who's Who (1935 u. 1937). — Kulturní adresář (1934 u. 1936). — J. Š. k šedesátinám (1934). — NVISN 17 (1932). — Album representantů (1927). — Československá samostatnost 19.2.1924, 1-3. — OSN 24 (1906) u. 28 (1909). — Biogr. Slg.

Šusta, Václav, Landwirtschafts- und Fischzuchtfachmann, * 8. 8. 1871 Wittingau (Třeboň), † 25. 11. 1956 Prag (Praha). Sohn von → J. Šusta (d. Ä.), Bruder von → J. Šusta (d. J.). 1883–1886 Gymnasium in Wittingau, anschließend in Böhmisch Budweis. Danach landwirtschaftliche Lehranstalt in Mödling, 1890/91 externer Hörer an der Hochschule für Land- und Forstwirtschaft in Wien, Abschluss als Ingenieur. 1892 bis 1923 in der schwarzenbergischen Güterverwaltung in Böhmen. 1902 Adjunkt, seit 1903 für Teichwirtschaft in Frauenberg zuständig, 1913 Oberverwalter, seit 1917 Herrschaftsdirektor in Netolitz. 1923 Direktor der Teichwirtschaft in Wittingau. Seit 1924 staatlicher Referent bzw. Inspektor, 1926–1937 Oberlandwirtschaftsrat für Feld- und Teichwirtschaft der Direktion der Staatsgüter und -wälder in Wittingau. Ruhestand in Wittingau. 1924 Mitgründer der staatlichen Fischereifachschule in Wodňan. 1924–1934 Dozent an der Hochschule für Land- und Forstwirtschaft der tschechischen TH Prag. Förderung der Forellenzucht in Südböhmen. Fachwissenschaftliche Studien zur Fischzucht, Teichwirtschaft und zu deren Geschichte in Böhmen. Organisator internationaler Konferenzen. Seit 1904 Mitglied, seit 1911 stellv. Vorsitzender des Landesfischerverbands, 1919–1941 Vorsitzender des Zentralen Fischereivereins. Mitglied im Fischereikomitee des Landeskulturrats für Böhmen. Korr. Mitglied des Nationalökonomischen Instituts der Tschechischen Akademie der Wissenschaften und Künste. Mitglied der Tschechischen Landwirtschaftsakademie, der Tschechischen technischen Akademie und der Masaryk-Akademie der Arbeit.

W.: Nástin vývoje jihočeského rybnikářství a pokyny pro hospodaření v kaprových rybnících [Abriss der Entwicklung der südböhm. Teichwirtschaft und Hinweise für die Bewirtschaftung von Karpfenteichen] (1910). — O povznesení produkce rybničního hospodářství [Zur Steigerung der Produktivität in der Teichwirtschaft]. In: Československý rybář 3 (1923) 25-32. — Prohnojování rybníků strojenými hnojivy [Teichdüngung mit Kunstdüngern]. In: Československý rybář 4 (1924) 45-48. — Potřeby českého jihu vzhledem ku připravované obchodní smlouvě s Rakouskem i s jinými státy, pokud se týče rybářství [Die Bedürfnisse Südböhmens hinsichtlich der vorbereiteten Handelsvertrags mit Österreich und anderen Staaten unter dem Aspekt der Fischerei]. In: Československý rybář 6 (1926) 113-116 u. 125-128. — Rybníkářství třeboňské po stránce historické a hospodářské [Die Wittingauer Teichwirtschaft in historischer und ökonomischer Hinsicht] (1927). — Pisciculture (1927). — Rybniční hospodářství v Maďarsku [Teichwirtschaft in Ungarn]. In: Československý rybář 7 (1927) 80-83 u. 95-97. — (Hg.:) Československé rybářství [Die tschechoslowak. Fischerei] (1929). — Význam jihočeského rybnikářství, jeho vznik a vývoj [Die Bedeutung der südböhm. Teichwirtschaft, ihre Entstehung und Entwicklung] (zus. m. T. Mokrý; 1931). — Rybářství [Die Fischerei] (1934). — Naléhavé otázky rybnikářské [Dringliche Fragen der Teichwirtschaft]. In: Československý rybář 14 (1934) 78-80. — Rybářství a rybnikářství [Fischerei und Teichwirtschaft] (1936). — O prodeji ryb v posledním

půlstoletí [Fischverkauf in den letzten 50 Jahren]. In: Českomoravský rybář (1942) 1-5.

L.: ÖBL Online-Edition, Lfg. 3 vom 15.11.2014. — *Berka, R.: Kdo byl kdo v českém a moravském rybářství (2006) 116 f. — Hule, M.: Rybníkářství na Třeboňsku (2003) 138 f. — Kdy zemřeli? (1962). — Československé rybářství 12,1 (1957) 2. — OSN ND 6,2 (1943). — Věstník České akademie zemědělské 17,8-9 (1941) 605-607. — MSN 7 (1933). — NVISN 17 (1932). — Album representantů (1927). — Výroční zpráva c.k. realného gymnasia v Třeboni (1883) 17 u. (1886) 24.*

Šusta, Václav, Geologe, * 20. 12. 1892 Schlesisch Ostrau (Slezská Ostrava), † 22. 12. 1953 Ostrau (Ostrava). Tschechische Realschule in Mährisch Ostrau. Montanistische Hochschule in Přibram, nach Abschluss dort Assistent, 1924 Dr. mont. Seit 1916 Angestellter der Eisenerzgrube in Nučitz, 1918 Leiter der Goldgrube in Raudney, 1919 der Goldgrube in Bergreichenstein. Seit 1921 im Ostrau-Karwiner Revier, zunächst Montaningenieur und seit 1924 Montaninspektor bei den Larisch-Gruben in Karwin, 1934 bis 1938 in Obersuchau. Seit 1938 in Ostrau technischer Referent und später Montangeologe der Gruben der Nordbahn. 1946 stellv. Direktor der Ostrau-Karwiner Bergbaugesellschaft OKD, nach 1948 Leiter ihrer Mess- und geologischen Abteilung. Beiträge zur Verbesserung der Bergbautechnik, zudem Forschungen zur Montangeologie, Montanistik und Pflanzenpaläontologie. Veröffentlichungen in Hornický věstník, Rozpravy České akademie und Časopis Musea království Českého. 1933 Schenkung seiner paläontologischen Sammlung an das Stadtmuseum Ostrau. Mitgründer des montanistisch-paläontologischen Museums in Orlau. Stellv. Vorsitzender der Naturwissenschaftlichen Gesellschaft in Ostrau, korr. Mitglied des Staatlichen geologischen Instituts in Prag.

W.: Příspěvek ku stratigrafii pásma zahořanského [Beitrag zur Stratigraphie der Zahořan-Schichten] (1919). — Zlatodůl Roudný [Die Goldgrube Raudney] (1922). — Dobyvatelnost zlatých ložisek v Čechách [Abbaumöglichkeiten der Goldlagerstätten in Böhmen] (1922). — O kamenouhelném útvaru a jeho rostlinstvu [Die Steinkohleformationen und ihre Flora] (1924). — Lepidodendron a opadávání polštářků jeho kůry [Lepidodendron und das Abfallen seiner Schuppen] (1924). — Geologie uhelné sloje č. 14 vrstev karvinských [Geologie des Kohleflözes Nr. 14 der Karwiner Schichten] (1924). — Výskyt cannelového uhlí ve vrstvách karvinských [Vorkommen der Cannelkohle in den Karwiner Schichten] (1925). — Příspěvek k otázce vzniku kamenného uhlí

[Beitrag zur Frage der Entstehung von Steinkohle] (1925). — *Předběžná zpráva o nalezištích flory vrstev karvinských [Vorläufiger Bericht über die Flora-Fundorte der Karwiner Schichten]* (1925). — *Výmoly v karbonských uhelných slojích [Aushöhlungen in den Karbon-Kohleflözen]* (1926). — *Kamenouhelné doly ostravsko-karvinského revíru [Die Steinkohlegruben des Ostrau-Karwiner Reviers]* (Mitautor; 3 Bde., 1928). — *Geologie ostravsko-karvinského revíru a vlastnosti jeho uhlí [Geologie des Ostrau-Karwiner Reviers und die Eigenschaften seiner Kohle]* (1935). — *Verz. s. Myška 2 (1994).*

L.: *Encyklopedie města Ostravy vom 7.1.2021.* — Przybylová, B. u. a.: Ostrava (2013) 442 f. — *Zpravodaj Ostravského muzea 2,3 (1997) 21-23.* — Myška 2 (1994). — *Vlastivědné listy Slezska a Severní Moravy 20,2 (1994) 28 f.* — Vopravil (1973). — Kroutilík, V.: Geolog V. Š. (1965). — *Naučný geologický slovník 2 (1961) 788.* — *Kdy zemřeli? (1957 u. 1962).* — *Věstník Ústředního ústavu geologického 29,1 (1954) 48.* — *Přírodní vědy ve škole 4 (1954) 477 f.* — *Kulturní adresář (1934 u. 1936).*

Šústal, Josef, Lehrer, * 13. 3. 1864 Babitz (Babice) Bez. Ungarisch Hradisch (Uherské Hradiště), † 29. 5. 1945 Prag (Praha). Lehrerbildungsanstalt in Freiberg. Lehrer im Proßnitzer Bezirk, 1885–1894 an der Grundschule in Čehowitz. 1893 Geschäftsführer der Lehrervereinigung in Proßnitz. Seit 1894 Übungslehrer, seit 1910 Lehrer an der Lehrerbildungsanstalt in Brünn, zugleich 1897–1900 Hilfslehrer an der Gewerbeschule in Brünn und bis 1928 Lehrer an der Lehrerbildungsanstalt für Frauen in Brünn. Seit 1928 Ruhestand in Prag. Belletristische und erziehungswissenschaftliche Werke, Übersetzer einer pädagogisch-psychologischen Arbeit von Granville Stanley Hall aus dem Englischen ins Tschechische. Veröffentlichungen in den Zeitschriften Čas und Niva. Mitherausgeber der Vlastivěda moravská. Mitglied der Vereine Vesna und Matice školská sowie der Mährischen Museumsgesellschaft. Mitgründer des Klubs der Kunstfreunde, Verwaltungsrat des Vereins für die Errichtung eines Mädchengymnasiums in Brünn.

W.: *Speciální methodika vyučování ve třídě elementární [Die spezielle Unterrichtsmethodik in der Elementarklasse]* (1896). — *Odcizená srdce [Entfremdete Herzen]. In: Náš domov 7,22 (1898).* — *Julius Zeyer. In: Moravská Orlice 27.11.1900, 1, 30.11.1900, 1 u. 4.12.1900, 2.* — *Umění ve škole [Kunst in der Schule]* (1902). — *Stará láska [Alte Liebe]* (1902). — *Úvod do zákonů a nařízení školních [Einführung in die Schulgesetze und -verordnungen]* (1911, ³1925). — *Paedagogická psychologie [Pädagogische Psychologie]* (1913). — *Vychovatelství [Das Erziehungswesen]*

(1923). — *Pozorování žáků na škole národní [Beobachtung der Schüler der Volksschule]* (1934).

L.: *Pedagogika 64,1 (2014) 6 f.* — Skuhrovská, E.: Učitelé obecných a měšťanských škol (Mag.-Arb. Praha, 2008). — Grycová, K.: Klub přátel umění v Brně a Leoš Janáček (Bachelor-Arb. Brno, 2008). — *Čehovice včera, dnes a zítra (2006) 21.* — *LČL 3,1 (2000) 542.* — *SPFFBU I,26 (1992) 8.* — *Kdy zemřeli? (1957 u. 1962).* — *Lidové noviny 13.3.1944, 2.* — *OSN ND 6,2 (1943).* — *PE 3 (1940).* — *Třetí zpráva českého státního ústavu učitelského v Brně (1925) 11.* — *První zpráva c.k. českého ústavu ku vzdělání učitelů v Brně (1897).* — *Dvanáctá roční zpráva c.k. české státní průmyslové školy v Brně (1897) 9.* — *Učitel 4,23 (1893) 392.*

Šustala, Ignác → **Schustala,** Ignaz

Šustera, Miroslav, Bahnbeamter und Sportler, * 15. 3. 1878 Prag (Praha), † 12. 12. 1961 Prag. Bahnbeamter, später Oberinspektor der Staatsbahnen in Königgrätz. 1901–1919 Wettkämpfer des Sportklubs Slavia in Prag, insbesondere in Leichtathletik, klassischem Fünfkampf und Ringen im griechisch-römischen Stil. 1907, 1913 und 1914 böhmischer Meister im Kugelstoßen, 1912 und 1914 im Diskuswurf, 1912 im Speerwerfen und 1919 im Hammerwurf. 1913 böhmischer bzw. tschechoslowakischer Hammerwurfrekord. Wettkämpfe in Wien, Ungarn, Deutschland und Dänemark. Teilnahme an den Olympischen Zwischenspielen 1906 in Athen und den Olympischen Spielen 1908 in London und 1912 in Stockholm. 1908 in London böhmischer Fahnenträger. Nach 1919 Trainer im Sportklub Slavia Prag. 1900–1902 und 1907 Schriftführer sowie 1927–1933 Vorsitzender der Leichtathletikabteilung des Sportklubs Slavia in Prag. 1931/32 stellv. Obmann der Tschechoslowakischen Amateurathleten-Union, 1934 Ehrenmitglied und 1948 Ehrentrainer.

L.: Jirka, J. u. a.: *Kdo byl kdo v české atletice* (²2004). — Mallon, B./Widlund, T.: *The 1912 Olympic Games* (2002). — Kolář, F. u. a.: *Kdo byl kdo. Naši olympionici* (1999). — Jirka, J. u. a.: *Malá encyklopedie atletiky* (1990). — Procházka, K.: *Olympijské hry* (1984). — Janecký, A.: *Zlatá kniha atletiky* (1978). — Laufer, J.: *50 let v našem sportu* (1955, ³1968). — *Compass. Finanzielles Jb. 61 (1928) 1625.* — *Album representantů (1927).* — Biogr. Slg.

Šusterová-Horčičková (Šusterová, geb. Hybšová), Jarmila, Moderatorin, * 28. 3. 1932 Prag (Praha), † 24. 7. 2017 Beneschau (Benešov). Ehefrau von → J. Horčička [Nachtragsband]. Bürgerschule und Realgymnasium in Prag. 1938 bis 1948 Mitglied des Rundfunkkinderensembles von → M. Disman [Nachtragsband], Auftritte in Rundfunksendungen, in den Kindervorstellungen des Intimen Theaters und kleine Filmrollen. 1948 Handelskurs, 1949–1953 Sekretärin der Rechtsabteilung im Außenhandelsunternehmen Metrans. 1953–1987 Angestellte des Tschechoslowakischen Fernsehens. Zunächst Sekretärin der Kinderredaktion, dann Auftritte in Sendungen für Kinder, seit 1957 erste Fernsehmoderatorin in der Tschechoslowakei. 1970 aus politischen Gründen Versetzung in die Verwaltung des Archivs der Musiksendungen. Nach 1989 vereinzelte Auftritte im Fernsehen. 1991–1996 Gemeinderätin des 8. Prager Bezirks.

W.: Každý den jsem měla premiéru [Ich hatte jeden Tag Premiere] (zus. m. D. Růžička; 2014).

L.: BSČZ 26 (2023) 67. — Květy 3.8.2017, 50. — Divadelní noviny 25.7.2017. — iRozhlas 24.7.2017. — Braunová, P.: Barvy života (2008) 43 f. — Vedral, J.: Od pokusného vysílání k institutci (Mag.-Arb. Praha, 2006). — Od mikrofonu k posluchačům (2003) 575. — Literární noviny 8.12.2003, 15. — Tomeš 3 (1999). — Retková, M.: Dobrý večer, vážení diváci (1999). — Broncová, D. (Hg.): Kniha o Praze 8 (1996) 119 f. — Kdo je kdo (²1994). — ČBS (1992).

Šustr, František, evangelischer Theologe, * 3. 9. 1868 Bechlin (Bechlín) Bez. Raudnitz (Roudnice nad Labem), † 19. 10. 1933 Prag (Praha). Gymnasium in Prag. Studium der evangelischen Theologie in Halle, Genf, Edinburgh und Wien, dort Vorsitzender einer Vereinigung evangelischer Theologiestudenten. 1893 Ordination. Bis 1898 Vikar in Welim. 1898–1910 Pfarrer der tschechischen evangelisch-reformierten Kirche in Gross-Opolan, 1910–1930 Pfarrer in Poděbrad. 1917 Mitglied des Vorbereitungskomitees und 1918 der Generalversammlung zur Vereinigung der tschechischen protestantischen Konfessionen zur Evangelischen Kirche der Böhmischen Brüder. Stellv. Superintendent der vereinigten tschechischen evangelischen Kirche, Mitglied des Zentralausschusses deren Hilfswerks Jeronymova jednota. 1925 Verfasser eines Katechismus. Mitglied der tschechoslowakischen Agrarpartei, Organisator im landwirtschaftlichen Bereich. Seit 1928 Verwaltungsrat der Agrarbank in Prag. Seit 1926 Vorsitzender der Tschechisch-Dänischen Gesellschaft. Übersetzer aus dem Englischen, Französischen und

Dänischen ins Tschechische. 1927 dänischer Dannebrog-Orden.

W.: M. Jan Hus [Magister Jan Hus] (1903). — Historický vývoj dánského venkova [Historische Entwicklung des ländlichen Raumes in Dänemark] (1906). — Katechismus pro českobratrské evangelické dítky a konfirmandy [Katechismus für Kinder und Konfirmanden der Evangelischen Kirche der Böhm. Brüder] (1925, ³1930).

L.: Šmilauerová, A. (Hg.): Ex archivis ecclesiae (2009) 30. — Život pro historii (2007) 201-208. — Východočeské listy historické (2004) 159-169. — Kostnické jiskry 60,31 (1975) 3. — Hougaard, C.: Tjekkoslovakiet i Danmarks spejl (1971). — Církev v proměnách času (1969) 195 u. 306. — OSN ND 6,2 (1943). — Český bratr 10,12 (1933) 260 f. — MSN 7 (1933). — Lidové noviny 22.10.1933, 10. — NVISN 17 (1932). — Venkov 27.2.1930, 9 u. 22.10.1933, 13. — Compass. Finanzielles Jb. 61 (1928) 1625. — Politický kalendář občanský a adresář zemí Koruny české (1921) 274. — Evanjelické listy 28,1 (1910) 6. — Hlasy ze Siona 31.7.1890, 112. — Biogr. Slg.

Šustr (Sustar), Jaroslav, Offizier, * 18. 3. 1908 Straßnitz (Strážnice), † 6. 11. 1988 Alexandria/Virginia. Realgymnasium, 1922–1925 Handelsakademie in Skalica/Slowakei, Matura. 1925–1927 Militärakademie in Mährisch Weißkirchen. 1927/28 Applikationsschule in Milowitz, 1935–1937 Studium an der Militärhochschule in Prag. Seit 1937 Stabsoffizier der tschechoslowakischen Armee. Nach 1939 Handelsvertreter der Firma Vacuum Oil Company in Pardubitz. Mitglied der Widerstandsgruppe Obrana národa, 1940 Flucht nach Ungarn, Verhaftung in Budapest. 1940 Flucht über Jugoslawien nach Palästina. 1941–1943 in Großbritannien Ausbildungsleiter tschechoslowakischer Fallschirmjäger und Agenten. Dann Diplomat der Exilregierung in London, 1944–1946 tschechoslowakischer Militärattaché in China. Oberstleutnant des Generalstabs und 1946–1948 Leiter der tschechoslowakischen Militärmission beim Alliierten Kontrollrat in Berlin. 1948 Flucht in die USA, Namensänderung in Sustar. 1963 Masterabschluss an der Universität Pittsburgh. Rundfunkreporter in Pittsburgh, Fernsehauftritte und Vorträge zu internationalen Beziehungen. Osteuropaberater des FBI. In den 1960er und 1970er Jahren in Pennsylvania Direktor der Allegheny Academy in Gibsonia und stellv. Direktor des International Studies Institute am Westminster College in New Wilmington. 1979 Ruhestand und Bachelor of Laws an der LaSalle Extension University in Chicago. In den 1970er Jahren Vizepräsident der National Conference of American Ethnic Groups. Mitglied der Czechoslovak Society of Arts and Sciences. Tschechoslowakisches Kriegskreuz 1939. Posthum Ernennung zum Oberst des tschechischen Generalstabs.

L.: Van Alstine, R. W.: The Price of Freedom. The J. J. S. Story (2018). — Vojenská história 3 (2017) 67 f. u. 76. — Krám, J.: Průvodce Rychnovem nad Kněžnou (2017) 127-129. — Archivní časopis 65,2 (2015) 166-171. — Nationalities Papers 43,6 (2015) 952. — Bakešová, I.: Legionáři v roli diplomatů (2013). — Stegurová, K.: „Rozhodovali se jinak ...“ (Mag.-Arb. Praha, 2012). — Zudová-Lešková, Z.: Zapomenutá elita (2011) 146 f. — Rechcigl, M.: Deceased Members of the Czechoslovak Society of Arts and Sciences (2008) 45. — Atentát. Operace Anthropoid 1941–1942 (2007) 20. — Vojenské osobnosti československého odboje 1939–1945 (2005). — Mejstřík (2000). — Historie a vojenství 40,4 (1991) 53, 60, 67-69, 72 f. u. 76 u. 40,5 (1991) 144 f. — Šolc, J.: Bylo málo mužů (1990) 33, 108 u. 293. — Pejskar, J.: Poslední pocta 3 (1989). — Biographical Directory of the Members of the Czechoslovak Society of Arts and Sciences (1988). — Pittsburgh Post-Gazette 16.11.1988, 10. — The Washington Post 8.11.1988. — The Houghton Star 3.3.1961, 1. — Broadcasting-Telecasting 23.5.1955, 146.

Šustr (Šustr-Tuchlovský), Vladimír, Schriftsteller, * 29. 12. 1913 Tuchlowitz (Tuchlovice) Bez. Straschitz (Nové Strašecí), † 17. 11. 1987 Prag (Praha). Seit 1928 Handelsschule in Olmütz, 1930 Abschluss. Bis 1936 Beamter. 1936–1938 Reporter in Paraguay, Uruguay, Argentinien und Brasilien. Danach Angestellter der Firma Pharma-Bayer in der Tschechoslowakei. 1943–1948 Werbetexter. 1948/49 Angestellter des Tschechoslowakischen Auslandsinstituts. 1950/51 Drehbuchautor für den Tschechoslowakischen Staatlichen Film. 1952–1958 Hilfsarbeiter und Heizer. Nach 1958 freier Autor. Verfasser von Jugendbüchern mit südamerikanischer Thematik und von Theaterstücken. Seit 1935 Veröffentlichungen in den Zeitschriften Hvězda und Ahoj sowie in der Reihe Rodokaps, später in den Zeitschriften Radostné mládí, Venkov und Mateřídouška.

W.: Rudí a bílí [Die Roten und die Weißen] (1946). — Timbo (1947). — Na jihoamerických pampách [In der südamerikanischen Pampa] (1950). — Dobrodružství malého Indiána [Die Abenteuer eines kleinen Indianers] (1956, ⁴1983; dt.: Und die Indianer ziehen zum Rio Negro, 1959; ung. 1964). — Přítel v boji [Freund im Kampf] (1959). — Jasava (1959, ²1977; poln. 1962; dt. 1963; frz. 1965). — Hladomor-

na [Der Hungerkerker] (1959). — Kdo zabil pilota [Wer hat den Piloten getötet] (1966). — Na Opičí řece [Am Affenfluss] (1967). — Pomsta v pralese [Rache im Urwald] (1968). — Stezkou smrti [Auf dem Todespfad] (1970). — Zloději slonů [Die Elefantendiebe] (1971). — Chudý milionář [Der arme Millionär] (1973). — Vraťte mě živého [Geben Sie mich lebendig zurück] (1974). — Lamí muž [Der Lama-Mann] (1991).

L.: Informační systém abART [30.4.2024]. — Švec, Š.: Česky psané časopisy pro děti (2014) 495. — Janoušek, P. u. a.: Dějiny české literatury 1945–1989 2 (2007) u. 3 (2008). — Janáček, P./Jareš, M.: Svět rodokapsu (2003). — Bláha, J.: Slovník českých autorů knih pro chlapce (2000). — Adamovič, I.: Slovník české literární fantastiky a science fiction (1995). — Slovník české literatury 1970–1981 (1985). — Voráček, J.: O současné české literatuře pro děti a mládež (1984) 49. — Zlatý máj 12,8 (1968) 510.

Šustrová, Božena, Schauspielerin und Lehrerin, * 15. 10. 1915 Nachod (Náchod), † 15. 11. 2008 Caracas/Venezuela. Kinderschauspielerin im Nachoder Laientheaterverein. Gymnasium in Nachod, Klosterschule der Ursulinen in Arnau. Sprachunterricht am English Institute Victoria College in Prag, diplomierte Sprachlehrerin. Danach Handelsschule in Nachod, Staatsprüfung für Deutsch und Tschechisch. Anschließend Schauspielstudium am Prager Konservatorium. 1936/37 Schauspielerin am Nationaltheater, 1937–1943 am Städtischen Theater in Prag-Weinberge, 1943/44 am Theater von → A. Sedláčková-Kašparová in Prag. 1936–1941 auch Filmschauspielerin. 1945 Auswanderung in die USA.

L.: Filmový přehled [30.4.2024]. — Náchodský zpravodaj 23,3 (2018) 6. — Fikejz, M.: Český film 3 (2008). — Sílová, Z. u. a.: Divadlo na Vinohradech 1907–2007 2 (2007). — Český hraný film 2 (1998). — Březina, V.: Lexikon českého filmu (1996). — Filmové profily II (1990, m. Verz. der Rollen). — Müller, V. u. a.: Padesát let Městských divadel pražských 1907–1957 (1958). — Kinorevue 22.5.1940, 266 f. u. 269. — Ročenka Kruhu solistů Městských divadel pražských 15 (1938).

Šustrová, Drahomíra, Lehrerin und Historikerin, * 22. 11. 1913 Brünn (Brno), † 21. 7. 2006 Zwittau (Svitavy). Bürgerschule und 1928–1930 Fachschule für Frauenberufe in Brünn. Seit 1930 in Pressburg, dort Matura am Realgymnasium. Seit 1936 Studium der Geschichte und Bohemistik an der tschechischen Universität in Prag, 1939 Studienabbruch nach deren Schließung. 1938 Übersiedlung von Pressburg nach Königgrätz. Hilfslehrerin bzw. Grundschullehrerin in der Umgebung von Königgrätz. Lehrbefähigung für Mittelschulen. Seit 1955 Grundschullehrerin in Zwittau. Stadtchronistin, Organisatorin des lokalen Kulturlebens und Theaterregisseurin in Zwittau. Regionalhistorische Studien zum Schönhengstgau und zu Zwittau. 2003 Ehrenbürgerin von Zwittau.

W.: *(Zus. m. J. Růžička:) Z historie úsilí Poličky o železniční spojení [Aus der Geschichte der Bemühungen Poličkas um eine Eisenbahnanbindung]. In: Vlastivědný sborník okresu Svitavy 6 (1986) 39-50. —* *(Zus. m. J. Martínková:) K vývoji textilního průmyslu v Moravské Třebové [Die Entwicklung der Textilindustrie in Mährisch Trübau]. In: Vlastivědný sborník okresu Svitavy 2 (1989) 2-24. — Z historie betlémů na Hřebči [Aus der Geschichte der Krippen im Schönhengstgau]. In: Betlémy a betlémáři 1,2 (1990/91) 3 f. — Svitavské pověsti [Zwittauer Sagen] (1996). — Naše Hřebečsko v dávnověku [Unser Schönhengstgau in der Vorzeit] (zus. m. Z. Holomý; 2003).*

L.: *Báča, M.: Literární toulky po Svitavsku (2014). — Báča, M./Čáp, J.: Vavříny svitavských osobností (2006) 5-16. — Fikejz, R./Velešík, V.: Kronika města Svitavy (2006) 288. — Naše město. Svitavský kulturní a informační měsíčník 11 (2003) 1. — Šustrová, D.: Svitavské pověsti (1996) 94 f. — Výroční zpráva městské odborné školy pro ženská povolání v Brně (1929) 38 u. (1930) 31. — Biogr. Slg.*

Šustrová, Petruška, Journalistin und Übersetzerin, * 18. 5. 1947 Prag (Praha), † 6. 5. 2023 Prag. Mittelschule in Prag, 1965 Matura. Seit 1966 Studium der Fächer Geschichte und Tschechisch an der Universität Prag, 1968 Mitglied des Akademischen Studentenrats der philosophischen Fakultät. 1968/69 Aktivistin der studentischen Bewegung Hnutí revoluční mládeže. 1969–1971 Haft wegen Protest gegen die sowjetische Okkupation. 1969–1977 Postbeamtin, 1978–1982 Putzfrau, danach ohne Anstellung. Beteiligung an der Herstellung der Samisdat-Editionen Petlice, Expedice und Česká expedice, Mitarbeit an der Samisdat-Zeitschrift Kritický sborník. Erstunterzeichnerin der Charta 77, 1985/86 deren Sprecherin. Seit 1979 Mitglied des Komitees zur Verteidigung der zu Unrecht Verfolgten (VONS). In den 1980er Jahren aktiv in der Oppositionsbewegung Polnisch-Tschechoslowakische Solidarność. 1981–1989 Redakteurin der Satirezeitschrift Nový brak. Seit 1987 Redaktionsmitglied der Samisdat-Zeitschrift Střední Evropa. 1988/89 Teilnehmerin an Kursen der inoffiziellen bohemistischen Abenduniversität in

Prag. Seit 1989 Mitarbeit im Bürgerforum (OF). 1989/90 Mitgründerin und Redakteurin der Zeitung Informační servis. 1990–1992 Staatssekretärin im föderalen Innenministerium, Mitarbeit am Lustrationsgesetz. Nach 1992 Journalistin, Zusammenarbeit u. a. mit den Zeitschriften Respekt und Revolver Revue, mit dem Tschechischen Rundfunk und dem Tschechischen Fernsehen. Redakteurin der Zeitungen Český deník und Lidové noviny. 2008–2013 Mitglied und 2013 Vorsitzende des Beirats des Instituts für das Studium totalitärer Regime in Prag. Übersetzerin historischer und politikwissenschaftlicher Literatur aus dem Englischen, Russischen und Polnischen ins Tschechische. 1999 Karel-Havlíček-Borovský-Preis. 2004 Offizierskreuz des Verdienstordens der Republik Polen. 2009 Ferdinand-Peroutka-Preis. 2022 Silberne Medaille der Masaryk-Universität Brünn.

W.: *(Hg.:) Petruščin sborník [Petruškas Sammelband] (1983). — The End of Non-Political Politics. In: Uncaptive Minds 4,2 (1991) 95-98. —. Charta 77 a socialismus [Die Charta 77 und der Sozialismus]. In: Charta 77 očima současníků [Die Charta 77 aus der Sicht der Zeitgenossen] (1997) 174-180. — Politické tanečky [Politische Tänzchen] (2002). — (Hg.:) Služebníci slova [Diener des Wortes] (2008). — Necháme to tak? Lassen wir das sein? Shall we leave it like that? (zus. m. M. Valenčík; 2010). — (Mit-Hg.:) Háro. Vzpomínky a dokumenty [Haare. Erinnerungen und Dokumente] (2010). — O světě kolem nás [Die Welt um uns herum] (2012). — Zaostřeno na komunismus [Kommunismus im Fokus] (zus. m. J. Mlejnek jr.; 2014). — Temné stezky světlých zítřků [Die düsteren Pfade einer hellen Zukunft] (zus. m. J. Mlejnek jr.; 2017). — Nahoře nad mraky září slunce vždycky [Über den Wolken scheint immer die Sonne] (2023).*

L.: *Paměť národa [30.4.2024]. — Respekt 7.5.2023. — Lidovky 6.5.2023. — Dzieje 6.5.2023. — Seznam Zprávy 6.5.2023. — Paměť a dějiny 1 (2023) 107-112. — Szulecki, K.: Dissidents in Communist Central Europe (2019). — Přibáň, M. u. a.: Český literární samizdat 1949–1989 (2018). — Freimanová, A. (Hg.): Charta vlastníma očima (2018) 99. — Linková, M./Straková, N. (Hg.): Bytová revolta (2018). — Preuße, D.: Umbruch von unten (2014). — Baron, R.: Česká polonistická studia (2014) 186, 196 f. u. 203-205. — Plato, A. v. u. a. (Hg.): Opposition als Lebensform (2013). — Zprávy. Zpravodaj Obce překladatelů 21,5 (2011) 1. — Graevenitz, K. v.: Die „Untergrunduniversität" der Prager Bohemisten (2008). — Gender, rovné příležitosti, výzkum 9,1 (2008) 39 u. 44. — Osobnosti. Česko (2008). — Pažout, J. (Hg.): Výbor na obranu nespravedlivě stíhaných 2 (2008). — Císařovská, B. (Hg.): Charta 77 1 (2007) 689 u. 3 (2007) 331. — Žena v církvi a společnosti 3 (2005) 22, 24 u. 26. — Pažout, J.: Hnutí revoluční mládeže*

1968–1970 (2004). — Churaň 2 (1998) 408. — Kusá, J./Zajac, P. (Hg.): Prítomnosť minulosti, minulosť prítomnosti (1996) 83 u. 88. — Kdo je kdo (1991 bis ⁵2005). — Prečan, V.: Kniha Charty (1977) 47 u. 49. — Der Spiegel 8.3.1971, 114.

Sutnar, Jaroslav, Bibliothekar, Literaturwissenschaftler und Schriftsteller, * 24. 6. 1873 Karolinenthal (Karlín bzw. Praha) Bez. Prag-Ost (Praha-východ), † 27. 4. 1947 Brünn (Brno). Bruder von → L. Sutnar, Neffe von → A. Scheiner und → Josef Scheiner (1861–1932). Kindheit in Pilsen, dort 1883–1891 Gymnasium. 1891–1894 Philologiestudium an der tschechischen Universität Prag, anschließend an der Universität Leipzig und seit 1895 an der Universität Wien, 1897 dort Promotion. Danach Mitarbeiter, seit 1913 Bibliothekar an der Wiener Hofbibliothek. Zudem 1904–1906 Tschechischlektor am Theresianum und 1917–1922 an der Universität Wien. Mitglied tschechischer Vereine in Wien, u. a. des Komenský-Vereins und der Slawischen Ressource. 1918 Übertritt in den tschechoslowakischen Staatsdienst, Mitarbeiter der Liquidierungskommission. 1922–1935 Direktor der Landes- und Universitätsbibliothek in Brünn. 1931 Regierungsrat. Autor von Gedichten, Erzählungen und literaturwissenschaftlichen Studien sowie Übersetzer tschechischer Autoren ins Deutsche und von Friedrich Hebbel ins Tschechische. Erarbeitung von Bibliographien, darunter für die Neue österreichische Biographie. Studien zum Bibliothekswesen. Veröffentlichungen in Zeitungen und Zeitschriften wie Arbeiterzeitung, Archiv für slavische Philologie, Čas, Lidové noviny oder Vídeňský deník.

W.: Trosky. Verše [Trümmer. Gedichte] (1896). — Svatopluk Čechs Leben und Werke (Diss., 1897). — (Hg.:) Karel Jaromír Erben. Veškeré spisy básnické [K. J. E. Gesammelte poetische Schriften] (1905). — Prosodisches und Metrisches bei Karel Jaromír Erben, mit besonderer Berücksichtigung des Gedichtes Záhořovo lože (1906). — Svatopluk Čech zrcadlem češství [S. Č. als Spiegel des Tschechentums] (1909). — S. Čech a F. X. Šalda [Sv. Čech und F. X. Šalda] (1909). — Bibliographie zur Neuen österreichischen Biographie (Mitarbeiter; 1925). — Dva problémy Dobrovského [Zwei Probleme Dobrovskýs] (1929). — Verz. s. LČL 4,1 (2008).

L.: Informační systém abART [30.4.2024]. — Slovník českých knihovníků vom 7.1.2017. — Encyklopedie dějin města Brna vom 28.2.2014. — ÖBL 63 (2012). — LČL 4,1 (2008). — Zeitschrift für Slavistik 52 (2007) 69. — Wernisch, I.: Zapadlo slunce za dnem, který nebyl (2001) 210. — Wiener Slavistisches Jb. 46

(2000) 27 f. — Jiránová, O./Kubíček, J. (Hg.): Státní vědecká knihovna v Brně (1983) 252-255. — Vopravil (1973). — Kdy zemřeli? (1957 u. 1962). — Knihovna. Časopis Svazu českých knihovníků 2,1-6 (1947) 65 f. — Právo lidu 3.5.1947, 4. — Časopis českých knihovníků (1943) 44 f. — OSN ND 6,1 (1940). — Who's Who (1935). — Kulturní adresář (1934 u. 1936). — A legújabb kor lexikona (³1934). — MSN 7 (1933). — Prager Presse (Ab.) 24.6.1933, 8. — NVISN 16 (1932). — Jaksch (1929). — Album representantů (1927). — OSN 24 (1906).

Sutnar, Ladislav, Graphiker, Designer und Maler, * 9. 11. 1897 Pilsen (Plzeň), † 17. 11. 1976 New York. Bruder von → J. Sutnar, Neffe von → A. Scheiner und → Josef Scheiner (1861–1932). Tschechische Realschule in Pilsen, 1915 Matura. Im Ersten Weltkrieg Militärdienst. 1915 und erneut 1919–1923 Studium an der Kunstgewerbeschule in Prag bei → Jaroslav Benda [Nachtragsband] und → E. Dítě, Spezialschule der angewandten Graphik bei → F. Kysela. Daneben Kurse an der tschechischen Universität und an der tschechischen TH in Prag. 1924 Zeichenlehrer-Prüfung. 1923/24 Zeichenlehrer am Gymnasium in Pardubitz, dann in Prag an der Staatsschule für Hausindustrie. Seit 1923 Lehrer, 1932–1939 und nominell bis 1946 Direktor der Staatlichen Graphikschule in Prag. Seit 1921 Herstellung von Holzblockspielzeug und Marionetten, 1924/25 künstlerische Leitung des Puppentheaters Scéna Drak der Arbeiterakademie, 1926/27 Bühnenbilder für das Nationaltheater. Mitglied der tschechoslowakischen Sozialdemokratie. 1926–1930 Mitherausgeber und graphische Gestaltung der Zeitschrift Výtvarné snahy, 1929–1939 der Zeitschrift Panorama. Seit 1924 Gestaltungsaufträge und 1929–1939 künstlerischer Leiter des Verlags Družstevní práce und des Wohndesignunternehmens Krásná jizba. Gestaltung von Büchern, Zeitschriften und Werbematerialien nach den Ansätzen der Neuen Typographie, Entwürfe von Glas- und Porzellanwaren sowie Textilien in funktionalistischer Ästhetik. Mitglied der Künstlerresource und des Tschechoslowakischen Werkbunds, Zusammenarbeit mit der Künstlergenossenschaft Artěl. Seit 1924 Ausstellungsbeteiligungen, 1939 Gestaltung des tschechoslowakischen Pavillons auf der Weltausstellung in New York. 1939 Emigration in die USA, Zusammenarbeit mit dem tschechoslowakischen Auslandswiderstand. 1941–1960 künstlerischer Leiter des Sweet's Catalog Service in New York. 1946–1954 Gestaltung von Plakaten, Schaubildern, Ausstellungstafeln und anderen Druckmaterialien für die Vereinten Nationen. 1946–1949 Dozent für Design am New Yorker Pratt Institute. Seit 1951 eigenes Designbüro Sutnar Office in New York, Bücher- und Zeitschriftengestaltung sowie zahlreiche Industrieaufträge u. a. für den Möbelhersteller Knoll, die Radio Corporation of America, die Bell Telephone Company und die Addo-x-Rechenmaschinen. 1959 künstlerischer Leiter des Theatre Arts Magazine. 1961–1968 Wanderausstellung seiner Werke Visual Design in Action. Seit der 1960er Jahre überwiegend Maler. Goldmedaille auf der Weltausstellung 1929 in Barcelona, Preise auf internationalen Ausstellungen 1936 in Mailand und 1937 in Paris. 1970 Ehrenmitglied der Tschechoslowakischen Gesellschaft der Wissenschaften und Künste, 1979 posthume Aufnahme in die Hall of Fame des New Yorker Art Directors Club. 2001 posthum tschechische Verdienstmedaille. 2012 Ehrenbürger von Pilsen. 2014 Namensgeber der L.-S.-Fakultät für Design und Kunst der Universität Pilsen.

W.: Expoziția cehoslovacă de arhitectură, de industrie artistică și de industrie relativă la construcțiuni [Tschechoslowak. Ausstellung der Architektur, Kunstgewerbe und Bauindustrie] (1930). – Nejmenší dům [Das kleinste Haus] (zus. m. O. Starý; 1931). – O bydlení [Das Wohnen] (Mitautor; 1932). – Fotografie vidí povrch, La photographie reflète l'aspect des choses (zus. m. J. Funke; 1935). – Catalog Design: New Patterns in Product Information (zus. m. K. Lonberg-Holm; 1944). – Catalog Design Progress (zus. m. K. Lonberg-Holm; 1950). – Design for Point of Sale (1952). – Package Design (1953). – Visual Design in Action (1961).

L.: Allg. Künstlerlexikon Online [30.4.2024]. – Informační systém abART [30.4.2024]. – Databáze českého amatérského divadla, osobnost id=1446 [30.4.2024]. – Národní divadlo Online archiv, umelec=3618 [30.4.2024]. – Rössler, P./Brodbeck, M.: Revolutionäre der Typographie (2022). – Encyklopedie Plzně vom 4.4.2019. – Vlčková, L./Hekrdlová, A. (Hg.): Krásná jizba DP 1927–1948 (2018). – Mergl, J./Mištera, J.: Návrat L. S. (2017). – Caduff, R./Heller, S. (Hg.): L. S. (2015). – Vlček, T.: L. S. Venuše (2015). – Hubatová-Vacková, L. u. a. (Hg.): Věci a slova (2014) 54 f. – Knobloch, I.: L. S. Americké Venuše (2011). – Fronek, J. (Hg.): Artěl 1908–1935 (2011; tschech. 2008). – Knobloch, I. (Hg.): L. S. v textech (2010). – Osobnosti. Česko (2008). – Vlčková, L. (Hg.): Družstevní práce. Sutnar–Sudek (2006; span.: Letra y fotografía en la vanguardia checa, 2006). – SČSVU 15 (2005). – Knížák, M.: Encyklopedie výtvarníků loutkového divadla 2 (2005). – Janáková, I. (Hg.): L. S. Praha–New York. Design in Action (2003). – Remington, R. R./Bodenstedt, L.:

American Modernism. Graphic Design 1920 to 1960 (2003). – Mejstřík (2000). – Tomeš 3 (1999). – Templ, S.: Baba. Die Werkbundsiedlung Prag (1999) 105–108. – Birgus, V.: Tschech. Avantgarde-Fotografie (1999). – Dějiny českého výtvarného umění 4,1-2 (1998) u. 5 (2005). – Churaň 2 (1998). – Horová 2 (1995) u. Dodatky (2006). – Remington, R. R./Hodik, B. J.: Nine Pioneers in American Graphic Design (1989). – Kotalík (1988). – Adlerová, A.: České užité umění 1918–1938 (1983). – Typografia 1 (1978) 118-122. – Umění a řemesla 21,3 (1977) 44-51 u. 33,4 (1991) 3-12. – Bénézit 10 (³1976). – EČVU (1975). – Rechcigl, E. u. M., Jr. (Hg.): Biographical Directory of Members of the Czechoslovak Society of Arts and Sciences (1972, 1978 u. 1988). – Panorama: A Historical Review of Czechs and Slovaks in the United States of America (1970). – Vollmer 4 (1958). – Who's Who in the East (⁶1957). – Toman 2 (1950). – OSN ND 6,1 (1940). – Československo-Biografie 21 (1939). – Thieme-Becker 32 (1938). – Who's Who (1935). – Kulturní adresář (1934 u. 1936). – MSN 7 (1933). – NVISN 16 (1932). – Album representantů (1927). – Biogr. Slg.

Sutr, Jan, Landwirt und Politiker, * 16. 12. 1900 Zaluži (Záluží) Bez. Hořowitz (Hořovice), † 25. 2. 1969 Prag (Praha). Landwirt in Zaluži. 1921 Gründungsmitglied der KPTsch. Seit 1921 Vorsitzender des kommunistischen Föderierten Arbeiterturnvereins in Zaluži. Während des Zweiten Weltkriegs im Widerstand. 1947 Vorstandsmitglied des Prager Kreisausschusses der KPTsch, nach 1947 Parteifunktionär im Gebiet von Beraun und Inspektor der Tschechoslowakischen Staatsgüter im Kreis Prag. 1946–1954 Abgeordneter der Nationalversammlung in Prag. 1953 Direktor des landwirtschaftlichen Betriebs der Tschechoslowakischen Akademie der Agrarwissenschaften in Auřinowes. Orden des 25. Februars, 1960 Orden der Arbeit.

L.: Mitt. Ilona Divácká, Prag, 23.7.2021. – Mitt. Antonín Veselý, Záluží, 16.6.2021. – Štverák, F.: Schematismus k dějinám Komunistické strany Československa (²2018) 62, 77, 361 u. 367. – Řád práce. Seznam nositelů (2012). – Hořovický motor 4.6.1966, 1. – Rudé právo 15.12.1960, 1 u. 27.2.1969, 2. – Práce 17.2.1953, 5. – Naše pravda 20.6.1946, 5. – Rudé právo (Beilage) 12.5.1946, 2. – Biogr. Slg.

Suttner (geb. Gräfin Kinsky von Wchinitz und Tettau, hraběnka Kinská z Vchynic a Tetova), Bertha Sophia Felicita Freifrau von (Pseud. Elisa Arnold, B. Oulot), Journalistin und Schriftstellerin, * 9. 6. 1843 Prag (Praha), † 21. 6. 1914 Wien. Privatunterricht. Kindheit in Brünn, seit 1856 in Wien und seit 1859 in Klosterneuburg/Niederösterreich. Mit ihrer Mutter Sommeraufenthalte u. a. in Wiesbaden, Bad Homburg und Baden bei Wien, Winteraufenthalte in Paris und Italien. 1864–1871 Gesangsunterricht. Seit 1873 Erzieherin in der Familie von Suttner in Wien und Harmannsdorf/Niederösterreich. 1876 kurzzeitig Sekretärin von Alfred Nobel. 1876 Heirat mit Arthur Gundaccar Freiherr von Suttner. 1876–1885 auf Einladung der mingrelischen Fürstin Ekaterina Dadiani in Georgien, zunächst in Kutaissi, später in Sugdidi und Tiflis. Dort Musik- und Sprachlehrerin, Übersetzerin und Verfasserin von Feuilletons, Kurzgeschichten und Fortsetzungsromanen für die Neue Freie Presse, Neue Illustrirte Zeitung, Die Gartenlaube, das Neue Wiener Tagblatt, das Berliner Tagblatt, die Deutsche Romanbibliothek und Ueber Land und Meer. 1882 Mitglied des Deutschen Schriftstellerverbands in Berlin. Seit 1885 freie Schriftstellerin in Harmannsdorf, seit 1902 in Wien. 1885 Mitgründerin und seit 1904 Ausschussmitglied des Vereins der Schriftstellerinnen und Künstlerinnen in Wien. Romane sowie pazifistische und antinationalistische Publikationen. Forderung nach Abrüstung und internationaler Friedenssicherung. Kritikerin antisemitischer Schriften. Befürworterin der Feuerbestattung. Seit 1886 Kontakte zur Friedensbewegung, seit 1887 Briefwechsel mit Alfred Nobel. 1889 Veröffentlichung des Antikriegsromans Die Waffen nieder!, 1892–1899 zusammen mit Alfred Hermann Fried Herausgeber der gleichnamigen pazifistischen Zeitschrift. 1891 Gründerin und Präsidentin der Österreichischen Gesellschaft der Friedensfreunde in Wien sowie 1891–1909 Vizepräsidentin, danach Ehrenpräsidentin des Internationalen Friedensbüros in Bern, Beteiligung an der Gründung 1892 der deutschen und 1895 der ungarischen Friedensgesellschaft. 1899 Teilnahme an der ersten Haager Friedenskonferenz. 1904 Teilnahme an der Internationalen Frauenkonferenz in Berlin. 1904 und 1912 Vortragsreisen in die USA, 1905 nach Deutschland, 1906 nach Skandinavien. Seit 1891 korr. Mitglied der Gesellschaft zur Förderung deutscher Wissenschaft, Kunst und Literatur in Böhmen. 1905 Friedensnobelpreis.

W.: Inventarium einer Seele (1883). — *Ein Manuscript!* (1885). — *Ein schlechter Mensch* (1885). — *Daniela Dormes* (1886). — *High-life* (1886). — *Verkettungen* (1888). — *Schriftsteller-Roman* (1888). — *Erzählte Lustspiele* (1889). — *Das Maschinen-Zeitalter* (1889). — *Die Waffen nieder!* (1889, ³⁸1905; dän.

1890, engl. 1892, poln. 1892, schwed. 1893, russ. 1893, tschech. 1896, frz. 1899, hebräisch 1900, ung. 1905, niederl. 1905, span. 1906, armenisch 1916, isländisch 1917, jiddisch 1917). — *Erzählungen und Betrachtungen* (zus. m. A. G. v. Suttner; 1890). — *Doktor Hellmuts Donnerstage* (1892). — *An der Riviera* (2 Bde., 1892). — *Es müssen doch schöne Erinnerungen sein!* (1892). — *Eva Siebeck* (1892). — *Im Berghause* (1893). — *Die Tiefinnersten* (1893). — *Trente-et-quarante* (1893). — *Phantasien über den „Gotha"* (1894). — *Vor dem Gewitter* (1894). — *Hanna* (1894). — *Es Löwos* (1894). — *Wohin? Die Etappen des Jahres 1895* (1896). — *Einsam und arm* (2 Bde., 1896). — *Frühlingszeit* (1896). — *Schach der Qual* (1898). — *Ku-i-kuk* (1899). — *Die Haager Friedenskonferenz* (1900). — *Martha's Kinder* (1903). — *Ketten und Verkettungen* (1904). — *Briefe an einen Toten* (1904). — *Der Krieg und seine Bekämpfung* (1904). — *Franzl und Mirzl* (1905). — *Der Frauenweltbund und der Krieg* (1905). — *Babies siebente Liebe und Anderes* (1905). — *Gesammelte Schriften* (12 Bde., 1906–1907). — *Randglossen zur Zeitgeschichte. Das Jahr 1906* (1907). — *Die Entwicklung der Friedensbewegung* (1907). — *Krieg dem Krieg!* (1907). — *Stimmen und Gestalten* (1907). — *Memoiren* (1909). — *Rüstung und Überrüstung* (1909). — *Der Menschheit Hochgedanken* (1910; tschech. 1914). — *Die Barbarisierung der Luft* (1912). — Fried, A. H. (Hg.): *Der Kampf um die Vermeidung des Weltkriegs* (2 Bde., 1917). — Verz. s. Schmid-Bortenschlager, S./Schnedl-Bubeniček, H.: *Österr. Schriftstellerinnen 1880–1938* (1982), Kosch, *Lit. Lex. 21* (³2001) u. Korotin, I. (Hg.): *biografiA 3* (2016).

L.: Lindmeier-Jasch, I.: *B. v. S.* (2024). — Hohenwarter, M. u. a. (Hg.): *Mensch im Mittelpunkt* (2019) 341-355. — Müller-Kampel, B.: *B. v. S. Internationale Bibliographie der Sekundärliteratur* (2019). — Hochedlinger (2018). — *Sudetenland 60,2* (2018) 144-165. — Thalman, E. (Hg.): *B. v. S. als Soziologin* (2017). — Lughofer, J. G./Tvrdík, M. (Hg.): *S. im KonText* (2017). — Korotin, I. (Hg.): *biografiA 3* (2016). — Lughofer, J. G./Pesnel, S. (Hg.): *Literarischer Pazifismus u. pazifistische Literatur* (2016). — Streeruwitz, M.: *Über B. v. S.* (2014). — *NDB 25* (2013). — Katscher, L.: *B. v. S.* (2013). — Eyffinger, A.: *„The Stars of Eternal Truth and Right"* (2013). — *ÖBL 63* (2012). — Killy, W. (Hg.): *Literaturlexikon 11* (²2011). — Laak, D. van (Hg.): *Literatur, die Geschichte schrieb* (2011) 72-85. — Lughofer, J. G. (Hg.): *B. v. S. „Die Waffen nieder!"* (2010). — *In Böhmen und Mähren geboren, bei uns (un)bekannt?* (2009). — *DBE 9* (²2008). — *Friede, Fortschritt, Frauen* (2007). — Šimek, E. (Hg.): *Berta Suttnerová* (2007). — Roth, W. u. a.: *K odkazu Berty Suttnerové* (2007). — *BBKL 24* (2005). — Cohen, L. R. (Hg.): *„Gerade weil Sie eine Frau sind …"* (2005). — Enichmair, M.: *Abenteurerin B. v. S.* (2005). — Řezníček, L.: *Berta Suttnerová* (2003). — Kosch, *Lit. Lex. 21* (³2001). — Biedermann, E. (Hg.): *Chère baronne et amie – cher monsieur et ami. Der Briefwechsel zwischen Alfred Nobel u. B. v. S.* (2001). — Bruckmül-

ler, E.: Personenlexikon Österreich (2001). — Tomeš 3 (1999). — Steffahn, H.: B. v. S. (1998). — Gürtler, C./Schmid-Bortenschlager, S.: Eigensinn u. Widerstand (1998). — Wien Lexikon 5 (1997). — Götz, C.: Die Rebellin. B. v. S. (1996). — Sudetenland-Lexikon (1996). — Osobnosti českých dějin (1995). — Brockhaus 21 (¹⁹1993). — Hall, M. G./Renner, G.: Hb. d. Nachlässe u. Sammlungen österr. Autoren (1992). — MČSE 5 (1987). — Hamann, B.: B. v. S. (1986, Neuaufl. 2015; tschech. 2006). — Lexikon deutschsprachiger Schriftstellerinnen 1800–1945 (1986). — Kleberger, I.: Die Vision vom Frieden (1985). — Jung, J. (Hg.): Österr. Porträts (1985). — Wintersteiner, M.: Die Baronin (1984). — Weiland, D.: Geschichte der Frauenemanzipation in Deutschland u. Österreich (1983) 265-267. — Dengg, H.: B. v. S. u. ihr publizistischer Beitrag zur Geschichte der österr. Friedensbewegung (1983). — Lexikon der deutschen Geschichte (²1983). — Brinker-Gabler, G. (Hg.): Kämpferin für den Frieden (1982). — Schmid-Bortenschlager, S./Schnedl-Bubeniček, H.: Österr. Schriftstellerinnen 1880–1938 (1982). — Friedrichs (1981). — Ohlbaum, R.: Verdient um Österreich (1977) 80. — Knobloch (²1976). — BFH 3 (1975). — B. v. S. Dokumente um ein Leben (1972). — SdZ 7.6.1968. — Österreich-Lexikon 2 (1966). — Kempf, B.: B. v. S. (1964). — Kosch, Staatshb. 2 (1963). — Giebisch-Gugitz (1963). — RGG 6 (³1962). — Österr. Nobelpreisträger (1961). — Formann, W.: Sudetendeutsche Dichtung (1961). — Partisch 1 (1961). — NÖB 10 (1957). — Schneider, J. (Hg.): Große Sudetendeutsche (1957). — Selle, G. v.: Ostdeutsche Biographien (1955). — Pauli, H.: Nur eine Frau. B. v. S. (1937). — MSN 6 (1932). — Nagl-Zeidler-Castle 3 (1930). — Jaksch (1929). — DBJ 1 (1925). — Moritz, K.: B. v. S. (1924). — NFP 22.6.1914, 2 f. u. 23.6.1914, 10 f. — WZ (Ab.) 22.6.1914, 4, 23.6.1914, 4 u. 24.6.1914, 4. — Van der Mandere, C.: B. v. S. (1909). — Wer ist's? (1909). — Meyer 19 (1908). — Fried, A. H.: B. v. S. (1908). — DArb 7 (1907/08) 794. — OSN 24 (1906). — Deutsches Zeitgenossenlexikon (1905). — Katscher, L.: B. v. S. (1903). — Kosel 1 (1902). — Leistungen (1899). — Pataky, S.: Lexikon deutscher Frauen der Feder 2 (1898). — Hinrichsen, A.: Das literarische Deutschland (1891). — Eisenberg 1 (1889). — Schrattenthal, K.: Deutsche Dichterinnen u. Schriftstellerinnen (1885). — Gotha, frhrl. Häuser 30 (1880). — Gotha, gräfl. Häuser 49 (1876). — Biogr. Slg.

Suttner, Josef Franz, Musiker, * 18. 3. 1881 Prag (Praha), † 1. 4. 1974 München. Realgymnasium in Prag. 1894–1899 Ausbildung für Waldhorn, Dirigieren und Komposition am Prager Konservatorium. Orchestermusiker in Odessa. Militärdienst. Mitglied des Tschechischen Blechblasquintetts in Prag. Seit 1902 Hornist am tschechischen Nationaltheater in Prag, zudem dritter Kapellmeister eines Prager Theaterorchesters. Seit 1904 Solohornist der Hofkapelle in Karlsru-

he. Daneben Lehrer am dortigen Konservatorium und Mitglied des Karlsruher Hornquartetts. Zudem 1907–1909 Hornist bei den Münchner Opernfestspielen und zwischen 1908 und 1914 mehrmals bei den Richard-Wagner-Festspielen in Bayreuth. Seit 1914 Militärmusiker in der österreichisch-ungarischen Armee, zuletzt in der Kapelle des Infanterieregiments Hoch- und Deutschmeister Nr. 4 in Wien. 1918–1945 Solohornist des Bayerischen Staatsorchesters in München. Als NSDAP-Mitglied 1945 Entlassung, 1946 Wiedereinstellung und Pensionierung. 1921–1945 Prof. der Akademie der Tonkunst in München. Kammermusiker sowie Leiter der Münchner Bläservereinigung und des S.-Hornquartetts. Rundfunkauftritte, Schallplattenaufnahmen. Komponist von Kammermusik, Horn- und Streichquartetten, Hornstücken und Etüden sowie Arrangeur von Liedern für Horngruppen. 1908 badischer Hofmusiker und 1917 Kammervirtuose, 1921 bayerischer Kammervirtuose, 1927 Titularprofessor. 1939 Reichskammervirtuose. Österreichisches Verdienstkreuz.

W.: *Naturhornübungen für Anfänger (1929). — Erinnerungen (1955). — Praktische Studien für Waldhorn (2004).*

L.: *BMLO id=s2144 [30.4.2024]. — Mitt. Archiv Národního divadla, Prag, 17.6.2020. — Pizka, H.: J. S. (2009, m. Verz.). — Schmidt, S.: Geschichte der Hochschule für Musik und Theater München (2005). — Pizka, H.: Hornisten-Lexikon (1986). — SZ 3.4.1974, 16. — ČslHS 2 (1965). — Sudetenpost 22.4.1961, 4. — Who's Who in Germany (1960). — Kürschners deutscher Musiker-Kalender 2 (1954). — Blažek, V. (Hg.): Sborník na pamět 125 let konservatoře hudby v Praze (1936). — Prager Tagblatt 10.3.1931, 5. — Deutsches Musiker-Lexikon (1929). — Frank, A./Altmann, W.: Kurzgefaßtes Tonkünstler-Lexikon 1 (¹²1926). — Biogr. Slg.*

Suttner von Erenwin (Suttner-Erenwin), Hermann, Philologe und Lehrer, * 6. 4. 1815 Plass (Plasy) Bez. Kralowitz (Kralovice), † 12. 3. 1885 Wien. Gymnasium und Philosophicum in Pilsen, anschließend Studium der Rechtswissenschaften an der Universität in Prag, 1837 Promotion. Danach Assistent am Lehrstuhl für Philosophie an der Universität in Prag. Seit 1845 Dozent für deutsche Philologie an der Universität in Wien, 1846 dort supplierender Prof. für Moralphilosophie, 1866 und 1871 Dekan der philosophischen Fakultät. Seit 1847 zudem Lehrer für deutsche Stilistik, seit 1848 für Philosophie am Theresianum in Wien, dort 1872–1874 Lehrer des späteren spanischen Königs Alfons XII. 1881 Pensionierung. Beteiligung an den Reformen des österreichischen Bildungswesens. Beschäftigung mit altdeutscher und romanischer Philologie, insbesondere mit Luís Vaz de Camões sowie den Ossian-Epen. Seit 1861 Mitglied der Geographischen Gesellschaft in Wien. 1872 Franz-Joseph-Orden. 1875 Komtur des spanischen Ordens Isabellas der Katholischen. 1879 Nobilitierung.

W.: D. H. A. Keller's Standpunkt in der Literatur der Gegenwart. In: Oesterr. Blätter für Literatur, Kunst, Geschichte 30.1.1847, 101-103. — Dr. Ludwig Frauer's Walkyrien der skandinavisch-germanischen Götter- und Heldensage. In: Oesterreichische Blätter für Literatur, Kunst, Geschichte 12.2.1847, 145-147. — Ueber Dr. Ludwig Braunfels' Ausgabe des Nibelungen-Liedes. In: Oesterr. Blätter für Literatur, Kunst, Geschichte 10.8.1847, 753-755. — Camões, ein philosophischer Dichter (1883). — (Übers.:) Macpherson, J.: Ossian's Temora. Ein Gedicht in acht Gesängen (1881).

L.: Aichner, C./Mazohl, B. (Hg.): Die Thun-Hohenstein'schen Universitätsreformen 1849–1860 (2017) 33. — Grandner, M./König, T. (Hg.): Reichweiten und Außensichten (2015) 182 f. — AČŠRR 2018 (2012). — La Parra López, E. (Hg.): La imagen del poder (2011) 335-388. — Ayer. Revista de Historia Contemporánea 52 (2003) 15-38. — Fürbeth, F. u. a. (Hg.): Zur Geschichte und Problematik der Nationalphilologien in Europa (1999) 449. — EBL 2 (1987). — Unser Heimatkreis Bischofteinitz (1967) 902. — Meister, R.: Entwicklung und Reformen des österr. Studienwesens (1963). — Nagl-Zeidler-Castle 3 (1930) 55. — Alt-Österr. Adels-Lexikon (1928). — Morgen-Post 16.3.1885, 2 f. — Genealogisches Tb. der adeligen Häuser 6 (1881) 520 u. 12 (1887) 458 f. — Wurzbach 41 (1880) 8. — Czuberka, K.: Oesterr. Studenten-Kalender 4 (1867) 75. — Schematismus des Königreiches Böhmen 39 (1839) 315.

Sůva, Jaroslav, Ökonom und Politiker, * 25. 7. 1930 Těmnitz (Těmice) Bez. Kamenitz an der Linde (Kamenice nad Lipou), † 30. 12. 2018 Prag (Praha). Handelsakademie in Neuhaus. 1954–1961 Mitarbeiter des Nationalunternehmens Energotrust am Wasserkraftwerk Slapy, 1961–1965 Mitarbeiter des staatlichen Energiekontrollzentrums. 1964 Abschluss eines Fernstudiums an der Wirtschaftshochschule in Prag, Ingenieur. 1974 CSc. an der TU in Prag. Seit 1965 Abteilungsleiter der Tschechoslowaki-schen bzw. Tschechischen Energiebetriebe, 1975–1983 dort technischer Direktor für Wirtschaft und Handel. 1983–1988 stellv. Minister für Brennstoffe und Energiewirtschaft, 1988/89 Sektionsleiter für Energiewirtschaft, 1990 Minister für Brennstoffe und Energiewesen. 1989 bis 1994 o. Prof. am Lehrstuhl für Steuerung der Energiewirtschaft an der TU in Prag. Mitglied der staatlichen Magister-Prüfungskommission. Seit 1991 Wirtschaftsprüfer, 1994 Mitgründer und bis 1997 Geschäftsführer der Wirtschaftsprüfungsfirma Consultas Audit. Publikationen zur Energiesteuerung und Energieplanung in der Tschechoslowakei in Fachzeitschriften wie Energetika. Mitinitiator und Vorstandsmitglied des tschechischen Nationalkomitees und stellv. Vorsitzender des zentralen Verwaltungsausschusses des Weltenergierats. 1989 Orden der Arbeit.

W.: Analýza vybraných ekonomických nástrojů soustavy plánovitého řízení v elektro-energetickém trustu [Analyse ausgewählter ökonomischer Maßnahmen des Plansteuerungssystems im elektro-energetechnischen Trust] (Diss., 1974). — Energetika, plynárenství a teplárenství [Energie-, Gas- und Heizkraftwirtschaft]. In: Národní výbory 33,10 (1984) 7. — Československá energetika v letech 1981–1985 [Die tschechoslowak. Energiewirtschaft in den Jahren 1981–1985]. In: Energetika 35,5 (1985) 201-206. — 40 let plynárenství v osvobozeném Československu [40 Jahre Gaswirtschaft in der befreiten Tschechoslowakei]. In: Plyn 65,5 (1985) 130-135. — Úkoly československé energetiky v 8. pětiletce [Aufgaben der tschechoslowak. Energiewirtschaft im 8. Fünfjahresplan]. In: Energetika 36,1 (1986) 1-5. — Rozvoj jaderné energetiky do roku 2000 [Entwicklung der Kernenergie bis zum Jahr 2000]. In: Energetika 36,9 (1986) 415-419. — Energetika ČSSR [Energiewirtschaft in der Tschechoslowakei]. In: Energetika 39,10 (1989) 371-376. — Podnikatelský management [Unternehmensmanagement] (zus. m. G. Tomek; 1992).

L.: Energetika 69,1 (2019) 62. — Kubín, M.: Proměny české energetiky (2009). — Hodný, M.: Českoslovenští politici 1918–1991 (1991) 100. — Rudé právo 14.2.1990, 3 u. 15.2.1990, 3. — Charuza, J.: Sborník základních právních předpisů palivo-energetického komplexu (1990). — ČTK vom 13.2.1990 u. 14.6.1990. — Plyn 64,7 (1984) 194 f., 65,3 (1985) 87, 65,12 (1985) 352 f., 66,7 (1986) 206 u. 67,3 (1987) 76 f. — Československé disertace 1974 (1975) 89. — Biogr. Slg.